의지와 표상으로서의 세계

세창클래식 017

의지와 표상으로서의 세계

초판 1쇄 인쇄 2024년 7월 8일
초판 1쇄 발행 2024년 7월 19일

—

지은이 아르투어 쇼펜하우어
옮긴이 이서규
펴낸이 이방원

책임편집 조성규   **책임디자인** 손경화
마케팅 최성수·김 준   **경영지원** 이병은

—

펴낸곳 세창출판사
　　　　신고번호 제1990-000013호 **주소** 03736 서울시 서대문구 경기대로 58 경기빌딩 602호
　　　　전화 02-723-8660 **팩스** 02-720-4579
　　　　이메일 edit@sechangpub.co.kr **홈페이지** http://www.sechangpub.co.kr
　　　　블로그 blog.naver.com/scpc1992 **페이스북** fb.me/Sechangofficial **인스타그램** @sechang_official

—

ISBN 979-11-6684-337-2 93160

ⓒ 이서규, 2024

의지와
표상으로서의 세계

아르투어 쇼펜하우어 지음

이서규 옮김

세창클래식 017

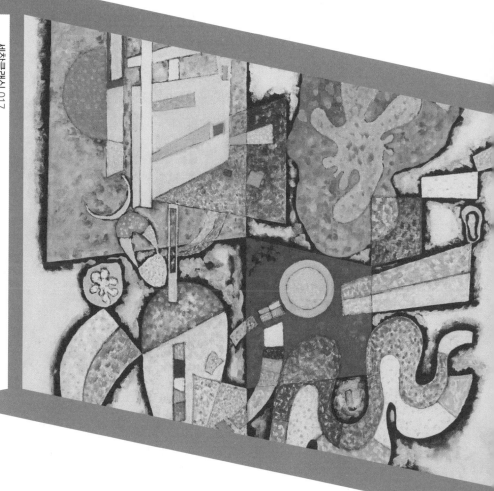

세창출판사

옮긴이의 말

국내에서 출간된 『의지와 표상으로서의 세계』에는 우선적으로 고故 곽복록 선생님의 번역본(1994)과 홍성광 선생님의 번역본(이상 을유문화사, 2013)이 있다. 곽복록 선생님의 번역본은 아직 쇼펜하우어의 연구가 본격적으로 이루어지지 않은 국내의 연구환경에서 사람들로 하여금 쇼펜하우어철학에 관심을 갖게 하는 데 많은 역할을 하였다. 선생님이 독문학자로서 이루어 낸 번역의 체계성은 쇼펜하우어의 사상을 균형감 있게 전달하는 데 초석을 마련해 주었다. 다음으로 독문학자이자 전문 번역가인 홍성광 선생님의 번역본은 쇼펜하우어철학에 대한 많은 관심을 토대로 뛰어난 문장력과 생동감 넘치는 표현을 통해 독자들로 하여금 『의지와 표상으로서의 세계』에서 제시된 쇼펜하우어의 사상을 이해하도록 하는 데 고무적인 역할을 하였다. 이들 번역본은 내가 『의지와 표상으로서의 세계』를 번역하는 데 의미 있는 도움을 주었으며, 이를 바탕으로 나는 번역의 과정에서 쇼펜하우어철학의 내재적인 정합성을 좀 더 명확하게 제시하고자 노력하였다. 그러나 쇼펜하우어가 사용한 독일어 표현의 난해함과 옮긴이의 명민하지 못함 때문에 나는 번역 과정에서 쇼펜하우어의 사상을 올바로 전달할 수 있을까 하는 걱정을 쉽사리 떨쳐 버릴 수가 없었다. 하지만 이러한 우려에도 불구하고 이 번역서가, "나를 이끄는 별은 진정으로 진리였다"라고 말하면서 시대에 얽매이지 않고 인간과 세계의 본질에 대한 철학적 성찰을 자신 삶의 마지막 순간까지 이어 나갔던 위대한 철학자 아르투어 쇼펜하우어의 심원한 사상을 이해하는 데 조금이나마 도움이 되길 바란다. 나아가 고통스러운 삶의 의미에 대한 쇼펜하우어의 사상이, 오늘날처럼 사유가 궁핍한 시대에 고귀한 삶의 가치와 의미를 찾기 위해 고뇌하는 독자들의 내면세계를 비추는 빛이 될 수 있기를 기원해 본다. 어찌 보면 공허하기 짝이 없는 유한한 인간의 삶에서 우리를 진정으로 위로해 줄 수 있는 것은 눈에 보이는 것 너머 사물의 근원을 꿰뚫어 보려는 철학자들의 고뇌에 찬 사유의 흔적들이 아니고 무엇이겠는가?

끝으로 이 책의 번역 작업에 관심과 격려를 보내 준 이진영 박사, 김태현 박사, 남재민 박사에게 고마움을 표하며, 교정과 출판 과정에서 많은 도움을 준 세창출판사 편집팀 조성규 선생님께 감사의 말을 전하고 싶다.

고독의 섬에서

차례

일러두기

- 독자의 이해를 돕고자 쇼펜하우어가 본문에서 직접 인용처를 표기하지 않은 인용문의 출처는 볼프강 폰 뢰니젠(Wolfgang Freiherr von Löhneysen)에 의해 편집되어 독일 Insel Verlag에서 1996년에 출판된 판본을 참조하여 대괄호로 표기하였음을 밝혀 둔다.
- 이 번역본에서는 『의지와 표상으로서의 세계』의 부록 부분인 「칸트철학 비판」을 제외했다.
- 인명을 포함한 외국어 표기는 국립국어원의 외래어 표기법과 그 용례에 따랐으나 몇몇 경우는 관용적 표기에 따랐다.
- 각주의 옮긴이 주는 '—옮긴이'로 표시 후 별색으로 처리했다. 별도 표시가 없는 것은 모두 원서의 주이다.
- 명시할 필요가 있는 용어 번역은 원어를 번역어와 함께 삽입했다.
- 원문에서 이탤릭체로 강조한 곳은 별색 및 볼드체로 처리했다.

1판 서문

나는 여기에서 이 책을 이해하기 위해서는 어떻게 읽어야 하는지를 제시하고자 한다. 이 책을 통해 전달되어야 하는 것은 하나의 유일한 사상Gedanke이다. 그러나 나는 모든 노력을 기울였음에도 불구하고 이러한 사상을 전달하기 위해 이 책 전체 말고는 다른 간단한 방법을 발견할 수 없었다. 나는 이러한 사상을 철학Philosophie이라는 이름으로 아주 오랫동안 탐구해 왔던 것으로 간주하는데, 그런 까닭에 비록 플리니우스Plinius가 이미 지식인들에게 "어떤 일이 수행되기 전에는 그것이 불가능하다고 생각할 때가 얼마나 많은가?"(『자연사Historia naturalis』 7, 1)라고 말했지만, 역사적으로 지식인들은 이러한 사상을 발견하는 것이 현자의 돌Stein der Weisen을 발견하는 것처럼 불가능한 것으로 여긴다.

전달되어야 하는 하나의 사상은 다양한 측면에서 고찰하는 것에 따라 형이상학으로, 윤리학으로, 미학으로 불리면서 나타난다. 그리고 이미 고백했듯이, 이 사상이 내가 생각한 사상이라고 한다면 당연히 이 모든 것이어야 할 것이다.

한 사상의 체계는 언제나 건축학적인 연관성, 즉 하나의 부분이 항상 다른 부분을 지지해야 하지만, 전자는 후자에 의해서 지탱되어서는 안 되며 다른 모든 것들에 의해 지지되지 않으면서 모든 것들을 지지해 주는 초석Grundstein, 즉 어떤 것을 지지하지 않으면서 지지되는 정상Gipfel과 같은 연관성을 가져야만 한다. 반면에 하나의 유일한 사상은 그것이 비록 포괄적인 것이라고 할지라도 가장 완전한 통일성을 지녀야만 한다. 그럼에도 불구하고 이러한 사상이 자신을 전달하기 위해서 부분들로 나누어져야 한다면, 이러한 부분들의 연관성은 하나의 유기적인 연관성을 지녀야만 할 것이다. 즉 어떤 것이 먼저이고 어떤 것이 나중이고 하는 것이 아니라, 각각의 부분이 전체에 의해 유지될 때 각각의 부분이 전체를 포함하게 되는 그런 연관성을 지녀야만 한다. 즉 전체 사상이 각각의 부분들을 통하여 명확성을 얻게 되고, 그리고 각각의 작은 부분들이 전체로부터 먼저 이해되지 않으면 완전히 이해될 수 없는 그러한 연관성을 지녀야만 하는 것이다. 비록 책의 내용이 유기체와 비슷하다고 할지라도, 하나의 책은, 첫 번째 행과 마지막 행을 가져야 하고, 그런 한에서 유기체와는 완전히 다른 것이어야 한다. 따라서 여기에서 형식과 내용은 모순에 빠지게 된다.

이러한 상황에서 이 사상에 깊이 들어가기 위해서는 이 책을 두 번을 읽는 것 이외에는 달리 충고할 것이 없다. 첫 번째에는 마지막이 처음을 전제하는 것과 마찬가지로 처음이 마지막을 거의 전제한다는 점, 그리고 그렇게 마지막 부분이 처음 부분을 미리 전제하는 것처럼 처음 부분이 마지막 부분을 거의 전제한다는 점이 자발적으로 부여된 신념 속에서 만들어지도록 끈기 있게 읽어야 한다. 나는 '거의'라고 말하는데, 왜냐하면 그것이 전적으로 그런 것만은 아니기 때문이며 적어도 다음 부분에 의해 설명되는 것을 미리 보여 주기 위해 어떤 일을 하는 것이 가능하기 때문이며, 가능한한 쉽게 파악하고 이해해야 하는 것을 솔직하고 양심적으로 제시했기 때문이다. 당연한 것이지만 독자가 책을 읽을 때에 매번 언급된 것뿐만 아니라 언급된 것에서 가능한 결론들을 생각하지 못한다면 이것은 어느 정도 성공한 것이라고 할 수 있을 것이다. 시대의 의견들과 독자들이 추정하는 의견들에 반하여 많은 모순들이 실제로 존재하는 것 이외에도, 많은 예언적이고 상상적인 모순들이 덧붙여질 수 있기 때문에, 단순한 오해인 것도 명백한 반감Mißbilligung으로 드러날 것이다. 사람들은 언급된 것의 직접적인 의미에 대한 표현으로 어렵게 도달한 명확성과 서술의 분명함을 결코 의심할 수 없겠지만, 그러나 언급된 것과 그 밖의 다른 것과의 관계를 동시에 진술할 수는 없다. 그렇기 때문에 이미 말했듯이, 첫 번째로 이 책을 읽을 때에는 두 번째 읽을 때에 더 많은 것을 또는 모든 것을 조망할 수 있을 것이라는 신뢰와 함께 인내심을 가져야만 할 것이다. 그 밖에도 아주 어려운 대상에 있어서 완전하고 쉬운 이해를 위한 진정한 노력은 여기저기에서 내용이 반복된다고 해도 정당화될 것이다. 유기적인 전체의 건축은 쇠사슬과 같은 것이 아니기 때문에 때때로 같은 곳을 두 번 언급하는 것이 필요하다. 이러한 건축뿐 아니라 모든 부분들의 아주 긴밀한 연관성은, 보통 아주 중요할 수 있는 장과 절로 나누는 것을 허용하지 않고 나에게는 그것을 네 개의 주요 부분, 즉 하나의 사상을 네 가지 관점으로 나누는 것이 필요했다. 이러한 각각의 네 권Buch 속에서 사람들은 특히 반드시 다뤄져야 하는 개별적인 부분들로 인해 이것이 속하는 주요 사상과 서술 전체의 전개를 놓치지 않도록 해야 할 것이다. 이것이 첫 번째 요구이며, 다음의 요구도 마찬가지로, 철학자에게 관심을 갖지 않는 독자(독자 자신도 한 사람의 철학자이기 때문에)에게는 피할 수 없는 요구이다.

두 번째 요구는 이 책을 읽기 이전에 이 책에 대한 서론을 먼저 읽으라는 것이다. 이 서론은 이 책에 있는 것이 아니라 5년 전에 출간된 『충분근거율의 네 가지 뿌리에 대하여: 하나의 철학적 논문Über die vierfache Wurzel des Satzes vom zureichenden Grunde: eine philosophische Abhandlung』이다. 이러한 서론과 예비지식이 없이는 이 책의 본래적인 이해는 전적으로 불가능하고 이 논문의 내용이 마치 이 책에 있는 것처럼 이 책의 전제로서 거기에 놓여 있다. 이 논문이 몇 년 전에 이미 출간되지만 않았더라도 이 책에 대한 서론으로서, 앞에 실리지 않고 이 책의 1권에 병합되었을 것이다. 앞의 논문에서 말해진 것이 이 책의 1권에는 들어 있지 않은데, 이러한 결핍에 의해 이 책의 1권은 항상 앞의 논문을 끌어 들여 채워야만 하는 어떤 불완전성을 드러낸다. 그러나 나는 지금 그 논문의 내용에 좀 더 나은 설명들을 제시할 수 있었음에도 불구하고, 내가 칸트철학에 사로잡혀서 사용했던 범주, 외감과 내감과 같은 개념들을 제거하면서까지 그 논문을 그대로 다시 쓰거나 또는 이미 한 번 충분하게 말했던 것을 애써 다른 말로 표현하는 데 대한 거부감이 컸기 때문에 이 길을 선택했던 것이다. 그럼에도 불구하고 그 논문에는 칸트의 개념들이 남아 있는데, 왜냐하면 내가 그때까지는 그러한 개념들을 깊이 이해하지 못했기 때문이며, 그런 까닭에 그 논문은 중요한 문제를 다루지 않은 부수적인 저서Nebenwerk일 뿐이다. 그렇기 때문에 그런 부분을 바로잡는 것은 이 저서를 통해 독자의 생각 속에서 저절로 이루어질 것이다. 그러나 만약 독자가 그 논문을 통해 충분근거율이 무엇이고, 그것이 무엇을 의미하는지, 충분근거율의 타당성이 어디까지 미치고 어디까지는 미치지 않는지를 완전히 인식할 수 있다면, 그리고 충분근거율이 모든 사물에 앞서 있는 것이 아니라 충분근거율의 필연적인 결론으로서 충분근거율에 의해 세계가 존재하는 것이며, 오히려 주관이 인식하는 개체인 한에서 충분근거율은, 그 속에서 어떤 방식이든지 항상 주관에 의해 제약된 객관이 어디에서나 인식되는 형식 이외에 다른 것이 아니라는 점이 인식된다면, 이전까지와는 완전히 다른, 우선 여기에서 시도된 철학의 방식에 들어가는 것이 가능할 것이다.

그러나 글자 그대로 베껴 쓰거나 다른 단어로 또는 더 어색한 단어들로 —나는 가장 최선의 단어들을 사용했기 때문에— 같은 것을 두 번 다시 말하는 것에 대한 거부감은 이 책의 1권에서 두 번째 결핍을 유발시키게 된다. 이러한 결핍은 내가 이 책에서 나의 논문인 「시각과 색채에 대하여Über das Sehn und die Farben」의 1장에 있는 것을 생략했기 때문에 생긴 것이다. 그렇지 않았다면 그 논문의 내용을 이 책에서 찾아볼 수 있었을 것이다. 따라서 이전의 이 작은 논문에 대해서도 알고 있다는 것이 전제된다.

끝으로 독자에게 바라는 세 번째 요구는 암묵적으로 전제될 수 있는 것이다. 왜냐하면 지난 2,000여 년 동안 철학에서 등장한 가장 중요한 출판물, 즉 칸트의 주요 저서들을 알고 있음이 당연하게 요구되기 때문이다. 나는 그 저서들이 인간의 정신에 가져다준 영향이 실제로, 이미 다른 사람들이 말했던 것처럼, 장님에게 백내장 수술Staroperation을 해 주는 것에 비교할 수 있다고 생각한다. 만약 우리가 이러한 비유를 더 들어 본다고 한다면, 나의 목적은 다음과 같은 점을 통해 제시될 수 있을 것이다. 즉 내가 그러한 백내장 수술이 성공한 사람에게 하나의 안경을 손에 쥐여 주는 것과 같은데, 이 안경을 사용하기 위해서는 백내장 수술이 필수적인 조건일 것이다. 그러나 내가 아무리 위대한 칸트가 행한 업적에서 출발한다고 해도, 칸트의 저서에 대한 진지한 연구는 그의 가르침에서 참된 것과 적합한 것을 가져와서 전제로 받아들이고 사용할 수 있게 하던 가운데 칸트의 저서들에서 중대한 오류를 발견하게 하였다. 그러나 칸트에 대한 빈번한 논박 때문에 나의 독창적인 설명이 중단되거나 혼란스럽지 않게끔 나는 이것을 부록에 따로 가져다 놓았다. 언급한 것에 따르자면, 나의 저서는 칸트철학에 대한 이해를 전제로 한다. 또한 나의 저서는 이 저서의 부록에 대한 이해를 전제로 한다. 따라서 이런 점에서 보아 이 부록의 내용이 이 책의 1권에 직접적으로 관련되어 있기 때문에 부록을 먼저 읽어 보기를 권할 수도 있을 것이다. 다른 편에서 보자면, 사태의 본성에 따라서 부록이 다시 이 저서 자체에 관련된다는 점이 간과되어서는 안 될 것이다. 따라서 이 책의 부록은 이 책의 주요 부분으로서 두 번 읽어야만 한다.

이 책에서 언급하는 내용은 칸트의 철학에 대한 근본적인 이해를 전제로 한다. 그러나 이에 더해 독자가 저 위대한 플라톤의 사상에 대해서도 알고 있다고 한다면, 나의 강의를 듣기 위해 예민한 감수성을 갖고 준비를 잘한 것이다. 그러나 만약 독자가 베다철학에 접하는 혜택을 받았다고 한다면, 내가 볼 때 『우파니샤드』를 통해 이러한 베다철학에 접근하는 것은 커다란 축복이며, 이러한 『우파니샤드』에 대한 접근은 이 세기 이전에 제시되었다. 추측하건대, 산스크리트문학의 영향은 15세기에 그리스문학의 재현이 끼친 영향에 버금간다고 보기 때문에, 즉 독자가 오랜 인도의 지혜를 받아들일 수 있는 축복을 받았다고 한다면, 그러한 독자는 내가 이 책에서 내보일 강연을 듣기 위한 최고의 준비를 한 셈이다. 그러한 독자는 다른 사람들처럼 이 책에 대해 적대적으로 말하지는 않게 될 것이다. 내가 너무 우쭐대면서 말하는 것처럼 들리지 않았으면 하는데, 왜냐하면 비록 우파니샤드철학 속에서 나의 사상을 찾아볼 수는 없지만, 우파니샤드철학을 완성하는 개별적이고 단편적인 격언들은 내가 전달하는 사상의 결과로서 도출될 수 있다고 말하고자 하기 때문이다.

그러나 대부분의 독자들은 더 이상 참지 못하고 애써 그렇게 오랫동안 참아 왔던 비난을 할 것이다. 그러한 비난은 내가 대중들에게 부당하고 겸손하지 않은 요구들과 조건을 가진 책을 출판할 수 있는가, 1년에 3천 권이 넘도록 내용이 풍부하고 독창적이고 중요한 저작들이 나오고 있고 그 밖에도 수많은 정기간행물이나 일간지들이 인쇄기를 통해 대중들에게 주어질 정도로 독특한 사상이 넘쳐나는 시대에, 그리고 특히 몇백 년 전보다 독창적이고 심오한 철학자들이 더 많이 살게 된 지금의 독일에서 왜 그러한 요구와 조건을 지닌 책을 출판하는가 하는 것이다. 화가 많이 난 독자는 그렇게 성가신 책에 어떻게 다가갈 수 있겠는가, 그 책을 어떻게 끝까지 읽을 수 있겠는가 하고 비난할 것이다.

나는 이러한 비난들에 대해 어떤 식으로든 반응할 것이 없기 때문에, 독자들이 내가 제시한 요구들을 채우지 않고 이 책을 읽음으로써 아무런 결실을 맺지 못하고 시간을 낭비하지 않도록 적절한 때에 경고했다는 점에 대해 감사할 뿐이다. 특히 이 책은 그러한 요구들을 충족시키지 않는 사람들을 위한 것이 아니라, 초연하게 그리고 겸손하게 이 책의 독창적인 사유 방식을 즐길 수 있는 "소수의 사람들을 위한 것"[호라즈, 『Sermones』 I, 9, 44쪽]이기 때문이다. 왜냐하면 이 책이 독자들에게 요구하는 지속성이나 노력을 제외하더라도, 역설적인 것과 오류를 완전히 동일하다고 보는 지식의 절묘한 지점에 도달한 이 시대의 어떤 지성인이, 그가 유일하게 참이라고 확신하였던 것과 모순되는 사상들을 이 책의 거의 매 페이지마다 만나게 된다면, 그것을 견뎌 낼 수 있을 것인가? 그리고 감동적인 책을 썼으며 단지 자신이 15세 이전에 배워 승인한 것을 인간정신에 주어진 선천적인 사상으로 간주한다는 아주 작은 약점만을 지닌 아직 생존하는 위대한 철학자[1]와 사유하는 방식이 같기 때문에, 이 책에서 찾을 수 있으리라고 믿었던 견해들을 만나지 못한다면 얼마나 많은 사람들이 실망할 것인가? 이 모든 것을 누가 견뎌 낼 수 있는가? 여기에서 나의 충고는 이 책을 다시 던져 버리라는 것뿐이다.

그러나 나는 그렇게 하는 것에 대해 스스로 두려움을 느낀다. 서문까지 읽고 거부감을 느끼는 독자는 그 책을 돈을 주고 샀기 때문에, 무엇이 나의 손해를 보상할 것인가 하고 물을 수도 있을 것이다. 나의 마지막 위안은 책을 읽지는 않더라도 그것을 다양한 용도로 사용할 수도 있다는 점을 호소하는 것이다. 이 책은 다른 책들과 함께 책장의 빈칸을 채울 수 있으며 그 책이 깔끔하게 잘 만들어져 있기만 한다면 거기에 아주 잘 어울리게 될 것이다. 또한 독자는 그의 학식 있는 여자친구의 화장대나 탁자 위에 그 책을

---

1 프리드리히 하인리히 야코비.

놓을 수도 있을 것이다. 혹은 마지막으로 무엇보다도 좋은 것은, 내가 충고 하건대, 이 책에 대해 서평을 쓰는 것이다.

항상 애매한 삶 속에서 너무 진지해지지 않기 위해서 이러한 우스갯소리를 했지만, 나는 단지 언젠가 이 책이 읽히길 바라는 그 사람에게 쥐어지게 될 것이라는 확신 속에서 이 책을 진심 어린 마음으로 내놓는 것이다. 그리고 그 밖의 모든 인식에 있어서, 더욱이 가장 중요한 인식에 있어서 모든 시대의 진리에게 주어지는 그러한 운명이 이 책에게도 주어질 것이다. 진리의 운명은 그것이 역설적이라고 비난받고 사소한 것으로 업신여겨지는 기나긴 기간들 사이에서 승리의 짧디짧은 시간만을 허락받을 뿐이라는 것이다. 또한 이러한 운명은 진리의 창시자Urheber에게도 마찬가지인 것이다. 그러나 삶은 짧지만 진리는 널리 영향을 주고 오랫동안 살아남는다. 우리는 그러한 진리를 말하도록 하자.

1818년 8월 드레스덴에서 씀.

2판 서문

나는 이제 완성된 작품을 가치가 있을 것이라는 확신 속에서 같은 시대 사람이나 같은 나라 사람이 아니라 인류Menschheit에게 공개한다. 모든 종류의 좋은 것이 처한 운명이 그렇듯이, 이러한 가치는 나중에야 비로소 인정받게 될 것이다. 왜냐하면 나의 두뇌가 내 의지를 거스르면서 생의 오랜 시간을 중단 없이 일에 전념한 것은, 일시적인 환상Wahn에 사로잡혀 서둘러 지나쳐 버리는 사람들을 위한 것이 아니라 인류를 위한 것이기 때문이다. 이 시기 동안의 관심의 결핍은 이러한 작업이 가치를 갖는 데 있어서 나를 당황하게 할 수 없었는데, 왜냐하면 나는 지속적으로 잘못된 것, 나쁜 것, 특히 불합리한 것과 의미 없는 것das Unsinnige[1]이 일반적으로 칭찬과 존경을 받는 것을 보았으며 20여 년 동안 진정한 것과 올바른 것을 인식할 수 있는 사람들을, 즉 진정한 것과 올바른 것을 제시할 수 있는 사람들을 찾아보는 것이 헛될 정도로 그렇게 드문 일은 아니라고 생각했기 때문이다. 이런 사람들의 작품들이 나중에 세속적인 것의 무상함에 의해 예외가 되는 일은 드물 것이기 때문이다. 만약 그렇지 않다면 높은 목표를 지닌 사람이 자신을 강하게 하기 위해 후대에 필요한 위로를 주는 전망은 사라져 버릴 것이다. 실질적인 이익을 가져오지 않는 것을 진정하게 받아들이고 추구

---

1 헤겔의 철학.

하는 사람은 동시대인의 관심을 기대해서는 안 된다. 그러나 그는 대개 그러는 사이에 그러한 것의 가상이 세상에서 통용되고 좋은 시절을 누리는 것을 보게 될 것이다. 이것은 당연한 일이다. 왜냐하면 사태 자체Sache slebst는 그 자신을 위해서 추구되어야 하는 것이며, 그렇지 않으면 성공할 수 없기 때문이다. 어디에서나 통찰의 모든 의도가 위험에 처하게 되기 때문이다. 따라서 문학사 전체가 항상 증명하듯이, 가치 있는 모든 것이 통용되기 위해서는 많은 시간이 필요한 것이다. 특히 이것은 오락적인 것이 아니고 교훈적인 것일 때 더욱 그러하다. 그사이에는 잘못된 것das Falsche이 빛을 발한다. 왜냐하면 사태를 그러한 사태의 가상과 일치시키는 것은 불가능하지는 않더라도 어려운 일이기 때문이다. 모든 것들이 이러한 궁핍과 욕구의 세계에 봉사하고 노예가 되어야 한다는 것은 그야말로 저주Fluch이다. 그런 까닭에 세계는 빛과 진리를 향한 그 어떤 고상하고 숭고한 노력Streben이 방해를 받지 않고 번성하고 그러한 노력 자체 때문에 존재해도 되는 식으로 그렇게 만들어지지 않았다. 오히려 비록 일찍이 그러한 노력이 통용될 수 있고 이러한 노력에 대한 개념이 도입된다고 하더라도, 곧바로 실질적인 관심들이 그것의 도구와 가면을 만들기 위해 개인적인 목적들을 지배하게 된다. 그러므로 칸트가 철학에 새로운 명성을 가져온 이후에 곧바로 철학은 위로는 국가적인 목적 그리고 아래로는 개인적인 목적들의 도구가 되어 버렸다. 정확히 말하자면 철학이 아니라 철학의 환영Doppelgänger이 철학으로 통용된다. 이것은 우리에게 낯설지 않다. 왜냐하면 믿을 수 없을 만큼의 많은 사람들이 자신의 본능에 따라 실질적인 목적 말고는 다른 목적을 세울 수는 없고, 정말이지 어떤 다른 목적을 파악할 수 없기 때문이다. 따라서 모든 사람들, 많은 사람들, 정말 단지 몇몇의 사람들이 진리만을 향한 노력에 올바르게 참여할 수 있을 거라고 기대하는 것은 너무나 고상하고도 기이한 것exzentrisch이다. 그럼에도 불구하고 한번, 예를 들어 지금의 독일에서처럼, 철학에서 눈에 띄게 활기를 지닌 것, 일반적인 시도Treiben, 글쓰기와 말하기를 바라본다면, 그러한 움직임의 실제적인 근본 동기, 숨겨진 동기Triebfeder가 모든 위엄과 확신에도 불구하고 단지 실질적인 목적일 뿐이지 결코 이상적인 목적이 아니라는 것을 확실히 가정해도 좋을 것이다. 즉 사람들이 주목하는 것은 개인적인 관심, 업무적인 관심, 종교적인 관심, 국가적인 관심, 간단히 말해, 실질적인 관심이다. 그리고 따라서 단순히 당파적인 목적들이 소위 현자들의 수많은 펜을 그렇게 활발하게 움직이게 한다. 따라서 통찰이 아니라 의도들이 이러한 소란을 야기하는 자들을 이끄는 별이다. 그러나 이러한 의도들에서 확실히 진리는 중요하지 않은 것으로 생각된다. 진리는 당파적인 사람들이 발견할 수 없다. 오히려 진리는, 그것이 비밀스러운 교리처럼 소수의 연금술사에게나 전달되거나 또는 고문서Pergament에서만 고백하게 되는 경직된 교리에 사로잡힌 시대의 어두운 겨울밤을 지나 철학적인 논쟁을 통해 조용히 눈에 띄지 않게 자신의 길을 되돌려놓을 수 있다. 나는 정말로 그 어떤 시대도 한편으로는 국가의 수단으로 다른 한편으로는 생계의 수단으로서 현 시대만큼 철학이 모욕적으로 잘못 사용되고 있는 불리한 시대는 없었다고 말하고 싶다. 또는 사람들은 그러한 노력에 의해 그리고 그러한 야단법석 중에 생각하지도 않았던 진리가 드러날 것이라고 믿는 것인가? 진리는 자신을 원하지 않는 사람에게 달라붙는 창녀가 아니라 누군가가 모든 것을 희생한다고 해도 호의를 드러내지 않는 냉담한 처녀와 같은 것이다.

정부들이 이제 철학을 국가의 목적을 위한 수단으로 만든다면, 다른 한편으로 학자들은 다른 직업처럼 철학교수직을 생계를 유지하는 직업으로 본다. 따라서 학자들은 자신들의 선한 신념 아래 생계유지를 위한 목적에 기여하려는 의도를 드러낸다. 그리고 그들은 약속을 지킨다. 진리, 명확성, 플라톤, 아리스토텔레스가 아니라 봉사하도록 지시받은 목표가 그들을 이끄는 별이고 그리고 또한 즉시 참된 것, 가치 있는 것, 존중되어야 할 것 그리고 이런 목표의 반대의 것의 기준이 된다. 여기에서 이러한 목적에 부합하지 않는 것은 그 분야에서 중요한 것 그리고 독특한 것이라고 하더라도 비난을 받거나 또는 이것이 걱정된다 싶으면 서로 단결해 질식시켜 버린다. 사람들은 서로 단결해서 범신론에 분노한다. 사람들이 확신 속에서 그렇게 한다고 믿는 바보가 어디에 있겠는가? 빵을 얻기 위해 품위를 떨어뜨린 철학이 어떻게 궤변술로 변질되지 않겠는가? 이것은 불가피한 일이고 예로부터 신세를 진 사람의 편을 든다는 규칙이 통용되었기 때문에, 고대의 사람들에게서는 철학으로 돈을 버는 것이 궤변가들의 특징이었다. 그러나 이제 이러한 세계 어디에서도 평범한 것 이상을 기대할 수 있거나 요구해서는 안 되고 돈으로도 얻을 수 없다는 사실이 부가되므로, 우리는 여기에서 그러한 평범한 것에 만족해야만 한다. 그에 따라서 독일의 모든 대학에서 아직까지 존재하지 않았던 철학을 규정된 척도와 목표에 따라 자신의 방식으로 만들어 내려는 소중하고 평범한 노력을 보게 된다. 이것을 비웃는 것은 거의 가혹한 광경이라고 할 수 있을 것이다.

그런 식으로 철학이 보통 이미 오랫동안 한편으로는 공적인 목적을 위한 측면에서, 다른 측면에서는 사적인 목적을 위해 수단으로 봉사하는 동안에, 나는 이것에 방해를 받지 않고 30년 넘게 나의 고유한 사상의 길 Gedankenzug을 추구해 왔다. 나는 본능적인 충동에서 그것 말고 다른 것을 할 수 없었기 때문인데, 그러나 이는 참된 것을 생각하고 숨겨진 것을 비추어 드러내는 것이 언젠가 사유하는 다른 사람에게 이해되고, 그에게 말을 걸고 즐겁게 하며 위로를 주게 될 것이라는 신념에 의해 뒷받침되는 충동에서였던 것이다. 우리와 비슷한 사람들이 우리에게 말을 하면 이를 통해 이러한 황량한 삶에서 위로가 되듯이, 이런 사람들에게 말하는 것이다. 그러는 사이에 사람들은 그 일을 그 자체 때문에 그리고 그 자신을 위해 추구한다. 그러나 이상하게도 철학적인 성찰에서는 자기 자신을 위해 숙고하고 연구한 것이 나중에 다른 사람에게 도움이 되는 것이지 이미 본래 다른 사람을 위해 숙고하고 연구한 것이 그러한 도움을 주는 것은 아니다. 주지하듯이, 전자는 일반적인 성격을 지닌다. 왜냐하면 사람들은 자기 자신을 속이려고 하지 않을 뿐만 아니라 자신에게 속이 빈 호두를 내놓지 않기 때문이다. 이로 인해 모든 궤변과 쓸데없는 말이 사라지고 이것의 결과로 쓰여진 모든 문장은 그것을 읽는 수고를 곧바로 보상하게 된다. 따라서 나의 저서는 정직과 공명정대함을 특징으로 하는데, 이 저서는 칸트 이후 시대의 세 명의 유명한 궤변가들의 저술과는 눈에 띄게 뚜렷한 대조를 이룬다. 사람들은 내가 결코 지적 직관이나 절대적 사유라고 불리는 영감Inspiration —올바르게 말하자면 허풍과 협잡— 에 서 있지 않고 항상 반성, 즉 이성적인 숙고와 정직한 전달의 입장에 서 있다는 것을 발견한다. 따라서 그동안 계속해서 잘못된 것 그리고 나쁜 것이 통용되고, 허풍[2]과 협잡[3]이 최고의 존경을 받아 왔는데, 나는 이러한 정신으로 일하면서 내 동시대 사람들의 갈채를 받는 것을 일찍이 포기하였다. 20년 동안 정신적인 괴물인 헤겔이 최고의 철학자라고 외쳐지고 이것이 유럽 전체에 메아리로 울리는 시대에 이것을 주시해 온 사람이 그들의 갈채를 열망하는 것은 불가능한 것이다. 이 시대는 수여할 명예로운 월계관을 더 이상 갖고 있지 않다. 이 시대의 갈채는 더럽혀졌고 그러한 갈채를 비난하는 것은 아무런 의미가 없다. 내가 만약 동시대인에게서 그러한 갈채를 받으려고 했다면, 그들의 모든 의도에 완전히 상반되는, 그 의도와 부분적으로 충돌하는 스무 곳의 구절을 삭제해 버렸을 것이지만 그렇게 하지 않았다는 사실에서 나의 진정

---

2   피히테와 셸링.
3   헤겔.

성이 분명하게 드러난다. 그러나 나는 그러한 갈채만을 받기 위해 글자 하나라도 희생시키는 것은 범죄로 간주한다. 나를 이끄는 별은 진정으로 진리였다. 나는 이 별을 따르면서 오로지 나 자신의 갈채를 받으려 하였고, 모든 고상한 정신의 노력이라는 관점에서 심하게 타락한 시대 그리고 고상한 말을 저급한 신념과 결합시키는 예술이 정점에 달한 대중문학을 완전히 외면하였다. 물론 누구나 그렇듯이, 나는 내 본성에 필연적으로 달려 있는 오류와 약점들을 피할 수는 없지만, 그러나 나는 체면을 손상시키는 순응을 통해 그러한 약점들을 늘리지는 않을 것이다.

이제 이 2판에 관해서는 무엇보다도 내가 25년 이후에 취소시킬 것을 발견할 수 없다는 점, 따라서 나의 근본적인 확신이 적어도 나에게서는 입증되었다는 점이 기쁘다. 따라서 1판의 내용을 지니고 있는 1편에서는 본질적인 것을 건드리지 않았으며 변화는 부분적으로 사소한 것인데, 대부분 때때로 짧게 설명된 글, 추가된 글들이다. 「칸트철학비판」만은 현저하게 고쳐졌고 충분하게 추가되었다. 나의 이론Lehre을 드러내는 네 개의 권Buch 각각이 2편에서 보충된 것처럼 여기에서 「칸트철학비판」을 교정하고 비판한 것을 또 다른 권에 추가할 수 없었기 때문이다. 나는 늘리고 개선하는 이러한 형식을 선택했는데, 왜냐하면 저술의 작성 이래 25년이 지나면서 나의 서술 방식과 강연의 톤에 주목할 만한 변화가 일어났고, 2편의 내용을 1편의 내용과 완전히 융합시킬 수 없으며, 이럴 경우에는 둘 다 해를 입을 것이기 때문이다. 그런 까닭에 나는 두 작업을 구분하고 지금이라면 완전히 다르게 표현할 이전의 표현 자체를 남겨 두었다. 노년의 트집으로 내 젊은 시절의 저서를 망가트리지 않기 위해서이다. 이런 점에서 고쳐야 할 것은 2편의 도움으로 독자의 정신 속에서 어느덧 저절로 올바르게 될 것이다. 1편과 2편은 글자 그대로 서로를 보충하는 관계에 있는데, 이것은 어떤 나이대의 사람이 다른 나이대의 사람에게 지적인 점에서 보완이 된다는 점에 근거하고 있다. 따라서 각 편이 다른 편이 지니고 있지 않은 것을 포함하고 있을 뿐만 아니라 한 편의 특징들은 다른 편이 갖고 있지 않다는 점에서 그것을 발견할 것이다. 그런 이유에서 내 저서의 전반부가 후반부에 앞서 젊음의 열정과 최초의 구상Konzeption이라는 에너지를 줄 수 있다면, 이에 대해 내 저서의 후반부는 오로지 오랜 삶의 여정과 노력의 결실로 얻어질 수 있는 사상의 원숙함과 철저한 완성을 통해 전반부를 능가할 것이다. 왜냐하면 내가 내 체계의 근본사상을 근원적으로 파악하고, 이 사상을 즉시 네 개의 가지로 나누고 이 가지들에서 줄기로 통합하는 것으로 거슬러 올라간 다음에 전체를 명확하게 제시하는 힘을 가지고 있었을 때에는 체계의 모든 부분들을 완전하고 근본적으로 그리고 상세하게 다룰 수는 없었다. 이것은 오랜 성찰Meditation을 통해서만 도달할 수 있기 때문이다. 수많은 사실로 사상의 체계를 검토하고 설명해야 하고 다양한 증거로 뒷받침하고, 다양한 관점을 대담하게 대조하여 다양한 재료들을 깨끗하게 가려내고 잘 정리하기 위해 이러한 성찰이 요구되기 때문이다. 따라서 독자들은 나의 전체 작품이 두 부분으로 나뉘어 있어 사용하기 위해 서로 묶어야 하는 하나로 이루어진 것으로 생각하는 것이 편할 것이다. 독자가 그렇게 생각하려고 한다면 내가 두 번의 생애에서 가능했을 일을 한 번의 생애에 했다는 점을 유념해야 한다. 이를 위해 나는 완전히 서로 다른 두 개의 성질로 나누어져야 하는 성질을 하나의 생애에서 가져야만 했다. 따라서 내 저서를 두 개의 서로 보충적인 부분으로 나눠야 하는 필연성은 색이 없는 대물렌즈를 만들 수 없기 때문에 플린트 유리Flintglas의 볼록렌즈와 크라운 유리Kronglas의 오목렌즈를 짜맞춰 결합된 효과를 냄으로써 의도한 바를 이룰 수 있는 것에 비유할 수 있다. 그러나 다른 한편으로 독자는 서로 다른 시기에 동일한 두뇌와 동일한 정신이 동일한 대상을 다루는 데서 생기는 기분 전환과 위안으로 두 편을 동시에 사용해야 하는 불편함에 대한 보상을 발견할 것이다. 그동안에 아직 나의 철학을 모르는 독자는 우선 2편을 끌어넣지 말고 1편을 다 읽고 나서 두 번째 읽을 때 2편을 이용할 것을 조언한다. 왜냐하면 그렇지 않으면 1편이 제시하는 체계를 연관성 속에서 파악하는 것이 어려울 것이기 때문이다. 반면에 2편에서는 주요 주장들이 개별적으로 상세하게 증명되고 완벽하게 전개된다. 1편을 두 번째 읽을 결단을 내리지 못한 사람일지라도 1편을 읽은 후 2편을 장의 순서에 따라 읽는 것이 좋을 것이다. 물론 이 장은 밀접한 연관성을 갖고 있지는 않지만 1편을 잘 이해했다고 한다면, 1편에 대한 기억이 2편의 빈틈을 완벽하게 채울 수 있을 것이다. 특히 독자는 1편의 관련된 대목을 참조할 수 있고, 나는 이를 위해서 1판에서는 단지 분리선으로 표현했던 부분을 2판에서는 장으로 구분하였다.

나는 이미 1판의 서문에서 내 철학이 칸트철학에서 출발하였고, 따라서 칸트철학에 대한 기본적인 앎을 전제한다는 점을 설명했다. 나는 여기에서도 이 점을 반복한다. 왜냐하면 칸트의 이론은 그것을 파악한 사람의 정신에 근본적인 변화를 가져오는데, 그 변화는 가히 정신적인 부활이라고 할 만한 것이다. 오로지 칸트의 이론만이 타고난, 지성Intellekt의 본래적인 규정에서 비롯되는 실재론Realismus을 실제로 제거할 수 있는데, 버클리나 말브랑슈는 이 일을 할 수 없었다. 이들은 너무 일반적인 입장에 있었기 때문인데, 반면에 칸트는 특별한 방식으로, 즉 전형Vorbild이나 모방이 없이 그리고 완전히 고유한 방식으로, 말하자면 정신에 직접적으로 영향을 주는 방식으로 실재론을 제거해 버린다. 이러한 방식의 결과로 정신은 근본적인 실망을 경험하고 지금부터는 모든 사물들을 다른 시각에서 바라보게 된다. 그러나 이를 통해 정신은 내가 제시하려는 긍정적인 설명을 받아들이게 된다. 이와 반대로 칸트철학을 이해하지 못하는 사람은 그가 아무리 다른 것을 추구한다 하더라도, 마치 순진한 상태에, 즉 자연스럽고 유아적인 실재론에 사로잡히게 될 것이다. 이러한 상태에서 우리 모두가 태어나며 가능한 모든 일을 할 수 있을지라도 철학을 할 수는 없을 것이다. 따라서 이러한 사람과 칸트철학을 이해한 사람의 관계는 분별력이 없는 사람과 분별력 있는 사람과의 관계와 같다. 이러한 사실은 이성비판이 나온 이후 30년 동안은 전혀 그렇지 않았지만 오늘날에 역설적으로 들리는 것은 그 이후로 칸트를 알지 못하는 세대가 성장하고 이와 함께 책을 겉핥기식으로 성급하게 읽거나 다른 사람의 글을 읽기 때문이다. 그리고 이것은 동시에 잘못된 지도의 결과로 이러한 세대가 사람들이 무책임하게 칭찬하는 평범한, 따라서 전문적이지 않은 사람들이나 허풍선이 같은 궤변가들의 주장에 시간을 허비했기 때문이다. 그런 까닭에 최초의 개념들에서 혼란이 생기고 그렇게 교육받은 세대들의 철학적인 시도에서 보이는 부자연스러움Pretiosität과 독단성Prätentiosität이라는 껍질에서 말할 수 없는 미숙함과 어설픔이 생겨난다. 그러나 다른 사람의 표현을 통해 칸트철학을 알 수 있다고 생각하는 사람은 치유할 수 없는 오류에 사로잡히게 된다. 오히려 나는 특히 최근의 그러한 보고에 대해 단호하게 경고한다. 그리고 나는 최근에 칸트철학에 대한 헤겔주의자적인 표현의 저술들을 접하게 되는데, 이 저술들은 정말로 우화와 같은 것이다. 순수한 젊은 시절에 헤겔류의 헛소리에 어긋나고 변질된 머리가 칸트의 심오한 연구를 어떻게 따라갈 수 있겠는가? 그들은 일찍이 공허하고 쓸데없는 말을 철학적인 사상으로, 빈약한 궤변을 통찰력으로 그리고 어리석은 망상을 변증술로 간주하는 데 익숙해졌다. 그리고 어떤 것을 생각하기 위해 정신을 쓸데없이 괴롭히고 고갈시키며 엄청난 단어의 조합을 받아들이면서 그들의 머리는 해체되어 버렸다. 이들에게는 그 어떤 이성의 비판도, 그 어떤 철학도 소용이 없다. 이들에게는 정신을 위한 약, 우선 정화제로서 건전한 오성에 대한 짧은 강좌를 듣게 하고 그리고 다음에는 이들이 철학을 논의할 수 있는지를 계속 지켜봐야 할 것이다. 그러므로 사람들이 칸트의 가르침을 칸트 자신의 저서 이외의 다른 곳에서 찾는 것은 소용없는 일이다. 그러나 칸트의 저서는 그가 잘못 생각하거나 틀린 곳에서도 항상 그 자체로 교훈적이다. 칸트의 독창성에 의해 모든 진정한 철학자에게 적용되는 것은 그에게도 잘 적용된다. 다른 사람들의 보고가 아니라 오직 그들 자신의 저서를 통해서만 진정한 철학자들을 알 수 있다. 왜냐하면 그러한 비상한 정신의 소유자들의 사상은 평범한 머리로 걸러질 수 없기 때문이다. 넓고, 높고, 아름답게 휘어진 이마 아래와 광채를 발하는 눈에서 두드러지게 태어난 이러한 사상은 개인적인 목적을 추구하는 우둔한 시선으로 엿보는 좁고, 눌려진 두꺼운 머리의 좁은 집과 낮은 지붕에 옮겨지면 모든 힘과 모든 생명력을 잃어버리고 더 이상 본래의 동일한 것을 보지 못하게 된다. 그러한 종류의 머리는 고르지 않은 거울처럼 조화를 잃어버리고 모든 것이 왜곡되고 일그러진 모습을 드러낼 뿐이다. 우리는 오직 원래 창시자로부터만 철학적인 사상을 받아들일 수 있다. 그런 까닭에 철학을 하려고 생각하는 사람은 철학자들의 저서라는 고요한 성전Heiligtum에서 자신의 영원한 스승을 찾아야 한다. 이러한 진정한 철학자의 저서의 주요한 장은 보통의 사람들이 그때마다의 유행철학이나 감정적인 생각Herzensmeinung에 사로잡힌 채 더듬거리고 미심쩍어하는 설명보다 백 배 이상의 통찰을 가져다준다. 그러나 대중들이 이런 사람들에 의해 간접적으로 서술된 것을 선호하는 것은 놀라운 일이다. 이런 경우에는 사실 선택에서 친척관계가 작용하여 공통적인 성질에 이끌리게 되고 그런 이유에서 더구나 위대한 정신이 말한 것도 자신들과 같은 사람의 말을 통해 이해하려고 한다. 아마도 이것은 어린이는 어린이에 의해 가장 잘 배운다는 상호교육의 체계와 같은 원리에 근거할 것이다.

이제 철학교수들을 위해서 한마디 더 하도록 하겠다. 나는 그들이 나의 철학이 등장했을 때 곧바로 그들 자신의 노력과는 완전히 이질적인 것으로, 더구나 위험한 것으로, 통속적으로 말하자면, 그들의 용무에 맞지 않는 것으로 인식해 버리는 올바르고 섬세한 동작Takt, 총명함뿐만 아니라, 그들이 확실하고 날카로운 책략으로 내 철학에 맞서는 올바른 방식을 발견해 내고, 이러한 방식을 적용하는 완전한 합의, 마지막으로 그들이 그러한 방식에 충실하게 머무르는 지속성에 대해 놀라워해야만 했다. 아울러 실행하기 쉽다는 점에서 권장되는 이러한 방식은 주지하듯이, 전적으로 무시하는 것과 이를 통해 은폐하는 것이다. 이것은, 괴테의 악의적인 표현에 따르면, 본래 중요한 것과 의미 있는 것을 숨기는 것이다. 이러한 은밀한 방법의 영향력은 합의된 정신적인 자식들의 탄생을 서로 환영하게 하고 대중들이 쳐다보도록 하며, 거드름을 피우며 그 일에 대해 인사하는 떠들썩함Korybantenlärm을 통해 고조된다. 누가 이러한 방식이 의도하는 목적을 오해하겠는가? "우선 살고 난 다음에야 철학한다"라는 원칙을 반대할 수는 없다. 그런 사람들은 생활하려고 하지만, 그것도 철학으로 생계를 꾸리려고 한다. "철학, 너는 가난하고 헐벗은 채로 다닌다"[I, sonetto, 7, 10]라는 페트라르카의 말에도 불구하고, 이런 사람들은 부인과 자식과 함께 철학을 하려고 감행한다. 그러나 나의 철학은 결코 철학으로 생계를 유지할 수 있게 되어 있지 않다. 나의 철학에는 충분한 급여를 받는 강단철학에 없어서는 안 되는 필수품, 사변적인 신학이 우선 결여되어 있는데, 이러한 사변적인 신학은, 칸트가 이성비판으로 귀찮게 함에도 불구하고, 마땅히 모든 철학의 중심 주제여야 하고 반드시 그래야만 한다는 것이다. 이를 통해 철학은 전혀 모르는 것을 계속해서 언급해야만 하는 과제를 갖게 된다. 확실히, 나의 철학은 철학교수들에 의해 영리하게 날조된 그리고 그들에 의해 불가피하게 되어 버린, 직접적이고 절대적으로 인식하고 관조하는 또는 지각하는 이성이라는 우화를 허용조차 하지 않는다. 이러한 이성은 나중에 마치 네 마리의 말이 이끌 듯이, 세상에서 가장 편한 방식으로 칸트에 의해 우리의 인식에 전적으로 그리고 항상 차단된 모든 경험의 가능성 너머의 영역으로 들어가기 위해 맨 처음에만 독자들을 믿게 할 필요가 있다. 여기에서는 근대적인, 유대화된, 낙관적인 그리스도교의 근본교리가 거리낌 없이 공표되고 아름답게 정돈되어 발견된다. 이러한 본질적인 필수품들이 결여되고, 무분별하며 영양가 없이 너무 생각에 잠기는 나의 철학은 오로지 헐벗고 아무런 대가도 없으며, 친구도 없고 때로 박해받는 진리만을 북극성으로 삼아 좌우를 가리지 않고 곧바로 나아가는데, 도대체 이러한 나의 철학이 매 순간 영주에 대한 두려움, 정부의 의지, 교회의 규정들, 출판사의 요구, 학생들의 호응, 동료와의 좋은 우정, 시사정치 문제의 진행, 대중들의 일시적인 방향 등 그 밖의 모든 것에 주목하는 철학, 수백 개의 의도들과 수천 개의 동기들을 짊어지고 조심스럽게 자신의 길을 가는 저 양육의 어머니alma mater, 즉 유익하고 영양가 있는 대학철학과 무슨 관계가 있단 말인가? 또는 진리에 대한 나의 조용하고 진심 어린 연구가 항상 개인적인 목적이 내적인 동기가 되는 강단과 청강석에서 날카롭게 울리는 학자들의 논쟁과 무슨 공통점이 있는가? 오히려 두 가지 종류의 철학은 근본적으로 서로 다른 것이다. 그렇기 때문에 나에게는 어떤 타협이나 동료가 없으며, 진리를 추구하는 사람 말고는 나에게서 아무런 이득을 얻을 수 없다. 즉 당시의 철학적 당파Partei에게는 아무런 이득이 되지 않는다. 왜냐하면 그들 모두는 그들의 목적을 따르기 때문이다. 그러나 나는 그 어떤 목적에 의해서도 파악할 수 없는 단순한 통찰들을 제공한다. 왜냐하면 이러한 통찰들은 그 어떤 의도도 갖지 않기 때문이다. 그러나 나의 철학 자체가 강단에서 논의할 것이 되기 위해서는 우선 완전히 다른 시대가 다가와야만 할 것이다. 따라서 생계를 유지하기 위한 것이 아닌 그러한 철학이 공기와 빛을 얻고 모든 사람에게 주목을 받게 된다면 그것은 아름다운 일이 될 것이다! 따라서 이런 것은 저지되어야만 했었고 이런 것에 대해 모든 사람이 반대해야만 했다. 그러나 사람들이 논쟁하고 반박하는 것은 쉬운 일이 아니다. 또한 이것은 의심스러운 방법인데, 왜냐하면 대중이 그 문제에 주목하게 되고 이런 대중들이 나의 저서를 읽는다는 것은 철학교수들의 야간작업의 결과물에 대한 입맛을 망가뜨릴 수 있기 때문이다. 진지한 것을 경험한 사람은 농담, 특히 지루한 종류의 농담이 더 이상 마음에 들지 않기 때문이다. 따라서 그런 이유에서 만장일치로 받아들여진 침묵체계가 유일하게 올바른 체계이며, 나는 이러한 체계가 작동하는 한, 즉 언젠가 무시하는 것이 무지에서 비롯된다는 것이 알려질 때까지 이러한 체계를 유지하고 이러한 체계와 함께 나아갈 것을 충고한다. 그럴 경우에는 바른길로 돌아갈 시간이 주어질 것이다. 그러나 그러는 사이에 여기저기에서 자신이 사용하기 위해 작은 깃털을 뽑는 것은 각자에게 달려 있다. 집에서는 사상의 과잉이 그렇게 압박을 주지 않기 때문이다. 따라서 적어도 내가 여전히 살아 있는 잠시 동안에는 많은 이익을 가져다준 무시체계와 침묵체계가 일정 기간 동안 지속될 수 있다. 그동안에 여기저기에서 경솔한 소리가 들리게 되면, 완전히 다른 것에 관하여 무거운 표정으로 대중들과 환담할 줄 아는 교수들의 우렁찬 강연에 의해 들리지 않게 될 것이다. 그러나 나는 만장일치의 방식을 보다 엄격하게 유지할 것을 그리고 특히 지독하게 경솔한 젊은이들을 감시할 것을 충고한다. 왜냐하면 그렇다 하더라도 나는 칭송된 방식이 영원히 유지된다는 것을 보증할 수 없고 그리고 최후의 결과를 책임질 수 없기 때문이다. 즉 대체로 온순하고 공손한 대중들을 조정하는 것은 매우 어려운 일이다. 모든 시대에 고르기아스와 히피아스가 정상에 있는 것을 보고, 부조리한 것이 보통 정점에 도달하고, 개인의 목소리가 유혹하는 사람과 유혹당한 사람을 헤치고 나아가는 것이 불가능할 것처럼 보이더라도, 항상 진정한 작품에는 전적으로 고유하고 고요하며, 완만하고 강력한 영향이 존재한다. 그리고 사람들은 마치 지구의 두꺼운 대기권에서 순수한 곳으로 날아오르는 비행선이 일단 거기에 도달하게 되면 그 누구도 더 이상 끌어 내릴 수 없이 지속적으로 머무르는 것처럼, 진정한 작품이 마침내 혼란상태Getümmel로부터 떠오르는 것을 놀라움 속에서 바라보게 될 것이다.

1844년 2월 프랑크푸르트 암 마인에서 씀.

3판 서문

참된 것과 진정한 것은, 이것을 만들어 낼 능력이 없는 사람들이 동시에 이것이 나타나는 것을 방해하지 않는다면 세상에서 쉽게 세력을 얻을 것이다. 세상에 도움이 되어야 하는 것이 질식할 정도는 아니라고 해도 방해를 받고 지체되는 것은 이러한 사정 때문이다. 내 경우에 서른 살이 되었을 때 이 책의 1판이 나왔지만, 일흔두 살에야 이 책의 3판이 나온 것도 이러한 사정의 결과이다. 그러나 이와 관련해서 나는 "하루 종일 뛰어다닌 사람이라도 저녁에 이르러서는 만족해한다"(『참된 지혜에 관해』, 140쪽)라는 페트라르카의 말에서 위로를 받는다. 나는 마지막으로 그런 나이에 도달하여 내 생애의 끝에 나의 영향력을 보게 된 것을 만족하며, 오랜 규칙에 따라 늦게 시작된 것은 이에 비례하여 오래 지속될 것이라는 희망을 갖게 된다.

독자는 2판에 포함된 것이 3판에 빠짐없이 들어 있으며, 추가된 보충에 의해 2판보다 136쪽이 더 늘어난 것을 보게 될 것이다.

나는 2판이 나온 지 7년 후에 두 권짜리인 『소품과 부록Parerga und Paralipomena』을 출간하였다. 그러한 이름에서 포함된 것은 내 철학의 체계적인 설명을 위해 보충하는 것이며 이 책에 싣는 것이 올바른 일일 것이다. 그러나 내가 그 당시에 그렇게 책을 출간한 것은 3판을 출간할 수 있을지 매우 불확실했기 때문이다. 이것은 언급된 『소품과 부록』의 2권에서 확인할 수 있으며 장의 제목에서 쉽게 알 수 있을 것이다.

1859년 9월 프랑크푸르트 암 마인에서 씀.

1권

표상으로서의 세계 첫 번째 고찰

근거율에 의존하는 표상: 경험과 학문의 대상

"

친구여,

유년기를 버리고

잠에서 깨어나라!

"

[장-자크 루소, 『신 엘로이즈』 5, 1]

1절

~❦~

"세계는 나의 표상Vorstellung이다." 이것은 살아서 인식하는 모든 존재에 적용되는 진리이다. 그러나 인간만이 이러한 진리를 반성적으로, 추상적으로 의식할 수 있는데, 인간이 이것을 진정으로 의식한다고 하면 그는 분별력Besonnenheit을 갖게 될 것이다. 그러면 그가 아는 것은 태양과 땅이 아니라 태양을 보는 눈 그리고 대지를 느끼는 손을 아는 것이라는 사실, 그를 둘러싸고 있는 세계가 단지 표상으로서 존재한다는 사실, 세계가 오로지 완전히 다른 존재, 즉 인간 자신인 표상하는 자das Vorstellende와의 관계 속에서만 존재한다는 사실이 분명하고 확실해질 것이다. 만약 어떤 진리가 선험적a priori이라고 말할 수 있다면, 이것이 바로 그 진리이다. 왜냐하면 그 진리는 다른 어떤 형식보다도, 즉 시간과 공간 그리고 인과율보다도 더 보편적인, 가능하다고 생각해 낼 수 있는 모든 경험의 형식들의 표현이기 때문이다. 왜냐하면 이러한 모든 형식들은 그러한 선험적 진리를 이미 전제로 하기 때문이다. 그리고 우리가 충분근거율의 다양하고 특수한 형태로서 인식한 이러한 모든 형식들이 오로지 각각의 표상들의 특수한 부류에만 적용된다고 한다면, 이에 대한 객관과 주관으로의 분열은 모든 부류의 공통적인 형식인 것이다. 오직 이러한 공통적인 형식 속에서만 표상은 그것이 추상적이든 직관적이든, 순수하든 경험적이든 어떤 종류의 것이든 간에 가능하며 사유될 수 있다. 따라서 인식을 위해 존재하는 모든 것, 즉 세계 전체가 단지 주관과 관계하는 객관Objekt, 직관하는 사람의 직관Anschauung, 한마디로 말하자면 표상Vorstellung이라는 진리보다 더 확실하고 다른 어떤 것에 의존하지 않으며 증명을 필요로 하지 않는 진리는 없다.

이것은 현재뿐만 아니라 과거 그리고 미래, 멀리 있는 것뿐만 아니라 가까이 있는 것에도 적용된다. 왜냐하면 이것은 이러한 모든 것을 구분해 주는 시간과 공간 자체에 적용되기 때문이다. 세계에 속하는 것 그리고 세계에 속할 수 있는 모든 것은 어쩔 수 없이 주관에 의해 제약되어 있으며, 오로지 주관을 위해 존재한다. 세계는 표상이다.

이러한 진리는 결코 새로운 것이 아니다. 이 진리는 이미 데카르트의 회의적인 고찰 속에도 있었던 것이다. 그러나 이러한 진리를 결정적으로 언급한 것은 버클리이다. 비록 버클리의 그 밖의 다른 학설들은 존재할 수 없지만, 그는 이렇게 말함으로써 철학을 위한 불멸의 업적을 남겼던 것이다. 부록에서 언급하듯이, 칸트의 첫 번째 실수는 이러한 주장을 소홀히 했다는 점이다. 반면 이러한 근본진리는 비아사Vyasa가 주창한 베단타철학의 기본 명제로서 나타나면서 이미 인도의 현자들에 의해 알려졌는데, 윌리엄 존스William Jones는 자신의 논문인 「아시아철학에 관하여On the Philosophy of the Asiatics」(『아시아연구』, 4권, 164쪽)의 마지막에서 다음과 같이 증언하고 있다. "베단타학파의 근본적인 교리는 고체성, 불침투성, 연장으로 이루어진 물질을 부정하는 것에 있는 것이 아니라 ―이것을 부정하는 것은 바보 같은 짓인데― 물질에 대한 일반적인 개념을 바로잡고 물질은 마음의 지각으로부터 독립해 있는 본질을 갖고 있지 않다는 것, 즉 존재와 지각가능성은 서로 호환 가능 한 용어라는 것을 주장하는 것에 있다."[1] 이 말은 경험적인 실재성empirische Realität이 선험적인 관념성transzendentale Idealität과 양립한다는 것을 좀 더 충분하게 설명한 것이다.

---

1   베단타학파의 근본교리는 물질, 즉 고체성, 불가입성(Undurchdringlichkeit)과 연장(이것을 부인하는 것은 미친 일인데)의 존재를 부인하는 것이 아니라, 물질이 인식하는 이해에 의존하지 않는 존재를 갖고 있다는 주장에서 드러나는 일반적인 개념을 바로잡는 것이다. 존재와 지각가능성은 상관개념(Wechselbegriff)이기 때문이다.

따라서 이 1권에서 우리는 단지 앞서 언급된 측면에서만, 즉 오직 세계가 표상인 한에서만 세계를 고찰할 것이다. 그러나 세계를 자신의 단순한 표상으로 받아들이는 모든 사람에게 내적인 거부감은, 이러한 고찰이 진리를 훼손하지는 않는다고 하더라도, 하나의 일면적이고, 결과적으로 어떤 자의적인willkürlich 추상화를 통해 야기된다는 점을 고지해 줄 것이다. 그러나 다른 한편에서 보자면 누구도 이러한 가정으로부터 벗어날 수는 없을 것이다. 그럼에도 불구하고 이러한 고찰의 일면성은 다음 권Buch에서 우리가 여기에서 언급하는 진리처럼 그렇게 직접적으로 확실한 것이 아닌 진리를 통해 보완될 것이다. 이러한 진리는 오로지 더 심오한 연구, 어려운 추상화, 다양한 것의 분리 그리고 동일한 것의 통일만이 가져다줄 수 있다. 이것은 아주 심각하거나 또는 두려운 것은 아니지만 누구나가 생각해 보아야만 하는 그러한 진리를 통해, 즉 누구나가 세계는 "나의 의지이다"라고 말할 수 있고 말해야만 하는 그러한 진리를 통해 가능한 것이다.

따라서 이러한 진리에 이르기 위해 1권에서는 우리가 출발하는 세계의 측면, 즉 세계의 인식가능성의 측면에 시선을 고정시켜 세계를 고찰하는 것이 필요하다. 그리고 그런 이유에서 모순 없이 현존하는 모든 대상들, 더욱이 자신의 신체를 (우리는 이것을 곧 상세히 설명할 것인데) 단지 표상으로서 고찰하는 것, 단순한 표상으로 부르는 것이 필요하다. 여기에서 도외시되는 것은 —이것은 바라건대 나중에 모든 사람에게 확실시될 것인데— 세계의 다른 측면을 완성하고 있는 바로 의지Wille이다. 왜냐하면 세계는 한편으로는 철두철미하게 표상Vorstellung이지만 다른 측면에서는 철두철미하게 의지이기 때문이다. 그러나 이 둘 중의 어떤 것도 아니고 대상 자체인 것의 실재성은(유감스럽게도 칸트의 물자체도 이러한 실재성 아래로 변질되었는데) 꿈속에 나타나는 쓸모없는 것Unding이며 그것을 받아들이는 것은 철학에서의 오류인 것이다.

2절

⟡

　모든 것을 인식하지만 그 어떤 것에 의해서도 인식되지 않는 것이 주관 Subjekt이다. 따라서 주관은 세계의 담당자Träger이며, 모든 현상과 모든 객관의 일반적인 전제, 항상 전제된 조건이다. 왜냐하면 존재하는 것은 항상 오직 주관에 대해서만 있기 때문이다. 모든 사람은 각자 이러한 주관으로서 존재한다. 하지만 그가 인식의 대상이 아니라 인식하는 한에서만 그렇다. 그러나 주관의 신체는 이미 객관이기에 이러한 입장에서 우리는 신체를 표상이라고 부른다. 왜냐하면 비록 신체는 직접적인 객관이지만,[2] 그것은 객관들 중의 객관이고 객관들의 법칙에 종속되기 때문이다. 신체는 직관의 모든 대상들처럼 모든 인식의 형식, 즉 시간과 공간 속에 놓여 있다. 이러한 인식의 형식을 통해서 다양성이 존재한다. 그러나 인식되는 것이 아니라 인식하는 주관은 이러한 형식 속에 놓여 있지 않다. 이러한 형식은 오히려 주관을 전제로 삼고 있을 뿐이다. 따라서 이러한 주관에게는 다양성이나 이것의 반대인 단일성이 속하지 않는다. 우리는 결코 이러한 주관을 인식하지 못하며 오히려 어떤 것이 인식되는 곳에서 인식하는 것이 바로 주관이다.

　따라서 표상으로서의 세계는 ─우리는 여기에서 세계를 이 관점에서만 고찰하는데─ 본질적이고, 필연적이고 불가분한 두 가지의 측면을 갖고 있다. 하나의 측면은 객관Objekt이다. 이러한 객관의 형식은 공간과 시간인데, 이것을 통해 다양성이 존재한다. 다른 하나의 측면은 주관인데, 이것은

2　「근거율에 대하여」 2판 22절(쇼펜하우어가 여기에서 언급하는 「근거율에 대하여」는 「충분근거율의 네 가지 뿌리에 대하여」를 말함─옮긴이).

공간과 시간 속에 놓여 있는 것이 아니다. 왜냐하면 주관은 분리되지 않은 채 표상하는 모든 존재 속에 전체적으로 있기 때문이다. 그런 까닭에 이러한 표상하는 사람들 중의 한 사람이라도, 존재하는 수많은 사람들처럼 그렇게 완전하게 객관으로 표상으로서의 세계를 구성한다. 그러나 이 한 사람이 사라진다면 표상으로서의 세계는 더 이상 존재하지 않을 것이다. 그래서 객관과 주관은 사유를 위해 결코 떼어 놓을 수 없는 것이다. 왜냐하면 이 둘 각각은 서로를 통해 그리고 서로에 대해서만 의미와 존재를 지니며, 함께 존재하고 함께 사라져 버리기 때문이다. 이러한 두 가지 측면은 직접적으로 서로 경계를 갖고 있는데, 이러한 경계는 객관이 시작되는 곳에서 주관이 끝나 버리는 식이다. 이러한 경계의 특징은 모든 객관의 본질적이며 보편적인 형식들인 시간, 공간 그리고 인과율이 객관 자체의 인식 없이도 주관에 의해 시작되거나 발견되며 완전히 인식될 수 있다는 점, 즉 칸트적으로 말하자면, 이러한 형식들이 우리의 의식 속에 선험적으로 놓여 있다는 점에 있다. 이것을 발견한 것은 칸트의 중요하고 아주 위대한 업적이다. 나는 이제 이 위에서 충분근거율이 우리에게 선험적으로 의식된 모든 객관의 형식들의 공통적인 표현이라는 점 그리고 따라서 우리가 선험적으로 알고 있는 모든 것은 바로 그러한 충분근거율의 내용이며 이로부터 도출된 것임을 주장할 것이다. 따라서 본래 충분근거율 속에서 선험적으로 확실한 우리의 모든 인식이 언급될 수 있다. 나는 나의 논문인 「근거율에 대하여」에서 어떻게 모든 가능한 객관들이 한편으로는 규정되어지면서 다른 한편으로는 규정하면서 서로 다른 객관들과 필연적인 관계를 갖는지를 충분하게 설명하였다. 이 점은 이 대상들이 객관들, 표상들인 한에서 모든 대상들의 존재가 객관들 서로에 대한 필연적인 관계로 환원되고, 이러한 관계 속에서만 존재하며 따라서 완전히 상대적인 것이고, 이것에 의해 곧 수많은 객관이 존재한다는 점까지 적용된다. 더구나 나는 객관들이 그

가능성으로써 구분되는 등급에 따라 충분근거율이 일반적으로 표현하는 필연적인 관계가 다른 형태 속에서 나타나는 것이며 이를 통해 그러한 등급의 올바른 구분이 가능하다는 점을 언급하였다. 여기에서 나는 「근거율에 대하여」에서 말한 것을 독자들이 이미 잘 알고 있다고 전제할 것이다. 왜냐하면 만약에 내가 그 논문에서 이 점을 충분히 언급하지 않았다면 여기에서 반드시 언급해야 하기 때문이다.

3절

우리가 지닌 모든 표상들 사이의 중요한 차이는 직관적인 것과 추상적인 것의 차이이다. 추상적인 것은 표상들의 한 부류Klasse, 즉 개념들을 만들어 낸다. 그리고 이러한 개념들은 지상에서는 오직 인간의 소유물이고 그러한 개념을 사용하는 능력이 인간을 모든 다른 동물들과 구별하며 이것은 예전부터 이성Vernunft이라고 불리는 것이다.[3] 우리는 계속해서 이러한 추상적인 표상들 자체를 고찰할 것이지만 그러나 지금은 오직 직관적인 표상에 대해서만 언급할 것이다. 직관적인 표상은 가시적인 세계 전체 또는 경험 전체 그리고 경험이 지닌 가능성의 조건을 포괄한다. 앞서 말했듯이, 칸트의 아주 중요한 발견은 이러한 조건들, 이러한 조건들의 형식들, 즉 경험의 지각에 있어서 보편적인 것, 모든 경험의 현상에 동일한 방식으로 고유한 것, 즉 시간과 공간이 자신에 대해 그리고 자신의 내용과 분리되

---

3   그러나 칸트는 이러한 이성이라는 개념을 혼동하는데, 어느 정도인지를 나는 나의 「윤리학의 두 가지 근본문제」의 「도덕의 기초에 관하여」 6절 148-154쪽뿐만 아니라 부록에서도 언급하였다.

어서 추상적으로 생각할 수 있을 뿐만 아니라, 직접적으로 직관될 수 있다는 점을 알아낸 것이다. 그리고 직관이 시간과 공간을 선험적으로 인식하는 것처럼 공간과 시간의 속성들은 모든 가능한 경험에 대해 법칙으로서 통용되는 것이고 경험은 어디에서나 이러한 법칙들에 따라 결과를 가져오면서, 이러한 직관은 경험의 반복을 통해 빌려 온 환상 같은 것이 아니라 오히려 거꾸로 경험이 이러한 직관에 의존하는 것으로 생각되어야 하듯이 직관은 경험에 의존하지 않는다는 점이 칸트의 중요한 발견이다. 나는 이 때문에 나의 논문 「근거율에 대하여」에서 시간과 공간이 순수하게 내용 없이 직관될 수 있는 한에서 시간과 공간을 하나의 특별하고 스스로 존재하는 표상의 부류라고 고찰했던 것이다. 그래서 칸트에 의해 발견된 이러한 직관의 보편적인 형식이라는 특성은 그것이 스스로 존재하고 경험에 의존하지 않으며 직관적이고 그것의 전체적인 법칙성Gesetzmäßigkeit에 의해 인식 가능할 수 있는 매우 중요한 것이다. 수학의 오류불가능성은 이러한 법칙성에 근거하고 있다. 그러나 사소한 것으로 고찰되어서는 안 되는 직관의 또 다른 속성은 경험을 인과성과 동기부여Motivation의 법칙으로서 그리고 사유를 판단을 정립하는 법칙으로서 규정하는 충분근거율이 여기에서는 완전히 독특한 형태로 나타난다는 점이다. 나는 이러한 직관의 속성에 존재의 근거Grund des Seins라는 이름을 부여했는데, 이러한 속성들은 시간 속에서 계기들의 연속Folge과 공간 속에서 무한하게 상호교대로 규정하는 부분들의 위치Lage인 것이다.

이 책의 서론이 되는 논문으로부터 그 형태가 다양하더라도 충분근거율의 내용이 완전히 동일성을 지니고 있다는 점을 분명하게 알아차린 독자는 이 충분근거율의 가장 내적인 본질을 통찰하기 위해서는 그러한 원리의 가장 단순한 형태 그 자체를 인식하는 것이 중요하다는 점을 확신할 것인데, 이러한 단순한 원리가 시간이다. 시간 속에서 모든 순간은 그것이 선행하는 그의 아버지가 제거될 때라야 존재하게 되는 것처럼, 자신도 다시 쉽게 제거되어 버린다. 과거와 미래도(그들 내용의 결과는 제외하더라도) 하나의 꿈처럼 허망한 것이고 현재는 단지 이러한 과거와 미래 사이의 넓이를 갖지 않으며 존재하지도 않는 경계에 불과한 것이다. 이처럼 우리는 충분근거율의 모든 다른 형태 속에서도 동일한 무상성Nichtigkeit을 다시 인식할 것이다. 그리고 시간과 마찬가지로 공간도 그리고 공간과 마찬가지로 공간과 시간 속에 동시에 있는 모든 것, 따라서 원인과 결과에서 생기는 모든 것이 단지 상대적으로 존재한다는 것을, 즉 그와 동일한 종류의 다른 것을 통해 그리고 그와 같은 다른 것에 대해 존재한다는 것을 알게 될 것이다. 이러한 견해는 이미 오래전에도 있었다. 헤라클레이토스는 이러한 견해에서 사물의 영원한 흐름을 한탄하였다. 플라톤은 사물의 대상을 결코 존재하지 않고 항상 변화하는 것이라고 경멸하였다. 스피노자는 이렇게 변화하는 것을 혼자 존재하며 머물러 있는 유일한 실체의 단순한 속성일 뿐이라고 불렀다. 칸트는 그렇게 이해된 것은 물자체에 대립하여 있는 현상이라고 규정한다. 마지막으로 고대 인도의 지혜는 다음과 같이 말한다. "인간의 두 눈을 가리고서 세계를 보게 하는 것은 기만의 베일, 즉 마야Maja이다. 사람들은 이러한 세계에 대해 그것이 존재한다고 말할 수 없고 그렇다고 그것이 존재하지 않는다고도 말할 수 없다. 왜냐하면 이 세계는 꿈과 같은 것이며, 방랑자가 멀리에서 물이라고 생각하는 모래 위의 빛나는 햇빛과 같은 것이며, 또는 그가 뱀이라고 생각하지만 내버려진 밧줄과 같은 것이기 때문이다." (이러한 비유는 『베다』와 『푸라나』의 수많은 곳에서 반복해서 나타나 있다.) 그러나 이 모든 것이 세계에 관해 말하고 있는 것은 다른 것이 아니라 우리가 이제 고찰하는 것, 즉 충분근거율에 지배되는 표상으로서의 세계인 것이다.

4절

순수한 시간 그 자체 속에서 나타나며 숫자를 세는 것과 계산하는 모든 것에 관계하는 충분근거율의 형태를 인식한 사람은 이와 함께 시간의 본질 전체를 인식한다. 시간은 충분근거율의 바로 이런 형태이고, 이 외에 어떤 다른 속성을 갖지 않는다. 연속Sukzession은 시간 속에 있는 충분근거율의 형태이다. 그러한 연속이 시간의 본질 전체이다. 순수하게 직관된 공간 속에서 지배하고 있는 충분근거율을 인식하는 사람은 이와 함께 공간의 본질 전체를 완전히 탐구한다. 공간은 전적으로 서로를 통한 부분들의 상호규정의 가능성 이외에 다른 것이 아니기 때문인데, 이러한 가능성은 위치Lage라고 불린다. 이러한 위치를 상세하게 고찰하고 이것을 적절하게 사용하기 위해 여기에서 생기는 결과들을 추상적인 개념들 속에 기록한 것이 기하학의 모든 내용이다. 이와 마찬가지로 이러한 형식들(시간과 공간)의 내용, 이러한 형식들의 지각가능성, 즉 물질을 지배하는 충분근거율의 형태, 따라서 인과성의 법칙을 인식한 사람은 이와 함께 물질 자체의 모든 본질을 인식하는 것이다. 왜냐하면 이러한 물질은 전적으로 인과성에 불과한 것인데, 이 점은 누구나 생각만 하면 직접적으로 알 수 있는 것이기 때문이다. 물질의 존재는 그 물질의 작용Wirken인 것이다. 물질의 작용 이외의 어떤 존재를 생각하는 것은 불가능하다. 물질은 오로지 작용하는 것으로서 공간과 시간을 채운다. 직접적인 대상에 대한 물질의 작용이 (이것 자체가 물질인데) 직관을 제약하며, 이러한 직관 속에서만 물질이 존재한다. 모든 물질적인 대상들이 다른 대상에 끼치는 작용의 결과는 작용을 받은 대상이 이전과는 다르게 직접적인 대상에 작용하는 한에서만 인식되고 그점에서만 존재한다. 따라서 원인과 결과는 물질 전체의 본질인 것이다. 이러한 물질의 존재는 그것의 작용인 것이다(여기에 대한 자세한 사항은 논문 「근거율에 대하여」, 21절, 77쪽 참고). 그러므로 독일어에서 모든 물질의 총괄 개념을 현실성Wirklichkeit이라고 부르는 것[4]은 아주 적절한 것이며, 이 말은 실재성Realität이라는 말보다도 더 탁월한 것이다. 물질이 작용하는 것은 항상 물질에 대해서만이다. 따라서 물질의 전체 존재와 본질은 오로지 물질의 한 부분이 다른 부분에 야기하는 법칙적인 변화 속에 있으며, 따라서 마치 시간처럼, 마치 공간처럼 물질의 한계 내에서 통용되는 관계에 따르면 완전히 상대적인 것이다.

그러나 시간과 공간은 각자 스스로에 대해서는 물질 없이도 직관될 수 있는 것이다. 그렇지만 물질은 시간과 공간 없이는 직관될 수 없다. 물질로부터 분리될 수 없는 형상은 공간을 전제로 하며 물질의 전체 존재가 놓여 있는 이러한 형상의 작용은 항상 단지 하나의 변화, 즉 시간의 규정에 관계할 뿐이다. 그러나 시간과 공간은 각자가 스스로 물질에 의해 전제되는 것이 아니라 이 양자의 통일이 물질의 본질을 완성하는 것이다. 왜냐하면 이미 말했듯이, 물질의 본질은 바로 작용에, 즉 인과성에 있기 때문이다. 즉 생각할 수 있는 수많은 현상들과 상태들은 서로를 제한하지 않고 무한한 공간 속에서 서로가 나란히 놓여 있거나 서로 방해하지 않고서 잇달아 일어난다. 따라서 여기에서 물질들 상호 간의 필연적인 관계와 이러한 관계에 따라 물질을 규정하는 원칙이 결코 사용될 수 없으며 필요하지 않게 된다. 결과적으로 공간 속에서 서로 나란히 있으며 시간 속에서의 모든 변화에 있다고 하더라도, 이 둘의 각자가 서로와의 연관 없이 존재한다거나 흘러간다고 하면 결코 인과성은 존재할 수 없을 것이다. 이러한 인과

---

4   "몇몇 사물들에 대하여 적합한 표현을 사용하는 것은 놀라운 것이다. 그리고 고대인들의 언어 사용은 아주 효과적인 방식으로 많은 것을 지칭한다."(세네카, 「서간집」, 81)

성이 물질의 본질을 완성하는 것이기 때문에 물질도 존재하지 않을 것이다. 그러나 인과성의 법칙은 오로지 변화의 본질이 상태 자체의 단순한 변화 속에서가 아니라 공간 속에서의 동일한 장소에 이제 하나의 상태가 있고 그리고 이 위에 다른 상태가 존재하며 그리고 하나의 동일한 특정한 시간에 여기에서는 이러한 상태가 그리고 저기에서는 저러한 상태가 있다는 점을 통해 그 의미와 필연성을 갖게 되는 것이다. 오직 시간과 공간 사이의 이러한 상호적인 제약만이 변화가 일어나는 규칙과 의미 그리고 동시에 필연성을 제공해 준다. 따라서 인과성의 법칙을 통해서 규정되는 것은 단순히 시간 속에서의 연속이 아니라 하나의 특정한 공간이라는 관점에서의 연속이며, 그리고 하나의 특정한 장소에서의 상태들의 존재가 아니라 특정한 시간에서의 특정한 장소 내 상태들의 존재인 것이다. 따라서 변화, 즉 인과법칙에 의해 나타나는 변화는 매번 공간의 특정한 부분과 시간의 특정한 부분에 동시에 그리고 하나로 관계한다. 이것에 의해 인과성은 공간을 시간과 통일하는 것이다. 그러나 우리는 물질의 전체 본질이 작용 속에, 즉 인과성 속에 있다는 점을 발견하였다. 따라서 이 물질의 본질은 공간과 시간 속에서 통일되어야만 한다. 즉 물질은 시간의 속성과 공간의 속성이 서로 모순되더라도 시간의 속성과 공간의 속성을 동시에 지녀야만 한다. 그리고 물질은 시간과 공간 둘 다 하나만 가지고는 불가능한 것을 자신 속에서 통일시켜야만 한다. 공간의 고정된 불변적인 지속과 시간의 끊임없는 흐름을 결합시켜야 하는데, 물질은 이 양자에 의해 무한한 가분성Teilbarkeit을 갖게 된다. 이에 따라 우리는 무엇보다도 먼저 물질을 통해 동시에 있음Zugleichsein을 확립하게 되는데, 이러한 동시에 있음은 단순히 시간 속에서만 또한 단순히 공간 속에서만 존재할 수 없다. 단순한 시간은 결코 나란히 있음Nebeneinander을 알 수 없고, 단순한 공간은 이전, 이후 또는 지금을 알 수 없기 때문이다. 수많은 상태의 동시에 있음은 본래 현실성의 본질을 이루고 있다. 왜냐하면 무엇보다도 동시에 있음을 통해서 지속이 가능하기 때문이다. 지속은 오로지 지속하는 것과 동시에 존재하는 것의 교환Wechsel에서 인식할 수 있다. 그러나 교환 속에서 지속하는 것에 의해서만 교환은 실체의 지속, 즉 물질Materie[5]에 있어서 변화의 특성, 즉 질과 형식의 변화Wandel라는 특성을 갖는다. 단순한 공간 속에서 세계는 고정되어 있고 움직이지 않을 것이다. 거기에는 어떤 것도 서로 나란하게 있지 않으며 변화도 없을 것이고 작용도 없을 것이다. 그러나 바로 이것에 의해 물질의 표상도 소멸되어 버릴 것이다. 또한 단순한 시간 속에서는 모든 것이 사라져 버릴 것이다. 거기에는 지속적인 것이 없고, 서로 나란하게 있는 것도 없으며 동시에 있는 것도 없고, 따라서 지속하는 것도 없을 것이다. 그러므로 물질이 아무것도 존재하지 않을 것이다. 시간과 공간의 통일에 의해서야 비로소 물질, 즉 동시에 있음의 가능성 그리고 이를 통해서 지속의 가능성, 이러한 지속의 가능성을 통해 다시 상태의 변화에 있어서 실체의 지속 가능성이 생겨나는 것이다.[6] 시간과 공간의 통일 속에서 그 본질을 지닌 채 물질은 전적으로 이 양자의 특징을 갖게 된다. 물질은 부분적으로 물질로부터 분리될 수 없는 형식을 통해, 특히 (교환이 오로지 시간에 속하기 때문에, 오로지 이 시간 속에서 그리고 자신만으로는 지속하는 것이 아니기 때문에) 물질의 지속(실체Substanz)을 통해 그것의 근원을 공간에 두고 있는 것이다. 이러한 지속의 확실성은 전적으로 공간의 확실성으로부터 선험적으로 도출되는 것이다.[7] 그러나 물질은 시간으로부터 그러한 본질을 성질(우연Akzidenz)을

---

5 물질과 실체가 하나라는 사실은 부록에 설명되어 있다.
6 이것은 또한 '물질은 공간 속에서 움직이는 것(das Bewegliche)이다'라는 물질의 칸트적인 설명에 대한 근거를 제시해 준다. 왜냐하면 운동은 오직 공간과 시간의 통일 속에서만 존재하기 때문이다.
7 칸트가 그랬듯이, 시간의 인식에 의해서가 아니라는 것은 부록에 설명되어 있다.

통해 드러낸다. 이러한 성질 없이는 물질은 결코 현상할 수 없으며 이러한 성질은 전적으로 항상 인과성, 다른 물질에 대한 작용, 따라서 변화(시간개념)이다. 그러나 이러한 작용의 법칙성은 항상 공간과 시간에 동시에 관계하고 바로 그것들을 통해서만 의미를 갖는다. 이 장소에서 이 시간의 상태에 나타나야 하는 것은 전적으로 오로지 인과성의 법칙부여Gesetzgebung가 적용되는 규정인 것이다. 우리에게 선험적으로 의식된 인식의 형식으로부터 물질의 근본규정을 이렇게 유도해 내는 것을 통해 우리는 물질에 대해 확실한 속성들, 즉 공간충족Raumerfüllung, 불침투성, 작용성, 그런 다음에 연장Ausdehnung, 무한한 가분성, 지속성, 불멸성Unzerstörbarkeit 그리고 끝으로 운동성을 선험적으로 승인할 수 있는 근거를 찾을 수 있다. 이에 반해 비록 칸트가 『자연과학의 형이상학적 기본토대』 17쪽(로젠베르크의 전집 372쪽)에서 중력을 선험적으로 인식 가능한 것으로 제시하지만, 중력은 이것이 예외 없이 적용된다는 점을 제외한다면 후천적인 인식에 포함되는 것이다.

그러나 객관 일반이 주관의 표상으로서 주관에 대해서만 존재하는 것처럼, 모든 표상의 특수한 부류Klasse는 오로지 주관 속에서 그와 마찬가지로 특수한 규정에 대해서만 존재하는데, 사람들은 그러한 규정을 인식능력이라고 부른다. 칸트는 공허한 형식으로서의 시간과 공간의 주관적인 상관개념 자체를 순수직관reine Sinnlichkeit이라고 불렀다. 이 표현은 비록 직관이 이미 물질을 전제하기 때문에 적절하지 않다고 하더라도 칸트가 사용했기 때문에 여기에서도 계속 사용해야 할 것이다. 물질 또는 인과성의 주관적인 상관개념은 —물질과 인과성은 동일한 것인데— 오성Verstand이며, 이러한 오성은 그런 것 말고 다른 것이 아니다. 인과성을 인식하는 것이 오성의 유일한 기능이며 독점적인 힘이다. 그리고 이 힘은 다양하게 적용되는 것이며 수많은 것을 포괄하는 커다란 힘이지만, 어떤 식으로 표현하든지 간에 오해할 수 없는 동일성을 지니고 있다. 거꾸로 말하자면 모든 인과성, 즉 모든 물질, 따라서 전체 현실성은 오로지 오성에 대해, 오성을 통해 그리고 오성 속에서만 존재하는 것이다. 오성에 대한 최초의 가장 단순하고 항상 존재하는 표현은 현실적인 세계의 직관이다. 이러한 직관은 전적으로 결과로부터의 원인에 대한 인식이며, 그런 까닭에 모든 직관은 지적인intellektual 것이다. 그럼에도 불구하고 그 어떤 작용이 직접적으로 인식되지 않고 그리고 이를 통해 출발점으로 사용되지 않는다면 결코 직관될 수 없을 것이다. 그러나 이것은 동물적인 신체에 대한 작용이다. 그런 한에서 동물적인 신체들은 주관의 직접적인 객관들이다. 다른 모든 대상들의 직관은 동물적인 신체를 통해 매개된다. 모든 동물적인 신체가 경험하는 변화들은 직접적으로 인식되는 것, 즉 지각되는 것이다. 그리고 이와 마찬가지로 원인에 대한 이러한 결과에 관계되면서, 하나의 객관으로서 원인에 대한 직관이 생겨난다. 이러한 관계는 추상적인 개념들의 추리가 아니며, 반성을 통해 일어나거나 임의적으로 생기는 것이 아니다. 이러한 관계는 직접적이고 필연적이며 확실한 것이다. 이러한 관계는 순수오성의 인식방식이다. 이러한 순수오성 없이는 결코 직관에 다가갈 수 없고 단지 직접적인 대상의 변화들에 대한 어리석으며 식물과 같은 의식만 남아 있게 될 것이다. 이러한 직접적인 대상의 변화들이 고통으로서 또는 쾌락으로서 의지에 대해 의미를 갖지 않는다면, 그것은 완전히 무의미하게 따라오는 것일 뿐이다. 그러나 햇빛이 비치면서 가시적인 세계가 나타나듯이, 오성은 단번에 자신의 고유하고 단순한 기능을 통해 어리석으며 아무 정보도 주지 못하는 지각Empfindung을 직관으로 변화시킨다. 눈과 귀 그리고 손이 지각하는 것은 직관이 아니다. 그것은 단순한 자료일 뿐이다. 오성이 결과에서 원인으로 넘어가면서 비로소 세계는 공간 속에 펼쳐진 직관으로서 형태는 변하면서도 물질은 변하지 않고 존재하는 것이다. 왜냐하면 오성은 공간과 시간을 물질, 즉 작용성Wirksamkeit이라는 표상 속에서 통일시키기 때문이다. 이러한 표상으로서의 세계는 오로지 오성에 의해 있는 것처럼 오직 오성을 위해서만 존재한다. 「시각과 색채에 대하여」라는 내 논문의 첫 번째 장에서 나는 이미 감각이 제공해 주는 자료로부터 오성이 어떻게 직관을 만들어 내는지, 동일한 객관에서 다양한 지각을 갖는 인상들의 비교를 통해 어린아이가 어떻게 직관을 배우게 되는지, 이러한 것이 두 눈으로 보지만 하나로 보이는 것에 관해, 그리고 사시로 보는 경우에서, 또는 충분한 거리에 서로 앞뒤에 위치해 있는 대상들이 이것을 동시에 눈으로 파악하는 경우에 있어서 이중으로 있는 것Doppelsehn에 대해, 그리고 지각기관의 갑작스런 변화에 의해 일어나는 모든 가상들과 같은 많은 지각 현상들을 어떻게 해명하는지를 논의하였다. 그러나 나는 『충분근거율의 네 가지 뿌리에 대하여』 2판 21절에서 이 문제에 대해 보다 상세하고 근본적으로 다루었다. 거기에서 말한 모든 것은 여기에서도 필요하기 때문에, 한 번 더 언급해야만 한다. 그러나 나는 나 자신이 다른 사람인 것처럼 쓰인 내용을 다시 베끼는 것을 싫어하고 또 거기에 쓰인 것보다 더 잘 쓸 수도 없기 때문에, 나는 그 내용을 여기에서 다시 반복하는 것 대신에 그 내용을 이미 알고 있는 것으로 전제한다.

어린이와 수술을 받은 장님이 보게 되는 것, 두 눈에 이중으로 보이는 것을 하나로 보는 것, 감각기관이 일상적인 위치에서 벗어나 있을 때에 이중으로 보는 것과 이중으로 느끼는 것, 대상의 상이 눈 속에서는 거꾸로 있지만 이것이 실지로는 제대로 나타나는 것, 단지 눈의 활동이 양극화된 구분이며 그것의 내적인 기능에 불과한 색깔이 외부의 대상들에게 전이되는 것Übertragung 그리고 끝으로 입체경Stereoskop, 이와 같은 것들은 모든 직관이 단지 감각적인 것이 아니라 지적인 것, 즉 결과로부터 원인에 대한 오성 인식, 따라서 인과성의 법칙을 전제한다는 점에 대한 확고하고 논박할 수 없는 증거이다. 직관, 즉 그것의 최초의 가능성 그리고 전체의 가능성에 의해 모든 경험이 이러한 인과성의 법칙에 대한 인식에 의존하는 것이지, 거꾸로 인과법칙의 인식이 경험에 의존하는 것은 아니다. 인과법칙을 인식하는 것이 경험에 의존한다는 것은 흄의 회의론인데, 이것은 여기에서 비로소 논박된다. 왜냐하면 인과성의 인식이 경험에 의존하지 않는 것은, 즉 인과성의 선험성은 단지 모든 경험이 인과성의 인식에 의존한다는 것에 의해 가능해지기 때문이다. 그리고 이것은 다시, 직관 일반에서 인과성의 인식은 모든 경험이 놓여 있는 영역 속에 이미 있다는 점, 즉 경험과 관련해서 완전히 선험적으로 존재한다는 점, 즉 경험을 전제하는 것이 아니라 경험의 조건으로서 전제된다는 점을 방금 언급한 논문에서 상술된 방식으로 증명하기 때문에 가능한 것이다. 그러나 이것은 내가 「근거율에 대하여」 23절에서 비판하였던 칸트에 의해 시도되었던 방식으로는 행해질 수 없다.

5절

그러나 직관이 인과성의 인식을 통해 매개되기 때문에 객관과 주관 사이에 원인과 결과의 관계가 존재한다는 커다란 오해를 경계해야 한다. 오히려 그러한 원인과 결과의 관계는 항상 직접적인 객관과 매개된 객관 사이에서만, 즉 항상 객관들 사이에서만 일어나기 때문이다. 외부세계의 실재성에 대한 어리석은 논쟁은 바로 그러한 잘못된 전제에 근거하고 있다. 이 논쟁에서는 독단론과 회의론이 대립하며, 때로 독단론은 실재론으로, 때로 관념론으로 등장한다. 실재론은 객관을 원인에 놓고 객관의 결과를 주관에 둔다. 피히테의 관념론은 객관을 주관의 결과로 만든다. 그러나 아무리 예리하게 지적해도 충분하지 않은 일이지만, 주관과 객관 사이에는 충분근거율에 따른 그 어떤 관계도 발생하지 않기 때문에, 실재론과 관념론 중의 어느 것도 증명될 수 없고, 회의론이 양편을 공격하여 승리한 것이다. 즉 인과성의 법칙은 직관과 경험의 조건으로서 이미 선행하는 것이지 직관과 경험으로부터 습득할 수 없듯이(흄이 말했듯이), 객관과 주관은 이미 모든 인식의 최초의 조건으로서, 따라서 충분근거율보다도 앞서는 것이다. 충분근거율은 단지 객관 현상의 일반적인 종류와 방법이자 모든 객관의 형식이기 때문이다. 그러나 이 객관은 항상 주관을 전제한다. 따라서 객관과 주관 사이에는 근거와 귀결의 관계가 존재할 수 없다. 나의 논문 『충분근거율의 네 가지 뿌리에 대하여』는 근거율의 내용을 모든 객관의 본질적인 형식으로서, 즉 객관으로 존재하는Objektsein 모든 것의 보편적인 종류와 방법으로서, 객관 그 자체에 속하는 것으로서 설명해야만 했다. 그러나 객관 그 자체는 어디에서나 주관을 그것의 필연적인 상관개념Korrelat으로 전제한다. 따라서 이러한 주관은 항상 근거율의 타당한 범위 바깥에 있다. 외부세계의 실재성에 대한 논란은 근거율의 타당성을 주관에까지 잘못 확장한 것에 기인한다. 그리고 이러한 오해에서 출발하였기에 그 논쟁은 논쟁 자체로 결코 이해되지 못하였다. 한편으로 실재론적 독단론은 표상을 객관의 결과로 이해하면서 사실은 하나인 표상과 객관을 분리하고 그리고 표상과는 완전히 다른 원인, 즉 주관에 의존하지 않는 객관 자체, 즉 전혀 생각할 수 없는 어떤 것을 가정해 버린다. 왜냐하면 이것은 이미 객관으로서 항상 주관을 전제하고 따라서 주관의 표상으로서만 존재하기 때문이다. 이러한 독단론에 대해 회의론은 똑같이 잘못된 가정 아래에서 표상 속에서는 결코 원인이 아니라 항상 단지 결과만이 존재한다고, 따라서 객관들의 존재Sein가 아니라 항상 단지 객관들의 작용Wirken만을 안다고 주장한다. 객관들의 작용은 객관들의 존재와는 결코 유사하지 않을 것이라고 보는데, 이것은 도대체가 완전히 잘못된 가정이다. 왜냐하면 인과성의 법칙은 비로소 경험으로부터 받아들여지고, 경험의 실재성은 이제 다시 인과법칙에 그 근거를 두어야만 하기 때문이다. 따라서 이제 두 학설은 우선적으로 객관과 표상이 동일한 것이라는 점, 다음으로는 직관적인 객관들의 존재는 바로 그러한 객관들의 작용이라는 점, 즉 바로 이러한 작용에 사물의 현실성Wirklichkeit이 존재한다는 점, 주관의 표상 밖에 있는 객관의 현존 그리고 또한 그 작용에서 서로 다른 현실적인 사물의 존재에 대한 요구는 전혀 의미가 없으며 모순이라는 점을 배워야 한다. 그런 까닭에 직관된 객관 —이것이 객관, 즉 표상인 한에서 인식을 위해서는 그 밖에 아무것도 남아 있지 않기 때문에— 의 작용방식Wirkungsart을 인식하는 것이 바로 객관 자체를 충분하게 설명한다는 점을 배워야 한다. 따라서 그런 한에서 오직 인과성으로 알려지는 공간과 시간 속에서 직관된 세계는 완전히 실재하고 전적으로 인과성이 제공하는 것이다. 그리고 그 세계는 완전히 그리고 숨김없이 인과성의 법칙에 관계된 표상으로서 주어진다. 이것이 세계의 경험적 실재성이다. 그러나 다른 한편으로는 모든 인과성은 오로지 오성 속에서 그리고 오성을 위해서만 존재한다. 따라서 저 완전히 현실적인, 즉 작용하는 세계는 그 자체로 항상 오성을 통해 제약되어 있고 오성 없이는 아무것도 아니다. 하지만 이뿐만 아니라 도대체 주관 없이는 객관도 없다는 것이 당연하기 때문에, 우리는 외부세계의 실재성을 주관에 의존하지 않는 것으로 설명하는 독단론자에게서 그러한 외부세계의 실재성을 완전히 부정해야만 한다. 객관들의 세계 전체는 표상이며 그리고 표상으로서만 존재하며 바로 그렇기 때문에 전적으로 그리고 영원히 주관에 의해 제약된다. 즉 세계는 선험적 관념성을 지닌다. 그러나 그렇기 때문에 세계는 거짓이나 가상이 아니다. 세계는 그것인바 그대로, 즉 표상으로서, 일련의 표상들로서 드러난다. 이러한 표상들의 공통적인 연결고리Band가

근거율이다. 세계는 그 자체로, 세계의 가장 내적인 의미를 따르더라도, 건전한 오성에게 이해될 수 있으며 오성에게 완전히 명확한 언어로 말을 한다. 단지 궤변을 늘어놓는 기괴한 정신을 지닌 사람에게만 세계의 실재성에 대해 논쟁할 생각이 들 것인데, 이것은 항상 근거율의 부당한 적용에 의해 일어난다. 근거율은 어떤 형태이든지 간에 표상들을 서로 결합시킬 뿐이지만 결코 표상들을 주관이나 또는 주관도 객관도 아닌 다른 어떤 것과 결합시키지는 않는다. 근거율은 단지 객관들의 근거일 뿐이다. 오로지 객관들만이 근거가 될 수 있기 때문에, 즉 항상 객관들로부터 유래하기 때문에, 이것은 무의미한 말일 뿐이다. 만약 누군가가 외부세계의 실재성에 대한 물음의 근원을 더 정확하게 살펴본다면, 자신의 영역 너머에 있는 것에 근거율을 적용시키는 잘못 말고도 특별히 근거율의 형태를 혼동하는 잘못을 발견하게 된다. 즉 단지 개념의 관점에서나 추상적인 표상들의 관점에서 갖고 있는, 형태가 직관적인 표상들, 즉 실재적인 객관들로 이행하여 생성의 근거Grund des Werdens밖에 가질 수 없는 객관들에게 인식의 근거Grund des Erkennens가 요구된다. 물론 근거율은, 판단이 판단에 속하지 않는 어떤 것, 즉 항상 되돌아가야만 하는 인식근거와의 판단의 관계를 통해서만 자신의 가치, 자신의 타당성, 여기에서 진리라고 불리는 자신의 존재 전체를 얻는 방식으로 추상적인 표상들, 즉 판단에 연결된 개념들을 지배한다. 이와 반대로 근거율은 실재적인 객관들, 즉 직관적인 표상들을 인식의 근거율로서가 아니라 생성의 근거율, 즉 인과성의 법칙으로 지배한다. 모든 실재적인 객관들은 생겨났다는 점, 즉 원인의 결과로서 생겨났다는 점을 통해 근거율에게 자신의 책임을 다한다. 따라서 여기에서 인식근거를 요구하는 것은 그 어떤 타당성이나 의미를 갖지 않으며, 완전히 다른 부류의 객관에게만 타당한 것이다. 또한 그런 까닭에 직관적인 세계는 사람들이 이 세계에 머물러 있는 한 관찰자로 하여금 양심의 가책이나 의심을 갖게 하지 않는다. 직관적인 세계에는 오류도 없고 진리도 없다. 오류와 진리는 추상적인 것의 영역, 즉 반성의 영역에 사로잡혀 있다. 그러나 여기에서 세계는 감각과 오성에 대해 열려 있으며, 있는 바 그대로 인과성의 법칙에 따라 전개되는 직관적인 표상이라는 소박한 진리로 주어진다.

우리가 여기까지 외부세계의 실재성에 대한 물음을 살펴보았듯이, 이 물음은 이성이 길을 잃어버리고 자기 자신을 오해한 데서 생겨난 것이다. 그리고 그런 한에서 그 물음은 오로지 그 물음의 내용을 해명함으로써만 대답할 수 있다. 그 물음은 근거율의 본질 전체, 객관과 주관 사이의 관계 그리고 감성적 직관의 본래적인 성질을 연구한 뒤에야 저절로 사라질 것인데, 왜냐하면 이 물음은 더 이상 의미가 없어질 것이기 때문이다. 다만 그 물음은, 비록 그 물음이 여전히 그렇게 사변적인 의도에서 제기되지만, 지금까지 언급된 순수하게 사변적인 기원과는 구분되는 다른 기원을, 즉 본래적으로 경험적인 기원을 갖는다. 그리고 이런 의미에서 이 물음은 사변적인 물음에서보다 다음과 같은 물음에서 더 잘 이해할 수 있다. 우리는 꿈을 꾸는데, 삶 전체가 하나의 꿈과 같은 것이 아니겠는가? 또는 단호하게 말하자면, 꿈과 현실, 환영들과 실재적인 대상들 사이를 구분해 주는 확실한 기준이 존재하는 것일까? 현실적인 직관보다 꿈에서의 직관이 생동감이 없고 명확하지 않다는 핑계는 고려할 가치가 없다. 왜냐하면 어떤 누구도 아직 이 둘을 서로 비교할 수 없었기 때문이다. 우리는 단지 꿈의 기억만을 지금의 현실성과 비교할 수 있을 뿐이다. 칸트는 이 물음을 "인과성의 법칙에 따른 표상들의 연관성이 삶을 꿈으로부터 구분한다"라고 하여 해결한다. 그러나 꿈에서도 마찬가지로 모든 개별적인 것은 근거율에 따라 온갖 형태로 연관되어 있으며, 이러한 연관성은 단지 삶과 꿈 사이에서 그리고 개별적인 꿈들 사이에서만 단절될 뿐이다. 이런 이유에서 칸트의 대답은 다음과 같아야 할 것이다. 긴 꿈(삶)은 근거율에 따라 대체로 관계를 갖지만, 짧은 꿈은 그렇지 않다. 짧은 꿈 각각은 근거율에 따른 관계를 갖지만, 이러한 짧은 꿈과 긴 꿈이 연결되지 않는다는 점에서 두 가지의 꿈을 구분할 수 있다. 그러나 어떤 것이 꿈인지, 실제로 일어났는지를 이러한 기준에 따라 조사하는 것은 아주 어려운 일이며 종종 불가능한 일이기도 하다. 우리는 각자 체험한 사건과 현재의 순간 사이에서 인과적인 관계를 일일이 추적할 수 없기 때문에, 우리가 체험한 사건을 꿈꾼 것이라고 설명할 수는 없다. 그렇기 때문에 사람들은 대개 실제의 삶에서는 현실로부터 꿈을 구분하기 위해 그러한 조사방식을 사용하지 않는다. 현실성으로부터 꿈을 구분하기 위한 유일한 기준은 실제로는 깨어 있음이라는 경험적 기준이다. 당연히 이러한 기준에 의해 꿈에서의 사건들과 깨어 있는 삶의 사건들 사이에서의 인과적인 관계가 명확하게 그리고 확실하게 단절된다. 홉스가 『리바이어던』 제2장에서 제시하는 언급이 이에 대한 탁월한 증거이다. 즉 우리가 뜻하지 않게 옷을 입고 잠을 잘 때, 특히 그 어떤 계획이나 의도가 우리의 모든 생각을 사로잡아 깨어 있을 때처럼 꿈속에서 몰두한다면, 우리는 꿈을 현실로 간주하기가 쉽다. 이런 경우는 깨어 있는지, 꿈을 꾸는지를 잘 알아챌 수가 없으며, 꿈은 현실과 결합하여 뒤섞여 버리게 된다. 그렇게 된다면 여기에서도 물론 칸트적인 기준은 여전히 적용될 것이다. 그러나 이후에 종종 그렇듯이, 현재와의 인과적 연관 또는 이러한 연관의 부재가 확인되지 않을 경우에는, 그 사건이 꿈이었는지 또는 실제로 일어난 것이었는지는 영원히 해결되지 않고 남아 있어야 한다. 여기에서 실제의 삶과 꿈의 긴밀한 연관성이 우리에게 상세하게 드러난다. 수많은 위대한 사상가들이 이러한 연관성을 인정하고 언급했기 때문에, 우리는 이러한 연관성을 인정하는 것을 부끄러워하지 않으려고 한다. 『베다』와 『푸라나Puranas』는 마야의 너울Gewebe der Maja이라고 부르는 현실 세계의 전체 인식을 위해 꿈 말고는 더 나은 비유를 알지 못하며 꿈을 자주 사용한다. 플라톤은 사람들이 단지 꿈속에서 살아가지만 그러나 철학자는 깨어 있으려고 노력한다는 점을 종종 말한다. 핀다로스는 "인간은 그림자의 꿈"(『Pythia』 8, 135)이라고 말했고, 소포클레스도 다음과 같이 말한다.

"나는 살아 있는 우리가 환영들이며 덧없는 그림자에 지나지 않다고 본다."

(『아이아스』 125)

이 밖에 셰익스피어는 가장 적절하게 다음과 같이 말한다.

"우리는 꿈을 만드는 재료이고, 우리의 짧은 삶은 잠으로 둘러싸여 있다."

(『템페스트』 4막, 1장)[8]

마지막으로 칼데론Calderon은 이러한 견해에 깊이 사로잡혀 거의 형이상학적인 드라마인 『인생은 꿈』에서 이러한 견해를 말하려고 하였다.

이러한 많은 작가들의 구절들을 언급한 뒤에 이제 비유를 통해 내 견해를 제시하고자 한다. 삶과 꿈들은 동일한 책의 페이지들이다. 책을 연관성 속에서 읽는 것이 현실의 삶이다. 그러나 매번의 책 읽는 시간(낮)이 끝나고 휴식의 시간이 다가오면, 우리는 종종 한가하게 책 페이지를 넘기곤 하면서 순서와 연관성 없이 이리저리 책 페이지를 펼쳐 읽는다. 가끔은 이미 읽은 곳이 있거나 때로는 아직 읽지 않은 곳이 있지만 동일한 책이다. 순서대로 책 전체를 읽는 것, 전체가 또한 즉흥적으로 시작되어 끝이 나며 따라서 각각의 페이지를 하나의 큰 전체로 볼 수 있다는 점을 고려한다면, 순서 없이 여기저기를 읽는 것은 순서대로 읽는 것과 연관성은 없지만 그것 때

---

8   We are such stuff as dreams are made of, and our little life Is rounded with a sleep.

문에 순서대로 읽는 것에 뒤떨어지는 것은 아니다.

따라서 비록 개별 꿈들이 현실적인 삶에 끊임없이 관계하는 경험의 연관성을 갖고 있지 않고, 깨어 있음이 이러한 차이를 나타내 주지만, 바로 이러한 경험의 연관성은 형식으로서 현실의 삶에 속하듯이, 또한 꿈도 자체 속에서 그러한 연관성을 나타낼 수 있다. 이제 양자의 바깥에서 판단의 입장을 받아들인다면, 그들의 본질에 있어서 확실한 차이가 발견되지 않으며, 삶은 하나의 긴 꿈이라는 작가들의 말을 인정하는 것이 필요할 것이다.

이제 우리가 외부세계의 실재성에 대한 물음이라는 전적으로 독립적으로 존재하는 이러한 경험적인 기원으로부터 이러한 물음의 사변적인 기원으로 되돌아간다면, 이러한 사변적인 기원이 우선적으로 근거율의 잘못된 적용에, 즉 주관과 객관 사이의 잘못된 적용에 놓여 있다는 점, 그리고 다음으로는 인식의 근거율이, 생성의 근거율이 적용되는 영역으로 옮겨져 근거율의 형태를 혼동해 왔다는 점을 발견한다. 그러나 그럼에도 불구하고 그 물음에 전혀 참된 내용이 없고 그 물음의 깊숙한 곳에 어떤 올바른 사상과 의미가 가장 본래적인 기원으로서 놓여 있지 않았다면 철학자들이 지속적으로 그 물음에 몰두하기 어려웠을 것이다. 따라서 무엇보다도 이러한 기원이 반성되고 표현되면서 이러한 기원이 전도되어, 자신도 이해하지 못하는 형태들과 물음들에 관계해야 했을 것이라고 가정해 볼 수 있다. 그렇다는 것이 나의 생각이다. 그리고 이 물음으로 알지 못했던 이 물음의 가장 내적인 의미의 순수한 표현을 나는 다음과 같이 제시한다. 이러한 직관적인 세계가 나의 표상이 아니고 무엇이란 말인가? 나에게 한번 표상으로서 의식되는 세계가, 내가 이중으로 인식하는 나의 고유한 신체처럼, 어떤 점에서는 표상이고, 다른 어떤 점에서는 의지가 아닌가? 이 물음에 대한 보다 명확한 설명과 긍정은 2권의 내용이 될 것이고 이 물음의 결론들은 이 책의 나머지 부분에서 다루게 된다.

6절

~~~

당분간 우리는 1권에서 모든 것을 단지 표상으로서, 즉 주관에 대한 객관으로서만 고찰한다. 그리고 우리는 다른 모든 실재적인 대상들처럼 모든 사람에게서 세계의 직관이 시작되는 고유한 신체를 단지 인식가능성의 측면에서만 바라본다. 따라서 신체는 우리에게 하나의 표상일 뿐이다. 이미 다른 대상들을 단순한 표상이라고 설명하는 것에 반발했던 사람들의 의식은, 자신의 신체를 단순히 하나의 표상이라고 한다면 더욱더 반발할 것이다. 이러한 의식은, 물자체가 모든 사람에게 자신의 고유한 신체로서 나타나는 한에서는 직접적으로 그리고 직관의 다른 대상들로 객관화되는 한에서는 오로지 간접적으로 드러난다는 점에서 비롯된다. 그러나 우리의 연구 과정에서는 이러한 추상Abstraktion, 단편적인 고찰방식, 즉 본질적으로 함께 존재해야만 하는 것을 강제로 분리하는 것이 불가피하다. 따라서 그러한 반발은 당분간 억제되어야 하고 앞으로 이어지는 고찰들이 현재의 일면성을 보충하여 세계의 본질의 완전한 인식이 되리라는 기대에 의해 진정되어야 한다.

따라서 여기에서 신체는 우리에게 직접적인 객관, 즉 주관의 인식의 출발점을 이루는 표상인데, 이러한 표상 자체는 직접적으로 인식된 변화와 함께 인과법칙의 적용에 선행하고 인과법칙에 최초의 자료를 제공해 준다. 모든 물질Materie의 본질은, 언급했듯이, 작용Wirken에 있다. 결과와 원인은 오직 오성에 대해서만 존재하는데, 이러한 오성은 결과와 원인의 주관적 상관개념das subjektive Korrelat 외에 다른 것이 아니다. 그러나 오성은 자신으로부터 시작되는 어떤 다른 것이 주어지지 않으면 결코 사용될 수 없다. 그것은 단순히 감각적인 지각Empfindung, 신체의 변화의 직접적인 의식인데, 이러한 의식을 통해 신체는 직접적인 객관이 되는 것이다. 따라서 우리는 직관적인 세계의 인식가능성이 두 가지의 조건을 갖고 있음을 발견한다. 첫 번째 조건은 우리가 이것을 객관적으로 표현한다면, 서로 작용하고, 잇달아 변화를 야기하는 물체Körper의 능력인데, 이러한 능력이 없이는 모든 물체의 일반적인 성질은, 또한 동물들의 감수성Sensivilität에 의해서도 직관이 불가능할 것이다. 그러나 우리가 이러한 첫 번째 조건을 주관적으로 표현하고자 한다면 다음과 같이 말하게 된다. 오성은 특히 직관을 가능하게 한다. 왜냐하면 인과법칙, 즉 결과와 원인의 가능성은 오직 오성으로부터만 생겨나고 그리고 오성에 대해서만 타당하기 때문이다. 오직 오성에 대해, 따라서 오성에 의해서만 직관적인 세계가 있기 때문이다. 그런데 두 번째 조건은 동물적인 신체의 감수성 또는 직접적으로 주관의 객관들인 어떤 물체의 성질Eigenschaft이다. 감각기관이 그에게 특별하게 적응된 외부의 영향을 통해 겪는 단순한 변화들은, 그러한 영향이 그에게 고통이나 쾌감을 일으키지 않는 한, 즉 의지에 대해 직접적인 의미를 갖지는 않지만 그럼에도 불구하고 지각되는 한, 따라서 오로지 인식을 위해 있는 한, 이제 표상들이라고 불려야 할 것이다. 그리고 그런 한에서 나는 신체를 직접적으로 인식되는 직접적인 객관이라고 말한다. 그러나 여기에서 객관이라는 개념은 본래적인 의미로 받아들여져서는 안 된다. 왜냐하면 오성의 적용에 선행하는 단순히 감각적인 지각인 신체의 이러한 직접적인 인식을 통해서 신체 자신은 본래 객관으로서 있는 것이 아니라, 먼저 오성에 작용하는 물체로 존재하기 때문이다. 왜냐하면 본래적인 객관, 즉 공간 속에서 직관적인 표상의 모든 인식은 오직 오성을 통해 그리고 오성에 대해서만, 따라서 오성을 적용하기 전이 아니라 오성을 적용한 후에 비로소 존재하기 때문이다. 따라서 본래적인 객관으로서, 즉 공간 속에서 직관적인 표상으로서의 신체는 다른 모든 대상들처럼 신체의 한 부분이 다른 한 부분에 작용할 때에 적용된 인과법칙을 통해, 이를테면 눈이 신체를 보고 손이 신체를 만지는 식으로 비로소 간접적으로 인식된다. 그러므로 단순히 기본적인 감각Gemeingefühl에 의해서는 자신의 신체의 형태가 우리에게 알려지지 않는다. 오직 인식을 통해, 오직 표상 속에서, 즉 오직 두뇌 속에서 자신의 신체는 우선적으로 연장된 것Ausgedehntes, 분절된 것Gegliedertes, 유기적인 것으로 나타난다. 장님은 촉각이 그에게 제공하는 자료를 통해서야 비로소 점차적으로 이러한 표상을 얻게 된다. 손이 없는 장님은 자신의 모습을 결코 알 수 없거나 기껏해야 다른 물체가 그에게 주는 영향으로 점차적으로 자신의 모습을 이해하고 구성할 것이다. 따라서 우리가 신체를 직접적인 객관이라고 부를 때 이러한 제한과 함께 이해되어야 한다.

더구나 앞서 말한 바에 따르면 모든 동물적인 신체는 모든 것을 인식하는 주관에 대해, 바로 그렇기 때문에 결코 인식되지 않는 주관에 대해 직접적인 객관들, 즉 세계를 직관하는 것의 출발점이다. 따라서 주관에 의해 제약된 동기로 움직이는 것인 인식은 자극으로의 운동이 식물의 특성이듯이, 동물의 본래적인 특성이다. 그러나 무기체들은 가장 좁은 의미에서 본래적인 원인들에 의해 영향을 받는 운동 말고는 다른 운동을 할 수 없다. 나는 이 모든 것을 「근거율에 대하여」 2판 20절에서, 『윤리학』[9]의 첫 번째 논문 3장 그리고 「시각과 색채에 대하여」 1절에서 상세하게 설명했으므로 그것을 참고하기를 바란다.

언급된 내용으로 말미암아 비록 불완전한 동물들일지라도 모든 동물들

---

9 『윤리학의 두 가지 근본문제』를 말함―옮긴이.

이 오성을 갖고 있다는 점이 분명해진다. 왜냐하면 동물들 모두 대상을 인식하고, 이러한 인식이 대상의 움직임을 동기로서 규정하기 때문이다. 오성은 모든 동물과 모든 인간에게 같은 것이고, 어디에서나 마찬가지로 단순한 형식을 갖고 있다. 즉 오성은 인과성의 인식, 결과에서 원인으로, 원인에서 결과로의 이행 이외의 다른 것이 아니다. 그러나 이러한 형태의 예리함과 인식영역의 범위는 각기 다르고 다양하며 그리고 여러 단계를 지닌다. 이러한 단계는 직접적인 대상과 간접적인 대상들 사이의 인과관계만을 인식하는, 따라서 신체가 받은 영향으로부터 이러한 영향의 원인으로의 이행을 통해 원인을 객관으로서 공간 속에서 직관하는 것만으로 충분한 낮은 단계에서부터 오로지 직접적인 대상들과 간접적인 대상들 사이의 인과적인 연관성만을 인식하는, 즉 자연에서의 원인들과 결과들로 이루어진 연쇄관계를 이해하는 높은 단계에 이른다. 왜냐하면 이러한 높은 단계의 인식도 여전히 이성이 아니라 오성에 속하는데, 이성의 추상적인 개념들은 단지 직접적으로 이해된 것을 받아들이고 고정하며 연결시키는 데 기여할 뿐이며 결코 이해 자체를 가능하게 하지 않기 때문이다. 오성이 추상적으로in abstracto 이성을 위해 반성된 의식으로 나타나기 전에, 모든 자연력과 자연법칙은 이것이 드러나는 모든 경우에 앞서 오성에 의해 직접적으로 인식되어야만 하고, 직관적으로 파악되어야만 한다. 오성을 통한 직관적이고, 직접적인 파악은 로버트 후크Robert Hooke의 중력법칙의 발견과 이 중력법칙에로의 수많은 대단한 현상들을 환원한 것이나, 그 후에 뉴턴이 중력법칙을 계산한 것이 이를 증명한다. 또한 라부아지에Lavoisier가 산소를 발견한 것과 자연에서 산소의 중요한 역할을 발견한 것이 바로 그것이다. 괴테가 물체의 색깔이 생겨나는 방식을 발견한 것도 바로 그것이다. 이러한 발견들 모두는 결과로부터 원인을 올바르고, 직접적으로 환원한 것과 다름이 없는데, 모든 원인에서 동일한 방식으로 드러나는 자연력이 동일하다는 인식이 여기에서 곧바로 따라 나온다. 그리고 이러한 통찰 전체는 오성의 동일하고 유일한 기능의 정도에 따라 상이한 표현일 뿐인데, 이러한 기능을 통해 동물은 자신의 신체에 작용하는 원인을 공간 속에서의 대상으로서 직관한다. 따라서 저 위대한 발견들 모두 직관과 모든 오성의 표현처럼 하나의 직접적인 통찰과 그 자체로 순간의 작품, 통각, 착상인 것이지, 오랫동안에 걸친 개념적인 추리의 산물이 아니다. 이와 반대로 오랫동안에 걸친 개념적인 추리는 직접적인 오성인식을, 이성을 위해 추상적인 개념으로 간주하면서 고정시키는 데, 즉 오성인식을 명확하게 만드는 데, 오성인식을 해석하고 다른 사람에게 알리는 데에 기여한다. 간접적으로 인식된 대상들의 인과적인 관계의 파악에서 오성의 그러한 예리함은 자연과학의 (자연과학의 발견들 전체는 오성의 예리함 덕분인데) 적용에서뿐만 아니라 현명함Krugheit이라고 불리는 실제적인 삶에서의 적용에서도 발견된다. 이와 달리 오성의 예리함이 자연과학에 적용될 때에는 예리함, 통찰 그리고 총명함Sagazität이라고 불리는 것이 더 좋기 때문이다. 엄밀하게 말하자면 현명함은 오로지 의지에 봉사하는 상태에 있는 오성을 지칭한다. 그러나 이러한 개념들의 한계는 결코 엄격하게 그릴 수 없는데, 그것은 이미 공간 속의 대상들을 직관할 때에 모든 동물에게서 작용하는 동일한 오성의 동일한 기능이기 때문이다. 이러한 오성의 기능은 때로는 자연현상에서 주어진 작용에 대해 알려지지 않은 원인을 가장 예리하게 탐구하고 자연법칙으로의 일반적인 규칙을 생각하기 위한 재료를 제공하고, 때로는 목표한 결과를 위해 알려진 원인의 적용을 통해 복잡하고 의미심장한 기계를 고안해 내기도 한다. 때로는 동기에 적용하여, 섬세한 음모나 간계를 꿰뚫어 보고 그것을 좌절시키거나 또는 동기와 그러한 동기를 받아들이는 사람들을 적당하게 배치하고 지레와 바퀴에 의해 기계를 움직이는 것처럼, 마음대로 움직여 자신의 목적을 실현한다. 오성의 결핍은 본래적인 의미에서 어리석음Dummheit이라고 불리고, 바로 인과법칙을 적용하는 데 둔감함, 즉 원인과 결과, 동기와 행위의 연쇄를 직접적으로 파악하는 능력이 없는 것이다. 어리석은 사람은 어떤 자연현상이 자신을 넘겨주지 않거나, 나타나지 않거나 의도적으로 조정할 수 없는 곳, 즉 기계로 사용할 수 있게 만들어지지 않은 곳에서는 이러한 자연현상의 연관성을 보지 못한다. 이렇기 때문에 어리석은 사람은 기꺼이 마법이나 기적을 믿게 된다. 어리석은 사람은 다양한 사람들이 겉보기에는 서로 무관한 것처럼 보이지만 그러나 실제로는 약속된 연관성 속에서 행동한다는 것을 알아채지 못한다. 따라서 어리석은 사람은 쉽게 속거나 음모에 넘어간다. 어리석은 사람은 주어진 충고와 진술된 판단 등등의 숨겨진 동기를 알아차리지 못한다. 그런데 이 어리석은 사람에게 부족한 것은 항상 인과법칙을 예리하고, 신속하게, 쉽게 사용하는 것, 즉 오성의 힘뿐이다. 내게 일어났던 가장 대단하고 그래서 고찰되어야만 하는 유의점을 지닌 어리석음의 실례는 정신병원에 있는 완전히 어리석은 11살의 소년이다. 이 소년은 말을 하고 분별은 하기 때문에 이성을 지니고 있었지만, 오성은 많은 동물보다도 뒤처진다. 왜냐하면 그 소년은 내가 방문할 때마다 내가 목에 걸친 안경을 눈여겨보았는데, 그 안경의 유리에 방의 창문과 그 뒤의 나무 봉우리가 비치는 것을 보고 매번 매우 의아해하고 즐거워하며 지칠 줄 모르고 놀라워하면서 바라보았기 때문이다. 왜냐하면 그 소년은 반사라는, 이러한 완전히 직접적인 인과성을 이해하지 못했기 때문이다. 사람들에게 오성의 예리함의 정도에 차이가 있듯이, 다양한 동물들 사이에서는 그 차이가 더 크다. 모든 동물들, 비록 식물과 가장 가까운 동물조차도 직접적인 대상 속의 결과로부터 원인으로서의 간접적인 대상으로 이행할 수 있는, 즉 대상을 직관하고 파악할 수 있는 오성을 충분히 갖고 있다. 왜냐하면 바로 대상의 직관이 그들을 동물로 만들어 주기 때문인데, 이러한 직관이 동물들에게 동기에 따라 움직이는 가능성을 부여하고 이를 통해 먹이를 찾거나, 적어도 먹이를 사로잡는 가능성을 부여한다. 이에 반해 식물들은 단지 자극을 받아 움직이고, 이러한 자극의 직접적인 작용을 기다려야만 하거나 말라죽어야 할 뿐, 자극들을 뒤쫓거나 그것을 사로잡을 수는 없다. 우리는 동물들의 완벽한 총명함에 놀라워할 수밖에 없다. 개, 코끼리, 원숭이, 여우의 경우에 그러한데, 뷔퐁은 여우의 영리함에 대해 탁월하게 묘사하였다. 이러한 영리한 동물들에게서 우리는 오성이 이성의 도움 없이, 즉 개념들의 추상적인 인식이라는 이성의 도움 없이 얼마나 많은 일을 할 수 있는지를 상당히 정확하게 측정할 수 있다. 오성과 이성이 항상 상호 간에 서로 받쳐 주기 때문에 우리는 인간에게서는 이 점을 인식할 수는 없다. 그렇기 때문에 우리는 종종 동물들에게서 오성의 발현이 때로는 우리의 기대 이상이라거나, 때로는 우리의 기대에 못 미치는 것을 발견하게 된다. 한편으로 유럽 여행에서 이미 수차례 다리를 건너 본 코끼리가 다른 때와는 달리 사람들과 말의 행렬이 지나가는 다리를 건너기를 거부하는 총명함에 우리는 놀라워하게 되는데, 왜냐하면 그 다리가 자신의 무게에는 너무 약하게 만들어진 것처럼 보였기 때문이다. 다른 한편으로 한 영리한 오랑우탄이 자신이 발견한 불로 몸을 따뜻하게 하지만, 나무를 더 넣어 따뜻함을 유지하지 않는 것을 놀라워하지 않을 수 없다. 이것은 이미 추상적인 개념들이 없이는 불가능한 숙고Überlegung가 필요하다는 증거이다. 또한 원인과 결과에 대한 인식이 보편적인 오성형식으로서 더욱이 동물들에게도 선험적으로 내재한다는 점은 그러한 인식이 우리에게 뿐만 아니라 동물들에게까지도 외부세계의 모든 직관적인 인식의 선행 조건이라는 점에서 아주 확실한 것이다. 그러나 특별한 증거를 더 원한다면, 예를 들어 아무리 어린 강아지라고 하더라도 원할 때 함부로 탁자에서 뛰어내리려고 하지 않는 것을 관찰하면 된다. 왜냐하면 이러한 특별한 경우를 이미 경험으로부터 인식하지 않고도 강아지는 자신의 몸에 미칠 중력의 결과를 미리 알고 있기 때문이다. 우리는 그동안에 동물의 오성에 대한 평가에서 본능의 표현을 오성의 탓으로 돌리는 것을 경계해야만 한다. 본능은 오성이나 이성과는 완전히 다른 성질이지만, 이 본능은 종종 오성과 이성이 결합하여 활동하는 것과 아주 유사하게 작용한다. 그러나 이것에 대한 논의는 여기에서 하지 않고, 2권에서 자연의 조화나 소위 자연의 목적론을 고찰할 때에 확인하게 될 것이다. 2편의 27장은 이것에 대해 고찰할 것이다.

　오성의 결핍은 어리석음이다. 실천적인 일에서 이성을 사용하는 것의 결핍을 우리가 나중에 멍청함Torheit이라고 인식한다고 하면, 판단력의 결핍은 우둔함으로 인식할 것이다. 마지막으로 기억의 부분적이거나 전적인 결핍은 광기Wahnsinn라고 인식할 것이다. 그러나 이 모든 것은 적절한 장소에서 논의할 것이다. 이성을 통해서 올바르게 인식된 것이 진리, 즉 충분한 근거를 지닌 추상적 판단이다(논문 『충분근거율의 네 가지 뿌리에 대하여』 29장 이하 참고). 오성에 의해 올바르게 인식된 것은 실재성Realität, 즉 직접적인 대상의 결과에서 그것의 원인으로의 올바른 이행이다. 오류는 이성의 기만으로서 진리에 대립하는 것이며, 가상은 오성의 기만으로서 실재성에 대립하는 것이다. 이 모든 것에 관한 상세한 설명은 나의 논문 「시각과 색채에 대하여」 1장을 참조하면 된다. 가상은 동일한 결과가 두 가지의 완전히 다른 원인을 통해 일어날 때 나타나게 되는데, 이러한 원인들의 하나는 아주 자주 작용하고 다른 하나는 드물게 작용한다. 여기에서 어떤 원인이 작용하는지 구분할 자료가 없는 오성은 매번 일상적인 원인을 전제하며, 그리고 오성의 활동은 반성적이거나 추리적이지 않고 직접적인 데다 매개가 없기 때문에, 그러한 잘못된 원인이 직관된 대상으로서 우리 앞에 나타나게 되는데, 이러한 대상이 바로 잘못된 가상인 것이다. 감각기관이 일상적이지 않는 상태에서는 이런 방식으로 대상이 이중으로 보이고 이중으로

만져진다는 것을 나는 앞에서 언급했는데, 바로 이와 함께 직관은 오직 오성을 통해서만, 오성을 위해서만 존재한다는 점에 대한 논박할 수 없는 증거를 제시하였다. 그러한 오성의 기만이나 가상의 예는 물속에서 굽어져 보이는 막대이다. 원형 거울의 상들이 볼록한 표면에서는 다소 뒤에서 보이고, 오목한 표면에서는 훨씬 앞에서 보이는 것도 그러한 예이다. 또한 이러한 예에는 달이 정점Zenit에 떠 있을 때보다 지평선에 있을 때 크기가 더 커 보이는 것도 속하는데, 이것은 시각적인 것 때문이 아니다. 마이크로미터Mikrometer가 증명하듯이, 눈은 지평선에 있을 때보다 정점에 있을 때에 달을 더 넓은 시각으로 파악하기 때문이다. 이러한 오류는 오성 때문인데, 오성이 지상의 대상들을 색 투시Luftperspektive로 측정하듯이, 달과 무수한 별의 희미한 빛의 원인을 보다 멀리 있다고 받아들인다. 그런 까닭에 지평선에 있는 달이 정점에 있는 달보다 더 크다고 여기거나, 또한 동시에 지평선에 있을 때 천공Himmelsgewölbe이 더 넓어 보인다고, 즉 더 편평하다고 여긴다. 이처럼 색 투시에 의한 잘못된 측정은 산의 정상이 오로지 순수하게 투명한 공기 속에서만 보이는 아주 높은 산에 대해 실제보다 그 높이를 더 낮게 평가하는 단점이 있는데, 예를 들면 살랑슈Salenche에서 몽블랑을 바라볼 때가 그렇다. 그리고 그러한 기만적인 모든 가상은 직접적인 직관 속에서 우리에게 나타나는데, 이러한 직관은 이성의 그 어떤 논리적 추리에 의해서도 제거할 수 없는 것이다. 그러한 이성의 논리적 추리는 단지 오류, 즉 충분한 근거가 없는 판단을 이에 대립하는 참된 판단을 통해 막을 수 있을 뿐이다. 예를 들면, 달과 별이 지평선에 있을 때 희미한 빛을 갖는 원인은 거리가 멀기 때문이 아니라 흐릿한 안개 때문임을 추상적으로 인식하는 것이다. 그러나 추상적인 인식에도 불구하고 앞서 언급한 모든 경우에 가상은 존재하게 된다. 왜냐하면 오성은 인간에게서조차 그 자체로는 비합리적인 것이고, 또한 오직 인간에게만 속하는 인식능력으로서의 이성과는 완전히, 첨예하게 다른 것이기 때문이다. 이성은 단지 알 수 있을 뿐이다. 직관은 이러한 이성의 영향을 받지 않고, 오직 오성의 영향만을 받을 뿐이다.

7절

~~~

지금까지 우리의 모든 고찰과 관련하여 다음과 같은 점이 더 언급되어야 한다. 우리의 그러한 고찰은 객관에서도, 주관에서도 출발하지 않았고, 이미 주관과 객관을 포함하고 전제하는 표상에서 출발하였다. 객관과 주관으로의 분열Zerfallen은 표상의 가장 보편적이고 본질적인 최초의 형식이기 때문이다. 우선 이 형식 자체를 우리는 고찰하고, 그다음에(여기에서 대부분은 예비적인 논문을 참조하면서) 그 형식에 종속된 다른 형식들, 즉 오로지 객관에만 속하는 시간, 공간과 인과성을 고찰한다. 그러나 이 형식들은 객관 자체에 본질적이고, 객관은 다시 주관 자체에 본질적이므로 주관에 의해 발견될 수 있기 때문에, 즉 선천적으로 인식될 수 있기 때문에, 그런 한에서는 객관과 주관의 공통된 경계로 볼 수 있다. 그러나 예비적인 논문에서 상세하게 제시되었듯이, 이러한 형식은 모두 하나의 공통적인 표현, 즉 근거율로 환원될 수 있다.

이제 이러한 방식은 객관이나 주관에서 출발하고, 따라서 한쪽을 다른 한쪽에 비추어서 설명하고자 하고, 더욱이 근거율에 의해 설명하려고 시도한 종래의 모든 철학과는 완전히 구분된다. 우리는 근거율의 지배를 객관과 주관 사이의 관계에는 적용하지 않고 단지 객관에만 적용한다. 사람들은 최근에 생겨나 익히 알려진 동일성철학Identitäts-Philosophie을 이 철학이 객관이나 주관을 본래적인 최초의 출발점으로 삼지 않고, 제3의 것, 즉 이성적인 직관Vernunft-Anschauung을 통해 인식될 수 있는 절대자, 즉 객관도 아니고 주관도 아니며, 이 양자의 합일을 출발점으로 삼는다는 한에서, 앞에서 언급한 대립으로는 파악하지 않을 수도 있다. 비록 모든 이성적인 직관이 전적으로 부족한 나로서는 앞서 언급한 존경할 만한 합일과 절대자에 대해 말하는 것을 감행하지는 않겠지만, 그럼에도 불구하고 나는 우리와 같은 세속적인 사람들에게 주어져 있는 이성적인 직관론자의 모든 기록을 발판으로, 위에 언급한 철학이 앞의 두 가지 오류의 대립으로부터 제외될 수 없다는 것을 언급해야만 한다. 그 철학은, 생각할 수 없기에 단지 지적으로 직관 가능하거나 또는 자신을 그것에 빠지게 하는 것으로 경험되는 주관과 객관의 동일성에도 불구하고 저 두 개의 상반되는 오류를 피하지 못하고, 오히려 그 철학 자체가 두 부분, 즉 선험적 관념론과 자연철학으로 분리되면서 둘의 오류를 자체로 결합시키기 때문이다. 선험적 관념론은 피히테의 자아론Ich-Lehre인데, 근거율에 따라 주관에 의해 객관이 산출되게 하거나 주관으로부터 객관이 생산되게 하는 것이며, 자연철학은 구성Konstruktion이라고 불리는 방법을 통해 이렇게 객관으로부터 점차적으로 주관이 되게 하는 것인데, 이에 대해 나는 잘 모르지만, 이러한 방법이 근거율에 따라 다양한 형태로 진척된 것만은 아주 확실하다. 그러한 구성이 포함하고 있는 심오한 지혜 자체를 나는 포기한다. 왜냐하면 이성적인 직관이 전적으로 부족한 나에게는 이성적인 직관을 전제로 하는 모든 설명들은 일곱 가지의 봉인을 한 책[10]일 수밖에 없기 때문이다. 또한 이상하게도 나는 이 심오한 지혜의 가르침에서 잔혹하고 아주 지루한 허풍 말고는 아무것도 들을 수 없다.

10 「요한계시록」을 의미함—옮긴이.

객관에서 출발하는 체계들은 항상 모든 직관적인 세계와, 이러한 세계의 질서를 문제 삼았다. 그러나 이러한 체계가 출발점으로 삼는 객관이 항상 이러한 직관적인 세계는 아니며, 이러한 세계의 근본요소인 물질도 아니다. 오히려 예비적인 논문에서 제시된 가능한 객관들의 네 가지 부류에 따라 그러한 체계의 구분이 만들어진다. 그래서 첫 번째 부류는 실제의 세계에서 시작된다고 말할 수 있는데, 탈레스, 이오니아학파의 철학자들, 데모크리토스, 에피쿠로스, 조르다노 브루노와 프랑스의 유물론자들이 있다. 두 번째 부류는 추상적인 개념에서 출발하는 스피노자(즉 단순히 추상적이고 단지 규정 속에서 존재하는 실체개념에서 출발하는)와 이전의 엘레아학파가 있다. 세 번째 부류, 즉 시간, 따라서 수에서 출발하는 것으로는 피타고라스학파의 철학자들과 역경에 있는 중국철학자들이다. 마지막으로 네 번째 부류, 즉 인식에 의해 동기가 부여된 의지작용에서 출발하는 것은 세계외부적이고 인격적인 존재의 의지작용을 통해 무로부터의 창조를 가르치는 스콜라학파의 철학자들이다.

객관적인 방식은 본래적인 유물론으로 나타날 때 가장 시종일관하고 광범위하게 수행될 수 있다. 이러한 유물론은 물질 그리고 시간과 공간을 전적으로 존재하는 것으로 설정하고, 이 모든 것이 오로지 주관 속에 존재함에도 불구하고 이러한 주관과의 관계를 간과해 버린다. 더구나 유물론은 인과법칙 그 자체를 존재하는 사물들의 질서, 즉 영원한 진리veritas aeterna로 간주하면서, 인과법칙을 실마리로 하여 나아가려고 한다. 인과성은 오성 속에서 그리고 오성을 위해서만 존재하는데, 유물론은 이러한 오성을 생략해 버린다. 이제 유물론은 물질의 최초의 가장 단순한 상태를 찾으려 하고, 그런 다음에 단순한 메커니즘에서 화학작용, 양극성, 식물성, 동물성으로 올라가면서 다른 모든 것을 진전시키려고 한다. 그리고 이것이 이루어진다고 가정한다면, 그러한 연쇄의 마지막 고리는 동물적인 감수성, 즉 인식Erkennen이 될 수 있을 것이다. 따라서 이제 이러한 마지막 고리는 물질의 단순한 변형으로서 인과성에 의해 야기된 물질의 어떤 상태로 나타날 수도 있을 것이다. 이제 우리가 직관적인 표상과 유물론을 따라 여기까지 왔다면, 우리는 유물론과 함께 정상에 도달했을 때, 올림피아 신들의 억제할 수 없는 웃음이 갑작스럽게 엄습하는 것을 감지할 수 있을 것이다. 우리는 꿈에서 깨어나는 것처럼, 유물론이 그렇게 힘들여 만들어 놓은 최후의 결과인 인식은 이미 최초의 출발점에서부터 단순한 물질의 필수적인 조건으로 전제되어 있었다는 사실 그리고 우리는 유물론으로 물질을 사유한다고 생각했지만, 실제로는 물질을 표상하는 주관, 물질을 보는 눈, 물질을 느끼는 손, 물질을 인식하는 오성을 생각했다는 사실을 단번에 알아차릴 것이다. 그래서 예기치 않게 논증의 엄청난 궤변petitio principii이 밝혀진다. 왜냐하면 최후의 고리가 이미 최초의 고리가 의존하고 있는 근거, 즉 순환하는 고리라는 점이 갑자기 입증됐기 때문이다. 그리고 유물론자는 말을 타고 물속을 헤엄치며 앞쪽으로 늘어뜨린 댕기머리를 잡으면서 두 다리로 말을 끌어당기는 뮌히하우젠 남작과 같다고 할 수 있다. 그러므로 유물론의 근본적인 불합리성은 유물론이 ―이러한 객관적인 것은 단지 사유된 추상적인 물질이든지 또는 이미 형태 속으로 들어가서 경험적으로 주어진 것, 즉 화학적 원소와 함께 이와 가장 가까운 결합물이 된 재료stoff이든지 상관없이― 객관적인 것에서 출발하여, 객관적인 것을 궁극적인 설명근거로 받아들인다는 점에 있다. 유물론은 그와 같은 물질을 그 자체로 절대적인 것으로 존재한다고 간주하면서, 이로부터 유기적인 자연과 특히 인식하는 주관을 생겨나게 하여 이러한 물질을 완전하게 설명하려고 한다. 사실은 모든 객관적인 것은 이미 그 자체로 인식의 형태에 의해, 인식하는 주관을 통해 다양한 방식으로 제약을 받고 있고, 이러한 형식들을 전제로 삼고 있기에, 만약 주관을 없는 것으로 생각한다면 모든 객관적인 것은 완전히 사라져 버릴 것이다. 따라서 유물론은 우리에게 직접적으로 주어진 것을 간접적으로 주어진 것으로 설명하는 것이다. 유물론은 모든 객관적인 것, 연장을 지닌 것, 작용하는 것, 따라서 모든 물질적인 것을 자신을 설명하기 위한 견고한 토대로 간주하고, 이런 것들로 완전히 환원(특히 이러한 환원이 궁극적으로 작용과 반작용으로 귀결된다면)할 수 있다고 본다. 나는 이 모든 것이 몹시 간접적이고 제한적으로 주어진 것이고, 따라서 단지 상대적으로 존재하는 것Vorhandenes일 뿐이라고 말하고자 한다. 왜냐하면 물질적인 것은 두뇌의 기계장치와 제조를 통해 시간, 공간, 인과성이라는 형식 속으로 들어가, 이러한 형식들에 의해 처음으로 공간 속에 연장을 지닌 것으로 그리고 시간 속에서 작용하는 것으로 지속되는 것이기 때문이다. 이제 유물론은 그런 식으로 주어진 것에서 심지어 직접적으로 주어진 것, 즉 표상(모든 것이 이 속에서 존재하는데) 그리고 결국은 의지까지도 설명하려고 한다. 오히려 실제로는 이러한 의지에 의해 원인을 실마리로 그리고 그런 까닭에 법칙적으로 자신을 드러내는 저 모든 근원적인 힘을 설명할 수 있다. 따라서 인식이 물질의 변형Modifikation이라는 주장에 대해 항상 모든 물질은 단지 주관의 표상으로서 주관의 인식작용의 변형이라는 반대의 주장이 동일한 권리를 갖고 제시된다. 그럼에도 불구하고 근본적으로는 모든 자연과학의 목표와 이상은 완전히 실현된 유물론이다. 이제 우리가 이러한 유물론이 명백하게 불가능하다고 인식하는 것은 우리의 다음 고찰에서 드러나는 다른 진리, 즉 내가 근거율을 실마리로 삼는 체계적인 인식이라고 이해하는 모든 학문이 본래적인 의미에서 결코 궁극적인 목표에 도달하거나 전적으로 충분한 설명을 제공할 수 없다는 점을 증명해 준다. 왜냐하면 학문은 결코 세계의 가장 내적인 본질에는 도달하지 못하고, 결코 표상을 넘어갈 수 없으며, 오히려 근본적으로 다른 표상에 대한 어떤 표상의 관계만을 알려주는 것 이외의 다른 것이 아니기 때문이다.

모든 학문은 항상 두 가지의 주요 자료에서 출발한다. 그러한 자료 중의 하나는 항상 도구Organon로서 어떤 형태의 근거율이고, 다른 하나는 문제로서 학문의 특별한 대상이다. 따라서, 예를 들면 기하학은 공간을 문제로 삼으며, 공간 속에서 존재의 근거를 도구로 삼는다. 산술학은 시간을 문제로 삼으며, 시간 속에서의 존재의 근거를 도구로 삼는다. 논리학은 개념들의 결합 그 자체를 문제로 삼으며, 인식의 근거를 도구로 삼는다. 역사는 일반적으로 일어난 인간의 행위들을 문제로 삼으며, 동기부여의 법칙을 도구로 삼는다. 그리고 자연과학은 물질을 문제로 삼으며, 인과법칙을 도구로 삼는다. 따라서 자연과학의 목표 내지 목적은 인과법칙을 실마리로 물질의 모든 가능한 상태를 서로 환원시키고 마침내 하나의 상태로 환원시키며, 다시 서로에게서 도출해 내고 마침내 하나의 상태에서 도출해 내는 것이다. 그런 까닭에 두 개의 극단적인 상태, 즉 최소한으로는 물질의 상태와 최대한으로는 주관의 직접적인 객관이 되는 상태가 물질 속에서 대립하게 되는 것이다. 그러한 첫 번째 상태를 자연과학은 화학으로, 두 번째 상태를 생리학으로 탐구한다. 그러나 지금까지 양극단에 도달하지 못했고, 양극단 사이에서 몇몇 것들이 얻어졌을 뿐이다. 또한 전망도 대체로 희망적이지는 않다. 화학자들은 물질의 질적 분리가 양적 분리처럼 무한하지 않다는 전제 아래, 대략 60개인 원소의 수를 점점 더 줄이려고 한다. 그리고 이러한 원소들의 수가 두 개로까지 줄어들게 되면, 화학자들은 한 개로 환원시키려고 할 것이다. 동질성Homogeneität의 법칙은 물질의 최초의 화학적 상태를 전제하는데, 이러한 최초의 화학적 상태는 물질 그 자체에 본질적인 것이 아니라 단지 우연적인 형태이자 성질들일 뿐인 다른 모든 상태들에 선행하는 것이고 오로지 물질 그 자체에만 속하는 것이다. 다른 한편으로는, 물질의 이러한 최초의 화학적 상태는 이러한 상태에 영향을 주는 두 번째의 상태가 존재하지 않는다면, 어떻게 화학적인 변화를 경험할 수 있었는지를 알 수 없다. 따라서 에피쿠로스가 역학에서 하나의 원자가 자신이 운동하는 근원적인 방향에서 어떻게 왔는지를 언급할 때 부딪혔던 바와 같은 어려움이 여기 화학에서도 나타난다. 스스로 전개되고 피할 수 없고 해결할 수도 없는 이러한 모순은 본래는 화학적인 이율배반Antinomie이라고 주장할 수도 있을 것이다. 자연과학의 양극단의 한쪽에서 이러한 모순이 발견되듯이, 다른 한쪽에서도 이에 상응하는 모순이 우리에게 나타난다. 마찬가지로 자연과학의 이러한 다른 양극단에 도달하는 것은 기대할 수 없다. 사람들은 화학적인 것이 역학적인 것으로 또는 유기적인 것이 화학적인 것이나 전기적인 것으로 환원될 수 없다는 것을 갈수록 더 알아채기 때문이다. 그러나 오늘날 이러한 옛날의 잘못된 길을 새롭게 파고드는 사람들은 그들의 선행자와 마찬가지로 곧바로 얌전해지고 부끄러워져 뒤로 되돌아간다. 이것에 관해서는 2권에서 더 상세하게 언급할 것이다. 여기에서 임시로 언급한 어려운 점들은 자신의 고유한 영역을 지닌 자연과학에 방해가 된다. 더구나 철학으로 간주하자면, 자연과학은 유물론이라고 할 수 있을 것이다. 그러나 이러한 유물론은, 우리가 보았듯이 주관과 인식작용의 형식들을 건너뛰기 때문에, 태어날 때에 이미 소멸을 이론 안에 지니게 된다. 하지만 이러한 주관과 인식의 형식들은 유물론이 출발하는 가장 거친 상태의 물질이나 유물론이 도달하려고 하는 유기체에도 마찬가지로 전제되어 있다. 왜냐하면 "주관 없는 객관은 없다"라는 명제는 모든 유물론의 설명을 언제나 불가능하게 만들기 때문이다. 태양이나 행성은 그것을 보는 눈이나 그것을 인식하는 오성이 없다면, 말로 표현할 수는 있겠지만 표상에 대해서는 그러한 말은 무의미한 것이다. 그럼에도 불구하고 한편으로 인과성의 법칙을 따르고 그러한 법칙에 의해 행해진 자연의 고찰과 탐구는 보다 고도로 조직된 물질의 모든 상태가 시간 속에서 이보다 거친 물질의 상태를 뒤따른다는 점을 확실하게 받아들이게 한다. 즉 동물은 인간 이전에, 물고기는 육지동물 이전에, 또한 식물은 육지동물 이전에, 무기물은 모든 유기물 이전에 존재했던 것이다. 따라서 최초의 덩어리Masse는 처음으로 눈을 뜨기 전에는 오랜 시간의 변화를 거쳐야만 한다. 그리고 그럼에도 불구하고 인식을 필수적으로 매개하는 것으로서 처음으로 눈을 뜬 것에, 비록 이것이 곤충이라고 할지라도, 세계 전체의 존재는 의존하고 있다. 오로지 이러한 인식을 위해 그리고 이러한 인식 속에서 그러한 세계 전체는 존재하고, 그러한 인식 없이는 생각할 수도 없다. 왜냐하면 세계는 전적으로 표상이고, 그 자체로 세계의 현존을 담당하는 자인 인식하는 주관을 필요로 하기 때문이다. 물질이 여러 형태를 거쳐 궁극적으로는 최초의 인식하는 동물이 되는, 무한한 변화로 채워진 이러한 오랫동안의 시간의 흐름 자체, 그 전체 시간 자체는 오로지 의식의 동일성 속에서만 생각할 수 있는데, 시간은 표상들에 관한 의식의 연속Folge이고, 인식에 관한 의식의 형식이며 이것들 바깥에서는 모든 의미를 완전히 잃어버리고 아무것도 아닌 것이 된다. 따라서 우리는 한편으로는 세계 전체의 현존이 아무리 불완전한 존재일지라도 최초의 인식하는 존재에 전적으로 의존하고 있다는 것을 본다. 다른 한편으로 최초의 인식하는 존재는 또한 필연적으로 자신에 선행하는 원인과 결과의 오랜 연쇄Kette에 전적으로 의존하고 있고, 이러한 연쇄에서 그 자신이 작은 고리로 나타난다. 우리가 사실 각각 동일한 필연성을 갖고 끌어 들이는 이러한 모순되는 두 견해들은 물론 우리의 인식능력에서의 이율배반이라고 불러야 하고 자연과학의 저 최초의 극단에서 발견된 정반대의 것Gegenstück으로 내세울 수도 있을 것이다. 반면에 이 책에 부가된 칸트철학의 비판에서 칸트의 네 가지 이율배반은 근거 없는 속임수라는 것이 증명될 것이다. 그러나 여기에서 결국 필연적으로 생기는 모순은, 칸트의 말로 하자면 현상들의 형식인 시간, 공간, 인과성이 물자체에 속하는 것이 아니라 오로지 사물들의 현상에만 속한다는 점에 해답이 놓여 있다. 나의 말로 하자면, 객관적인 세계, 표상으로서의 세계는 세계의 유일한 면이 아니라 단지 하나의 면, 즉 세계의 외적인 면일 뿐이고, 세계는 완전히 다른 면을 갖고 있는데, 이것은 세계의 가장 내적인 본질, 세계의 핵심, 물자체이다. 가장 직접적인 객관화에 따라 이것을 우리는 의지라고 부르면서 다음의 2권에서 고찰할 것이다. 그러나 여기에서 우리가 고찰하는 표상으로서의 세계는 최초의 눈을 뜰 때에야 비로소 시작되고, 세계는 인식의 매개 없이는 존재할 수 없으므로, 따라서 그 이전에는 존재할 수 없을 것이다. 그러나 이러한 최초의 눈이 없다고 한다면, 즉 인식의 외부에는 그 이전vorher도 시간도 존재하지 않을 것이다. 그럼에도 불구하고 그렇기 때문에 시간이 시작을 갖는 것이 아니고, 모든 시작이 시간 속에서 존재하는 것이다. 그러나 시간은 사물을 인식하기 위한 가장 보편적인 형식이고, 모든 현상들은 인과성의 끈에 의해 이러한 형식에 적응하며, 또한 최초의 인식에 의해 두 측면으로 향하는 시간의 완전한 무한성과 함께 시간이 존재하게 된다. 그리고 이러한 최초의 현재를 채우는 현상은 동시에 근원적으로 연결된 것으로 그리고 무한하게 과거로 뻗어 나가는 현상들의 계열에 의존하는 것으로 인식되어야 한다. 그러나 그러한 과거 자체는 마찬가지로 이러한 최초의 현재에 의해 제약되고 반대로 최초의 현재는 과거에 의해 제약된다. 따라서 최초의 현재처럼, 또한 현재가 유래하는 과거도 인식하는 주관에 의존하며 그리고 인식하는 주관 없이는 아무것도 아니다. 그러나 이러한 최초의 현재는 과거를 어머니로 갖지 않는 최초의 과거로서 그리고 시간의 시작으로서 나타나지 않고, 시간 속에서 존재의 근거에 따라 과거의 귀결로 나타나며 그리고 또한 현재를 충족시키는 현상은 인과성의 법칙에 따라 그러한 과거를 충족시키는 이전의 상태들의 결과로 나타난다는 점이 필연적으로 수반된다. 신화적인 억지 해석들을 좋아하는 사람은 가장 어린 거인족인 크로노스Kronos의 탄생을 여기에서 언급된, 시작 없는 시간이 등장하는 순간의 상징으로 간주할 것이다. 크로노스는 자신의 아버지를 거세하여 하늘과 땅의 조잡한 생산물의 활동들을 중단시키고 이제 신들과 인간종족들이 무대를 차지하게 된다.

우리가 객관에서 출발하는 철학적 체계들의 가장 시종일관한 체계, 즉 유물론을 따라 도달한 이러한 서술은, 동시에 주관과 객관의 제거될 수 없는 대립에서 분리할 수 없는 서로의 의존성을 뚜렷하게 하는 데에 기여한다. 이러한 인식은 세계의 가장 내적인 본질, 즉 물자체를 더 이상 표상의 두 가지 요소인 주관과 객관의 어느 한쪽에서가 아니라, 오히려 표상과 완전히 다른 것, 즉 그러한 본래적이고, 본질적인 그리고 해결할 수 없는 대립에 사로잡혀 있지 않은 쪽에서 찾으려고 한다.

객관으로부터 주관이 생겨나게 하기 위해 우리가 언급한 객관에서 출발하는 것에 대해 주관에서 출발하여 이러한 주관에서 객관이 생겨나게 하는 것이 대립한다. 그러나 지금까지의 모든 철학에서, 객관에서 출발하는 것은 아주 자주 있는 것이며 일반적이다. 이와 반대로 주관에서 출발하는 것은 본래 단지 한 가지의 예밖에 없는데, 그것은 아주 새로운 것, 즉 피히테의 가상철학이다. 이런 점에서 그는 주목을 받아야만 하지만, 그의 이론 자체는 참된 가치와 내적인 내용을 갖고 있지 않다. 그의 이론은 속임수일 뿐이었지만, 그러나 진지한 얼굴로 신중한 어조와 생동감 있는 열정으로 강연을 하고, 언변이 좋은 논쟁으로 약한 상대자로부터 방어하면서, 뽐내고 자신이 무엇이라도 되는 것처럼 하였다. 그러나 외부의 모든 영향이 통하지 않고, 자신의 목표, 즉 진리를 확고하게 눈앞에 두는 진정한 진지함은 상황에 순응하는 비슷한 모든 철학자들과 마찬가지로 피히테에게는 존재하지 않았다. 물론 피히테도 달리 어쩔 수가 없었다. 철학자는 항상 그가 뿌리치려고 하는, 그리고 플라톤이 철학적인 감정이라고 불렀던 경이로움Verwunderung이라는 당혹스러움Perplexität을 통해 철학자가 되는 것이다. 여기에서 진정한 철학자와 가짜 철학자가 구분되는데, 진정한 철학자에게는 세계 자체를 조망하는 것으로부터 당혹스러움이 생기지만, 반면에 가짜 철학자에게는 단지 책, 즉 앞에 놓여 있는 체계에서만 생긴다. 피히테는 후자의 경우인데, 그는 단지 칸트의 물자체를 통해 철학자가 되었을 뿐이고 칸트의 물자체 없이도 아마도 완전히 다른 것들로 더 많은 성공을 했을 것이다. 왜냐하면 그는 대단한 수사학적인 재능을 소유하였기 때문이다. 그러나 그가 칸트를 철학자로 만든 책인 『순수이성비판』의 의미를 깊게 파고들어 갔더라면, 그는 이 책의 중심 이론의 정신이 다음과 같다는 것을 이해하였을 것이다. 모든 스콜라철학이 주장하려고 하듯이, 근거율은 영원한 진리가 아니라, 즉 모든 세계의 앞과 바깥 그리고 모든 세계에 대해 무조건적인 타당성을 갖는 것이 아니라, 근거율이 공간이나 시간의 필연적인 관계 또는 인과성의 법칙이나 인식근거의 법칙으로 나타난다고 할지라도, 단지 상대적이고 제약된, 오로지 현상 속에서만 타당성을 갖는다. 그런 까닭에 세계의 내적인 본질, 즉 물자체는 결코 근거율을 실마리로 해서는 발견될 수 없으며, 이러한 근거율이 이끄는 모든 것은 항상 의존적이고 상대적이며, 항상 단지 현상일 뿐이지 물자체가 아니다. 더구나 근거율은 결코 주관과 관계하는 것이 아니라, 오로지 객관들의 형식이며, 바로 그렇기 때문에 객관들은 물자체가 아닌 것이다. 그리고 주관은 이미 즉시 객관과 함께 존재해야 하고 객관은 주관과 함께 존재해야만 한다. 따라서 객관은 주관에 대해 그리고 주관은 객관에 대해 근거에 대한 귀결의 관계로 존재할 수는 없다. 그러나 피히테는 이 모든 것 중에서 그 어떤 것에도 주목하지 않았다. 피히테에게서 오로지 관심 있는 것은 주관에서 출발하는 것이었지만, 칸트는 지금까지 객관으로부터 출발하는 것이 객관을 물자체로 만들어 버리고 이것이 잘못이라는 것을 보여 주기 위해 주관에서 출발하는 것을 선택하였다. 그러나 피히테는 주관에서 출발하는 것을 중요한 것으로 받아들이고, 모방하는 모든 사람의 방식대로 그가 그 점에서 칸트를 능가하고 뛰어넘는다고 잘못 생각하여 지금까지의 독단론이 반대의 방향에서 범하였고 그리고 바로 이 때문에 칸트의 비판을 야기했던 오류를 이러한 방향에서 반복한다. 따라서 본질적으로 아무것도 변한 것이 없고 객관과 주관 사이에서 원인과 결과의 관계를 가정하는 오래된 근본적인 오류는 여전히 남아 있고, 그런 까닭에 근거율은 이전처럼 무조건적인 타당성을 지니고 있으며 물자체는 이제 객관 속으로가 아니라 인식작용의 주관 속으로 옮겨진다. 그러나 물자체나 세계의 내적인 본질은 결코 주관과 객관에서 찾을 수 있는 것이 아니라, 주관과 객관의 밖에서, 단지 상대적으로 존재하는 모든 것 밖에서 찾을 수 있다는 점을 제시해 주는 이러한 주관과 객관의 전적인 상대성은 이전이나 지금이나 인식되지 않았다. 마치 칸트가 더 이상 존재하지 않는 것처럼, 피히테에게서 근거율은 모든 스콜라철학자들에게서 그랬던 것처럼 영원한 진리이다. 즉 영원한 운명이 고대인의 신들을 지배했던 것처럼, 그러한 영원한 진리, 즉 형이상학적이고 수학적인 그리고 초논리적인 진리들이 여전히 스콜라철학자들의 신들을 지배하였고, 몇몇 사람들은 도덕법칙의 타당성에 지배받고 있었다. 오로지 이러한 진리만이 아무것에도 의존하지 않는데, 신뿐만 아니라 세계도 이러한 진리의 필연성에 의존한다. 그러한 영원한 진리인 근거율에 따르면 피히테에게서는 자아가 세계나 또는 비아Nicht-ich, 즉 바로 이러한 자아의 귀결이며 창조물인 객관의 근거이다. 그런 까닭에 피히테는 근거율을 계속 시험하거나 검사하는 것을 경계했을 것이다. 그러나 나는 거미가 거미줄을 만들듯이, 피히테가 자아에서 비아가 생겨나게 하는 실마리로 삼은 근거율의 형태를 언급할 수밖에 없는데, 그것이 공간 속에서의 존재의 근거율이라는 점을 확인할 수 있다. 왜냐하면 오로지 이와 관련하여 자아가 비아를 자신으로부터 산출해 내고 만들어 내는 고통스러운 도출방식은 가장 무의미하고, 그 때문에 지금까지 쓰여진 책 중에서 가장 지루한 책의 내용을 이루고 있다는 점에서만 어느 정도 의미가 있다. 따라서 그 밖에는 언급할 가치조차도 없는 이러한 피히테의 철학은 나중에 나타나, 먼 옛날의 유물론에 대한 대립으로서만 우리에게 흥미로운 것이다. 피히테의 철학이 주관에서 출발했듯이, 이러한 유물론은 시종일관하게 객관에서 출발했다. 유물론이 가장 단순한 객관과 함께 이미 즉각적으로 주관이 설정된다는 사실을 간과했듯이, 피히테는 객관 없이는 주관을 생각할 수 없기 때문에, 주관과 함께(이제 그가 이것을 어떻게 이름을 붙이든지 간에) 이미 객관이 설정될 뿐만 아니라 모든 선천적인 도출Ableitung, 모든 논증이 어떤 필연성에 근거하고 있지만, 모든 필연성은 전적으로 오로지 근거율에 근거하고 있다는 점을 간과했다. 왜냐하면 필연적이라는 것과 주어진 근거에 따른다는 것은 상관개념Wechselbegriff[11]이기 때문이다. 그러나 근거율은 객관 자체의 보편적인 형식 이외의 다른 것이 아니고, 따라서 이미 객관을 전제로 하지만, 객관에 앞서거나 객관 밖에서 통용되면서 객관을 비로소 데려오고 근거율의 입법Gesetzgebung에 따라 객관을 생성하게 할 수는 없다. 따라서 대개 주관에서 출발하는 것은 위에서 언급한 객관에서 출발하는 것과 같은 오류를 범하는데, 비로소 도출하는 것이라고 변명하는 것, 즉 그 출발점의 필연적인 상관개념Korrelat을 미리 가정하는 것이다.

이제 우리의 방식은 이러한 두 가지 상반된 실책Mißgriff과는 전적으로 구분된다. 우리는 주관에서도 객관에서도 출발하지 않고, 의식의 첫 번째 사실인 표상에서 출발한다. 표상의 첫 번째의 가장 본질적인 근본형식은 주관과 객관으로 나누어지는 것이고, 객관의 형식은 다시 다양한 형태의 근

11　이에 대해서는 「근거율에 대하여」 2판 49절 참고.

거율이며, 이러한 근거율의 각각은 자신의 고유한 부류의 표상들을 지배하는데, 언급했듯이, 그러한 형태의 인식에 의해 또한 전체 부류의 본질이 인식된다. 이러한 부류(표상으로서)는 바로 그러한 형태 자체인 것이다. 그러므로 시간 자체는 시간 속에서의 존재의 근거, 즉 연속이고 공간은 공간 속에서의 근거율, 즉 위치Lage인 것이다. 물질은 인과성이고, 개념은 (곧 보여지게 되듯이) 인식근거에 대한 관계인 것이다. 표상의 가장 보편적인 형식(주관과 객관)뿐만 아니라 이러한 형식에 종속된 형식(근거율)에 의해서 표상으로서의 세계의 이러한 예외 없는 일반적인 상대성은, 언급했듯이, 우리로 하여금 세계의 가장 내적인 본질을 표상과는 완전히 다른 세계의 측면에서 찾도록 제시해 주는데, 이러한 측면은 이 책의 2권에서 모든 생명체에게 마찬가지로 직접적으로 확실한 사실 속에서 증명될 것이다.

그러나 그 전에 오로지 인간에게만 속하는 표상들의 부류가 고찰되어야 하는데, 지금까지 고찰한 표상들의 주관적인 상관개념 또한 모든 동물들에게도 주어져 있는 오성과 감성인 것처럼, 이러한 표상의 재료는 개념이고 그러한 표상의 주관적 상관개념은 이성이다.

8절

~~~

달의 반사 빛이 태양의 직접적인 빛을 빌리듯이, 우리는 직관적이고 직접적인, 스스로를 대변하고 보증하는 표상을 넘어서 성찰로 이성의 추상적이고 논증적인 개념으로 나아가는데, 이러한 이성은 모든 내용을 직관적인 인식과 이러한 인식과 관련해서만 갖는다. 우리가 순수하게 직관적으로 행동하는 한, 모든 것은 분명하고 확고하며 확실하다. 여기에는 물음도 의문도 존재하지 않기 때문이다. 사람들은 더 나아가려고 하지 않고, 더 이상 나아갈 수도 없으며, 직관 속에서 평온을 갖게 되고, 현재에 만족하게 된다. 직관은 스스로 만족해하고, 그런 까닭에 순수하게 직관으로부터 생겨 나오고 그러한 직관에 충실하게 머무르는 것은 진정한 예술작품처럼 결코 거짓일 수가 없으며 시간이 흐른다고 해서 반박될 수 없다. 왜냐하면 여기에는 의견이 존재하는 것이 아니라 사태 자체가 존재하기 때문이다. 그러나 추상적인 인식과 함께 이론적인 것에서는 의문과 오류가 생기고, 실천적인 것에서는 염려와 후회가 생긴다. 직관적인 표상에서는 가상이 순간적으로 현실을 왜곡시키는 반면 추상적인 표상에서는 오류가 수천 년 동안 지배하면서 민족 전체에게 쇠로 된 멍에에 매이게 하고, 인류의 가장 고귀한 감동을 질식시키고 그러한 오류의 노예, 즉 속임을 당한 사람들을 통해 속임을 당하지 않는 사람에게 족쇄를 채운다. 오류는 모든 시대의 가장 현명한 사람들이 불공평한 싸움을 해 왔던 적이며, 그리고 이러한 현명한 사람들이 이 오류에서 얻어 낸 것만이 인류의 소유물이 되었다. 그런 까닭에 우리가 오류의 영역에 들어설 때에는 곧바로 이러한 오류에 주목하는 것이 좋다. 진리가 주는 이익을 예상하지 못하는 곳에서도 진리를 탐색해야 한다고 사람들은 종종 말한다. 왜냐하면 진리가 주는 이익은 간접적이고 사람들이 그것을 기대하지 않았을 때 나타나기 때문이다. 그래서 여기에서 나는 덧붙여 사람들이 오류가 해가 되지 않는 곳에서도 모든 오류를 발견해서 뿌리 뽑으려 노력해야 한다고 말한다. 왜냐하면 오류가 가져오는 해는 아주 간접적이고 예기치 않은 곳에서 언젠가 나타날 수 있기 때문이다. 왜냐하면 모든 오류는 그 내부에 독을 지니고 있기 때문이다. 인간을 지상의 주인으로 만드는 것이 정신이고 인식이라면, 해가 되지 않거나 존경할 만한 오류는 존재하지 않는다. 그리고 오류에 맞서서 고귀하고 힘겹게 싸움을 하면서 어떤 식으로든 힘과 삶을 바치는 사람들을 위로하기 위해 나는 여기에서 다음과 같은 말을 첨가하지 않을 수 없다. 진리가 아직 존재하지 않는 동안에 올빼미나 박쥐가 밤에 그러는 것처럼 오류가 어슬렁거릴 수 있지만, 사람들은 오래된 오류가 방해를 받지 않고 광범위하게 자리를 다시 차지하기 위해 인식되고 분명하고 완전하게 나타난 진리가 다시 내쫓기는 것을 기대하기보다는 올빼미와 박쥐가 태양을 동쪽으로 쫓아 버리기를 기대하는 것이 좋을 것이다. 진리의 승리는 어렵고 힘들지만, 한번 이러한 승리를 얻게 되면 더 이상 빼앗길 수 없는 것인데, 이것이 진리의 힘이다.

그 구성성분에 따르면 시간과 공간 그리고 물질로 환원되는 지금까지 고찰된 표상들 이외에, 우리가 객관이나 순수 직관과 오성(즉 인과성의 인식)을 볼 때, 우리가 주관을 볼 때, 지구에 사는 모든 것들 중에서 오직 인간에게만 다른 인식의 힘Erkenntniskraft이 나타났으며, 아주 적절하게 그리고 아주 올바르게 반성Reflexion이라고 불리는 완전히 새로운 의식이 생겨났다. 왜냐하면 이러한 의식은 사실은 직관적인 인식의 반사광Widerschein이고, 그러한 직관적인 인식으로부터 도출된 것이지만, 근본적으로는 이러한 직관적인 인식으로 받아들여지는 것과는 다른 본성과 성질을 가지며, 직관적인 인식의 형식들을 알지 못하며 그리고 모든 객관들을 지배하는 근거율도 여기에서는 완전히 다른 형태를 지니기 때문이다. 이러한 새롭고 고차원적으로 강화된 의식, 즉 비직관적인 이성의 개념 속에서 모든 직관적인 것의 추상적인 반성은 오로지 인간의 의식을 동물의 의식과 전적으로 구분해 주는 분별력을 인간에게 부여해 주고 이를 통해 지상에서의 인간의 모든 처신을 비이성적인 동물들과 아주 다르게 해 준다. 마찬가지로 인간은 힘이나 고통에서 동물들을 훨씬 능가한다. 동물들은 오로지 현재 속에서만 산다. 인간은 현재와 동시에 미래와 과거 속에서 산다. 동물들은 순간적인 욕구를 충족시킨다. 인간은 가장 인위적인 준비를 통해 자신의 미래를 위해, 심지어 자신이 경험할 수 없는 모든 시간을 위해 힘을 다한다. 동물은 전적으로 순간의 인상에, 직접적인 동기의 작용에 영향을 받는다. 현재에 의존하지 않는 추상적인 개념들이 인간을 규정한다. 그런 까닭에 인간은 주변상황이나 우연한 순간의 인상을 고려하지 않고 숙고한 계획을 수행하거나 원칙에 따라 행동한다. 그런 까닭에 인간은 예를 들면 자신의 죽음에 대해 인위적인 준비를 할 수 있으며, 불가해할 정도로 자신을 위장할 수 있고 그리고 자신의 비밀을 무덤에까지 가져갈 수 있으며, 결국은 다양한 동기들 사이에서 현실적인 선택을 할 수 있다. 왜냐하면 서로 나란히 의식 속에 존재하는 그러한 동기들은, 한 동기가 다른 동기를 배제하고 그리고 의지를 지배하는 동기의 힘을 서로 측정하는 인식을 개념적으로만 제공할 수 있기 때문이다. 이 점에 따라 지배적인 동기가 결정적으로는, 의지의 숙고된 결정이고 그리고 확실한 표시로서 의지의 속성을 알려 준다. 이에 반해 동물은 현재의 인상에 의해 규정된다. 오로지 현재의 위협에 대한 두려움만이 동물의 욕망을 억제시킬 수 있으며, 결국은 그러한 두려움이 습관이 되고 이제는 그 자체로 동물을 규정한다. 그런 것이 조련Dressur이다. 동물은 지각하고 응시한다. 이를 넘어 인간은 사유하고 인식한다. 이 둘은 의욕한다. 동물은 몸짓과 소리를 통해 지각과 기분을 전달한다. 인간은 언어를 통해 다른 사람에게 생각을 전달하거나 또는 언어를 통해 생각을 숨긴다. 언어는 인간이성의 첫 번째 산물이고 필수적인 도구이다. 그런 까닭에 그리스어와 이탈리아어로 언어와 이성은 동일한 단어인 로고스로 표시된다. 이성은 지각하는 것Vernehmen에서 유래하지만 그것은 듣는 것Hören과 동의어가 아니라 단어를 통해 전달된 생각을 알게 되는 것을 의미한다. 오로지 언어의 도움을 통해 이성은 몇몇 개인들과 일치하여 행동하는 것, 수천 명의 사람들이 계획하여 함께 협력하는 것, 문명 및 국가를 만드는 등의 아주 중요한 일을 할 수 있다. 더구나 학문, 이전의 경험을 보존하는 것, 공통점을 하나의 개념으로 요약하는 것, 진리를 전달하는 것, 오류를 유포하는 것, 사유하고 시를 짓는 것, 교리와 미신 등의 일을 할 수 있다. 동물은 죽음에 직면해서야 알 수 있다. 인간은 매 순간 자신이 죽음에 가까이 있다는 것을 의식하는데, 이것은 전체적인 삶에서 지속적인 소멸이라는 특성을 미리 알지 못했던 사람도 때로는 삶을 걱정하게 만든다. 주로 이 때문에 인간은 철학과 종교를 갖게 된다. 그러나 우리가 정당하게 인간의 모든 행위에 대해 높이 평가하는 것, 즉 자발적으로 올바른 일을 하고 고결한 심성Gesinnung을 갖는 것이 철학과 종교의 결실인지는 불확실하다. 이와 반대로 다양한 학파의 철학자들의 기묘하고, 공상적인 의견들과 다양한 종교의 사제들의 특이하고, 또한 때로 잔인한 예식들은 오로지 철학과 종교에만 속하는 확실한 산물이며, 이성이 만들어 낸 것이다.

이러한 모든 다양하고 광범위한 표현들은 하나의 공통된 원리에서, 인간이 동물보다 앞서 갖고 있으며 이성ratio이라고 불리는 인간의 특별한 정신능력에서 생겨난다는 점은 모든 시대와 민족의 일치된 견해이다. 또한 모든 사람들은 이성이 인간의 다른 소질과 특성에 대립하여 나타날 때, 이러한 능력의 표현을 아주 잘 인식하고 그리고 무엇이 이성적이고 무엇이 비이성적인지를, 또한 마지막으로 이성이 결여된 영리한 동물에게서는 기대할 수 없는 것이 무엇인지를 말할 수 있다. 모든 시대의 철학자들은 대체로 이성에 대한 일반적인 지식에 동의하고 이와 더불어 격정과 열정의 지배, 추리를 하는 능력과 모든 경험에 앞서 알 수 있는 보편적인 원리를 정리하는 능력 등등과 같은 몇 가지 매우 중요한 이성의 표현들을 강조한다. 그럼에도 불구하고 이성의 본래적인 본질에 대한 이들의 모든 설명들은 명확하게 규정되지 않고 광범위하며 통일성과 중심점이 없으며, 때로는 이러한 표현을, 때로는 저러한 표현을 강조하는 까닭에 종종 서로 상이하다. 여기에다가 이때에 많은 사람들이 이성과 계시의 대립에서 시작하는 데, 이러한 대립은 철학에게는 완전히 낯선 것이고 혼란을 가중시키는 데에 기여할 뿐이다. 지금까지 어떤 철학자도 이성의 이러한 다양한 표현들을 엄밀하게 하나의 단순한 기능으로 환원시키지 않았다는 점은 아주 주목할 만한 것이다. 이러한 하나의 기능은 이성의 모든 표현 속에서 다시 인식될 수 있으며 이러한 하나의 기능으로부터 모든 표현들이 설명될 수 있으며 그리고 따라서 이성의 본래적인 내적인 본질을 이룰 수 있다. 뛰어난 로크는 『인간오성론』의 2권 11장 10절과 11절에서 동물과 인간의 구분되는 특성들이 추상적이고 보편적인 개념이라고 아주 올바르게 언급하였고 그리고 이것을 라이프니츠는 『인간오성신론』 2권 11장 10절과 11절에서 전적으로 동의하면서 반복한다. 그러나 로크는 4권 17장 2절, 3절에서 이성의 본래적인 설명을 할 때, 그는 이성의 단순한 주요 특성을 시야에서 완전히 놓쳐 버리고 조각나고 파생된 이성의 표현을 불확실하고 불명확하며 불완전하게 언급한다. 또한 라이프니츠도 자신의 저서에서 이에 상응하는 곳에서 대체로 비슷한 태도를 취하지만, 더 혼란스럽고 불명확하게 언급한다. 이제 칸트가 어떻게 이성의 본질에 대한 개념을 혼란스럽게 하고 변질시켰는지에 대해서는 부록에서 상세하게 이야기할 것이다. 그러나 칸트 이후에 나타난 수많은 철학 저서를 이런 점에서 점검해 보면 군주의 잘못들이 모든 국민들을 희생시키는 것처럼, 위대한 사상가들의 오류는 전체 세대에, 더욱이 수백 년 동안 유포되어 부정적인 영향을 끼치고, 확실히 증가하고 전파되면서, 마지막에는 괴물로 변할 것이라는 점을 알게 될 것이다. 따라서 이 모든 것[12]은 버클리가 말했듯이, "사유하는 사람은 적지만, 모든 사람들은 의견을 가지려고 한다"는 점에서 생겨난다.

12 소수의 사람들만이 사유하지만, 모든 사람들은 의견을 가지려고 욕구한다.

오성이 오로지 원인과 결과의 관계에 대한 직접적인 인식이라는 하나의 기능을 갖고 모든 영리함, 총명함과 독창력처럼 현실적인 세계의 직관은 다양하게 응용할 수 있지만, 완전히 명백하게 그러한 단순한 기능의 표현에 불과하듯이, 그렇게 이성도 개념의 형성이라는 하나의 기능만을 가진다. 그리고 이러한 유일한 기능에 의해 위에서 언급한 동물과 인간의 삶을 구분하는 모든 현상들은 아주 쉽게, 완전히 저절로 설명된다. 그리고 사람들이 어디에서나 매번 이성적이라거나 비이성적이라고 언급하는 모든 것은 이러한 기능을 사용하거나 사용하지 않는 것에 의해 설명할 수 있다.[13]

9절

개념들은 지금까지 고찰했던 직관적인 표상들과는 전혀 다른 부류를 형성하는데, 이것은 오직 인간의 정신 속에서만 존재한다. 그런 까닭에 우리는 개념들의 본질에 대한 하나의 직관적인 인식, 하나의 본래적으로 명증한 인식에 도달할 수 없고, 단지 추상적이고 논증적인 인식에만 도달할 수 있을 뿐이다. 바로 그런 까닭에 직관적인 표상인 실재하는 외부세계가 경험에 의해 이해되는 한에서, 개념들이 경험에서 증명되거나 직관적인 객관들처럼 눈앞이나 상상 속에 나타나야 한다고 요구하는 것은 불합리한 일일 것이다. 개념은 직관되는 것이 아니라 단지 사유될 뿐이며, 인간이 개념을 통해 만들어 내는 결과들만이 본래적인 경험의 대상들이다. 그러한

---

13 이 문장을 근거율에 대한 논문 2판 26장, 27장과 비교해 보아야 한다.

결과들이 언어이고, 숙고된 계획적인 행동들인데, 나중에 이 모든 것으로 부터 생겨나는 것이 학문이다. 분명히 외부적인 경험의 대상으로서 말은 아주 신속하고 섬세한 뉘앙스로 자의적인 기호들을 전달하는 아주 완벽한 전신기Telegrapf 이외의 다른 것이 아니다. 그러나 이러한 기호들은 무엇을 의미하는가? 이러한 기호들의 해석은 어떻게 이루어지는가? 우리는 다른 사람이 말하는 동안에, 단어들과 단어들의 문법적인 어형 변화에 따라 번 개처럼 빠르게 우리를 지나가고 움직이며, 연결되고, 변형되고 묘사되는 상상의 이미지로 흘러가 버리는 그의 말을 곧바로 번역해 버리는 것인가? 다른 사람의 말을 듣거나 책을 읽는 동안 우리의 머리는 얼마나 혼란스러 울 것인가? 결코 그렇지는 않다. 말의 의미는 보통 환영들과 혼합되지 않 고 직접적으로 지각되고, 정확하고 확실하게 파악된다. 이성에게 말을 하 고, 자신의 영역에 머무는 것이 이성이다. 그리고 이성을 전달하고 수용하 는 것은 추상적인 개념들, 즉 한번 형성되면 비교적 적은 수에서도 현실적 인 세계의 수많은 모든 객관들을 파악하고 유지하고 대변하게 되는 직관 적이지 않은 표상들이다. 오로지 이것으로부터 비록 동물이 언어라는 도 구와 또한 직관적인 표상을 우리와 함께 갖고 있지만, 결코 말을 할 수 없 고 들을 수 없다는 것이 설명될 수 있다. 그러나 바로 단어들은 이성이라는 주관적인 상관개념Korrelat인 전적으로 고유한 표상들의 부류Klasse를 지칭 하기 때문에, 이 단어들은 동물에게는 무의미한 것이다. 따라서 우리가 이 성에게 귀속시키는 모든 다른 현상처럼 그리고 인간을 동물로부터 구분해 주는 모든 것처럼 언어는 이러한 하나의 것 그리고 단순한 것에 의해 인간 의 근원Quelle으로 설명될 수 있다. 언어는 시간과 공간 속에 있는 개별적인 표상들이 아니며, 직관적이지 않고, 추상적이며 보편적인 개념들이다. 오 직 개별적인 경우에만 우리는 개념들에서 직관들로 넘어가고, 환영을 개 념들의 직관적인 대표자로 만들지만, 그러나 개념들은 결코 환영에는 적합하지 않다. 이 경우는 근거율에 대한 논문 28장에서 특별히 상세하게 다루었는데, 그런 까닭에 나는 여기에서는 똑같은 것을 반복하지는 않을 것이다. 거기에서 언급된 것은 흄이 그의 『철학에세이』 12장 244쪽에서 그리고 헤르더가 『메타비평』(덧붙여 말하자면 이 책은 부적절한 책인데) 1부 274쪽에서 말한 것과 비교할 수 있다. 상상과 이성의 결합을 통해 가능하게 된 플라톤적인 이념은 이 책의 3권의 중심 주제를 이룬다.

따라서 비록 이제 개념들이 직관적인 표상들과는 근본적으로 다르다고 하더라도, 표상 없이는 아무것도 아닌 것인 개념들은 이러한 직관적인 표상들과 필연적 관계에 있으며, 그러므로 이러한 관계는 개념의 전체 본질과 존재를 형성하고 있다. 반성은 전적으로 이질적인 재료로 된 완전히 고유한 방식의 모사Nachbildung이기는 하지만, 원형적이고, 직관적인 세계의 필연적인 모사이며 반복이다. 그렇기 때문에 개념들이 표상들의 표상이라고 불리는 것은 완전히 적절한 것이다. 여기에서 근거율은 하나의 고유한 형태를 지닌다. 근거율이 표상의 한 부류에서 지배하는 형태는, 본래 항상 이러한 부류가 표상인 한에서, 이러한 부류 전체의 본질을 이루고 충분히 설명해 준다. 그래서 우리가 보았던 것처럼, 시간은 철두철미하게 연속 이외의 다른 것이 아니고, 공간은 전적으로 위치일 뿐이며, 물질은 전적으로 인과성이 이외의 다른 것이 아니다. 따라서 개념 또는 추상적인 표상들의 부류의 전체 본질은 오로지 근거율이 개념들 속에서 표현하는 관계 속에서만 존재한다. 그리고 이러한 관계는 인식근거에 대한 관계이기 때문에, 추상적인 표상은 그의 전체 본질을 유일하게 그리고 오로지 그러한 표상의 인식근거인 다른 표상에 대한 관계 속에서만 갖는다. 이제 이러한 다른 표상은 우선 하나의 개념이나 추상적인 표상일 수 있으며, 더구나 이러한 개념이 그러한 추상적인 인식근거를 가질 수는 있지만, 그렇게 무한하게 소급되는 것이 아니라 인식근거들의 계열은 마침내 직관적인 인식에 그 근거를 갖는 하나의 개념으로 끝나야만 한다. 왜냐하면 반성의 세계 전체는 그들 인식의 근거로서 직관적인 세계에 의존하기 때문이다. 그런 까닭에 추상적인 표상들의 부류는 다른 표상들과 구분되는데, 이러한 다른 표상들 속에서 근거율은 항상 오직 같은 부류의 다른 표상에 대한 관계를 요구하지만, 그러나 추상적인 표상들에서는 특히 다른 부류의 표상에 대한 관계를 요구하게 된다.

사람들은, 방금 언급했듯이, 직접적이지 않고 오직 하나의 또는 다수의 다른 개념들의 매개를 통해 직관적인 인식에 관계하는 그러한 개념들을 특별히 추상적인 개념이라고 불렀고, 이에 반해 직관적인 세계에 직접적으로 그 근거를 갖고 있는 개념들을 구체적인 개념이라고 불렀다. 그러나 구체적인 개념이라는 이름은 그 이름에 의해 지칭되는 개념들에 전혀 들어맞지 않는데, 이 개념들은 여전히 추상적인 개념들이지 결코 직관적인 표상들이 아니기 때문이다. 그런데 또한 구체적인 개념이라는 명칭은 단지 이것이 생각했던 차이를 불명확하게 의식하면서 생겨난 것일 뿐이지만, 여기에서 주어진 설명에서는 유지될 수 있을 것이다. 전자의 종류의 예, 따라서 탁월한 의미에서의 추상적인 개념은 '관계, 덕, 연구, 시작' 등과 같은 개념이다. 후자의 종류의 예, 또는 본래적이지는 않지만 구체적인 개념으로 불리는 것은 '인간, 돌, 말' 등과 같은 개념이다. 다소 너무 비유적이라서 우스꽝스러운 우화 같을 수도 있지만, 우리는 추상적인 개념을 반성이라는 건물의 1층으로 그리고 구체적인 개념을 2층으로 부르는 것이 아주 적절할 것이다.[14]

한 개념이 많은 것을 포함하고 있다는 점, 즉 많은 직관적인 표상들이나 추상적인 표상들이 그 개념에 대해 인식근거의 관계에 있다는 점, 즉 그 개

---

14 이에 대해서는 2편 5장과 6장 참고.

념을 통해 사유된다는 점은 사람들이 대부분 말하듯이, 개념의 본질적인 성질이 아니라 단지 파생적이고 이차적인 성질이며, 그럴 가능성이 있다고 하더라도 그러한 성질이 실제로 항상 존재해야만 할 필요는 없다. 그러한 성질은 개념이 표상의 표상이라는 점에서, 즉 그 개념의 전체 본질이 오로지 다른 표상에 대한 그 개념의 관계 속에서만 갖고 있다는 점에서 유래한다. 그러나 개념은 이러한 표상 자체가 아니고, 이러한 표상은 대부분 완전히 다른 표상들의 부류에 속하기 때문에, 즉 직관적인 것이기에, 이러한 표상들은 시간적이고 공간적인 다른 규정들을 가질 수 있으며, 개념 속에서 사유되지 않는 많은 관계들을 가질 수 있다. 그런 까닭에 본질적이지 않다는 점에서 서로 다른 많은 표상들은 동일한 개념에 의해 사유될 수 있다. 즉 동일한 개념에 포함될 수 있다. 그러나 이렇게 통용되는 것은 개념의 본질적인 성질이 아니라, 단지 우연적인 성질일 뿐이다. 그런 까닭에 단지 유일하게 실재적인 대상이 그러한 개념들을 통해 사유될 수는 있겠지만, 그렇기 때문에 추상적이고 보편적이지만 결코 개별적이며 직관적인 표상일 수는 없는 개념들이 존재할 수 있다. 그런 개념은 예를 들면, 어떤 사람이 단지 지리학상으로 아는 특정한 도시에 대해 갖고 있는 개념이다. 그러한 개념을 통해 오직 하나의 도시가 생각될 수 있지만, 그러나 그 개념에 적합하지만 어떤 점에서는 다른 몇 개의 도시들이 떠오르는 것도 가능하다. 한 개념이 몇 개의 대상에 의해 추상화되기 때문에 그 개념이 보편성을 갖는 것이 아니라, 거꾸로 보편성, 즉 개별적인 것의 비규정Nichtbestimmung이 이성의 추상적인 표상으로서 개념에 본질적이기 때문에, 서로 다른 사물들이 동일한 개념을 통해 사유될 수 있다.

언급된 것으로부터 개념은 직관적이지 않고 추상적이며 바로 그런 까닭에 일반적으로 규정된 표상이 아니기 때문에, 그 개념에 상응하는 단지 유일한 실재적인 대상들이 존재하는 경우에도 모든 개념은 범위나 영역으로 불리는 것을 갖고 있다는 점이 밝혀진다. 우리는 이제, 일반적으로 각 개념의 영역이 다른 개념들의 영역과 공통점을 갖는 것, 즉 그 개념에서 부분적으로 다른 개념들에서 사유되는 것과 동일한 것이 사유되고, 이 다른 개념들에서는 부분적으로 다시 먼젓번의 개념에서 사유된 것과 동일한 것이 사유된다는 점을 발견한다. 비록 그러한 개념들이 실제로 다른 개념들이라서, 모든 개념 또는 적어도 둘 중의 한 개념이 다른 개념이 갖고 있지 않은 어떤 것을 포함하더라도 말이다. 모든 주어는 자신의 술어에 대해 이러한 관계에 있다. 이러한 관계를 인식하는 것이 판단이다. 공간적인 도형 Figur을 통해 이러한 영역을 표현하는 것은 아주 적절한 생각이다. 고트프리트 플루케가 처음으로 이러한 생각을 위해 정사각형을 사용하였다. 그보다는 나중이지만, 람베르트는 단순한 선을 서로 섞어 놓으며 사용하였다. 오일러는 그것을 처음으로 원을 가지고 완전하게 실행하였다. 나는 개념들의 관계와 공간적인 도형들 사이의 이러한 정확한 유사성이 결국 어떤 것에 근거하는지를 제시하지 못한다. 그러는 사이에 개념들의 모든 관계가 더욱이 그 개념들의 가능성에 따라, 즉 선천적으로 그러한 도형을 통해 다음과 같은 방식으로 직관적으로 표현된다는 점은 논리학에 아주 유리한 상황이라고 할 수 있다.

1. 두 개념의 영역은 완전히 같다. 예를 들면 필연성의 개념과 주어진 근거로부터의 결과의 개념, 그와 마찬가지로 반추동물과 발굽이 갈라진 동물. 또한 척추동물과 적혈동물의 개념(그러나 환형동물 때문에 이의가 제기될 수 있겠지만)이 있다. 이것들은 상관개념이다. 그러한 개념은 한쪽뿐만 아니라 다른 쪽을 의미하는 하나의 원에 의해 설명된다.

2. 한 개념의 영역이 다른 한 개념의 영역을 완전히 포함한다.

3. 하나의 영역이 두 개 또는 여러 개의 영역을 포함하고, 이러한 여러 영역이 서로를 배제하고 동시에 그 영역을 채운다.

4. 두 개의 영역이 각각 다른 영역의 한 부분을 포함한다.

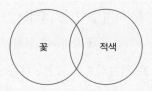

5. 두 개의 영역이 제3의 영역에 놓이지만 그 영역을 채우지 않는다.

마지막 다섯 번째 경우는 그 영역에 직접적인 공통성을 갖지 않는 모든 개념들에 통용되는데, 제3의 영역이 종종 너무 광범위하더라도 두 영역을 포함하기 때문이다.

모든 개념들의 결합은 이 다섯 가지 경우로 환원할 수 있고, 판단들, 즉 환위판단, 환질환위판단, 상호판단, 선언판단(이것은 세 번째 도형에 의해서)에 대한 전체 이론은 모두 여기에서 도출된다. 또한 바로 칸트가 이른바 오성의 범주를 정초했던 판단들의 성질이 도출되지만, 더 이상 단순한 개념들의 결합이 아니라 판단들의 결합인 가언적 형식은 예외로 한다. 그런 다음에 범주에 근거로 놓여 있는 판단들의 모든 성질처럼 양상Modalität의 예외는 부록에서 상세하게 설명된다. 언급된 가능한 개념형성들에 대해서는 단지 이러한 개념이 서로 다양하게 결합될 수 있다는 점을, 즉 네 번째 도형이 두 번째 도형과 결합될 수 있다는 점을 더 언급할 수 있다. 오로지 다른 영역의 전부나 일부를 포함하는 하나의 영역이 다시 세 번째 영역의 전부 또는 부분에 의해 포함될 때에만, 이러한 결합들은 함께 첫 번째 도형에서의 결론, 즉 다른 개념에 전체 또는 부분적으로 포함되어 있는 한 개념이 마찬가지로 다시 이 개념을 포함하는 제3의 개념에 포함되어 있다는 점을, 또는 이 반대인 부정을 인식하게 하는 판단의 결합을 제시해 준다. 부정의 도형적인 설명은 당연히 단지 두 개의 결합된 영역이 제3의 영역에 놓여 있지 않다는 점에서만 가능해질 수 있다. 이러한 방식으로 많은 영역들이 서로 둘러싸게 되면, 결론의 긴 연쇄가 생겨난다. 사람들은 이미 많은 교과서에서 상당히 잘 설명한 개념들의 도식을 판단이나 또한 삼단논법에 대한 이론의 근거로 제시할 수 있을 것인데, 이를 통해 이 둘에 대한 강의가 아주 쉽고 간단해질 것이다. 왜냐하면 이러한 도식을 통해 판단이나 삼단논법의 모든 규칙들은 그 근원에 따라 이해될 수 있기 때문이다. 그러나 이러한 규칙들을 기억하는 것은 필요하지 않은데, 논리학은 결코 실용적으로 이용할 수 없고 철학을 위해 단지 이론적으로만 관심을 가질 수 있기 때문이다. 왜냐하면 비단 이성적인 사유에 대한 논리학은 음악에 대한 통주저음Generalbaß 그리고 대충 말하자면, 덕에 대한 윤리학이나 예술에 대한 미학의 관계와 같다고 말할 수 있기 때문이다. 그러나 이와 반대로 누구도 미학을 연구해서 예술가가 된 적이 없고, 윤리학을 연구해서 고귀한 성격을 갖게 된 사람도 없으며, 또한 이미 라모Rameau보다 오래전에 올바르고 아름다운 음악이 작곡되었고, 그리고 또한 불협화음을 알아채기 위해 통주저음에 정통할 필요가 없다. 이렇듯이 사람들은 궤변Trugschlüsse에 속지 않기 위해서 논리학을 알 필요가 없다. 그러나 음악적인 작곡의 평가를 위해서는 아니더라도, 음악적인 작곡을 실행하기 위해서는 통주저음이 아주 유용하다는 점이 인정되어야만 한다. 더욱이 또한 주로 부정적으로 쓸모가 있더라도, 미학과 윤리학조차 아주 사소한 정도일지라도, 실행을 위해서는 어느 정도 유용할 것이라고 할 수 있는데, 따라서 그것들이 아무런 실천적인 가치가 없다고 말할 수는 없다. 그러나 논리학에 대해서는 그 정도로까지 칭찬해 줄 수는 없다. 왜냐하면 논리학은 모든 사람들이 구체적으로 알고 있는 것을 추상적으로 아는 것밖에 안 되기 때문이다. 그런 까닭에, 사람들이 잘못된 추리에 동의하지 않으려고 논리학을 필요로 하지 않는 것처럼, 올바로 추리하기 위해 논리학의 규칙들의 도움을 필요로 하는 것이 아니며, 그리고 정통한 논리학자조차도 현실적인 생각에서는 논리학의 규칙들을 완전히 제쳐 놓게 되는 것이다. 이 점은 다음 사실에서 설명된다. 즉 모든 학문은 어떤 종류의 대상에 대한 보편적이고, 따라서 추상적인 진리들, 법칙들과 규칙들의 체계로 이루어진다. 이제 이러한 대상들 중에서 나중에 나오는 개별적인 경우는 매번 통용되는 보편적인 앎Wissen에 의해 규정된다. 왜냐하면 보편적인 것을 그렇게 적용하는 것은, 새로 생겨나는 개별적인 경우를 처음부터 연구하는 것보다는 굉장히 쉽기 때문이다. 한번 얻은 보편적이고 추상적인 인식이 개별적인 것을 경험적으로 연구하는 것보다 우리에게는 매번 쉽기 때문이다. 그러나 논리학은 이것과는 반대이다. 논리학은 이성의 자기고찰과 모든 내용에 관한 추상을 통해 인식된 앎 그리고 형식 속에서 표현된 이성의 방식에 관한 보편적인 앎이다. 그러나 이러한 방식은 이성에서는 필연적이고 본질적인데, 따라서 이성은 혼자 남아 있을 경우에도 결코 이러한 방식에서 벗어날 수 없다. 그런 까닭에 각각의 특별한 경우에 이성을 그 본질에 따라 취급하는 것이, 이러한 방식에 의해 비로소 개념화된 이성에 대한 지식을 외부에서 주어진 낯선 법칙들의 형태로 이성에 내놓는 것보다 더 쉽고 확실하다. 왜냐하면 다른 모든 학문들의 경우에, 개별적인 경우 단독의 그리고 그 자체의 연구보다는 보편적인 규칙이 더 쉽게 이해되지만, 반대로 이성의 사용에 있어서는 우리 안에서 사유하는 것이 바로 이성 자신이기 때문에, 주어진 경우에 필요한 이성의 방식이 이로부터 개념화된 보편적인 규칙보다 항상 우리에게는 더 쉽게 이해되기 때문이다. 그것이 확실한 것은 이성의 본질이나 그 본성을 거스르는 이성의 방식보다 그러한 추상적인 앎이나 그것의 응용에서 오류가 더욱 쉽게 나타날 수 있기 때문이다. 그런 까닭에 다른 학문에서는 개별적인 경우의 진리를 규칙으로써 검증하지만, 논리학에서는 거꾸로 규칙은 항상 개별적인 경우에 의해 검증되어야 하는 이상한 일이 일어난다. 그리고 또한 아주 숙련된 논리학자이더라도 개별적인 경우에는 규칙이 진술하는 것과 다르게 추리한다는 점을 인지한다면, 논리학자는 그가 실제로 행한 추리에서가 아니라 규칙에서 오류를 찾으려고 할 것이다. 따라서 논리학을 실천적으로 사용하려는 것은 개별적인 경우 우리에게 직접적으로 완전히 확실하게 의식된 것을 비로소 엄청나게 노력해서 보편적인 규칙으로부터 이끌어 내려는 것을 말한다. 이것은 어떤 사람이 자신이 운동하기 위해 역학의 도움을 그리고 소화시키기 위해 생리학의 도움을 얻으려고 하는 것과 같을 뿐이다. 그리고 논리학을 실천적인 목적으로 배우고자 하는 사람은 자신의 집을 짓기 위해 비버를 훈련시키는 것과 같다고 할 수 있다. 이렇듯 논리학은 실천적인 쓸모는 없지만, 그럼에도 불구하고 유지되어야만 하는데, 왜냐하면 논리학이 이성의 조직과 행위에 대한 특별한 지식으로서 철학적인 중요성을 갖고 있기 때문이다. 논리학은 완결되고 스스로 존재하며, 자신 안에서 완성되고, 심원하고 완전한 학문 분야로서 자체만으로 그리고 다른 모든 학문 분야에서 독립하여 학문적으로 다루어질 자격이 있고 그리고 그렇기에 대학에서 가르쳐질 수 있을 것이다. 그러나 논리학은 전체 철학과의 연관성 속에서 인식, 즉 이성적이거나 추상적인 인식을 고찰할 때에야 비로소 본래적인 가치를 얻게 된다. 따라서 논리학 강의는 실천적인 것을 지향하는 학문의 형식을 가져서는 안 되고, 단지 판단들, 추리 등을 위해 있는 그대로 제시된 규칙들을 포함해야 할 뿐만 아니라, 더 나아가 이성과 개념의 본질을 인식하고 인식의 근거율이 충실하게 고찰되도록 해야 할 것이다. 왜냐하면 논리학은 이러한 근거율에 대한 단순한 부연설명이기 때문인데, 논리학은 본래 판단에 진리를 부여하는 근거가 경험적이거나 형이상학적이지 않고, 논리적이거나 메타논리적인 경우에만 사용된다. 그런 까닭에 인식의 근거율과 나란히 그 밖의 세 가지의 비슷한 사유의 근본법칙이나 메타논리적인 진리의 판단들이 제시되어야 한다. 왜냐하면 여기에서 이성의 전체 기술이 점차적으로 생겨나기 때문이다. 본래적인 사유, 즉 판단과 추리의 본질은 개념영역의 결합으로부터 공간적인 도식에 따라 위에서 언급한 방식으로 설명될 수 있고 그리고 이로부터 구성을 통해 판단과 추리의 모든 규칙을 이끌어 낼 수 있다. 사람들이 할 수 있는 논리학의 유일한 실천적인 사용은 논쟁할 때에 상대방에게 그의 실제적인 잘못된 결론을 증명하는 데 있는 것이 아니라 의도적인 궤변을 전문적인 명칭으로 부르면서 증명하는 데 있다. 그럼에도 불구하고 논리학의 이러한 실천적인 방향을 억제하는 것과 철학의 한 부분으로서 논리학과 철학 전체의 연관성을 강조하는 것 때문에 논리학에 대한 지식이 지금보다 줄어들게 해서는 안 될 것이다. 왜냐하면 오늘날 특히 미숙한 상태에 머무르지 않으려고 하고 무지하고, 어리석음에 사로잡혀 있는 대중들로 여겨지지 않으려는 사람들은 모두 사변철학을 공부했을 것이기 때문이다. 그리고 이것은 지금의 19세기가 철학적인 시대이기 때문에 그런 것이다. 그러나 이것은 이 세기가 철학을 갖고 있거나 철학이 이 세기를 지배한다는 것이 아니라 오히려 이 세기에 이르러 철학이 성숙해지고 있고 바로 그렇기 때문에 철학을 필요로 한다는 것을 말한다. 이것은 높은 정도의 교양의 표시이며, 더욱이 시대들의 문화의 단계가 확고한 지점에 있다는 표시이다.[15]

논리학은 실천적인 쓰임새가 적긴 하지만, 그럼에도 불구하고 논리학이 실천적인 목적을 위해 고안되었다는 점을 부인할 수는 없다. 나는 이러한 논리학의 기원을 다음과 같은 방식으로 설명하고자 한다. 엘레아학파, 메가라학파 그리고 소피스트들 사이에서 논쟁을 하려는 마음이 갈수록 생겨나고 그리고 점차로 이러한 욕구가 커지자 거의 모든 논쟁이 빠지게 되는 혼란은 곧 그들로 하여금 방법적인 절차의 필요성을 느끼게 하여, 이를 위한 지침으로서 학문적인 변증법을 찾게끔 하였다. 주목되어야 할 첫 번째 것은 논쟁하는 양쪽이 논쟁점들이 근거하고 있는 그 어떤 명제에 대해서는 언제나 일치해야만 한다는 점이다. 방법적인 절차의 시작은, 사람들이 공통적으로 받아들인 명제들을 형식적으로 그런 것으로서 언급하고 연구의 맨 앞에 놓는 것이다. 그러나 이 명제들은 처음에는 단지 연구의 재료가 될 뿐이다. 사람들은 공통적으로 받아들인 진리로 되돌아가서는, 자신의 주장들을 여기에서 이끌어 내려는 방식과 방법으로 어떤 형식과 법칙들이 준수되었다는 점을 곧바로 알게 되고, 선행하는 일치가 없음에도 불구하

15 이에 대해서는 2편 9장과 10장 참조.

고 그러한 형식과 법칙들에 대해 결코 다투지는 않는데, 여기에서 사람들은 그러한 형식과 법칙들이 이성 자체의 본성에 놓여 있는 활동이어야만 하며 연구의 형식임을 알게 된다. 이제 비록 이것에 대해 의심하거나 이견이 없음에도 불구하고, 어떤 현학적이고 체계적인 사람은, 모든 논쟁의 이러한 형식적인 것들, 이러한 이성 자신의 규칙적인 절차가 항상 추상적인 명제들로 표현되고, 이러한 추상적인 명제들이 연구의 재료들에 관련된, 공통적으로 받아들여진 명제들처럼 논쟁 자체의 확고한 규범으로서 연구의 맨 앞에 놓여지고, 사람들이 항상 이런 규범을 되돌아보고 의존하게 된다면, 이것은 정말 멋있는 일이자 방법론적인 변증법의 완성이 될 것이라고 생각하게 된다. 이러한 방식으로 사람들이 지금까지 암묵적인 동의에 의해 따르거나 또는 본능적으로 행한 것은 이제 의식적으로 법칙으로서 인정되고 형식적으로 언급되면서, 사람들은 모순율, 충분근거율, 배중률, 그다음에는 삼단논법의 특수한 규칙들, 예를 들면 오직 개별적이거나 부정적인 전제로부터는 아무것도 추리할 수 없고, 결론으로부터 근거에로의 추리는 타당하지 않다는 등의 논리적인 원리들을 위한 점점 더 완전한 표현들을 발견한다. 그러나 이것은 단지 천천히 그리고 아주 어렵게 이루어졌고 아리스토텔레스 이전에는 모든 것이 아주 불완전하였다는 점을 우리는, 플라톤의 여러 대화에서 논리적 진리들이 드러나는 서투르고 번잡한 방식으로 부분적으로 알 수 있지만, 그러나 섹스투스 엠피리쿠스가 가장 간단하고 단순한 논리적 법칙들에 대해 그리고 그러한 법칙들을 명확하게 하려고 했던 힘겨운 방식에 대한 메가라학파의 논쟁들에 관하여 우리에게 언급한 것에서 더 잘 알 수 있다(섹스투스 엠피리쿠스, 『수학자에 대한 반론』 8권, 112쪽 이하). 그러나 아리스토텔레스는 앞서 발견된 것을 모으고 정리하여 고쳐, 비교할 수 없을 정도로 완전한 상태로 만들었다. 사람들이 이런 식으로 그리스문화의 진행이 아리스토텔레스의 작업을 어떻게 준비하고 야기했는지를 주목한다면, 존스가 아주 편견에 사로잡혀 우리에게 전달해 준 페르시아 작가들의 진술, 즉 칼리스테네스가 인도인에게서 완성된 논리학을 발견하고 그것을 그의 작은 아버지인 아리스토텔레스에게 보냈을 것이라는 점을 믿기 어려울 것이다(『아시아연구』 4권, 163쪽). 음울한 중세에 모든 실제적인 지식이 결여된 채 오로지 형식들과 단어들을 즐겨 사용하는 논쟁에만 빠진 스콜라철학자에게 아리스토텔레스의 논리학은 아주 환영받아야만 했으며, 심지어 아랍어로 쓰여진 훼손된 책이라도 갖고 싶어 하였고, 곧장 이것이 모든 앎의 중심이 되었다는 점은 쉽게 이해될 수 있다. 그 이후로 논리학의 명성은 쇠퇴하였지만, 그럼에도 불구하고 우리 시대에까지 독립적으로 존재하고, 실천적이고 매우 필요한 학문이라는 신뢰를 유지해 왔다. 더욱이 우리 시대에는 그 토대를 본래 논리학으로부터 받아들이는 칸트의 철학이 다시 논리학에 대해 새롭게 활기찬 관심을 갖도록 했는데, 논리학은 또한 이런 점에서, 즉 이성의 본질의 인식을 위한 수단이라는 점에서 그러한 관심을 받을 만한 것이다.

올바르고 엄밀한 추리는 개념의 영역Sphäre의 관계를 정확하게 고찰하는 것을 통해, 그리고 오직 첫 번째 영역이 정확하게 두 번째 영역에 그리고 이 두 번째 영역이 다시 세 번째 영역에 완전히 포함될 때에, 첫 번째 영역이 세 번째 영역에 완전히 포함된 것을 인정하는 것을 통해 가능하지만, 이와 반대로 설득술Überredungskunst은 개념의 영역들의 관계들을 피상적으로만 고찰하고, 그다음에 그러한 관계를 자신의 의도에 따라 일방적으로 규정하는 것, 즉 고찰된 개념의 영역이 부분적으로는 다른 영역에 놓여 있거나, 또한 부분적으로는 완전히 다른 영역에 놓여 있을 때에, 사람들이 그것을 첫 번째 영역에 있는 것으로 말하거나 또는 설득자의 의도에 따라 두 번째 영역에 있는 것이라고 말하는 것에 근거하고 있다. 예를 들면 열정에 대해 말할 때, 이것은 임의적으로 가장 커다란 힘, 세계에서 가장 강력한 동인Agens이라는 개념에 포함시킬 수 있거나 몰지각Unvertnunft이라는 개념에 포함시킬 수 있고 그리고 이 개념을 무기력, 즉 약함이라는 개념에도 포함시킬 수 있다. 사람들은 이러한 방식을 계속 진행할 수 있고 논의되는 모든 개념에 새롭게 적용할 수 있다. 대부분의 경우 몇몇의 개념들이 한 개념의 영역을 공유하는데, 이러한 몇몇의 개념들 각각은 그 한 개념의 범위Gebiet 의 부분을 자신의 범위에 포함하지만, 또한 그러한 개념 하나에 포함되지 않는 많은 부분을 포함하고 있다. 그러나 사람들은 이러한 후자의 개념영역들 중에서 첫 번째 개념을 포함하는 하나의 영역만을 주목하려고 하는 반면, 다른 개념의 영역들을 주목하지 않고 놓아두거나 숨기려고 한다. 모든 설득술, 모든 교묘한 궤변들은 본래 이러한 책략에 근거한다. 왜냐하면 거짓말, 은폐, 양도논법과 같은 논리적 궤변은 실제적으로 사용하기에는 아무래도 어설프기 때문이다. 나는 사람들이 지금까지 모든 궤변과 설득의 본질을 그 가능성의 이러한 궁극적인 근거로 환원시키고 이러한 근거를 개념들의 본래적인 성질, 즉 이성의 인식방식에서 증명했다는 점을 알지 못하기 때문에, 내가 여기에 대해 강연을 했기 때문에 그 문제가 쉽게 이해될 수 있겠지만, 첨가한 표에서 도식으로 좀 더 설명하도록 할 것이다. 이 도식은 개념의 범위들이 어떻게 다양하게 서로를 포괄하고 이를 통해 각 개념이 이러저러한 개념들로 임의로 넘어가는 공간을 제공하는지를 보여 줄 것이다. 단지 나는 사람들이 도표에 현혹되어 이러한 사소한 임시적 설명이 지닐 수 있는 명목상의 의미를 넘어 그 이상의 중요성을 부여하기를 바라지 않는다. 나는 설명의 예로 여행이라는 개념을 선택했다. 이 개념의 영역은 네 개의 다른 개념들의 범위를 포괄하는데, 궤변가는 네 개의 개념 중에서 아무 개념으로 임의적으로 넘어갈 수 있다. 이 네 개의 개념들은 다시 다른 영역을 포괄하고, 그중의 몇 개는 동시에 두 개나 여러 개의 영역을 포괄하여, 이들 영역을 통해 궤변가는 그것이 항상 유일한 길인 것처럼 자의적으로 자신의 길을 택하고, 그런 다음 결국은 자신의 의도에 따라 선이나 악에 도달한다. 그러한 영역을 뒤따를 때에 사람들은 항상 오직 중심(주어진 주어 개념)에서 주변으로의 방향을 유지해야 하지 그 반대쪽으로 향해서는 안 된다. 그러한 궤변의 비유적 표현은 듣는 사람의 약점에 따라 계속되는 말이나 또는 엄격한 추리 형식일 수 있다. 근본적으로 대부분의 학문적인, 특히 철학적인 논증들은 이런 것과 크게 다른 것이 아니다. 만약 그렇지 않다면, 어떻게 아주 많은 것들이 서로 다른 시대에 잘못 가정되었을 뿐만 아니라(왜냐하면 오류 자체는 다른 근원을 갖고 있기 때문에) 표현되고 증명되었지만 그럼에도 불구하고 나중에 근본적으로 잘못된 것으로 발견되는 것, 예를 들면 라이프니츠-볼프의 철학, 프톨레마이오스의 천문학, 스탈Stahl의 화학, 뉴턴의 색채론 등등[16]이 가능할 수 있겠는가.

10절

이 모든 것을 통해 어떻게 확실성에 도달하고, 어떻게 판단이 근거 지어지며, 우리가 언어 및 신중한 행동과 더불어 이성에 의해 주어진 세 번째의 커다란 특권이라고 자랑하는 학문과 앎의 본질이 무엇인가 하는 물음이 점점 더 우리를 재촉한다.

이성은 여성적인 본성을 지니고 있다. 이성은 오직 받아들인 다음에야 줄 수 있기 때문이다. 이성은 그 자체로는 단지 그 작용의 형식들만을

---

16 이에 대해서는 **2편 11장 참고**(여기에서 말하는 2편은 1819년에 출간된 1편과 달리 1844년에 출간된 『의지와 표상으로서의 세계』 2편을 말한다. 쇼펜하우어는 2편에서 보다 논증적인 방식으로 1편에서 다룬 주제들에 대하여 다룬다—옮긴이).

갖고 있을 뿐이다. 더욱이 절대적으로 순수한 이성인식은 내가 메타논리적 진리라고 말하는 네 가지 명제 외에는 존재하지 않는데, 즉 동일율, 모순율, 배중율과 인식의 충분근거율이다. 왜냐하면 논리학의 나머지 것들조차도 더 이상 절대적으로 순수한 이성인식이 아니기 때문이다. 그것들은 개념들의 여러 영역의 관계와 결합을 전제하기 때문이다. 그러나 개념들은 보통 이 개념들에 선행하는 직관적 표상들이 있은 다음에야 비로소 존재하는 것이며, 그러한 표상과의 관계가 개념의 전체 본질을 완성하는데, 따라서 개념들은 이미 직관적인 표상들을 전제하고 있다. 어쨌든 이러한 전제는 개념의 특정한 내용에 관계하는 것이 아니라 단지 일반적으로 개념의 존재에만 관계하기 때문에, 논리학은 전체적으로 순수한 이성학문Vernunftwissenschaft으로 여겨진다. 그 밖의 모든 학문에서 이성은 직관적인 표상으로부터 내용을 얻는다. 수학에서는 모든 경험에 앞서 직관적으로 인식된 공간과 시간의 관계로부터 얻으며, 순수 자연과학, 즉 우리가 모든 경험에 앞서 자연의 진행에 대해 알고 있는 것에서는 학문의 내용이 순수한 오성으로부터, 즉 인과법칙의 선험적인 인식으로부터 그리고 공간과 시간의 순수한 직관과 인과법칙의 결합으로부터 생겨난다. 다른 모든 학문에서는 우리가 지금 언급한 것에서 차용되지 않은 모든 것은 경험에 속하는 것이다. 앎은 일반적으로 그러한 판단들을 자신의 정신의 힘으로 임의적으로 재생산하는 것, 그러한 판단들이 그들의 충분한 인식근거를 판단들 이외의 것에서 갖는다는 것, 즉 참wahr이라는 것을 말한다. 따라서 오직 추상적인 인식만이 앎인 것이며, 그런 까닭에 이러한 앎은 이성에 의해서 제약된다. 그러므로 우리는 정확하게 말하자면, 동물들이 기억을 갖고 있으며 바로 그렇기 때문에 꿈을 통해 증명되는 판타지를 갖고 있고, 직관적인 인식을 갖고 있다고 하더라도, 동물들이 어떤 앎을 가진다고 말할 수는 없다. 우리는 동물들에게서 의식을 인정한다. 따라서, 비록 의식이라는 단

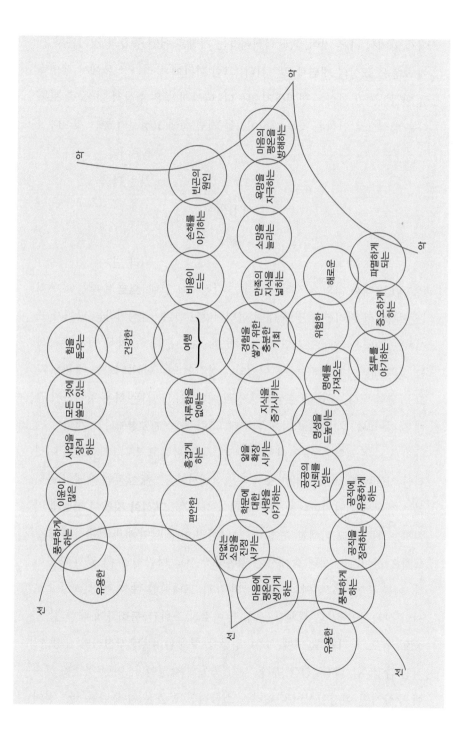

어가 앎에서 나온 것이지만, 의식이라는 개념은 어떤 종류의 것이든지 간에 보통은 표상의 개념과 일치한다. 그런 까닭에 우리는 식물에서 생명력을 인정하지만 의식은 인정하지 않는다. 따라서 앎은 추상적 인식, 즉 보통 다른 방식으로 인식된 것을 이성이라는 개념 속에 고정시켜 놓는 것이다.

11절

이런 점에서 앎의 직접적인 반대는 감정Gefühl인데, 그렇기 때문에 우리는 여기에서 이러한 감정에 대해 설명해야만 한다. 감정이라는 단어가 표시하는 개념은 전적으로 단지 소극적인negativ 내용, 즉 의식 속에 존재하는 것은 개념이 아니라는, 즉 이성의 추상적인 인식이 아니라는 내용을 갖고 있을 뿐이다. 이러한 추상적인 인식 이외의 것은 그것이 무엇이든지 간에 감정이라는 개념에 속하게 되는데, 그런 까닭에 감정이라는 개념의 지나치게 넓은 영역은 아주 이질적인 것들을 포함하고 있다. 사람들은 이질적인 것들이 오로지 이러한 소극적인 점에서만, 즉 추상적인 개념이 아니라는 점에서만 일치한다는 것을 알지 못하는 한, 그러한 것들이 어떻게 일치하는지를 결코 이해할 수 없다. 왜냐하면 아주 상이하고 적대적인 요소들이 감정이라는 개념 속에서는 평온하게 서로 나란히 놓여 있기 때문이다. 예를 들면 종교적인 감정, 쾌락의 감정, 도덕적인 감정, 촉감, 고통으로서의 신체적인 감정, 색채감, 음향과 이것의 조화와 부조화에 대한 감정, 증오, 혐오, 자기만족, 명예, 수치, 정당함, 부당함의 감정, 진리의 감정, 미적인 감정, 힘, 약함, 건강, 우정, 사랑 등등의 감정이다. 이런 것들은 그것이 추상적인 이성인식이 아니라는 소극적인 공통점 외에 다른 공통점이 전혀 존재하지 않는다. 그러나 이것이 가장 눈에 띄는 것은 공간적인 관계들의 선험적이고 직관적인 인식 그리고 더구나 순수오성의 직관적인 인식이 감정의 개념으로 드러날 경우, 사람들이 우선 직관적으로 의식하지만 그러나 아직 추상적인 개념들로 옮기지 못하는 모든 인식과 모든 진리를 사람들이 느낀다고 말하는 경우이다. 이 점을 설명하기 위해 나는 최근의 책에서 예들을 제시해 보겠는데, 왜냐하면 이러한 예들이 내 설명에 대한, 눈에 띄는 증거이기 때문이다. 나는 독일어판 유클리드의 서론에서, 사람들이 기하학의 초보자에게 증명을 시작하기 전에 먼저 도형을 모두 그리게 해야 한다고 한 것을 기억하는데, 왜냐하면 그렇게 해야 증명을 통해 완전한 인식을 얻기 전에 초보자들이 기하학적 진리를 먼저 느꼈기 때문이다. 바로 그렇게 프리드리히 슐라이어마허는 『도덕론 비판』에서 논리적이고 수학적인 감정에 관해서(339쪽), 또한 두 개의 공식들의 동일성과 차이성에 관해서(342쪽) 언급하였다. 더구나 테네만은 『철학사』 1권 361쪽에서 "사람들은 궤변들이 올바르지 않다는 것을 느꼈지만, 오류를 발견할 수는 없었다"고 말한다. 사람들이 이러한 감정이라는 개념을 올바른 관점에서 고찰하지 않고 오로지 감정 개념에만 본질적인 소극적인 특징을 인식하지 않는 한, 감정이라는 개념은 그 영역이 지나치게 넓고 소극적일 뿐만 아니라 완전히 일방적으로 규정되어 있고 아주 사소한 내용 때문에 지속적으로 오해와 논쟁을 불러일으킨다. 우리는 독일어로 거의 같은 뜻의 지각Empfindung이라는 단어를 갖고 있는데, 이 단어를 아래 단계의 단어로서 신체적인 감정을 위해 사용하는 것은 유용할 것이다. 다른 모든 개념에 비해, 감정이라는 개념이 균형 잡히지 않은 근본적인 원인은 확실히 다음과 같다. 모든 개념들은, 그리고 단어로 표시되는 것은 개념들뿐인데, 이성을 위해서만 존재하고, 이성으로부터 시작되는 것이다. 따라서 사람들은 이미 개념과 함께 일방적인 입장에 서 있게 된다. 그러나 그러한 입장에서는 가까운 것은 명확하게 나타나고 긍정적인 것으로 설정되며, 멀리 있는 것은 뒤섞여서 곧 단지 부정적인 것으로만 간주된다. 따라서 모든 민족은 다른 민족을 외국인이라고 부르고, 그리스인은 다른 모든 사람들을 야만인이라고 부른다. 영국인은 영국이 아니거나 영국스럽지 않은 모든 것을 대륙이나 대륙스러운 것이라고 부르고, 신앙인은 다른 모든 사람들을 이단자나 이교도라고 부르며, 귀족은 다른 모든 사람들을 평민이라고 부르고, 대학생은 다른 모든 사람들을 속물이라고 부른다. 이러한 일방성은 오만에서 생기는 조야한 무지라고 말할 수 있는데, 이상하게 들리겠지만, 이러한 무지는 이성의 표상방식에 속하지 않는, 즉 추상적인 개념이 아닌 의식의 모든 변화를 감정이라는 하나의 개념에 포괄해 버리는 이성 자신의 잘못에서 생겨난다. 이성의 고유한 방식이 근본적인 자기인식을 통해 이성 자신에게 명확하게 되지 않았기 때문에, 더군다나 사람들은 특별한 감정의 능력을 내세우고는 이성에 대한 새로운 이론을 구성하기 때문에, 이성은 지금까지 자신의 고유한 영역에서 일어나는 오해와 혼란을 치러야만 했던 것이다.

12절

내가 조금 전에 감정이라는 개념을 앎의 정반대의 것으로 설명했는데, 앎은, 말했듯이, 모든 추상적인 인식, 즉 이성인식이다. 그러나 항상 이성은 단지 다른 방식으로 받아들인 것을 다시 인식하는 것이기 때문에, 이성은 우리의 인식을 확장시키는 것이 아니라 다른 방식으로 받아들인 것에 단지 다른 형태를 부여하는 것이다. 즉 직관적이고 구체적으로 인식된 것을 이성은 추상적이고 보편적으로 인식하게 한다. 그러나 이것은 그렇게 표현할 때 얼핏 드러나는 것보다 훨씬 더 중요한 것이다. 왜냐하면 실천적인 것으로의 인식의 모든 확실한 보존, 모든 전달가능성과 모든 확실하고 광범위한 적용은 이러한 인식이 하나의 앎, 즉 하나의 추상적인 인식이 되었다는 것에 의존하기 때문이다. 직관적인 인식은 항상 개별적인 경우에만 적용되고, 단지 가장 가까운 것에만 관계하며 머물러 있을 뿐이다. 왜냐하면 감성과 오성은 본래 한 번에 단지 하나의 대상만을 파악할 수 있기 때문이다. 그런 까닭에 모든 지속적이고 복합적이며 계획적인 행동은 원칙으로부터, 따라서 추상적 앎으로부터 출발해야만 하고 이러한 앎에 의해 이끌어져야 한다. 그러므로 예를 들면 오성이 원인과 결과의 관계에 대해 갖고 있는 인식은 추상적으로 생각될 수 있는 것보다 그 자체로 더 완전하고, 더 심오하며 더 철저한 것이다. 오직 오성만이 직관적이며 직접적으로 완전하게 지렛대, 도르래, 톱니바퀴의 작용방식, 둥근 천장의 안전함 등을 인식할 수 있다. 그러나 오직 직접적으로 현재적인 것에만 관계하는 직관적인 인식의 방금 언급한 성질 때문에, 단순한 오성 하나만으로는 기계나 건물들을 만들 수는 없다. 오히려 여기에서 이성은 직관의 자리에 추상적인 개념들을 놓아두어 그러한 개념들을 작용의 모범으로 삼아야 한다. 그리고 이러한 개념들이 올바르다고 한다면, 그것은 성공하게 될 것이다. 이와 같은 방식으로 우리는 순수한 직관 속에서 포물선, 쌍곡선, 나선의 본질과 법칙성을 인식한다. 그러나 이러한 인식을 현실 속에서 확실하게 적용하기 위해서는 그러한 인식은 먼저 추상적인 앎이 되어야만 하는데, 이때에는 그 인식은 물론 직관성을 희생해야 하지만 그러나 대신에 추상적인 앎의 확실성과 명확성을 얻게 된다. 따라서 모든 미분학은 본래 곡선에 대한 우리의 인식을 전혀 확장시켜 주지 못하고, 곡선에 대한 단순한 순수 직관이 포함하고 있는 것 이상의 것을 포함하지 않는다. 그러나 미분학은 인식의 방식을 바꾸고, 적용하는 데 아주 효과가 크도록 직관적인 인식을 추상적인 인식으로 변환시킨다. 그러나 여기에서 이제 우리의 인식능력의 특징이 더 논의되어야 하는데, 직관적인 인식과 추상적인 인식의 차이가 완전히 분명하게 되지 않는 한, 사람들은 이러한 특징을 지금까지 알 수 없었다. 그러한 특징은 공간의 여러 관계들이 직접적으로 그리고 그 자체로 추상적인 인식으로 옮겨질 수는 없고, 오직 시간적인 크기, 즉 숫자Zahl만이 여기에 적합하다는 것이다. 숫자만이 오로지 추상적 인식에 정확하게 상응하는 추상적인 개념들 속에서 표현될 수 있다. 1,000이라는 개념과 10이라는 개념은, 이 둘의 시간적인 크기가 직관 속에서 다르듯이 그렇게 다른 것이다. 우리는 1,000을 10의 일정한 배수로 생각하지만, 우리는 시간 속에서 직관을 위해 마음대로 그 숫자를 분해할 수 있다. 즉 우리는 숫자를 셀 수 있다. 그러나 1마일의 추상적 개념과 1피트의 추상적인 개념 사이에는, 두 개념에 대한 모든 직관적인 표상 없이 그리고 수의 도움이 없이는, 결코 그러한 크기 자체에 상응하는 정확한 차이가 존재하지 않는다. 이 양자에는 보통 단지 하나의 공간적인 크기만이 생각되며, 양자를 충분하게 구분하려면 전적으로 공간적인 직관의 도움을 받거나, 즉 이미 추상적인 인식의 영역을 떠나거나 또는 그 차이를 숫자로 생각해야 한다. 따라서 사람들이 공간적인 관계에 대하여 추상적인 인식을 가지려고 한다면, 추상적인 인식은 먼저 공간적인 관계를 시간적인 관계, 즉 수로 옮겨 놓아야만 한다. 그렇기 때문에 기하학이 아니라 오직 산술학만이 보편적인 양의 이론Größenlehre이며, 기하학이 전달가능성, 정확한 규정성과 실천적인 것에로의 적용성을 가지려고 한다면 산술학으로 변형되어야만 한다. 공간적인 관계 그 자체는 또한 추상적으로 생각될 수도 있는데, "사인Sinus은 각도의 크기에 따라 증가한다"가 이러한 예이다. 그러나 이러한 관계의 크기를 언급해야 한다면, 숫자가 필요하다. 공간의 관계에 대해 추상적 인식(즉 단순한 직관이 아니라 하나의 앎)을 하려고 할 때, 3차원을 지닌 공간이 1차원을 지닌 시간으로 옮겨져야만 하는 이러한 필연성은 수학을 어렵게 만드는 원인이다. 이 점은 우리가 곡선의 직관을 이것에 대한 분석적 계산과 비교하거나 또한 삼각함수의 대수표를 이러한 대수표에 의해 표시되는 삼각형의 부분들의 변화하는 관계들의 직관과 비교할 때 아주 명확해진다. 여기에서 직관이 한 번 보고 완전하게 그리고 극단적으로 정확하게 파악하는 것, 즉 사인이 증가함에 따라 코사인이 감소하고, 한 각의 코사인은 다른 각의 사인이고, 두 각의 증감이 반비례 관계라는 것 등은 이것들을 추상적으로 표현하기 위해서는 엄청나게 복잡한 수와 힘든 계산이 필요함을 보여 준다. 시간이 자신의 1차원만을 가지고 공간의 3차원을 재현하기 위해 얼마나 고통스러워해야 할 것인가라고 말할 수 있다! 그러나 이것은 우리가 적용을 위해 공간의 관계들을 추상적인 개념으로 기록하여 소유하고자 한다면 필수적인 것이다. 공간의 관계들은 직접적으로 추상적인 개념에 관계하지 못하고, 단지 순수 시간적인 크기, 즉 수의 매개를 통해, 오로지 수로써만 추상적인 인식에 직접적으로 참여할 수 있다. 더구나, 공간이 직관에 아주 적합하고 공간의 3차원을 수단으로 하여 복잡한 관계마저도 쉽게 조망할 수 있지만 추상적인 인식을 할 수 없고, 반대로 시간은 쉽게 추상적인 인식에 관계하지만, 그러나 이에 반해 직관에 주는 것이 별로 없다는 점은 주목할 만하다. 수의 본래적인 요소, 즉 단순한 시간 속에서 수에 대한 우리의 직관은 공간을 끌어 들이지 않고는 10까지도 거의 도달하지 못한다. 10을 넘어서 우리는 단지 추상적인 개념들만을 가질 뿐이지, 더 이상 숫자에 대한 직관적인 인식을 갖지 못한다. 반대로 우리는 정확하게 규정된 추상적인 개념들을 모든 숫자와 모든 대수적인 기호algebraisches Zeichen로 결합시킨다.

그 밖에 여기에서 몇몇 학자들만이 오로지 직관적으로 인식된 것에서 완전한 만족을 발견한다는 점이 언급될 수 있다. 이런 사람들이 찾는 것은 존재의 근거와 귀결을 공간 속에서 직관적으로 설명하는 것이다. 유클리드적 증명이나 공간적인 문제의 산술적 해결은 그들을 만족시키지 못할 것이다. 반면에 다른 학자들은 적용이나 전달에만 쓸모 있는 추상적인 개념들을 요구한다. 그들은 추상적인 명제들, 형식들, 긴 연쇄추리과 계산의 논증을 견뎌 내고 기억할 수 있는데, 이런 연쇄추리과 계산의 기호들은 매우 복잡한 추상작용을 대변한다. 이런 학자들은 규정성을 추구하지만, 앞의 학자들은 직관성을 추구한다. 이러한 구분은 특징적이다.

앎, 즉 추상적인 인식은 그것의 가장 큰 가치를, 전달가능성과 고정하여 보존되는 가능성에 갖고 있다. 이를 통해 추상적인 인식은 비로소 실천적인 것에 굉장히 중요하게 된다. 어떤 사람은 자연적인 물체의 변화와 운동의 인과적인 관계에 대해 직접적이고 직관적인 인식을 단순한 오성에서 할 수 있고 그러한 인식에 완전히 만족해할 수 있을 것이다. 그러나 그 사람이 이것을 전달하는 것은 이러한 직관적인 인식을 개념으로 고정한 후에야 비로소 가능하다. 그가 실행 가능한 행동에서 완전히 혼자 수행하는 한, 또한 직관적인 인식이 여전히 생생한 동안에는 첫 번째 종류의 인식은 실천을 위해서는 충분하다. 그러나 그가 다른 사람의 도움이 필요하거나 또는 자신의 행동을 다른 시기에 수행하는 것이 필요하며, 그런 까닭에 숙고된 계획이 필요하다면 직관적인 인식만으로는 충분하지 않다. 그래서 예를 들면, 당구에 숙련된 사람은 탄성이 있는 물체의 상호충돌의 법칙에 대한 완전한 지식을 단지 오성 속에서, 단지 직접적인 직관에 의해 얻을 수 있으며, 그것은 그에게 완전히 충분하다. 반대로 학문적인 수학자는 그러한 법칙들에 대하여 본래적인 앎, 즉 그러한 법칙에 대한 추상적인 인식을 가진다. 학문적 지식이 없는 어떤 재능 있는 제작자들에게서 종종 볼 수 있듯이, 기계의 발명자가 기계를 혼자서 만들 때, 기계를 만들기 위해서는 그러한 단순히 직관적인 오성인식Verstandeserkenntnis만으로도 충분하다. 이와 반대로 몇몇 사람들이 서로 다른 시기에 공동으로 일을 하여 기계를 조작하거나 기계와 건축물을 만들 때에 이러한 일을 이끄는 사람은 계획을 추상적으로 기획해야 하며, 오로지 이성의 도움을 통해서만 그러한 공동적인 활동이 가능하다. 그러나 첫 번째 종류의 활동에서 한 사람이 지속적인 행동으로 어떤 것을 수행해야 할 때, 앎, 이성의 적용, 반성이 그 사람에게, 당구를 칠 경우, 펜싱을 할 경우, 악기를 조율할 경우, 노래를 할 경우의 예처럼 종종 방해가 될 수 있다는 점은 주목할 만하다. 여기에서는 직관적인 인식이 그 활동을 직접적으로 이끌어야만 한다. 반성을 통해 이끄는 것은 주의를 분산시키고 사람을 혼란에 빠지게 하면서 그러한 활동을 불안정하게 만들어 버린다. 그렇기 때문에 사유하는 데 익숙하지 않은 야만인이나 미숙한 사람들은, 반성하는 유럽인들이 심사숙고로 인해 동요하고 주저하기 때문에 결코 도달할 수 없는 정확성과 속도로 몇 가지 신체운동, 동물과 싸움, 화살을 쏘는 것 등등을 수행한다. 왜냐하면 예를 들어 유럽인은 잘못된 양극단의 동일한 거리에서 올바른 장소나 올바른 시기를 찾으려고 하는 반면, 자연인은 우회로를 성찰하지 않고 그 장소와 시기를 직접적으로 찾아내기 때문이다. 이와 똑같이 내가 면도를 시작하는 각도를 몇 도와 몇 분으로 추상적으로 말할 때, 그 각도를 내가 직관적으로 알지 못하면, 즉 취급방식을 알지 못하면 그것은 나에게는 아무 도움이 되지 못한다. 동일한 방식으로 더구나 인상Physiognomie을 이해할 경우에 이성의 적용은 방해가 된다. 이것은 오성을 통해 직접적으로 이루어져야 한다. 표정, 생김새의 가치는 단지 느껴질 뿐인데, 즉 사람들은 이것이 추상적인 개념으로 표현되지 않는다고 말한다. 모든 인간은 자신의 직접적인 직관적 인상학Physiognomik을 갖고 있다. 그러나 어떤 사람은 다른 사람보다 더 명확하게 사물의 특징signatura rerum을 인식한다. 그러나 인상학은 추상적으로 가르치거나 배우는 것은 불가능하다. 왜냐하면 여기에서 뉘앙스는 너무 섬세해서 개념이 거기에 도달할 수 없기 때문이다. 그런 까닭에 뉘앙스에 대한 추상적인 앎의 관계는 판 데르 베르프van der Werff 또는 데너Denner[17]의 그림에 대한 모자이크의 관계와 같다. 모자이크가 그렇게 섬세하더라도, 돌의 경계는 항상 존재하고 그리고 그런 까닭에 하나의 색조에서 다른 색조로의 지속적인 이행이 가능하지 않은 것처럼, 또한 개념들은 그렇게 경직성이 있고 날카로운 경계를 갖고 있다. 사람들이 상세한 규정을 통해 그렇게 섬세하게 개념을 나누고 싶어도, 직관적인 것의 섬세한 변형에는 도달할 수 없다. 여기에서 예로 든 인상학에서 문제가 되는 것이 바로 직관적인 것의 변형이다.[18]

이러한 개념들의 성질 때문에 개념들은 모자이크의 돌들에 비유되고, 직관은 항상 개념의 점근선Asymptote에 머무르는데, 이러한 개념의 성질 때문에 개념은 예술에서 좋은 것을 만들어 내지 못한다. 가수나 연주실력이 뛰어난 사람이 반성을 통해 공연을 하고자 한다면 그는 죽은 것이다. 똑같은 것이 작곡가, 화가, 시인에게도 적용된다. 개념은 예술을 위해 아무런 결실을 가져올 수 없다. 예술에서 단지 기술적인 것을 개념이 이끌 수는 있을 것이다. 개념의 영역은 학문이다. 우리는 3권에서 왜 모든 진정한 예술이 결코 개념에서 생기지 않고 직관적인 인식에서 생기는지를 상세하게

17 데너(Balthasar Denner, 1685-1749)는 독일의 화가이며 주로 초상화를 그렸다—옮긴이.
18 나는 그렇기 때문에 인상학은 몇 가지의 전적으로 보편적인 규칙들, 예를 들면, 이마와 눈에서 지적인 것을, 입과 얼굴의 아래 반쪽에서 윤리적인 것과 의지의 표현을 읽는 것을 제시할 뿐 계속해서 확실하게 진행될 수 없다고 생각한다. 이마와 눈은 서로를 설명해 주는데, 양자의 각각은 다른 것을 보지 않고는 단지 반쪽만을 이해할 수 있을 뿐이다. 천재는 이마가 높고, 넓으며, 아름답고 앞으로 튀어나와 있다. 그러나 종종 이러한 이마를 가져도 천재가 아닌 경우가 있다. 똑똑하게 보이는 사람은 외모가 추하게 보일수록 더 똑똑해 보이고, 어리석어 보이는 사람은 외모가 아름다울수록 더 어리석게 보인다. 왜냐하면 인류의 전형에 가까운 것으로서 아름다움은 이미 그 자체로 정신적인 명석함을 표현하기 때문이다. 그 반대가 추함의 경우 등이다.

탐구할 것이다. 더욱이 또한 행동, 교제에서 개인적인 매력의 관점에서 개념은 이기주의와 잔인함이 거칠게 생겨나는 것을 억제하기 위해 소극적으로만 쓸모가 있다. 왜냐하면 정중함은 개념의 칭찬할 만한 작품이지만, 그러나 행동의 매혹적임과 품위 그리고 행동의 매력, 사랑스러움과 친절함은 개념에서 생겨날 수 없기 때문이다. 그렇지 않다면 "사람이 고의적인 것을 느낀다면 기분이 상할 것이다."(괴테, 『타소』 2막, 1장)

모든 위장Verstellung은 반성Reflexion의 작품이다. 그러나 이것은 지속적으로 그리고 끊임없이 유지할 수 없다. 세네카는 『자비론De clementia』에서 "누구도 오랫동안 가면을 쓸 수는 없다. 위장한 모습은 빠르게 자신의 본래대로 돌아간다"라고 말한다. 또한 위장은 대부분 발각되고 그 효과를 잃어버린다. 빠르게 결단하고, 대담하게 행동하고, 신속하고 확고하게 이해하는 것이 필요한 아주 절박한 삶에서는 이성이 필요하기는 하다. 그러나 이성이 우월하게 되어, 직관적이고 직접적이며 순수하게 오성적인 발견 그리고 동시에 옳은 것의 이해가 혼란스러워져 방해를 받고 우유부단하게 된다면, 모든 것이 쉽게 못 쓰게 되어 버릴 수 있다.

마지막으로 덕과 신성함Heiligkeit도 반성에서 생겨나는 것이 아니라 의지의 내면의 깊이와 인식에 대한 의지의 관계에서 생겨난다. 이에 대한 설명은 이 책의 다른 곳에서 하도록 한다. 단지 나는 여기에서는 윤리적인 것에 관계되는 교리들은 모든 민족의 이성에서 동일한 것일 수 있지만, 각 개인의 행동에서는 다른 것이라는 점만을 언급할 것이다. 그 반대도 마찬가지이다. 사람들이 말하듯이, 행동은 감정에 의해 일어나는 것이다. 즉 행동은 단지 개념에 의해, 윤리적 내용에 의해 일어나는 것이 아니다. 교리들은 한가한 이성을 고용한다. 행동은 결국 교리들에 의존하지 않고 자신의 길을 걷는데, 대부분 추상적인 격률에 따르는 것이 아니라 말할 수 없는 격률, 즉 그 격률의 표현이 바로 전체 인간 자신인 그러한 격률에 따른다. 그런 까닭에, 여러 민족들의 종교적인 교리가 다양함에도 선한 행위는 모든 사람에게 말할 수 없는 만족을 주고, 악한 행위에는 무한한 공포가 수반되는 것이다. 어떠한 조롱도 말할 수 없는 이러한 만족감을 흔들리게 할 수는 없으며, 가톨릭 신부의 어떤 면죄부도 이러한 공포로부터 벗어나게 할 수 없다. 그러나 이를 통해 덕이 있는 처신에서 이성의 적용이 필요하다는 점이 부인되어서는 안 된다. 단지 이성은 그러한 처신의 원천이 아니고, 이성의 기능은 종속적인 기능, 즉 순간의 약점에 저항하기 위해 그리고 행위의 결과를 위해 각오한 결단을 유지하고 격률을 지속하게 할 뿐이다. 이성은 결국 이와 같은 일을 예술에서도 수행하는데, 이성은 필수요건은 아니지만, 예술을 완성하는 데에는 도움을 준다. 왜냐하면 천재성Genius이 매 순간 드러날 수는 없고, 작품은 모든 부분에서 완성되어 전체가 되어야 하기 때문이다.[19]

13절

이성의 사용이 지닌 장점과 단점에 대한 이러한 모든 고찰들은, 비록 추상적인 앎이 직관적인 표상의 반영이고 이러한 직관적인 표상에 근거하고 있지만, 결코 어디에서나 직관적인 표상을 대신할 수 있을 정도로 직관적인 표상에 일치하는 것은 아니라는 점을 분명히 하는 데 기여할 것이다. 오히려 추상적인 앎은 직관적인 표상에 결코 정확하게 상응하지 않는다. 그런 까닭에, 우리가 보았듯이, 인간의 많은 일들이 이성과 숙고된 방식의 도

---

19 이에 대해서는 2편 7장 참고.

움으로 이루어지지만 그러나 어떤 것들은 이성을 적용하지 않을 때에 보다 잘 이루어지기도 한다. 직관적인 인식과 추상적인 인식의 불일치는, 이런 불일치 때문에 추상적인 인식이 마치 모자이크가 그림에 근접하는 것처럼 단지 항상 직관적인 인식에 근접할 뿐이며, 이성과 마찬가지로 인간의 본성에 고유한 것이며 지금까지 항상 새롭게 설명하려고 시도되었지만 모두 충분하지 않은, 아주 눈에 띄는 현상의 원인이 되는데, 이것은 웃음Lachen이라는 현상이다. 우리는 비록 우리 논의의 진행을 방해하더라도 웃음이라는 현상의 그 기원 때문에 이 자리에서 웃음이라는 현상을 설명해야 할 것이다. 웃음이란, 항상 개념과 이러한 개념을 통해 어떤 관계에 있다고 생각되는 실재하는 대상 사이의 불일치를 갑작스럽게 지각하는 것 외에 다른 것이 아니다. 웃음 그 자체는 이러한 불일치의 표현일 뿐이다. 이러한 불일치는 종종 두 개 또는 다수의 실제적인 대상들이 하나의 개념을 통해 사유되고 그리고 이러한 개념의 동일성이 이러한 실제적인 대상들에게 전이되지만, 그 밖에 실제적인 대상들의 전체적인 차이가, 개념이 오로지 일방적인 관점에서만 실제적인 대상들에 들어맞는다는 점을 두드러지게 함으로써 나타난다. 웃음은 이렇게 종종 하나의 유일하게 실제적인 대상과 한편으로는 올바르게 포함된 개념 사이의 불일치가 갑작스럽게 느껴질 때 생겨난다. 한편으로 그러한 현실적인 것들을 개념으로 포함하는 것이 올바를수록 그리고 다른 한편으로는 개념에 대한 현실적인 것이 적절하지 않음이 크고 두드러질수록 이러한 대립에서 생겨나는 우스운 것의 영향은 더 커지게 된다. 따라서 모든 웃음은 역설적이고 그리고 그런 까닭에 예기치 않은 포섭Subsumtion을 기회로 생긴다. 이러한 포섭은 말을 통해 표명되든 행동을 통해 표명되든 상관이 없다. 이것이 짧지만, 우스운 것에 대한 올바른 설명이다.

나는 여기에서 내 설명을 해명하고자 우스운 것의 예로서 일화를 언급하지는 않겠다. 왜냐하면 나의 설명은 그것이 예를 필요로 하지 않을 정도로 단순하여 이해할 수 있기 때문이다. 이러한 설명의 예로는 독자가 떠올리는 기억 속 모든 우스운 것이 같은 방식으로 유용할 것이다. 그러나 우리의 설명은 바로 앞에서의 설명에서 생겨나고 구분되는 두 가지 종류의 우스운 것의 전개를 통해 증명되고 동시에 해명될 수 있다. 인식에서 두 가지 또는 다수의 실재하는 아주 상이한 대상들, 즉 직관적인 표상들이 선행하고, 사람들은 그러한 표상들을 의도적으로 양자를 수용하는 개념의 통일성으로써 동일화한다. 이러한 종류의 우스운 것이 재치Witz이다. 또는 반대로, 개념이 인식 속에 먼저 주어지고, 사람들은 이 개념으로부터 실재성으로 그리고 실재성에 대한 작용으로, 행동으로 이행한다. 어떤 점에서는 근본적으로 다르지만, 전부 한 개념으로 사유된 대상들이 이제 크게 다른 차이가 나타나게 되어 행동하는 사람을 깜짝 놀라게 할 때까지 같은 방식으로 간주되고 취급되는데, 이러한 종류의 우스운 것을 어리석음Narrheit이라고 부른다. 그러므로 모든 우스운 것은 개념의 동일성에 대한 대상들의 불일치에 따라 또는 대상들에 대한 개념의 동일성의 불일치에 따라 재치 있는 번쩍임이나 어리석은 행동이 된다. 전자는 의도적이지만, 후자는 항상 의도적이지 않으며 외부에 의해 강요된다. 그러나 이러한 출발점을 얼핏 반대로 보이게 하고, 재치를 어리석음으로 숨기는 것이 어릿광대나 광대의 기술이다. 어릿광대나 광대는 대상들의 차이를 잘 의식하고 있고, 그 대상들을 은밀한 재치로 하나의 개념으로 통일시키며, 그 개념들로부터 시작하여 나중에 발견된 대상들의 차이로부터 그들이 준비한 놀라움을 만들어 낸다. 우스운 것에 대한 짧지만, 충분한 이러한 이론으로부터, 후자인 익살꾼의 경우를 제외한다면, 재치는 항상 말로 나타나는 반면, 어리석음은 대부분 행동으로 나타나게 되는데, 그것이 오직 의도만을 언급할 때에는 실제로 그러한 의도를 수행하는 것 대신에 말로 표현되거나 또는 단순한 판단이나 의견으로 표현된다는 점이 입증된다.

　이러한 어리석음에는 옹졸함Pedanterei이 속한다. 옹졸함은 자신의 고유한 오성을 신뢰하지 않는 까닭에 개별적인 경우에 직접적으로 올바른 것das Rechte을 인식하는 것을 오성에 맡기려고 하지 않으며, 따라서 오성을 완전히 이성의 지배 아래 두고 모든 곳에서 이성에게 시중들게 하는 것, 즉 항상 보편적인 개념, 규칙, 격률에서 출발하여 삶이나 예술에서 그리고 윤리적인 올바른 행동에서도 이성을 준수하려고 하는 것에서 생겨난다. 그런 까닭에 옹졸함에 고유한 형식, 습관Manier, 표현과 말에 대해 집착하는 것이 옹졸함의 경우에는 사태의 본질 대신에 들어선다. 이때에 곧바로 실재에 대한 개념의 불일치가 나타나고, 어떻게 개념이 개별적인 것에 결코 맞지 않으며 그리고 개념의 보편성과 확고한 규정성이 어떻게 현실성의 섬세한 뉘앙스와 다양한 변형에 정확하게 적용될 수 없는지가 나타난다. 그런 까닭에 옹졸한 사람은 삶 속에서 자신의 보편적인 격률에 의해 항상 거의 홀대를 받고 영리하지 못하고, 하찮고 쓸모없게 된다. 그것은 개념이 쓸모가 없는 예술에서는 생명력이 없고 딱딱하며, 어색한 매너리즘적인 산물을 만들어 낸다. 더욱이 윤리적 관점에서 옳거나 고귀하게 행동하려는 의도는 추상적인 격률에 의해서 수행될 수 없다. 왜냐하면 많은 경우에 무한하게 섬세한 뉘앙스를 지닌 상황의 성질이 성격으로부터 직접 생겨난 옳은 것의 선택을 필요로 하게 하기 때문이다. 한편으로 단순히 추상적인 격률의 적용은 격률들이 단지 반쪽만 어울리기 때문에 잘못된 결과를 제공하고, 다른 한편으로 추상적인 격률들의 적용이 행동하는 사람의 개인적인 성격에 낯설고 그리고 이 성격이 결코 완전히 부인될 수 없으므로 추상적인 격률은 실행될 수 없다. 그런 까닭에 불일치가 일어난다. 칸트가, 모든 기울어진 경향이나 순간적인 흥분 없이 순수하고 이성적이며 추상적인 격률로부터 일어나는 것을 어떤 행동의 도덕적인 가치의 조건으로 삼는 한에서는, 그는 도덕적인 옹졸함을 유발한다는 비난으로부터 완전히 벗어날 수는 없다. 이러한 비난은 또한 「양심의 불안Gewissensskrupel」이라고 이름 붙인 실러의 격언시Epigramm가 의미하는 것과 비슷하다. 특히 정치적인 문제와 관련하여 교의신봉자Doktrinär, 이론가들, 학자들 등에 관해 말한다면, 옹졸한 사람, 즉 사물들을 구체적이 아니라 추상적으로 아는 사람들을 의미한다. 추상Abstraktion은 자세한 규정들을 없는 것으로 생각하는 것이지만, 실천적인 것에서 이러한 자세한 규정들은 매우 중요한 것이다.

우리의 이론을 완전하게 하기 위해 잘못된 재치인 말장난Wortspiel, 즉 불어로는 'calembourg', 영어로는 'pun'이 언급되어야 하는데, 이 말장난에는 또한 주로 농담Zöte을 위해 사용되는 애매한 말이 부가될 수 있다. 재치가 두 개의 아주 다르게 실재하는 대상들을 하나의 개념으로 가져오듯이, 말장난은 두 개의 다른 개념을 우연을 이용해서 한 단어에 가져오는 것이다. 또다시 똑같은 대조Kontrast가 생기지만, 이러한 대조는 사물의 본질에서가 아니라 우연하게 이름을 부여하는 것에서 생겨났기 때문에 더 생기가 없고 피상적인 것이다. 재치의 경우에는 개념들은 동일하지만 현실은 다르며, 말장난의 경우에는 개념들은 다르지만 현실은 동일한데, 여기에서는 단어가 현실이기 때문이다. 사람들이 아래로 향한 원뿔형 포물선에 대한 위로 거꾸로 된 원뿔형 포물선의 관계가 재치에 대한 말장난의 관계와 같다고 말한다면, 이것은 단지 너무 부자연스러운 비유일 수 있을 것이다. 그러나 단어나 대상의 오해는 의도하지 않은 말장난이며, 이러한 오해는 재치에 대한 어리석음의 관계처럼 서툰 말장난calembourg에 관계한다. 그런 까닭에 청각장애가 있는 사람은 바보처럼 웃음의 소재를 제공하고, 재능이 없는 코미디 작가들은 웃기기 위해 바보 대신에 청각장애가 있는 사람을 이용한다.

나는 여기에서는 웃음을 정신적인 측면에서만 고찰하였는데, 웃음의 물리적인 측면과 관련해서는 『소품과 부록』 2권 6장 96절 134쪽(1판)에서 언급한 것들 참조하면 될 것이다.

14절

~~~~~

이렇듯 모든 다양한 고찰에 의해 한편으로는 이성, 앎, 개념의 인식방식과 다른 한편으로는 순수하게 감성적이고, 수학적인 직관과 오성을 통한 파악 사이의 차이와 관계가 완전히 명확하게 되길 바란다. 더구나 우리가 우리의 인식방식의 눈에 띄는 관계에 대한 고찰을 통해 거의 불가피하게 감정과 웃음에 관한 에피소드적인 설명을 하였지만, 이제부터 나는 언어와 사려 깊은 행동과 나란히 이성이 인간에게 부여하는 세 번째 특징인 학문에 대한 설명을 계속하려고 한다. 여기에서 우리에게 의무로 놓여 있는 학문에 대한 일반적인 고찰은 부분적으로는 학문의 형식, 부분적으로는 학문의 판단의 논증, 또한 마지막으로 학문의 내용에 관련된 것이다.

우리는 순수 논리학의 토대는 제외하고서, 모든 앎 일반이 그 근원을 이성 자체에 갖고 있지 않고, 이와 달리 직관적인 인식으로써 얻고, 이를 통해 완전히 다른 인식방식, 즉 추상적인 인식으로 이행하면서 이성에 간직하는 것이라는 점을 확인하였다. 모든 앎, 즉 추상적인 의식으로 고양된 인식은 전체에 대한 부분의 관계처럼 본래적인 학문에 관계한다. 모든 인간은 경험을 통해, 드러난 개별적인 것의 고찰을 통해 다양한 사물들에 대한 앎에 도달한다. 그러나 오로지 어떤 종류의 대상에 대한 완전한 인식을 추상적으로 도달하는 것을 과제로 삼는 사람만이 학문을 추구한다. 이러한 사람은 오로지 개념을 통해서만 그러한 종류를 발견할 수 있다. 그런 까닭에 모든 학문의 정상에는 하나의 개념이 놓여 있고, 이러한 개념을 통해 부분이 모든 사물의 전체로부터 사유되고, 학문은 모든 사물들의 전체에 관해 완전한 추상적인 인식을 약속할 수 있다. 예를 들면 공간적인 관계의 개념이나 비유기체적인 물체의 작용의 개념 또는 식물, 동물의 성질에 대한 개념, 지구 표면의 연속적인 변화에 대한 개념, 인류 전체의 변화에 대한 개념 또는 언어의 구조에 대한 개념 등이다. 학문이 그 대상에 관하여 점차적으로 그 전체를 인식할 때까지 개념을 통해 사유된 모든 사물들을 개별적으로 연구하여 도달하려고 한다면, 부분적으로는 그 어떤 인간의 기억도 충분하지 않고, 부분적으로는 완전성에 대한 확신에도 도달할 수 없다. 그런 까닭에 학문은 위에서 언급한, 서로 포괄하는 개념영역의 특성을 이용하고 주로 학문의 대상의 개념 내부에 놓여 있는 넓은 영역으로 나아간다. 학문은 개념영역의 관계들을 서로 규정하면서, 이와 함께 또한 그러한 관계들 속에서 사유된 모든 것이 함께 규정되며 이제 좀 더 엄밀한 개념영역의 분별에 의해 더욱더 정확하게 규정될 수 있다. 이를 통해 하나의 학문이 그 대상을 완전히 파악하는 것이 가능하게 된다. 학문이 인식에 이르는 이러한 길은, 즉 보편적인 것에서 개별적인 것으로 가는 길은 학문을 일반적인 앎과 구분해 준다. 그런 까닭에 체계적인 형식이 학문의 본질적이고 고유한 특징이다. 모든 학문에서 보편적인 개념영역의 결합, 즉 학문의 최상위 명제에 대한 지식은 학문을 습득하기 위한 불가피한 조건이다. 사람들이 최상위 명제에서 얼마나 멀리 더 특수한 명제로 가려고 하는 것은 임의적인 것이며, 그것은 학문의 정확성을 증가시키는 것이 아니라 박식함Gelehrsamkeit의 범위를 늘려 준다. 그 밖의 명제들이 모두 종속되는 상위 명제의 수는 학문마다 아주 다양하며, 어떤 학문에서는 종속관계가 더 존재하고, 어떤 학문에서는 병렬관계가 더 존재한다. 그 점에서는 전자가 판단력을 더 요구하고, 후자는 기억을 더 요구한다. 이미 스콜라학자들은 추리가 두 개의 전제를 요구하기 때문에 어떤 학문도 더 이상은 연역되지 않는 하나의 대전제로부터 출발할 수 없고, 여러 개의 전제, 최소한 두 개의 전제를 가져야만 한다는 점을 알고 있었다. 동물학, 식물학, 또한 모든 무기체적인 작용을 몇 개의 기본적인 힘들Grundkräfte로 환원시키는 물리학과 화학은 대부분의 종속관계를 갖고 있다. 이와 반대로 역사는 본래 그 어떤 종속관계도 갖고 있지 않은데, 왜냐하면 역사 속에서 보편적인 것은 단지 주요 시대를 조망하는 것이지만, 그러나 이러한 주요한 시대로부터 특별한 사건들은 도출되지 않고, 특별한 사건들은 단지 시간상으로는 종속되지만, 개념상으로는 병렬적으로 존재하기 때문이다. 그런 까닭에 역사는, 엄격하게 말하자면 앎이기는 하지만 학문은 아닌 것이다. 수학에서 유클리드적인 취급방식에 따르면 공리는 오로지 증명이 불가능한 대전제이고, 모든 증명들은 단계적으로 엄밀하게 이러한 공리에 종속되어 있다. 그러나 이러한 취급방식은 수학에 본질적인 것이 아니고, 실제로 모든 정리Lehrsatz는 다시 새로운 공간적인 구조를 내놓는데, 그러한 구조 자체는 이전의 정리들에 의존하지 않고 그리고 본래 이전의 정리들에 의존하지 않고 스스로 공간의 순수한 직관 속에서 인식될 수 있으며, 이러한 순수 직관 속에서 아주 복잡한 구조도 공리처럼 그렇게 자명하다. 그러나 이에 대해서는 나중에 상세하게 논의하도록 한다. 그러나 한편 모든 수학적 명제는 항상 무수한 개별적인 경우에 통용되는 보편적인 진리이고, 또한 단순한 명제에서 이 명제로 환원되는 복잡한 명제로의 단계적인 진행이 수학에서는 본질적이다. 따라서 수학은 모든 점에서 학문이라고 할 수 있다. 학문 그 자체의 완전성은, 즉 형식으로 보자면 명제들의 종속관계가 가능한 한 많은 것에 그리고 병렬관계가 가능한 한 적은 것에 그 본질이 있다. 그에 따라 일반적으로 학문적인 재능은 개념들의 영역을 다양한 규정에 따라 종속시키는 것이며, 플라톤이 반복적으로 권고하는 것처럼, 단지 보편적인 것과 직접적으로 이러한 보편적인 것 아래에 있는 엄청나게 많은 다양성을 나란히 놓아 학문을 만드는 것이 아니라, 매 개념들과 매번 상세한 규정들에 의해 만들어진 구분들을 통해 지식이 보편적인 것에서부터 개별적인 것으로 점차적으로 내려가도록 하기 위한 것이다. 칸트의 표현에 따르면, 이것은 동일성의 법칙과 특수성의 법칙을 균일하게 충족하는 것을 말한다. 그러나 이것이 본래적인 학문의 완전성을 이룬다는 점으로부터 학문의 목적이 보다 큰 확실성이 아니라는 점이 밝혀지는데, 왜냐하면 학문과 관련이 없는 개별적인 인식도 이러한 확실성을 가질 수 있기 때문이다. 학문의 목적은 앎의 형식을 통해 앎을 쉽게 만드는 것이고 이러한 앎의 형식을 통해 주어진 앎의 완전성을 가능하게 하는 것이다. 그렇기 때문에 인식의 학문적 특성이 보다 큰 확실성에 있다는 것은 일반적인 의견이지만 왜곡된 의견이다. 그리고 여기에서 생겨나는 주장, 즉 수학과 논리학의 완전한 선험성으로 말미암아 수학과 논리학에만 논박할 수 없는 인식의 확실성이 있기 때문에, 수학과 논리학만이 본래적인 의미에서의 학문이라는 주장 또한 잘못된 것이다. 수학과 논리학이 지닌 확실성이라는 특징 자체는 이들에게서 부인될 수 없다. 이러한 특징은 확실성에 놓여 있는 것이 아니라 보편적인 것으로부터 개별적인 것으로 단계적으로 내려가는 것을 통해 정초된 인식의 체계적인 형식에 놓여 있다. 보편적인 것에서 개별적인 것으로 가는 학문에서 고유한 이러한 인식의 방식은, 학문에서 많은 것들이 선행하는 명제들로부터 도출Ableitung을 통해, 즉 증명을 통해 정초되게 하는데, 이것은 단지 증명된 것만이 완전히 참된 것이며 모든 진리는 증명을 필요로 한다는 오랜 오류를 만들어 낸다. 반대로 오히려 모든 증명은 궁극적으로 증명이나 그러한 증명의 증명을 뒷받침해 주는 증명되지 않은 진리를 필요로 하기 때문이다. 그런 까닭에 직접적으로 정초된 진리는 샘에서 나오는 물이 수로Aquädukt에서 나오는 물보다 더 선호되듯이, 하나의 증명을 통해 정초된 진리보다 더 좋은 것이다. 직관은 그것이 수학을 정초하듯이, 부분적으로 순수하고 선험적이며, 그것이 모든 다른 학문들을 정초하듯이, 부분적으로 경험적이고 후천적인데, 이러한 직관은 모든 진리의 원천이고 모든 학문의 토대이다. 증명된 판단들이나 (오로지 직관적이지 않은, 그러나 이성의 직접적인 인식 위에서 이성의 고유한 법칙에 의해 정초된 논리학은 제외되는데) 그러한 판단의 증명들이 아니라 직관으로부터 직접적으로 만들어지고 모든 증명 대신에 직관 위에서 정초된 판단들이, 학문에서는 우주에서의 태양과 같은 것이다. 왜냐하면 그런 판단들에 의해 다른 판단들을 다시 비추는 모든 빛이 나오기 때문이다. 직접적으로 직관으로부터 그러한 최초의 판단의 진리를 논증하고, 학문의 기반을 실재하는 무수히 많은 사물들로부터 끌어내는 것이 판단력Urteilskraft의 작업인데, 판단력은 직관적으로 인식된 것을 올바르고 정확하게 추상적인 의식으로 옮기는 능력으로 이루어져 있으며, 따라서 오성과 이성 사이의 중재자인 것이다. 오로지 탁월하고 예외적인 강한 판단력을 지닌 개인만이 학문을 실제로 진척시킬 수 있다. 그러나 건전한 이성을 지닌 사람은 누구나 명제로부터 명제들을 추리하고, 증명하고, 결론 내릴 수 있다. 이와 반대로 직관적으로 인식된 것을 반성을 위해 적절한 개념으로 옮기고 고정시켜, 한편으로는 하나의 개념을 통해 많은 실제적인 대상들의 공통점이 사유되고, 다른 한편으로는 대상들의 차이점이 바로 그렇게 많은 개념들을 통해 사유되며, 따라서 부분적인 일치에도 불구하고 차이 나는 것은 차이 나는 것으로, 그런 다음 부분적인 차이에도 불구하고 동일한 것은 동일한 것으로 인식되고 사유된다. 모든 것은 매번 존재하는 목적과 동기Rücksicht에 따라 이루어지는데, 이 모든 것을 판단력이 행한다. 이러한 판단력의 결점은 단순함Einfalt이다. 단순한 사람der Einfältige은 때로는 어떤 점에서는 동일한 것의 부분적이거나 상대적인 차이를 오인하거나, 때로는 부분적이거나 상대적으로 차이 나는 것의 동일성을 오인한다. 더구나 판단력의 이러한 설명에 칸트의 반성적인 판단력과 포괄적인 판단력의 구분을 적용할 수 있는데, 이 구분에 따르면 반성적인 판단력은 직관적인 대상들에서 개념으로, 포괄적인 판단력은 개념에서 직관적인 대상들로 옮겨 간다. 두 가지 경우에는 항상 오성의 직관적인 인식과 이성의 반성적인 인식이 매개된다. 오직 추리만을 통해 생겨날 수 있는 진리는 존재할 수 없으며, 추리만을 통해 정립되는 필연성은 항상 단지 상대적, 즉 주관적일 뿐이다. 모든 증명은 추리이기 때문에 하나의 새로운 진리를 위해서는 우선 증명이 아니라 직접적인 명증성을 찾아야 하고 그리고 오로지 이러한 명증성이 없을 경우에만 일시적으로 증명이 사용되어야 한다. 건물이 공중에 있을 수 없는 것처럼 어떠한 학문도 완전히 증명될 수는 없다. 학문의 모든 증명은 직관적인 것에 그리고 따라서 더 이상 증명할 수 없는 것에 의지해야만 한다. 왜냐하면 반성의 세계 전체는 직관적인 세계에 근거를 둔 채 뿌리내리고 있기 때문이다. 모든 궁극적인, 즉 근원적인 명증성은 직관적인 명증성이다. 이것은 이미 단어가 드러내 준다. 따라서 명증성은 경험적이거나 또는 가능한 경험의 조건의 선험적 직관에 근거하고 있다. 그런 까닭에 두 경우에서 명증성은 초험적 인식transzendente Erkenntnis이 아니라 단지 내재적 인식만을 제공할 뿐이다. 모든 개념은 오로지 직관적인 표상에 대한 아주 간접적인 관계에 대해서만 그 가치와 존재를 가진다. 개념들에 적용되는 것은 또한 개념으로 만들어진 판단들 그리고 학문 전체에 대해서도 적용된다. 그런 까닭에 추리를 통해 발견되고 증명을 통해 전달되는 모든 진리를 증명과 추리 없이 직접적으로 인식하는 것이 어떤 식으로든 가능해야만 한다. 이것은 확실히 우리가 오직 연쇄적인 추리로 도달하게 되는 상당수의 복잡한 수학적인 명제들 예를 들면 피타고라스의 정리에서 추리를 통해 모든 호Bogen에 대한 현Sehne과 접선의 계산의 경우에는 아주 어려운 일이다. 그러나 그러한 진리는 본질적으로 그리고 전적으로 추상적인 명제들에 근거할 수 없으며, 그러한 추상적인 명제의 근거로 놓여 있는 공간적인 관계들은 명제들의 추상적인 진술이 직접적으로 근거 지어지도록 순수 직관 속에서 선험적으로 드러날 수 있어야만 한다. 그러나 수학의 증명에 관해서는 곧 상세하게 언급될 것이다.

사람들은 확실한 전제로부터의 올바른 추리에 근거하기 때문에 논박할 수 없이 참인 학문에 관해서는 자주 오만하게 말하곤 한다. 그러나 사람들은 순전히 논리적인 추리의 연쇄를 통해서는, 아무리 전제가 참일지라도 이미 그 전제들 속에 준비되어 놓여 있는 것을 명확히 하거나 설명하는 것 이상의 일을 할 수 없다. 따라서 사람들은 이미 함축적으로 이해된 것을 단지 명확하게 설명할 뿐이다. 사람들은 그렇듯 칭찬받는 학문이 특히 수학적인 학문, 즉 천문학이라고 생각한다. 천문학의 확실성은, 선천적으로 주어지는 공간의 틀림없는 직관이 이러한 천문학의 근거로 놓여 있다는 점에서, 모든 공간적인 관계가 확실성을 선천적으로 제공하는 필연성(존재근거)과 함께 뒤따르며, 따라서 확실하게 서로 연역된다는 점에서 생겨난다. 여기 이러한 수학적인 규정들에는 유일한 자연력, 질량과 거리의 제곱에 정확하게 비례하여 작용하는 중력이 추가되며, 그리고 마지막으로 매번 이러한 질량들 각각에 작용된 운동의 경험적인 사실과 함께 인과성의 법칙에서 귀결되기 때문에 선험적으로 보장된 관성의 법칙das Gesetz der Trägheit이 추가된다. 이것이 천문학의 재료 전체인데, 이러한 재료는 그것의 단순성뿐만 아니라 확실성을 통해 확고한 그리고 대상들의 크기와 중요성 덕분에 매우 흥미로운 결과들을 가져온다. 예를 들면 내가 행성의 질량을 알고 행성과 행성의 위성의 거리를 알고 있다면, 그 위성의 주기를 케플러의 제2법칙으로써 확실하게 추리할 수 있다. 그러나 이 법칙의 근거는 이러한 거리의 경우에 오로지 이러한 속도가 위성을 함께 행성에 붙잡아 놓고 위성이 행성으로부터 이탈하지 않게 한다는 점이다. 따라서 단지 그러한 기하학적 토대 위에서만, 즉 선험적인 직관에 의해, 그리고 거기에다가 자연법칙을 적용할 때의 추리에 의해 더 멀리 도달할 수 있는데, 왜냐하면 추리들은 여기에서 마치 하나의 직관적인 파악에서 다른 직관적인 파악으로 넘어가는 단순한 다리와 같기 때문이다. 그러나 오로지 논리적인 방식의 그렇게 단순하고 순수한 추리들만 가지고는 멀리 갈 수 없다. 최초의 천문학적인 근본진리들의 근원은 본래 귀납인데, 즉 다양한 직관 속에 주어진 것들을 종합하여 올바르고 직접적으로 근거 지어진 하나의 판단으로 만드는 것이다. 이러한 판단으로부터 나중에 가설들이 만들어지며, 완전성에 다가가는 귀납으로써 경험을 통한 가설들의 확인은 그러한 최초의 판단의 증거를 제공해 준다. 예를 들면, 행성의 외견상의 운동은 경험적으로 알게 된다. 이러한 운동(행성운동)의 공간적인 관계에 대한 수많은 잘못된 가설들이 있은 뒤에라야 결국 올바른 가설이 발견되었고, 그런 다음에는 그 가설을 따르는 법칙(케플러의 법칙)이, 또한 마지막으로는 행성운동의 원인(만유인력)이 발견되었으며, 그리고 가설들과 가설들에서 나오는 추리들, 즉 귀납과 일어나는 모든 사건들의 일치가 경험적으로 인식된 것은 가설 전체에 완전한 확실성을 제공해 주었다. 가설의 발견은 주어진 사실을 올바르게 파악하고 그에 따라 표현하는 판단력의 일이었다. 그러나 귀납, 즉 다양한 직관은 가설의 진리를 증명해 주었다. 하지만 우리가 우주공간을 자유롭게 돌아다닐 수 있게 되고 망원경과 같은 눈을 갖게 된다면, 직접적으로, 그리고 하나의 유일한 경험적인 직관을 통해 이러한 가설들이 정초될 수 있을 것이다. 따라서 여기에서 추리들은 인식의 본질적이고 유일한 원천이 아니라 항상 실제적으로 단지 임시수단일 뿐이다.

세 번째의 이질적인 예를 제시하기 위해, 우리는 마지막으로 또한 이른

바 형이상학적 진리들, 즉 칸트가 『자연과학의 형이상학적 기초*Metaphysische Anfangsgründe der Naturwissenschaft*』에서 제시한 그러한 진리들이 증명을 통해 명증성을 얻지 못한다는 점을 언급하고자 한다. 우리는 선험적으로 확실한 것은 직접적으로 인식한다. 이것은 모든 인식의 형식으로서 우리에게 필연적으로 알려져 있다. 예를 들면, 우리는 물질이 지속한다는 점, 즉 생성하거나 소멸할 수 없다는 점을 직접적으로 소극적인 진리negative Wahrheit로서 인식한다. 왜냐하면 공간과 시간에 관한 우리의 순수 직관은 운동의 가능성을 부여해 주고, 오성은 인과성의 법칙으로 형태와 성질의 변화 가능성을 부여해 주지만, 그러나 우리에게는 물질Materie의 생성과 소멸을 표상할 수 있는 형식들이 부족하기 때문이다. 그런 까닭에 그러한 진리는 모든 시대에 어디에서나 그리고 모든 사람에게 분명한 것이었고, 심각하게 의심을 받아본 적이 없었다. 이러한 진리의 인식근거가 바늘 끝을 걸어가는 것처럼 어려운 칸트적인 증명과 다르지 않았다고 한다면 그렇게 분명하지 않았을 수도 있을 것이다. 게다가 나는 (부록에서 설명한 것처럼) 칸트의 증명을 잘못된 것으로 확인하였으며, 물질의 지속Beharren은 시간이 아니라 공간이 경험의 가능성에 참여하면서 도출될 수 있다는 점을 위에서 언급하였다. 이런 의미에서 형이상학적이라고 불리는 모든 진리들, 즉 인식의 필연적이고 보편적인 형식들의 추상적인 표현들의 본래적인 논증Begründung은, 다시 추상적인 명제 속에 놓여 있을 수는 없으며, 오로지 자명하고 어떤 논박도 걱정하지 않는 직접적인 선험적 진술을 통해 직접적으로 알려지는 표상이라는 형식의 의식 속에만 놓일 수 있다. 그럼에도 불구하고 사람들이 형이상학적인 진리를 증명하려고 한다면, 이러한 증명은 단지 의심받지 않는 어떤 진리 속에 증명되어져야 할 진리가 이미 부분이나 전제로서 포함되어야 한다는 점을 증명하는 것이 가능할 뿐이다. 그래서 예를 들면, 나는 모든 경험적인 직관이 이미 인과성의 법칙의 적용을 포함하고 있고, 그런 까닭에 이 법칙의 인식이 모든 경험의 조건이기 때문에 흄이 주장했듯이, 경험을 통해 비로소 주어지고 조건 지어질 수 없다는 점을 보여 주었다. 보통 증명들은 배우려는 사람이 아니라 논쟁하려고 하는 사람들을 위한 것이다. 논쟁하려는 사람들은 직접적으로 증명된 통찰을 집요하게 부인한다. 그러나 진리만이 모든 면에서 시종일관할 수 있다. 그런 까닭에 사람들은 논쟁하려는 사람에게 그들이 다른 형태로 그리고 직접적으로 부인하는 것, 따라서 부인된 것과 받아들이는 것 사이의 논리적으로 필연적인 연관성을 하나의 형태로 그리고 간접적으로 인정하고 있다는 점을 보여 주어야만 한다.

그러나 그 밖에 또한 학문적인 형식은 모든 특수한 것을 보편적인 것에 종속시키고, 그렇게 계속 앞으로 나아가, 많은 명제들의 진리를 오직 논리적으로, 즉 명제가 다른 명제들에 대해 의존하는 것을 통해, 따라서 동시에 증명으로 등장하는 추리들을 통해 입증할 뿐이다. 그러나 사람들은, 이러한 형식 전체가 단지 쉽게 인식하기 위한 수단일 뿐이지 더 큰 확실성을 위한 수단이 아니라는 점을 결코 잊어서는 안 된다. 한 동물의 성질을 그것이 속하는 종으로부터, 그리고 나아가 속Genus, 과Familie, 목Ordnung, 문Klasse으로부터 인식하는 것은 주어진 동물에 대해 매번 개별적으로 연구하는 것보다 쉬운 일이다. 그러나 추리를 통해 연역된 모든 명제의 진리는 항상 단지 제약되고 그리고 특히 추리가 아니라 직관에 근거하는 그 어떤 진리에 의존한다. 이러한 직관이 추리를 통한 연역처럼 우리에게 항상 더 쉽게 이해된다면, 그러한 직관이 전적으로 더 선호되어야 할 것이다. 왜냐하면 개념들로부터 비롯된 모든 연역은 위에 언급한 다양한 영역들의 서로 밀접한 연관 때문에 그리고 그 내용의 종종 불확실한 규정 때문에 수많은 착각들을 가져오기 때문이다. 모든 종류의 잘못된 이론들과 궤변들의 수많은 증명들이 이러한 예이다. 추리들은 형식에 따르자면 완전히 확실하다. 그러나 추리들은 추리의 재료, 즉 개념들 때문에 매우 불확실한 것이다. 왜냐하면 이러한 개념들의 영역이 한편으로는 종종 엄격하게 충분히 규정되지 않는 경우가 있고, 다른 한편으로는 한 영역이 부분적으로 다른 많은 영역에 포함되어 있으며, 이미 언급한 것처럼, 그리고 사람들은 자의적으로 그 영역에서 이 영역의 한 영역이나 이 영역의 다른 영역으로 옮겨 갈 수 있고 그리고 거기에서 다시 다른 영역으로 옮겨 가는 식으로 그렇게 다양하게 교차하기 때문이다. 또는 다른 말로 표현하자면 다음과 같다. 하위개념과 매개념은 항상 다른 개념들에 종속될 수 있는데, 이러한 다른 개념에서 임의적으로 상위개념과 매개념을 선택하면 그에 따라 결론이 달라지게 된다. 따라서 언제나 직접적인 명증성이 증명된 진리보다 더욱 선호되며 그리고 증명된 진리는 오직 직접적인 명증성을 아주 멀리에서 가지고 올 수 있는 경우에만 받아들여질 수 있으며, 그러한 명증성이 가까이 있거나 이러한 진리보다 더 가까이 있는 곳에서는 받아들여질 수 없다. 그런 까닭에 우리는 위에서 실제로 논리학에서 직접적인 인식이 모든 개별적인 경우에 연역된 학문적인 인식보다 우리에게 가까이 놓여 있다는 점, 우리가 우리의 사유를 항상 오직 사유법칙의 직접적인 인식에 따라 수행하고 논리학을 사용하지 않는다는 점을 살펴보았다.[20]

15절

⁀⌒⁀

이제 우리가, 직관이 모든 명증성의 첫 번째 근원이며 오로지 이러한 직

---

20   이에 대해서는 2편 12장 참고.

관에 대한 직접적인 또는 매개된 관계만이 절대적인 진리라는 점, 더구나 개념들에 의한 모든 매개는 많은 착각들을 가져오기 때문에, 이러한 절대적인 진리로의 가장 가까운 길이 항상 가장 확실한 길이라는 점을 확신하기만 한다면, 말하자면, 우리가 수학이 유클리드에 의해 학문으로 제시되고 오늘날까지 전체적으로 남아 있는 것처럼, 이러한 확신을 갖고 수학을 돌아보게 된다면, 우리는 수학이 걷는 길이 기이하고 전도된 것이라는 점을 확인할 수밖에 없다. 우리는 모든 논리적인 논증을 직관적인 논증으로 환원할 것을 요구한다. 이와 반대로 수학은 논리적인 명증성으로 대체하려고 자신에게 고유한, 어디에서나 가까이 있는 직관적인 명증성을 고의적으로 배척하기 위해 엄청나게 노력한다. 우리는 이것이 지팡이를 짚고 가기 위해 다리를 자르는 것 또는 괴테의 「감수성의 승리」에서 왕자가 자연을 모방한 무대 장치를 즐기기 위해 현실의 아름다운 자연에서 도피하는 것과 가깝다는 점을 알 수 있다. 나는 여기에 내가 「근거율에 대하여」 6장에서 언급했던 것을 떠올려야만 하고 그것을 독자가 새롭게 기억하고 완전히 생생하게 그리고 있다는 것을 전제로 한다. 따라서 나는 여기에서 논리적으로 주어질 수 있는 수학적인 진리의 단순한 인식근거와 직접적이고 오직 직관적으로 인식되는 공간과 시간의 여러 부분들의 연관성인 존재근거 사이의 차이를 새삼스럽게 논의하지는 않겠지만, 이러한 존재근거에 대한 통찰이 오로지 참된 만족과 철저한 지식을 보증한다는 점을 언급하고자 한다. 반면에 단순한 인식근거는 항상 피상적인 것에 머무르고, 어떤 것이 그렇게 있다는 사실에 대한 앎을 제공해 줄 수는 있지만 결코 어떤 것이 왜 그렇게 있는지에 대한 앎까지 제공해 주지는 않는다. 유클리드는 학문에 명백한 단점을 가져오는 인식근거의 길을 걸었다. 왜냐하면 예를 들면, 곧바로 처음에, 근거율이 단순한 공간 속에서 갖고 있으며 그리고 다른 곳에서처럼, 한 삼각형과는 완전히 다른 삼각형이 그 삼각형과는 다른 것이기 때문에 그 삼각형이 있는 바대로 그렇게 삼각형이 존재하는 필연성을 제공하는 형식에 따라, 유클리드가 어떻게 삼각형에서 각과 변Seite이 서로를 규정하는지 그리고 어떻게 서로에게 근거와 귀결의 관계를 드러내 주는지를 최종적으로 제시해야 했을 때, 그는 삼각형의 본질에 대한 근본적인 통찰을 제시하는 대신에, 삼각형에 대하여 자의적으로 선택한 관계없는 명제들을 제시하고 모순율에 따라 힘겨운 논리적 증명을 하는 것을 통해 이러한 명제들의 논리적인 인식근거를 제공했기 때문이다. 그런 까닭에 이러한 공간적인 관계들에 대한 충분한 인식 대신에 사람들은 단지 이러한 관계들로부터 임의적으로 전달된 몇 가지의 결과들만을 갖게 되며 그리고 이 경우는 마치 교묘한 기계의 다양한 작용들을 보게 되지만 그 기계의 내적인 연관성과 구조는 볼 수 없는 사람과 같다. 사람들은, 유클리드가 논증하는 모든 것이 그럴 것이라는 점을 모순율에 의해 억지로 인정해야만 한다. 그러나 사람들은 그것이 왜 그러한지를 경험하지는 못한다. 그런 까닭에 사람들은 거의 요술쟁이의 요술을 보고 난 뒤에 언짢은 느낌을 갖게 되며, 그리고 실제로 대부분 유클리드의 증명들은 그러한 요술과 눈에 띄게 비슷한 것이다. 진리는 우연하게 어떤 부수적인 상황에서 생기면서, 거의 항상 뒷문으로 들어온다. 간접적인 증명은 자주 모든 문을 차례로 닫고 단지 하나의 문만을 열어 두는데, 그렇기 때문에 사람들은 이제 그 문으로 들어가야만 한다. 피타고라스의 정리에서처럼 왜 그런지도 모르고서도 자주 선들을 그리게 된다. 나중에 그것이 예기치 않게 조여들어 배우는 사람의 동의를 얻어 내는 덫이었다는 점이 드러나게 되는데, 배우는 사람은 이제 자신의 내적인 연관성에 따라 전혀 이해할 수 없다는 것을 놀라워하며 인정해야만 하지만, 그럴 정도로 그가 유클리드 전체를 철저히 연구한다고 하더라도 공간적인 관계의 법칙들에 대한 본래적인 통찰을 얻는 것이 아니라 대신에 단지 그 법칙들로부터 몇 개의 결과들을 암기하여 배우게 될 뿐이다. 이렇듯 본래적으로 경험적이고 비학문적인 인식이란 병과 약을 알고 있지만, 이 둘의 연관성은 알지 못하는 의사의 인식과 같은 것이다. 그러나 이 모든 것은, 사람들이 어떤 인식방식에 고유한 논증과 명증성의 방식을 변덕스럽게 거부하고, 그 대신에 인식의 본질과 거리가 먼 방식을 불러들인 결과이다. 어쨌든 유클리드에 의해 성취된 이러한 방식은 그렇듯 많은 세기에 걸쳐 그가 모든 존경을 받게 하였고 수학을 취급하는 그의 방식은 모든 학문적인 설명의 모범으로 언급되었으며, 사람들은 이러한 모범에 따라 다른 모든 학문을 본보기로 삼으려고 애썼지만, 나중에는 왜 그런지를 정말 알지도 못하면서 이 방법을 포기하였다. 그럼에도 불구하고 우리의 눈에는, 수학에서의 유클리드의 이러한 방법은 단지 아주 눈에 띄는 잘못된 일로 보인다. 그러나 이제 삶과 관련이 있든지 또는 학문과 관련이 있든지 간에 의도적으로 그리고 방법론적으로 행해진, 일반적인 박수갈채를 받는 모든 엄청난 오류의 근거는 그 시대를 지배하는 철학에 있다는 것이 증명될 수도 있을 것이다. 먼저 엘레아학파는 직관된 것φαινόμενον과 사유된 것νοούμενον[21] 사이의 차이, 즉 빈번한 모순을 발견하였고, 이러한 차이를 그들 철학의 학설과 궤변으로 다양하게 사용하였다. 나중에는 메가라학파, 변증학파, 소피스트들, 신아카데미학파와 회의주의자들이 이들을 뒤따랐다. 이들은 가상, 즉 감각의 기만, 또는 오히려 감각의 자료를 직관으로 변환시키는 오성의 기만에 주목하였다. 이러한 기만은 종종 이성이 실재성을 확고하게 부인하는 사물들을 우리에게 보이게 하는데, 예를 들면 물속에서 휘어진 막대 등과 같은 것이다. 비록 플라톤(『파르메니데스』에서), 메가라학파, 피론과 신아카데미학파는 예를 통해(나

---

21 이러한 그리스어 표현에 대한 칸트의 잘못된 사용은 이 책의 부록에서 비난을 받았는데, 여기에서는 이 점에 대해 생각하지는 않을 것이다.

중에 섹스투스 엠피리쿠스의 의해 받아들여진 방식으로), 또한 다른 한편으로 추리와 개념들이 잘못된 길로 이끈다는 것을, 즉 훨씬 더 쉽게 생겨나고 감각적인 직관에서의 가상보다 훨씬 더 해결하기 어려운 잘못된 추리와 궤변을 가져온다는 것을 보여 주었지만, 사람들은 감각적인 직관을 무조건 신뢰할 수 없는 것이라고 인식하였으며, 그리고 서둘러서 오로지 이성적이고 논리적인 사유만이 진리를 정초한다고 결론을 내렸다. 어쨌든, 경험론에 대립하여 생겨난 합리주의가 우월해지고, 유클리드는 합리주의를 따라, 부득이하게 공리만은 직관적인 명증성에 의존했지만, 그러나 모든 그밖의 것은 추리에 의존해 가면서 수학을 논의하였다. 유클리드의 방법은 모든 세기를 거쳐 지배적이었고 순수한 선험적 직관이 경험적인 직관과 구분되지 않는 한에서 계속될 수밖에 없었다. 케플러가 자신의 책 『세계의 조화』에서 유클리드의 주석자인 프로클로스의 구절을 라틴어로 번역하였듯이, 프로클로스는 그러한 차이를 완전히 알았던 것처럼 보인다. 그러나 프로클로스는 이 문제를 충분히 중요하게 보지 않았고, 이 문제를 고립시켜 놓아 주목하거나 꿰뚫어 보지 못했다. 그런 까닭에 비로소 2,000년 뒤에야 유럽 민족들의 모든 앎과 사유 그리고 행동에 그렇게 대단한 변화를 가져온 칸트의 이론은 또한 수학에서도 그러한 변화를 야기할 것이다. 우리가 공간과 시간의 직관이 경험적인 직관과는 완전히 다르고, 감각의 인상에 완전히 의존하지 않으며, 이러한 인상에 의해 제약되는 것이 아니라 이러한 인상을 제약하는 것, 즉 선험적이며 그리고 그런 까닭에 전혀 감각의 기만에 빠지지 않는다는 점을 이러한 위대한 사상가로부터 배운 뒤에야 비로소 이제 우리는 유클리드의 수학의 논리적인 취급방식이 쓸모없는 신중함이고, 건강한 다리를 위한 지팡이이며, 이러한 취급방식은 방랑자가 밤에 밝고 단단한 길을 물로 간주하여 발을 딛지 않도록 조심하고 항상 그 옆의 울퉁불퉁한 바닥을 걸으면서, 물이라고 생각했던 것으로부터 벗어나

걷는다고 여기며 만족해하는 것과 같다는 것을 들여다볼 수 있었다. 비로소 우리는 이제 어떤 도형을 직관할 때에 우리에게 필연적으로 고지되는 것이 종이 위에 아주 불완전하게 그려진 도형에서 나오는 것이 아니며, 또한 우리가 그려진 도형에서 생각하는 추상적인 개념으로부터 나오는 것이 아니라, 우리에게 선험적으로 의식된 모든 인식의 형식으로부터 직접적으로 나온다는 점을 확실하게 주장할 수 있다. 이러한 선험적인 형식은 일반적으로 근거율이다. 여기에서 이러한 형식은 직관, 즉 공간의 형식이며, 이것은 존재의 근거율Satz vom Grunde des Seins인데, 이 존재의 근거율의 명증성과 타당성은 인식의 근거율의 명증성과 타당성, 즉 논리적 확실성처럼 엄청난 것이고 직접적인 것이다. 따라서 우리는 단지 논리적 확실성을 신뢰하기 위해 수학의 본래적인 영역을 떠나 수학의 완전히 낯선 영역, 즉 개념의 영역에서 수학을 증명할 필요가 없고 증명해서도 안 된다. 우리가 수학의 고유한 기반에 머문다면, 우리는 수학에서 이제 어떤 것이 그러하다는 사실에 대한 앎은 어떤 것이 왜 그러한가라는 것과 같다는 커다란 장점을 얻게 된다. 대신에 유클리드의 방법은 양자를 완전히 분리시켜, 두 번째 것이 아니라 단지 첫 번째 것을 인식하게 한다. 그러나 아리스토텔레스는 완전히 적절하게 『분석론 후서』 1장 27쪽에서 "어떤 것이 있다는 사실과 어떤 것이 왜 있는지를 동시에 알려 주는 앎이 사실das Daß과 이유das Warum를 구분하여 가르치는 앎보다 더 정확하고 탁월한 것이다"라고 말한다. 우리는 물리학에서 어떤 것이 그러하다는 사실에 대한 인식이 그것이 왜 그렇게 있는지에 대한 인식과 일치할 때에 만족할 수 있다. 수은이 토리첼리 관 속에서 28인치 높이에 있다는 사실을 아는 것은 그것이 공기의 균형에 의해 그렇다는 것을 알지 못한다면 불충분한 앎이라고 할 수 있다. 그러나 수학에서 원 속에서 가로지르는 두 개의 현Sehne의 선분Abschnitte이 항상 동일한 장방형Rektangel을 형성한다는 숨겨진 성질이 우리를 만족시킬 수 있을

까? 물론 유클리드는 그것이 그렇다라는 점을 3권의 정리35에서 증명하고 있다. 그러나 그것이 그런 이유는 거기서 설명되지 않는다. 마찬가지로 피타고라스의 정리는 우리에게 직각삼각형의 숨겨진 성질을 알려 준다. 유클리드의 어색하고 교활한 증명은 왜라는 물음을 저버리고, 증명에 도움이 되는 이미 알려진 단순한 도형이 한눈에 보아도 그러한 증명보다 문제에 대한 통찰을 더 많이 제공하며 그러한 필연성에 대한 내적인 확고한 확신과 직각삼각형에 대한 그러한 성질의 의존성에 대한 내적인 확고한 확신을 제공해 준다.

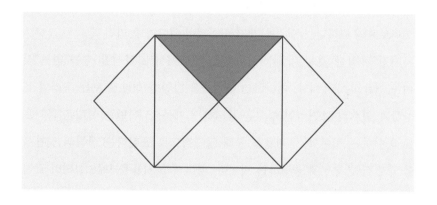

또한 직각삼각형의 경우에 일반적으로 가능한 모든 기하학적인 진리의 경우처럼 그러한 직관적인 확신을 가져야만 한다. 왜냐하면 바로 진리의 발견은 매번 그러한 직관된 필연성에서 시작되고 그리고 증명은 비로소 나중에야 덧붙여져 생각된 것이기 때문이다. 따라서 사람들이 진리의 필연성을 직관적으로 인식하기 위해서는 오로지 기하학적인 진리를 최초로 발견할 때의 사유 과정을 분석하는 것만이 필요하다. 유클리드가 사용한 종합적인 방식 대신에 내가 수학의 강연을 위해 바라는 것은 일반적으로 분석적인 방법이다. 그러나 물론 이러한 방법은 복잡한 수학적인 진리들의 경우에는 아주 어려운 것이지만, 그렇다고 극복할 수 없게 어려운 것은 아니다. 이미 독일에서 사람들은 가끔 수학의 강연을 바꾸고 더 많이 이러한 분석적인 방식으로 진행한다. 결정적으로 이러한 방법은 노르트하우젠의 김나지움의 수학과 물리학 교사인 코자크Kosack 씨가 실행했는데, 그는 1852년 4월 6일의 학교시험 프로그램에 나의 원칙에 따르는 기하학을 다루려는 상세한 시도를 하였다.

수학의 방법을 개선하기 위해서는 주로 사람들이, 증명된 진리가 직관적으로 인식된 진리보다 우월한 것이라거나 모순율에 근거한 논리적 진리가 직접적으로 명증적이고 또한 공간의 순수 직관이 속하는 형이상학적 진리보다 우월하다는 편견을 제거하는 것이 필요하다.

가장 확실한 것das Gewisseste 그리고 어디에서도 설명할 수는 없는 것이 근거율의 내용이다. 왜냐하면 근거율은 다양한 형태로 모든 우리의 표상들과 인식의 보편적인 형식을 표시하기 때문이다. 모든 설명은 근거율로 환원하는 것이고, 근거율을 통해 일반적으로 표현된 표상들의 연관성을 개별적인 경우에 증명하는 것이다. 따라서 근거율은 모든 설명의 근거이고 그런 까닭에 그 자체로는 설명할 수 없는 것이며 설명을 필요로 하는 것도 아니다. 모든 설명이 이미 이러한 근거율을 전제하고 오직 근거율을 통해서만 의미를 얻기 때문이다. 이제 근거율의 형태 중에서 어떤 근거율도 다른 근거율에 대한 우월성을 갖지 않는다. 근거율은 존재의 근거율이나 생성의 근거율 또는 행위의 근거율이나 인식의 근거율 모두 똑같이 확실한 것이고 증명이 불가능한 것이다. 귀결에 대한 근거의 관계는 모든 형태의 근거율에서 필연적인 것인데, 즉 그 관계는 보통 필연성이라는 개념의 유일한 의미일 뿐만 아니라 필연성이라는 개념의 근원이기도 한 것이다. 근거가 주어진다면, 귀결의 필연성 이외의 다른 필연성이 없고, 귀결의 필연성을 야기하지 않는 근거란 존재하지 않는다. 따라서 전제 속에서 주어진 인식근거로부터 결론에서 언급될 귀결이 확실하게 흘러나오듯이, 그렇게 확실하게 공간 속에서의 존재근거는 그 귀결을 공간 속에 제약한다. 내가 이러한 양자의 관계를 직관적으로 인식할 수 있다면, 이러한 확실성은 논리적인 확실성처럼 그렇게 클 것이다. 그러나 모든 기하학적 정리는 12개의 공리 중 하나의 공리처럼 그러한 관계의 표현이다. 기하학적 정리는 형이상학적 진리이며 그 자체로 메타논리적인 진리와 모든 논리적인 증명의 보편적인 토대인 모순율 자체처럼 그렇게 직접적으로 확실한 것이다. 어떤 정리에서 언급된 공간적인 관계들의 직관적으로 설명된 필연성을 부인하는 사람은 마찬가지로 정당하게 공리를 부인해도 될 것이고 전제로부터의 추리의 결론은 물론, 모순율 자체를 부인해도 될 것이다. 왜냐하면 이 모든 것은 마찬가지로 증명될 수 없고, 직접적이며 선험적으로 인식된 관계이기 때문이다. 그런 까닭에 사람들이 공간적인 관계의 직관적으로 인식가능한 필연성을 비로소 모순율로부터의 논리적인 논증을 통해 이끌어 내려고 한다면, 그것은 한 영주가 다른 영주에게 속한 경작지를 봉토Lehn로 나눠 주려고 하는 것과 다르지 않다. 그러나 유클리드가 행한 일이 바로 이런 것이다. 그는 단지 자신의 공리들만은 별 수 없이 직접적인 명증성에 의존하게 하였다. 이어지는 모든 기하학적인 진리들은 논리적으로 증명되는데, 즉 그러한 공리들을 전제로 정리 속에 만들어진 가정이나 이전의 정리와 일치하는 것, 또는 정리의 반대가 가정, 공리, 이전의 정리나 그 정리 자체와 모순되는 것으로부터 증명된다. 그러나 공리 자체는 다른 모든 기하학적인 정리보다 더 직접적인 명증성을 갖는 것이 아니라, 단지 빈약한 내용에 의해 더 단순함을 지닐 뿐이다.

사람들은 범인을 심문할 때, 그 진술들이 일치하는지 진술의 진리를 판단하기 위해서 진술을 조서Protokoll로 작성한다. 그러나 이것은 하나의 단순한 임시수단에 불과한데, 범인의 모든 진술의 진리를 직접적으로 조사할 수 있다면, 사람들은 이러한 임시수단을 사용하지 않을 것이다. 특히 범인은 처음부터 시종일관 거짓을 말할 수 있기 때문이다. 그러나 유클리드는 이 첫 번째 방법을 통해 공간을 연구하였다. 그가 그때에 올바른 전제에서 출발하였는데, 그것은 자연은 어디에서나, 또한 그것의 근본형식, 즉 공간에서 시종일관하게 존재해야만 하고 공간의 부분들은 서로에게 근거와 귀결의 관계에 놓여 있기 때문에 어떠한 공간적인 규정도 모순되지만 않는다면 다른 모든 규정들과 다를 수 없다는 것이다. 그러나 이것은 아주 힘들고 불만족스러운 우회로이며, 이러한 우회로는 아주 확실한 직접적인 인식보다 간접적인 인식을 선호하는 것이다. 더구나 이 우회로는 어떤 것이 있다는 사실에 대한 인식을 그것이 왜 있는지에 대한 인식으로부터 분리시켜 학문의 큰 결손을 가져오게 하며, 그리고 결국 배우는 사람들에게 공간의 법칙으로의 통찰을 전혀 제공하지 않는다. 즉 배우는 사람들이 사물의 근거와 내적인 연관성을 본질적으로 연구하는 것을 버리게 하고, 그 대신 그것이 그렇게 있다라는 사실에 대한 역사적 지식에 만족하도록 가르친다. 그러나 이 방법을 통한, 그렇게 끊임없이 칭찬받는 통찰력의 연습은 단지 학생들이 추리, 즉 모순율의 적용을 연습하는 것, 특히 일치하는지를 비교하기 위한 그러한 모든 자료들을 간직하기 위해 그의 기억력을 자극하는 것일 뿐이다.

더구나 이러한 증명방법이 단지 기하학에만 적용되고 산술에는 적용되지 않았다는 점은 언급할 만한 가치가 있다. 오히려 산술에서 진리는 실제로 오직 직관만을 통해 알려지는데, 산술에서 직관은 단순히 계산하는 데에만 쓰인다. 수에 대한 직관은 오로지 시간 속에서만 존재하고 따라서 기하학적 도형처럼 감각적인 도식을 통해서는 나타낼 수 없기 때문에, 여기에서는 직관이 단지 경험적이며 그런 까닭에 가상에 종속될 수 있다는 의혹은 사라지게 된다. 그러나 이러한 의혹은 논리적인 증명방식을 기하학에 끌어 들일 수 있게 하였다. 시간은 단지 하나의 차원만을 갖기 때문에 계산하는 것은, 모든 다른 것이 환원되는 유일한 산술적인 연산이다. 그러나 계산하는 것은 선험적인 직관 이외의 다른 것이 아니고, 사람들은 선험적인 직관에 근거하는 것을 주저하지 않으며 이러한 직관을 통해 오로지 그 밖의 것들, 즉 모든 계산, 모든 방정식은 마지막에 증명된다. 사람들은 예를 들면, $\frac{(7+9)\times8-2}{3}=42$ 를 증명하지 않고, 시간 속에서 선험적 직관을 증거로 끌어 들인다. 따라서 계산하는 것은 모든 개별적인 명제를 공리로 만든다. 그런 까닭에 기하학을 채우는 증명들 대신에 산술과 대수의 전체 내용은 계산하는 것을 줄이기 위한 단순한 방법이다. 시간 속에서 수에 대한 우리의 직접적인 직관은 위에서 언급했듯이, 대략 10을 넘어 도달할 수 없다. 이것을 넘어서는 수는, 이미 그 추상적인 개념이 말에 의해 고정되어 직관의 자리에 들어서게 된다. 그런 까닭에 실제로는 더 이상 직관이 수행되는 것이 아니라, 단지 전적으로 규정되어 표시될 뿐이다. 그러나 큰 수들이 항상 작은 수들을 통해 표현되는 수의 질서라는 중요한 보조수단을 통해 그렇게 모든 계산의 직관적인 명증성이 가능하게 된다. 더욱이 수들만이 아니라 불특정한 크기와 연산 전체가 단지 추상적으로만 사유되고 그리고 사람들이 $\sqrt{r^b}$처럼 더 이상 연산을 수행하는 것이 아니라 단지 연산을 상징하도록 추상을 수단으로 사용하는 곳에서 그러하다.

또한 사람들은 산술에서와 동일한 정당성과 확실성으로 기하학에서도 오직 선험적인 직관을 통해 진리를 논증할 수 있을 것이다. 실제로 또한 항상 존재의 근거율에 따라 직관적으로 인식되고, 기하학에 커다란 명증성을 부여하며 모든 사람의 의식 속에서 기하학의 명제들의 확실성이 근거하는 것은 바로 필연성이다. 그것은 결코 뽐내며 다가오는 논리적인 증명이 아니다. 이러한 논리적 증명은 사태와는 항상 거리가 멀고, 확신에 손해를 끼치지도 않으며 대부분 곧바로 잊혀지며, 이러한 논리적 증명이 완전히 사라진다 해도 기하학의 명증성만은 줄어들지 않는다. 왜냐하면 기하학의 명증성은 이러한 논리적 증명에 전혀 의존하지 않고 그러한 증명은 단지 사람들이 이미 이전에 다른 인식방식을 통해 완전히 확신을 갖는 것만을 증명해 주기 때문이다. 그런 한에서 논리적 증명은 다른 사람에 의해 살해된 적에게 더 상처를 입히고 그를 자기가 죽인 것이라고 자랑하는 비겁한 군인과 같은 것이다.[22]

지금까지의 모든 것에 의해 모든 명증성의 모범과 상징이 되는 수학의 명증성이 그 본질에 따라 증명이 아니라 직접적인 직관에 근거하고, 따라서 이러한 직관이 어디서든지 모든 진리의 궁극적인 근거와 원천이라는 점에 대해 더 이상 의심이 제기되지 않기를 바란다. 그러나 수학의 근거로 놓여 있는 직관은 다른 모든 직관보다, 곧 경험적인 직관보다 커다란 우월성을 갖고 있다. 따라서 직관은 선험적이며, 즉 항상 단지 부분적으로 그리고 연속적으로 주어지는 경험에는 의존하지 않기 때문에, 모든 것이 똑같이 직관에 가까이 있고, 사람들은 원하는 대로 근거에서 출발하거나 귀결에서 시작할 수 있다. 이제 이것은 직관 속에서 귀결이 근거로부터 인식되는 것을 통해 직관에게 완전한 확실함을 제공하게 되는데, 이러한 인식만이 오직 필연성을 지닌다. 예를 들면, 두 변의 동일성은 두 각의 동일성을 통해 정초된 것으로 인식된다. 반대로 모든 경험적인 직관과 대부분의 모

---

22 기하학적 방법을 따르는 것을 항상 자랑했던 스피노자는 실제로 그가 의식한 것보다도 더 이러한 방법을 행했다. 왜냐하면 그에게 세계의 본질의 직접적이고 직관적인 파악으로부터 확실하고 완성된 것을 그는 그러한 인식에만 의존하지 않고 논리적으로도 증명하려고 하였기 때문이다. 그러나 물론 단지 그가 임의적으로 스스로 만들어 낸 개념들(실체, 자기원인 등)을 출발점으로 삼고 그리고 광범위한 개념쌍들의 본질이 편안하게 기회를 제공하는 모든 그러한 임의성(Willkürlichkeit)들을 증명에서 허용하는 것을 통해 의도된 그리고 그가 이전에 알고 있었던 결과를 획득한다. 그런 까닭에 그의 이론의 참됨과 탁월함은 그의 경우에는 기하학에서처럼 전혀 증명에 의존하지 않는다는 것이다. 이에 대해서는 2편 13장 참고.

든 경험은 거꾸로 오직 귀결에서 근거로 가기 때문에 이러한 인식에 오류가 없다고 할 수는 없는데, 필연성은 오로지 근거가 주어져 있는 한에서 귀결에 부가할 수 있는 것이지, 귀결로부터 근거의 인식에 부가할 수 있는 것이 아니다. 왜냐하면 동일한 귀결이 다른 근거들로부터 생길 수 있기 때문이다. 후자와 같은 이러한 종류의 인식은 항상 귀납법일 뿐이다. 즉 이러한 인식은 근거가 하나의 근거를 암시하는 수많은 귀결에 의해 확실한 것이라고 가정하는 것이다. 그러나 그러한 경우들Fälle은 결코 완전하게 함께 있을 수 없기 때문에, 진리가 여기에서 무조건 확실하다고 할 수는 없다. 그러나 감성적인 직관과 가장 일반적인 경험을 통해 얻은 모든 인식은 오직 이러한 종류의 진리만을 가질 뿐이다. 감각의 자극은 결과로부터 원인으로 향하는 오성추리를 야기한다. 왜냐하면 근거 지어진 것에서 근거로의 오성추리는 결코 확실한 것이 아니기 때문에, 감각의 기만으로서 잘못된 가상이 가능하고, 위에서 언급했듯이 종종 실제로 그런 일이 일어난다. 다수의 또는 다섯 개의 모든 감각이 동일한 원인을 암시하는 자극을 받으면, 가상의 가능성이 대단히 줄어들게 되지만, 그러나 그럼에도 가상은 여전히 존재한다. 왜냐하면 어떤 경우에는, 예를 들면 위조화폐에 의해 감각 전체가 속임을 당하기 때문이다. 모든 경험적인 인식, 따라서 자연과학의 순수한 (칸트에 따르면 형이상학적인) 부분을 제외하고는 자연과학 전체가 똑같은 상황에 처해 있다. 또한 여기에서 결과로부터 원인이 인식된다. 그런 까닭에 자연에 관한 모든 이론은 가설에 근거하는데, 이 가설은 종종 틀릴 수 있으며 그런 후에 점점 더 올바른 가설에게 자리를 마련해 준다. 단지 의도적으로 준비된 실험의 경우에만 인식은 원인에서 결과로 나아가고, 따라서 확실한 길을 걷게 된다. 그러나 실험 자체는 가설들의 결과로 행해진다. 그렇기 때문에 자연과학의 어떤 분야, 즉 물리학이나 천문학 또는 생리학은 수학이나 논리학이 그럴 수 있는 것처럼 한 번에 발견될 수는 없었고 수많은 세기 동안 모이고 비교된 경험들이 필요했으며 그리고 여전히 필요한 것이다. 특히 빈번한 경험적인 증명은, 가설에 기인하는 귀납이 실제로 확실성을 갖게 하고 직선과 곡선의 비교불가능성Inkommensurabilität이 기하학에 적용될 때처럼 또는 도달할 수 없는 완전한 대수Logarithmus의 정확성을 산술에 적용할 때처럼 가설들의 근원이 가설에 불리한 것으로 간주되지 않고 그렇게 완전성에 가까이 다가가도록 한다. 왜냐하면 사람들이 원의 면적과 대수를 무한분수unendliche Brüche를 통해 정확성에 무한히 다가가도록 하듯이, 또한 그렇게 빈번한 경험을 통해 귀납, 즉 귀결로부터 근거로의 인식을 통해 수학적인 명증성, 즉 근거로부터의 귀결로의 인식에, 무한하지는 않지만, 그러나 기만의 가능성이 충분히 줄어들어 무시될 수 있을 만큼 가까이 다가가게 된다. 그러나 기만의 가능성은 존재한다. 예를 들면 또한 무수한 경우로부터 모든 경우로의, 즉 모든 경우가 의존하는 본래 알려지지 않은 근거로의 추리가 귀납추리이다. 이러한 종류의 어떤 추리가, 모든 인간이 왼쪽에 심장을 갖고 있다는 점보다 더 확실한 것인가? 그럼에도 불구하고 아주 드물지만 오른쪽에 심장을 갖고 있는 사람들이 예외적으로 존재하기는 한다. 따라서 감성적인 직관과 경험과학은 동일한 종류의 명증성을 지닌다. 선험적 인식으로서 수학, 순수 자연과학과 논리학이 감성적인 직관과 경험과학에 대해 갖는 특권이라는 것은, 오로지 모든 선험성이 근거하는 인식의 형식이 전적으로 그리고 동시에 주어져 있고, 그런 까닭에 여기에서 항상 근거에서 귀결로 나아갈 수 있지만, 그러나 감성적인 직관과 경험과학에서는 대부분 단지 귀결에서 근거로 나아간다는 점에 기인한다. 그 밖에 인과성의 법칙 그리고 경험적인 인식을 이끄는 생성의 근거율 그 자체는 위의 학문들이 선험적으로 따르는 다른 근거율의 형태와 같이 확실하다. 개념과 추리에 의한 논리적인 증명들은 선험적인 직관을 통한 인식처럼 근거에서 귀결로 나아가는 특권을 갖고 있는데, 이를 통해 논리적인 증명들은 그 자체로, 즉 그들의 형식에 의해 오류가 없어지게 되는 것이다. 이것은 그러한 증명들이 일반적으로 존경받도록 하는 데 많은 기여를 하였다. 그러나 이러한 논리적인 증명들의 확실성은 상대적인 것이다. 논리적 증명들은 단지 학문의 상위 명제들 아래에 포괄될 뿐이다. 이것은 학문의 진리에 대한 전체 배경을 포함하는 것이고, 이러한 논리적인 증명들은 다시 단순하게 증명될 수 있는 것이 아니라, 언급된 몇몇의 선험적인 학문들에서는 순수한 직관이지만, 그 밖에는 항상 경험적이면서 단지 귀납을 통해 보편적인 것으로 고양되는 직관에 근거하는 것이다. 따라서 경험과학에서 개별적인 것이 보편적인 것으로부터 증명된다면, 다시 보편적인 것은 그 진리를 단지 개별적인 것으로부터 얻게 되고, 모아 놓은 비축품의 저장소일 뿐이지 자급자족하는 대지Boden는 아닌 것이다.

여기까지가 진리의 근거에 관한 것이다. 오류의 근원과 가능성에 대해서는 잘못된 비둘기를 잡는 것(『테아이테토스』, 167쪽 이하)에 관한 플라톤의 비유적인 해명 이래로 많은 설명이 시도되었다. 사람들을 대각선 운동의 비유를 수단으로 오류의 근원에 관한 칸트의 모호하고 불명확한 설명을 『순수이성비판』 1판의 294쪽, 5판의 350쪽에서 확인할 수 있다. 진리라는 것은 그 인식근거에 대한 판단의 관계이기 때문에, 판단하는 사람이 그러한 근거를 갖고 있다고 실제로 믿을 수 있지만 어떻게 그러한 근거를 가질 수 없는지, 즉 어떻게 오류, 이성의 기만이 가능한가 하는 것이 문제이다. 나는 이러한 가능성을 위에서 설명한 가상이나 오성의 기만의 가능성에 비유하여 확인한다. 즉 내 생각에, (여기가 이것을 설명하는 적절한 자리인데) 모든 오류는 귀결에서 근거로 나아가는 추리에 있으며, 이러한 추리는 귀결이 그것 말고는 다른 근거를 가질 수 없다는 것을 알 때에는 타당하지만 그 밖의 경우에는 타당하지 않다. 오류를 범하는 사람은 귀결에서 그러한 귀결이 결코 가질 수 없는 근거를 설정해 버린 것이다. 그는 여기에서 오성, 즉 원인과 결과의 결합에 대한 직접적인 인식능력의 실제적인 결핍을 드러낸다. 또는 자주 있는 일인데, 오류를 범하는 사람은 귀결에서 하나의 가능한 근거를 규정하지만 그러나 귀결에서 근거로 나아가는 자신의 추리의 대전제에, 귀결이 매번 오직 자신에 의해 언급된 근거로부터 생겨난다는 점을 추가한다. 그는 오직 완전한 귀납에 의해 그러한 권한을 부여받을 수 있겠지만, 그러나 그는 완전한 귀납을 수행하지 않고 단지 전제만 할 뿐이다. 따라서 매번은 너무 광범위한 개념이다. 이 개념 대신에 단지 때때로 또는 대부분이라는 말이 어울릴 것이다. 따라서 결론은, 그 자체가 오류는 아닐지라도 문제가 될 수 있을 것이다. 그러나 오류를 범하는 사람이 이렇듯 언급된 방식으로 진행하는 것은 성급함 때문이거나 가능성에 대한 너무 제한된 지식 때문인데, 이 때문에 귀납의 필연성이 만들어진다는 점을 그는 알지 못한다. 따라서 오류는 가상과 완전히 비슷하다. 둘 다 귀결에서 근거로의 추리이다. 가상은 항상 인과성의 법칙에 따라 그리고 단순한 오성에 의해, 따라서 직접적으로 직관 자체 속에서 생긴다. 오류는 근거율의 모든 형식에 따라, 이성에 의해, 곧 본래적인 사유 속에서 생기는데, 그러나 어쨌든 사람들이 세 가지 유형이나 대표로 볼 수 있는 다음의 세 가지 예가 증명하듯이, 인과성의 법칙에 의해 가장 빈번하게 생긴다.

1. 감각의 가상(오성의 기만)이 오류(이성의 기만)를 야기한다. 예를 들면, 사람들이 어떤 그림 하나를 양각Hautrelief으로 보고, 실제로 그렇게 여길 때, 그것은 다음의 대전제로부터의 추리를 통해 일어난다. "흑회색이 부분적으로 모든 미묘한 차이를 통해 흰색으로 넘어간다면, 그 원인은 빛이 매번 돌출된 것과 오목한 것을 비추기 때문이다. 그러므로—."

2. "내 금고의 돈이 모자란다. 원인은 매번 나의 하인이 복제열쇠를 갖고 있어서이다. 그러므로—."

3. "프리즘을 통해 분산되어 위 또는 아래로 움직인 바 있는 태양의 스펙트럼이 전에는 둥글고 흰색이었던 대신에, 이제는 길고 색깔을 띤 모습으로 나타난다. 그러니까 원인은 항상 빛 속에서 다양한 색을 띰과 동시에 다양하게 굴절된 동일한 광선이 끼어들어 있고, 이 광선은 다양한 굴절성에 의해 서로 움직여, 이제는 길고 동시에 다양한 색을 지닌 상을 보여 주기 때문이다. 그러므로 — 마시자!"

모든 오류는 종종 단지 잘못 일반화되고 가정된, 귀결을 위한 근거라는 가정에서 생겨난 대전제로부터 그러한 추리로 환원될 수 있어야만 한다. 그러한 오류는 단지 어떤 계산의 실수가 아닌데, 이러한 계산의 실수란 본래 오류가 아니라 단순히 실수일 뿐이다. 수의 개념이 언급하는 연산은 순수 직관 속에서, 즉 계산에서 수행되는 것이 아니라 직관 대신 다른 연산에 의해 수행된다.

학문 일반의 내용에 관련해서 말하자면, 그것은 본래 항상 근거율에 의거하여 그리고 오직 근거율에 의해 통용되고 의미를 지니는 이유Warum를 실마리로 삼는 세계의 현상들 서로의 관계이다. 그러한 관계의 증명은 설명Erklärung이라고 불린다. 따라서 이러한 설명은 두 가지의 표상이 속하는 부류에서 지배하는 근거율의 형태의 관계 속에서 서로에 대한 두 가지 표상들을 보여 주는 것 이상으로는 결코 더 나아갈 수 없다. 설명이 거기에 이른다면 더 이상 '왜?'라고 물을 수 없을 것이다. 왜냐하면 증명된 관계라는 것은 정말 다른 것으로 표상될 수 없는 것, 즉 모든 인식의 형식이기 때문이다. 그런 까닭에 사람들은 왜 2+2가 4인지, 또는 삼각형의 각이 동일하면 왜 변이 동일하게 규정되는지를, 아니면 왜 주어진 어떤 원인에 결과가 뒤따르는지를, 또는 왜 전제의 참으로부터 결론의 참이 분명해지는지를 묻지 않는다. 더 이상 이유가 요구되지 않는 그러한 관계로 환원되지 않는 모든 설명은, 가정된 숨겨진 성질qualitas occulta에 머무른다. 그러나 모든 근원적인 자연력 또한 이러한 숨겨진 성질의 한 종류이다. 모든 자연과학적 설명은 특히 그러한 숨겨진 성질에, 즉 완전히 모호한 상태에 머물러 있어야만 한다. 그런 까닭에 자연과학적 설명은 인간의 내적인 본질처럼 그렇게 돌의 내적인 본질을 설명하지 않고 내버려두어야만 하며, 인간의 인식이나 행위가 설명될 수 없듯이, 돌이 나타내는 중력, 응집력, 화학적 성질 등도 설명할 수 없다. 따라서 예를 들면, 중력은 하나의 숨겨진 성질이다. 왜냐하면 중력은 없는 것으로 생각될 수 있으므로, 따라서 인식의 형식으로부터 필연적으로 유래하는 것이 아니기 때문이다. 반대로 관성법칙의 경우는 인과성의 법칙에서 필연적으로 유래하는 것이다. 따라서 인과성의 법칙으로 환원하는 것은 완전히 충분한 설명이다. 두 가지의 설명불가능한 것, 즉 근거율이 언급하는 관계로 환원시키는 것이 불가능한 것이 존재한다. 첫 번째는, 네 가지 형태의 근거율 자체이다. 왜냐하면 근거율은 모든 설명의 원리이며, 설명은 오로지 이 원리에 관계해서만 의미를 갖기 때문이다. 그리고 두 번째는, 근거율에 의해서 도달할 수 없는 것, 바로 그것으로부터 모든 현상이 생겨나오는 근원적인 것이다. 이러한 근원적인 것은 물자체인데, 물자체의 인식은 근거율에 종속하는 인식이 전혀 아니다. 물자체는 여기에서 완전히 이해되지 않은 채 머물러 있어야 하는데, 이는 이어지는 2권을 통해 이해될 수 있기 때문이다. 우리는 2권에서 학문들의 가능한 업적의 고찰을 다시 다루게 될 것이다. 그러나 사물에 대한 학문의 설명뿐만 아니라, 이러한 설명의 원리, 즉 근거율 또한 이 점을 넘어서지 못하므로 자연과학, 즉 모든 학문이 사물들을 놓아두는 곳에서, 철학은 본래 사물들을 다시 다루고 자연과학과는 완전히 다른 방식으로 사물들을 고찰한다. 나는 논문 「근거율에 대하여」 51절에서, 다양한 학문들에서 그러한 근거율의 하나의 형태 또는 다양한 형태가 어떻게 중심적인 실마리가 될 수 있는지를 제시하였다. 실제로 이에 따라 학문들을 아주 적절히 구분할 수 있었을 것이다. 그러나 그러한 실마리로 주어진 설명은, 언급했듯 항상 상대적이다. 설명은 사물들을 서로의 관계 속에서 설명하지만, 그러나 항상 설명이 바로 이미 전제하는 것을 설명하지 않고 놓아둔다. 이것은 예를 들면, 수학에서는 공간과 시간, 역학이고, 물리학과 화학에서는 물질, 성질들, 근원적인 힘들, 자연법칙들이며, 식물학과 동물학에서는 종의 다양성과 생명 그 자체이다. 그것은 역사학에서는 사유와 의욕의 모든 특징들을 지닌 인류이다. 모든 학문에서 근거율은 제각기 적용될 수 있는 형태를 지닌다. 철학은 어떤 것도 알려진 것으로 전제하지 않으며, 철학에서는 모든 것이 똑같은 정도로 낯설고 문제가 되는 그러한 고유한 특성을 갖는다. 현상의 관계만이 아니라, 현상들 자체, 다른 학문들이 모든 것을 환원시키면서 만족하는 근거율 자체도 문제가 된다. 그러나 철학에서는 그러한 환원으로 아무것도 얻을 수 없을 것이다. 이어지는 환원의 한 부분은 다른 부분처럼 철학에서는 낯선 것이며, 더구나 그러한 종류의 연결 자체는, 연결을 통해 결합된 것과 마찬가지로 철학에서는 문제가 되고, 그리고 이렇게 결합된 것은 결합되어 나타나기 전처럼 결합되어 나타난 뒤에도 다시 문제가 된다. 왜냐하면, 언급했듯이, 학문들이 전제하고 학문에 대한 설명의 근거로 놓여 있는 것 그리고 경계를 설정하는 것이 바로 철학의 본래적인 문제이기 때문이다. 따라서 그런 점에서 철학은 학문이 멈추는 곳에서 시작한다. 증명들은 철학의 토대가 될 수 없다. 왜냐하면 증명은 알려진 명제에서 알려지지 않은 명제를 이끌어 내기 때문이다. 그러나 철학에서는 모든 것이 똑같이 알려져 있지 않은 것이고 낯선 것이다. 세계와 세계의 모든 현상들이 맨 먼저 존재하게 하는 그러한 명제는 존재하지 않는다. 그런 까닭에 스피노자가 원했던 것처럼, 철학은 확고한 원칙으로부터ex firmis principiis 논증적으로 도출될 수는 없다. 또한 철학은 가장 보편적인 앎인데, 그러므로 이러한 앎의 중심 명제는 보다 보편적인 다른 지식에서 추리되는 것일 수는 없다. 모순율은 단지 개념들의 일치를 결정할 뿐이지, 결코 스스로 개념을 제공하지 않는다. 근거율은 현상들의 결합을 설명하는 것이지, 현상 자체를 설명하지는 않는다. 그런 까닭에 철학은 세계 전체의 작용인causa efficiens 또는 목적인causa finalis을 찾는 것에서 출발할 수 없다. 적어도 현재의 철학은 결코 세계가 어디로부터 생겨나고 무엇을 위해 존재하는지를 탐구하지 않고, 단지 세계가 무엇인지를 탐구한다. 그러나 여기에서 왜Warum는 무엇Was에 종속되어 있다. 왜냐하면 왜는 오직 세계의 현상의 형식을 통해, 즉 근거율을 통해 생겨나고, 단지 그런 한에서만 의미와 타당성을 가지므로, 이미 세계에 속하는 것이기 때문이다. 사람들은 세계가 무엇인지를 모든 사람이 아무런 도움 없이도 알 수 있다고 말할 수 있을 것이다. 그는 인식하는 주관 자체이고, 주관의 표상이 세계이기 때문이다. 또한 이것은 그런 한에서는 참일 것이다. 그러나 그러한 인식은 직관적인 인식, 구체적인 인식이다. 이러한 직관적인 인식을 추상적으로 재현하는 것, 즉 연속적이고 변화가능한 직관을, 그리고 감정이라는 광범위한 개념이 포괄하고 보통 단순히 추상적이고 명확한 앎이 아니라고 소극적으로 지칭하는 모든 것을 그러한 추상적인 앎으로, 지속적인 앎으로 고양시키는 것이 철학의 과제이다. 철학은 그에 따라서 세계 전체의 본질, 모든 부분과 전체의 본질에 대한 추상적인 진술이어야만 한다. 그러나 그럼에도 불구하고 철학은 무수한 개별적인 판단들 속에서 길을 잃지 않기 위해서는 추상을 사용해야만 하고 모든 개별적인 것을 보편적인 것에서 사유해야만 하지만, 그러면서도 개별적인 것의 다양성을 다시 보편적인 것 속에서 사유해야만 한다. 그런 까닭에 세계 일반의 모든 다양성을 그 본질에 따라 덜 추상적인 개념으로 요약하여 앎에게 전달해 주기 위해, 철학은 어떤 부분은 분리해야 하고, 어떤 부분은 통합하여야 한다. 그러나 철학이 세계의 본질을 고정시키는 그러한 개념들을 통해, 보편적인 것처럼, 또한 개별적인 것도 인식되어야 하고, 따라서 양자의 인식은 가장 정확하게 연결되어야만 한다. 그런 까닭에 철학을 위한 능력은 바로, 플라톤이 설정하듯이 다수 속에서 하나를, 하나 속에서 다수를 인식하는 것에 있다. 그에 따라 철학은 아주 보편적인 판단들의 합계이고, 이러한 판단의 인식근거는 직접적으로 아무것도 배제하지 않는 세계 자체의 전체성, 즉 인간의 의식 속에 존재하는 모든 것이다. 철학은 하나의 완전한 반복, 이를테면 추상적인 개념 속에서의 세계의 반영이다. 이것은 오직 본질적으로 동일한 것을 하나의 개념에 결합시키는 것과 상이한 것을 다른 개념으로 구별하는 것을 통해 가능한 것이다. 베이컨은 다음과 같이 말하면서 이미 이러한 과제를 철학에 설정하였다. "진정한 철학이라는 것은 자연에 대한 진술을 가장 충실하게 재현하고 자연의 명령에 따라 받아 적는 것인데, 철학은 자연의 모사나 반영 그리고 자신의 것은 덧붙이지 않고 단순히 반복하거나 재현하는 것이다."(『학문의 진보』 2권, 13장) 그러나 우리는 이것을 베이컨이 당시에 생각할 수 있었던 것보다 확장된 의미에서 받아들인다.

　세계의 모든 면과 부분들이 하나의 전체에 속하기 때문에 서로가 함께 갖고 있는 일치된 점은 세계의 추상적인 모사에서 다시 발견되어야 한다. 따라서 판단의 총계 속에서 하나의 판단이 다른 판단으로부터 확실하게, 항상 상호적으로 도출될 수 있어야 한다. 그러나 여기에는 우선 판단들이 존재해야만 하고, 따라서 미리 구체적인 세계의 인식을 통해 직접적으로 정초되고 제시되어야만 하는데, 모든 직접적인 논증이 간접적인 논증보다 더 확실하기 때문에 더욱 그렇다. 더구나 판단들 상호 간의 조화에 의한 판단들은 하나의 사유로 통일되기 위해 합류하고 이러한 조화는 직관적인 세계 자체의 조화와 통일성으로부터 생겨나게 되며, 이러한 직관적인 세계 자체는 이러한 조화와 통일의 공통적인 인식근거이기 때문에 판단들의 조화는 판단들의 논증을 위한 첫 번째 것das erste으로 사용되는 것이 아니라 단지 판단의 진리를 강화하기 위해 첨부될 뿐이다. 이러한 과제 자체는 그것의 해결을 통해서만 비로소 완전히 분명하게 될 것이다.[23]

16절

인간에게만 오로지 고유하고 특별한 인식의 힘Erkenntniskraft과 이 인식의 힘을 통해 초래된, 인간의 본성에 독특한 업적들과 현상들의 하나로서 이성에 대해 이렇게 전체적으로 고찰한 뒤에도 나에게는 이성이 인간의 행동을 이끌고, 따라서 이런 점에서 실천적이라고 언급될 수 있는 한에서, 이성에 관해 언급할 것이 아직 남아 있다. 그러나 여기에서 언급해야 할 것은, 대부분 다른 장소, 즉 칸트에 의해서 언급된 실천이성에 대한 논쟁이 제시되는 이 책의 부록에서 찾아볼 수 있는데, 칸트는 이러한 실천이성을 (물론 아주 편안하게) 모든 덕의 직접적인 원천 그리고 절대적인(즉 하늘에서 떨어진) 당위Soll의 자리Sitz로 설명한다. 칸트의 이러한 도덕의 원리에 대한 상세하고 근본적인 논박을 나는 나중에 『윤리학의 근본문제』[24]에서 제공

---

23 이에 대해서는 2편 17장 참고.
24 『윤리학의 두 가지 근본문제』를 의미―옮긴이.

할 것이다. 그렇기 때문에 나는 여기에서 단지 이성이라는 말의 참된 의미에서 이성이 행동에 끼치는 실제적인 영향에 대해 조금만 말하도록 할 것이다. 이성에 대한 고찰의 시작부에서 이미 우리는, 일반적으로 인간의 행위와 처신이 동물의 행위와 얼마나 구분이 되는지와 그리고 이러한 차이는 오로지 의식 속 추상적인 개념의 존재의 결과로서 보아야 한다는 점을 언급하였다. 우리의 존재 전체에 대한 추상적 개념의 영향은, 우리와 동물의 관계를 눈이 있는 동물과 눈이 없는 동물(어떤 애벌레, 벌레와 식물성 동물)의 관계처럼 아주 중요하고 의미 있는 것이다. 동물들은 감각을 통해 오로지 공간 속에서 그들에게 직접적으로 존재하는 것, 그들을 자극하는 것만을 인식한다. 반대로 눈이 있는 동물은 가까이 있거나 멀리 있는 광범위한 영역을 인식한다. 이성의 결핍은 동물들을 시간 속에서 직접적으로 현재하는 직관적인 표상들, 즉 실재하는 대상들로 제한한다. 반면에 우리는 추상적인 이성에 의해, 제한적으로 실재하는 현재뿐만 아니라 과거 전체와 미래 그리고 가능성의 폭넓은 영역을 포괄할 수 있다. 우리는 모든 면에서 삶을 자유롭게 내다보고 현재와 현실을 훨씬 넘어선다. 따라서 눈이 공간 속에 그리고 감각적인 인식을 위해 있는 것은, 말하자면 이성이 시간 속에서 그리고 내적인 인식을 위해 있는 것이다. 그러나 대상들의 가시성은 대상들의 지각가능성을 고지해 준다는 점에서만 그 가치와 의미를 지닌다. 그러므로 추상적인 인식의 가치 전체는 항상 직관적인 인식과의 관계 속에만 놓여 있다. 또한 그런 까닭에 자연인der natürliche Mensch은 항상 추상적인 개념들, 단순히 사유된 것보다 직접적이고 직관적으로 인식된 것에 더 많은 가치를 둔다. 자연인은 논리적인 인식보다 경험적인 인식을 좋아한다. 그러나 행위보다 말로 살아가고, 실제의 세계보다 종이와 책을 들여다보는 사람들 그리고 이들의 커다란 변종인 현학자와 문자에 사로잡힌 사람들은 거꾸로 생각한다. 오로지 여기에서 직관적인 인식을 단지 혼란스러워진 추상적인 인식으로 설명한 둔스 스코투스의 선례에 따라, 라이프니츠가 볼프와 그의 모든 추종자들과 함께 그렇게 갈피를 못 잡았는지를 이해할 수 있다. 스피노자의 명예를 위해 나는, 그의 올바른 의미는 거꾸로 모든 기본개념들Gemeinbegriffe이 직관적으로 인식된 것을 혼동하면서 생겨난 것이라고 설명해야만 한다(『윤리학』 2부, 정리 40, 비고 1). 그러한 전도된 생각에서 사람들은 오로지 논리적인 명증성이 통용되도록 하기 위해 수학에서 수학의 고유한 명증성을 버려 버리는 것, 일반적으로 추상적이지 않는 모든 인식을 감정이라는 광범위한 이름으로 파악하고 보잘것없는 것으로 평가하는 것, 마지막으로는 칸트의 윤리학이 상황의 인식에서 순수하고, 직접적으로 언급된 것과 올바른 행동과 선한 행동으로 이끄는 선의지를 단순한 감정과 흥분으로서 가치 없고 이득 없는 것으로 설명하고, 단지 추상적인 격률에서 생겨난 행위에서만 도덕적 가치를 승인하려고 했던 것이 생겨난다.

인간이 이성에 의해 동물보다 먼저 갖고 있는, 삶 전체에 대한 모든 면에서의 통찰은 인간의 생애에 대해 기하학적이고 무색에 가까우며, 추상적이고, 축소된 약도Grundriß에 비교할 수 있다. 인간이 이와 함께 동물에 대해 관계하는 것은 해도Seekarte, 나침반 그리고 사분의Quadrant를 수단으로 자신의 항해와 아울러 바다 위에서 그때마다의 위치를 정확히 알고 있는 선장이 단지 파도와 하늘만을 바라보는 무지한 선원들에 대해 관계하는 것과 같다. 그런 까닭에 항상 인간이 자신의 구체적인 삶에서 추상적인 두 번째의 삶을 살아가는 것은 고려할 만하며, 놀랍기까지 한 것이다. 인간은 구체적인 삶에서 현실의 모든 폭풍과 현재의 영향에 내맡겨져 있으며, 동물처럼 애를 써야 하고, 고통을 당해야 하며, 언젠간 죽어야 한다. 그러나 이성적인 사유에 놓여 있는 인간의 추상적인 삶은, 구체적인 삶과 그가 살아가는 세계의 조용한 반영이며, 금방 언급된 축소된 약도이다. 이렇듯 조용한 숙고의 영역에서는, 구체적인 삶에서 그를 완전히 사로잡고 격렬하게 움직이게 하는 것이 그에게 냉정하고, 창백하며 지금 순간에는 낯선 것으로 나타난다. 여기에서 그는 단순한 구경꾼이며 관찰자이다. 이렇듯 반성으로 되돌아가는 속에서 그는 자신의 무대에서 연극을 하고 다시 무대에 등장해야 할 때까지 관중 속에서 자리에 앉아, 그곳에서 그것이 자신의 죽음(작품에서)을 준비하는 것일지라도 어떤 일이 일어날지를 느긋하게 바라보다가, 다시 무대 위로 올라가 자신이 해야만 하는 행동을 하고 고통을 겪는 배우에 비유할 수 있다. 이러한 이중의 삶으로부터 동물들의 생각 없음Gedankenlosigkeit과는 구분되는 인간의 초연함Gelassenheit이 생겨 나온다. 이러한 초연함과 함께 어떤 사람은 미리 숙고한 뒤에, 확고한 결단 뒤에 또는 어쩔 수 없다는 것을 인식한 뒤에, 자신에게 가장 중요한 것, 종종 가장 끔찍한 것도 냉담하게 일어나게 하거나 실행하는 것이다. 이것은 자살, 처형, 결투, 삶을 위험하게 하는 모든 종류의 모험과 보통 인간의 동물적인 본성 전체가 분노하게 하는 것들이다. 여기에서 사람들은 어느 정도로 이성이 동물적인 본성의 주인이 될 수 있는지를 보게 되고, 그리고 강자에게 "당신은 진짜 강철 같은 심장을 가졌소!"(『일리아스』 24권, 521행)라고 외친다. 여기에서, 사람들은 이성이 실천적으로 나타난다고 말할 수 있다. 따라서 행위가 이성에 의해 이끌리는 곳, 동기들이 추상적인 개념인 경우, 직관적인 개별적 표상들이 아니고 동물을 이끄는 순간의 인상이 결정적이지 않은 경우에는 항상 실천이성이 나타난다. 그러나 이것이 행동의 윤리적 가치와는 완전히 다르고 의존적인 것이 아니라는 점, 이성으로 행동하는 것과 덕을 가지고 행동하는 것은 완전히 다르다는 점, 이성은 커다란 선의뿐만 아니라 커다란 악의와도 협력하고 둘 중 어느 쪽이든지 이성의 등장을 통해 비로소 큰 효과를 가져온다는 점, 이성은 고귀한 의도뿐만 아니라 나쁜 의도, 이해할 수 없는 격률뿐만 아니라 영리한 격률의 방법적이고 시종일관한 실행을 똑같이 준비하고 기여할 수 있다는 점, 이것들은 바로 이성의 여성적이고, 수용적이고 보존하는, 스스로는 생산해 내지 못하는 이성의 본성이 가져오는 것이다. 이 모든 것을 나는 부록에서 상세하게 논의하고 예를 들어 설명하였다. 거기에서 언급된 것은 본래 여기에서 논의될 수 있지만, 소위 칸트의 실천 이성에 대한 논박이기 때문에 부록에서 다루도록 해야만 했다. 그렇기 때문에 여기에서 다시 부록을 참고하기를 바란다.

단어의 참되고 진정한 의미에서 실천이성의 가장 완전한 전개, 인간이 자신의 이성의 단순한 사용을 통해 도달할 수 있고 동물과 인간의 차이가 가장 분명하게 제시되는 최고의 정점은 스토아학파의 현자에게서 이상적으로 나타난다. 왜냐하면 스토아학파의 윤리학은 근본적으로 그리고 본질적으로 덕론Tugendlehre이 아니라, 단지 정신의 평온을 통한 행복을 목표와 목적으로 하는 이성적 삶을 위한 지침이기 때문이다. 덕이 있는 처신은 목적이 아니라 수단으로서 마치 우연하게 존재한다. 그런 까닭에 스토아학파의 윤리학은 그 전체 본질과 관점에 따라서 『베다』, 플라톤, 그리스도교와 칸트의 학설처럼 직접적으로 덕을 주장하는 윤리적인 체계들과는 근본적으로 다른 것이다. 스토아학파의 윤리학의 목적은 행복이다. 스토아학파에 대한 스토바이오스의 설명에서 "모든 덕의 목적은 행복을 얻는 것이다"(『물리학과 윤리학 선집』 2권, 7장, 114쪽, 138쪽)가 언급된다. 그러나 스토아학파의 윤리학은 행복이 오로지 내적인 평화와 정신의 평온에서 찾을 수 있고 이러한 평온은 다시 오로지 덕을 통해 도달할 수 있다는 것을 증명한다. 덕이 최고선이라는 표현은 바로 이 뜻만을 의미한다. 그러나 물론 점점 목적이 수단에 의해 잊혀지고 자신의 행복에 대한 관심과는 완전히 다른 관심을 대변하는 방식으로 덕이 추천되어 자신의 행복에 너무나도 분명한 모순이 생기게 된다면, 이것은 예를 들면, 사람들이 이기적으로 "자신의 이익을 추구하는 것"[『윤리학』 4부, 정리 20]에서 명백한 궤변을 통해 순수한 덕론을 이끌어 내는 스피노자의 『윤리학』에서 분명하게 볼 수 있듯이, 모든 체계에서 직접적으로 인식된, 또는 사람들이 말하듯이 느껴진 진리gefühlte Wahrheit가 추리에 압박을 가하면서 올바른 길로 돌아가게 하는 모순들 중의 하나이다. 내가 파악한 스토아학파의 윤리학의 정신에 따르면, 스토아학파의 윤리학의 기원은 인간의 커다란 특권, 즉 인간에게서 간접적으로 계획적인 행동과 이러한 행동으로부터 생겨나는 이성이 아무리 삶과 삶의 부담을 경감시킨다고 하여도, 직접적으로, 즉 단순히 인식을 통해 한 번에 또는 거의 완전하게 그의 삶을 채우는 모든 종류의 고통Leiden과 고뇌로부터 그를 벗어나게 할 수 없지 않은가라는 생각에 있다. 사람들은 이성을 부여받은 존재, 즉 이성을 통해 사물과 상태를 파악하고 전망하는 존재가 그럼에도 불구하고 현재와 그렇게 짧고 덧없으며, 불확실한 몇 년 동안의 삶이 포함할 수 있는 사건들을 통해, 욕구와 도피의 격심한 충동에서 생기는 그렇게 격렬한 고통, 그렇게 큰 불안과 고뇌에 내맡겨져야만 한다는 점이 이성의 특권에 알맞지 않은 것이라고 여겼고, 이성의 알맞은 사용이, 인간이 아픔과 불안 그리고 고통을 넘어서게 하는 데다 불사신으로 만들 수 있다고 생각했다. 그런 까닭에 안티스테네스는 "사람들은 오성을 준비하거나 아니면 밧줄을 (목을 매기 위해) 준비해야만 한다"(플루타르코스, 『스토아학파의 모순에 대해』, 14장)라고 말했는데, 즉 삶은 사람들이 생각을 바로잡아 이것을 넘어서거나 삶을 떠나야 할 정도로 이처럼 괴로움과 번거로움으로 가득한 것이다. 사람들은 결핍, 고뇌가 소유하지 않음Nicht-Haben에서 직접적으로 그리고 필연적으로 생기는 것이 아니라, 소유하려고 하지만 소유하지 못하는 데에서 비로소 생긴다는 점, 따라서 이러한 소유하려고 함 Haben-wollen이 오로지 소유하지 않음을 결핍으로 만들고 고통을 만들어 내는 필수적인 조건이라는 점을 알아챘다. "가난은 고통을 야기하는 것이 아니라 욕망을 야기한다."(에픽테토스, 『단편』, 25) 사람들은 소원을 낳고 기르도록 요구하는 것은 단지 희망뿐이라는 점을 경험으로부터 인식한다. 그런 까닭에 많은 사람들에게 모두 공통된 피할 수 없는 불행이나 도달할 수 없는 재물Güter이 아니라, 오로지 인간이 피할 수 있거나 얻을 수 있는 것이 미미하게 많거나 적은 것이 우리를 불안하게 하거나 탄식하게 한다. 즉 절대적으로 얻을 수 없는 것이나 피할 수 없는 것뿐만 아니라, 상대적으로 얻을 수 없는 것이나 피할 수 없는 것은 우리를 완전히 평온하게 한다. 그런 까닭에 우리의 개체성에 한번 부여된 불행이나 우리의 개체성이 필연적으로 거부해야만 하는 재물은 무관심하게 고찰되어야 하며, 인간의 이러한 고유성에 따라 모든 소망은 곧바로 소멸하게 되고, 따라서 어떤 희망이 그에게 영양분을 제공하지 않으면, 더 이상 고통을 만들어 낼 수는 없다. 이모든 것으로부터 모든 행복은 단지 우리의 요구와 우리가 얻는 것 사이의 관계에 의존한다는 점이 밝혀진다. 이러한 관계에서는 양쪽의 크기가 얼마나 크거나 작은지는 아무래도 상관이 없으며, 관계는 전자의 크기를 줄이는 것을 통해서뿐만 아니라 후자의 크기를 늘리는 것을 통해서도 만들어질 수 있다. 그리고 바로 그렇게, 모든 고통은 본래 우리가 요구하고 기대하는 것과 우리가 얻은 것 사이의 불균형으로부터 생겨나게 되는데, 그러나 이러한 불균형은 오로지 인식 속에만 놓여 있으며[25] 더 나은 통찰을 통해 완전히 제거될 수 있을 것이다. 그런 까닭에 크리시포스는 "사람들은 본성에 맞게 일어나는 것의 경험에 따라 살아가야만 한다"(스토바이오스, 『물리학과 윤리학 선집』 2권, 7장, 134쪽)고 말했다. 즉 사람들은 세계 속의 사물들의 경과Hergang에 대한 적절한 지식을 갖고 살아야 한다는 것이다. 왜냐하

---

25 "그들은 모든 언짢음(Verstimmung)은 판단이나 견해에서 생긴다고 가르친다."(키케로, 『투스쿠라네 논쟁집』 4권, 6장) "사물들이 아니라 사물들에 대한 견해가 인간을 불안하게 한다."(에픽테토스, 『Enchiridion』, 5장)

면 인간은 자주 자제력을 잃고, 불행 때문에 바닥에 내동댕이쳐지거나 화를 내고 체념하기 때문인데, 이를 통해 그가 사물들이 기대했던 바와 다르다는 것을 발견하고, 따라서 그가 오류에 사로잡혀 있었고, 세계와 삶을 알지 못했으며, 무생물이 우연에 의해, 생명체들이 대립하는 목적을 통해, 또한 악의를 통해 개인의 의지가 매 단계에서 얼마나 방해받고 있는지를 보여 준다. 따라서 그는 삶의 속성에 대한 이러한 일반적인 앎에 도달하기 위해 이성을 사용하지 않았거나, 그가 일반적으로 알고 있는 것을 개별적인 것에서 다시 인식하지 못해 놀라고 자제력을 잃어버리게 된다면, 그는 판단력이 결여되어 있는 것이다.[26] 그래서 또한 모든 격렬한 기쁨은 오류이자 망상인데, 왜냐하면 도달된 어떤 소망Wunsch도 지속적으로 만족을 줄 수 없고, 또한 모든 소유와 행운은 단지 우연히 일시적으로 빌려 온 것이고, 그런 까닭에 다음에 되돌려주도록 요구받을 수 있기 때문이다. 그러나 모든 고통은 그러한 착각이 사라지는 것에 근거하고 있다. 따라서 고통과 착각은 잘못된 인식에서 생겨난 것이다. 그런 까닭에 현자에게는 고통뿐만 아니라 환희도 항상 멀리 있는 것이며, 어떠한 사건도 그의 평정심을 방해하지 못한다.

이러한 스토아학파의 정신과 목적에 따라 에픽테토스는 사람들이 우리에게 의존하는 것과 우리에게 의존하지 않는 것을 잘 숙고해서 구분해야만 하며, 그런 까닭에 우리에게 의존하지 않는 것은 전혀 기대해서는 안 된다는 점을 그의 지혜의 핵심으로 시작하고 끝을 맺는다. 이를 통해 사람들은 모든 고통, 고뇌, 불안으로부터 확실하게 자유로울 수 있다. 그러나 우리에게 의존하는 것은 오로지 의지이다. 그리고 여기에서 덕론으로 서서

---

26 "왜냐하면 인간이 일반적인 개념을 개별적인 경우에 적용할 수 없다는 것이 인간에게는 모든 악의 원인이다."(에픽테토스, 『논문들』3, 26)

히 넘어가게 되는데, 우리에게 의존하지 않는 외부세계가 행운과 불행을 규정하듯이, 그렇게 내적인 만족이나 불만족이 우리 자신과 의지로부터 함께 생긴다는 점을 깨닫게 된다. 그런데 사람들이 행복이나 불행에 또는 만족이나 불만족에 선bonum과 악malum이라는 이름을 붙여야 하는지를 나중에 물어보았었는가? 그것은 본래 임의적이고 자의적이었으며 아무래도 상관이 없는 일이었다. 그럼에도 불구하고 스토아학파는 소요학파와 에피쿠로스학파와 이에 대해 끊임없이 논쟁하였고, 완전히 비교할 수 없는 두 개의 크기를 부적절하게 비교하였으며 그리고 여기에서 생겨나고 대립하는 역설적인 발언들을 서로에게 내던지면서 대화를 하였다. 키케로의 『역설』은 스토아학파의 측면에서, 우리에게 이렇듯 편집된 흥미로운 발언을 제공한다.

스토아학파의 창시자인 제논은 본래 다른 길을 걸어간 것처럼 보인다. 그에게서 출발점은 사람들이 최고선에 도달하기 위해, 즉 정신의 평온을 통해 행복에 도달하기 위해 자기 자신과 일치하도록 살아야 하는 것이었다. "일치하여 사는 것은 즉 하나의 동일한 원칙에 의해 그리고 조화 속에서 자기 자신과 함께 하나로 사는 것이다."(스토바이오스, 『물리학과 윤리학 선집』 2권, 7장, 132쪽) 마찬가지로 "덕은 전체 삶을 살아가는 동안에 영혼과 자기 자신과의 일치에 있다."(같은 책, 104쪽) 그러나 이것은 사람들이 변화하는 인상과 기분에 의해서가 아니라 오로지 전적으로 이성적으로 개념에 의해 규정하는 것을 통해 가능하다. 하지만 우리가 지배할 수 있는 것은 행위의 결과나 외부의 상황이 아니라 오직 우리의 행위의 격률뿐이기 때문에 항상 사람들은 시종일관할 수 있기 위해서 오직 행위의 결과나 외부의 상황이 아니라 격률만을 목적으로 삼아야만 한다. 이를 통해 다시 덕론 Tugendlehre이 도입된다.

그러나 이미 제논의 직접적인 계승자들에게서 하나로 일치하면서 살아간다는 그의 도덕원리가 너무 형식적이고 내용 없는 것으로 간주된다. 그런 까닭에 그들은 그 도덕원리에 "본성과 일치하여 살아간다"라는 실질적인 내용을 추가한다. 이것은 위에서 언급된 책에서 스토바이오스가 보고했듯이, 먼저 클레안테스에 의해 추가된 것이고 개념의 광범위함과 표현의 불명확성 때문에 아주 애매한 것이 되어 버렸다. 왜냐하면 클레안테스는 일반적인 본성 전체를 의미했지만, 크리시포스는 특히 인간의 본성(디오게네스 라에르티오스, [『철학대전』] 7, 89)을 의미했기 때문이다. 동물적인 본능은 동물적인 충동의 충족이듯이, 나중에는 오직 인간의 본성에 적절한 것만이 덕일 수 있었으며, 이를 통해 다시 덕론으로 향하게 되었고, 어떤 경우라도 윤리학이 물리학을 통해 정초되어야만 했다. 왜냐하면 스토아학파에서 신과 세계가 전적으로 두 가지 종류의 것이 아니었던 것처럼 어디에서나 원리의 단일성으로 향했기 때문이다.

스토아학파의 윤리학은 전체적으로 보자면, 실제로는 인간의 큰 특권인 이성을 중요하고 행복을 가져다주는 목적으로 사용하는, 즉 모든 삶에 속하는 고뇌와 고통을 다음과 같은 지침을 통해 극복하려는 아주 소중하고 존경할 만한 시도였다.

> "어떻게 너는 가벼운 마음으로 삶을 살아갈 수 있는가?
> 영원히 충족되지 않는 욕망이 너를 괴롭히지 않도록,
> 쓸모없는 일에 두려움과 희망을 두지 말라."
>
> [호라티우스, 『서간집』 1권, 시18, 97]

그리고 바로 이를 통해 여타 동물과 구분되는 이성적인 존재인 인간에게 최고의 위엄을 부여하는 것인데, 이러한 위엄은 다른 의미에서가 아니라 이러한 의미에서 말할 수 있다. 스토아학파의 윤리학에 대한 나의 이러

한 견해는 이성이 무엇이고 그리고 무엇을 행할 수 있는지를 서술할 때에 언급되어야만 하는 것이다. 그러나 또한 그러한 목적은 이성의 사용을 통해 그리고 오로지 이성적인 윤리학을 통해 어느 정도는 도달 가능한 것이다. 왜냐하면 본래적인 철학자, 즉 이론적인 철학자가 삶을 개념으로 옮기듯이, 이성적인 사람들은 개념을 삶으로 옮기므로, 경험은 정당하게도 사람들이 공통적으로 실천적인 철학자들이라고 부르는 그러한 순수하게 이성적인 사람들이 아마도 가장 행복한 사람들이라는 점을 보여 주기 때문이다. 그럼에도 불구하고 이러한 방식으로 완전한 어떤 것이 이루어지고 실제로 올바르게 사용된 이성이 삶의 모든 짐과 고뇌로부터 벗어나게 해서 행복으로 이끌어 가기에는 많이 부족하다. 오히려 고통스럽지 않은 삶을 원하는 데에는 완전한 모순이 놓여 있고, 그런 까닭에 종종 사용되는 말인 "복된 삶seliges Leben"에도 그러한 모순이 놓여 있다. 나의 이어지는 설명을 끝까지 파악한 사람은 이것을 확실하게 이해하게 될 것이다. 이러한 모순은, 이미 순수이성 자체의 윤리학 속에서 스토아학파가 복된 삶의 지침(왜냐하면 스토아학파의 윤리학은 항상 이것에 머무르기 때문에)을 위해 어떤 명제나 추리를 통해 철학적으로 제거할 수 없는 육체의 고통이 지배적이고 치료할 수 없는 경우에, 그의 유일한 목적, 즉 행복이 좌절되고 고통으로부터 벗어나기 위해서는 죽는 것밖에 남아 있지 않을 때를 위해, 죽음이 모든 다른 약을 복용하는 것과 같이 받아들여져, (동양의 군주의 화려한 장신구와 도구 중에는 값비싼 독이 든 병이 발견되는데) 자살을 권하는 것이 필요해지게 만든다. 여기에서 스토아학파의 윤리학과 위에서 언급된 모든 윤리학과의 엄격한 대립이 분명해지는데, 위에서 언급된 모든 윤리학은 덕 자체를 직접적으로, 목적으로 삼으며 고통으로부터 벗어나기 위해 삶을 끝내려고 하지는 않는다. 이들 중에서 누구도 자살을 비난할 수 있는 참된 근거를 말할 수 없었고, 어렵게 모든 종류의 핑계를 주워 모았을 뿐이다. 그러한 비판의 참된 근거는 우리의 고찰과 관련하여 4권에서 밝혀질 것이다. 그러나 위의 대립은 바로 본래적으로 단지 특별한 종류의 행복주의에 불과한 스토아학파와, 언급된 학설 사이의 근본원칙에 놓여 있는 본질적인 차이를 나타내 주고 증명해 주는 것이다. 비록 양자는 종종 결과에서 일치하고 유사성을 지닌 것처럼 보인다. 그러나 스토아학파의 윤리학 자체도 그들의 근본사상에 사로잡혀 있는데, 위에서 언급한 내적인 모순은, 더구나 스토아학파의 이상, 즉 스토아학파의 현자는 그들의 설명에서 결코 생명력이나 내적인 시적 진실성을 얻을 수 없고, 아무것도 할 수 없는 나무로 된 뻣뻣한 인체모형일 뿐이며, 자신의 지혜를 사용할 줄 모른다는 것이며, 완전한 평온, 만족, 행복이란 인류의 본성에 직접적으로 모순되며 우리에게 그것에 대한 그 어떤 직관적인 표상도 갖게 할 수 없다. 인도의 지혜가 우리에게 제시하고 실제로 나타났던 세계를 극복하는 사람Weltüberwinder, 자발적인 속죄자, 또는 깊이 있는 생명력, 위대한 시적인 진실성으로 가득 찬 탁월한 인물이자 완전한 덕, 신성함과 숭고 속에서 엄청난 고통의 상태로 우리 앞에 서 있는 중요한 그리스도교의 구세주를 이러한 스토아의 현자 옆에 놓는다면 완전히 다르게 보일 것이다.[27]

---

27 이에 대해서는 2편 16장 참고.

2권

의지로서의 세계 첫 번째 고찰

의지의 객관화

"

그것은

지하세계나 하늘의 별들이 아니라

우리 속에 거주한다.

이 모든 것을 생기게 하는 것은

우리의 살아 있는 정신이다.

"

[아그리파 네테스하임, 『서간집』 5, 14]

17절

우리는 1권에서 표상을 단지 그 자체로, 따라서 단지 일반적인 형식에 따라 고찰하였다. 개념, 즉 추상적인 표상은 직관적인 표상과의 관계를 통해서만 내용과 의미를 갖는 한에서 그 내용이 우리에게 알려지게 되는데, 추상적인 표상은 이러한 직관적인 표상 없이는 그 가치나 내용이 없다. 따라서 우리는 전적으로 직관적인 표상을 제시하면서 이러한 직관이 우리에게 나타내는 직관의 내용과 보다 상세한 규정들 그리고 형태를 알게 된다. 특히 우리에게는, 그러한 직관의 지각된 의미와는 다른 직관의 본래적인 의미를 해명하는 것이 중요한데, 그 해명을 통해 이러한 형상들Bilder이 완전히 낯설고 아무런 의미 없이 우리를 지나쳐 버리는 것이 아니라 직접적으로 우리에게 말을 걸고 이해되며 우리의 전 존재가 흥미를 갖게 한다.

우리는 수학, 자연과학 그리고 철학에 관심을 갖는다. 우리는 이러한 학문들 각각이 우리가 원했던 한 부분을 해명해 주기를 바란다. 그러나 우리는 무엇보다도 먼저 철학이 서로 다른 언어를 사용하고 많은 머리를 지닌 괴물이라는 점을 발견하게 된다. 물론 이렇게 각자 서로 다른 머리들이 지금 언급한 점에 관해, 즉 직관적인 표상의 의미에 대해 서로 일치하지 않고 다르다는 것은 사실이다. 회의주의자와 관념론자는 예외이지만, 다른 철학자들은 객관이 표상의 근거라는 점에서 그리고 객관의 존재 전체와 본질에 대해 표상과는 다르지만 각각의 계란이 서로 비슷한 것처럼 서로 상당히 비슷하다. 그러나 이러한 사실은 우리에게 도움이 되지는 않는다. 왜냐하면 우리는 그러한 객관을 표상과 구분할 수 없고, 오히려 객관과 표상이 서로 동일한 것이라는 점을 발견하기 때문이다. 모든 객관은 항상 영원히 주관을 전제하고 있고 그런 까닭에 표상이 존재하기 때문이다. 또한 우리는 객관으로 존재하는 것Objektsein이 객관과 주관으로 나눠지는, 표상의 가장 보편적인 형식에 속한다는 것을 알기 때문이다. 거기에다 이때에 우리가 관계하는 충분근거율은 우리에게 표상의 형식, 즉 하나의 표상과 다른 표상의 법칙적인 결합이기 때문이다. 그러나 이러한 결합은 유한하거나 무한한 계열Reihe의 모든 표상들과, 전혀 표상이 아니거나 전혀 표상할 수 없는 것과의 결합이 아니다. 회의주의자와 관념론자들의 주장에 관해서는 앞에서 외부세계의 실재성에 관한 논쟁을 설명할 때 언급하였다.

이제 우리는 우리에게 아주 일반적이며 형식적으로 알려진 직관적인 표상들에 대한 좀 더 상세한 지식을 얻기 위해 수학을 탐구하도록 할 것이다. 수학은 이러한 표상들에 관해서는 오로지 그러한 표상들이 시간과 공간을 채우고 있는 한에서, 즉 이러한 표상들이 크기Größe를 갖는 한에서만 말할 수 있다. 수학은 양das Wieviel과 크기das Wie-groß를 아주 정확히 언급한다. 그러나 이것은 언제나 상대적이기 때문에, 하나의 표상과 다른 표상과의 비교이기 때문에, 즉 크기에 대한 단순한 고려이기 때문에 이것은 우리가 중점적으로 찾는 정보를 제공해 주지는 않는다.

마지막으로 우리가 다양한 영역으로 나눠진 광범위한 자연과학의 분야로 눈을 돌리게 되면, 이러한 자연과학을 우선 두 가지의 주요 부분으로 구분할 수 있을 것이다. 자연과학은 내가 형태학Morphologie이라고 부르는 형태에 대한 서술이거나 내가 원인학Aitiologie이라고 부르는 변화에 대한 설명이다. 형태학은 지속적인 형태를 고찰하는 것이고, 원인학은 하나의 형상으로부터 다른 형상으로 이행하는 법칙에 의해 변화하는 물질을 고찰하는 것이다. 비록 형태학은 본질적인 것은 아니라고 하더라도 사람들이 모든 범위에서 자연사Naturgeschichte라고 부르는 것이다. 특히 형태학은 식물학과 동물학으로서 우리에게 개체들의 부단한 변화에 놓여 있는 다양한 유기체적인 형태들 그리고 이를 통해 확고하게 규정된 형태들을 가르쳐 준다. 이러한 형태들은 직관적인 표상 내용의 많은 부분을 완성해 준다. 이러한 형태들은 직관적인 표상에 의해 분류되고, 걸러지고, 통일되며 자연적이고 인공적인 체계에 의해서 정리되어, 모든 것의 통찰과 인식을 가능하게 하는 개념들 아래로 향해 간다. 또한 나아가 전체적이면서 부분적으로 모든 형태들에게 무한하게 항상 통용되는 뉘앙스를 주는 유사성(계획의 통일)이 제시된다. 이러한 유사성에 의해 모든 형태들은 함께 주어지지 않은 주제를 다양하게 변형시켜 비교할 수 있게 될 것이다. 다른 형태로의 물질의 전이, 즉 개체들의 생성은 그러한 고찰의 중심 주제가 아니다. 각각의 개체는 모두 동일한 것에서 생식을 통해 생겨나기 때문이다. 이러한 생식은 아주 비밀스러운 것이며 지금까지도 명확하게 알려지지 않은 것이다. 그러나 인간이 이러한 생식에 대해 조금 알고 있는 것은 원인학적인 자연과학에 속하는 생리학에서 찾아볼 수 있다. 본질적으로는 형태학에 속하는 광물학도, 특히 광물학이 지질학이 되는 경우에, 이러한 원인학적인 자연과학에 속한다. 그러나 원인과 작용의 인식을 주제로 삼는 자연과학의 모든 분야들이 본래적인 원인학이다. 이러한 자연과학의 모든 분야들은 어떻게 확고한 규칙에 의해서 물질의 한 상태에서 필연적으로 다른 특정한 상태가 생겨 나오는지를, 어떻게 하나의 특정한 변화가 필연적으로 다른 특정한 변화를 제약하고 이끌어 내는지를 가르친다. 이것의 증명은 설명Erklärung이라고 불린다. 여기에는 역학, 물리학, 화학, 생리학이 속한다.

그러나 이러한 가르침에 몰두하다 보면, 우리는 곧 우리가 중점적으로 탐구하는 정보가 원인학뿐만 아니라 형태학에 의해서도 그다지 알려지지 않는다는 점을 알게 될 것이다. 형태학은 우리에게 수없이 무한하고 다양한 형태를 통해 그리고 확고한 유사성을 통해 친숙한 형태들을 나타내 보여 준다. 이러한 형태들은 우리에게 표상들인데, 이 표상들은 이런 방식으로는 우리에게 영원히 낯설게 머무를 뿐이다. 그리고 만약 그렇게만 고찰한다면 이해하지 못한 채 우리 앞에 놓여 있는 상형문자와 같을 뿐이다. 이에 반해 원인학은 원인과 결과의 법칙에 따라 이러한 물질의 특정한 상태가 다른 특정한 상태를 이끌어 낸다는 점을 알려 준다. 그리고 원인학은 이를 통해 특정한 물질의 상태를 설명하면서 자신의 책무를 다한다. 그럼에도 불구하고 원인학은 공간과 시간 속에서 상태들이 나타나게 하는 법칙적인 질서를 제시해 준다는 점 그리고 모든 경우에 있어서 어떤 현상이 이러한 시간에, 이러한 장소에서 필연적으로 나타나야만 한다는 점 이외에 어떤 것도 제시해 주지는 않는다. 따라서 원인학은 시간과 공간 속에서 현상의 위치를 하나의 법칙으로 규정하는 것이다. 이러한 법칙의 특정한 내용은 경험이 가르쳐 주지만 이러한 법칙의 일반적인 형식과 필연성은 경험에 의존하지 않고 우리에게 의식되는 것이다. 그러나 우리는 이를 통해 그러한 현상들 중의 어떤 현상의 내적인 본질에 대한 최소한의 설명도 얻지 못한다. 이러한 내적인 본질은 자연력Naturkraft이라고 불리는데, 이것은 원인학적인 설명의 영역 밖에 놓여 있는 것이다. 원인학적인 설명은 자연력이라는 표현이 나타내 주는 불변하는 지속성을, 원인학에 알려진 조건들이 이러한 현상에 나타날 때마다 자연법칙Naturgesetz이라고 부른다. 그러나 이러한 자연법칙, 이러한 조건들이 특정한 시간, 특정한 장소에 관계하여 나타난다는 것이 원인학이 알고 있고 또 알 수 있는 모든 것이다. 스스로 드러나는 힘 자체, 즉 이러한 자연법칙에 의해 나타나는 현상들의 내적인 본질은 원인학에서는 가장 단순한 현상뿐만 아니라 가장 복잡한 현상에 있어서도 완전히 낯설고 알려지지 않은 비밀로 남아 있을 뿐이다. 왜냐하면 원인학은 지금까지 그의 목적이 역학Mechanik에서 가장 완전하게 도달하였고 생리학에서는 가장 불완전하게 도달하기는 하였지만, 그럼에도 불구하고 돌을 땅바닥으로 떨어지게 하고 물체가 다른 것에 충돌하게 하는 힘은 그것의 내적인 본질에 의해 동물의 운동과 성장을 야기하는 힘보다도 우리에게 낯선 것일 뿐만 아니라 비밀스러운 것이기 때문이다. 역학은 물질, 무게, 불침투성, 충돌에 의한 운동의 전달가능성, 강성Starrheit 등등에 대해 근거를 제시하지 않고 다만 전제한다. 역학은 이와 같은 것들을 자연력이라고 부르고 어떤 조건들 아래에서 자연력이 필연적이고 규칙적으로 나타나는 것을 자연법칙이라고 부른다. 그리고 이를 통해 역학은 비로소 그 설명을 시작한다. 이러한 설명은 각각의 힘들이 어떻게, 어디에서, 언제 나타나는지를 성실하게 수학적으로 제공하는 일 그리고 역학에서 일어나는 모든 현상들을 앞에서 말한 힘들 중에서 하나의 힘으로 환원하는 일이다. 물리학, 화학, 생리학도 자신들의 영역 속에서 이와 마찬가지이지만, 이들은 좀 더 많은 힘을 전제로 하고 보다 작은 결과를 가져올 뿐이다. 또한 자연 전체에 대한 가장 완전한 원인학적인 설명도, 설명이 불가능한 힘들의 목록 그 이상의 것이 아니며, 이러한 힘들의 현상이 시간과 공간 속에서 나타나고 그 뒤를 이어 서로 자리를 잡는 규칙에 대한 확고한 진술 이외에 다른 것이 아니다. 그러나 원인학적인 설명은 이러한 원인학적인 설명이 따르는 법칙까지는 이르지 못하기 때문에, 항상 현상하는 힘들의 내적인 본질을 설명하지 못하고 현상과 그러한 현상의 질서에만 머물러 있어야 할 뿐이다. 그런 점에서 원인학적인 설명은 대리석의 단면에 비유할 수 있는데, 다양한 줄무늬가 나타나는 대리석의 단면이 대리석의 내부와 표면에서 줄무늬의 흐름을 알려 주지 않는 것과 마찬가지이다. 또는 눈에 띄기 때문에 농담처럼 들리는 비유를 들어 보자면, 자연 전체에 대해 원인학이 완성된 경우에 있어서도 철학적 탐구자에게는 마치 어떤 사람이 이유 없이 완전히 낯선 사회에 들어가서 그 구성원들로부터 차례로 다른 사람을 자신의 친구나 먼 친척이라고 소개를 받아 충분히 알게 되어 매번 소개된 사람들을 반갑게 맞이하지만 정작 그 자신은 항상 "내가 도대체 어떻게 이런 사회에 들어오게 되었을까?"라고 물음을 제기하는 것과 같은 기분일 것이다.

따라서 원인학은, 우리가 오로지 우리의 표상들이라고 알고 있는 저 현상들에 대해 원했던 만큼의 충분한 설명을 결코 제시해 주지는 않는다. 왜냐하면 원인학적인 설명에 의해서도 현상은 여전히 우리가 그 의미를 이해하지 못하고 우리로부터 멀리 떨어져 있는 단순한 표상일 뿐이기 때문이다. 원인적인 결합은 공간과 시간 속으로 현상이 나타나는 규칙과 상대적인 질서만을 제공해 줄 뿐이다. 그러나 이러한 결합은 어떤 것이 나타난다는 것만을 가르쳐 줄 뿐이고 그것에 대해 상세히 알려 주지는 않는다. 특히 인과성의 법칙 자체는 표상들, 즉 특정한 부류의 객관들에 대한 타당성만을 지닌다. 인과성의 법칙은 이러한 표상들과 객관들을 전제해서만 그 의미를 갖는다. 따라서 인과성의 법칙은 이러한 객관들 자체처럼 항상 주관과의 관계 속에서 제약된 방식으로 존재할 뿐이다. 그렇기 때문에 칸트가 우리에게 가르쳐 준 것처럼, 인과성의 법칙은 주관에서 출발할 때뿐만 아니라, 즉 선천적일 때뿐만 아니라 객관에서 출발할 때에도, 즉 후천적일 때에도 인식되는 것이다.

그러나 우리로 하여금 연구하도록 부추기는 것은, 우리가 갖고 있는 표상들이 이러저러한 것이고 이러저러한 법칙들에 따라 서로 연관된다는 점, 이러한 법칙의 일반적인 표현이 충분근거율이라는 점을 아는 것만으로는 충분하지 않다는 것이다. 우리는 그러한 표상들의 의미를 알고 싶어 한다. 우리는 이 세계가 표상 이외의 다른 것이 아닌지에 대한 물음을 제기한다. 우리는 어떤 경우에 세계가, 공허한 꿈 또는 유령과 같은 허상처럼 우리에게 지나쳐 버리는 것이기 때문에 고찰할 가치가 없는지에 대해 물음을 제기한다. 또는 세계가 그 밖의 다른 것인지, 그렇다면 이것이 무엇인지에 대해서도 물음을 제기한다. 이렇게 물어진 것이 표상과는 완전히 그리고 그 본질에 있어서는 근본적으로 다른 것이어야만 하며 또한 표상의 형식이나 법칙과도 완전히 다른 것이어야 한다는 점은 확실하다. 그러므로 표상으로부터 생겨난 물음에 도달하는 것은 표상들의 법칙만을 단서로 해서는 불가능한 것이다. 이러한 표상들의 법칙은 객관들, 표상들을 서로 결합시키기만 할 뿐인데, 이런 것들이 충분근거율의 형태들이다.

우리는 여기에서 외부로부터는 사물의 본질에 도달할 수가 없다는 것을 보았다. 사람들은 계속해서 탐구하겠지만, 그런 식으로는 형상과 이름만을 얻을 수 있을 뿐이다. 이것은 성의 둘레를 이리저리 돌아다니며 출입구를 찾으려 하면서도 성과 없이 성의 정면만을 스케치하는 사람에 비유될 수 있다. 그러나 이것이야말로 내 이전의 모든 철학자들이 걸어온 길인 것이다.

18절

나에게 오로지 나의 표상으로서 마주하고 있는 세계의 의미 또는 인식주관의 단순한 표상으로서의 세계에서 표상 이외의 다른 어떤 것일 수 있는 세계로의 이행은 탐구자 자신이 순수하게 인식주관 이상의 어떤 것(신체 없이 날개만 달린 천사의 머리)이 아닐 경우에는 실제로 불가능한 것이다. 그러나 탐구자 자신은 그러한 세계에 뿌리를 내리고 있으며, 그러한 세계 속에서 개체Individuum로 존재한다. 즉 표상으로서의 세계 전체를 제약하는 담당자인 탐구자의 인식은 그럼에도 불구하고 전적으로 신체를 통해 매개된다. 이러한 신체의 자극은 앞서 말했던 것처럼, 오성에게는 그러한 세계에 대한 직관의 출발점이 되는 것이다. 이러한 신체는 오로지 인식주관 자체에서는 다른 표상처럼 하나의 표상, 즉 객관들 중 하나의 객관인 것이다. 그런 점에서 신체의 운동들이나 행동들은 다른 직관적인 객관들처럼 주관에게 알려져 있으며 이러한 운동과 행동의 의미가 주관에게 완전히 다른 방식으로 해명되지 않는다면, 다른 직관적인 객관들의 변화처럼 주관에게는 낯선 것이 되고 이해되지 않을 것이다. 그렇지 않으면 탐구자는 다른 객관들의 변화가 원인, 자극, 동기에서 나타나는 것처럼 자신의 행동을 자연법칙의 지속성에 의해 주어진 동기에서 나타나는 것으로 보게 될 것이다. 그러나 탐구자는 동기의 영향을 원인과 함께 나타나는 모든 작용의 결합보다는 상세하게 이해하지 못할 것이다. 그렇다고 한다면 탐구자는 자신이 이해하지 못하는 표현Äußerung과 행동들의 내적인 본질을 임의적으로 힘, 질 또는 특성이라고 부르게 될 것이지만, 더 이상 상세하게 그것을 통찰할 수는 없을 것이다. 그러나 모든 것이 꼭 그런 것은 아니다. 오히려 개체로 나타나는 인식주관에게는 수수께끼를 풀 수 있는 단어가 주어진다. 이 단어는 의지라고 불리는 것이다. 이 단어, 오로지 이 단어만이 주관에게 자신의 고유한 현상을 위한 열쇠를 쥐어 주고 의미를 드러내 주며, 자신의 존재와 행동 그리고 운동의 내적인 활동성을 보여 준다. 신체와 함께 개체로서 자신의 정체성을 통해 등장하는 인식주관에게 이러한 신체는 아주 다른 두 가지의 방식으로 주어지는데, 한편으로는 오성적인 직관에서의 표상으로서, 즉 객관들 중의 객관으로서 그리고 이러한 객관의 법칙에 지배되는 것으로 주어진다. 또한 그다음에는 동시에 완전히 다른 방식으로, 즉 누구에게나 직접적으로 알려진 모든 것으로서 주어지는데, 이것은 의지라는 말로 지칭된다. 의지의 모든 참된 작용Akt은 곧 필연적으로 신체의 운동이다. 의지는 의지가 신체의 운동으로서 나타난다는 점을 동시에 지각하지 않고서는 그러한 작용을 실제로 원할 수 없다. 의지의 작용과 신체의 작용은 객관적으로 인식된 두개의 상이한 상태들, 인과성의 끈으로 연결된 상태들이 아니며, 원인과 결과의 관계에 놓여 있는 것도 아니다. 오히려 이 둘은 서로 동일한 것이지만 단지 두 개의 완전히 다른 방식으로 주어질 뿐이다. 한편으로는 완전히 직접적으로 주어지고, 다른 한편으로는 오성에 대한 직관으로 주어진다. 신체의 작용은 객관화된, 즉 직관 속에 나타난 의지의 작용 이외의 다른 것이 아니다. 이것은 동기에 의해 생기는 운동뿐만 아니라 단순한 자극에 의해 일어나는, 원치 않았던 신체의 모든 운동에도 통용되는 것이다. 모든 신체는 의지가 객관화된 것, 즉 표상이 된 의지 이외의 다른 것이 아니다. 이 모든 것은 논의가 계속되는 과정 중에 증명되고 보다 명확하게 설명될 것이다. 따라서 나는 신체를 이 책의 1권과 「근거율에 대하여」에서는 의도적으로 단순한 관점(표상의 관점)에서 직접적인 객관이라고 불렀지만 여기에서는 다른 관점에서 신체를 의지의 객관성이라고 부를 것이다. 따라서 어떤 의미에서 의지는 신체의 선천적인 인식이며 신체는 의지의 후천적인 인식이라고 말할 수 있을 것이다. 미래에 관계하는 의지의 결단은 언젠가는 한 번 의욕하게 될 것에 대한 이성의 단순한 고려일 뿐이며 본래적인 의지의 작용은 아니다. 오직 실행Ausführung이 결단에 도장을 찍는 것이다. 이렇게 도장을 찍기까지 의지의 결단은 여전히 변할 수 있는 것이고 오로지 이성 속에서만 추상적으로 존재하는 것이다. 단지 반성 속에서만 의지와 행동은 구분된다. 이 둘은 현실 속에서는 하나이다. 의지의 참되고, 진실되고 직접적인 모든 작용은 곧바로 그리고 직접적으로 신체가 현상하는 작용이다. 그리고 다른 한편으로는 이에 따라 신체에 대한 모든 영향은 곧바로 그리고 직접적으로 의지에 대한 작용인 것이다. 그러한 영향 그 자체는 그것이 의지를 거스를 때는 고통이라고 불리고, 의지에 일치할 때는 유쾌함, 즐거움이라고 불린다. 의지를 거스르는 것과 일치하는 것을 구분하는 단계는 아주 다양하다. 그러나 고통과 즐거움을 표상이라고 부른다면 그것은 옳지 않을 것이다. 고통과 즐거움은 결코 표상이 아니라 현상 속에서, 즉 신체 속에서 의지의 직접적인 자극이기 때문이다. 고통과 즐거움은 신체가 견뎌 내는 인상의 순간적으로 강요된 의욕Wollen과 의욕하지 않음Nichtwollen인 것이다. 직접적으로 단순한 표상으로서 고찰되는 것 그리고 그런 까닭에 방금 말한 것에서 제외되는 것은 신체에 대한 몇 안 되는 인상들뿐인데, 이러한 인상들은 의지를 자극하지 않으며 그리고 이러한 인상들을 통해 신체는 인식의 직접적인 대상이 된다. 왜냐하면 신체는 오성에 의해 직관된 것으로서 이미 다른 모든 대상들처럼 간접적인 대상이기 때문이다. 즉 여기에서 고려되고 있는 것은 순수 객관적인 감각, 즉 시각, 청각, 촉각이라는 자극들이다. 물론 이러한 기관들이 그것에 특별히 고유하고, 특수하고, 자연적인 방식으로 촉발되는 한에서 이러한 방식은 이러한 신체 부분이 고양되고 전문적으로 변형된 감수성의 극단적으로 약한 자극Anregung일 뿐인데, 그러한 기관은 의지를 촉발시키지 못하고 그러한 의지의 어떠한 자극에도 방해를 받지 않고 오로지 직관이 되는 정보들을 오성에게 가져다줄 뿐이다. 그러나 감각기관의 보다 강력하거나 다른 종류의 자극들은 의지에 거슬리기 때문에 고통스러운 것이며, 이러한 기관들도 의지의 객관성에 속하는 것이다. 신경쇠약은 단지 오성을 위한 정보를 만드는 정도의 강도를 지닌 인상이 높은 단계에 도달하려 할 때에 나타나는 것이다. 그러한 단계에서 인상은 의지를 움직인다. 즉 인상은, 종종 생겨나는 고통이 부분적으로 어리석고 명확하지 않은 것처럼, 따라서 개별적인 음성과 강한 빛이 고통스럽게 받아들여질 때뿐만 아니라 보통 명확하게 인식되지 않는 병적이고 우울한 기분처럼 고통이나 즐거움을 자극할 때에 일어난다. 더구나 신체와 의지의 동일성은 특히 모든 격렬하고 과도한 의지의 운동, 즉 모든 격정Affekt이 완전히 직접적으로 신체와 신체의 내적인 충동을 뒤흔들어 놓을 때에 그리고 신체의 활력적인 기능의 흐름을 방해할 때에도 일어난다. 이것에 대해서는 『자연에서의 의지에 대하여』 2판의 27쪽에서 전문적으로 언급하였다.

결국 내가 나의 의지로부터 갖는 인식은 비록 직접적인 것이지만 그것은 나의 신체로부터 구분할 수 없다는 점이다. 나는 나의 의지를 전체로서, 통일로서, 그 본질에 있어서 완전한 것으로 인식하는 것이 아니다. 나는 의지를 오로지 그것의 개별적인 작용 속에서, 따라서 다른 객관들처럼 내 신체가 현상하는 형식인 시간 속에서만 인식할 뿐이다. 그런 까닭에 신체는 나의 의지의 인식조건인 것이다. 이에 따라 나는 본래 나의 신체 없이는 이러한 의지를 표상할 수는 없다. 「근거율에 대하여」에서 의지 또는 의욕Wollen의 주관은 표상 또는 객관의 특별한 부류로서 제시되었다. 그러나 우리는 거기에서도 이미 이러한 객관이 주관과 일치하는 것을, 즉 객관이기를 중단하는 것을 보았다. 우리는 거기에서 이러한 일치를 기적이라고 불렀는데, 어떤 점에서 지금 이 책은 그러한 기적을 설명하는 것이기도 하다. 내가 나의 의지를 본래 객관으로서 인식하는 한, 나는 의지를 신체로 인식하는 것이다. 그렇다면 나는 충분근거율에 관한 이 논문에서 제시된 표상들의 첫 번째 부류에, 즉 실제적인 객관에 있게 된다. 우리는 계속되는 과정 속에서 표상들의 첫 번째 부류가 본래 더 이상 주관에 대립해 있지 않은 객관으로서 논문에서 언급된 네 번째 부류에서 해명될 수 있고 수수께끼가 풀릴 수 있다는 점 그리고 이에 상응하여 우리가 네 번째 부류를 지배하는 동기화의 법칙으로부터 첫 번째 부류에 통용되는 인과성의 법칙과 이러한 법칙에 의해 일어나는 것의 내적인 본질을 이해해야만 한다는 점을 더 잘 알게 된다.

이제 잠정적으로 언급된 의지와 신체의 동일성이 증명될 수 있는데, 이것은 여기에서 처음으로 논의되었는데 앞으로의 과정에서 점점 더 논의되어야 한다. 즉 의지와 신체의 동일성은 직접적인 의식 또는 구체적인 인식에서 이성의 앎으로 고양되거나 추상적인 인식으로 옮겨져야 한다. 이에 반해 그러한 동일성은 본성상으로는 결코 증명될 수는 없다. 즉 그것은 다른 직접적인 인식으로부터 간접적인 인식으로서 연역될 수가 없는데, 왜냐하면 이러한 동일성 자체가 가장 직접적인 것이기 때문이다. 그리고 우리가 이러한 동일성을 그 자체로 파악하거나 확정하지 않는다면, 이러한 동일성을 간접적으로 연역된 인식으로서 다시 획득할 수는 없다. 의지와 신체의 동일성은 완전히 독특한 종류의 인식이다. 바로 그렇기 때문에 이러한 인식의 진리는 내가 「근거율에 대하여」의 29쪽 이하에서 나눈 논리적 진리, 경험적 진리, 선험적 진리 그리고 메타논리적 진리, 이 네 가지 부류 중의 한 부류에 가져다 놓을 수 없다. 왜냐하면 의지와 신체의 동일성은 네 가지 부류의 모든 진리처럼 다른 표상 또는 직관적이거나 추상적인 표상의 필연적인 형식에 대한 추상적인 표상의 관계가 아니기 때문이다. 이러한 동일성은 직관적인 표상, 즉 신체가 표상에 대해 갖는 관계가 아니라 이러한 표상과는 완전히 다른 것인 의지에 관계하는 판단과 연관되기 때문이다. 그렇기 때문에 나는 이러한 진리를 다른 모든 진리로부터 구분하여 철학적 진리philosophische Wahrheit라고 부를 것이다. 철학적 진리라는 표현은 다양하게 적용될 수 있고 언급할 수 있다. 나의 신체와 나의 의지는 하나이다. 또는 내가 직관적인 표상으로서 나의 신체라고 부르는 것을, 내가 완전히 다른 방식으로, 다른 어떤 것에 비교할 수 없는 방식으로 의식하고 있는 한에서 나는 그것을 의지라고 부를 수도 있다. 또는 나의 신체는 내 의지의 객관성이라고도 말할 수 있을 것이다. 또는 나의 신체가 나의 표상이라는 점을 논외로 하더라도, 나의 신체는 나의 의지라는 점 등등'을 다양한 방식으로 말할 수 있을 것이다.

19절

꠲꠲꠲

　우리가 1권에서 마지못해 우리의 신체를 직관적인 세계의 다른 모든 대상들처럼 인식주관의 단순한 표상으로 설명한 이래로 우리에게 각자의 의식 속에서 자신의 신체의 표상을 다른 모든 표상들, 아주 동일한 이러한 표상들로부터 구분해 주는 것이 분명해졌는데, 이것은 신체가 사람들이 의지라는 단어로 지칭하는 완전히 다른, 상이한 방식으로 의식 속에 나타난다. 그리고 우리가 자신의 신체에 대해 갖는 바로 이러한 이중의 인식은 우리에게 신체 자체에 대해, 동기를 따르는 신체의 작용과 움직임에 대해, 외부의 영향에 의한 신체의 경험에 대해, 한마디로 말하자면, 표상으로서가 아니라 표상 이외의 것으로서, 따라서 신체 그 자체인 것에 대해, 즉 우리가 다른 모든 실재하는 대상들의 본질, 작용과 경험에 대해 직접적으로 갖고 있지 않은 설명을 제공해 준다.

　신체에 대한 이러한 특별한 관계에 의해 인식주관은 하나의 개체인데, 이러한 특별한 관계를 제외하고 고찰한다면 그의 신체는 인식주관에게 그 밖의 모든 표상처럼 단지 하나의 표상일 뿐이다. 그러나 인식주관이 개체가 되는 관계는 바로 그렇기 때문에 인식주관과 인식하는 주관의 모든 표상들 중에서 오직 하나의 표상에서만 존재하게 되는데, 그런 까닭에 인식주관은 이러한 하나의 표상을 단지 표상으로서가 아니라 완전히 다른 방식으로, 즉 의지로서 의식한다. 그러나 인식주관이 그러한 특별한 관계, 즉 그러한 하나이고 동일한 것의 이중적이고 완전히 이질적인 인식을 도외시한다면, 하나인 것, 즉 신체는 다른 모든 표상들처럼 하나의 표상일 뿐

1　이에 대해서는 2편 18장 참고.

이다. 따라서 이 문제를 이해하기 위해서는, 인식하는 개체는 다른 표상들로부터 그러한 하나의 표상을 구분하는 것이, 개체의 인식이 오직 그러한 하나의 표상에 대해 이러한 이중의 관계 속에 있을 때에만, 즉 이러한 하나의 직관적인 대상을 동시에 두 가지 방식으로 바라보는 것에만 있다는 점, 그러나 이러한 하나의 직관적인 대상은 다른 모든 대상들과의 구분에 의해서가 아니라 오로지 이러한 하나의 대상에 대한 개체의 인식의 관계를, 다른 모든 대상에 대한 개체의 인식의 관계와 구분하는 것을 통해 다른 모든 대상에 대해 갖는 관계에 의해 설명되어야 한다는 점을 가정해야 하거나, 또는 인식하는 개체는 이러한 하나의 대상이 본질적으로 다른 모든 대상들과는 다르며, 오직 모든 대상들 중에서 완전히 혼자서만 의지이면서 동시에 표상이라는 점, 반대로 그 밖의 것들은 단순한 표상, 즉 단순한 환영들Phantome일 뿐이며, 따라서 인식하는 개체의 신체는 세계에서 유일한 실재적인 개체, 즉 유일한 의지의 현상이며 유일하게 주관의 직접적인 대상이라는 점을 가정해야 한다. 단순한 표상들로 고찰된다면, 다른 대상들이 인식하는 개체의 신체와 같다는 점, 즉 인식하는 개체의 신체처럼 (아마도 표상 자체로서만 존재하는) 공간을 채우고, 또한 공간에 작용한다는 점은 표상들에 대해 선험적으로 타당하고 원인 없이는 어떠한 결과도 허용하지 않는 인과성의 법칙으로부터 확실하게 증명 가능하다. 그러나 보통은 결과로부터 하나의 원인만을 추리할 수 있을 뿐 동일한 원인을 추리할 수 없다는 점을 도외시하더라도, 우리는 여전히 인과성의 법칙만이 통용되며 이러한 인과성의 법칙을 넘어갈 수 없는 단순한 표상의 영역에만 머무르게 된다. 그러나 개체에게 단지 표상으로서만 알려진 대상들이 그럼에도 불구하고 개체 자신의 신체와 마찬가지로 하나의 의지의 현상인지 그렇지 않은지의 문제는, 이미 1권에서 언급하였듯이, 외부세계의 실재성에 대한 물음의 본래적인 의미이다. 이 점을 부정하는 것은 이론적인 이기주의theoretischer Egoismus이며, 실천적인 이기주의가 실천적인 관점에서 그렇듯이, 즉 단지 자기 개인만을 실재하는 개인으로 보고 그 밖의 모든 개인을 단지 환영으로 보고 행동하듯이, 이론적인 이기주의는 바로 그렇게 자신의 고유한 개체 이외의 모든 현상들을 환영으로 간주해 버린다. 이론적인 이기주의는 증명을 통해서는 결코 논박되지 않는다. 그럼에도 불구하고 이론적인 이기주의는 확실히 철학에서는 회의적인 궤변, 즉 가상으로 사용된다. 이에 반해 진지한 확신으로서 이론적인 이기주의는 오로지 정신병원에서나 발견될 수 있을 것이다. 그러한 확신으로서 이기주의에 대해서는 증명뿐만 아니라 치료도 필요하지 않다. 그런 까닭에 우리는 그런 한에서 이론적인 이기주의에 더 이상 관여하지 않고, 그러한 이기주의를 오로지 항상 논쟁거리인 회의주의의 최후의 요새Feste로 간주할 것이다. 따라서 항상 개체성에 결합되고 바로 여기에서 개체성의 제약을 받는 우리의 인식 때문에 필연적으로 각자는 단지 혼자일 수밖에 없지만, 반대로 각자가 다른 모든 것을 인식할 수 있으며, 이러한 제약이 본래 철학의 필요성을 만들어 낸다면, 바로 그렇기 때문에 철학을 통해 인식의 한계를 넓히려고 노력하는 우리는 여기에서 우리에게 대립하는 이론적인 이기주의의 회의적인 논증을 작은 요새로 간주할 것인데, 이러한 작은 요새는 영원히 정복할 수는 없지만 그러나 이러한 요새에서 수비대들이 결코 빠져나올 수 없으며, 따라서 사람들은 위험하지 않게 통행할 수 있고 두려워하지 않아도 된다.

그러므로 우리는, 우리가 자신의 신체의 본질과 작용에 관해 갖고 있는 완전히 이질적인 방식으로 주어지고, 나아가 분명하게 밝혀진 이중의 인식을 자연 속에서의 모든 현상의 본질을 위한 열쇠로 사용하고, 우리 자신의 신체가 아닌 모든 객관들, 따라서 이중의 방식이 아니라 단지 표상으로서만 우리의 의식에 주어진 모든 객관들을 그러한 신체에 비유하여 판단하게 될 것이고, 그런 까닭에 한편으로는 우리의 신체가 완전히 그런 것처럼, 객관들은 표상이며 그런 점에서 신체와 같은 종류의 것이며, 다른 한편으로 사람들이 그러한 객관들의 존재를 주관의 표상이라고 여겨 제쳐 놓더라도, 그런 다음에 아직 남아 있는 것은 그 내적인 본질에 따라 우리가 의지라고 부르는 것과 동일한 것이어야 한다는 점을 받아들이게 된다. 우리는 다른 어떤 종류의 존재와 실재성을 그 밖의 물체세계Körperwelt에 부여해야 하는가? 우리가 그러한 물체세계를 구성하는 요소들을 어디에서 얻을 수 있는가? 우리에게 알려지고 생각할 수 있는 것은 의지와 표상밖에는 없다. 우리가 직접적으로 우리의 표상 속에만 존재하는 물체세계에다 우리에게 알려진 확실한 실재성을 부여하려고 한다면, 우리는 자기 자신의 신체가 갖고 있는 실재성을 물체세계에 부여하게 된다. 왜냐하면 신체는 각자에게 가장 실재하는 것das Realste이기 때문이다. 그러나 우리가 이러한 신체의 실재성과 신체의 행동을 분석하다 보면, 우리는 신체가 우리의 표상이라는 점 이외에 거기에서 의지 말고는 아무것도 발견할 수 없다. 이와 함께 신체의 실재성은 충분히 논의된다. 그런 까닭에 우리는 물체세계에 부여하기 위한 다른 실재성을 어디에서도 발견할 수 없다. 따라서 물체세계가 단순한 표상 이상의 것이어야 한다면, 우리는 물체세계가 표상 밖에, 따라서 그 자체로 그리고 그 내적인 본질에 따라, 우리가 우리 자신의 내부에서 의지로 발견하는 것일 터이다. 나는 그 내적인 본질에 따라서라고 말하지만, 그러나 우리는 우리가 의지 자체에 속하지 않고 다양한 단계를 갖는 의지의 현상에 속하는 것을 의지와 구분할 수 있도록 의지의 이러한 본질을 먼저 자세하게 알아야 한다. 예를 들면 인식에 의해 동반된 것 그리고 이러한 인식에 의해 제약된 동기를 통해 규정된 것이 그러한 것이다. 우리가 계속되는 진행에서 들여다보게 되겠지만, 이것은 의지의 본질에 속하는 것이 아니라, 단지 동물이나 인간으로서 의지의 가장 분명한 현상에 속한다. 그런 까닭에 나는 돌을 땅으로 향하게 하는 힘이, 본질상 그 자체로 그리고 모든 표상 이외의 의지라고 말하게 된다. 그러면 사람들은 돌이 스스로 하나의 인식된 동기에 의해 움직인다라는 어리석은 생각을 이러한 명제에 갖다 붙이지 않을 것이다. 왜냐하면 의지는 인간에게서 현상하기 때문이다.[2] 그러나 우리는 이제부터 지금까지 임시로 그리고 일반적으로 설명한 것을 상세하고 분명하게 증명하고, 논증하며 전체적인 범위로 전개할 것이다.[3]

20절

신체가 직관의 대상, 즉 표상이라는 점 이외에, 언급한 것처럼 의지는 우선 이러한 신체의 자의적인 운동 속에서 자신의 신체의 본질 자체로서, 이러한 신체적인 것으로서 드러난다. 이러한 자의적인 운동은 개별적인 의지작용의 가시성 이외의 다른 것이 아니며, 이러한 신체의 자의적인 운동은 의지작용과 함께 직접적으로 그리고 완전히 동시에 나타나며, 자의적인 운동과 의지작용은 동일한 것으로서, 자의적인 운동은 그것이 인식가능성의 형식으로 이행한 것에 의해서만, 즉 표상의 형식으로 되는 것에 의

---

2 따라서 베이컨이 모든 기계적이고 물리적인 물체의 운동들이 비로소 앞서 일어난 지각 이후에 이러한 물체들에서 생긴다(De dignitate et augmentis scientiarum, lib. 4 in fine)고 생각했을 때, 비록 진리라는 예감이 이 잘못된 명제에 있었지만 우리는 결코 베이컨에게 동의하지 않을 것이다. 마찬가지로 우리는 케플러의 논문 「De planeta Martis」(1609)에서 행성들의 타원궤도를 올바르게 맞추기 위해 그리고 행성운동의 속도를 측정하기 위해서 행성들은 인식을 갖고 있다는 점, 평면삼각형이 행성의 궤도에서 그것의 밑변을 통과하는 시간에 항상 비례적으로 있다는 점도 동의하지 않을 것이다.
3 이에 대해서는 2편 19장 참고.

해서만 의지작용과 구분된다.

  이러한 의지작용은 항상 하나의 근거를 자신의 밖에, 즉 동기들 속에 갖고 있다. 하지만 이러한 동기들은 내가 이러한 시간에, 이러한 장소에, 이러한 환경에서 원하는 것만을 규정할 뿐이지, 내가 일반적으로 의욕한다는 사실, 내가 일반적으로 의욕한 것, 즉 나의 전체 의욕을 특징짓는 격률을 규정하지는 않는다. 그런 까닭에 나의 의욕은 그 전체 본질에 따라 동기들로부터 설명될 수 없고, 이러한 동기들은 단지 주어진 시점에서 의지의 표현을 규정할 뿐이며, 단지 나의 의지가 나타나는 계기일 뿐이다. 이와 반대로 의지 자체는 동기법칙의 영역 밖에 머물러 있다. 단지 매 시점에서 의지의 현상만이 동기법칙을 통해 필연적으로 규정될 뿐이다. 동기는 오로지 나의 경험적인 성격을 전제할 경우에만 내 행동의 충분한 근거가 된다. 그러나 내가 나의 성격을 도외시한 채 왜 나는 도대체 저러한 것을 의욕하는 것이 아니라 이러한 것을 의욕하는가라고 물으면, 그 물음에 답하는 것은 불가능하다. 왜냐하면 의지 자신이 아니라 바로 오로지 의지의 현상만이 근거율에 종속되기 때문인데, 이런 점에서 의지는 근거 없는 것이라고 부를 수 있다. 여기에서 나는 부분적으로는 경험적 성격과 예지적 성격에 대한 칸트의 이론, 나의 『윤리학의 근본문제』[4] 1판의 48-58쪽 그리고 다시 178쪽 이하에서 이와 관련하여 언급한 것을 전제로 하며, 부분적으로는 우리가 4권에서 이에 관하여 상세하게 언급하도록 한다. 나는 하나의 현상이 다른 현상을 통해 근거 지어지는 것das Begründetsein, 따라서 여기서는 동기에 의한 행동에서 행동의 본질 자체가 의지이고, 의지 자신은 근거를 갖고 있지 않다는 점, 반면에 근거율은 그 모든 형태에서 단지 인식의 형식일 뿐이며, 근거율의 통용성은 따라서 단지 표상, 즉 현상,

4 『윤리학의 두 가지 근본문제』를 말함—옮긴이.

의지의 가시성에만 영향을 미치고, 가시화되는 의지 자체에는 미치지 않는다는 점에 대해서는 논쟁할 여지가 없다는 것을 주목시키고자 할 뿐이다.

이제 내 신체의 모든 활동이 하나의 의지작용의 현상이고, 그러한 의지작용 속에 주어진 동기 아래에서 내 의지 자체가 일반적으로 전체적으로, 따라서 나의 성격으로 다시 표현된다면, 모든 활동의 불가피한 조건과 전제도 의지의 현상이어야만 한다. 왜냐하면 의지의 현상에서는 직접적으로 그리고 오직 의지를 통하지 않은 어떤 것, 따라서 의지에 대해 단지 우연적인 것, 이를 통해 의지의 현상함 자체가 단지 우연적이게 되는 어떤 것에 의존할 수 없기 때문이다. 그러나 그러한 조건은 신체der ganze Leib 자체이다. 따라서 신체 자체는 먼저 의지의 현상이어야만 하고 나의 의지 전체, 나의 예지적 성격에 신체의 개별적인 활동이 의지의 개별적인 작용에 관계하는 것처럼 그렇게 관계한다. 이러한 예지적 성격이 시간 속에서 현상한 것이 나의 경험적 성격이다. 따라서 신체 전체는 가시적이 된 나의 의지 이외의 다른 것이 아니어야 하고, 나의 의지는 직관적인 대상, 즉 첫 번째 부류의 표상일 수밖에 없다. 이것의 증명으로서 이미 나의 신체에 대한 모든 작용이 즉각적이고 직접적으로 나의 의지를 촉발하게 되고, 이러한 점에서 고통이나 쾌락으로, 낮은 단계에서는 쾌적한 느낌이나 불쾌한 느낌으로 불린다는 점, 그리고 거꾸로 의지의 모든 격렬한 운동, 따라서 자극과 열정은 신체를 뒤흔들고 신체기능의 순환을 방해한다는 점을 이미 제시하였다. 비록 아주 불완전하지만 나의 신체의 생성에 관해서 그리고 나의 신체의 전개와 보존에 관해서는 원인학적으로 좀 더 잘 설명할 수 있는데, 이러한 설명이 바로 생리학이다. 그러나 생리학은 동기가 행동들을 설명하는 것처럼 그렇게 자신의 문제를 설명할 뿐이다. 그런 까닭에 동기를 통한 개별적인 행동의 근거제시와 이러한 동기로부터 개별적인 행위의 필연적인 결과가 행동 일반과 행동의 본질에 따라 단지 그 자체로 근거 없는 의지의 현상이라는 점을 부정하지 않듯이, 신체 기능에 대한 생리학적인 설명은 이러한 신체의 존재 전체 그리고 신체의 기능의 전체 계열이 단지 그러한 동일한 신체의 외부적인 활동 속에서 동기에 비례하여 나타나는 의지의 객관화일 뿐이라는 철학적인 진리를 손상시키지 않는다. 그러나 또한 생리학은 이러한 외적인 활동들을, 즉 직접적으로 자의적인 운동들을 유기체 속의 원인으로 환원시키려고, 예를 들면 근육의 움직임을 체액의 유입으로부터 설명하려고 한다(라일은 "젖은 밧줄이 수축하듯이"라고 그의 『생리학 기록집』 6권, 153쪽에서 말한다). 그러나 사람들이 실제로 이러한 종류의 근본적인 설명을 한다고 하더라도, 이것은 결코 모든 자의적인 운동(동물적인 기능)이 의지작용의 현상이라는 직접적으로 확실한 진리를 제거시키지는 못한다. 바로 그렇게 식물적인 삶(자연적인, 생명의 기능)의 생리학적인 설명이 아무리 번성한다고 해도, 이렇게 전개되는 동물적인 삶 자체가 전부 의지의 현상이라는 진리를 폐기하지 못한다. 위에서 언급했듯이, 일반적으로 모든 원인학적인 설명은 개별적인 현상의 시간과 공간 속에서의 필연적으로 규정된 위치만을 언급하는 것, 즉 확고한 규칙에 따라 그러한 위치의 필연적인 등장을 언급하는 것 이상의 일을 할 수 없다. 이와 반대로 모든 현상의 내적인 본질은 이런 방식으로는 항상 해명할 수 없고 모든 원인학적인 설명에 의해 전제되며 오로지 힘이나 자연법칙이라는 이름으로 지칭되거나, 행동이 문제일 때는 성격, 의지로 지칭된다. 따라서 비록 특정한 성격이라는 전제 아래에서 모든 개별적인 행동은 주어진 동기로부터 필연적으로 발생하고, 그리고 동물의 신체에서 성장, 영양을 공급하는 과정과 전체적인 변화들은 필연적으로 작용하는 원인(자극)에 의해 발생하는 것이지만, 그럼에도 불구하고 전체 행동들의 순서, 따라서 모든 개별적인 행동들과 그러한 개별적인 행동들의 조건, 행동을 실행하는 전체 신체 자체, 따라서 신체가 존재하는 과정은 의지의 현상, 의지의 가시화, 의지의 객관성 Objektivität des Willens 이외의 다른 것이 아니다. 인간과 동물의 의지 일반에 대한 인간과 동물의 신체의 완전한 적합성은 이 점에 근거하는데, 그러나 이와 유사하지만 의도적으로 제작한 도구가 그것을 만든 사람의 의지에 대한 적합성을 훨씬 넘어서면서 이 때문에 신체의 합목적성, 즉 신체의 목적론적 설명가능성으로 나타난다. 그렇기 때문에 신체의 부분들은 의지가 드러나는 주요한 욕구들에 완전히 부합해야만 하고, 그러한 욕구들의 가시적인 표현이어야만 한다. 이빨, 식도와 장기는 객관화된 배고픔이고, 생식기는 객관화된 성욕이며, 거머쥔 손, 빠른 걸음은 그것들이 표현하는 이미 더 간접적인 의지의 노력Streben에 부합한다. 인간의 일반적인 형태가 인간의 일반적인 의지에 부합하는 것처럼, 그런 까닭에 전적으로 그리고 모든 부분에서 특징적이고 의미심장한 개인들의 신체구조는 개별적으로 변형된 의지, 즉 개인들의 성격에 부합한다. 아리스토텔레스에 의해 인용된 시구(『형이상학』3권, 5장)에서 이미 파르메니데스가 이것을 언급했다는 점은 아주 주목할 만한 것이다.

"모든 사람이 유연한 팔다리를 가지고 있듯이,
이에 상응하여 사람에게는 의식이 존재한다.
정신과 팔다리의 형태는 항상 모든 사람에게 동일한 것인데, 심성Gesinnung
이 결정적이기 때문이다."[5]

---

5 이에 대해서는 2편 20장 참고. 나의 저서 『자연에서의 의지에 대하여』의 '생리학'과 '비교해부학'에서 여기에서 넌지시 비친 것을 아주 꼼꼼하게 설명하였다(위의 인용문 표기는 본래 아리스토텔레스, 『형이상학』4권, 1009, b22를 잘못 표기함—옮긴이).

21절

~~~

이러한 모든 설명들을 통해 추상적으로, 따라서 명확하고 확실하게 인식을 얻은 사람은 누구라도 구체적이며 직접적으로, 즉 감정으로서 그의 행동에서뿐만 아니라 이러한 행동의 지속하는 기반Substrat, 즉 그의 신체에서 그에게 표상으로 나타나는 그 자신의 현상의 본질 자체가 그의 의지라는 점, 이러한 의지는 그의 의식의 가장 직접적인 것을 이루지만, 그 자체로서는 객관과 주관이 대립하는 표상이라는 형식으로 나타나지 않고, 주관과 객관이 완전히 분명하게 구분되지 않는 직접적인 방식으로 알려진다는 점, 그러나 전체가 아니라 단지 그의 개별적인 활동에서 개인 자신에게 알려진다는 점을 인식하게 된다. 말하자면, 나와 함께 이러한 확신을 얻은 사람에게는 이러한 확신은 저절로 자연 전체의 내적인 본질의 인식을 위한 열쇠가 될 것이다. 그는 그러한 확신을 자기 자신의 현상처럼 간접적인 인식과 함께 그에게 직접적인 인식으로가 아니라, 단지 간접적인 인식, 따라서 단지 단편적으로, 오직 표상으로서만 주어지는 모든 현상들로 옮겨간다. 그는 자기 자신의 현상과 완전히 닮은 그러한 현상들에서, 즉 인간과 동물들에서 그러한 의지의 가장 내적인 본질을 인정할 뿐만 아니라, 계속되는 성찰은 그로 하여금 식물들 속에서 작용하고 살아가게 하는 힘, 결정Kristall이 생기게 하는 힘, 자석이 북극으로 행하게 하는 힘, 이질적인 금속의 접촉으로부터 그에게 다가오는 충격의 힘, 재료의 친화력에서 밀고 끌어당기며, 분리시키고 합일시키는 것으로 나타나는 힘, 마지막으로 모든 물질에 강력하게 작용하여 돌을 땅으로, 지구를 태양으로 끌어당기는 중력마저도, 이 모든 것들이 현상에서는 다르지만, 그 본질에 따르면 동일한 것으로, 즉 그에게 직접적으로 그렇게 친밀하게 그리고 다른 알려진 모든 것보다도 더 잘 알려진 것으로, 그것이 가장 분명하게 나타나는 곳에서 의지라고 불리는 것이다. 우리를 더 이상 현상에 머무르지 않게 하고 물자체로 나아가게 하는 것은 오로지 이러한 반성을 사용하기 때문이다. 현상은 표상이며 그 이상은 아니다. 어떤 종류이든지 모든 표상, 즉 모든 객관은 현상이다. 그러나 물자체는 오로지 의지이다. 의지는 그 자체로 전혀 표상이 아니며, 전적으로 표상과는 다른 것이다. 의지 때문에 모든 표상, 모든 객관, 현상, 가시성, 객관성이 존재한다. 의지는 가장 내적인 것, 즉 모든 개체들과 전체의 핵심이다. 의지는 맹목적으로 작용하는 자연력 속에서 나타나고, 또한 인간의 숙고된 행동 속에서도 나타나지만, 그러나 이 양자의 큰 차이는 단지 나타나는 것의 정도에 있을 뿐이지, 나타나는 것의 본질과는 관계가 없다.

22절

모든 객관은 이미 다시 물자체의 단순한 현상일 뿐 더 이상 물자체 그것이 아니기 때문에 그 자체로 결코 객관이 아닌 이러한 물자체(우리는 칸트적인 표현을 고정된 표현으로 유지하고자 한다)는, 그럼에도 불구하고 객관적으로 생각되어야 한다면, 하나의 객관으로부터, 어떤 식으로든 객관적으로 주어진 것으로부터, 따라서 물자체의 현상 중 하나의 현상으로부터 이름과 개념을 빌려 와야만 할 것이다. 그러나 이해의 단서로 쓸모가 있기 위해서 이러한 현상은, 모든 물자체의 현상 중에서 가장 완전한 현상, 즉 가장 분명한 현상, 가장 많이 진전된 현상, 인식에 의해 직접적으로 조명된 현상 이외의 다른 것이어서는 안 된다. 그러나 이러한 현상은 인간의 의지이다. 하지만 사람들은, 우리가 여기에서 단지 보다 탁월한 것에 따라 명칭denominatio a potiori을 사용하고, 그렇기 때문에 이를 통해 의지라는 개념이 지금까지 갖고 있었던 것보다 더 큰 외연을 얻는다는 점에 잘 주목해야만 한다. 각기 다른 현상들 속에서 동일한 것을 인식하는 것 그리고 동일한 것 속에서 서로 다른 것을 인식하는 것은, 플라톤이 종종 언급한 것처럼 철학을 위한 조건이다. 그러나 사람들은 지금까지 자연 속에서 노력하고 작용하는 모든 힘의 본질의 동일성을 인식하지 못하였고 그리고 그런 까닭에 동일한 속Genus의 서로 다른 종Spezies인 다양한 현상들을 동일한 것으로 간주하지 않고 이질적인 것으로 간주하였다. 그렇기 때문에 이러한 속의 개념을 지칭하기 위한 단어가 존재할 수 없었던 것이다. 그런 까닭에 나는 그 속을 가장 뛰어난 종에 따라 명명하는데, 우리에게 보다 가깝게 놓여 있고 직접적인 종에 대한 인식은 다른 모든 종에 대해 간접적으로 인식하게 한다. 그러나 그런 까닭에 여기에서 요구된 개념의 확장을 수행할 수 없고, 단지 지금까지 의지라는 단어로 계속해서 지칭된 하나의 종을, 인식에 의해 이끌려 단지 동기에 의해, 단지 추상적인 동기에 의해, 따라서 이성의 지도 아래 표현되는 의지, 이미 언급했듯이 단지 의지의 분명한 현상으로 이해하려고 하는 사람은 지속되는 오해에 사로잡히게 될 것이다. 우리에게 직접적으로 알려진 바로 이러한 현상의 가장 내적인 본질을 우리는 사유 속에서 순수하게 분리해야만 하는데, 그런 다음 그것을 동일한 본질의 약하고, 불명확한 모든 현상들로 옮겨 두고, 이를 통해 우리는 의지개념에 대해 요구되는 확장을 수행한다. 그러나 반대되는 방식으로 모든 현상들의 본질 자체를 의지라는 말로 또는 그 어떤 다른 말로 지칭하든지 간에 그것은 결국 똑같은 것이라고 생각하는 사람은 나를 오해하는 것이다. 이것은 우리가 물자체의 존재를 단지 추론하고 물자체를 오로지 간접적이고 추상적으로만 인식하여 그것을 부르고 싶은 대로 부를 수 있는 것이 물자체라고 생각하는 경우와 같다. 그러한 이름Name은 미지수unbekannte Größe 의 단순한 기호로서 존재할 것이다. 그러나 주문처럼 자연 속에서 모든 사물의 가장 내적인 본질을 해명해야만 하는 의지라는 단어는 결코 미지수를 통해, 추리를 통해 도달된 어떤 것이 아니라, 전적으로 직접적으로 인식된 것 그리고 우리가 의지가 무엇이고 그것이 그 어떤 것이든지 그것보다더 잘 알고 이해할 정도로 그렇게 알려진 것이다. 지금까지 사람들은 의지개념을 힘이라는 개념에 종속시켰다. 나는 거꾸로 자연에서의 모든 힘을의지로 생각할 것이다. 사람들은 이것을 말장난이나 그다지 중요하지 않은 것이라고 생각해서는 안 된다. 오히려 이것은 가장 의미 있고 중요한 것이다. 왜냐하면 다른 모든 개념과 마찬가지로 힘의 개념에는 객관적인 세계의 인식, 즉 현상, 표상이 근거로 놓여 있고, 그리고 여기로부터 힘이라는 개념이 얻어지기 때문이다. 힘이라는 개념은 원인과 결과가 지배하는영역에서, 따라서 직관적인 표상으로부터 추상되고, 원인학적으로 전혀계속해서 설명될 수 없고, 오히려 모든 원인학적인 설명의 필연적인 전제라는 점에서 바로 원인의 원인됨Ursachsein을 의미한다. 이와 반대로 의지라는 개념은 모든 가능한 개념 중에서 그 근원을 현상에 갖고 있지 않은, 즉단순히 직관적인 표상에 갖고 있지 않고, 그 근원이 각자의 내부에서 오는,각자의 직접적인 의식에서 생기는 유일한 개념이다. 의지라는 개념 속에서 각자는 자기 자신의 개체를 본질에 따라 어떠한 형식도 없이, 주관과 객관의 형식조차도 없이 직접적으로 인식하고 그리고 여기에서는 인식하는것과 인식된 것이 일치하기 때문에 각자가 동시에 자신인 것이다. 그런 까닭에 우리가 힘이라는 개념을 의지라는 개념으로 환원한다면, 우리는 실제로 알려지지 않은 것을 대단히 잘 알려진 것, 즉 우리에게 실제로 직접적이고 완전히 유일하게 알려진 것으로 환원시키며 우리의 인식을 그렇듯엄청나게 확장시키는 셈이다. 이와 반대로 우리가 지금까지 그래 왔던 것처럼, 의지라는 개념을 힘이라는 개념에 종속시킨다면, 우리는 우리가 세계의 내적인 본질에 대해서 갖고 있는 유일하게 직접적인 인식을 포기하게 되는 것이다. 왜냐하면 우리는 현상으로부터 추상화된 개념 속에서 직접적인 인식을 포기하게 되고 이러한 추상화된 개념으로는 결코 현상을 뛰어넘을 수 없기 때문이다.

23절

물자체로서의 의지는 의지의 현상과는 완전히 다르고 현상의 모든 형식으로부터 철저하게 자유로운데, 의지는 현상하면서도 비로소 이러한 현상의 모든 형식에 관계하며, 그런 까닭에 현상의 모든 형식들은 의지의 객관성에만 관계하고 의지 자체에는 낯선 것이다. 모든 표상의 가장 보편적인 형식, 즉 주관에 대한 객관의 형식은 의지와 관련이 없으며, 이러한 보편적인 형식에 종속된 형식들, 즉 주지하듯이 시간과 공간도 속하는 근거율로 공통적으로 표현되는 형식들은 더욱더 의지와는 관련이 없고, 따라서 오직 이러한 형식을 통해 존재하고 가능한 다양성Vielheit도 의지와는 관련이 없다. 이러한 후자의 관점에서 나는 시간과 공간을 본래 옛날의 스콜라철학에서 차용된 표현인 개체화원리principium individuationis라고 부르는데, 이 원리를 항상 주목해 주기를 부탁한다. 왜냐하면 본질과 개념에 따라 동일한 것을 다른 것으로, 다양성으로 나란히 그리고 잇달아 나타나게 하는 것은 오로지 시간과 공간이기 때문이다. 따라서 시간과 공간은 수아레스의 『형이상학 논쟁』(5, 3절)에서 발견할 수 있는, 스콜라철학자들의 수많은 궤변과 논쟁의 대상인 개체화원리이다. 물자체로서의 의지는, 언급된 것에 따르면, 비록 모든 의지의 현상들이 전적으로 충분근거율에 종속되지만, 모든 형태의 충분근거율의 영역 밖에 있기 때문에 전적으로 근거가 없는 것이다. 의지의 현상들은 시간과 공간 속에 무수히 많지만, 의지는 모든 다양성으로부터 자유롭다. 의지 자체는 하나이다. 그러나 대상이 하나라는 의미에서 하나가 아닌데, 대상의 단일성은 단지 가능한 다양성과 대립하여 인식될 뿐이다. 또한 개념이 하나라는 의미에서의 하나도 아닌데, 개념은 단지 추상을 통해 다양성으로부터 생기기 때문이다. 의지는 시간과 공간, 개체화원리, 즉 다양성의 가능성 밖에 놓여 있는 것으로서 하나이다. 이 모든 것이 현상과 의지의 나타남에 대한 앞으로 이어지는 고찰을 통해 완전히 분명해진다면, 우리는 시간, 공간과 인과성이 물자체에 속하는 것이 아니라, 인식의 형식이라는 칸트의 이론의 의미를 완전히 이해하게 된다.

사람들은 의지가 인간의 의지로서 가장 분명하게 나타날 때, 의지의 무근거성Grundlosigkeit을 실제로 인식하고, 의지를 자유로운 것, 독립적인 것으로 부른다. 그러나 사람들은 곧바로 의지 자체의 무근거성 때문에, 어디에서나 의지의 현상이 종속된 필연성을 간과하고, 자유롭지 않은 행위를 자유롭다고 설명하는데, 모든 개별적인 행동은 성격에 대한 동기의 작용으로부터 필연적으로 일어나기 때문이다. 이미 언급했듯이, 모든 필연성은 근거에 대한 결과의 관계이며 더 이상의 것은 아니다. 근거율은 모든 현상의 보편적인 형식이고, 인간은 자신의 행위에서 다른 모든 현상들처럼 근거율에 종속된다. 그러나 자기의식 속에서 의지는 직접적이며 그 자체로 인식되기 때문에, 자유의 의식도 이러한 의식 속에 놓여 있다. 하지만 개체, 인격이 물자체로서의 의지가 아니라, 이미 의지의 현상이 그 자체로 결정되고 그다음에 현상의 형식, 즉 근거율에 관계한다는 점이 간과된다. 그런 까닭에 모든 사람이 선천적으로, 또한 자신의 개별적인 행동들에서도 완전히 자유롭다고 여기고 그리고 그가 매 순간 다른 삶의 처신Lebenswandel을 시작할 수 있다고, 즉 다른 사람이 된다고 생각하게 되는 놀라운 사실이 생겨난다. 그러나 그는 후천적으로, 경험을 통해 자신이 자유로운 것이 아니라, 필연성에 종속되어 있다는 점, 즉 모든 결단들과 반성들에도 불구하고 자신의 행동을 변화시킬 수 없고 자신의 삶의 시작부터 끝까지 그 자신에 의해 비난받은 그러한 성격을 데리고서 끝까지 맡은 역할을 해야만 한다는 점을 놀라워한다. 나는 여기에서 이러한 고찰을 계속할 수 없는데, 이러한 고찰은 윤리적인 것으로 이 책의 다른 곳에 속하기 때문이다. 여기에서 나는 단지 우리가 자연의 현상들이 따르는 필연성에서 의지의 드러남Manifestation을 인식하는 데 방해받지 않도록, 그 자체로는 근거 없는 의지의 현상이 그러한 현상으로 필연성의 법칙, 즉 근거율에 종속되어 있다는 점만을 언급하고자 한다.

사람들은 지금까지 동기, 즉 표상 말고는 다른 근거를 갖지 않는 그러한 변화만을 의지의 현상으로 관찰하였다. 그런 까닭에 사람들은 자연 속에서 오직 인간에게만 그리고 기껏해야 동물들에게만 의지를 부가하였다. 왜냐하면 인식하는 것, 표상하는 것은 물론, 내가 다른 곳에 이미 언급했듯이, 동물성의 진정한 그리고 독점적인 특성이기 때문이다. 그러나 우리는 의지를 인식할 수 없는 곳에서도 의지가 작용한다는 점을 동물의 본능과 인위적인 충동Kunsttrieb에서 아주 가까이 볼 수 있다.[6] 동물들이 표상과 인식을 지닌다는 점은 여기에서 중요하지 않은데, 동물들이 마치 인식된 동기인 것처럼 그렇게 노력하는 목적은 동물들에게는 전혀 인식되지 않기 때문이다. 그런 까닭에 여기에서 동물들의 행동은 동기 없이 일어나게 되고, 표상에 의해 인도되지 않으며 그리고 어떻게 의지가 인식되지 않고도

6   이에 관해서는 특별히 2편 27장에서 다룬다.

활동하는지를 우리에게 먼저 그리고 가장 분명하게 보여 준다. 둥지를 짓는 1년 난 새는 알에 대한 어떤 표상도 갖고 있지 않다. 먹이를 위해 거미줄을 치는 어린 거미는 먹이에 대한 표상을 갖고 있지 않다. 처음으로 구멍을 파는 개미귀신도 개미에 대한 표상을 갖고 있지 않다. 변화하려고 나무에 구멍을 파는 하늘가재의 유충은 아직 뿔에 대한 표상이 없지만, 수컷인 경우에는 뿔을 위해 암컷보다 두 배 크기의 구멍을 판다. 의지는 동물들의 이러한 행위에서 다른 행위와 마찬가지로 작용하지만, 그러나 의지는 맹목적으로 작용한다. 이러한 의지의 맹목적인 작용은 인식을 동반하지만 그러나 인식에 의해 이끌리지는 않는다. 우리가 동기로서의 표상이 의지의 작용을 위한 필연적이고 본질적인 조건이 아니라는 통찰에 한번 도달하게 된다면, 이제 우리는 눈에 띄지 않는 곳에서도 의지의 작용을 쉽게 인식하게 될 것이다. 예를 들면, 우리 자신이 지은 집이 우리 자신의 의지와는 다른 의지에 의해 존재하게 된 것이 아닌 것처럼, 달팽이의 집이 달팽이 자신에게 낯선, 인식에 의해 이끌린 의지에 의해 존재하게 된 것도 아니고, 오히려 우리는 이 둘의 집을 양자의 현상 속에서 객관화되는 의지의 작품으로 인식하게 되는데, 이러한 의지는 우리에게는 동기로, 그러나 달팽이에게는 아직 밖으로 향한 형성력Bildungstrieb으로서 맹목적으로 작용하는 것이다. 또한 우리에게는 동일한 의지가 다양하게 맹목적으로 작용한다. 의지는 인식에 의해 이끌리지 않는 우리 신체의 모든 기능들 속에서, 신체의 모든 생명력 있고 식물적인 과정들, 소화, 혈액순환, 분비, 성장, 재생에서 작용한다. 신체의 작용뿐만 아니라, 신체 자체가 완전히, 위에서 증명했듯이 의지의 현상, 객관화된 의지, 구체화된 의지이다. 비록 여기에서 이러한 의지가 인식에 의해 이끌어지지 않고, 동기들에 의해 규정되지 않고, 이 경우에는 자극이라고 불리는 원인에 의해 맹목적으로 작용하지만, 그런 까닭에 신체에서 일어나는 모든 것은 의지에 의해 일어나야만 한다.

나는 단어의 엄밀한 의미에서 원인을 물질의 어떤 상태가 다른 상태를 필연적으로 야기하면서, 그 상태가 야기하는 변화를 스스로 그러한 크기로 겪는 상태라고 부르는데, 이 단어는 "작용과 반작용은 같다"라는 규칙을 통해 표현된다. 더구나 본래적인 원인에서는 작용은 원인과 비례하고, 따라서 반작용도 한번 작용방식이 알려지면, 원인의 강도의 정도로부터 작용의 정도가 측정되고 계산될 수 있게끔 역시 비례하는데, 그 반대 또한 같다. 그렇게 본래적으로 언급된 원인들은 모든 기계작용, 화학작용 등등의 현상들 속에서, 간단히 말하자면, 무기체적인 물체의 모든 변화에서 작용한다. 반대로 나는 원인의 작용에 적절한 반작용을 겪지 않고, 그러한 반작용의 정도가 작용의 정도에 비례하지 않으며, 그런 까닭에 반작용의 정도에 따라 작용의 정도가 측정될 수 없는 원인을 자극이라고 부른다. 오히려 자극의 정도의 작은 증가가 작용의 커다란 증가를 야기할 수 있거나, 거꾸로 이전의 작용이 완전히 사라질 수도 있다. 유기적인 물체 그 자체에 대한 모든 작용은 이러한 종류의 것이다. 따라서 동물의 신체의 본래적으로 유기체적이고 식물적인 모든 변화들은 단순한 원인에 의해서가 아니라 자극에 의해서 일어난다. 그러나 모든 원인들과 동기들처럼 자극은 시간과 공간 속에서의 모든 힘의 표현이 나타나는 지점을 규정하는 것 너머를, 즉 표현되는 힘 자체의 내적인 본질을 규정할 수는 없다. 우리는 이러한 내적인 본질을 앞에서 행한 도출Ableitung에 따라 의지라고 인식하는데, 그런 까닭에 우리는 신체의 무의식적 변화들뿐만 아니라 의식된 변화들도 의지의 탓으로 본다. 자극은 수단das Mittel이고, 인식을 통과한 인과성인 동기와 엄밀한 의미에서의 원인 사이의 이행을 가능하게 한다. 개별적인 경우에 자극은 때로는 동기에, 때로는 원인에 더 가까울 수도 있지만, 그러나 여전히 양자는 구분되어야 한다. 예를 들면, 식물에서 수액의 상승은 자극 때문이지 수력학의 법칙이나 모세관의 법칙에 따른 단순한 원인으로부터 설명될 수는 없다. 그럼에도 불구하고 이것들은 이러한 원인들에 의해 지지를 받으며 순수한 인과적인 변화에 아주 가까이 있다. 이와 반대로 황기Hedysarum나 미모사의 운동들은 단순한 자극에 따르지만, 그럼에도 불구하고 동기에 의한 움직임들과 아주 유사하고 거의 그렇게 이행하려고 하는 것으로 보인다. 빛이 증가할 때 눈동자가 좁아지는 것은 자극에 의한 것이지만, 이미 동기에서 비롯된 운동으로 이행하고 있는데, 이 운동은 너무 강한 빛이 망막에 고통을 줄 정도로 자극하게 되어 우리가 이것을 피하기 위해 눈동자를 수축시키기 때문이다. 발기Erektion의 계기는 하나의 표상이기 때문에 하나의 동기인데, 그러한 계기는 하나의 어떤 자극의 필연성으로 작용한다. 이러한 계기에 저항할 수 없으므로, 사람들은 발기가 작용하지 않도록 하기 위해서는 계기를 제거해야만 한다. 구토를 하게 하는 불쾌한 대상들도 마찬가지의 구조이다. 우리는 방금 동물들의 본능을 자극에 의한 운동과 인식된 동기에 따른 행동 사이의 완전히 다른 종류의 실제적 연결Mittelglied로서 간주하였다. 사람들은 이러한 종류의 다른 연결로서 호흡을 간주하려고 이야기할 수 있을 것이다. 사람들은 호흡이 자의적인 운동에 속하는지 또는 자의적이지 않은 운동에 속하는지, 즉 본래적으로 호흡이 동기에 의해 일어나는지 또는 자극에 의해 일어나는지에 대해 논쟁하였는데, 이 호흡이 아마도 동기와 자극의 중간물이라고 간주되었다. 마셜 홀은 호흡을 혼합된 기능이라고 설명하는데(『신경계의 질병에 관하여』, 293절 이하), 호흡은 일부는 뇌수(자의적인)신경, 일부는 척추(자의적이지 않은)신경의 영향에 놓여 있기 때문이다. 어쨌든 우리는 결국 호흡을 동기에 의해 일어나는 의지의 표현으로 간주해야만 한다. 왜냐하면 다른 동기들, 즉 단순한 표상들은 호흡을 억제하거나 빠르게 하도록 의지를 규정할 수 있으며, 모든 다른 자의적인 행동처럼, 사람들이 호흡을 완전히 중단시키거나 자발적으로 질식시킬 수 있을 것처럼 보이기 때문이다. 사람들은 어떤 다른 동기가 공기에 대한 절박한 요구를 능가하도록 강하게 의지를 규정하자마자, 실제로 이렇게 행동할 수 있을지도 모른다. 몇몇 설명에 따르면 디오게네스(『디오게네스 라에르티오스』 6, 76)는 실제로 이 방법으로 자신의 삶을 마감했다고 한다. 또한 흑인들도 이런 방식으로 죽었다고 한다 (F. B. Osiander, 『자살에 관하여』, 1813, 170-180쪽). 우리는 이에 대해 추상적인 동기, 즉 단순한 동물적인 의욕을 넘어서는 본래적으로 이성적인 의욕의 우세함에 대한 좋은 예를 갖고 있다. 뇌수의 활동을 통해 적어도 부분적으로 호흡이 제약되는 것은 청산Blausäure이 먼저 뇌수를 마비시키고 그리고 그렇게 간접적으로 호흡을 억제하면서 죽게 한다는 사실이 말해 준다. 그러나 뇌수의 마비가 풀릴 때까지 호흡이 인위적으로 유지된다면, 결코 죽음이 나타나지는 않는다. 동시에 여기에서 호흡은, 부수적으로 동기들이 자극들과 엄밀한 의미에서의 원인들과 같이 크나큰 필연성을 갖고 작용하며 압력과 그와 반대되는 압력처럼 바로 오직 대립하는 동기들에 의해서만 효력을 잃어버릴 수 있다는 점에 대한 명확한 예를 우리에게 제공해 준다. 왜냐하면 호흡에서 그것을 중단할 수 있는 것처럼 보이는 것은 동기에 따르는 다른 운동들에서보다 그 정도가 훨씬 약하기 때문이다. 호흡에서 동기는 아주 절박하고 아주 가까우며, 동기의 충족을 실행하는 근육은 쉬이 피로해지지 않기 때문에 동기의 충족은 아주 쉬우며, 보통은 동기의 충족에 대립하는 것이 없고 개체의 가장 오래된 습관을 통해 전체가 떠받쳐지기 때문이다. 그리고 모든 동기들은 본래 동일한 필연성을 갖고 작용한다. 동기에 의한 운동의 필연성이 자극에 의한 운동의 필연성과 공통적이라는 인식은, 우리에게 유기체적인 신체에서 자극에 의해 그리고 완전히 법칙적으로 일어나는 것이 그럼에도 불구하고 그 내적인 본질에 따라 의지라는 점, 이러한 의지는 그 자체로는 아니지만, 그 모든 현상들 속에서 근거율, 즉 필연성에 종속된다는 점에 대한 통찰을 쉽게 열어 줄 것이다.[7] 그에 따라서 우리는 동물들을 그들의 행동에서, 또한 그들의 존재 전체, 형태와 조직에서 의지의 현상으로서 인식하는 것에 머무르지 않고, 오로지 우리에게만 주어진 사물들의 본질 자체의 이러한 직접적인 인식은 오직 자극으로써만 활동하는 식물들로 옮겨 갈 것이다. 인식의 부재와 동기에 제약된 이러한 운동의 부재만이 단지 동물과 식물 사이의 본질적인 차이를 만들기 때문이다. 따라서 우리는 식물로서, 단순한 식물의 성장으로서, 맹목적으로 작용하는 힘으로서, 표상에 나타나는 것을 그 본질에 따라 의지로 간주하게 될 것이고 그리고 그 현상이 우리의 행위에서 그리고 이미 우리 신체 자신의 전체 존재에서 언급되듯이, 우리 자신의 현상의 토대를 완성하는 것으로 인식할 것이다.

자연 속에서 일반적이고, 불변하는 법칙들에 따라 작용하는 힘들, 모든 물체들의 운동을 생기게 하는 힘들, 어떠한 기관들, 자극에 대한 감수성도 없고 동기에 대한 인식을 갖지 않는 모든 힘에 우리의 고찰방식을 확장하는 마지막 단계가 아직 우리에게 남아 있다. 따라서 우리는 오직 우리 자신의 본질의 직접적인 인식만이 우리에게 줄 수 있는, 사물의 본질 자체를 이해하기 위한 열쇠를 우리와는 가장 먼 거리에 있는 무기물의 세계의 이러한 현상들에도 적용해 보아야만 한다. 물이 대양으로 흘러가려는 억제할 수 없는 엄청난 충동, 자석이 언제고 다시금 북극으로 향하는 지속력, 쇠가 자석으로 향하는 동경, 전기의 양극이 다시 결합하려는 격렬함 그리고 바로 인간의 소망들처럼 방해에도 더 커지는 격렬함을 본다면, 우리가 오직 응고에 의해 고정되고 다양한 방향으로 향하는 확고하고 완전히 결정적으로 정확하게 규정된 노력일 뿐인 분명한 형성Bildung의 많은 규칙성에 의해

---

7   이러한 인식은 나의 의지의 자유에 대한 현상논문에서 확인할 수 있다. 그런 까닭에 그 현상논문(『윤리학의 근본문제』, 30-44쪽)에서 원인, 자극과 동기 사이의 관계가 충분하게 설명되어 있다.

결정Kristall이 빠르고 갑작스럽게 생기는 것을 본다면, 우리가 물체들이 액체상태에 의해 자유롭게 되고 경직된 상태에서 벗어나서, 서로 찾고 피하고, 결합하고 분리하는 그러한 선택을 주목하게 된다면, 마지막으로 우리가 무거운 짐이 땅으로 향하는 것을 우리의 신체가 막아서고, 무거운 짐의 유일한 노력을 추구하면서 부단히 우리의 신체를 억누르고 압박하는 것을 모두 직접적으로 느끼게 된다면, 우리가 이러한 현상들을 연구하는 시선에서 고찰한다면, 우리는 크게 노력하지 않아도 그렇게 멀리 떨어져 있는 현상에서도 우리 자신의 본질을 다시 인식할 것이다. 그러한 본질은 우리에게서 인식의 빛을 통해 그 목적을 추구하는데, 그러나 여기에서 가장 약한 현상들에서는 단지 맹목적이고, 희미하게, 일방적으로 변하는 바 없이 노력하지만, 그러나 그러한 본질은 어디에서나 동일한 것이기 때문에, 새벽의 여명이 대낮의 빛과 햇빛이라는 이름을 공유하듯이 또한 거기에서처럼 여기에서도 의지라는 이름을 부여해야 한다. 의지는 세계에서 모든 사물의 존재 그 자체이며 모든 현상의 유일한 중심이기 때문이다.

자연의 무기체적 현상들과 우리가 우리 자신의 존재의 본질로서 인지하는 의지 사이가 완전히 다르게 보이는 것은 특히 한 종류의 현상에서의 완전히 규정된 법칙성과 다른 방식의 현상에서의 불규칙한 자의성 사이의 대조에서 생긴다. 왜냐하면 인간에게서는 개체성이 강하게 나타나기 때문이다. 각 사람은 고유한 성격을 지닌다. 그런 까닭에 동일한 동기가 모두에게 동일한 힘을 갖는 것이 아니며, 그리고 개인의 넓은 인식범위에서 공간을 차지하는 수많은 부수적인 상황들이 다른 사람들에게는 알려지지 않으며, 동기의 작용을 변경시킨다. 그렇기 때문에 동기만으로는 행동을 미리 규정할 수는 없다. 왜냐하면 다른 요소인, 개별적인 성격과 그러한 성격을 동반하는 인식에 대한 정확한 지식이 없기 때문이다. 이와 반대로 자연력의 현상들은 여기에서 반대로 나타난다. 자연력의 현상들은 보편적인 법칙에 따라 이탈이나 개체성 없이, 공공연하게 드러난 상황들에 따라 아주 정확한 예정에 종속되고, 그리고 동일한 자연력이 수많은 현상들 속에서 정확하게 동일한 방식으로 드러난다. 우리는 이 점을 설명하기 위해, 즉 하나의 분리할 수 없는 의지의 동일성을 모든 의지의 다양한 현상들 속에서, 강한 현상 속에서뿐만 아니라 약한 현상 속에서도 증명하기 위해, 무엇보다도 먼저 물자체로서의 의지가 그 현상에, 즉 의지로서의 세계가 표상으로서의 세계에 대해 갖는 관계를 고찰해야만 하는데, 이를 통해 2권에서 다루어진 전체 대상들의 심도 있는 연구를 위한 최상의 길이 열릴 것이다.[8]

24절

우리는 위대한 칸트에 의해서 시간, 공간 그리고 인과성이 이들의 전체적인 법칙성과 이들의 모든 형식들의 가능성에 따라, 이들 속에서 현상하고 이들의 내용을 완성하는 대상들에 전혀 의존하지 않고 우리의 의식 속에 존재한다는 점, 또는 달리 말해 시간, 공간, 인과성은 사람들이 객관에서 출발하는 것처럼 주관에서 출발해도 마찬가지로 발견될 수 있고, 그런 까닭에 사람들은 그것을 똑같이 정당하게 주관의 직관방식들 또는 그것이 객관(칸트에게서는 현상인데), 즉 표상인 한에서는 객관의 성질들이라고 부를 수 있다. 사람들은 그러한 형식들을 객관과 주관의 나눌 수 없는 경계로 볼 수 있을 것이다. 그런 까닭에 모든 객관은 이러한 형식들 속에서 현상

---

8   이에 대해서는 2편 23장 참고. 동시에 나의 저서 『자연에서의 의지에 대하여』 '식물생리학'과 내 형이상학의 핵심을 위해 아주 중요한 장인 '자연 천문학'을 참고.

해야 하지만, 주관은 현상하는 객관에 의존하지 않고 그러한 형식들을 완전하게 소유하며 파악한다. 그런데 이러한 형식들 속에서 현상하는 객관들이 공허한 환영Phantome이 아니라 그 어떤 의미를 가져야 한다면, 이러한 객관들은 어떤 것을 의미해야 하고, 어떤 것의 표현이어야 하는데, 이것은 객관들 자체처럼 다시 객관, 즉 표상, 단지 주관에 대해 상대적으로 존재하는 것이 아니라, 본질적인 조건으로서 주관에 대립하여 있는 것 그리고 주관의 형식에 의존하지 않고 존재하는 것, 즉 표상이 아니라 바로 물자체이다. 그에 따라 적어도 다음과 같이 질문할 수 있을 것이다. 그러한 표상들, 즉 그러한 객관들은 그것들이 표상들, 즉 주관의 객관들이라는 점을 제외한다면 그 밖의 무엇이란 말인가? 그리고 그렇다면 이런 의미에서 그 표상들, 객관들은 무엇인가? 표상과는 전적으로 상이한 이들의 다른 점은 무엇인가? 물자체는 무엇인가? 우리는 의지라고 답을 했지만, 그러나 나는 지금은 그 대답을 제쳐 놓도록 한다.

물자체가 무엇이든지 간에, 칸트는 시간, 공간 그리고 인과성(이것들을 우리는 나중에 근거율의 형태로서 그리고 현상의 형식들의 보편적인 표현으로서 인식하였는데)이 물자체의 규정들이 아니라 물자체가 표상이 된 후에 그리고 표상이 되는 한에서만 비로소 물자체에 부합할 수 있다는 점, 즉 시간, 공간 그리고 인과성은 오직 물자체의 현상에만 속하는 것이지, 물자체 그것에는 속하지 않는다는 점을 올바르게 판단하였다. 왜냐하면 주관은 시간, 공간 그리고 인과성을 자기 자신으로부터, 모든 객관들에 의존하지 않고 완전하게 인식하고 구성하기 때문에 시간, 공간 그리고 인과성은 표상존재Vorstellungsein 자체에 속해야 하지 표상이 되는 것에 속해서는 안 된다. 시간, 공간 그리고 인과성은 표상 그 자체의 형식이어야 하며, 이러한 형식을 가정하는 것의 성질이어서는 안 된다. 이러한 형식들은 이미 주관과 객관의 단순한 대립(개념으로서가 아니라 실제로)과 함께 주어져 있어야 하기 때문에 오직 인식 일반의 형식의 상세한 규정이어야 하고, 이러한 인식 일반의 형식의 가장 보편적인 규정이 주관과 객관의 대립 자체이다. 오직 시간, 공간, 인과율에 의해서만 표상될 수 있으므로 현상 속에서, 객관 속에서 다시 시간, 공간과 인과성을 통해 제약된 것, 즉 공존das Nebeneinander과 연속das Nacheinander에 의한 다양성, 인과성의 법칙에 의한 변화와 지속 그리고 오직 인과성을 전제로 해서 표상 가능한 물질, 마지막으로 다시 이러한 시간, 공간 그리고 인과성에 의해서만 표상 가능한 이 모든 것은 모두 현상하는 것에, 표상이라는 형식에 관계하는 것에 본질적으로 고유한 것이 아니라, 단지 이러한 형식 자체에 의존하는 것일 뿐이다. 그러나 반대로 현상 속에서 시간, 공간 그리고 인과성에 의해 제약되지 않은 것, 이러한 형식들로 환원될 수 없고, 이러한 형식들에 의해 설명될 수 없는 그러한 것은 바로 직접적으로 현상하는 것, 물자체로 나타나는 것이다. 이에 따르면 가장 완전한 인식가능성, 즉 최고의 명확함, 분명함과 충분한 규명가능성은 인식 그 자체에 고유한 것, 곧 인식의 형식에 고유한 것에 필연적으로 속하는 것이지, 이러한 형식에 관계하여 비로소 인식가능하게 되는 것, 즉 표상, 객관이 되는 그 자체로 표상이 아닌 것, 객관이 아닌 것에는 속하지 않는다. 따라서 오로지 인식되는 것, 표상존재 일반 그리고 그 자체(인식되는 것 그리고 비로소 표상이 된 것에 의존하지 않는)에만 의존하는 것, 그런 까닭에 인식되는 모든 것에 구분 없이 속하는 것, 바로 그렇기 때문에 사람들이 객관에서 출발하든 주관에서 출발하든 잘 발견되는 것, 이러한 것만이 주저하지 않고 넉넉하면서 완전히 충분한, 궁극적인 근거에 이르기까지 명확한 인식을 제공해 줄 수 있게 된다. 그러나 이것은 우리에게 선험적으로 의식된 모든 현상의 형식들 속에 존재하는 것 이외의 다른 것이 아니며, 이러한 현상의 형식들은 공통적으로 근거율로 표현되고, 직관적인 인식(우리는 여기에서 오로지 이러한 직관적인 인식만을 문제 삼는데)에 관계하는 근거율의 형태들은 시간, 공간 그리고 인과성이다. 순수 수학 전체 그리고 선천적인 순수 자연과학은 이러한 근거율의 형식들에 근거하고 있다. 그런 까닭에 인식은 오로지 이러한 학문들 속에서만은 모호함을 발견하지 못하고, 이해할 수 없는 것(근거 없는 것, 즉 의지), 더 이상 연역할 수 없는 것에 부딪치지 않는다. 이런 점에서 칸트도, 언급했듯이 그러한 인식을 특히, 논리학과 함께 오로지 학문으로 일컫고자 하였다. 그러나 다른 한편으로 이러한 인식들은 우리에게 단순한 관계, 어떤 표상의 다른 표상에 대한 연관, 곧 아무런 내용 없는 형식들을 우리에게 보여 줄 뿐이다. 이러한 형식들이 얻는 모든 내용, 그러한 형식들이 채우는 모든 현상은 이미 그 전체 본질에 따라 완전하게 인식할 수 없는 것, 다른 것을 통해서는 전혀 설명할 수 없는 것, 따라서 즉각적으로 인식이 명증성을 잃어버리고 완전한 투명성을 대가로 치르게 하는 어떤 근거 없는 것을 포함하게 된다. 그러나 이렇게 규명할 수 없는 것은 바로 물자체이며, 본질적으로 인식의 표상, 즉 인식의 대상이 아니며, 이것이 인식의 형식에 관계하면서 비로소 인식 가능하게 된 것이다. 그러한 형식은 물자체에서는 낯선 것이고, 결코 인식형식과 하나가 될 수 없고, 결코 단순한 형식으로 환원될 수 없으며, 이러한 형식이 근거율이기 때문에, 따라서 완전히 규명될 수 없는 것이다. 그런 까닭에 모든 수학이 우리에게 현상에서 크기, 위치, 수, 간단히 말해서 공간적이고 시간적인 관계인 것에 관한 충분한 인식을 제공할 때, 현상들이 그 모든 규정들과 함께 시간과 공간 속에서 나타나는 그러한 법칙적인 조건들을, 모든 원인학이 우리에게 완전하게 제시할 경우에도 모두에게 매번 특정한 모든 현상이 왜 바로 지금 여기에서 나타나야만 하는지 말고는 더 가르쳐 주지 못한다. 따라서 우리는 수학과 원인학의 도움에 의해서는 결코 사물의 내적인 본질에 진입하지 못하지만, 그럼에도 불구하고 설명하려고 시도할 수 없고, 오히려 이러한 설명이 항상 전제하는 것, 즉 자연의 힘들, 사물들의 특정한 작용방식, 현상의 성질, 현상의 성격, 근거 없는 것, 현상의 형식, 즉 근거율에 의존하지 않는 것, 이러한 형식 자체에 낯선 것, 그러나 이러한 현상의 형식에 들어가서 현상의 법칙에 따라 나타나는 것은 여전히 남아 있다. 이러한 법칙은 단지 나타남만을 규정할 뿐 무엇이 나타나는지를 규정하지는 않고, 현상의 본질das Was이 아니라 현상의 방식만을 규정하며, 내용이 아니라 형식만을 규정할 뿐이다. 역학, 물리학, 화학은 불가입성, 중력, 강성, 유동성, 응집력, 탄성, 열, 빛, 친화성, 자성Magnetismus, 전기 등등을 작용하게 하는 규칙과 법칙, 즉 시간과 공간 속에서 매번 이 힘들이 나타날 때의 관점에서 이러한 힘들을 관찰하는 법칙, 규칙을 가르친다. 그러나 사람들이 어떻게 하든지 간에 그때에 힘들 자체는 숨겨진 성질qualitates occultae로 남아 있을 뿐이다. 왜냐하면 그것은 나타나면서 현상들을 드러내는, 이러한 현상들 자체와는 완전히 다른 물자체이기 때문이다. 비록 물자체가 현상할 때 표상의 형식으로서 근거율에 완전히 종속되기는 하지만, 그 자신은 결코 이러한 형식으로 환원될 수 없고 그런 까닭에 원인학적으로는 궁극적인 것까지 설명할 수 없고, 결코 완전하게 근본을 규명할 수 없으며, 물자체가 표상의 형식을 받아들이는 한, 즉 물자체가 현상인 한, 비록 완전히 이해할 수 있지만, 그러나 물자체의 내적인 본질에 따라 그러한 이해가능성을 통해서는 아무것도 설명되지 않는다. 그런 까닭에 인식이 더 많은 필연성을 지닐수록, 다르게 생각할 수도 없고 표상할 수도 없는 것이 인식 속에 더 많이 있을수록, 예를 들면 공간적인 관계들처럼, 그런 까닭에 인식이 보다 명확하고 충분해질수록 인식은 순수하게 객관적인 내용을 더 적게 갖거나 본래적인 실재성이 그러한 인식 속에 더 적게 주어진다. 그리고 거꾸로, 인식 속에서 순전히 우연적인 것으로서 파악되어야 하는 것이 더 많을수록, 단지 경험적으로 주어진 것으로서 더 많이 우리에게 들이닥칠수록, 그러한 인식 속에는 진정으로 객관적인 것 그리고 진정으로 실재하는 것이 더 많아진다. 그러나 동시에 설명할 수 없는 것, 즉 다른 것으로부터 더 이상 이끌어 낼 수 없는 것 또한 더 많아지게 된다.

물론 모든 시대에 자신의 목표를 오해한 원인학은 모든 유기체의 삶을 화학적인 현상이나 전기로, 모든 화학적인 현상, 즉 성질을 다시 기계적인 현상(원자의 형태를 통한 작용)으로, 그러나 이러한 기계적인 현상을 다시 일부는 운동학의 대상, 즉 시간과 공간을 운동의 가능성으로 통합시키고, 부분적으로는 단순한 기하학, 즉 공간 속에서의 위치로 환원시키려고(대략, 사람들이 정당하게 거리의 제곱에 따라 작용의 감소와 지레의 이론을 순수하게 기하학적으로 구성하는 것처럼) 노력하였다. 마지막으로 기하학은 차원의 단일성 때문에 가장 이해하기 쉽고, 궁극적인 것까지 규명할 수 있는 충분근거율의 형태인 산술 속에서 해결될 수 있다. 여기에서 일반적으로 언급된 방법에 대한 증거들은 데모크리토스의 원자들, 데카르트의 소용돌이운동, 『뉴턴의 루크레티우스Lucrèce Neutonien』에서 상세하게 설명되듯이, 18세기 말경에 화학적 친근성뿐만 아니라 중력도 충돌과 압력에 의해 설명하려고 시도한 르사주Lesage의 기계학적 물리학에서 확인할 수 있고, 또한 라일Reil의 동물적인 생명의 원인으로서의 형식과 혼합도 이러한 경향이 있으며, 마지막으로 지금 19세기 중반에 다시 뜨거워진, 무지하기 때문에 독창적이라고 생각하는 거친 유물론이 이러한 방식에 속하는데, 이러한 유물론은 먼저 생명력Lebenskraft을 어리석게도 부정하고 삶의 현상들을 물질적이고 화학적인 힘들로 설명하려고 하고, 이러한 힘들을 다시 물질, 위치, 형태의 기계적인 작용으로부터, 공상적인 원자들의 운동으로부터 생겨나게 하고 그리고 그렇게 모든 자연의 힘들을 유물론의 '물자체'인 작용과 반작용으로 환원시키고자 한다. 그러므로 빛은 상상적이고 이러한 목적을 위해 가정된 에테르의 기계적인 진동이나 파동이어야만 할 것인데, 이러한 에테르가 도달하여 망막을 두드리고, 그런 다음 예를 들어 초당 진동수가 483조라면 빨간색을 그리고 727조이면 보라색을 제공한다. 그렇다면 색맹인 사람은 아마도 진동수를 셀 수 없는 사람일 것이다. 그렇지 않은가? 이처럼 극단적이고, 기계적이며, 데모크리토스적이고, 어설프고 진정으로 무디기만 한 이론들은, 괴테의 색채론이 나온 지 50년이 지난 뒤에도 여전히 뉴턴의 빛의 동질설을 믿고 부끄러움도 없이 그것을 말하는 사람들에게나 걸맞은 것이다. 이러한 사람들은 어린아이(데모크리토스)가 그리하면 관대히 봐줄 수 있지만, 성인이 그리하면 용서할 수 없다는 것을 경험하게 될 것이다. 그런 사람들은 언젠가는 부끄러운 결말을 맞이하게 될 것이다. 그러나 그들은 거기에서 도망쳐서 그러한 이론을 믿는 것과 관계없었던 것처럼 행동할 것이다. 우리는 근원적인 자연력에 대한 각기 잘못된 환원을 곧 한 번 더 이야기 할 것이다. 여기에서는 이 정도로만 하겠다. 이러한 이론들을 가정하는 것이 가능하다면, 모든 것이 설명되고 규명되며, 특히 계산문제로 환원될 수 있게 되고, 그러면 이러한 계산문제는 결국 근거율이 행복하게 인도한 지혜의 사원에서 가장 신성한 것이 될 것이다. 그러나 현상의 모든 내용은 사라지고 단순한 형식만 남게 될 것이다. 무엇이 나타나는가 하는 것은 어떻게 나타나는가로 환원될 것이고, 이러한 어떻게는 선험적으로 인식 가능한 것, 따라서 완전히 주관에 의존하는 것, 단지 주관을 위해, 그런 까닭에 마침내 단순한 환영, 표상 그리고 전적으로 표상의 형식일 뿐이다. 물자체에 대해서는 어떠한 질문도 제기되지 않을 것이다. 따라서 이러한 이론들을 가정하는 것이 가능하다면, 진정 세계 전체는 주관에 의해 이끌리게 되고, 피히테가 허풍으로 수행하려 했던 것으로 보이는 것이 실제로 수행될 수도 있을 것이다. 그러나 그렇게 되지는 않는다. 사람들이 그러한 방식으로 환영, 궤변, 환상을 만들 수는 있어도 결코 학문은 그렇게 만들 수 없다. 자연에서 수많은 다양한 현상들을 개별적이고 근원적인 힘들로 환원하는 것이 성공하였고, 그것이 성공할 때마다 진정한 진보에 도달하였다. 처음에는 각기 다른 것으로 여겨진 여러 가지 힘과 성질이 다른 것으로부터 도출되었고(예를 들면, 자기를 전기로부터 도출하듯이), 그렇게 힘과 성질들의 수가 감소하게 되었다. 원인학이 자연의 모든 근원적인 힘을 그 자체로서 인식하고 제시하며 그러한 힘들의 작용방식들, 즉 인과성을 실마리로 삼아 이러한 힘의 현상들이 시간과 공간 속에서 나타나고, 개개의 이러한 힘의 위치를 규정하고 확정할 수 있다면 원인학은 그 목표에 도달한 것이다. 그러나 근원적인 힘들은 항상 남아 있을 것이고, 제거할 수 없는 잔여물로서 현상의 내용이 항상 남아 있을 것인데, 이러한 현상의 내용은 현상의 형식으로 환원되지 않고, 따라서 근거율에 의해 다른 어떤 것으로 설명될 수 없다. 왜냐하면 자연의 모든 사물 속에는 근거가 언급될 수 없고, 설명이 불가능하며, 원인이 더 이상 탐구될 수 없는 어떤 것이 있기 때문이다. 이것은 그 어떤 것의 특수한 작용방식, 즉 바로 그것의 존재 방식이며 본질이다. 사물의 모든 개별적인 작용에 의해 사물이 바로 지금, 바로 여기에서 작용해야 하는 하나의 원인이 증명될 수 있지만, 그러나 사물이 일반적으로 그리고 바로 그렇게 작용하는지에 대해서는 결코 증명할 수 없다. 사물이 다른 성질을 갖지 않는다면, 예컨대 사물이 햇빛 속에 보이는 먼지라면, 그것은 적어도 중력과 불가입성으로서 그러한 규명할 수 없는 어떤 것을 보여 준다. 그러나 이것은 사물에게, 내가 말하건대, 인간에게는 의지와도 같은 어떤 것이며, 이러한 의지처럼, 그 내적인 본질에 따라 설명할 수 없는 것, 그 자체로 이러한 의지와 동일한 것이다. 아마도 의지의 모든 표현에 대해, 즉 특정한 시간, 특정한 장소에서 의지의 모든 개별적인 작용에 대해 인간의 성격을 전제로 의지의 모든 개별적인 작용을 필연적으로 생겨나게 하는 동기가 증명될 수 있을 것이다. 그러나 인간이 이러한 성격을 지닌다는 것, 인간이 일반적으로 원한다는 것, 그 어떤 것이 인간의 의지를 움직인다는 것에 대해서는 항상 어떠한 근거도 제시할 수 없다. 동기들로부터 인간의 행위에 대한 모든 설명이 전제하는 인간의 규명할 수 없는 성격은, 모든 무기체들에게서는 무기체들의 본질적인 성질이고 작용방식이며, 이러한 작용방식의 표현들은 외부의 영향에 의해 생겨난다. 반대로 무기체의 본질적인 성질 자체는 작용방식 말고는 다른 것으로 규정되지 않으며, 따라서 설명할 수 없는 것이다. 무기체의 성질은 오로지 무기체의 개별적인 현상들을 통해서만 가시화되며, 이러한 개별적인 현상들은 근거율에 종속된다. 성질 자체는 근거 없는 것이다. 이미 스콜라철학자들은 이 점을 본질적으로 올바르게 인식했고 실체형상forma substantialis이라고 지칭했다(이에 대해서는 수아레스, 『형이상학 논쟁』 15, 1절).

우리가 가장 잘 이해한 가장 빈번하고, 가장 일반적이며 가장 단순한 현상들은 일상적인 오류일 뿐만 아니라 커다란 오류이다. 왜냐하면 그러한 현상들은, 우리가 그런 현상들을 보고 그것에 대해 무지한 까닭에 대부분 익숙하기 때문이다. 동물이 움직이는 것과 마찬가지로 돌이 바닥으로 떨어지는 것은 설명할 수 없는 것이다. 위에서 언급했듯이, 사람들은 가장 보편적인 자연력들(예를 들면 중력, 응집력, 불가입성)에서 출발하면서 이들로부터 보다 드물고 복잡한 상황들에서만 작용하는 것들(예를 들면 화학적 성질, 전기, 자기)을 설명하고, 마지막으로 이러한 자연력으로부터 다시 유기체와 동물들의 삶, 인간의 인식과 의욕을 이해하게 된다고 생각하였다. 사람들은 순전히 숨겨진 성질에서 출발하는 것에 조용하게 순응하고 있었고, 이러한 숨겨진 성질을 밝혀내는 것을 완전히 포기해 왔는데, 사람들은 이러한 성질을 탐구하려고 하지 않고 이러한 숨겨진 성질을 기초로 삼으려고 하였기 때문이다. 언급했듯이, 그와 같은 것은 성공할 수 없었다. 그러나 이것이 성공하느냐 하는 문제는 제쳐 놓더라도, 그렇게 해서 지은 건물은 항상 공허할 뿐이다. 결국은 최초의 문제였던, 그렇게 알려지지 않는 것으로 환원되는 설명들이 무슨 도움이 될 수 있는가? 사람들이 마침내 동물의 내적인 본질보다 더 그러한 일반적인 자연력들의 본질에 대해 더 많이 이해하는가? 인간의 내적인 본질뿐만 아니라 동물의 내적인 본질도 그렇게 연구되지 않았던 것이 아닌가? 그렇게 알려지지 않은 것은 설명할 수 없는데, 왜냐하면 근거가 없기 때문이다. 즉 그것은 현상의 본질das Was인 내용이고, 현상의 형식으로, 방식das Wie으로, 근거율로 환원될 수 없기 때문이다. 그러나 여기에서 원인학이 아니라 철학, 즉 세계의 본질에 대한 상대적인 인식이 아니라 무제약적인 인식을 목표로 하는 우리는 반대되는 길을 택하고 우리에게 단지 멀리 있고, 단편적이고 간접적으로 알려진 것을 이해하기 위해 우리에게 직접적으로, 우리에게 가장 완전하게 알려지고 완전히 신뢰할 수 있는 것, 우리에게 가장 가까이 놓여 있는 것으로부터 시작한다. 그리고 가장 강력한, 가장 의미 있는, 가장 분명한 현상으로부터 우리는 보다 불완전한, 약한 현상들을 이해하는 것을 배우려 한다. 나에게는 내 신체를 제외하면, 모든 사물들에 관해서는 단지 하나의 측면, 즉 표상의 한 측면만이 알려져 있다. 내가 사물들의 변화를 이끄는 모든 원인들을 안다고 하더라도, 사물들의 내적인 본질은 나에게는 닫혀 있고 깊은 비밀로 남아 있다. 동기가 나를 움직여 나의 신체가 행동을 할 때 나에게서 일어나는 것, 외부의 근거들을 통해 규정된 나 자신의 변화들의 내적인 본질과 비교해서만 나는, 그러한 생명이 없는 물체들이 원인에 의해 변화하는 방식을 통찰할 수 있고, 생명이 없는 것들의 내적인 본질이 무엇인지를 이해할 수 있는데, 원인의 지식은 생명이 없는 것들의 내적인 본질의 현상에 대해 시간과 공간 속에 나타나는 단순한 규칙 이외에 그 이상은 나에게 알려주지 않는다. 내가 이렇게 비교할 수 있는 것은 나의 신체가 바로, 내가 단지 한 측면, 즉 표상의 한 측면만이 아니라, 의지라고 불리는 두 번째 측면을 알고 있는 유일한 대상이기 때문이다. 따라서 내가 내 자신의 신체기관, 그다음으로 나의 인식과 의욕 그리고 나의 동기에 의한 운동을 전기, 화학

현상, 기계작용을 통해 원인에 의한 운동으로 환원시켜 더 잘 이해할 수 있다고 믿는 대신에, 내가 원인학이 아니라 철학을 추구하는 한에서, 나는 거꾸로 내가 원인에 의해 생겨나는 것으로 보는 무기체들의 가장 단순하고 가장 공통적인 운동들을 먼저 무기체들의 내적인 본질에 따라 동기에 의한 내 자신의 운동으로 이해하는 것을 배워야만 하며 자연의 모든 물체들에서 나타나는 규명할 수 없는 힘들을 나에게 의지인 것과 특성상으로는 동일한 것으로 그리고 단지 정도에 따라서만 구분되는 것으로 인식해야만 한다. 이것은 논문 「근거율에 대하여」에서 제시된 네 번째 표상이 나에게 첫 번째 부류의 표상의 내적인 본질의 인식을 위한 열쇠가 되어야 하고 그리고 동기화의 법칙으로부터 나는 인과성의 법칙을 그 내적인 의미에 따라 이해하는 것을 배워야 함을 의미한다.

스피노자는 충격에 의해 공중으로 날아가는 돌이, 만약 그 돌에 의식이 있다면 자신의 고유한 의지에 의해 날아간다고 생각할 것이라고 말한다 (『서간』, 62). 나는 단지 이 점에다가 돌이 옳을 것이라는 점을 덧붙인다. 나에게 동기인 것이 돌에게는 충격이며 그리고 돌에게 응집력, 중력, 지속성으로서 가정된 상태에서 나타나는 것은 내적인 본질에 따라 내가 나에게서 의지로서 인식하는 것 그리고 또한 돌에게 인식이 추가된다면, 돌이 의지로서 인식하게 되는 것이다. 언급된 곳에서 스피노자는 정당하게도 돌이 날아가는 필연성을 주목하여 그러한 필연성을 한 인간의 개별적인 의지작용의 필연성으로 옮기려고 하였다. 이와 반대로 나는 모든 실재하는 필연성(즉, 원인으로부터 결과가 생기는)에 전제로서 비로소 의미와 타당성을 부여하는 내적인 본질을 고찰한다. 이러한 내적인 본질은 인간에게서는 성격, 돌에서는 성질이라고 불리지만, 이 두 경우는 동일한 것인데, 왜냐하면 그러한 내적인 본질이 직접적으로 인식되면, 의지라고 불리기 때문이다. 그리고 돌에서는 가장 약한 정도의 가시성을, 인간에게서는 가장 강한 정도의 가시성, 객관성을 갖는다. 모든 사물들의 노력Streben 속에서 우리의 의욕과 동일한 것을 성 아우구스티누스도 올바른 감정으로 인식했는데, 나는 그 문제에 대한 아우구스티누스의 소박한 표현을 인용하지 않을 수 없다. "우리가 동물이라면 우리는 육체적인 삶과 감각의 성향에 부합하는 것을 사랑하고, 이러한 소유물에 우리의 충족이 있을 것이고 이런 점에서 우리의 사정이 좋다고 한다면, 더 이상 다른 것을 요구하지 않을 것이다. 이와 마찬가지로, 우리가 나무라면 우리는 지각하지 못하고 운동을 통해 아무것도 얻지 못할 것이지만, 그러나 우리는 우리가 풍성하게 열매를 맺고 충분하게 수확을 가져오는 것에 대한 어떤 종류의 노력을 드러내게 될 것이다. 우리가 돌 또는 파도, 바람이나 불꽃 또는 그와 같은 것이라면, 의식이나 삶 없이도, 우리에게 일치하는 장소와 질서를 위한 어떤 종류의 노력을 하지 않을 수 없게 될 것이다. 왜냐하면 중력의 운동에는 마치 생명력 없는 물체들의 사랑이 표현되듯이, 그것들은 중력에 의해 아래로 그리고 가벼움에 의해 위로 향하려고 노력할 것이기 때문이다. 왜냐하면 물체는 정신이 사랑에 의해 그러는 것처럼 바로 물체의 무게에 의해 그가 내몰려지는 곳으로 내몰리기 때문이다."(『신국론』 11권, 28)

　이미 오일러가 중력의 본질은 결국 물체의 고유한 "경향과 욕망"(따라서 의지)으로 환원되어야만 한다(「공주에게 보내는 편지」, 68)는 점을 통찰한 것은 언급할 만한 가치가 있다. 더욱이 이것은 바로 뉴턴에게서 존재하는 중력의 개념을 오일러가 사용하지 않게 하고, 그가 이전의 데카르트의 이론에 따라 중력개념의 변형을 시도하려고, 따라서 중력을 물체에 대한 에테르의 충돌에서 이끌어 내려고 하는데, 이것은 "더 합리적이며, 명확하고 이해할 수 있는 원칙들을 좋아하는 사람들에게" 보다 적절한 것이다. 오일러는 인력Attraktion을 숨겨진 성질로서 물리학에서 추방된 것으로 보려고 한다. 이것은 오로지 죽은 자연관에만 적합한데, 이러한 죽은 자연관은 비물질적인 영혼의 상관개념으로서 오일러의 시대를 지배했었다. 그러나 이것은 나에 의해 제시된 근본적인 진리의 관점에서 주목할 만한 것이지만, 이미 그 당시에 이 섬세한 두뇌의 사람은 멀리서 희미하게 빛나는 이러한 근본적인 진리를 보면서, 제때에 방향을 돌리려고 서둘렀고, 그 당시의 모든 근본견해들이 위험해질 것이라고 보는 불안 속에서, 더욱이 옛날의 이미 해결된 불합리한 것에서 피난처를 찾으려고 했던 것이다.

25절

우리는 다수성이 보통 시간과 공간을 통해 필연적으로 제약되고 오로지 시간과 공간 속에서 생각될 수 있으며, 이런 점에서 우리가 시간과 공간을 개체화원리라고 부른다는 것을 알고 있다. 그러나 우리는 시간과 공간을 근거율의 형태로 인식하고, 이러한 근거율 속에서 우리의 모든 인식이 선험적으로 표현되지만, 그러나 우리의 모든 인식은, 위에서 논의했듯이 그 자체로는 사물들 자체가 아니라 단지 사물들의 인식가능성, 즉 물자체의 특성이 아니라 단지 우리의 인식형식일 뿐이다. 물자체는 그 자체로 인식의 모든 형식으로부터, 또한 가장 보편적인 인식으로부터, 주관에 대해 객관으로 있음Objektsein이라는 형식으로부터 자유로운 것, 즉 표상과는 완전히 다른 어떤 것이다. 이러한 물자체가, 내가 충분히 증명하였고 명확하게 하였다고 생각하듯이 의지라고 한다면, 의지는 그리고 그 자체로 현상과 구분하여 고찰한다고 한다면, 시간과 공간의 밖에 놓여 있고 따라서 다수성을 알지 못하고, 그러므로 하나이다. 그러나 이러한 하나는, 이미 말했듯이 하나의 개체라는 것이 아니고 하나라는 개념도 아니며, 다수성의 가능성의 조건, 즉 개체화원리와 관계없다는 의미에서의 하나인 것이다. 공간과 시간 속에서 사물들의 다수성은, 이러한 다수성은 모두 의지의 객관성인데, 그런 까닭에 의지와는 관계가 없고, 의지는 사물들의 다수성에도 불구하고 나눌 수 없는 것이다. 돌 속에는 의지의 보다 작은 부분이 있고, 인간에게는 의지의 보다 큰 부분이 있는 것이 아니다. 왜냐하면 부분과 전체의 관계는 오직 공간에 속하는 것이고, 사람들이 이러한 직관형식을 벗어나면 더 이상 아무런 의미를 갖지 않으며, 많고 적음도 단지 현상에만, 즉 가시성, 객관화에만 관계하기 때문이다. 돌에서보다는 식물에서 객관화의 정도가 높으며, 식물에서보다는 동물에서 객관화의 정도가 높다. 가시성으로 의지가 나타나는 것, 즉 의지의 객관화에는 가장 약한 여명과 가장 밝은 햇빛 사이처럼, 가장 강한 음과 가장 약한 음 사이처럼 그렇게 무한한 단계가 있다. 우리는 계속해서 아래에서 의지의 객관화, 의지의 본질의 모사Abbild에 속하는 이러한 가시성의 정도를 고찰하는 것으로 되돌아갈 것이다. 그러나 의지의 객관화의 단계는 의지 자체와 직접적으로 관계하지 않으며, 이러한 다양한 단계에서의 현상들의 다수성, 즉 모든 형태나 모든 힘의 개별적인 표현의 많음Menge은 더욱더 의지와 관계없는 것이다. 이러한 다수성은 의지 자체가 결코 관계하지 않는 시간과 공간을 통해 직접적으로 제약되기 때문이다. 의지는 수백만 그루의 참나무Eiche에서처럼 하나의 참나무에서도 완전하게 똑같이 드러난다. 참나무의 수, 시간과 공간 속에서의 의지의 양적인 증가는 의지에 대해서는 아무런 의미를 갖지 않고, 단지 공간과 시간 속에서 인식하는 그리고 스스로 그 속에서 양적으로 증가하고 흩어지는 개체들의 다수성의 관점에서만 의미를 갖는데, 개체들의 다수성 자체는 다시 의지가 아니라 단지 의지의 현상에만 관계한다. 그런 까닭에 사람들은 불가능한 것이지만 하나의 존재가, 그것이 아무리 사소한 것일지라도, 완전히 소멸한다면 그와 함께 세계 전체가 몰락할 수밖에 없을 것이라고 주장할 수 있다. 이러한 느낌으로 위대한 신비주의자 안겔루스 질레지우스는 다음과 같이 말한다.

> "나는 내가 없이는 신이 한순간도 살 수 없다는 것을 안다.
> 내가 없어진다면, 신은 정신을 포기하여야 할 것이다."
>
> 『케루빔의 나그네』 I, 8]

사람들은 측정할 수 없는 우주의 크기를 각자에게 이해시키려고 다양한 방식으로 시도해 왔고, 그런 까닭에 지구와 인간의 상대적인 왜소함 Kleinheit과, 거꾸로는 이렇게 대수롭지 않은 인간의 정신이 우주의 크기를 알아내고, 파악하고, 측정까지 할 수 있는 것 등의 위대함에 대한 교화적인 고찰의 계기로 삼았다. 이 모든 것은 좋은 것이다! 그러나 세계를 측정할 수 없음을 고찰할 때에 나에게 중요한 것은 세계에 나타나는 본질 자체는, 그것이 무엇이든지 간에 자신의 참된 자기를 그런 식으로 무한한 공간 속에 분산시켜 분리해 놓을 수 없고, 이러한 무한한 연장은 전적으로 단지 그 본질의 현상에만 속하며, 이와 반대로 본질 그 자체는 자연의 어떤 사물 속에서, 모든 생명체 속에서 전체로 그리고 나눠지지 않고 존재한다는 점이다. 그런 까닭에 사람들은 그 어떤 개체들에게 머물러 있을 때에도 아무것도 잃지 않으며, 그리고 참된 지혜는 사람들이 끝없는 세계를 측정하는 것을 통해 또는 보다 합목적성을 띤 채 무한한 공간을 개인적으로 구석구석 다니는 것을 통해 얻어지는 것이 아니라, 오히려 사람들이 개별 사물의 참되고 본래적인 본질을 완전히 인식하고 이해하는 것을 배우려고 하면서 개별적인 것을 완전히 연구하는 것에 의해 얻어진다.

따라서 여기에서 모든 플라톤의 제자들에게 으레 그 자체로 요구되는 다음과 같은 점이 3권에서 상세한 고찰의 대상이 될 것인데, 즉 수많은 개체들로 표현되는 의지의 객관화의 다양한 단계들은 이러한 객관화의 도달되지 않은 밑그림Musterbilder으로서 또는 사물들의 영원한 형식ewige Form으로서 존재하게 되지만, 스스로는 개체들의 매개물인 시간과 공간으로 들어가지 않고, 고정되어 있으면서 어떠한 변화에도 내던져지지 않고, 항상 존재하면서 결코 변화하지 않는다. 반면에 개체들은 생성하고 소멸하며, 항상 변화하지만 결코 존재하지는 않는다. 말하자면, 의지의 객관화의 이러한 단계들은 플라톤의 이데아와 같은 것이다. 나는 이제부터 이념Idee이라는 말을 이런 의미에서 사용할 수 있도록 여기에서 잠정적으로 이것에 대해 언급한다. 따라서 이 단어는 나에게서는 항상 플라톤에 의해 부여된 진정하고 근원적인 의미로 이해되어야만 할 것이고 그리고 그 경우에 결코 스콜라적으로 독단화된 이성의 추상적인 산물로 생각해서는 안 되지만, 칸트는 그러한 독단화된 이성을 지칭하기 위해 플라톤이 이미 소유했고 그리고 극도로 합목적적으로 사용한 단어를 부당하게 잘못 사용하였다. 따라서 나는 이념을, 의지가 물자체이고 그런 까닭에 다수성과 거리가 먼 한에서, 의지의 객관화의 모든 특정한 그리고 확고한 단계Stufe로 이해하는데, 물론 이러한 단계들은 개별 사물들의 영원한 형상들이나 밑그림으로 관계한다. 저 유명한 플라톤의 주장의 짧고 간결한 표현을 디오게네스 라에르티우스는 우리에게 제공해 준다. "플라톤에게서는 자연 속에서의 이데아들이 마치 밑그림으로서 존재하지만, 그 밖의 사물들은 이데아와 비슷할 뿐이고 이데아의 모조품으로서 존재한다."(3, 12) 이데아개념에 대한 칸트의 잘못된 사용에 대해서 나는 더 이상 언급하지 않을 것이다. 이에 대해 필요한 것은 부록에 있다.

26절

⁓

　자연의 가장 일반적인 힘들은 의지의 객관화의 가장 낮은 단계로서 나타나는데, 이러한 자연의 힘들은 일부는 중력, 불가입성처럼 모든 물질에서 예외 없이 나타나고, 일부는 일반적으로 존재하는 물질로 서로 나누어져 나타나며, 강성, 유동성, 탄성, 전기, 자기, 화학적 성질과 모든 종류의 성질들처럼 몇몇 힘들은 이러한 물질들을, 다른 힘들은 저러한 물질들을 지배하며, 이를 통해 특별히 상이한 물질을 지배한다. 이러한 힘들은 인간의 행동처럼 그 자체가 의지의 직접적인 현상이며, 그 자체는 인간의 성격처럼 근거 없는 것이며, 오직 그러한 힘들의 개별적인 현상만이 인간의 행동들처럼 근거율에 종속될 뿐인데, 반대로 힘들 자체는 결코 결과나 원인이라고 부를 수 없고, 모든 원인과 결과의 선행하는 그리고 전제된 조건들이며, 이러한 원인과 결과를 통해 힘들의 고유한 본질이 전개되고 드러난다. 그렇기 때문에 중력의 원인이나 전기의 원인에 대해 묻는 것은 무의미한 것이다. 이것들은 근원적인 힘들이고, 이러한 힘들의 표현은 원인과 결과에 따라 생기며, 그 힘들의 모든 개별적인 현상은 하나의 원인을 갖고, 이러한 원인 자체가 다시 바로 그러한 하나의 개별적인 현상이 되며, 여기에서는 그 힘이 표현되어, 시간과 공간 속에서 나타나야만 하는 규정을 제공해 준다. 그러나 힘 자체는 결코 어떤 원인의 결과도 아니고 또한 어떤 결과의 원인도 아니다. 그런 까닭에 "돌이 떨어지는 원인은 중력이다"라고 말하는 것은 잘못된 것이다. 오히려 여기에서는 지구가 근접함이 원인인데, 지구가 돌을 끌어당기기 때문이다. 지구가 없어진다면, 중력이 있더라도 돌은 떨어지지 않을 것이다. 힘 자체는 완전히 원인과 결과의 연쇄 바깥에 놓여 있는데, 이러한 원인과 결과는 시간을 전제로 하며, 단지 시간과 관련해서만 의미를 갖는다. 그러나 힘 자체는 시간 바깥에 놓여 있다. 개별적인 변화는 항상 다시 그렇게 개별적인 변화를 원인으로 갖는 것이지, 변화로 표현되는 힘을 원인으로 갖지 않는다. 왜냐하면 원인으로 항상 작용하게 하는 것은, 그 원인이 아무리 많이 나타나더라도 바로 자연의 힘이기 때문이며, 이것은 그 자체로 근거 없는 것, 즉 완전히 원인과 연쇄와 근거율의 영역 바깥에 놓여 있는 것이고 그리고 철학적으로는 그 자체로 자연 전체인 의지의 직접적인 객관성으로서 인식된다. 그러나 원인학에서는, 여기 물리학에서는 근원적인 힘, 즉 숨겨진 힘으로 증명된다.

의지의 객관화의 높은 단계에서 우리는 개성이 탁월하게 나타나는 것, 특히 인간에게서 개별적인 성격의 커다란 차이, 즉 완전한 인격성Persönlichkeit으로서, 이미 확고하게 나타난 개별적인 인상을 통해 외부적으로 표현되는 것을 보게 되는데, 이러한 인상은 전체적인 체형을 포함한다. 단지 고등동물만이 그러한 흔적Anstrich을 가지며, 어떤 동물도 개성을 그만큼 높은 정도로 갖고 있지 않은데, 유의 성격Gattungscharakter이 이러한 외관을 아직 완전하게 지배하고 있기 때문에 개별적인 인상이 적게 나타난다. 객관화의 단계에서 아래로 내려갈수록 종의 일반적인 성격 속에서 개별적인 성격의 모든 흔적들은 사라지고, 종의 일반적인 성격의 인상만이 남게 된다. 사람들은 유Gattung의 심리학적 성격을 알게 되고 이로부터 개체에게서 무엇을 기대할 수 있는지를 정확히 알게 된다. 반대로 인간의 종에서는 인간의 행동방식을 어느 정도 확실하게 미리 규정하기 위해서 모든 개인이 개별적으로 연구되고 규명되어야 하지만, 이성에 의해 나타난 속임Verstellung의 가능성 때문에 이것은 어려운 일이다. 조류의 경우에 뇌수의 주름과 굴곡은 완전히 없고 설치류의 경우에는 아주 미미하며, 고등동물의 경우에는 인간의 경우보다 뇌수의 주름과 굴곡이 훨씬 대칭적이며 각 개체들에게서 보다 더 일정하다는 점은 아마도 인간 종과 다른 종과의 차이와 관련이 있다.[9] 더구나 동물들의 성욕은 눈에 띄는 상대를 선택하지 않고도 충족되는 반면에 인간에게서 이러한 선택은, 비록 모든 반성에 의존하지 않고 본능적인 방식으로 추구되더라도, 이러한 선택이 엄청난 열정으로까지 향하기도 한다. 따라서 모든 인간이 특별하게 규정되고 특징지어진 의지의 현상으로서, 더욱이 어느 정도는 고유한 이념으로서 간주될 수 있는 반면, 동물들에게서는 단지 종이 고유한 의미를 지닐 뿐 이러한 개별적인 성격이 대부분 결여되어 있으며, 항상 이러한 개별적인 성격의 흔적은 동물들이 인간과 멀리 떨어져 있을수록 더 사라지게 되며, 결국 식물들은 땅이나 기후의 좋고 나쁜 외부의 영향이나 다른 우연적인 것으로 완전히 설명될 수밖에 없는 개체의 고유성 말고는 다른 어떤 고유성을 갖지 않는다. 그래서 마침내 자연의 무기체의 영역에서는 모든 개성이 완전히 사라져 버린다. 그러나 결정Kristall만은 아직 어느 정도 개성을 지닌 것으로 볼 수 있다. 결정은 특정한 방향으로의 노력의 통일인데, 응고에 의해 고정되어 이러한 노력의 흔적이 남게 된다. 나무가 모든 잎의 엽맥Rippe, 모든 잎들, 모든 가지에서 드러나고 반복되는 한편 어느 정도 이것들 각각을, 보다 큰 식물들에서 기생적으로parasitisch 영양분을 얻는 고유한 식물로서 볼 수 있는 것처럼, 곧 나무는 그 전체가 나눌 수 없는 이념, 즉 의지의 객관화의 이러한 특정한 단계의 완전한 표현이지만, 작은 식물들의 체계적인 집합체인 것처럼, 결정은 동시에 하나의 이념이 통일적으로 결합된 근원적 형태로 이루어진 집합체이다. 그러나 결정이 같은 종의 개체들은 외부의 우연성에 의해 야기된다는 차이밖에 가질 수 없다. 더욱이 모든 종은 임의

---

9   벤첼의 『인간과 동물의 뇌수의 구조』(1812) 3장과 쿠비에르(Cuvier)의 『비교해부학』 9의 art. 4, 5 그리고 비크다지르(Vicq d'Azyr)의 『파리의 과학아카데미의 역사(Histoire de l'académie des sciences de Paris)』(1783), 470쪽, 483쪽 참고.

적으로 크거나 작은 결정으로 만들어질 수 있다. 그러나 개별적인 성격의 흔적을 지닌 그 자체로서 개체는 무기체적인 자연에서는 더 이상 발견되지 않는다. 모든 무기체적인 자연의 현상들은 일반적인 자연력들, 즉 의지의 객관화의 그러한 단계들의 표현인 이러한 무기체적인 자연의 단계들은 (유기적 자연에서처럼) 결코 이념의 전체를 부분적으로 드러내고 객관화하는 개성들의 상이성을 매개하는 것을 통해서가 아니라, 오로지 종Spezies에서만 나타나고 모든 개별적인 현상 속에서 전적으로 그리고 어떠한 변화 없이 이러한 종을 나타낸다. 시간, 공간, 다수성과 원인에 의해 제약된 것은 의지나 이념(의지의 객관화의 단계)이 아니라 오직 의지나 이념의 개별적인 현상들에만 속하기 때문에, 그러한 자연력, 예를 들면 중력이나 전기의 수많은 모든 현상들 속에서 자연력은 그 자체로 완전히 정확하게 똑같은 방식으로 나타나며, 단지 외부의 상황들이 현상들을 변형시킬 수 있을 뿐이다. 모든 자연력의 현상들 속에서 자연력의 본질의 이러한 통일성, 즉 자연력이 나타나는 지속성은, 인과성을 실마리로 해서 자연력이 등장하는 조건들이 존재할 때는 자연법칙Naturgesetz이라고 불린다. 그러한 자연법칙이 경험을 통해 한번 알려지게 되면, 자연력의 성격이 그러한 자연법칙 속에서 표현되고 간직되며, 자연력의 현상은 미리 규정되고 계산된다. 그러나 의지의 객관화의 보다 낮은 단계에 있는 현상의 이러한 법칙성은 동일한 의지가 동물들과 인간 그리고 이들의 행위에서 의지의 객관화의 보다 높고, 보다 분명한 단계에서 현상하는 것과는 다르게 보이도록 하는데, 이러한 높은 단계의 현상들에서는 개별적인 성격이 보다 강하거나 보다 약하게 나타나고 동기들에 의해 움직여지며, 이러한 동기들은 인식에 놓여 있기 때문에 관찰자에게 종종 숨겨져 있으며, 두 가지 종류의 높은 단계의 현상과 낮은 단계의 현상들의 내적인 본질이 동일하다는 것은 지금까지 완전히 오해되어 왔다.

이념의 인식에서 출발하는 것이 아니라 개별적인 것의 인식에서 출발하면, 자연법칙의 무오류성Unfehlbarkeit은 놀라운 것이고, 때로는 전율하게 하는 것이다. 사람들은 자연이 자연법칙들을 한 번도 잊지 않는다는 점, 예를 들어 한번 자연법칙에 따르면, 어떤 재료가 특정한 조건 아래 놓일 경우에 화학결합, 가스발생, 연소가 일어난다는 점을 놀라워할 수 있다. 또한 조건들이 충족된다면, 우리의 준비에 의해서든 완전히 우연에 의해서든(그 정확성은 예상하지 않았을 때 더욱더 놀라울 것인데) 천 년 전처럼 오늘날에도 즉각적으로 그리고 지연되지 않고 특정한 현상이 나타난다. 우리는 이러한 놀라운 일을 아주 드문, 단지 아주 잘 결합된 상황에서만 발생하는 현상의 경우에, 그리고 이러한 상황에서 우리에게 앞서 알려진 현상들의 경우에 가장 생동감 있게 지각하게 되는데, 예를 들면 어떤 금속들이 서로 산성을 지닌 액체와 교대로 접촉하면, 그리고 이러한 연결의 양극단 사이에 은판을 가져가게 되면, 갑자기 녹색의 불빛이 일어나거나 또는 어떤 조건에서는 단단한 다이아몬드가 탄산으로 변하기도 한다. 이것은 우리를 놀라게 하는 자연력이 유령과 같이 어디서나 존재하는 것을 말해 주는데, 우리가 일상적인 현상에서 더 이상 생각하지 않는 것을 여기에서 알아차리게 된다. 즉 원인과 결과 사이의 연관은 주문Zauberformel과 주문을 통해 불려 나와 필연적으로 나타나는 정신 사이에서 꾸며 내는 연관처럼 본래 비밀스러운 것이다. 이와 반대로, 우리가 자연력이 의지의, 즉 우리가 우리의 내적인 본질로서 인식하는 것의 객관화의 특정한 단계이며, 이러한 의지 자체가 의지의 현상과 그러한 현상의 형태들과 구분되어 시간과 공간 밖에 놓여 있고, 그런 까닭에 이러한 시간과 공간에 의해 제약된 다수성이 의지에, 의지의 객관화인 이념에 직접적으로 속하는 것이 아니라 의지의 현상에 속한다는 점, 인과성의 법칙은 오로지 시간과 공간의 관계 속에서만 의미를 지닌다는 점, 즉 인과성의 법칙은 의지가 드러나는 상이한 이념들의 다양한 현상 속에서 현상들이 나타나야만 하는 질서를 규제하면서, 그러한 현상들의 자리를 규정한다는 점에 대한 철학적 인식을 갖게 된다면, 말하자면 우리가 이러한 인식 속에서 공간, 시간 그리고 인과성이 물자체가 아니라 현상에만, 단지 우리의 인식의 형식에만 속할 뿐 물자체의 성질이 아니라는 칸트의 위대한 가르침의 내적인 의미를 알게 된다면, 그러면 우리는 자연력의 작용의 법칙성과 정확성에 대한, 모든 자연력의 수많은 현상들의 완전한 동일성에 대한, 자연력의 등장의 무오류성에 대한 그러한 놀라움이 실제로는 다양한 면을 지닌 유리를 통해 처음으로 어떤 꽃을 관찰하면서 바라보는 수많은 꽃들의 완전한 동일성에 대해 놀라워하며, 각각의 꽃잎들을 일일이 세는 어린아이나 야만인의 놀라움에 비교할 수 있다는 점을 이해하게 될 것이다.

따라서 모든 일반적이고 근원적인 자연력은 그 내적인 본질에서는 낮은 단계에서의 의지의 객관화 이외의 다른 것이 아니다. 우리는 그러한 단계의 각각을 플라톤적인 의미에서 영원한 이념이라고 부른다. 그러나 자연법칙은 자연력의 현상의 형식에 대한 이념의 관계이다. 이러한 형식은 시간, 공간, 인과성인데, 이들은 서로에 대해 필연적이고 분리할 수 없는 연관성을 갖고 있다. 시간과 공간을 통해 이념은 수많은 현상들로 늘어난다. 그러나 이러한 현상들이 다양성의 형식들로 나타나는 질서는 인과성의 법칙을 통해 확고하게 규정된다. 이러한 인과성의 법칙은 말하자면 그러한 다양한 이념의 현상들의 한계점Grenzpunkt의 규준Norm인데, 이러한 규준에 의해 공간, 시간, 물질이 현상들에 분배되어 있다. 그런 까닭에 이러한 규준은 존재하는 물질 전체의 동일성에 필연적으로 관계한다. 이러한 물질은 모든 다양한 현상들의 공통적인 기반Substrat이다. 만약 다양한 현상들이 나누어 가져야 하는 공통적인 물질에 이러한 현상들이 모두 의존하지 않는다면, 현상들의 요구들을 규정하는 그러한 법칙이 필요하지 않을 것이다. 현상들은 모두 동시에 그리고 서로 나란히 무한한 공간을 무한한 시간으로써 채울 수도 있을 것이다. 영원한 이념의 모든 그러한 현상들이 오직 하나의 동일한 물질로 향하기 때문에, 그러한 현상의 등장과 소멸에 규칙이 존재해야만 했던 것이다. 그렇지 않다면 어떤 현상도 다른 현상의 자리를 마련할 수 없었을 것이다. 이런 식으로 인과성의 법칙은 본질적으로 실체Substanz의 지속성과 결합되어 있다. 인과성의 법칙과 실체의 지속성은 서로 상호적인 의미만을 지닐 뿐이다. 그러나 공간과 시간도 인과성의 법칙과 실체의 지속성에 대해 다시 그렇게 관계한다. 왜냐하면 동일한 물질에서 대립하는 규정들의 단순한 가능성이 시간이고 모든 대립된 규정들 속에서 동일한 물질이 지속되는 단순한 가능성은 공간이기 때문이다. 그렇기 때문에 우리는 이 책의 1권에서 물질을 시간과 공간의 일치라고 설명하였다. 이러한 시간과 공간의 통일은 실체의 지속에서 우연들의 변화로서 나타나고, 시간과 공간의 통일에서의 일반적인 가능성이 바로 인과성 또는 생성Werden이다. 그런 까닭에 우리가 물질이 전적으로 인과성이라고 말했던 것이다. 우리는 오성을 인과성의 주관적인 상관개념이라고 설명하였고 물질(따라서 표상으로서의 세계 전체)은 단지 오성에 대해서만 존재하며, 오성은 물질의 제약이고, 물질의 필연적인 상관개념으로서 물질의 담당자라고 말했다. 이는 단지 이 책의 1권에서 언급한 것을 임시로 상기시키는 것이다. 이 책의 1권과 2권의 내적인 일치를 주목하는 것은 1권과 2권을 완전하게 이해하기 위해 필요한 것이다. 실제의 세계에서 불가분하게 결합되어 있는 것은 세계의 두 가지 측면으로서, 의지와 표상에 의해 1권과 2권이 서로 나누어진 것은, 각각을 분리하여 더 명확하게 인식하기 위한 것이다.

어떻게 인과성의 법칙이 단지 시간과 공간 그리고 이 두 가지의 통일 속에서 존재하는 물질과의 관계에서만 의미를 갖는지를 예를 통해 보다 명확하게 하는 일은 아마도 불필요한 것이 아닐 것이다. 인과성의 법칙은, 자연력들의 현상들이 이 법칙에 의해 시간, 공간 그리고 물질이 나누어 갖는 경계를 규정하지만, 근원적인 자연력들 자체는 물자체로서 근거율에 종속되지 않는 의지의 직접적인 객관화로서 그러한 형식들 밖에 놓여 있다. 이러한 형식들 안에서만 모든 원인학적인 설명이 타당성과 의미를 가질 뿐이며 바로 그렇기 때문에 결코 자연의 내적인 본질에 이를 수는 없다. 이러한 목적을 위해 역학의 법칙에 따라 만들어진 어떤 기계를 생각해 보자. 쇠로 된 추는 중력에 의해 움직이기 시작한다. 구리로 된 바퀴들은 강성에 의해 저항하고, 밀고 서로 들어 올리며 그리고 지레는 불가입성에 의해 그러한 일을 한다. 여기에서 중력, 강성, 불가입성은 근원적이고 설명할 수 없는 힘이다. 역학은 힘이 표현되고 나타나 특정한 물질, 시간과 장소를 지배하는 방식과 조건들을 알려 줄 뿐이다. 지금 강한 자석이 추의 쇠에 작용하여 중력을 지배한다. 기계의 운동은 멈추고 물질은 즉시 완전히 다른 자연력의 무대가 되어 버리는데, 이것에 대한 원인학적인 설명은 마찬가지로 이러한 자연력이 등장하는 것, 즉 자성Magnetismus 외에는 알려 주지 않는다. 또는 그러한 기계의 구리판을 아연판 위에 놓고, 그 사이에 산성의 액체를 보내면, 곧바로 기계의 동일한 물질이 다른 근원적인 힘, 즉 직류전기에 속하게 되는데, 이제 이 직류전기는 자신의 법칙에 따라 자연력을 지배하고, 물질에서 생기는 직류전기의 현상을 통해 드러나게 된다. 이러한 현상들에 대해 원인학은, 자연력이 그렇게 현상하기 위한 조건과 법칙 이외에 다른 것을 알려 주지는 않는다. 우리가 온도를 높여, 순수한 산소를 추가하면 기계 전체는 타 버릴 것이다. 즉 다시 한번 완전히 상이한 자연력, 즉 화학현상이 이 시간, 이 장소에서 그러한 물질에 대해 거부할 수 없는 요구를 하게 되고, 그 물질에서 이념으로서, 의지의 객관화의 특정한 단계로서 나타난다. 이제 이렇게 생겨난 금속석회Metallkalk는 산과 결합하여,

염Salz이 생겨나고 결정이 된다. 이러한 결정은 그 자체가 완전히 규명할 수 없는 다른 이념의 현상인데, 반면에 이러한 이념의 현상이 나타나는 것은 원인학이 알려 주는 조건들에 의존한다. 결정들은 풍화되고, 다른 재료들과 섞이면서 이들에 의해 식물이 성장하게 되는데, 이것은 하나의 새로운 의지의 현상이다. 그리고 지속하는 동일한 물질을 무한하게 추적하다 보면, 자연력의 본질을 나타나게 하고 드러내기 위해 때로는 이러한 자연력이, 때로는 저러한 자연력이 어떻게 물질에 대한 권리를 얻고 어떻게 그러한 권리를 필연적으로 갖는지를 볼 수 있다. 이러한 권리의 규정, 이러한 권리가 통용되는 시간과 공간에서의 지점을 인과성의 법칙이 알려 준다. 그러나 인과성의 법칙에 근거한 설명은 단지 거기까지만 진행된다. 힘 자체는 의지의 현상이고 그 자체로는 근거율의 형태에 종속되지 않는다. 즉 근거 없는 것이다. 힘은 시간의 밖에 놓여 있고, 어디에나 존재하고 그리고 마치 힘이 나타날 수 있고 지금까지 물질을 지배한 힘들을 몰아내어 특정한 물질을 지배할 수 있는 상황들이 등장하기를 지속적으로 기다리는 것처럼 보인다. 모든 시간은 오직 힘의 현상만을 위해 존재하고, 힘 자체에는 아무런 의미가 없는 것이다. 화학적 힘들은 시약Reagenz에 닿아 자유롭게 될 때까지 수천 년간 어떤 물질 속에 숨어 있다가 나타난다. 그러나 시간은 단지 힘들 자체를 위해서가 아니라 단지 이러한 현상만을 위해 존재한다. 직류전기는 구리와 아연 속에 숨어서, 수은 옆에 조용히 놓여 있다가, 이 세 가지 모두가 필요한 조건 속에서 서로 접촉하자마자 불꽃을 내기 시작한다. 우리는 유기물의 세계에서도 마른 씨앗이 3천 년 동안 숨어 힘을 보존하여, 결국 유리한 상황에 들어서서 식물로 자라나는 것을 본다.[10]

---

10 1840년 9월 16일 런던의 문학과 학술협회에서 페티그루(Pettigrew) 씨는 이집트의 고대유물에 대한 강연에서 조지 윌킨슨 경이 테베의 무덤에서 발견한 밀알들(Weizenkörner)을 보여 주었는데, 이

이제 이러한 고찰을 통해 우리에게 자연력과 모든 자연력의 현상 사이의 차이가 분명하게 되었다면, 우리가 그러한 자연력이 의지의 객관화의 특정한 단계에서의 의지 자체라는 점을 들여다본다면 — 그러나 시간과 공간을 통해, 다수성이 현상들에만 속하고 인과성의 법칙은 개별적인 현상들을 위해 시간과 공간 속에서의 위치의 규정 이외의 다른 것이 아닌데, 우리는 기회원인론causes occasionnelles에 대한 **말브랑슈**의 이론의 완전한 진리성과 깊은 의미를 인식하게 될 것이다. 그의 이론은 그가『진리의 탐구』, 특히 6권 2부 3장 그리고 이 3장에 부록으로 제시한 해설에 언급되어 있는데, 이것을 지금의 내 설명과 비교하여 사유 과정이 그렇게 차이가 있음에도 두 이론이 완전히 일치하는 것을 아는 것은 아주 가치 있는 일이다. 나는 말브랑슈가, 그의 시대가 그에게 어쩔 수 없이 강요한 실증적인 교리들에 완전히 사로잡혀 있었으나, 그럼에도 불구하고 그러한 구속과 부당함에서 다행스럽게도, 그렇게 올바른 진리를 만나고 그 진리를 그러한 교리와, 적어도 그러한 교리의 말과 일치시키려고 하였다는 것을 놀라워할 수밖에 없다.

왜냐하면 진리의 힘은 믿을 수 없을 정도로 크고 대단히 지속적이기 때문이다. 우리는 진리의 흔한 흔적을 다시 다양한 시대와 나라의 모든 교리

밀알들은 무덤에서 3천 년 동안 놓여 있던 것이다. 이 밀알들은 밀봉된 꽃병에서 발견되었다. 그는 12개의 밀알을 뿌렸는데 거기에서 하나의 식물이 자라나 5피트 높게 자랐으며, 그 씨앗은 완전히 익어 있었다. [1840년 9월 21일「타임스」(Times)]. 마찬가지로 1830년 홀튼 씨는 런던의 의학식물학회에서, 종교적인 배려에서 주어진 것일 수 있고 따라서 적어도 2천 년 정도는 된 이집트 미라의 손에서 발견된 덩이줄기의 뿌리를 제출하였다. 그는 그 뿌리를 심었는데, 그 뿌리가 곧바로 자라고 푸른 싹이 생겼다. 이 내용은 1830년의 의학저널인『대영 왕립학회 저널』(1830년 10월, 180쪽)에 인용되었다. "런던의 하이게이트에서 그림스톤 씨의 정원에 있는 식물표본실에서 완두식물에 완두콩이 많이 열렸는데, 이것은 페티그루 씨와 대영박물관 직원들이 이집트의 석관에서 발견한 꽃병에서 얻은 완두에서 생긴 것인데, 이 완두는 2844년 동안 놓여 있었을 것이다."(1844년 8월 16일「타임스」) 석회석 속에서 살아 있는 두꺼비는 동물의 생명조차도 동면을 통해 그리고 특수한 상황을 통해 보존된다면 수천 년 동안 중단시킬 수 있다고 가정하게 한다.

에서, 심지어 괴상하고, 이뿐만 아니라 불합리한 교리에서, 종종 특별한 사회에서, 놀랍게 섞여 있는 것 속에서 인식할 수 있다. 진리는 커다란 돌 더미 아래에서 싹이 트지만 그럼에도 빛으로 향해 기어오르는, 쉬지 않고 수많은 우회로와 모퉁이를 거쳐 볼품없어지고 흐려지며, 쇠약해지지만 빛으로 향하는 식물과 비슷하다.

물론 말브랑슈는 옳았다. 모든 자연적인 원인은 단지 기회원인이며, 모든 사물들의 그 자체das An-sich이고 이것의 단계적인 객관화가 가시적인 세계 전체인 하나의 나눌 수 없는 의지의 현상을 위한 기회, 계기를 제공한다. 오직 이 장소와 이 시간에 나타나고 가시화되는 것만이 원인에 의해 일어나고 그런 한에서 원인에 의존하지만 현상의 전체, 현상의 내적인 본질은 원인에 의존하지 않는데, 이것은 의지 자체이고 근거율은 이러한 의지에 적용할 수 없으며, 따라서 근거 없는 것이다. 세계의 어떠한 사물도 자신의 존재에 대한 원인을 전적으로 그리고 일반적으로 갖고 있지 않고, 단지 사물이 바로 여기 그리고 바로 지금 존재하는 원인만을 가질 뿐이다. 왜 돌이 지금 중력을, 지금 강성을, 지금 전기를, 지금 화학적 성질들을 드러내는지는 원인, 즉 외부의 작용에 의존하며 이러한 원인에 의해 설명될 수 있다. 그러나 그러한 성질들 자체, 그러한 성질들에 의해 존재하고 그리고 따라서 언급한 모든 방식으로 드러나는 돌의 전체 본질, 따라서 돌은 있는 바 그 자체라는 것, 돌이 일반적으로 존재한다는 것, 이것은 근거를 갖지 않는 것이며, 오히려 이것은 근거 없는 의지가 가시화된 것이다. 따라서 모든 원인은 기회원인이다. 그래서 우리는 이것을 인식이 없는 자연에서도 발견한다. 그러나 바로 그렇기 때문에 현상들이 등장하는 시점을 규정하는 것이 더 이상 원인이나 자극이 아니라 동기들인 경우에도, 따라서 동물과 인간의 행동에서도 그렇다. 왜냐하면 자연에서처럼 동물이나 인간에게서도 현상하는 것은 동일한 의지이기 때문인데, 의지가 드러나는 정도가 많이 다르고, 현상들 속에서 이러한 의지가 다양화되고 이 현상과 관련하여 근거율에 종속되지만, 의지 그 자체는 모든 것에서 자유로운 것이다. 동기들은 인간의 성격을 규정하는 것이 아니라 이러한 성격의 현상인 행위들, 즉 인간 삶의 행로의 외적인 형태를 규정하지만, 삶의 행로의 내적인 의미와 내용을 규정하지는 않는다. 삶의 행로의 내적인 의미와 내용은 의지의 직접적인 현상인 성격에서 나오고, 따라서 근거 없는 것이다. 왜 어떤 사람은 악의적이고, 어떤 사람은 착한가는 동기나 외적인 영향, 즉 가르침이나 설교에 의존하는 것이 아니며 이런 의미에서 전적으로 설명할 수 없는 것이다. 그러나 어떤 악한 사람이 그의 악함을 주변의 좁은 범위에서 행하는 자잘한 부당한 행위들, 비겁한 음모들, 저열한 행위에서 악의를 나타낸다거나, 그가 정복자로서 민족들을 억압하고 세상을 고통스럽게 만들고, 수많은 사람을 피 흘리게 하는가 하는 것은 그의 현상의 외적인 형식이고, 그 현상의 비본질적인 것이며 운명이 그에게 가져다 놓은 상황, 외적인 영향, 동기들에 달려 있다. 그러나 결코 이러한 동기에 근거한 그의 결정은 외적인 영향이나 동기들로부터 설명할 수 없다. 그러한 결정은 의지로부터 생기는데, 의지의 현상이 바로 이러한 인간이다. 이에 대해서는 4권에서 다룰 것이다. 성격이 그 성질을 전개하는 방식은 인식 없는 자연의 모든 물체가 자신의 성질을 드러내는 것에 전적으로 비교할 수 있다. 물은 물에 내재하는 성질들에 의해 물로 존재한다. 그러나 물이 고요한 바다로서 물가를 비추거나 물거품을 일으키면서 바위에 부딪치거나 또는 인공적으로 하늘로 길게 솟아오르는 것은 외적인 원인에 의한 것이다. 물에게는 그 어떤 것이든 다른 것과 마찬가지로 자연스러운 것이다. 그러나 상황에 따라 물은 이것이나 다른 것으로 나타나고, 어떤 것으로도 나타날 준비가 곧바로 되어 있으며, 어떤 경우에도 자신의 성격에 충실하고 항상 자신의 성격만을 드러낸다. 또한 모든 인간의 성격도 그렇게 저마다의 모든 상황에서 드러난다. 그러나 성격에서 생겨나는 현상들은 상황들에 따라 달리 존재할 것이다.

27절

~~~

원인들에 의한 설명이 얼마만큼 나아갈 수 있는지 그리고 어디에서 그러한 설명을 멈추어야 하는지가 자연의 힘들과 그 현상에 대한 앞에서의 모든 고찰들로부터 분명하게 되면, 그러한 설명이 모든 현상의 내용을 현상의 단순한 형식으로 환원시키고, 결국에는 형식밖에 남아 있지 않은 어리석은 노력에 빠지지 않는다면, 우리는 이제 모든 원인학으로부터 무엇을 요구할 수 있는지를 일반적으로 규정할 수 있다. 원인학은 자연의 모든 현상의 원인을 찾는 것, 즉 현상들이 매번 나타나는 상황들을 찾는 것이다. 그러나 그런 다음에 원인학은 현상의 다양성이 힘의 다양성에서 생기는지 또는 단지 힘이 나타나는 상황들의 다양성에서 생기는지를 올바르게 구분하면서, 그리고 동시에 다양한 상황 아래에서의 하나의 동일한 힘의 표현인 것을 다양한 힘들의 현상으로 간주하는 것을, 거꾸로 근본적으로 다양한 힘들에 속하는 것을 하나의 힘의 표현으로 간주하는 것을 유의하면서, 다양한 상황 아래에서 다양한 현상들을 모든 현상 속에서 작용하고 원인에서 전제가 되는 것, 즉 자연의 근원적인 힘들로 환원시켜야 한다. 이것은 판단력이 필요한 일이다. 그런 까닭에 물리학에서는 경험을 확장시키는 사람은 많지만 통찰력을 확장시키는 사람은 적다. 게으름과 무지는 너무 일찍 근원적인 힘들을 끌어 들이려고 한다. 이것은 스콜라철학자들의 존재Entität와 본질Quidität에서 풍자와 비슷한 과장에 의해 드러난다. 나는 이러한 스콜라철학자들의 존재와 본질을 다시 끌어 들이지 않기를 바란다. 사람들은 물리적인 설명을 제공하는 것 대신에, 신의 창조력이나 의지의 객관화에 의존해서는 안 된다. 왜냐하면 물리학은 원인을 요구하지만, 의지는 결코 원인이 아니기 때문이다. 현상에 대한 의지의 관계는 전혀 근거율에 의한 것이 아니며, 그 자체로 의지인 것이 다른 점에서 표상으로서 존재하는데, 즉 현상으로 존재하는 것이다. 그러한 현상으로서 그 자체로 의지인 것은 현상의 형식을 이루는 법칙들을 따른다. 예를 들면, 모든 운동은 비록 그 운동이 매번 의지의 현상이지만, 그럼에도 불구하고 하나의 원인을 가져야 하며, 이러한 원인으로부터 운동은 특정한 시간과 장소, 즉 보편적으로, 운동의 내적 본질에 의해서가 아니라 개별적인 현상으로서 설명될 수 있어야 한다. 이러한 원인은 돌에서는 기계적인 원인이고, 인간의 운동에서는 동기이다. 그러나 결코 원인이 존재하지 않을 수는 없다. 이에 반해 보편적인 것, 특정한 방식의 모든 현상의 공통적인 본질, 즉 그것의 전제 없이는 원인으로부터의 설명이 의미도 없고 중요하지도 않은 것, 즉 그것은 물리학에서 숨겨진 성질로 남아 있어야 하는 보편적인 자연력인데, 왜냐하면 여기에서는 원인학적인 설명이 끝나고 형이상학적인 설명이 시작되기 때문이다. 그러나 원인과 결과의 연쇄는 사람들이 증거로 끌어 들이는 근원적인 힘에 의해 결코 단절되지 않고, 이러한 연쇄의 첫 번째 연결고리인 근원적인 힘으로 되돌아가지 않으며, 연쇄의 다음 연결고리는 가장 멀리 떨어진 연결고리와 마찬가지로 이미 근원적인 힘을 전제로 하는데, 그렇지 않다면 어떤 것도 설명할 수 없었을 것이다. 원인들과 결과들의 연속Reihe은 다양한 방식의 힘들의 현상일 수 있는데, 내가 위에서 금속으로 된 기계의 예에서 설명했듯이, 이러한 힘들의 연속적인 등장은 원인들과 결과들의 계열에 의해 가시적으로 된다. 그러나 서로에게서 유래할 수 없는 이러한 근원적인 힘들의 다양성이 결코 원인들의 연쇄의 통일성과 모든 연쇄의 연결고리들 사이의 연관성을 중단시키지 않는다. 자연의 원인학과 자연의 철학은 서로 단절하지 않고 동일한 대상을 다양한 관점에서 고찰하면서 서로 나란히 존재한다. 원인학은, 설명되어야 하는 개별적인 현상을 필연적으로 생기게 하는 원인들에 대한 설명을 제공하고, 이러한 모든 원인과 결과 속에서 작용하는 일반적인 힘들을 모든 원인학의 설명의 토대로서 제시하며, 이러한 힘들, 수, 차이를 정확하게 규정하고, 그런 다음에 원인학은 모든 힘이 개개의 상황들에 따라 다양하게 나타나는 모든 결과들을 힘의 고유한 특성에 따라, 즉 힘이 확실한 규칙에 의해 전개하는 특성에 따라 규정하는데, 이러한 규칙은 자연법칙이라고 불린다. 물리학이 이 모든 것을 모든 점에서 완전히 수행해 내자마자, 물리학은 완성되었다. 그런 다음 무기체적인 자연에서의 어떤 힘도 더 이상 알려지지 않은 힘이 없게 되고, 특정한 상황에서 그러한 힘의 현상으로서 자연법칙에 따라 증명되지 않은 결과는 더 이상 존재하지 않게 된다. 그럼에도 불구하고 자연법칙이란 단지 자연을 보고 알아낸 규칙일 뿐이며, 자연은 특정한 상황들이 나타나면 그때마다 이러한 규칙에 따라 움직인다. 그런 까닭에 사람들은 자연법칙을 일반적으로 언급된 사실로 규정하는데, 그러나 이 때문에 모든 자연법칙의 완전한 설명은 단지 완전한 사실목록Tatsachenregister일 뿐이다. 자연 전체의 고찰은 유기적인 자연의 모든 지속적인 형태를 열거하고 비교하며 정돈하는 형태학에 의해 완성된다. 개별적인 존재가 등장하는 원인에 관해 형태학은 말할 것이 별로 없는데, 왜냐하면 이 모든 경우에 그러한 원인은 생식Zeugung이며, 생식의 이론은 별개의 문제이고, 그리고 드문 경우에는 자연발생generatio aequivoca이기 때문이다. 그러나 엄밀히 말하자면, 이러한 자연발생에는 의지의 객관화의 모든 낮은 단계, 곧 물리적이고 화학적인 현상들이 개별적으로 나타나는 방식 그리고 바로 이렇게 나타나는 조건을 언급하는 것은 원인학에 속한다.

이에 반해 철학은 언제나, 자연에서 오로지 보편적인 것만을 고찰한다. 여기에서는 근원적인 힘들 자체가 철학의 대상이고, 철학은 근원적인 힘들 속에서 의지의 객관화의 다양한 단계를 인식하는데, 이러한 의지는 세계의 내적인 본질이자 세계 그 자체이며, 철학이 의지에서 눈을 돌린다면 철학은 세계를 주관의 단순한 표상으로 설명할 것이다. 그러나 원인학이, 철학을 준비하여 증거를 통해 철학의 이론을 적용하는 대신에, 모든 근원적인 힘들을 거부하여 하나의 힘, 즉 가장 일반적인 힘, 예를 들면 불가입성을 근본적으로 이해한다고 자부하고 이에 따라 다른 모든 힘들을 이 힘으로 환원하는 것을 원인학의 목표라고 생각한다면, 원인학은 자신의 토대를 잃어버리고 진리 대신에 단지 오류만을 제공할 것이다. 이제 자연의 내용은 형식에 의해 내쫓기고, 모든 것은 영향을 끼치는 상황들의 탓으로 돌려지고, 어떤 것도 사물들의 내적인 본질 때문이라고 간주되지 않는다. 실제로 이러한 방식으로 나아간다면, 이미 언급했듯이, 마침내는 계산문제가 세계의 수수께끼를 푸는 것이 되어 버릴 것이다. 그러나 이미 언급했듯이, 모든 생리학적 작용이 형식과 혼합에, 예를 들어 전기에, 이것이 다시 화학작용에, 이것이 기계작용으로 환원되어야 한다면, 사람들은 이러한 방식을 받아들이는 것이다. 예를 들면 모든 것을 기계작용에 환원하려 했던 것은 데카르트와 모든 원자론자의 오류였는데, 이들은 천체의 운동을 유동체Fluidum의 충격으로 환원하고 그리고 성질들을 원자의 연결과 형태로 환원시키며, 자연의 모든 현상들을 불가입성과 응집력의 단순한 현상들로 설명하려고 하였다. 비록 사람들이 이것을 포기하였지만, 그러나 오늘날 전기적이고, 화학적이며 기계적인 생리학자들이 똑같은 일을 수행하는데, 이들은 집요하게 유기체의 생명 전체와 모든 기능을 유기체의 성분의 "형식과 혼합"으로부터 설명하려고 한다. 사람들은 생리학적인 설명의 목표가, 물리학이 고찰하듯이, 유기체적인 생명을 일반적인 힘들로 환원하는 것이라는 점을 메켈의 『생리학논총 *Archiv für Physiologie*』(1820) 5권 185쪽에서 발견할 수 있다. 또한 라마르크도 그의 『동물철학』 2권 3장에서 생명을 열과 전기의 단순한 작용으로 설명한다. "열과 전기적인 물질은 생명의 이러한 본질적인 원인들을 완성하기 위해서 완전히 충분한 것이다."(『동물철학』, 16쪽) 이에 따르면 본래 열과 전기는 물자체이며 동물세계와 식물세계는 이것의 현상이다. 이러한 견해의 불합리함은 그 책의 306쪽 이하에서 나타난다. 그렇게 종종 언급되던 견해가 최근에 새로이 뻔뻔스럽게 다시 등장했다는 것은 잘 알려져 있다. 정확하게 고찰한다면, 이러한 견해에는 결국 유기체가 단지 물리적, 화학적 그리고 기계적 힘들의 현상들의 집합체일 뿐이고, 여기에서 이러한 힘들은 우연히 모여, 별다른 의미 없이 자연현상 Naturspiel으로서 유기체를 만들어 낸다는 전제가 근거로 놓여 있다. 이에 따르면 동물이나 인간이라는 유기체는, 철학적으로 고찰하자면 자신의 이념의 표현, 즉 특정한 높은 단계에서의 의지의 직접적인 객관성이 아니라 단지 전기, 화학작용, 기계작용 속에서 의지를 객관화하는 저 이념이 유기체로부터 나타나는 것일 뿐이다. 그런 까닭에 구름이나 종유석으로 이루어진 인간과 동물의 형태처럼, 유기체는 이러한 힘들의 결합에 의해 우연히 그렇게 만들어진 것이기 때문에 더 이상 관심을 받지 못한다. 그럼에도 우리는 물리적이고 화학적인 설명방식들의 적용이 어떤 한계 안에서 유기체에 어디까지 허용되고 필요하게 되는지를 곧바로 알게 될 것인데, 물론 나는 생명력이 무기체적인 자연의 힘들을 이용하고 필요로 하지만, 그러나 대장장이가 망치와 모루 Amboß로 이루어지지 않은 것처럼 생명력이 결코 이러한 힘들로부터 생기지 않는다는 점을 제시할 것이다. 그런 까닭에 단순한 식물의 삶조차도 무기체적인 자연의 힘들로부터, 모세관의 힘과 삼투 Endosmose로부터 설명될 수 없는데, 동물들의 삶은 말할 필요도 없다. 다음의 고찰은 그렇듯 상당히 어려운 설명을 위한 길을 우리에게 제시해 줄 것이다.

언급했던 모든 것에 따르면, 자연과학이 의지의 객관화의 높은 단계를 낮은 단계로 환원하려고 한다면 이것은 자연과학의 오류이다. 근원적이고 스스로 존재하는 자연력에 대한 오해와 부인은 이미 잘 알려진 힘들의 특수한 현상방식이 일어나는 곳에서 독특한 힘들을 근거 없는 것으로 가정하는 것처럼 잘못된 것이기 때문이다. 그런 까닭에 칸트는 올바르게도 풀줄기Grashalm를 뉴턴에게, 즉 풀줄기를 물리적이고 화학적인 힘들의 현상으로 환원시키고 이러한 힘들의 우연한 산물, 즉 단순한 자연현상이 풀줄기가 된 것이라고 보며, 이러한 풀줄기 속에는 무슨 고유한 이념이 나타나는 것이 아니라, 즉 의지 자체의 높고 독특한 이념이 나타난 것이 아니라 단지 무기체적인 자연의 현상에서처럼 우연하게 이러한 형태로 나타난 것에 불과하다고 보는 뉴턴에게서 설명을 기대하는 것은 불합리할 것이라고 말하였다. 그러한 견해를 결코 허용하지 않았을 스콜라철학자들은 그것이 실체형상forma substantialis을 완전히 부인하고 실체형상을 우연적 형상forma accidentalis으로 경시하는 것이라고 전적으로 올바르게 말했을 것이다. 왜냐하면 아리스토텔레스의 실체형상은 정확하게 내가 사물에서 의지의 객관화의 정도Grad라고 부른 것을 지칭하기 때문이다. 그러나 다른 한편으로 모든 이념들에서, 즉 무기체적 자연의 모든 힘 속에서 그리고 유기체적 자연의 모든 형태 속에서 스스로 드러나는 것, 즉 표상의 형식, 객관성의 형식으로 관계하는 것이 하나의 동일한 의지라는 점이 간과되어서는 안 된다. 그런 까닭에 의지의 단일성은 모든 의지의 현상에서의 내적인 연관성을 통해 인식되어야만 한다. 이러한 단일성은 의지의 전체 현상이 보다 분명한 곳, 따라서 식물영역과 동물영역에서 모든 형식의 일반적으로 결정적인 유사성, 모든 현상들 속에서 다시 발견되는 근본유형Grundtypus을 통해 의지의 객관성의 보다 높은 단계에서 드러난다. 그렇기 때문에 이러한 근본유형은 이 세기의 프랑스인이 시작한 탁월한 동물학적 체계를 이끌어 가는 원리가 되었고 그리고 비교해부학에서 가장 완전하게 계획의 통일, 해부학적 요소의 동일성Gleichförmigkeit으로서 증명된다. 또한 근본유형을 발견해 내는 것이 셸링학파의 자연철학자들의 주요한 과제이며, 어쨌든 몇 가지 업적을 지닌 이들의 노력은 칭찬할 만한 것이었다. 비록 많은 경우에 이들이 자연에서 유사성을 쫓는 것이 단순히 익살로 변질되어 버렸지만 말이다. 그러나 이들은 올바르게도 무기체적 자연의 이념들 속에서, 예를 들면 나중에 동일성이 확인된 전기와 자기 사이에서, 화학적 인력과 중력 사이 등등에서 그러한 연관성과 닮음을 증명하였다. 특히 그들은 양극성Polarität, 즉 하나의 힘이 질적으로 다르며, 대립하면서 다시 합치하려고 노력하는 두 가지의 활동으로 서로 비켜서는 것, 또한 대부분 공간적으로 대립하는 방향으로 갈라지는 것을 통해 드러나는 것이 자석Magnet과 결정에서부터 인간에 이르기까지 자연의 거의 모든 현상의 근본유형이라는 점을 주목하게 하였다. 그러나 중국에서 이러한 인식은 옛날부터 음과 양의 대립의 이론에서 통용되었다. 바로 세계의 모든 사물들이 하나의 동일한 의지의 객관성이며, 따라서 내적인 본질에 따라 동일한 것이기 때문에, 그들 사이에는 오해할 수 없는 유사성이 존재해야만 하고 그리고 보다 불완전한 모든 것 속에도 이미 다음에 놓여 있는 보다 완전한 것의 흔적, 암시, 소질이 나타날 뿐만 아니라 모든 그러한 형식들이 단지 표상으로서의 세계에만 속하기 때문에, 더구나 이미 표상의 가장 일반적인 형식 속에서, 즉 현상하는 세계의 이러한 본래적인 근본구조 속에서, 바로 공간과 시간 속에서 형식들을 채우는 모든 것의 근본유형, 암시, 소질이 발견되고 증명된다는 점을 가정해 볼 수 있다. 이 점에 대한 희미한 인식은 카발라와 피타고라스학파의 모든 수학적 철학, 또한 중국인들의 『역경』이 제시하였다. 셸링학파에서도 우리는 자연의 모든 현상들 사이의 유사성을 밝히려고 한

다양한 노력을 발견할 수 있으며, 또한 불행한 시도였지만, 공간과 시간의 단순한 법칙에서 자연법칙을 이끌어 내려는 몇 번의 시도들이 있었다. 그러나 어떤 천재적인 사람이 두 가지의 노력들을 얼마만큼 실현하게 될는지는 알 수 없다.

이제 현상과 물자체의 차이에서 결코 눈을 떼어서는 안 되고 그리고 그런 까닭에 객관화된 모든 이념들 속에서 의지의 동일성을 결코 (왜냐하면 의지는 자신의 객관성에 일정한 단계들을 갖기 때문에) 의지가 현상하는 개별적인 이념 자체의 동일성으로 왜곡해서는 안 되는데, 그런 까닭에 예를 들면, 화학적이거나 전기적인 인력이 중력에 의한 인력으로 환원되어서는 안 된다. 비록 이러한 인력의 내적인 유사성이 알려지고 그리고 화학적이거나 전기적인 인력이 마치 이러한 중력에 의한 인력의 보다 높은 힘Potenz으로 볼 수 있다 하더라도 말이다. 마찬가지로 모든 동물들의 구조의 내적인 유사성으로 그 종류를 혼동하고 동일하게 여기며 보다 더 완전한 것을 보다 덜 완전한 것의 변종으로 설명할 수 없다. 따라서 결국 생리학적인 기능들이 결코 화학적이거나 물리적인 과정으로 환원될 수 없다면, 사람들을 어떤 한계 내에서 이러한 과정을 정당화하기 위해 다음의 사실을 아주 가능성이 있는 것으로 가정할 수 있을 것이다.

의지의 객관화의 보다 낮은 단계인, 즉 무기체 속에서 의지의 현상들 중에서 몇 가지의 것이 인과성을 실마리로 해서 존재하는 물질을 차지하려고 서로 갈등을 겪게 되면, 이러한 투쟁으로부터 보다 높은 이념이 나타난다. 이러한 이념은 이전에 존재했던 보다 불완전한 이념을 모두 제압해 버린다. 그러나 보다 높은 이념은 보다 불완전한 이념의 유사성을 자신 안에 받아들이면서 그보다 불완전한 이념의 본질을 종속적인 방식으로 존재하게 한다. 이러한 과정은 바로 오로지 모든 이념들 속에서 현상하는 의지의 동일성으로부터 그리고 항상 보다 높은 객관화로 의지가 노력하는 것으로부터 이해할 수 있다. 그런 까닭에 우리는, 예를 들면 비록 골화Ossifikation 가 결코 결정화로 환원되어서는 안 되지만, 뼈가 굳어지는 것에서 본래 석회를 지배하는 힘으로서 결정화와의 분명한 유사성을 볼 수 있다. 살이 굳어지는 것에서는 이러한 유사성이 약하게 나타난다. 그래서 동물 신체에서 체액들의 혼합과 분비는 화학적인 혼합과 분리의 유사물들이며, 더구나 여기에서는 화학적 혼합과 분리의 법칙들이 여전히 계속해서 작용하지만, 그러나 종속적이고 매우 변형되어 보다 높은 이념에 의해 제압된다. 그런 까닭에 단지 화학적인 힘들은 유기체의 외부에서는 결코 그러한 체액을 제공하지 못하고,

"화학은 그것을 '자연처치법'이라고 부르지만,

화학이 자신을 비웃는 것이며 왜 그런지를 알지 못한다."

[괴테 『파우스트』 I, 1940행 이하]

몇 개의 낮은 이념들이나 의지의 객관화에 대한 이러한 승리로부터 생겨난 보다 완전한 이념은 바로 이를 통해 제압된 모든 이념으로부터 보다 높은 힘을 지닌 유사물을 자기 속으로 받아들이는 것에 의해 완전히 새로운 성질을 얻는다. 의지는 보다 분명한 새로운 방식으로 객관화된다. 근본적으로 자연발생을 통해, 나중에는 존재하는 배아Keim와의 동화작용을 통해 유기체의 체액, 식물, 동물, 인간이 생겨난다. 따라서 보다 낮은 현상들의 싸움으로부터 보다 낮은 현상들을 모두 집어삼키지만, 그러나 모든 현상들의 노력을 보다 높은 정도로 실현시키는 보다 높은 현상이 생긴다. 그에 따라서 이미 여기에서는 "뱀이 다른 뱀을 집어삼키지 않으면 결코 용이 될 수 없다"[베이컨, 『Sermones fideles』 38, De fortuna]라는 법칙이 지배한다.

나는 가능하다면, 명확한 설명을 통해 이러한 생각의 애매함을 극복하

고자 하였다. 내가 이해하지 못하거나 오해하게 된다면, 나는 오로지 독자 자신의 고찰이 나에게 도움을 주어야 한다는 것을 잘 안다. 주어진 견해에 따르면 사람들은 유기체에서 화학적이고 물리적인 작용방식의 흔적들을 증명하지만, 그러나 결코 유기체를 이러한 작용방식들로 설명할 수는 없다. 왜냐하면 유기체는 결코 그러한 힘들의 통일된 작용을 통해, 따라서 우연히 나타나는 현상들이 아니라 보다 낮은 이념이 압도적인 동화작용을 통해 종속되는 보다 높은 이념이기 때문이다. 왜냐하면 유기체가 가능한 한 높은 단계의 객관화를 추구하면서, 모든 이념들 속에 객관화되는 하나의 의지는 보다 높은 단계에서 보다 강력하게 나타나기 위해, 동일한 이념들의 갈등으로써 자신의 현상의 낮은 단계를 포기하기 때문이다. 투쟁 없이는 승리도 존재하지 않는다. 보다 높은 이념 또는 의지의 객관화는 오로지 낮은 이념의 제압을 통해 나타날 수 있으므로, 보다 높은 이념은 비록 종속된 상태에 있더라도 종속적이지 않고 완전한 자신의 본질에 도달하려고 항상 노력하는 이러한 낮은 이념의 저항을 받는다. 쇠를 들어 올리는 자석이 의지의 가장 낮은 객관화로서 쇠라는 물질에 대해 보다 근원적인 권리를 갖고 있는 중력과 지속적으로 투쟁하며, 이러한 지속적인 투쟁 속에서 저항이 자석을 보다 더 노력하게 자극하여 강하게 만들 듯이 인간의 유기체에서 나타나는 모든 의지의 현상은 보다 낮은 이념으로서 그러한 물질보다 더 먼저 권리를 갖고 있는 수많은 물리적이고 화학적인 힘들에 대해 지속적인 투쟁을 하고 있다. 그런 까닭에 사람들은 잠시 동안 중력을 제압하여 들고 있던 팔이 내려가는 것이다. 따라서 근본적으로 신체의 체액을 지배하는 물리적이고 화학적인 법칙에 대해 자기 자신을 의식한 유기체의 이념의 승리를 표현하는, 건강이라는 기분 좋은 느낌은 종종 중단되고, 우리는 항상 그러한 힘들의 저항에서 생겨나는 어떤 크고 작은 불쾌함에 의해 이끌리며 그리고 이를 통해 이미 우리 삶의 식물적인 부분은 지속적으로 작은 고통과 지속적으로 연결된다. 그런 까닭에 소화는 모든 동물적인 기능들을 억누르는데, 왜냐하면 소화는 동화작용을 통해 화학적인 자연력들을 제압하기 위해 모든 생명력들을 요구하기 때문이다. 그래서 대개 물리적인 생명의 부담이 있으며, 잠과 마지막에는 죽음이 필연적으로 존재하는데, 결국 보다 좋아진 상황을 통해 그렇게 중단되었던 자연력들이 지속적인 승리에 의해 피곤해진 유기체에게서 빼앗긴 물질을 다시 찾고 자신의 본질을 방해받지 않고 드러낸다. 따라서 사람들은 이념의 모사인 유기체가 이념을 단지 보다 낮은 이념을 제압하는 데 사용된 자신의 힘의 부분을 뺀 뒤의 이념을 드러낸다고 말할 수 있다. 이것은 야콥 뵈메가 어디선가에서 인간과 동물의 모든 신체, 모든 식물들이 본래 반쯤은 죽어 있을 것이라고 말했을 때 그의 머리에 떠오른 생각이었다. 이제 유기체가 의지의 객관성의 보다 낮은 단계를 드러내는 자연력들을 제압하는 것이 거의 성공함에 따라, 유기체는 보다 완전하게 또는 보다 덜 완전하게 자신의 이념을 표현하게 된다. 즉 자신의 종의 아름다움으로 다가가는 이상Ideal에 보다 가깝게 또는 보다 멀게 서 있게 된다.

그래서 우리는 자연의 곳곳에서 싸움, 투쟁, 승리의 교체를 보게 되고 바로 거기에서 의지에 본질적인 자신과의 분열을 분명하게 인식하게 된다. 의지의 객관화의 모든 단계는 다른 단계에서 물질, 공간, 시간을 두고 다툰다. 기계적이고, 물리적이며, 화학적이고, 유기적인 현상들은 인과성을 실마리로 삼아 모두가 자신의 이념을 드러내려고 하기 때문에, 간절하게 나타내려고 하면서 지속하는 물질은 끊임없이 형태를 바꾸어야만 한다. 자연 전체를 통해 이러한 싸움이 일어나고, 자연은 오로지 그러한 싸움을 통해서만 다시 존재한다. "왜냐하면 엠페도클레스가 말했듯이, 사물들 사이에서 싸움이 지배적이지 않다면, 모든 것은 하나일 것이기 때문이다."(아리스토텔레스, 『형이상학』 2권, 5장)[11] 그러나 이러한 싸움 자체는 단지 의지에 본질적인 자기 자신과의 분열을 드러내는 것이다. 이러한 보편적인 투쟁이 가장 분명하게 드러나는 곳은 동물계인데, 이 동물계는 식물계를 영양분으로 취하고 이러한 동물계 자체에서도 다시 모든 동물은 다른 동물의 먹이와 영양분이 된다. 즉 모든 동물이 자신의 존재를, 오직 다른 동물의 지속적인 제거를 통해 유지할 수 있으므로, 동물의 이념이 드러난 물질은 다른 이념을 드러내기 위해 물러나야만 한다. 그래서 살려는 의지는 보통 자기 자신을 먹어 치우고 다양한 형태로 자기 자신의 영양분이 되는데, 결국 인간은, 모든 것을 제압하기 때문에 자연을 자기가 사용하는 제품으로 보며, 또한 인간 자신도, 우리가 4권에서 보게 될 텐데, 자신 속에 그러한 투쟁, 즉 의지의 그러한 자기분열을 아주 두렵고 분명하게 드러내고, "인간은 인간에게 늑대homo homini lupus"(플라우투스, 『아시나리아』 2, 495쪽)가 되는 것이다. 한편 우리는 이러한 투쟁, 이러한 제압을 마찬가지로 의지의 객관화의 낮은 단계에서 다시 인식할 수 있다. 많은 곤충들(특히 맵시벌)이 그들의 알을 다른 곤충들 유충의 피부에, 몸에 낳는데 이러한 유충을 천천히 파괴하는 것이 부화된 새끼의 첫 번째 작업이다. 낡은 히드라에서 가지Zweig로 자라나서 나중에 그것과 분리되는 어린 히드라는 그가 늙은 히드라에 붙어 있는 동안, 이미 늙은 히드라와 제공된 먹이를 갖고 투쟁하여 다른 히드라의 입에서 먹이를 끌어당긴다(트렘블리, 『다족류』 2권, 110쪽; 3권, 165쪽). 그런데 이런 방식의 가장 두드러진 예는 오스트리아의 불독개미가 제공해 준다. 사람들이 불독개미를 절단하면, 머리 부분과 꼬리 부분의 투쟁이 시작된다. 머리 부분이 꼬리 부분을 물면 꼬리 부분은 머리 부분을 찌르면서 방어한다. 그 싸움은 둘이 죽거나 또는 다른 개미에 끌려갈 때까지 삼십 분이나 지속된다. 그 과정은 매번 일어난다(「갈리냐니의 메신저」에 인쇄된 『주간

---

11   쇼펜하우어가 제시한 『형이상학』의 출처는 오기로 보이며 원래는 『형이상학』 3권 4장(1000b)—옮긴이.

저널』의 1855년 11월 17일 호위트의 편지에서). 미주리 강가에서 사람들은 엄청난 떡갈나무가 커다랗고 거친 포도덩굴에 의해 줄기와 모든 가지를 휘감기고, 묶이고 매여 떡갈나무가 질식한 것처럼 시들어 버리는 것을 본다. 똑같은 것이 낮은 단계에서도 나타나는데, 예를 들면 유기체적인 동화작용을 통해 물과 석탄이 식물즙으로, 또는 식물이나 빵이 혈액으로 변하는 경우이다. 그리고 화학적인 힘들을 종속적인 작용방식으로 제한하여 동물적인 분비가 일어나는 곳 어디에서나 그렇다. 또한 무기체적 자연에서도, 예를 들면 결정들이 서로 만나고, 교차하며 결정들이 순수하게 결정화된 형태를 보일 수 없게 그렇게 서로를 저지할 때가 그러한데, 거의 모든 결정의 무리Drüse는 의지의 객관화의 그러한 낮은 단계에 대한 이러한 의지의 싸움의 모사이기 때문이다. 자석이 자신의 이념을 쇠에 드러내기 위해, 쇠에 자성을 강요할 때, 또는 직류전기Galvanismus가 친화력을 제압하여, 확고한 화합물들을 분해시켜, 음극에서 분해된 염의 산이 도중에 알칼리와 결합하지 않고 양극으로 향해야 하거나 또는 리트머스 시험지를 만나면 빨갛게 변해야 하는 화학적 법칙들을 제거하는 경우가 그러하다. 이것은 대체로 중심천체와 행성의 관계에서도 나타난다. 행성은 중심천체에 대한 결정적인 의존성에도 불구하고, 유기체의 화학적 힘들과 마찬가지로, 항상 중심천체에 저항한다. 여기에서 구심력과 원심력의 지속적인 긴장이 생기고, 우주의 운행은 이러한 긴장을 포함하는데, 이는 그 자체로 이미 우리가 방금 고찰했던 의지의 현상의 일반적이고 본질적인 투쟁의 표현이다. 왜냐하면 모든 물체는 의지의 현상으로 보아야 하는데, 의지는 필연적으로 하나의 노력으로 나타나기 때문이다. 그래서 구형으로 된 모든 천체의 원래의 상태는 정지상태일 수 없고, 휴식도 목적도 없는 무한한 공간 속으로 향하는 운동, 노력이다. 이러한 운동, 노력을 관성의 법칙도 그리고 인과성의 법칙도 피할 수 없다. 왜냐하면 관성의 법칙에 따르면 물질 자체는 정지와 운동에 관심이 없기 때문에, 정지와 운동은 물질의 근원적인 상태일 수 있다. 그런 까닭에, 우리가 운동하는 물질을 발견할 때에 운동하는 물질이 정지상태에 있었을 것이라고 전제할 권리가 없는 것처럼, 운동이 나타나는 원인에 대해 물을 권리가 없다. 반대로 우리가 정지한 물질을 발견할 때에는, 이러한 정지상태에 앞서는 운동을 전제하고 그리고 이러한 운동이 사라지는 원인에 대해 물을 수 있는 권리가 없다. 그런 까닭에 원심력을 있게 한 최초의 충돌은 찾을 수 없으며, 원심력은 칸트와 라플라스의 가설에 의하면 행성의 경우에 중심천체의 근원적인 회전의 잔여물이고, 이러한 행성은 중심천체가 수축할 때에 분리된 것이다. 그러나 이러한 중심천체 자체에 운동은 본질적인 것이다. 중심천체는 여전히 돌고 있으며 동시에 무한한 공간으로 날아가거나 또는 아마도 우리에게 보이지 않는 더 큰 중심천체를 돌고 있을 것이다. 이러한 견해는 하나의 중심태양에 관한 천문학자들의 추측과, 우리의 전체 태양계, 또는 아마도 우리 태양계가 속하는 전체 성단의 지각된 움직임과 완전히 일치하는데, 이로써 결국 중심태양을 포함하여 모든 항성의 일반적인 움직임을 추리할 수 있다. 물론 이러한 움직임은 무한한 공간에서는 의미를 잃어버리고 (운동은 절대공간에서는 정지와 구분되지 않기 때문에) 이미 노력과 목표 없는 여행을 통해 직접적으로 무상함Nichtigkeit, 궁극적인 목표의 결핍을 표현하게 되는데, 우리는 2권의 결론에서 모든 의지의 현상 속에 나타나는 의지의 노력에서 이러한 무상함과 결핍을 인정해야만 할 것이다. 그런 까닭에 다시 무한한 공간과 무한한 시간이 의지의 전체 현상의 보편적이고 본질적인 형식이어야만 하고, 전체 현상은 의지의 전체 본질을 표현하려고 존재한다. 결국 우리는, 의지의 현상의 본질이 척력Repulsivkraft과 인력Attraktivkraft으로 칸트에 의해 올바르게 표현되는 한에서, 우리가 고찰한 모든 의지현상의 서로에 대한 투쟁을, 더욱이 단순한 물질에서 투쟁 그 자체로서 고찰한다면 다시 인식할 수 있다. 그래서 이미 물질은 오직 대립하는 힘들의 투쟁 속에서만 존재하는 것이다. 우리가 물질의 모든 화학적인 상이성을 도외시한다거나 화학적인 차이가 없는 원인과 결과의 연결고리까지 멀리 돌이켜 생각한다면, 우리에게는 단순한 물질, 구형으로 된 세계, 그러한 세계의 삶, 즉 의지의 객관화, 인력과 척력 사이의 투쟁이 남게 되며 인력은 중력으로서 모든 면에서 중심으로 밀어내면서, 척력은 강성이나 탄성을 통해서 불가입성으로서 저항하면서 이러한 지속적인 충동과 저항은 가장 낮은 단계의 의지의 객관성으로서 고찰될 수 있고 이미 거기에서 의지의 성격을 표현한다.

그래서 우리는 여기에서 의지의 가장 낮은 단계에서 의지가 모든 직접적인 인식가능성으로부터 벗어나 맹목적인 충동, 어둡고 둔탁한 노력으로서 나타나는 것을 볼 수 있다. 이것은 의지의 객관화의 가장 단순하고 가장 약한 방식이다. 그러나 의지는 그러한 맹목적인 충동과 인식 없는 노력으로 무기체적인 자연 전체에서, 모든 근원적인 힘들 속에서 나타나게 되는데, 물리학과 화학은 이러한 힘들을 찾아내어 그러한 힘들의 법칙들을 알려고 몰두하는 것이며 그러한 힘들 각각은 수많은 현상 속에서 완전히 동일하고 법칙적이며, 개별적인 성격의 흔적을 드러내지 않고 단지 시간과 공간을 통해, 즉 개체화원리를 통해, 하나의 상이 유리의 다면체를 통해 다양하게 나타나듯이 다양하게 될 뿐이다.

단계적으로 분명하게 객관화되면서, 그럼에도 불구하고 더 이상 본래적인 원인이 아니라 자극이 의지의 현상을 연결하는 식물계에서도 의지는 완전히 인식 없이 어둡게 작용하는 힘으로서, 결국 동물적인 현상의 식물적인 부분에서도, 모든 동물의 발생과 형성 그리고 동물들의 내적인 경제성의 유지에서도 항상 단순한 자극들만이 의지의 현상을 필연적으로 규정한다. 의지의 객관화의 높은 단계가 되면 결국 이념을 나타내는 개체가 자극에 의한 단순한 운동을 통해 동화되어야 하는 자신의 먹이를 더 이상 언을 수 없는 지점에 이르게 된다. 왜냐하면 그러한 자극은 기다려져야 하지만, 여기에서 영양분은 특별하게 정해진 영양분이기 때문이며 점점 증가하는 현상들의 다양성에서 혼잡함과 뒤엉킴이, 현상들이 서로를 방해할 정도로 더 커지게 되고, 단순한 자극에 의해 움직인 개체가 우연에 의해 영양분을 기다려야만 하는 것은 매우 적절하지 않기 때문이다. 그런 까닭에 동물은 인식 없이 살아온 알Ei이나 모태Mutterleib에서 나오는 그 지점에서부터 영양분을 찾아야만 한다. 그것에 의해 여기에서는 동기에 의한 운동 그리고 동기에서 비롯된 인식이 필요하며, 따라서 이러한 인식이 의지의 객관화의 이러한 단계에 필요한 도움의 수단, 즉 메카네로서 개체의 유지와 종족의 번식을 위해 나타난다. 기관을 통해 객관화되는 의지의 모든 다른 노력이나 규정이 나타나듯이, 즉 표상을 위해 하나의 기관으로 드러나듯이, 인식은 뇌나 큰 신경절Ganglion에서 나타난다.[12] 그러나 이러한 보조 수단, 즉 이러한 기계μηχανή와 함께 이제 단번에 표상으로서의 세계가 이러한 세계의 모든 형식들인 객관과 주관, 시간, 공간, 다수성 및 인과성과 함께 존재한다. 이제 세계는 두 번째 측면을 보여 준다. 지금까지 세계는 단순히 의지였지만, 이제는 동시에 표상, 즉 인식하는 주관의 표상이다. 여기까지 어둠 속에서 아주 확실하고 틀림없이 자신의 충동을 추구해 온 의지는 이러한 단계에서 의지의 현상의 혼잡하고 복잡한 성질로부터 가장 완전하게 될 수 있는 단점을 제거하기 위해 필요한 수단으로서 빛을 비추는 것이다. 의지가 비유기체적이고 단순히 식물적인 자연에서 작용하는 지금까지의 틀림없는 확실성과 법칙성은 의지가, 의지 자신의 존재의 모사이지만 그러나 완전히 다른 본성을 지니고 이제 의지의 현상의 연관성에 관

12　이에 대해서는 2편 22장 참고. 또한 나의 저서 『자연에서의 의지에 대하여』 1판 54쪽 이하 그리고 70-79쪽 또는 2판 46쪽 이하 그리고 63-72쪽 참고.

여하는 두 번째 세계, 즉 완전히 다른 표상으로서의 세계의 도움 없이, 또한 방해 없이 오로지 자신의 근원적인 본질 속에서 맹목적인 충동, 의지로서 활동한다는 점에 근거한다. 이제 이것으로 인해 의지현상의 틀림없는 확실성은 중단된다. 동물들은 이미 가상, 기만에 빠진다. 동물들은 단지 직관적인 표상들만을 갖고 개념, 반성이 없으며, 그런 까닭에 현재에만 붙잡혀 있고, 미래를 고려할 수 없다. 이러한 이성 없는 인식은 어떤 경우에도 인식의 목적에 이르기 충분하지 않고 그리고 때때로 마치 지원을 필요로 하는 것처럼 보인다. 왜냐하면 우리에게는 의지의 맹목적인 작용과 인식에 의해 밝혀진 두 가지 종류의 현상이 아주 놀라운 방식으로 서로 다른 영역으로 개입하는 아주 주목할 만한 현상이 제공되기 때문이다. 한편으로 우리는 직관적인 인식과 이러한 인식의 동기들에 의해 이끌어진 동물들의 행위 중에서 이러한 직관적 인식과 동기들 없이 맹목적으로 작용하는 의지의 필연성에 의해 수행된 행위들을, 동기나 인식에 의해 행해지지 않고 추상적이고, 이성적인 동기들에 의한 업적으로 보이는 인위적 충동에서 발견할 수 있다. 이와 대립하는 다른 경우는, 거꾸로 인식의 빛이 맹목적으로 작용하는 의지의 작업장에 침입하여 신통력magnetisches Hellsehen으로 인간의 신체기관의 식물적인 기능을 밝혀 주는 것이다. 결국 의지가 자신의 객관화의 가장 높은 정도에 도달했을 때에, 감각들이 자료를 제공하는, 현재와 연결되어 있는 단순한 직관을 생기게 하는 동물들의 오성인식은 더 이상 충분하지 않다. 복잡하고 다양하며 유연하고 아주 부족하며 수많은 상처에 놓여 있는 존재, 즉 인간은 존재하기 위해 이중의 인식에 의해 깨우쳐져야 하며, 말하자면 직관적인 인식의 보다 높은 힘이 직관적인 인식에 덧붙여져 직관적인 인식의 반성, 추상적인 개념의 능력으로서 이성이 주어져야만 한다. 이러한 이성에 의해 미래와 과거에 대한 조망을 유지하면서 분별력이 존재하게 되었고, 이 뒤로 고려, 염려, 현재와 무관한 행동들에 대해 미리 생각하는 능력, 마지막으로 또한 자신의 의지현상 자체에 대한 완전히 분명한 의식이 존재하게 되었다. 이미 단순히 직관적인 인식과 함께 가상과 기만의 가능성이 등장하였고, 이를 통해 의지의 인식 없는 행위Treiben에서 이전의 확실성은 제거되었으며, 그렇기 때문에 인식에 의해 이끌리는 의지의 드러남 중에서 인식 없는 의지의 표현인 본능과 인위적 충동은 의지를 도와주어야 했다. 그리하여 이성의 등장과 함께 의지현상의 (다른 극단인 비유기체적인 자연에서는, 심지어 엄밀한 합법칙성으로 나타나는) 확실성과 진실함Untrüglichkeit은 대부분 완전히 사라진다. 본능이 완전히 물러나고, 이제 모든 것을 대체해야만 하는 숙고가 동요와 불확실성을 낳는다. (1권에서 제시되었듯이) 많은 경우에 행위를 통한 의지의 적절한 객관화를 방해하는 오류가 가능하게 된다. 왜냐하면 비록 의지가 이미 성격 속에서 자신의 특정한 그리고 변하지 않는 방향을 취하고 있고, 이러한 방향에 상응하여 의욕 자체가 동기를 계기로 삼아 틀림없이 나타나지만, 그러나 잘못된 동기가 곧바로 현실적인 동기에 영향을 주어 이러한 현실적인 동기를 제거하면서 오류가 의욕의 표현을 왜곡시킬 수 있기 때문이다.[13] 예를 들면, 미신이 주어진 상황에서 자신의 의지가 본래와 상반되는 방식으로 현상하여 인간에게 행동의 방식을 강요하는 잘못된 동기들을 용인하는 경우이다. 아가멤논이 자신의 딸들을 죽이는 것, 구두쇠가 언젠가 백배의 배상을 받으리라고 기대하는 순수한 이기심에서 기부하는 등등의 경우이다.

이성적일뿐만 아니라 직관적이기도 한 인식 일반은 따라서 근본적으로 의지 자체에서 생기며 단순한 메카네, 즉 신체의 모든 기관뿐만 아니라 개

---

13 그런 까닭에 스콜라철학자들은 아주 적절하게 다음과 같이 말했다. "궁극적인 원인은 그것의 현실적인 존재에 의해서 작용하는 것이 아니라, 그것의 인식된 존재에 따라 작용한다."(수아레스, 『형이상학 논쟁』 23, 7, 8절)

체와 종의 유지를 위한 수단으로서 의지의 객관화의 보다 높은 단계에 속한다. 따라서 근본적으로 의지에 기여하고, 또한 의지의 목적을 완성하도록 규정된 인식은 거의 대체로 모든 동물과 거의 모든 인간에게서 의지에 봉사한다. 그러나 우리는 3권에서 개별적인 인간에게서 인식이 어떻게 이러한 봉사에서 벗어나는지, 그러한 굴레를 벗어 버리는지 그리고 의욕의 모든 목표에서 벗어나 세계의 단순하고 맑은 거울로서 순전히 스스로 존재할 수 있는지를 보게 될 것인데, 여기에서 예술이 생겨나며, 마지막으로 4권에서는 이러한 종류의 인식을 통해 이러한 인식이 의지에 영향을 끼칠 때 의지의 자기폐기Selbstaufhebung, 즉 궁극적인 목표이며, 확실히 모든 덕과 성스러움 그리고 세계의 구원의 가장 내적인 본질인 체념Resignation이 어떻게 나타날 수 있지를 보게 될 것이다.

28절

~⌒~

우리는, 의지가 객관화되는 현상들의 수많은 다수성과 다양성을 고찰하였다. 우리는 서로에 대해 끊임없이 계속되는 의지의 화해할 수 없는 투쟁을 보았다. 그럼에도 불구하고 우리의 지금까지의 전체 설명에 따르면 의지 자체는 물자체로서 결코 그러한 다원성, 그러한 변화에서 파악되지는 않는다. (플라톤적인)이념들의 다양성, 즉 객관화의 단계들, 개체들 각각이 나타나는 개체들의 집합, 물질을 둘러싼 형태들의 투쟁, 이 모든 것은 의지와는 관계가 없고, 단지 의지의 객관화의 방식과 관계가 있을 뿐이며 의지의 객관화의 방식을 통해서만 의지와 간접적인 관계를 갖는데, 이러한 간접적인 관계에 의해 이 모든 것은 표상에 대한 의지의 본질을 표현하는 것에 속한다. 마법의 등Zauberlaterne이 다양하고 많은 그림들을 보여 주지만, 그러나 이 모든 그림들을 보이도록 하는 것이 하나의 동일한 불꽃인 것처럼, 서로 나란히 세계를 채우거나 또는 잇달아 사건들로서 나타나는 모든 다양한 현상들 속에서 오로지 하나의 의지가 드러나는 것이며, 모든 것은 이러한 의지가 가시화되고 객관화된 것이며, 그러한 의지는 모든 변화에서도 변하는 바 없이 존재한다. 의지만이 물자체이다. 그러나 모든 객관은 드러남Erscheinung, 칸트의 말로 말하자면 현상Phänomen인 것이다. 비록 인간에게서는 (플라톤적인)이념으로서 의지가 그 자체의 가장 분명하고 가장 완전한 객관화를 발견하지만, 그럼에도 불구하고 이러한 객관화는 의지의 본질을 표현할 수 없다. 인간의 이념은, 그에 속하는 의미를 드러내기 위해서는 다른 단계와 아무런 관련 없이 나타나는 것이 아니라, 동물의 모든 형태들, 식물계를 지나 무기체에 이르기까지 아래쪽을 향하여 단계적으로 나타나야 한다. 이 모든 단계들은 비로소 의지의 완전한 객관화를 위해 서로를 보완한다. 이러한 단계들은 인간의 이념에 의해서 나무의 꽃이 잎새들, 가지들, 줄기와 뿌리를 전제하는 것과 마찬가지로 전제된다. 그러한 단계들은, 그 정점이 인간인 피라미드를 형성하고 있다. 또한 사람들이 비유를 좋아한다면, 다음과 같이 말할 수 있다. 대낮의 빛이 황혼을 지나 서서히 어둠 속으로 사라지는 것처럼 인간의 현상은 이러한 단계들을 필연적으로 동반한다. 또는 이러한 단계들의 현상을 인간의 메아리Nachhall라고 칭하면서 다음과 같이 말할 수 있다. 동물과 식물들은 인간보다 5도에서 3도 정도 음정이 낮고, 무기계는 인간보다 한 옥타브가 낮다. 그러나 이러한 마지막 비유의 전체적인 진리는, 우리가 3권에서 음악의 깊은 의미를 규명하고, 어떻게 가볍게 움직이는 고음을 통해 관계를 가지며 전개되는 멜로디가, 어떤 의미에서 반성을 통해 관계를 갖는 인간의 삶과 노력을 드러내는 것으로 간주될 수 있는지가 우리에게 제시되면, 그다음에 반대로 음악의 완전성에 필요한 화음을 생기게 하는 관계없는 보조음Ripienstimmen 과 무겁게 움직이는 저음이 그 밖의 동물적이고 인식 없는 자연을 모사한 다는 것이 우리에게 제시되면 분명해질 것이다. 이에 대해서는 더 이상 그 것이 역설적으로 들리지 않는 장소에서 다루도록 할 것이다. 그러나 우리 는 또한, 의지의 적절한 객관성으로부터 분리할 수 없는 의지의 현상의 연 속된 단계Stufenfolge의 내적인 필연성이 이러한 현상 자체의 전체에서 외적 인 필연성을 통해 표현되는 것을 발견한다. 외적인 필연성에 의해, 인간이 자신을 유지하기 위해 동물을 필요로 하고, 이러한 동물은 단계적으로 다 른 동물을, 또한 식물을 필요로 하며 식물은 다시 땅, 물, 화학적 요소와 그 화합물을 필요로 하며, 행성, 태양, 태양 주의를 도는 공전, 황도Ekliptik의 기울기 등을 필요로 한다. 근본적으로 이것은 의지 자체가 자신을 먹어 치 워야만 한다는 점에서 생겨나는데, 왜냐하면 의지란 의지 밖에는 아무것 도 존재하지 않는 굶주린 의지이기 때문이다. 그런 까닭에 좇음Jagd, 불안 그리고 고통이 존재하는 것이다.

현상들의 무한한 상이성과 다양성에서 물자체로서 의지의 단일성의 인 식이, 오로지 자연의 모든 산물의 놀랍고 확실한 유사성에 대한, 함께 주어 지지 않은 주제의 변형으로 고찰되는 닮음에 대한 설명을 제공해 주는 것 과 마찬가지로 그러한 조화, 즉 세계의 모든 부분의 본질적인 연관성, 우리 가 방금 고찰한 현상들의 단계의 필연성을 분명하고 깊이 있게 파악한 인 식을 통해 우리가 고찰하고 판단할 때 선천적으로 전제하는 모든 유기체 적인 자연산물Naturprodukt의 부인할 수 없는 합목적성Zweckmäßigkeit의 내적 인 본질과 의미에 대한 참되고 충분한 통찰이 열린다.

이러한 합목적성에는 두 가지가 있다. 하나는 내적인 합목적성인데, 이 를 통해 개별적인 유기체와 유기체의 종의 유지가 생겨나게 되고 그리고 그런 까닭에 유기체와 유기체의 종의 질서를 목적으로 개별적인 유기체의 모든 부분이 정리되어 일치하는 것이다. 그러나 다른 하나는 외적인 합목적성, 즉 유기체적인 자연 일반에 대한 무기체적인 자연의 관계나 유기체적인 자연의 개별적인 부분들 각자에 대한 관계인데, 이러한 외적인 합목적성은 유기체적인 자연 전체나 개별적인 동물종Tiergattung의 유지를 가능하게 하며, 따라서 이러한 목적을 위한 수단으로서 우리의 판단에 나타난다.

내적인 합목적성은 우리의 고찰의 연관성 속에서 다음과 같이 나타난다. 지금까지 언급된 것에 따라 자연에서의 형태의 모든 다양성과 개체들의 모든 다수성이 의지에 속하는 것이 아니라, 오직 의지의 객관성 그리고 객관성의 형식에 속할 뿐이라고 한다면, 의지의 객관화의 등급들, 즉 (플라톤적인)이념들이 아주 다양하기는 하지만, 의지는 나눌 수 없고 모든 현상 속에서 완전히 존재한다는 사실이 필연적으로 수반된다. 우리는 쉽게 이해하기 위해 이러한 다양한 이념들을 개별적이고 그리고 그 자체로 단순한 의지작용으로서 고찰할 수 있는데, 의지의 본질은 의지의 작용 속에 거의 표현된다. 그러나 개체들은 다시 이념들, 곧 시간과 공간 그리고 다수성 속에서 그러한 작용들의 현상들이다. 또한 객관성의 가장 낮은 단계에서 그러한 의지의 작용(또는 이념)은 현상 속에서 자신의 단일성을 유지한다. 반면에 의지가 높은 단계에서 현상하기 위해서는 시간 속에서 상태들의 전체적인 연쇄와 전개를 필요로 하는데, 이 모든 것들이 함께 의지의 본질을 표현하는 것을 완성한다. 그래서 예를 들면, 어떤 일반적인 자연력 속에서 드러나는 이념은 비록 외부의 관계에 따라 다양하게 나타나지만, 언제나 단순하게만 나타난다. 그렇지 않으면 이러한 이념의 동일성은 전혀 증명될 수 없을 것인데, 왜냐하면 이것은 단순히 외적인 관계로부터 생겨나는 다양성의 구별을 통해 증명될 것이기 때문이다. 마찬가지로 결정은 하나의 생명의 표현만을, 나중에 경직된 형태로, 즉 순간적인 생명의 시체로 완전히 충분하고 철저하게 표현되는 결정작용을 갖고 있다. 그러나 이미 이념의 현상인 식물들은 이러한 이념을 한번에, 단순한 표현으로 드러내는 것이 아니라, 시간 속에서 식물의 기관이 연속적으로 전개하면서 드러낸다. 동물은 동일한 방식으로, 종종 아주 다양한 연속적인 형태(변태 Metamorphose)에서 자신의 유기체를 전개시킬 뿐만 아니라, 이러한 형태 자체는, 비록 이미 이 단계에서 의지의 객관화이지만, 동물의 이념을 완전하게 표현하기에는 충분하지 못하고, 오히려 이러한 형태는 비로소 동물의 행동을 통해 보충된다. 이러한 행동 속에는 종 전체에서 동일한 동물의 경험적 성격이 표현되고 비로소 이념이 완전하게 드러나게 되는데, 이 경우에 이념은 특정한 유기체를 근본조건으로 전제한다. 인간에게서 이미 모든 개인의 경험적 성격은 독특한 것(우리가 4권에서 보게 될 것이지만, 의욕 전체의 자기포기를 통해 종의 성격을 완전히 제거하기까지 하는)이 된다. 시간 속에서의 필연적인 전개를 통해 그리고 이로써 제약된 개별적인 행동으로 나누어짐Zerfallen을 통해 경험적인 성격으로 인식되는 것은, 현상의 이러한 시간적인 형식의 추상에 의한, 칸트의 표현에 따르자면 예지적 성격intelligibler Charakter인데, 칸트는 이러한 차이를 증명하고 자유와 필연성 사이의 관계, 즉 본래 물자체로서의 의지와 시간 속에서 의지의 현상 사이의 관계를 설명하면서 그의 불멸의 업적을 특별히 훌륭하게 드러낸다.[14] 따라서 예지적 성격은 이념 또는 보다 본래적으로 말하자면 이념 속에서 드러나는 근원적인 의지작용과 일치한다. 그런 한에서 모든 인간의 경험적 성격뿐만 아니라, 모든 동물종의 성격, 모든 식물종의 성격 그리고 더욱이 무기체적 자

---

14 『순수이성비판』 '세계 사건들을 그것들의 원인으로부터 도출함의 전체성에 대한 우주론적 이념들의 해결' 5판 560-586쪽, 1판의 532쪽 이하 그리고 『실천이성비판』 4판 169-179쪽, 로젠크란츠판 224쪽 이하. 나의 근거율에 대한 논문 43장 참고.

연의 모든 근원적인 힘의 성격까지도 예지적 성격의 현상, 즉 비시간적이고 분리할 수 없는 의지작용의 현상으로서 보아야 한다. 임시로 나는 여기에서 모든 식물들이 그들의 전체 성격을 단순한 형태를 통해 드러내고 정직하게 표명하며, 그들의 전체 존재와 의욕을 밝히는 소박성Naivetät에 주의를 환기시키고자 하는데, 이것 때문에 식물의 외형Physiognomie이 흥미로워진다. 동물은 자신의 이념에 따라 인식되기 위해, 자신의 행위와 활동 속에서 고찰되어야 하는 반면, 인간은 보다 더 철저하게 연구되고 검토되어야한다. 왜냐하면 이성이 인간을 심하게 왜곡할 수 있기 때문이다. 동물은 인간보다 훨씬 더 소박하며, 식물은 동물보다 더 소박하다. 우리는 동물에서, 인간에게서보다 살려는 의지가 더 적나라하게 드러나는 것을 보게 되는데, 수많은 인식으로 감추어져 있고 그리고 특히 왜곡시키는 능력을 통해 은폐되어 있는 곳에서는 인간의 참된 본질이 단지 거의 우연하게 그리고 부분적으로만 나타난다. 완전히 적나라하지만, 훨씬 더 약하게 그러한 의지는 식물 속에서 목적과 목표 없이 단순하게 맹목적으로 존재하기 위한 충동으로 나타난다. 왜냐하면 식물은 그의 존재 전체를 첫눈에 그리고 완전히 순진하게 드러내는데, 식물은 모든 동물들이 가장 잘 숨겨진 곳에 갖고 있는 생식기관을 꼭대기에 드러내 보이는 것이 아무렇지 않기 때문이다. 식물의 이러한 순진함은 식물의 인식불가능성 때문이다. 잘못Schuld은 의욕이 아니라, 인식에 의한 의욕에 놓여 있다. 모든 식물은 먼저 자신의 고향, 고향의 기후 그리고 자신이 유래한 땅의 성격에 관해 이야기한다. 그런 까닭에 여기에 별로 정통하지 않은 사람이라도, 이국적인 식물이 적도지역의 것인지 또는 온대지역의 것인지 그리고 식물이 물이나 늪에서 자란 것인지, 혹은 산이나 들에서 자란 것인지를 쉽게 안다. 그러나 그 밖에 모든 식물은 자신의 종Gattung의 특별한 의지를 표명하며 다른 언어로는 표현할 수 없는 어떤 것을 말하고 있다. 그러나 식물이 유기체들의 내적인 합목적성과 관련되는 한에서, 이제까지 언급된 것을 유기체들의 목적론적 고찰에 적용하도록 하자. 무기체적인 자연의 모든 곳에서 유일한 의지작용으로 고찰될 수 있는 이념이 유일하고 항상 동일한 표현으로 자신을 드러낸다면, 그리고 그런 까닭에 여기에서 경험적 성격이 직접적으로 예지적 성격의 단일성에 관여한다고 말한다면, 즉 여기에서 내적인 합목적성이 나타날 수 없기 때문에 마치 예지적 성격과 일치한다고 말할 수 있다면, 반대로 모든 유기체들이 여러 부분들의 다양성을 통해 서로 제약된 연속적인 전개를 통해 유기체의 이념들을 나타내고, 따라서 유기체의 경험적인 성격을 나타내는 것의 총계가 공통적으로 예지적 성격의 표현이라고 한다면, 유기체의 부분들의 이러한 필연적인 공존과 연속적인 전개는, 현상하는 이념들이 스스로 드러내는 의지작용의 단일성을 제거하지는 못한다. 오히려 이러한 단일성은 인과성의 법칙에 의해 그러한 부분들과 서로 간의 전개들의 필연적인 관계와 연결에서 나타난다. 하나의 작용에서뿐만 아니라 전체 이념 속에서 드러나는 것은 유일하고 분리되지 않으며 따라서 완전히 자기 자신과 일치하는 의지이기 때문에 의지의 현상은, 비록 부분들과 상태들의 다양성으로 분산되지만, 의지의 현상들이 대체로 일치하는 것으로 그러한 단일성을 다시 드러내야만 한다. 이것은 모든 부분들의 필연적인 관계와 의존성을 통해 드러나는데, 또한 이러한 필연적인 관계를 통해 현상 속에서 이념의 단일성이 회복된다. 이에 따라 우리는 유기체의 그러한 서로 다른 부분들과 기능들을 서로의 수단과 목적으로서 인식하지만, 유기체 자신은 모든 것의 궁극적인 목적으로 인식한다. 따라서 한편으로 그 자체로 단순한 이념이 유기체의 부분들과 상태들의 다양성 속에서 분리되어 나타나는 것은, 다른 한편으로 원인과 결과, 따라서 서로 수단과 목적이라는 사실로부터 유기체들의 부분들과 기능들의 필연적인 연결을 통해 이념의 단일성을 회복시키는 것은 현상하는 의지 자체, 즉 물자체가 아니라 오로지 공간, 시간 그리고 (오직 근거율의 형식, 즉 현상의 형식뿐인) 인과성에 고유하고 본질적인 것이다. 이처럼 분리시키고 회복시키는 것은 의지로서의 세계에 속하는 것이 아니라 표상으로서의 세계에 속한다. 이 것들은, 의지가 자신의 객관성의 이러한 단계에서 객관, 즉 표상이 되는 방식에 속한다. 아마도 이러한 다소 어려운 설명의 의미를 파악한 사람은 이제 유기체의 합목적성뿐만 아니라 무기체의 법칙성이 무엇보다도 우리의 오성에 의해 자연 속에 가져다 놓은 것이고, 그런 까닭에 양자는 단지 물자체가 아니라 현상에 관계한다는 칸트의 이론을 본질적으로 올바르게 이해하게 될 것이다. 위에서 언급된 무기체적인 자연의 틀림없이 일정한 법칙성에 대한 놀라움은 유기체적 자연의 합목적성에 대한 놀라움과 본질적으로 동일한 것이다. 왜냐하면 양자의 경우에 우리를 놀라게 하는 것은 오직 현상에 대해 다수성과 다양성의 형식을 취하는 이념의 근원적인 단일성에 대한 조망이기 때문이다.[15]

위에서 한 구분에 따라 합목적성의 두 번째 방식, 즉 유기체의 내적인 경제성에서가 아닌, 유기체들이 외부의 무기체적인 자연으로부터뿐만 아니라 다른 유기체로부터도 지원과 도움을 받는 외적인 합목적성에 관해 말하자면, 외적인 합목적성은 제시된 논의에서 일반적인 설명을 확인할 수 있는데, 세계 전체가 세계의 모든 현상들과 함께 하나의 분리할 수 없는 의지의 객관성, 즉 개별적인 음에 대한 화음처럼 다른 모든 이념들에 대해 관계하는 이념이며, 그런 까닭에 의지의 단일성은 의지의 모든 현상들의 일치 속에서 서로 나타나야만 하기 때문이다. 그러나 우리가 그러한 외적인 합목적성의 현상과 자연의 다양한 부분들의 일치에 좀 더 가까이 다가간다면 이러한 견해를 훨씬 더 분명히 할 수 있을 것이다. 또한 이러한 설명

15 『자연에서의 의지에 대하여』의 '비교해부학' 결론 부분 참고.

은 동시에 이전의 설명을 분명하게 해 줄 것이다. 우리는 다음의 유사성에 대한 고찰에 의해 거기에 도달할 수 있을 것이다.

모든 개별적인 인간의 성격은, 그가 전적으로 개인이고 종에 사로잡히지 않는 한, 의지의 고유한 객관화작용에 부합하는 특별한 이념으로서 간주될 수 있다. 이러한 작용 자체는 그 사람의 예지적 성격이고, 그 사람의 경험적 성격은 의지의 현상일 것이다. 경험적 성격은 전적으로 근거 없는, 즉 물자체로서 근거율(현상의 형식)에 종속되지 않는 의지의 예지적 성격을 통해 규정된다. 경험적 성격은 삶의 행로에서 예지적 성격을 모사해야만 하며, 이러한 예지적 성격의 본질이 요구하는 것과 다른 것이 될 수는 없다. 그러나 이러한 규정은 본질적인 것에만 미치는 것이지, 이러한 본질적인 것에 따라 현상하는 삶의 행로에서의 비본질적인 것에는 미치지 않는다. 경험적 성격이 나타나는 재료인 사건들과 행동들의 상세한 규정이 이러한 비본질적인 것에 속한다. 이러한 사건들과 행동들은 외부의 상황들에 의해 규정되며, 외부의 상황들은 성격이 자신의 본성에 따라 반응하는 동기들을 제공하고, 그리고 이러한 외부적 상황들이 아주 다양할 수 있기 때문에 경험적 성격의 현상의 외적인 형태, 곧 삶의 행로의 현실적이거나 역사적인 특정한 형태는 외부 상황들의 영향에 따라야만 한다. 이러한 형태는, 비록 이러한 현상의 본질적인 것, 현상의 내용이 동일한 것이라고 해도 아주 다양할 수 있다. 예를 들면, 내기에서 사람들이 호두나 왕관에 걸지 말지 하는 것은 비본질적이지만, 사람들이 놀이에서 누군가를 속이든지 놀이에 진지하게 임하든지는 본질적인 것이다. 본질적인 것은 예지적 성격에 의해 규정되고, 비본질적인 것은 외부의 영향에 의해 규정된다. 동일한 주제가 수백 개로 변형되어 나타날 수 있듯이, 동일한 성격이 수백 가지의 다양한 삶의 행로로 나타날 수 있다. 그러나 외부의 영향이 그렇게 다양할 수 있지만, 그럼에도 불구하고 그것이 어떤 결과가 되더라도, 삶의 행로에서 표현되는 경험적 성격은, 예지적 성격의 객관화를 현실적인 상황에서 현존하는 재료에 적용하면서 예지적 성격을 정확하게 객관화하여야만 한다. 우리가 의지의 객관화라는 근원적인 작용에서 의지가 객관화되는 다양한 이념들, 즉 의지의 객관화가 할당되며 그렇기 때문에 필연적으로 서로에 대한 관계를 현상 속에서 맺어야만 하는 모든 종류의 자연물의 다양한 형태들을 어떻게 규정하는지를 생각해 보려고 한다면, 우리는 이제 본질적으로 성격을 통해 규정된 삶의 행로에 영향을 주는 외부의 상황들과 같은 것을 가정해야만 한다. 우리는 하나의 의지의 그러한 모든 현상들 사이에서 서로에 대한 일반적이고 대립적인 적응Sich-Anpassen과 순응Sich-Bequemen이 일어난다는 것을 가정해야만 하는데, 그러나 이 경우에, 우리가 곧 분명하게 보게 되겠지만, 모든 시간 규정들이 제외되어야 한다. 왜냐하면 이념은 시간 바깥에 놓여 있기 때문이다. 이에 따라서 모든 현상은 이러한 현상에 나타나는 환경에 적응해야 하지만, 그러나 이러한 환경은 비록 시간적으로는 훨씬 나중에 생겨난 것일지라도 다시 현상에 적응해야 한다. 그리고 우리는 어디에서나 이러한 자연의 합치consensus naturae를 본다. 그렇기 때문에 모든 식물은 토양과 지역에 적응하고, 모든 동물은 자연의 힘과 자신의 영양분이 되어야 할 먹이에 적응하며, 또한 자신의 자연적인 추적자로부터 어떤 식으로든 어느 정도 보호를 받는다. 눈은 빛과 빛의 굴절에, 폐와 혈액은 공기에, 부레는 물에, 물개의 눈은 매질Medium의 변화에, 낙타의 물을 함유하는 위의 세포는 아프리카 사막의 가뭄에, 앵무조개Nautilus의 돛은 작은 껍질을 움직이는 바람에 적응하는데, 그렇게 가장 특별하고 놀라운 외적인 합목적성에까지 도달한다.[16] 그러나 여기에서 모든 시간관계는 제외되어야 하는데, 왜냐하면 그러한 시간관계는 단지 이

---

16 「자연에서의 의지에 대하여」 '비교해부학' 장 참고.

념의 현상에 관계할 뿐이지 이념 자체에 관계할 수는 없기 때문이다. 또한 그에 따라서 위의 설명방식은 거꾸로 사용할 수 있고, 모든 종이 현존하는 상황들에 순응하는 것을 가정할 뿐만 아니라, 시간상 앞서는 이러한 상황들 자체도 언젠가 다가올 존재를 고려한다는 것을 가정해야 한다. 왜냐하면 세계 전체에서 객관화되는 것은 바로 하나의 동일한 의지이기 때문이다. 의지는 시간을 모르는데, 근거율의 이러한 형태는 의지나 의지의 근원적인 객관성인 이념에 속하는 것이 아니라 소멸하는 개체에 의해, 즉 이념들의 현상에 의해 인식되는 방식에 속하기 때문이다. 그런 까닭에 의지의 객관화가 이념으로 분배되는 방식에 대한 우리의 현재의 고찰에서 시간적인 순서는 아무런 의미가 없고, 이 때문에 현상 그 자체가 종속되는 인과성의 법칙에 따라 시간의 순서상 그 현상이 먼저 나타난 이념들은 나중에 나타나는 이념들의 현상보다 더 우위를 차지하지 않는다. 오히려 나중에 나타나는 이념들의 현상은 바로 의지의 가장 완전한 객관화이며, 나중에 나타난 이념의 현상들이 이전에 나타난 이념의 현상들에 적응해야 하는 것처럼 이전에 나타난 이념의 현상들도 마찬가지로 나중에 나타난 이념의 현상들에 적응해야만 한다. 따라서 행성의 운행, 황도의 기울기, 지구의 자전, 육지와 바다의 분배, 대기, 빛, 열과 모든 비슷한 현상들, 화음에서 기초저음에 속하는 자연에 존재하는 이러한 것들은 자신들이 감당하고 유지해야 하는 살아 있는 존재의 다가오는 종들을 기대하면서 순응해야 한다. 마찬가지로 토양은 식물의 영양분에, 식물은 동물의 영양분에, 동물은 다른 동물의 영양분에 순응하고 거꾸로 모든 후자가 다시 전자에 순응한다. 자연의 모든 부분들은 서로에 부합하는데, 왜냐하면 그러한 모든 부분들에서 나타나는 것이 단 하나의 의지이기 때문이다. 그러나 시간의 순서는 의지의 근원적이고 적절한 객관성(이 표현은 4권에서 설명할 것이다), 즉 이념들과는 전혀 관련이 없다. 종들이 자신을 유지만 하고, 더 이상 생겨날 필요가 없는 지금 우리는 마치 이따금씩 시간의 순서를 도외시하는 미래에까지 펼쳐지는 자연의 배려, 곧 다가와야 하는 것에 대해 지금 존재하는 것이 순응함을 보게 된다. 그래서 새는 아직 아무것도 모르는 새끼를 위해 둥지를 짓는다. 비버는 목적을 모르면서도 굴을 판다. 개미, 햄스터, 꿀벌은 자신에게 알려지지 않은 겨울을 나고자 식량을 모은다. 거미, 애명주잠자리는 숙고된 책략처럼 미래의, 그에게 알려지지 않은 약탈을 막기 위해 함정을 판다. 곤충들은 미래의 애벌레가 영양분을 얻을 곳에 자신들의 알을 낳는다. 암수가 다른 나사말Vallisneria의 암꽃이 개화기에 물의 바닥에 붙어있었던 나선형의 줄기를 펼쳐 수면 위로 올라오면, 물 밑바닥의 짧은 줄기에서 자라는 수꽃은 이 줄기에서 분리되어 생명을 희생하여 물위로 올라오고, 헤엄을 치면서 암꽃을 찾는데, 그렇게 수정한 뒤에 암꽃은 수축을 통해 다시 나선형의 줄기를 물 아래로 회수하여 그것에서 열매를 만든다.[17] 또한 여기에서 나는 한 번 더 수컷 하늘가재의 애벌레에 대해 생각해야만 하는데, 이 애벌레는 변태하기 위해 나무 구멍에 미래의 뿔을 넣을 공간을 얻고자 암컷보다 배나 더 큰 구멍을 만든다. 따라서 동물의 본능은 보통 우리에게 자연의 그 밖의 목적론에 대한 최고의 설명을 제공한다. 왜냐하면 본능이 바로 목적개념에 의한 하나의 행위이지만 전혀 목적이 없는 것처럼, 자연의 모든 형성은 목적개념에 의한 형성이지만, 전혀 목적개념이 없기 때문이다. 자연의 내적인 목적론에서처럼 외적인 목적론에서도 우리가 수단과 목적으로 생각해야만 하는 것은, 언제나 단지 우리의 인식방식을 위해 공간과 시간 속에서 나타난 것이 자기 자신과 일치하는 하나의 의지의 단일성의 현상일 뿐이기 때문이다.

---

17 「Comptes rendus de l'académie des sciences」 13호, 1855년의 샤탱, 「나선형 나사말에 대하여」.

이러한 단일성에서 생겨 나오는 현상들의 상호 간의 적응과 순응은 그럼에도 불구하고 위에서 언급된, 자연의 일반적인 투쟁 속에서 생겨나는, 의지의 본질적인 내적인 모순은 제거될 수 없다. 그런 까닭에 조화는, 이러한 조화가 없었더라면 몰락할 수도 있었던 세계의 존속Bestand과 세계의 존재를 단지 가능하게 하는 정도로만 지속된다. 그런 까닭에 조화는 단지 종과 일반적인 삶의 조건의 존속에만 이르게 되고, 개체들의 존속에는 이르지 않는다. 따라서, 이러한 조화와 적응으로 말미암아, 유기체의 종들과 무기물에서의 일반적인 자연력들이 나란히 존재하고, 더욱이 상호적으로 지원하지만, 그와 반대로 모든 그러한 이념을 통해 객관화된 의지의 내적인 모순은, 위에서 언급했듯이, 그러한 종에 속하는 개체들의 멈추지 않는 섬멸전Vertilgungskrieg과 그러한 자연력의 현상들의 서로 지속하는 투쟁에서 나타난다. 이러한 투쟁의 싸움터와 대상은 이들이 서로 빼앗으려고 애쓰는 물질이며, 또한 공간과 시간인데, 1권에서 말했듯이, 이러한 공간과 시간이 인과성의 형식을 통해 합한 것이 본래 물질이다.[18]

29절

나는 여기에서 아직 결코 존재하지 않는, 그런 까닭에 개성의 흔적을 남길 수밖에 없는 사상을 최초로 전달하면서, 가능한 한 우리가 살아가고 존재하는 이러한 세계가 그 본질에 따르자면 전적으로 의지이고 동시에 전적으로 표상이라는 점이 분명하고 확실하다는 것을 전달하는 것이 성공했

18 이에 대해서는 2편 26장과 27장 참고.

기를 기대하면서 내 설명의 두 번째 부분을 마치도록 한다. 이러한 표상은 이미 그 자체로 하나의 형식, 즉 객관과 주관, 따라서 상대적인 것이다. 그리고 우리가 이러한 형식과 이러한 형식에 종속된 모든 것, 즉 근거율이 표현하는 것을 제거한 후에 무엇이 남아 있는지를 묻는다면, 이것은 표상과는 전혀 다른 것으로서 본래적인 물자체인 의지 이외의 다른 것이 아니다. 모든 사람이 자신을 인식하는 주관으로서 알고 있듯이, 자기 자신을 세계의 내적인 본질이 존재하는 이러한 의지로서 알고 있는데, 이러한 인식주관의 표상이 세계 전체이고, 그런 한에서 이러한 세계는 오직 주관의 의식과의 관계 속에서만 그러한 세계의 필연적인 담당자로서 존재한다. 따라서 모든 사람은 이러한 이중의 고찰에서 세계 전체 자체, 즉 소우주이며 세계의 두 가지 측면을 전적으로 완전히 자기 자신 속에서 발견한다. 그리고 그가 그렇게 자기 자신의 본질로서 인식하는 것, 그와 같은 것이 세계 전체, 즉 대우주의 본질을 철저하게 설명해 준다. 또한 세계도 그 자신과 마찬가지로 전적으로 의지이고 전적으로 표상이며, 그 밖에 남아 있는 것은 아무것도 없다. 그러므로 우리는 여기에서 대우주를 고찰했던 탈레스의 철학과 소우주를 고찰했던 소크라테스의 철학, 두 사람의 철학의 대상이 동일한 것으로 증명이 되면서 일치하는 것으로 본다. 그러나 1권과 2권에서 전달된 인식 전체는 3권과 4권을 통해 더욱 완전하고, 이를 통해 더욱 확실하게 될 것이다. 지금까지의 우리의 고찰에서 분명하게 또는 분명하지 않게 제시되었을 수 있는 몇 가지 물음이 3권과 4권에서는 충분히 답변되기를 바란다.

한편 사람들이 지금까지 설명한 의미를 아직 완전히 이해하지 못하기 때문에 그리고 바로 그 점에서 그러한 설명을 이해하는 데 기여할 수 있는 한에서, 본래 단순히 제기된 물음 하나를 특별히 설명하고자 한다. 그것은 다음과 같다. 모든 의지는 어떤 것에 대한 의지이며 대상, 즉 자신이 의욕하는 목표를 갖고 있다. 우리에게 세계의 본질 자체로 나타나게 되는 그러한 의지가 궁극적으로 바라는 것은 무엇이고 그러한 의지가 무엇을 지향하는가? 이 물음은 다른 많은 물음처럼 물자체와 현상과의 혼동에 기인한다. 근거율은 물자체가 아니라 오로지 현상에만 영향을 미치고, 또한 동기화의 법칙도 이러한 근거율의 형태이다. 어디에서든지 현상들 자체에 관해서만, 개별 사물들에 관해서만 근거가 언급될 수 있을 뿐이지, 결코 의지 자체에 관해서나 이러한 의지가 적절하게 객관화되는 이념에 관해서는 언급될 수 없다. 그러므로 모든 개별적인 운동이나 자연에서의 변화에 관한 원인, 즉 이러한 운동과 변화를 필연적으로 생기게 하는 상태를 찾아낼 수 있지만, 그러나 결코 그러한 운동과 변화와 비슷한 수많은 현상 속에서 나타나는 자연력 자체에 관해서는 원인을 찾을 수 없다. 그리고 그런 까닭에 중력, 전기 등등의 원인에 대해 질문을 하는 것은 사려 깊지 못한 것에서 생겨난 단순한 오해이다. 사람들이 중력, 전기가 근원적이고, 본래적인 자연력이 아니라 단지 일반적이고, 이미 알려진 자연력의 현상들일 뿐이라는 것을 입증했더라면, 이러한 자연력이 여기에서 중력, 전기의 현상을 생기게 하는 원인에 대해 물을 수 있을 것이다. 이 모든 것은 위에서 광범위하게 논의되었다. 이제 이와 마찬가지로 인식하는 개인의 (그 자신은 물자체로서의 의지의 한 현상일 뿐인데) 개별적인 의지작용은 필연적으로 하나의 동기를 지니는데, 이러한 동기 없이는 그러한 의지작용이 결코 일어나지 않을 수도 있다. 그러나 물질적인 원인들이 단순히 이 시간에, 이 장소에, 이 물질에 이러저러한 자연력의 표현이 나타나야만 하는 규정을 포함하고 있듯이 동기는 오로지 이 시간, 이 장소, 이러한 상황에서 인식하는 존재의 의지작용만을 완전히 개별적인 존재로서 규정할 뿐이다. 그러나 이것은 결코 인식하는 존재가 일반적으로 원하는 것 그리고 이러한 방식으로 원하는 것을 규정하지 않는다. 이것은 인식하는 존재의 예지적 성격의 표현인데, 이러한 예지적 성격은 의지 자체, 즉 물자체로서 근거 없는 것이며, 근거율의 영역 바깥에 놓여 있다. 그런 까닭에 모든 인간은 지속적으로 자신의 행동을 이끄는 목적과 동기들을 갖고 있고, 자신의 개별적인 행동에 대해 매번 설명할 수 있다. 그러나 그에게 왜 원하는지 또는 왜 존재하려고 하는지를 묻는다면 대답할 수가 없는데, 오히려 그는 그러한 질문을 불합리한 것으로 생각할 것이다. 그리고 바로 이 점에서 그 자신이 의지 이외에 다른 것이 아니라는 의식이 본래적으로 드러난 것일 수 있으며, 의지의 의욕은 따라서 저절로 이해되고 단지 개별적인 작용들 속에서 매 순간마다 동기에 의해 상세한 규정을 필요로 할 뿐이다.

실제로는 모든 목표, 모든 한계의 부재Abwesenheit가 끝없는 노력인 의지 자체의 본질에 속한다. 이것은 위에서 이미 원심력을 언급할 때 다루어졌다. 또한 이것은 의지의 객관성의 가장 낮은 단계에서, 즉 최종 목표에 도달하는 것이 불가능하다는 것이 분명함에도 지속적으로 노력하는 중력에서 가장 단순하게 드러난다. 왜냐하면 중력의 의지에 따라 존재하는 모든 물질이 한 덩어리로 결합되더라도, 그 덩어리의 내부에서 중력은, 중심점을 향하려고 노력하면서 여전히 강성이나 탄성으로서의 불가입성과 싸울 것이기 때문이다. 그런 까닭에 물질의 그러한 노력은 항상 저지되기만 할 뿐이지, 결코 충족되거나 진정될 수 없는 것이다. 그러나 의지의 모든 현상들의 갖은 노력은 바로 이렇게 관계한다. 달성된 모든 목표는 단지 새로운 경로의 시작이고, 그리고 그렇게 무한히 계속된다. 식물들은 자신의 현상을 씨앗에서 줄기와 꽃잎을 거쳐 꽃과 열매로 자라게 하지만, 열매는 다시 새로운 씨앗, 또다시 이전의 경로를 되풀이하는 새로운 개체의 시작에 불과한 것이며, 이렇게 무한하게 계속된다. 바로 그렇게 동물들의 삶의 행로도 진행된다. 생식은 그러한 삶의 행로의 정점이고, 그러한 정점에 도달한 후에는 최초의 개체의 삶은 빠르게 또는 천천히 소멸하는 반면, 새로운 개체는 종의 유지를 보증하고 이러한 현상이 반복된다. 또한 모든 유기체의 물질이 끊임없이 새로워지는 것은 이러한 지속적인 충동과 변화의 단순한 현상으로서 보아야 한다. 이제 생리학자들은 유기체의 물질이 이렇게 새로워지는 것을 운동할 때 소모되는 재료의 필수적인 보충으로 간주하지 않는데, 기계에서 일어나는 소모Abnutzung가 영양공급에 의해 지속적으로 유입되는 것에 대한 등가물Äquivalent이 전혀 될 수 없기 때문이다. 영원한 생성, 끝없는 흐름이 의지의 본질의 드러남에 속한다. 끝으로 똑같은 것이 인간의 노력과 소망에서 나타나는데, 이것들은 그러한 노력과 소망을 채우는 것이 항상 의욕의 최종적인 목표인 것처럼 믿게 한다. 그러나 이러한 노력과 소망이 충족되면, 더 이상 같은 것으로 보이지 않고, 그런 까닭에 곧바로 잊혀지고 폐기되며 그리고 비록 드러내 놓고 인정하는 것은 아니지만, 항상 사라져 버린 착각으로 무시된다. 소망에서 만족으로 그리고 이러한 만족에서 새로운 소망 ―이러한 소망이 신속하게 진행되는 것이 행복이고 천천히 진행되는 것이 고통인데― 으로 끊임없이 옮겨 가는 놀이가 그치고 두렵고, 삶을 마비시키는 권태, 특정한 대상이 없는 빛바랜 동경, 억누르는 우울로서 나타나는 정체Stocken에 빠지지 않기 위해서는 아직 소망할 무엇이 그리고 노력할 무엇이 남아 있을 때가 충분히 행복한 것이다. 이 모든 것에 따르면 인식이 의지를 비출 때에, 이러한 의지는 자신이 지금 무엇을 원하는지, 여기에서 무엇을 원하는지를 알고 있지만, 일반적으로 무엇을 원하는지는 결코 알지 못한다. 모든 개별적인 작용은 하나의 목표를 갖고 있지만 의욕 전체는 어떠한 목표도 갖고 있지 않다. 모든 개별적인 자연현상이 이 장소, 이 시간에 나타나는 것은 충분한 원인들에 의해 규정되지만, 그러한 현상 속에서 나타나는 힘은 일반적으로 원인을 갖지 않는다. 왜냐하면 개별적인 자연현상은 물자체, 즉 근거 없는 의지가 현상하는 단계이기 때문이다. 그러나 의지 전체의 유일한 자기인식은 표상 전체, 직관적인 세계 전체이다. 이러한 세계는 의지의 객관성, 의지의 드러남, 의지의 거울이다. 세계가 이러한 성질에서 언급하는 것은 우리가 나중에 고찰할 대상이 될 것이다.[19]

19 이에 대해서는 2편 28장 참고.

3권

표상으로서의 세계 두 번째 고찰

근거율에 의존하지 않는 표상:
플라톤적인 이념, 예술의 대상

"

생성하지 않는

영원한 존재는 무엇인가?

그리고

생성하거나 소멸하면서

실제로는 존재하지 않는 것은 무엇인가?

"

[플라톤, 『티마이오스』 27D]

30절

우리는 1권에서 단순한 표상으로서, 즉 주관에 대한 객관으로서 제시된 세계를 2권에서는 다른 측면에서 고찰하였고 그리고 이러한 세계가 의지라는 점, 이러한 의지가 오로지 표상 밖에 있는 세계로서 나타난다는 점을 발견한 후에, 우리는 이러한 인식에 따라 표상으로서의 세계를 전체뿐만 아니라 부분에 있어서도 의지의 객관성이라고 불렀다. 따라서 이것은 객관, 즉 표상이 된 의지이다. 더구나 우리는 그러한 의지의 객관화가 다양하지만 특정한 단계를 갖는다는 점을 기억할 수 있을 것이다. 의지의 본질은 이러한 단계 위에서 점차적으로 증가하고 명확해지고 완전해지면서 표상 속으로 드러난다. 즉 의지의 본질이 객관으로 나타나는 것이다. 우리는 이러한 단계 속에서 이미 플라톤의 이데아를 다시 인식하였다. 그것은 이러한 단계가 특정한 종이거나 또는 자연법칙에 의해 드러나는 일반적인 힘들처럼 무기체적일 뿐만 아니라 유기체적인 물체의 근원적이며 변하지 않는 형식들과 속성들인 한에서이다. 따라서 이러한 이념들은 수많은 개체들 속에서 그리고 개별자들 속에서 드러난다. 원형으로서의 이념은 이렇게 모방된 상Nachbilder에 관계한다. 그러한 개체들의 다원성은 시간과 공간을 통해, 그러한 개체들의 생성과 소멸은 오로지 인과성을 통해서만 표상할 수 있는데, 우리는 이러한 모든 형식에서 단지 근거율의 다양한 형태들만을 인식할 뿐이다. 이러한 근거율은 모든 유한성, 모든 개체화의 궁극적 원칙이며, 개체 자체를 인식하는 표상의 보편적인 형식이다. 이에 반해 이념은 그러한 원칙과는 관계하지 않는다. 따라서 이러한 이념에는 다원성이나 변화가 속하지 않는다. 이념이 나타나는 개체들은 수없이 많고 지속적으로 변하고 소멸하지만, 이념은 변하지 않고 동일한 것으로 있기 때문에 이러한 이념에 대해 근거율은 아무런 의미를 갖지 않는다. 이념은, 개체로서의 주관이 인식하는 한에서, 주관의 모든 인식의 근저에 놓여 있는 형식이기 때문에, 이념들은 또한 완전히 그러한 주관의 인식영역을 벗어나 있다. 따라서 이념들이 인식의 대상이 되어야 한다면, 이것은 오로지 인식하는 주관 속에서 개체성을 제거할 때에만 가능할 것이다. 여기에 대해 상세하고 충분하게 설명하는 것이 우리가 몰두해야 할 일이다.

31절

하지만 먼저 아주 본질적인 다음의 내용을 언급해야 한다. 칸트철학에서 물자체라고 불린 것 그리고 그 자체로 의미는 있지만 불명확하고 역설적인 가르침으로 나타난 것, 특히 칸트가 이끌어 들인 방식, 즉 근거 되어진 것으로부터 근거로 나아가는 추리를 통해 화를 나게 하는 원인으로, 그의 철학의 약점으로 발견된다는 점, 그리고 이렇게 물자체라고 불린 것이, 다시 말하지만 우리가 완전히 다른 길을 걸었다면 —실제로 우리는 이런 길을 걸어왔는데— 언급된 방식으로 확장되고 규정된 이러한 개념의 영역 속에 있는 의지 이외의 다른 것이 아니라는 점을 2권에서 내가 확신시키고자 한 것이 성공했기를 바란다. 더욱이 내가 원하는 것은, 지금까지 언급한 것에 의해 주저함이 없이 세계의 그-자체를 완성하는 저 의지의 객관화의 특정한 단계 속에서 플라톤이 영원한 이데아들 또는 불변하는 형상(에이도스)들이라고 부른 것을 다시 인식하게 되리라는 염려를 품지 않게 되는 것이다. 이러한 형상들은 플라톤에게는 중요한 것이지만 동시에 그의 가르침은 불명확하고 역설적인 도그마이며 수세기 동안 많은 사상가들이 숙고하고 논의해 보아야 할 것으로 조롱과 존경의 대상이었다.

이제 의지가 물자체이지만, 이념이 특정한 단계에서의 의지의 직접적인 객관성이라고 한다면, 우리는 칸트의 물자체와 플라톤에게 오로지 참된 존재인 이념이 이 두 위대한 서양철학자의 아주 애매한 역설이라는 것을 발견하게 된다. 물론 이 두 사람의 사상이 동일한 것은 아니지만 서로 매우 유사한데, 단지 하나의 유일하고 고유한 규정에 의해서만 다를 뿐이다. 이 두 역설은, 내적으로 일치하고 유사한 것이지만 그것의 제창자들이 극단적으로 서로 다른 개인들이라는 점에서는 서로 다르다고 할 수 있는데, 그렇다고 해도 이 두 역설은 서로에 대해 가장 좋은 주석이라고 할 수 있다. 이 역설들은 하나의 목표로 향하는 완전히 다른 두 개의 길에 비유할 수 있다. 이 점은 간단하게 설명할 수 있다. 즉 칸트가 말하려고 하는 것은 본질적으로 다음과 같은 것이다. "시간, 공간 그리고 인과성은 물자체의 규정이 아니라 단지 물자체의 현상에 속하는 것이다. 시간, 공간 그리고 인과성은 우리 인식의 형식일 뿐이다. 그러나 모든 다원성, 모든 생성과 소멸은 오로지 시간, 공간 그리고 인과성에 의해 가능하기 때문에, 다원성과 모든 생성 그리고 소멸은 오로지 현상에만 의존하는 것이지 결코 물자체에 의존하는 것이 아니라는 사실이 이끌려 나온다. 그러나 우리의 인식은 그러한 형식들에 의해서 제약되어 있기 때문에, 경험 전체는 단지 현상의 인식일 뿐 물자체의 인식이 아니다. 여기에서 현상의 법칙은 물자체에 적용될 수 없다. 이것은 우리의 고유한 자아Ich에도 적용된다. 즉 우리는 자아를 그 자체로 인식하는 것이 아니라 현상으로서만 인식할 뿐이다." 이것이 칸트 가르침의 의미이며 내용이다. 그러나 플라톤은 다음과 같이 말한다. "우리의 감각이 지각하는 이 세계의 사물들은 결코 참된 존재를 갖고 있지 않다. 이 세계의 사물들은 항상 변화하고 존재하지 않는다. 이러한 사물들은 단지 상대적으로 존재할 뿐이며 모두 다 서로에 대한 상호관계 속에서 그리고 상호관계에 의해서 존재할 뿐이다. 여기에서 사람들은 사물들의 존재 전체를 비존재Nichtsein라고 부를 수 있을 것이다. 따라서 이 세계의 사물들은 본래적인 인식(에피스테메)의 대상이 아니다. 왜냐하면 오로지 그 자체로 항상 동일한 방식으로 있는 것에 대해서만 본질적인 인식이 가능하기 때문이다. 이에 반해 이 세계의 사물들은 지각에 의해서 유발된 추측의 대상(비이성적인 지각에 의한 단순한 억견)일 뿐이다. 이제 우리가 이러한 사물의 지각에 얽매이게 되는 한, 인간이 동굴 속에서 목을 움직이지 못하고 볼 수 있는 것은 자신의 뒤에서 타오르는 불빛에 의해 우리와 불 사이를 지나가는 실제 사물의 그림자가 벽에 비치는 것일 뿐이며, 이는 각자가 자신을 보거나 서로를 보아도 벽에 있는 그림자들만 보는 경우에 비교할 수 있다. 이러한 사람의 진리는 경험에서 배운 그러한 그림자의 연관들을 예측하는 것일 뿐이다. 그러나 이에 반해 오직 참된 존재라고 말할 수 있는 것은 그것이 항상 존재하며 결코 사라져 버리지 않기 때문이다. 그것은 그림자의 실제적인 원형이다. 그것은 영원한 이념, 즉 모든 사물들의 근원형상인 것이다. 이러한 이념들에는 다양성이 존재하지 않는다. 왜냐하면 각각의 이념은 원형 그 자체이고 이러한 원형의 모상은 명확하게 이 원형과 같은 종류의 같은 이름을 지닌 개별적이고 변화하는 사물이면서, 각각의 이념은 그 본질에 의해 하나이기 때문이다. 이러한 이념들에서는 생성과 소멸도 일어나지 않는다. 왜냐하면 이념들은 참으로 존재하는 것이기 때문이며 소멸해 버리는 모상처럼 결코 변하거나 사라져 버리는 것이 아니기 때문이다(그러나 이 두 가지의 부정적인 규정 속에서 시간, 공간 그리고 인과성이 이념에 대해서 어떤 의미나 타당성을 갖지 않으며 이념은 이러한 시간, 공간 그리고 인과성 속에 있지 않다는 점이 필연적인 전제로서 포함되어 있다). 여기에서는 오직 이념에 의해서만 본래적인 인식이 존재할 수 있다. 왜냐하면 그러한 인식의 대상은 단지 있는 것이며 또한 사람이 쳐다보는 것에 의해 존재하는 것이 아니라 오로지 항상 그리고 관찰하는 매 순간에 (따라서 그 자체로) 존재하는 것이기 때문이다." 이것이 플라톤의 가르침이다. 플라톤과 칸트의 사상에서 내적인 의미가 완전히 같다는 점, 이 두 사상가가 가시적인 세계를 현상이라고 설명한다는 점, 이러한 현상은 그 자체로 존재하는 것이 아니며 현상 속에서 자신을 표현함(하나는 물자체이고 다른 하나는 이념인데)을 통해 의미와 보호받는 실재성을 갖는다는 점은 더 이상의 설명이 필요 없는 것이다. 이 두 사상가의 가르침에 따르면 참된 존재에는 현상의 가장 일반적이고 본질적인 형식들도 전적으로 낯선 것이다. 칸트는 이러한 형식들을 거부하기 위해 이러한 형식들을 직접적으로 추상적인 표현 속에서 파악하였으며 곧바로 단순히 현상의 형식으로서의 시간, 공간 그리고 인과성을 물자체와 구분하였던 것이다. 이에 반해 플라톤은 궁극적인 표현에는 이르지 못하였으나 이러한 형식들에 의해서 가능한 것, 즉 같은 종의 다원성과 생성 그리고 소멸을 이념에서는 거부하면서 그러한 형식들은 그의 이념이 아니라는 점을 간접적으로 언급하였다. 불필요한 말이기는 하지만 나는 플라톤과 칸트의 사상에서 주목할 만하고 중요한 일치를 예를 들어 명확하게 설명할 것이다. 우리 앞에 아주 활기 넘치는 동물이 있다고 가정해 보자. 이에 대해서 플라톤은 다음과 같이 말할 것이다. "이 동물은 참된 존재를 갖고 있는 것이 아니라 가상적인 존재, 지속적인 변화, 존재한다고 할 수도 있고 존재하지 않는다고도 할 수 있는 상대적인 존재를 갖고 있을 뿐이다. 참으로 존재하는 것은 동물 속에서 모사되는 것, 또는 어떤 것에도 의존하지 않고 그 자체로 항상 동일한 방식으로 있는 동물 그 자체인 이데아일 뿐이며, 변하지 않고 사라지지 않으며, 항상 동일한 방식(항상 존재하지만 결코 생성하거나 소멸하지 않는 방식)으로 있다. 우리가 이 동물 속에서 그 이데아를 인식하는 한, 이 동물이 우리의 눈앞에 있는지 또는 천 년 전에 살고 있었는지,

더욱이 이 동물이 이곳에 있는지 아니면 다른 나라에 있는지, 이 동물이 이런 방식으로 또는 저런 방식으로 있는지, 어떤 자세 또는 어떤 행동을 드러내는지, 마지막으로 이 동물이 그 종의 개체인지 아니면 다른 개체인지는 모두 중요하지 않으며 아무런 의미도 갖지 않는다. 이 모든 것은 아무것도 아니며 현상에만 관계하는 것이다. 오로지 동물의 이데아만이 참된 존재를 가지고 있으며 참된 인식의 대상인 것이다." 이것이 플라톤의 말이다. 칸트는 다음과 같이 말할 것이다. "이 동물은 시간, 공간 그리고 인과성 속에서의 현상이다. 시간, 공간 그리고 인과성은 모두 우리의 인식능력에 놓여 있는 경험가능성의 선천적인 제약들이지 물자체의 규정이 아니다. 따라서 이러한 동물은 우리가 그것을 특정한 시간에, 주어진 장소에서 경험의 연관 속에서, 즉 원인과 결과의 연쇄에서 생겨난 것으로서 그리고 반드시 사라지는 개체로 지각하듯이, 물자체가 아니라 단지 우리의 인식에 관련해서만 타당한 현상일 뿐이다. 이러한 동물을 그 자체로 존재하는 바대로 따라서 시간, 공간, 인과성에 놓여 있는 모든 규정들에 의존하지 않고 인식하기 위해서는 우리에게 오로지 감각과 오성을 통해 가능한 인식방식과는 다른 인식방식이 요청된다."

칸트의 표현을 좀 더 플라톤적인 표현에 가깝게 하기 위해 우리는 다음과 같이 말할 수도 있을 것이다. 시간, 공간, 인과성은 우리 지성의 장치이다. 이러한 장치에 의해서 본래적으로 혼자서 존재하는 여러 종류 중의 하나의 존재가 항상 새롭게 생성하고 사라지는 존재에 의해 끊임없이 계속되는 같은 종류의 다원성으로서 우리에게 나타난다. 이러한 장치를 수단으로 하고 따르는 사물의 이해는 내재적인 이해이다. 이에 반해 이러한 사물의 사용Bewandtnis이 의식되는 이해가 선험적인 이해이다. 이러한 선험적인 이해는 순수이성의 비판을 통해 추상적으로 받아들여진다. 그러나 예외적으로 선험적인 이해는 직관적으로도 나타날 수 있다. 이러한 직관적인 이해는 부수적인 것인데, 이것은 내가 곧 3권에서 설명하려고 노력하는 것이다.

누군가가 언젠가 칸트의 가르침을, 칸트 이래로 플라톤을 본래적으로 이해하고 파악하며, 가공된 표현을 사용하거나 문체를 조롱하며 흉내 내지 않고 이 두 위대한 사상가의 가르침을 내적인 의미와 내용 면에서 충실히 진정으로 생각했다면, 이미 오래전에 이 두 위대한 현자가 아주 일치하고, 둘의 가르침의 순수한 의미와 목표가 완전히 같다는 것을 알게 될 것이다. 그렇다고 한다면 플라톤의 정신을 받아들이지 않는 라이프니츠와 끈질기게 비교하거나 또는 아직 살아 있는 '누군가'[1]와 비교하여 옛 위대한 사상가의 영혼을 조롱하지는 않았을 것이며, 지금보다도 더 나았을 것이고, 또한 지난 40년처럼 그렇게 치욕적으로 후퇴하지도 않았을 것이다. 사람들은 오늘은 이런 거짓말쟁이Windbeutel에, 내일은 저런 거짓말쟁이에 의해 이끌려 다니지 않았을 것이고 중요한 19세기의 독일에서 철학적인 촌극Possenspiel이 공연되지는 않았을 것이다. 이러한 촌극은 칸트의 무덤 위에서 상연되었는데(고대인들의 장례식에서처럼), 다른 나라 사람들이 이것을 조롱한 데는 이유가 있다. 이러한 촌극은 엄격하고 완고한 독일 사람에게는 어울리지 않기 때문이다. 그러나 참된 철학자들을 이해하는 것은 소수의 대중들뿐이고, 그 철학자를 이해하는 제자들의 수도 수백 년 동안 아주 적은 수에 불과했다. "많은 사람들이 바쿠스의 지팡이를 들고 다니지만 그중에 소수만이 바쿠스의 것이다."[플라톤, 『파이돈』, 69C] "철학은 사람들이 철학에 본래 속하는 것을 다루지 않기 때문에 경멸받게 되는 것이다. 왜냐하면 가짜 철학자가 아니라 진짜 철학자가 철학에 종사해야만 하기 때문이다."[플라톤, 『국가론』 7권, 535C]

---

1   프리드리히 하인리히 야코비.

우리는 다양한 단어들을 접해 왔다. "선험적인 표상들, 경험에 의존하지 않고 의식된 직관과 사유의 형식들, 순수 오성의 근본개념 등등." 그리고 우리는 플라톤의 이념이 근본개념인지 아닌지 그리고 그것이 지금의 삶 이전에 참으로 존재하는 사물의 직관인지 아닌지에 대해 물음을 제기하였다. 그리고 칸트의 직관과 사유의 형식에 대해서도 이것이 플라톤의 이데아와 같은 것인지 물음을 제기하였다. 두 가지의 다른 가르침들, 즉 개인의 인식을 현상에 제한하는 형식들에 관한 칸트의 가르침과 이러한 형식에 의한 이념의 인식을 부정하는 플라톤의 이념에 대한 가르침은 그런 점에서 크게 대립한다. 이 두 가르침이 그 표현에 있어서 약간 비슷하기 때문에 우리는 조심스럽게 비교하였고 이들의 동일성에 대해서도 논쟁하였지만, 그러나 결국 이 두 가르침이 같은 것이 아니라는 사실을 발견하였으며, 플라톤의 이데아설과 칸트의 이성비판은 전혀 일치하지 않는다고 결론지었다.[2] 이것에 관해서는 이만 언급하도록 하겠다.

32절

지금까지 우리의 고찰에 따르면, 칸트와 플라톤 그리고 그들 눈앞에 있는 목표의 동일성, 또는 이들에게 철학을 하도록 자극을 주었고 이끌었던 세계관의 동일성에도 불구하고 이념과 물자체는 결코 동일한 것이 아니다. 오히려 이념은 우리에게 있어서 물자체의 직접적인 객관이고 따라서

---

2   프리드리히 부터베크(Friedrich Bouterweck)의 『임마누엘 칸트, 하나의 기념비』 49쪽 그리고 불레(Buhles)의 『철학사』 6권 802-815쪽, 823쪽 참고.

물자체의 적절한 객관성이다. 그러나 이러한 물자체 자체는 의지, 아직 객관화되지 않은, 즉 아직 표상이 되지 않은 한에서의 의지인 것이다. 왜냐하면 물자체는 칸트에 따르면 인식 자체에 의존하는 모든 형식으로부터 자유롭기 때문이다. 그리고 부록에서 제시될 것이지만, 칸트의 실수는 그가 다른 무엇보다도 주관에 대해 객관으로 존재하는 것das Objekt-für-ein Subjekt-Sein을 인식의 형식들에 포함시키지 않았다는 점이다. 왜냐하면 바로 주관에 대해 객관으로 존재하는 것Objektsein은 모든 현상, 즉 표상의 가장 최초의 보편적인 형식이기 때문이다. 여기에서 칸트는 분명하게 물자체가 객관으로 존재하는 것이 아니라고 말했어야만 했는데, 그랬다면 칸트는 앞에서 발견된 치명적인 모순에서 벗어날 수 있었을 것이다. 이에 반해 플라톤적인 이념은 필연적으로 객관, 인식된 것, 즉 표상이다. 그러나 오로지 바로 그 점에서만 물자체와 구분되는 것이다. 플라톤적인 이념은 단지 우리가 모두 근거율 아래에서 파악하고 간직해 둔 현상의 종속된 형식들일 뿐이거나 혹은 오히려 아직 그러한 형식에 들어가지 않은 것이다. 하지만 이념은 최초의 가장 보편적인 형식, 표상 일반의 형식, 주관에 대한 객관 존재의 형식을 갖고 있다. 이러한 현상의 형식에 종속된 형식들(이것의 일반적인 표현이 근거율인데)은 이념을 개별적이고 사라져 버리게 하는 개별자로 다양화하는 것이다. 그러나 이러한 개별자들의 숫자는 이념의 숫자와는 전혀 상관이 없는 것이다. 따라서 이념은 하나의 개별자인 주관의 인식에 관계하고, 근거율이 다시 이념에 관계하는 형식인 것이다. 따라서 개별자, 즉 근거율에 따라 나타나는 사물은 단지 물자체(이것은 의지인데)의 간접적인 객관화일 뿐이다. 이념은 다른 것이 아니라 인식 자체의 고유한 형식을 표상 일반의 형식, 즉 주관에 대해 객관으로 존재하는 것이라는 형식으로 받아들이면서, 물자체와 현상한 사물 사이에서 의지의 유일한 직접적인 객관성으로서 존재하는 것이다. 여기에서 이념은 오로지 의지 또는 물자체의 가장 적절한 객관성이며, 단지 표상의 형식 아래에 있는 물자체 전체 자신인 것이다. 바로 여기에, 아주 엄밀하게 말하자면 플라톤과 칸트가 말하는 것이 완전히 같은 것은 아니지만, 둘이 서로 어느 정도 일치하는 이유가 놓여 있다. 그러나 개별 사물들은 의지의 완전히 적절한 객관성의 발현이 아니고 이러한 객관성은 여기에서 이미 근거율이라고 일반적으로 불리는 저 형식들에 의해서 불분명하게 되었다. 그러나 이러한 형식들은 개체 자체에는 가능한 인식의 제약인 것이다. 만약 불가능한 전제로부터 추리하는 것이 가능하다고 한다면, 즉 만약에 인식주관인 우리가 동시에 개체가 아니라면, 즉 우리의 직관이 하나의 신체를 통해 매개되지 않는다면 —이러한 신체의 지각으로부터 직관이 출발하고 그리고 신체가 단지 구체적인 의욕, 의지의 객관성, 즉 객관들 중에서도 가장 객관으로서 신체가 인식하는 의식에 다가오듯이, 따라서 그러한 근거율이 표현하는 시간과 그밖의 다른 모든 형식들을 이미 전제하여 이를 통해 이러한 것들이 도입되는데— 우리는 실제로 개별 사물들이나 주어진 것 또는 변화나 다원성을 인식하지 않고서도 오직 이념만을, 오직 참된 물자체인 저 의지의 객관화의 사다리를 순수하고 분명하게 파악할 수 있을 것이며, 따라서 우리의 세계는 지속적인 지금Nunc stans[알베르투스 마그누스, 『신학대전』 1권, 논문 5, quaestio 22]일 수 있다. 시간이라는 것은, 시간 밖에 있는 영원한 이념에 의해 개별적인 존재가 갖고 있는 부분적이고 단편적인 견해일 뿐이다. 여기에서 플라톤은 다음과 같이 말하는 것이다. 시간은 영원의 움직이는 상Bild이다[플라톤, 『티마이오스』, 37D].[3]

---

3   이에 대해서는 2편 29장 참고.

33절

⁓

    이제 우리는 개체로서 근거율에 종속되어 있는 인식 이외의 다른 인식을 가질 수 없으며, 이러한 인식의 형식은 이념의 인식을 배제하기 때문에, 우리가 개별 사물에서부터 이념의 인식에 이를 수 있다고 한다면 그것은 주관 속에서 하나의 변화가 일어나는 것을 통해서만 가능하다는 것이 확실하다. 그러한 변화는 모든 종류의 객관의 완전한 변화에 상응하거나 그것과 유사한 것이며 이러한 변화에 의해 주관이 이념을 인식하는 한, 더 이상 개체가 아니다.

    인식 일반 자체는 의지의 높은 단계의 객관화에 속하고, 유기체적인 생명체의 다른 부분들처럼 감수성, 신경, 두뇌는 의지의 객관성 각각의 정도에 있어서의 의지의 표현이며, 따라서 의지의 객관화를 통해 생기는 표상은 의지의 복잡한 목적에 도달하기 위한 수단, 다양한 욕구를 지닌 생명체 유지를 위한 수단으로서 의지에 기여하는 것으로 규정되어 있다는 점을 2권에서 살펴보았다. 근원적으로 그리고 본질적으로 인식은 의지에 전적으로 봉사하며 인과성의 법칙을 사용함으로써 인식의 출발점이 되는 직접적인 객관이 단지 객관화된 의지이듯이, 모든 근거율에 따른 인식은 가깝거나 멀거나 모두 의지와 관계를 갖고 있다. 왜냐하면 개체는 자신의 신체를 객관들 중의 하나의 객관으로서 발견하고, 신체는 이들 객관 모두에 대해 근거율에 따라 다양한 상태와 관계를 갖고 있기 때문이다. 따라서 이러한 상태와 관계의 고찰은 항상 보다 가깝거나 보다 먼 길을 거쳐 자신의 신체, 즉 자신의 의지로 되돌아간다. 신체에 대한 그리고 이를 통해 의지에 대한 이러한 관계에 객관들을 가져다 놓는 것이 근거율이기 때문에, 이러한 의지에 봉사하는 인식은 또한 이러한 객관들에 대해서는 오로지 근거율을 통해 정초된 관계들을 알려고, 즉 공간과 시간 그리고 인과성 속에서 이러한 인식의 다양한 연관을 따르려고 노력할 것이다. 왜냐하면 오로지 이러한 공간, 시간 그리고 인과성을 통해 대상은 개체에 관심을, 즉 의지에 대한 관계를 갖기 때문이다. 따라서 의지에 봉사하는 대상들에 관한 인식은 본래 그 관계들 이외의 다른 것이 아니며, 인식은 단지 대상들을 이러한 시간, 이러한 장소에서, 이 원인이 저 결과와 함께 있는 상황 속에서, 한마디로 말하자면 개별 사물로서 인식하는 것이다. 우리가 만약 이러한 모든 관계를 제거해 버린다면 인식에서 대상들은 사라져 버리게 된다. 왜냐하면 인식은 이들 관계 외에는 아무것도 인식하지 않기 때문이다. 또한 학문이 사물들에 대해 고찰하는 것도 본질적으로는 사물들의 관계, 시간과 공간에 대한 관계, 자연적인 변화의 원인들, 형태의 비교들, 주어진 것의 동기들, 따라서 단지 관계들과 마찬가지라는 점을 숨겨서는 안 될 것이다. 이러한 학문이 보편적인 인식과 구분되는 것은, 단순히 그것의 형식을, 체계적인 것을, 모든 개별자를 개념, 즉 보편적인 것에 종속시키고, 그것을 통해 도달한 개념들의 완전성의 종합에 의해 인식을 쉽게 하는 것일 뿐이다. 모든 관계는 그 자체로 단지 상대적인 존재를 갖고 있을 뿐이다. 예를 들면 시간 속 모든 존재는 비존재Nichtsein 속에 있는 것이다. 왜냐하면 시간은 동일한 것에 반대의 규정을 줄 수 있기 때문이다. 따라서 시간 속 모든 현상은 존재하는 것이 아니다. 왜냐하면 현상의 끝으로부터 현상의 시작을 분리시키는 것은 바로 오직 시간, 즉 본질적으로는 사라져 버리는 것, 정지하지 않는 것 그리고 상대적인 것, 여기에서는 지속Dauer이라고 불리는 것이기 때문이다. 그러나 시간은 의지에 봉사하는 인식의 모든 대상들의 가장 보편적인 형식이며 그 밖의 형식의 근원적인 형태이다.

　머리가 몸통에서 유래하는 것과 마찬가지로 인식이 의지에 봉사하도록 생겨난 것처럼, 인식은 일반적으로 의지에 봉사한다. 동물들에게서는 의지를 위한 인식의 이러한 봉사가능성이 제거될 수 없다. 그러나 이러한 제거가 인간에게서는 예외적으로 가능한데, 우리는 이 점에 대해 곧 자세히 살펴볼 것이다. 인간과 동물의 구분은 외적으로 말하자면, 몸통에 대해 머리가 갖고 있는 관계의 다양성을 통해 가능하다. 하등동물에 있어서 머리와 몸통은 서로 연결되어 있다. 모든 하등동물에 있어서는 머리가 의지의 대상들이 놓여 있는 땅을 향해 있다. 비록 고등생물일지라도 머리와 몸통은 인간보다는 더 긴밀하게 연결되어 있다. 그러나 인간의 머리는 몸통으로부터 자유롭게 놓여 있으며, 몸통에 의해 지지되지만 그렇다고 몸통에 봉사하지는 않는다. 이러한 인간의 특징은 벨베데레의 아폴론상이 아주 잘 드러내 주고 있다. 먼 곳을 둘러보는 학문과 예술의 신Muse의 머리는 완전히 몸통으로부터 벗어나서 몸통에 대한 걱정이 더 이상 드러나지 않는 것처럼 양쪽 어깨 위에 자유롭게 있다.

34절

이미 언급했듯이, 오로지 예외적으로 고찰되는 개별 사물들의 일반적인 인식으로부터 이념의 인식으로의 이행은 가능하지만, 이는 인식이 의지에 봉사하는 것에서 벗어날 때, 이를 통해 주관이 하나의 단순한 개별적인 주관이기를 중지하고 순수한, 의지 없는 인식주관이 되면서 갑자기 일어나게 되는데, 이러한 인식주관은 더 이상 근거율에 따라 관계에 주목하지 않고, 주어진 객관의 확고한 관조 속에서 대상과 다른 대상과의 연관성에서 벗어난다.

이 점을 분명하게 하기 위해서는 반드시 상세한 논의가 필요한데, 이러한 논의에 대한 낯섦이 이 저서에서 전달하는 사상 전체를 파악한 이후에 저절로 사라질 때까지 그러한 감정은 당분간 내버려두어야 한다.

사람들이 정신의 힘이 고양됨에 따라 사물에 대한 일상적인 고찰방식을 포기하고, 궁극적인 목표가 근거율의 형태들을 실마리로 하여 항상 자신의 의지에 대한 관계가 궁극적인 목표인 사물들과의 관계에만 주목하는 것을 중단한다면, 즉 더 이상 사물들의 '어디, 언제, 왜 그리고 무엇을 위해'를 고찰하지 않고, 오로지 사물의 본질das Was만을 고찰한다면, 또한 추상적인 사유, 이성의 개념들, 의식을 받아들이지 않고, 이 모든 것 대신에 자신의 정신의 모든 힘을 직관에 바치고 이러한 직관에 완전히 사로잡혀, 그것이 풍경, 나무, 암석, 건물 또는 그것이 무엇이든지 간에 이러한 현재의 자연적인 대상들에 대한 고요한 관조를 통해 의식 전체를 채운다면, 즉 의미 있는 독일어의 표현에 따르자면, 사람들이 이러한 대상들에 완전히 빠져서, 즉 바로 자신의 개체, 자신의 의지를 잊어버리고 오로지 순수한 주관으로서만, 객관을 비추는 맑은 거울로서만 존재한다면, 대상을 지각하는 그 누구도 없이 대상만이 거기에 있는 것처럼 되고, 따라서 사람들이 더 이상 직관으로부터 직관하는 사람을 구분할 수 없고, 의식 전체가 하나의 유일한 직관적인 상에 의해 완전히 채워지고 받아들여지면서, 양자는 하나가 되어 버린다. 따라서 그런 식으로 대상이 어떤 것에 대한 모든 관계들에서 벗어나면, 즉 주관이 의지에 대한 모든 관계에서 벗어나게 되면, 인식되는 것은 더 이상 개별 사물 자체가 아니라 이념, 즉 영원한 형식, 이러한 단계에서의 의지의 직접적인 객관성이다. 그리고 이를 통해 동시에 이러한 직관 속에서 파악되는 것은 더 이상 개체가 아니라 순수하고 의지가 없고 고통이 없으며, 시간과 무관한 인식주관이다. 왜냐하면 개체는 바로 그러한 직관 속에서 자신을 잃어버리기 때문이다. 지금 이렇게 눈에 띄게 모호한 말(나는 이것이 토마스 페인에게서 유래한 말인 "숭고에서 익살까지는 한 걸음일 뿐이다"를 증명할 뿐이라는 것을 잘 알고 있다)은 다음의 언급에 의해 점점 더 분명해지고 덜 낯설게 될 것이다. 이것은 스피노자가 "정신이 사물을 영원의 관점에서 파악하는 한에서 정신은 영원한 것이다"(『윤리학』 5권, 정리 31 비고)라고 적었을 때, 그의 눈앞에 떠오른 것이었다.[4] 그러한 관조 속에서 이제 단번에 개별 사물은 그 종의 이념이 되고 직관하는 개체는 순수인식주관이 된다. 개체 그 자체는 개별 사물들만을 인식할 뿐이고, 순수인식주관은 오로지 이념들만을 인식한다. 왜냐하면 개체는 특정한 개별적인 의지의 현상에 대한 관계 속에서 인식주관이고, 이러한 의지의 현상에 봉사하기 때문이다. 이러한 개별적인 의지현상은 그 자체로 모든 형태의 근거율에 종속된다. 그런 까닭에 이러한 의지현상에 관계하는 모든 인식은 근거율을 따르고, 단지 객관에 대한 관계를 갖는 이러한 인식 이외에는 어떤 인식도 의지에 도움이 되지 않는다. 인식하는 개체 그 자체 그리고 그러한 개체에 의해 인식된 개별 사물은 항상 어느 곳, 어느 장소에나 존재하고 원인과 결과라는 연쇄Kette의 연결이다. 순수인식주관과 이것의 상관개념인 이념은 근거율의 그러한 모든 형식으로부터 벗어나 있다. 시간, 공간, 인식하는 개체 그리고 인식되는 개체는 이러한 순수인식주관과 이념에 대해서는 아무런 의미가 없다. 무엇보다도 언급된 방식으로 인식하는 개체가 순수인식주관이 되고 바로 이와 함께 고찰된 객관이 이념으로 고양되면서, 표상으로서의 세계가 완전히 그리고 순수하게 나타나게 되며 의지의 완전한 객관화가 일어나는데, 왜냐하면 오로지 이념만이 의지의 적절한 객관성의 발현이기 때문이다. 이러한 이념은 객관과 주관을 동일한 방식으로

---

4 나는 스피노자가 같은 책 2부 정리 40 비고 2, 아울러 2부 정리 25에서부터 38에서 "세 번째 종류의 인식 또는 직관적 인식"에 대해 말한 것을 여기에 놓여 있는 인식방식의 설명을 위해 참조할 것을, 그리고 정리 29의 비고, 정리 36의 비고 그리고 정리 38의 증명과 비고를 참조할 것을 추천한다.

자신 속에 포함하는데, 주관과 객관은 이념의 유일한 형식이기 때문이다. 그러나 이념 속에서 주관과 객관은 완전히 균형을 잡고 있다. 그리고 객관이 여기에서 주관의 표상인 것처럼, 또한 주관은 그렇게 직관된 대상 속에서 완전히 소멸되면서 이러한 객관 자체가 되는데, 의식 전체는 객관의 가장 분명한 상Bild 이외에는 아무것도 아니다. 이러한 의식은, 사람들이 이념들 전체 또는 의지의 객관성의 단계들을 순서에 따라 이 의식을 관통하여 생각하면서, 본래 표상으로서의 세계 전체를 완성하게 된다. 시간과 공간에서의 모든 개별 사물들은 근거율(개체들 자체의 인식의 형식)에 의해 다양화되고, 이를 통해 그 순수한 객관성이 희미해져 버린 이념 이외의 다른 것이 아니다. 주관과 객관이 서로 완전히 채워지고 침투하면서 비로소 의지의 적절한 객관성인 이념, 즉 표상으로서의 본래적인 세계eigentliche Welt als Vorstellung가 생기기 때문에, 이념이 나타나면서 주관과 객관이 더 이상 구분되지 않듯이, 그렇게 인식하는 개체와 인식되는 개체는 물자체로서 구분되지 않는다. 왜냐하면 우리가 그러한 본래적인 표상으로서의 세계를 완전히 도외시한다면, 의지로서의 세계밖에 남지 않기 때문이다. 의지는 의지를 완전히 객관화하는 이념의 그-자체이다. 또한 의지는 의지를 불완전하게 객관화하는 개별 사물들과 그러한 사물을 인식하는 개체의 그-자체이다. 의지는 표상과 모든 표상의 형식들 밖에 있는 의지로서 관조된 대상 그리고 이러한 관조에서 떠오르면서 순수한 주관으로서 자신을 의식하게 되는 개체 속에서 동일한 의지이다. 그런 까닭에 관조된 대상과 순수 주관은 그 자체로는 구분되지 않는데, 왜냐하면 그 자체로 이 둘은 여기에서 자신을 인식하는 의지이고 단지 이러한 인식이 의지가 되는 방식에 한해서만, 즉 오로지 현상 속에서만 이러한 현상들의 형식인 근거율에 의해 다수성과 다양성이 존재하기 때문이다. 내가 객관 없이, 표상 없이는 인식주관이 아니라 단순히 맹목적인 의지일 뿐이듯이, 이와 마찬가지로 인식하는 주관으로서의 내가 없이는 인식된 사물은 객관이 아니라, 단순한 의지, 맹목적인 충동일 뿐이다. 이러한 의지는 그-자체로, 즉 표상 밖에 있으며, 나의 의지와 동일한 것이다. 매번 적어도 주관과 객관이라는 형식을 갖는 표상의 세계에서만 우리는 인식된 개체와 인식하는 개체로서 나누어질 뿐이다. 인식, 표상으로서의 세계가 제거되자마자 단순한 의지, 맹목적인 충동 이외에는 아무것도 남지 않는다. 의지가 객관성을 얻어 표상이 되는 것은 단번에, 주관뿐만 아니라 객관을 전제해야 한다. 그러나 이러한 객관성이 순수하고, 완전하고, 적절한 의지의 객관성이라는 점은, 근거율의 형식에서부터 벗어난 이념으로서의 객관과 개체성 그리고 의지에 봉사하는 것에서부터 벗어난 순수 인식주관으로서의 주관을 전제한다.

언급했던 것처럼 누군가 단지 순수인식주관으로 존재할 정도로 자연의 직관에 깊이 들어가 빠져 있다면, 이를 통해 그러한 순수인식주관으로서 그가 세계와 모든 객관적인 존재의 제약, 곧 담당자라는 것을 직접적으로 깨닫게 된다. 이러한 객관적인 존재가 자신에게 의존하는 것으로 나타나기 때문이다. 따라서 그는 자연을 자신 속으로 끌어 들이고 자연을 자기 존재의 우연한 속성Akzidenz으로 느낄 것이다. 이런 의미에서 바이런Byron은 다음과 같이 말한다.

"산과 파도와 하늘은
나와 나의 영혼의 일부가 아닐까?
내가 그들의 일부이듯이,"[5]

[「차일드 헤럴드」 3, 75]

---

5   Sind Berge, Wellen, Himmel nicht ein Teil
    Von mir und meiner Seele, ich von ihnen?

그러나 이것을 느끼는 사람이 어떻게 사라지지 않는 자연unvergängliche Natur과 대립하여 자기 자신을 사라지는 존재로 여기겠는가? 오히려 『베다』의 『우파니샤드』가 말하는 정신이 그를 사로잡을 것이다. "이 모든 피조물은 나이고, 나 이외에는 다른 어떤 것도 존재하지 않는다."(『우프네카트』 I, 122쪽)[6]

35절

세계의 본질에 대한 깊은 통찰에 도달하기 위해서는, 사람들이 물자체로서의 의지를 의지의 적절한 객관성과 구분하는 방법을 배우고, 그런 다음에는 의지의 객관성이 보다 분명하고 보다 완전하게 나타나는 다양한 단계들, 즉 이념들 자체를 개체들의 사로잡힌 인식방식인 근거율의 형태 속에서 나타나는 이념의 단순한 현상들로부터 구분하는 것을 배우는 것이 반드시 필요하다. 그러면 사람들은 오직 이념에만 본래적인 존재를 부여하고, 반대로 공간과 시간 속 사물들, 개체에게 실재하는 세계를 단지 가상적이고, 마치 꿈같은 실재성만을 부여하는 플라톤에 동의할 것이다. 그러면 사람들은 하나의 동일한 이념이 어떻게 그렇게 많은 현상들로 드러나는지 그리고 인식하는 개체에게 그 본질이 단지 조금씩 드러나는지를 이해할 것이다. 또한 사람들은 이념 자체를 이념의 현상이 개체에게 고찰되는 방식과 구분하게 되고, 이념 자체를 본질적인 것으로, 이념의 현상은 비본질적인 것으로 인식하게 될 것이다. 우리는 이것을 가장 사소한 것에서

---

6   이에 대해서는 2편 30장 참고.

그리고 다음으로는 가장 큰 것에서 예를 들어 고찰하려고 한다. 구름이 움직일 때, 구름을 이루는 형태는 구름에게는 본질적인 것이 아니라 아무래도 상관이 없는 것이다. 그러나 탄력을 지닌 증기로서, 바람의 충격으로 압축되고, 날아가고, 팽창되어 흩어지는 것이 구름이다. 이것이 구름의 본성이고, 구름 속에서 객관화되는 힘들의 본질이자 이념이다. 구름은 단지 개개의 관찰자에게만 그때마다의 형태를 지닌다. 돌 위를 흘러가는 시냇물에는 이 시냇물을 이루는 소용돌이, 물결, 물거품은 아무래도 상관이 없는 것이고 비본질적인 것이다. 시냇물이 중력에 의해, 탄력이 없고, 완전히 이동시킬 수 있고, 형태가 없고, 투명한 액체로 관계한다는 점이 시냇물의 본질이며, 이것이 직관적으로 인식되면 이념인 것이다. 우리가 개체로서 인식하는 한에서 그러한 형태는 우리에게만 존재한다. 유리창의 얼음은 여기에서 나타나는 자연력의 본질을 드러내고, 이념을 나타내는 결정작용의 법칙에 따라 생긴다. 그러나 얼음이 만들어 내는 나무와 꽃 모양은 비본래적인 것이며 단지 우리에게만 존재한다. 구름, 시냇물, 결정에서 나타나는 것은 그러한 의지의 가장 약한 메아리Nachhall이며, 식물에서 완전하게, 동물에서 더 완전하게, 인간에서 가장 완전하게 드러난다. 하지만 오로지 의지의 객관화의 그러한 모든 단계의 본질적인 것만이 이념을 완성한다. 반대로 이념이 근거율의 형태로 분리되어 여러 가지 다양한 현상으로 나타나면서, 이러한 이념의 전개는 이념에게는 비본질적이며, 단지 개체의 인식방식 속에서 존재하며 또한 단지 개체에 대해서만 실재성을 가진다. 이와 같은 것이 의지의 가장 완전한 객관성인 그러한 이념의 전개에도 반드시 적용된다. 따라서 인류의 역사, 쇄도하는 사건들, 시대의 변화, 여러 나라와 여러 시대에서의 인간 삶의 다양한 형태들, 이 모든 것은 단지 이념의 현상의 우연적인 형태이고, 오직 의지의 객관화가 놓여 있는 이념 자체에 속하지 않고, 개체의 인식이 일어나는 현상에만 속할 뿐이며, 그리고 구름에게 구름을 나타내는 형태가, 시냇물에게 소용돌이나 물거품의 형태가, 얼음에게 나무와 꽃 모양이 그런 것처럼, 이념 자체에는 낯선 것이고, 비본질적이며, 아무래도 상관없는 것이다.

이 점을 잘 파악하고 의지를 이념으로부터 그리고 이러한 이념을 이념의 현상으로부터 구분하는 법을 아는 사람에게 세계의 사건들은, 단지 인간의 이념이 읽을 수 있는 문자인 한에서만 의미를 지닐 뿐, 그 자체로는 의미를 갖지 않는다. 그는 시간이 어떤 실재적으로 새로운 것과 의미 있는 것을 가져오고, 시간을 통해 또는 시간 속에서 어떤 완전히 실재하는 것이 존재에 도달하거나 또는 시간 자체가 하나의 전체로서 시작과 끝, 계획과 전개를 가지고 지난 30년 동안 살고 있는 인류의 최고의 완성(그들의 개념에 따르면)이라는 최고의 목표에 도달했다고 생각하지는 않을 것이다. 그런 까닭에 그는 호메로스처럼 신들이 가득한 올림포스 전체에 시대의 사건들을 조종하기를 부탁하지 않을 것이고 오시안처럼 구름의 형태들을 개별적인 존재로 여기지 않을 것이다. 왜냐하면, 말했듯이 이 둘은 그 속에 나타나는 이념과 관련해서만 의미를 가질 수 있기 때문이다. 그는 인간 삶의 다양한 형태들 속에서 그리고 사건들의 끊임없는 변화 속에서 오직 이념만을 지속적인 것 그리고 본질적인 것으로 고찰하고, 이러한 이념 속에서 살려는 의지는 가장 완전한 객관성을 지니고, 이념은 자신의 다양한 측면들을 인간의 특성, 열정, 오류와 장점 속에서, 이기심, 증오, 사랑, 공포, 대담함, 경솔, 어리석음, 교활함, 재치, 독창력 등등에서 드러내는데, 이 모든 것들은 수천 가지 형태(개체)로 모이고 응축되어, 계속해서 크고 작은 세계사를 만들어 내는데, 이 경우에 세계사 그 자체는 호두에 의해 움직이든지 왕에 의해 움직이든지 상관없는 것이다. 그는 마침내 세계의 모든 것들이, 항상 동일한 인물이 같은 의도와 같은 운명 속에서 나타나는 고치Gozzi의 드라마와 다름없다는 점을 발견하게 된다. 동기와 사건은 물론 작품마다 다르지만 사건의 정신은 동일한 것이다. 한 작품의 인물들은 또한 이전의 다른 작품의 사건들을 모르지만, 그 작품 속에서 인물들은 자신의 역할을 맡고 있다. 그런 까닭에, 이전 작품의 모든 경험 이후에, 판탈로네Pantalone는 더 민첩하거나 다 관대하지 못하고, 타르타글리아Tartaglia는 더 양심적이지 않고, 브리겔라Brighella는 더 용감하지 않고 콜롬비네Kolombine는 더 예의 바르지 않았다.

우리가 한번 가능성의 영역과 원인과 결과의 모든 연쇄에 대해 분명하게 바라볼 수 있다면, 대지의 정신Erdgeist이 나타나서 하나의 그림으로, 힘을 나타내기 전에 우연이 파멸시켜 버린 탁월한 개인들, 세계의 계몽가, 영웅들을 우리에게 보여 주고, 그런 다음에 세계사를 변화시키고 최고의 문화와 계몽의 시기를 가져왔을지 모르는, 그러나 아주 맹목적인 운명, 아주 무의미한 우연이 저지하는 커다란 사건들을 보여 주며, 마지막으로는 시대 전체를 풍요롭게 했을지 모르나 오류나 열정에 잘못 이끌리거나 필연적으로 강요를 받아, 가치도 없고 이익도 없는 대상들에 헛되이 힘을 낭비하거나 쉽게 허비해 버린 위대한 개인의 엄청난 힘을 보여 준다면, 우리는 이 모든 것을 시대 전체의 잃어버린 보물들에 대해 몸서리치며 탄식할 것이다. 그러나 대지의 정신은 웃으면서 다음과 같이 말할 것이다. "개체들과 그 힘이 흘러나오는 샘은 시간과 공간처럼 고갈될 수 없고 무한한 것이다. 왜냐하면 개체들과 그 힘은 또한, 시간과 공간이 모든 현상의 힘인 것처럼, 단지 현상, 즉 의지의 가시성Sichtbarkeit이기 때문이다. 그러한 무한한 샘은 유한한 잔Maß으로는 고갈시킬 수는 없다. 그런 까닭에 싹이 잘린 일은 항상 다시 일어날 가능성을 가진다. 이러한 현상의 세계에서는 진정한 손해도 진정한 이익도 존재하지 않는다. 오로지 의지만이 존재한다. 의지, 즉 물자체는 그러한 모든 현상들의 원천이다. 의지의 자기인식과 이 위에서 결정하는 긍정이나 부정이 사건 그 자체인 것이다."[7]

36절

꧁꧂

역사는 사건들의 실마리를 뒤따른다. 역사는 의지가 인식에 의해 비추어지는 곳에서 현상하는 의지를 규정하는 동기화의 법칙에 따라 사건들을 이끌어 내는 한에서 실용적이다. 의지가 아직 인식되지 않고 작용하는 의지의 객관화의 보다 낮은 단계에서 자연과학은 의지의 현상들의 변화의 법칙들을 원인학으로 그리고 그러한 현상들에서 지속적인 것을 형태학으로 고찰하는데, 형태학은 보편적인 것을 총괄하여, 이것으로부터 특수한 것을 이끌어 내기 위해 자연과학의 거의 끝없는 주제를 개념들의 도움을 통해 쉽게 만든다. 마지막으로 개체로서의 주관의 인식을 위해 이념들이 다원성으로 나누어져 나타나는 단순한 형식들, 곧 시간과 공간은 수학에 의해 고찰된다. 따라서 학문이라는 이름을 공통으로 갖는 이 모든 것들은 다양한 형태의 근거율을 따르고, 학문의 주제는 현상, 현상의 법칙들, 연관 그리고 여기에서 생기는 관계들이다. 그러나 모든 관계에 의존하지 않고 밖에서 존재하는 것, 즉 본래 세계의 본질, 세계의 현상들의 참된 내용, 그 어떤 변화에도 종속되지 않기에 항상 동일한 진리로 인식되는 것, 한마디로 말하자면 물자체, 즉 의지의 직접적이고 적절한 객관성인 이념들을 고찰하는 것은 어떤 인식방식인가? 그것은 천재의 작업인 예술Kunst이다. 예술은 순수한 관조를 통해 파악된 영원한 이념들, 즉 세계의 모든 현상의 본질적인 것과 지속적인 것을 재현하고, 이념들이 재현되는 재료에 따라 예술은 조형예술, 시, 음악이 된다. 예술의 유일한 근원은 이념의 인식이다. 예술의 유일한 목표는 이러한 인식을 전달하는 것이다. 사람들이 아무리

---

7   이 마지막 문장은 이 책의 다음 권을 알지 못하면 이해할 수 없다.

달려가 보아도 구름이 지평선에 닿아 있는 곳에는 도달하지 못하듯이, 학문은 네 가지 형태를 지닌 근거들과 귀결의 쉬지 않고 변화하는 흐름을 따르면서, 매번 목표에 도달할 때면 항상 다시 계속하도록 지시를 받기에, 결코 마지막 목표에 도달할 수 없고 완전한 만족을 찾을 수 없지만, 이와 반대로 예술은 어디서든지 목표에 도달한다. 왜냐하면 예술은 자신의 관조의 대상을 세상의 흐름에서 떼어 내어 그것을 고립시키기 때문이다. 그러한 흐름에서 사라져 가는 작은 부분이었던 이러한 개별적인 것이 예술에서는 전체의 대변자, 공간과 시간 속에서 무한히 많은 것의 대변자가 된다. 그런 까닭에 예술은 이러한 개별적인 것에 머무른다. 그리고 예술은 시간의 수레바퀴를 멈추게 한다. 관계들은 예술에서 사라진다. 단지 본질적인 것, 즉 이념만이 예술의 대상이 된다. 그런 까닭에 우리는 경험과 학문의 길인 이러한 근거율을 따르는 고찰방식과는 반대로, 예술을 바로 근거율에 의존하지 않는 사물들의 고찰방식으로 지칭할 수 있다. 이러한 경험과 학문의 고찰방식은 수평으로 달리는 무한한 선에 비유할 수 있지만, 예술의 고찰방식은 그러한 선을 모든 임의의 점에서 자르는 수직선에 비유할 수 있다. 근거율을 따르는 것은 학문과 실제적인 삶에서만 통용되고 도움이 되는 이성적인 고찰방식이다. 그러한 근거율의 내용을 외면하는 것은 오로지 예술에서만 통용되고 도움이 되는 천재적인 고찰방식이다. 전자는 아리스토텔레스의 고찰방식이고, 후자의 고찰방식은 대체로 플라톤의 고찰방식이다. 전자의 고찰방식은 시작도 목표도 없이 움직여 모든 것을 굴복시키고 움직이게끔 해서 휩쓸어 버리는 폭풍우와 비슷하고, 후자의 고찰방식은 이러한 폭풍우의 길을 끊어 폭풍우에 전혀 움직이지 않게 된 부드러운 햇빛과 같다. 경험과 학문의 고찰방식은 항상 변화하면서 한순간도 쉬지 않는 폭포의 엄청난 힘으로 움직이는 수많은 물방울들과 같다. 예술의 고찰방식은 이러한 날뛰는 혼란 속에서 조용히 휴식을 취하는 무지개와 같은 것이다. 위에서 언급한, 대상에 완전히 몰입한 순수한 관조를 통해 이념들이 파악되고, 천재의 본질은 바로 그러한 탁월한 관조의 능력에 있다. 이러한 관조는 자기 자신과 자신의 관계를 완전히 잊는 것을 요구하기 때문에 천재성은 자기 자신, 즉 의지에게로 가는 주관적인 방향과 대립하는 가장 완전한 객관성, 즉 정신의 객관적인 방향이다. 그에 따라서 천재성은 순수하게 직관하면서 행동하는 능력, 직관에 몰입할 수 있는 능력이고 근본적으로 단지 의지의 봉사를 위해 존재하는 인식을 이러한 봉사로부터 벗어나게 하는 능력, 즉 자신의 관심, 의욕, 목적에 전혀 눈을 돌리지 않고, 순수인식주관으로서, 맑은 세계의 눈으로서 남아 있기 위해 자기 자신을 한순간 완전히 포기하는 능력인 것이다. 그리고 이러한 것은 순간적인 것이 아니라, 숙고된 예술을 통해 파악된 것을 재현하고 그리고 "동요하는 현상 속에 떠도는 것을 불변하는 사상으로 고정시키기 위해"[괴테, 『파우스트』 I, 348쪽 이하] 필요한 만큼 그렇게 지속적이고, 많이 사려 깊은 것이다. 천재가 한 개인으로 나타나기 위해서는, 개인의 의지에 봉사하기 위해 필요한 것을 훨씬 뛰어넘는 인식의 힘Erkenntniskraft이 주어져야 하는 것처럼 보인다. 자유롭게 남아도는 인식은 이제 의지가 없는 주관, 세계의 본질을 비추는 맑은 거울이 된다. 여기에서 천재적인 개인들이 지닌 불안하기까지 한 생명력Lebhaftigkeit이 설명되고, 현재는 그들을 만족시키는 상황이 드물 수밖에 없는데, 왜냐하면 현재는 천재적인 개인들의 의식을 충족시키지 못하기 때문이다. 이러한 의식은 천재적인 개인들을 부단히 노력하게 하고, 새로운 대상과 고찰할 가치가 있는 대상을 끊임없이 찾게 하며, 또한 그런 다음에 자신의 생각을 알리기 위해 자신들과 비슷한, 자신들을 감당할 수 있는 존재를 갈망하게 된다. 반면에 평범한 사람은 일상적인 현재에만 완전히 사로잡히고 만족하면서 몰두하고 그리고 다음에는 어디에서나 자신과 같은 사람을 발견하면서, 천재들이 거부하는 일상적인 삶에서 특별한 편안함을 누린다. 사람들은 환상을 천재성의 본질적인 구성요소로서 인식하는데, 환상은 더구나 때로는 천재성과 동일하게 여겨진다. 전자는 옳지만 후자는 그른 것이다. 천재의 대상 그 자체는 영원한 이념들, 세계와 모든 현상들의 지속적이고 본질적인 형식이지만, 그러나 이념의 인식은 추상적인 것이 아니라 필연적으로 직관적인 것이기 때문에, 환상이 천재의 개인적인 경험의 현실성을 훨씬 넘어 그 지평선을 확장시켜, 천재가 약간의 것으로부터 그의 현실적인 지각으로 다가오는 그 밖의 모든 것을 구성하고 그리고 그렇게 거의 가능한 모든 삶의 모습들을 자신의 앞으로 지나가게 하는 상태에 있지 못한다면, 천재의 인식은 천재 개인에게 실제로 현존하는 대상들로 제한되고 그러한 대상을 제공해 주는 상황들의 사슬에 의존하게 될 것이다. 이뿐만 아니라 현실적인 대상들은 그 곳에서 나타나는 이념의 거의 항상 단지 아주 불완전한 예일 뿐이다. 그런 까닭에 사물 속에서 자연이 실제로 만든 것이 아니라 자연이 만들려고 노력하였지만 2권에서 언급한 자연의 형식들 서로의 투쟁 때문에 이루어 내지 못한 것을 보기 위해, 천재는 환상을 필요로 한다. 우리는 조각술을 고찰할 때에 이 문제를 다시 다룰 것이다. 따라서 환상은 질적으로나 양적으로나 천재 개인에게 실제로 나타난 대상들에 대한 천재의 정신적 지평을 넓혀 준다. 이 때문에 이제 환상의 보기 드문 강력함이 천재성의 동반자, 천재성의 조건이 된다. 그러나 반대로 환상이 천재성의 증거가 되지는 않는다. 오히려 천재적이지 않은 사람조차도 많은 환상을 가질 수 있다. 사람들이 현실적인 대상을 두 가지의 대립된 방식으로, 즉 순수하게 객관적이고 천재적으로 대상의 이념을 파악하면서 고찰하거나 또는 공통적으로, 단순히 근거율에 따라 그 대상이 다른 대상들과 자신의 의지에 대해 갖는 관계 속에서 고찰할 수 있듯이, 사람들은 그렇게 환상을 두 가지의 방식으로 볼 수 있다. 첫 번째 방식으로 고찰하자면, 환상은 이념의 인식을 위한 수단이고, 그러한 이념의 인식을 전달하는 것이 예술작품이다. 두 번째 방식으로 고찰하자면, 환상은 자기애Selbstsucht와 자신의 변덕을 받아들여, 순간적으로 속이고 기쁘게 해 주는 신기루를 만드는 데 사용된다. 여기에서는 그렇게 결합된 환상들에 의해 본래 항상 오로지 환상들의 관계들만이 인식될 뿐이다. 이러한 놀이를 시도하는 사람은 몽상가이다. 몽상가는 자기 혼자서 기뻐하는 이미지들을 현실에 섞고 이를 통해 현실에 필요 없는 사람이 된다. 그는 아마도 모든 종류의 일상적인 소설들이 주는 환상의 속임수들Gaukeleien을 적어 놓고, 그와 같은 사람들이나 수많은 대중들은 즐거워하는데, 독자는 주인공이 된 것처럼 꿈을 꾸고 그런 다음에 그러한 묘사를 아주 "기분 좋게" 생각하기 때문이다.

매일 수천 가지가 생겨나는 자연의 제조품인 일반 사람은, 이미 언급했듯이, 본래적인 조망Beschaulichkeit인 모든 의미에서 완전히 지루한 고찰을 적어도 계속해서 할 수 있는 능력이 없다. 보통의 사람은 자신의 의지에 아주 간접적으로만 관계할지라도 사물들이 자신의 의지에 어떤 관계가 있을 경우에만 사물에 주목할 수 있다. 이런 점에서 항상 인식은 관계를 요구하기 때문에, 사물의 추상적인 개념은 충분하고 대부분 그 자체로 유용한 것이기 때문에 보통의 사람은 오랫동안 순전히 직관에만 머무르지 않고, 그런 까닭에 자신의 시선을 오랫동안 대상에 위치시키지 않고, 게으른 사람이 의자를 찾듯이 그에게 나타나는 모든 것에서 단지 서둘러서 개념을 찾고, 이러한 개념이 얻어지면 그 대상에 더 이상 관심을 갖지 않는다. 그런 까닭에 그는 예술작품, 아름다운 자연의 대상들 그리고 그 모든 삶에서 어디에서나 의미 있는 그의 삶의 모습들을 서둘러서 처리해 버리고 만다. 그러나 그는 머무르지 않는다. 단지 그는 자신의 길만을, 기껏해야 언젠가 자신의 길이 될 수 있는 모든 것을 찾을 뿐인데, 따라서 그는 넓은 의미에서 지형을 측량하는 메모를 하는 것일 뿐이다. 그는 삶 그 자체를 고찰하는 것에는 시간을 들이지 않는다. 반대로 천재는 탁월한 인식력 때문에 자신의 시간이 의지에 봉사하는 것에서 벗어나 삶 자체를 고찰하는 데 시간을 보내며, 다른 사물에 대한 사물의 관계가 아니라 모든 사물의 이념을 파악하려고 노력한다. 천재는 종종 삶에서 자기 자신의 길을 고찰하는 것을 등한시하게 되고 그런 까닭에 서투르게 삶을 살아간다. 보통의 사람에게는 자신의 인식능력이 자신의 길을 비추는 불빛이지만, 천재에게 그러한 인식능력은 세계를 비추는 태양이다. 삶을 바라보는 이렇게 다양한 방식은 심지어 둘의 외모에서도 곧바로 드러난다. 자연이 수많은 사람들 중에서 가끔 배출해 내는 얼마 안 되는 천재의 초상화에서 볼 수 있듯이, 천재성이 살아서 작용하는 사람의 시선은 생명력이 있고 확고한 동시에, 조망, 관조Kontemplation의 특성을 쉽게 볼 수 있다. 반면에 보통 사람의 시선에는 비록 대부분 어리석거나 냉정하지는 않더라도 관조와는 반대로 염탐하는 사람의 모습이 드러난다. 따라서 한 사람의 "천재적 표정"은 의욕에 대한 인식의 확고한 탁월함이 나타나고, 의욕에 어떠한 관계가 없는 인식, 즉 순수인식은 그 속에서 표현된다. 반대로 보통의 사람의 경우에는 의욕의 표현이 주도적이며, 인식은 항상 의욕의 자극에 의해 활동하고, 따라서 단지 동기에 의해 움직인다는 점을 보게 된다. 천재의 인식 또는 이념의 인식이 근거율을 따르지 않는 인식이고, 반면에 근거율을 따르는 인식은 삶에서 영리함과 합리성Vernünftigkeit을 제공하고 학문을 가능하게 하기 때문에, 천재적인 사람은 보통 사람들의 인식방식을 등한시함으로써 생기는 결점에 사로잡혀 있다. 그러나 여기에서, 내가 이 점에서 내세우려고 하는 것은, 천재적인 개인들이 천재적인 인식방식에 실제로 사로잡혀 있는 한에서만 그렇다는 것이고, 결코 그들의 삶에서 모든 순간에 그렇다는 것은 아니라는 제한점이다. 왜냐하면 의지에서 벗어나서 이념을 파악하기 위해 필요한 자발적이지만 엄청난 긴장이 필연적으로 다시 풀어지고 그만큼의 커다란 간격을 갖게 되며, 이러한 간격 속에서 천재적인 개인은 장점과 단점의 관점에서는 보통의 사람들과 상당히 동등하다고 할 수 있기 때문이다. 사람들은 그렇기 때문에 옛날부터 천재의 작용을 영감Inspiration으로, 즉 이름 자체가 지칭하듯이 개인 자신과는 다른, 주기적으로만 천재에게 주어지는 초인적인 존재의 작용으로 보았다. 천재적인 개인들이 근거율의 내용에 주목하기를 싫어하는 것은 먼저 존재의 근거와 관련하여 수학을 싫어하는 것으로서 나타나는데, 수학이란 현상의 가장 보편적인 형식들, 즉 그 자체가 단지 근거율의 형태인 공간과 시간에 대해 고찰하는 것이고 그런 까닭에 모든 관계들을 무시하면서 오로지 현상의 내용만을, 즉 현상에서 표현되는 이념만을 찾는 고찰과는 정반대이다. 그 밖에도 수학의 논리적인 방법 또한 천재에게 혐오감을 불러일으키는데, 왜냐하면 논리적인 방식이, 본래적인 통찰을 방해하면서 이를 충족시키지 않고, 인식의 근거율에 의해 추리의 단순한 연쇄만을 제시하면서, 항상 사람들이 근거로 삼는 이전의 모든 명제들을 기억하기 위해, 모든 정신력 중에서 특히 기억력만을 사용하기 때문이다. 또한 경험에 따르면 예술에서의 위대한 천재는 수학에 능력이 없다는 점을 증명해 준다. 어떤 인간도 동시에 수학과 예술에서 탁월할 수는 없었다. 알피에리는 자신은 결코 유클리드의 네 번째 정리조차 파악할 수 없었다고 말한다. 괴테는 그의 『색채론』에 대해 무지한 반대자들에게서 수학 지식이 부족하다고 끊임없이 비난을 받았다. 물론 가설적인 자료로써 계산하고 측정하는 것이 아니라 원인과 결과의 직접적인 오성인식이 문제인 이러한 『색채론』에서 그들의 비판은, 그들의 터무니없는 나머지의 말들처럼 그들에게 판단력이 완전히 결여되어 있다는 점을 드러내 줄 정도로 그렇게 비뚤어지고 잘못된 것이다. 괴테의 『색채론』이 나온 지 거의 반세기가 지난 오늘날 여전히, 더욱이 독일에서 뉴턴이 하는 헛소리가 방해를 받지 않고 강단을 차지하고 있고 7개의 균질한 광선과 광선의 상이한 굴절성에 관해 아주 진지하게 이야기하는 것을 사람들은 계속할 것인데, 이것은 언젠가 인류의, 특히 독일인의 위대한 지적인 특징으로 이야기될 것이다. 거꾸로 탁월한 수학자는 아름다운 예술작품에 대한 감수성Empfänglichkeit이 적다는 잘 알려진 사실도 위에서 언급한 똑같은 이유로 설명되는데, 이 점은 특히 라신의 『이피게니아Iphigenia』를 읽은 후에 무시하면서 "그것을 증명하는 법은 무엇인가요?"라고 물었던 프랑스인 수학자의 잘 알려진 일화에서 그대로 드러난다. 더군다나 인과성의 법칙과 동기화의 법칙에 따라 관계들을 예리하게 이해하는 것이 본래 영리함을 만들어 내는 것이지만, 그러나 천재적인 인식은 그러한 관계로 향하지 않기 때문에, 영리한 사람은 그가 영리한 한에서 영리한 동안에는 천재적이지 않고 천재는 그가 천재인 한에서 천재인 동안에는 영리하지 않다. 마지막으로 이념이 놓여 있는 장소인 직관적인 인식은 인식의 근거율에 의해 이끌리는 이성적이거나 추상적인 인식과는 대립한다. 또한 사람들이 주지하다시피, 위대한 천재성은 주도적인 이성과 짝을 이루는 것은 드물고, 오히려 거꾸로 천재적인 개인들은 종종 격한 감정과 비이성적인 열정에 내던져져 있다. 이러한 이유는 이성의 연약함 때문이 아니라, 부분적으로는 천재적인 개인으로서 모든 의지작용의 격렬함에 의해 드러나는 의지현상 전체의 엄청난 에너지 때문이고, 부분적으로는 추상적인 인식에 대해 감각과 오성에 의한 직관적인 인식의 탁월함 때문에, 단호하게 직관적인 것 쪽으로 향하기 때문이다. 감각과 오성에서의 직관적인 것의 엄청나게 활동적인 인상은 더 이상 이러한 개념들이 아니며, 그러한 직관적인 것의 인상이 행동을 이끌어 가며, 이 때문에 행동이 비이성적이 되도록 단조로운 개념들을 무력하게 만들어 버린다. 따라서 현재의 인상은 천재적인 개인들에게서 아주 강해지고, 그들을 경솔한 행동에, 격한 감정에, 열정에 사로잡히게 한다. 그런 까닭에 보통, 천재적인 개인들의 인식이 부분적으로는 의지의 봉사에서 벗어나기 때문에, 천재적인 개인들은 대화할 때 사람들을 생각하는 것이 아니라, 사람들이 이야기하고 사람들에게 생생하게 떠오르는 사태Sache를 더 생각하게 된다. 그런 까닭에 천재적인 개인들은 자신의 관심 때문에 너무 객관적으로 판단하거나 설명할 것이고, 침묵하는 것이 현명할 때에도 침묵하지 않을 것이다. 따라서 마침내 천재적인 개인은 독백을 하기 쉽고 실제로 광기에 가까운 몇몇의 약점을 드러내기 쉽다. 천재성과 광기는 서로 접하며, 서로 뒤섞이는 한 면을 가지고 있다는 점이 종종 언급되어 왔고, 더구나 시적인 열광은 광기의 한 종류라고 언급되었다. 호라티우스는 이러한 광기를 "사랑스러운 광기amabilis insania"라고 부르고(『오데스』 3, 4) 그리고 빌란트는 『오베론』의 처음에서 그같이 애교스러운 광기holder Wahnsinn라고 말한다. 세네카의 인용(『de tranquillitate animi』 15, 16)에 따르면 아리스토텔레스조차도 "광기가 섞이지 않은 위대한 정신은 없다"라고 말했다. 플라톤은 위에서 인용한 어두운 동굴의 신화(『국가론』 7권)에서 이같이 말한다. "동굴 밖에서 참된 햇빛과 실제로 존재하는 사물(이념)을 본 사람들은 그들의 눈이 어둠에 익숙한 습관을 버렸기 때문에, 나중에 동굴에 들어와서는 더 이상 볼 수 없고, 동굴 안의 그림자들을 더 이상 올바르게 인식하고 못하고, 그렇기 때문에 실수를 하여 이 동굴로부터 그리고 이 그림자로부터 결코 벗어나지 못했던 다른 사람들의 조롱을 받는다." 또한 플라톤은 『파이드로스』(317쪽)에서 바로 어떤 광기 없이는 진정한 시인이 될 수 없고, 확실히(327쪽) 소멸하는 사물들에서 영원한 이념을 인식하는 모든 사람은 미친 것처럼 보인다고 말한다. 또한 키케로도 다음을 인용한다. "왜냐하면 데모크리토스는 광기 없이는 어떤 위대한 시인도 존재할 수 없다는 것을 플라톤이 말했다고 주장한다."(『De divinatione』 I, 37) 그리고 마침내 포프Pope는 다음과 같이 말한다.

"위대한 지혜는 광기에 가깝게 관련되고,

그리고 양자를 나누는 얇은 벽이 있을 뿐이다."[8]

[드라이든, 『압살롬과 아히토벨』 I, 163]

특히 이런 점에서 괴테의 『토르콰토 타소Torquato Tasso』는 많은 것을 가르쳐 주는데, 그는 여기에서 우리에게 고통, 즉 천재 자체의 본질적인 고난뿐만 아니라, 고통이 끊임없이 광기로 넘어가는 것을 눈앞에서 보여 준다. 결국 천재성과 광기가 직접적으로 연관되어 있다는 점은 부분적으로는 아주 천재적인 사람들, 예를 들면 루소, 바이런, 알피에리Alfieri의 전기를 통해, 그리고 다른 사람들의 일화를 통해 확인된다. 부분적으로 나는 다른 한편으로 정신병원을 자주 방문했을 때 몇몇 사람들은 분명히 대단한 소질을 지니고 있었다는 점을 언급해야 하는데, 그들의 천재성은 여기에서 완전히 우월한 광기를 통해 분명하게 나타난다. 이것은 우연이라고 볼 수 없는데, 왜냐하면 한편으로 광인들의 수가 아주 조금이기 때문이며, 다른 한편으로는 천재적인 개인은 보통의 추정보다 훨씬 드물고 아주 엄청난 예외로서만 자연에서 나타나는 현상이기 때문이다. 사람들은 이 점을, 모든 시대를 거쳐 인류에게 지속적인 가치를 지닌 업적들을 제공한 사람들을 셈하여, 말하자면 옛날이나 지금 시대에 문명화된 유럽 전체가 배출해 낸 위대한 천재들, 이러한 개별적인 사람들을 열거하여 그 숫자를 유럽에서 계속해서 살고 있는, 매 30년마다 변하는 2억 5천만 명의 사람과의 비교를 통해서만 확인할 수 있을 것이다. 나는 대단하지는 않지만, 그럼에도 정신적으로 우월함을 지닌, 동시에 가벼운 광기의 양상을 지닌 몇몇 사람들을 언급하지 않을 수 없다. 이로부터 보통을 넘어서는 지성의 증가는 하나의 비

---

8   Dem Wahnsinn ist der große Geist verwandt, Und beide trennt nur eine dünne Wand.

정상으로서 이미 광기인 것처럼 보인다. 그러나 천재성과 광기의 연관성에 대한 순수한 지적인 근거에 대해서는 가능한 한 간략하게 언급하려고 하는데, 이러한 설명은 물론 천재성, 즉 오로지 진정한 예술작품을 창조할 수 있는 정신의 특성의 본래적인 본질을 설명하는 데 기여해야 하기 때문이다. 이에 대해서는 광기 자체에 대한 간략한 설명이 필요하다.[9]

광기의 본질에 대한 명확하고 완전한 통찰, 즉 본래 건강한 사람과 광인을 구분하는 데 대한 올바르고 분명한 개념은 내가 알기로 아직 발견되지 않았다. 광인에게 이성이나 오성이 없다고 말할 수도 없다. 왜냐하면 광인 또한 말을 하고 들으며, 종종 올바르게 추리하기 때문이다. 또한 그들은 보통 현재의 것을 완전히 올바르게 보고 원인과 결과 사이의 연관성을 들여다본다. 환영은 고열에 의한 환각처럼 광기의 일반 징후가 아니다. 정신착란Delirium은 직관을 변조하고, 광기는 사유를 변조시킨다. 광인은 대부분 직접적으로 현재하는 것의 인식에서는 전혀 틀리지 않지만, 그들의 헛소리는 항상 존재하지 않는 것과 과거의 것에 관계하고 그것을 통해 이것을 현재의 것과 결합시킨다. 그런 까닭에 나에게 광인의 병은 특히 기억에 관련된 것으로 보이는데, 많은 사람들이 많은 것을 암기하고 때때로 오랫동안 만나지 못한 사람을 다시 알아보곤 하기 때문에 광인에게 기억력이 결여됐다는 것이 아니라 오히려 기억의 끈이 끊어져서, 지속되는 기억의 연관성이 제거되어 과거를 균일하게 연관시켜 회상Rückerinnerung하지 못하게 되었다는 것이다. 과거의 개별 장면은 현재의 개별 장면처럼 올바르게 기억 속에 있지만 광인이 회상한 것에는 어떤 틈이 존재하는데, 이들은 이러한 틈을 허구로 채운다. 이러한 허구가 항상 동일한 것이면 고정된 관념이 되고, 그런 다음 고정된 망상, 우울증이 되며, 만약 그 허구가 매번 다르다

9   이에 대해서는 2편 31장 참고.

고 한다면 순간적인 공상이 되고, 그다음에는 어리석음, 우둔함fatuitas이 된다. 그렇기 때문에 광인을 정신병원에 보낼 때 그의 이전 삶의 행로를 물어보는 것은 아주 어려운 일이다. 이제 그의 기억 속에서 참된 것과 거짓인 것이 점점 더 뒤섞이게 된다. 비록 직접적인 현재가 올바르게 인식되더라도, 그러한 현재는 공상적인 과거와 함께 날조된 연관성을 통해 변조된다. 그런 까닭에 광인은 자기 자신과 다른 사람들을 단지 그들의 날조된 과거에 놓여 있는 사람들과 동일하게 간주하고, 이전부터 알고 있던 몇몇 사람도 전혀 다시 알아보지 못하며, 현재의 개별 사물들을 올바르게 표상하지만 이러한 표상을 존재하지 않는 것으로 잘못 연결시킨다. 광기가 더 깊어지게 되면, 완전한 기억상실이 일어나는데, 그렇기 때문에 광인은 존재하지 않는 어떤 것이나 과거의 것을 전혀 참작할 수 없게 되고, 오로지 자신의 머릿속에서 과거를 채우는 허구들과 결합하여 완전히 순간적인 기분에 의해 규정된다. 그런 경우에 사람들이 광인에게 항상 우세한 힘을 보여 주지 않는다면, 어떤 순간도 광인에 의한 학대나 살인으로부터 안전할 수 없다. 광인의 인식은 현재적인 것에 국한된다는 점에서 동물의 인식과 공통점을 갖는다. 그러나 이들의 구분점은, 동물이 본래 과거 자체의 표상을 전혀 갖지 않는다는 점이다. 이러한 과거가 습관을 매개로 해서 동물에 영향을 주기는 하는데, 그런 까닭에 예를 들면, 개가 자신의 옛 주인을 몇 년 후에도 다시 알아보는 것이다. 즉 주인을 보고 익숙한 인상을 떠올리게 되지만, 그러나 그 개는 그때부터 흘러간 시간에 대해서는 아무것도 회상하지 못한다. 이와 반대로 광인은 자신의 이성에서 항상 과거를 추상적으로 가지고 다닌다. 그러나 이것은 오직 광인에게만 존재하는 잘못된 과거이고, 이것은 언제나 또는 단지 지금에만 존재하는 것이다. 또한 이러한 잘못된 과거의 영향은 동물도 할 수 있는 올바르게 인식된 현재의 사용을 방해한다. 격심한 정신적인 고통, 예기치 않은 엄청난 사건들이 종종 광기를 유발하는데, 나는 이것을 다음과 같이 설명한다. 그러한 모든 고통은 항상 현재의 실제적 사건에 한정되어 있고, 따라서 단지 잠정적이고 그런 한에서 항상 엄청나게 심한 것은 아니다. 고통이 지속적인 고통인 한에서, 그것은 극단적으로 큰 고통이 된다. 그러나 그러한 고통 자체는 오로지 하나의 생각Gedanke일 뿐이며 그런 까닭에 기억 속에 존재하는 것이다. 이제 그러한 걱정, 즉 그러한 고통스러운 앎이나 추억이 너무나 아파서 정말 참을 수 없는 것이 되고, 그래서 개인이 몸을 가누지 못하게 되면, 그렇게 불안한 사람은 삶의 마지막 구원의 수단으로서 광기를 움켜잡게 된다. 그렇게 고통을 당한 정신은, 사람이 불구가 된 사지를 자르고 의족으로 대체하듯이, 기억의 끈을 끊어 버리고, 그 틈을 허구로 채우고 자신이 감당할 수 없는 고통으로부터 벗어나 광기로 도피하는 것이다. 사람들은 그 예로서 미쳐 날뛰는 아약스Ajax, 리어왕과 오필리아를 살펴볼 수 있다. 왜냐하면 일반적으로 알려진 것으로서 사람들이 여기에서 증거로 삼을 수 있는, 진정한 천재에 의해 창조된 인물들은 실제 인물과 같다고 여겨질 수 있기 때문이다. 그 밖에도 자주 일어나는 실제의 경험도 동일한 것이기 때문이다. 고통에서 광기로 넘어가는 방식과 약간 유사한 것은, 우리 모두가 종종 갑자기 다가오는 고통스러운 기억을, 기계적으로 큰소리를 지르거나 몸을 움직임으로써 쫓아 버리고 우리의 주의를 다른 곳으로 돌리며, 억지로 기분을 풀려고 하는 것이다.

　이제 우리가 앞에서 언급한 것처럼, 광인이 개별적으로 현재하는 것, 또한 여러 가지 개별적인 과거의 것을 올바르게 인식하지만, 그 연관성 및 관계를 오해하고, 그런 까닭에 잘못하거나 헛소리를 하는 것을 본다면, 이것은 바로 광인이 천재적인 개인과 접촉하는 지점이다. 왜냐하면 천재적인 개인은 사물들에서 오직 그 이념만을 보고, 사물들에서 직관적으로 언급되는 본래적인 본질을 파악하는 것을 찾기 위해, 근거율에 따르는 인식인 관계에 대한 인식을 포기하기 때문이다. 이런 점에서 하나의 사물이 그 사물의 종 전체를 대변하며, 그런 까닭에 괴테가 말한 것처럼 하나의 경우가 수천 가지의 경우에 적용되는 것이다. 또한 그것을 넘어 천재는 사물들의 연관성에 대한 인식에 주목하지 않는다. 천재가 바라보는 개별 대상이나 그에 의해 지나치게 생생하게 파악된 현재는 아주 밝은 빛 속에서 드러나며, 마치 대상들이나 현재가 속하는 연쇄의 그 밖의 부분들이 어둠 속으로 물러나게 되고, 이것이 오랫동안 광기와 유사한 것으로 알려진 현상들을 생기게 한다. 천재의 고찰방식은 개별 사물들 속에서는 단지 불완전하고 변화에 의해 약하게 존재하는 것을 그것의 이념으로, 즉 완전한 것으로 드높인다. 그런 까닭에 천재는 어디에서나 극단을 보고, 그리고 바로 그렇기 때문에 천재의 행동은 극단적인 것이 된다. 천재는 적당한 정도Maß를 모르고, 그에게는 절제가 결여되며, 그렇기에 위에서 말한 결과를 가져온다. 천재는 이념을 완전하게 인식하지만, 개체들을 인식하지는 못한다. 그런 까닭에, 사람들이 언급한 것처럼 시인은 인류를 심오하고 그리고 아주 철저하게 파악할 수 있지만, 사람들을 잘 이해하지는 못한다. 천재는 쉽게 속임을 당하고 간교한 사람들에게 이용당한다.[10]

37절

비록 우리의 설명에 따르면 천재는 근거율에 의존하지 않고, 그런 까닭에 단지 관계 속에서만 존재하는 개별 사물들 대신에 개별 사물들의 이념

10　이에 대해서는 2편 32장 참고.

을 인식하고 그리고 이러한 이념에 대해 스스로 이념의 상관개념, 곧 더 이상 개체가 아니라 순수인식주관이 될 수 있는 능력을 가지고 있는데, 그러나 이러한 능력은 경미하고 정도가 다르지만 모든 사람들에게도 존재할 것이다. 그렇지 않다면 사람들은 예술작품을 만들어 낼 능력뿐만 아니라 그러한 예술작품을 경험할 능력도 없을 것이며, 아름다움과 숭고에 대해 전혀 감수성을 가질 수 없고, 이러한 말들이 그들에게는 아무런 의미가 없을 것이기 때문이다. 그런 까닭에 우리가 미적인 쾌감을 전혀 느낄 수 없는 사람들이 아니라고 한다면, 사물 속에서 그러한 이념을 인식하고 이를 통해 자신의 개인적인 입장을 당장 버릴 수 있는 능력이 모든 사람에게 존재하는 것으로 간주해야만 한다. 천재는 이들에 비해 단지 훨씬 더 높은 수준으로 그러한 인식방식을 지속적으로 가지고 있으며, 이러한 인식방식은 그렇게 인식된 것을 임의의 작품에서 재현하는 데 필요한 분별력을 갖게 하는데, 이러한 분별력의 재현이 예술작품이다. 예술작품을 통해 천재는 파악된 이념을 다른 사람에게 전달한다. 이러한 이념은 예술작품 속에서 변하지 않고 동일하게 존재한다. 그런 까닭에 미적 쾌감은 본질적으로 동일한 것이며, 예술작품이나 직접적으로 자연과 삶의 직관을 통해 생겨난다. 예술작품은 단지 그러한 미적 쾌감이 존재하는 그러한 인식을 쉽게 해 주는 수단이다. 이념이 자연과 현실로부터 직접적으로 나오는 것보다 예술작품으로부터 나타나는 것이 더 쉬운 것은, 현실성이 아니라 오직 이념만을 인식한 예술가가 자신의 작품에서 오직 이념만을 순수하게 재현하고, 이를 방해하는 모든 우연적인 것들을 제거해서 이념을 분리해 내기 때문이다. 예술가는 자신의 눈을 통해 우리로 하여금 세계를 조망하게 한다. 예술가가 이러한 눈을 갖고 있는 것, 예술가가 사물의 모든 관계 밖에 놓여 있는 본질을 인식하는 점이 바로 천재의 재능이고, 타고난 것이다. 그러나 예술가가 우리에게 이러한 재능을 빌려주어, 우리로 하여금 그의 눈으로 보게 할 수 있는 것은 습득된 것이고, 이는 예술의 기교적인 측면이다. 이 때문에 앞에서 미적인 인식방식의 내적 본질의 일반적인 특징을 설명한 뒤에, 이제 아름다움과 숭고에 대해 이어지는 좀 더 상세하게 다룰 철학적인 고찰에서는 이러한 아름다움과 숭고를 더 이상 나누지 않고 자연과 예술 속에서 같이 설명할 것이다. 우리는 아름다움과 숭고가 인간의 마음을 움직일 때 무슨 일이 일어나는지를 먼저 고찰할 것이다. 인간이 이러한 감동을 손수 자연으로부터, 삶으로부터 이끌어 내는지 또는 오로지 예술의 중재를 통해 이러한 감동에 참여하는지는 본질적인 차이가 아니라 단지 외적인 차이일 뿐이다.

38절

우리는 미적인 고찰방식에서 분리할 수 없는 두 가지의 구성요소를 확인했는데, 그것은 개별 사물이 아니라 플라톤적인 이념, 즉 사물들의 이러한 종Gattung 전체의 지속하는 형식이다. 그리고 개체로서가 아니라, 순수하고, 의지에서 벗어난 인식주관으로서 인식하는 사람의 자기의식이다. 이 두 가지의 구성요소가 항상 합치해서 나타날 수 있는 조건은 근거율에 연결된 인식방식을 떠나는 것인데, 이러한 인식방식은 학문에 봉사할 뿐만 아니라 의지에 봉사하는 데에 쓸모가 있는 유일한 인식방식이다. 우리는 아름다움의 고찰을 통해 자극되는 쾌감Wohlgefallen을 그러한 두 가지 구성요소에서 유래하는 것으로 보고, 그리고 이것은 미적인 관조의 대상에 따라 때로는 둘 중에 좀 더 한쪽으로부터, 때로는 둘 중에 좀 더 다른 쪽으로부터 생겨난다.

모든 의욕은 욕구Bedürfnis로부터, 즉 결핍으로부터, 따라서 고통으로부터 생겨 나온다. 이러한 욕구는 충족되면 끝난다. 그러나 적어도 하나의 소망이 충족되더라도 열 개의 소망은 충족되지 않는다. 더구나 욕망은 오래 지속되고, 요구는 무한하게 계속된다. 충족을 누릴 시간은 짧고 부족할 뿐이다. 그러나 더욱이 궁극적인 만족은 단지 겉으로만 존재할 뿐이다. 소망이 충족된 자리에 곧바로 새로운 소망이 들어선다. 충족된 소망은 인식된 오류이고, 충족되지 않은 소망은 아직 인식되지 않은 오류이다. 성취된 의욕은 어떠한 대상에게도 더 이상 사라지지 않는 지속적인 만족을 가져다줄 수 없는데, 이것은 거지에게 베푸는 자선이 단지 그의 고통을 내일까지 연장시키기 위해 오늘 그의 삶을 연장시켜 줄 뿐인 것과 마찬가지이다. 그렇기 때문에 우리의 의식이 우리의 의지에 의해서 충족되는 한, 우리가 지속적으로 바라고 두려워하는 소망들의 충동에 내몰리는 한, 우리가 의욕의 주체인 한, 우리에게 결코 지속적인 행복도 평온도 주어지지 않는다. 우리가 쫓거나 도망하든지, 불행을 두려워하거나 어떻게 해서든 만족하려고 애쓰든지 본질적으로는 같은 것이다. 어떤 형태로든지 상관없이 지속적으로 요구하는 의지에 대한 걱정이 의식을 채우고 지속적으로 움직인다. 그러나 내적인 평온 없이는 어떤 행복도 불가능하다. 그래서 의욕의 주체는 지속적으로 익시온의 굴러가는 수레바퀴에 놓여 있으며, 항상 다나이덴Danaiden 자매들이 언제까지고 밑 빠진 독에 물을 퍼 올리는 벌과 같으며, 영원히 갈증을 느끼는 탄탈로스Tantalus와 같은 것이다.

그러나 외적인 원인이나 내적인 감정상태가 갑자기 우리를 의욕의 무한한 흐름에서 끄집어내고, 인식이 노예처럼 의지에 봉사하는 것에서 벗어나게 하며, 이제는 더 이상 의욕의 동기에 주목하지 않고, 의지에 대한 관계로부터 벗어나 사물들을 파악하고, 따라서 사물들을, 그것들이 동기들이 아니라 단순히 표상인 한에서, 관심도 없고 주관성도 없이 순수하게 객관적으로 고찰하여 사물들에 완전히 몰두한다면, 그 이전의 의욕의 길에서 항상 찾아 나섰지만 매번 달아나 버렸던 평온이 대번에 저절로 나타나게 될 것이고, 우리를 완전히 행복하게 할 것이다. 그것은 에피쿠로스가 최고선das höchste Gut 그리고 신들의 상태로 칭송한 고통 없는 상태이다. 왜냐하면 우리는 그 순간 초라한 의지의 충동으로부터 벗어나고, 우리는 의욕의 강제노동으로부터 벗어나게 되며, 익시온의 수레바퀴도 멈출 것이기 때문이다.

그러나 이러한 상태는 바로 내가 위에서 언급한 이념의 인식을 위해 필요한 것으로, 순수한 관조로, 직관으로 들어가는 것, 대상에 빠지는 것, 모든 개체성의 망각, 근거율을 따르고 오직 관계만을 파악하는 인식방식을 제거하는 것인데, 여기에서는 동시에 밀접하게 직관된 개별 사물이 그 사물의 종의 이념으로, 인식하는 개체가 의지 없는 순수인식주관으로 고양되고 둘 다 그 자체로 더 이상 시간의 흐름 속에 그리고 모든 다른 관계 속에 머물러 있지 않게 된다. 그런 경우에는 지는 해를 감옥에서 바라보든지 또는 왕궁에서 바라보든지는 똑같은 것이 된다.

내적인 기분, 의욕에 대한 인식의 우월함은 모든 환경에서 도달할 수 있다. 이것은 탁월한 네덜란드인들이 우리에게 보여 주는데, 네덜란드인들은 아주 무의미한 대상들에 그러한 순수하게 객관적인 직관을 행하게 하고, 그러한 대상들의 객관성과 정신이 평온한 상태에서의 지속적인 기념물을 정물화에서 드러낸다. 미적인 감상자는 정물화를 감동 없이 고찰할 수 없는데, 정물화는 감상자에게 평온하고, 조용하고, 의지에서 벗어난 예술가의 마음의 상태를 생생하게 보여 주기 때문이다. 이러한 마음의 상태는 그같이 중요하지 않은 사물들을 그같이 객관적으로 직관하기 위해, 그같이 주목하여 고찰하기 위해 그리고 이러한 직관을 그같이 사려 깊게 재현하려면 필요한 것이다. 또한 그 그림은 감상자를 그러한 상태에 참여하도록 요구하면서, 그의 감동은 종종 감상자 자신이 처해 있는 불안정하고, 격렬한 의욕에 의해 희미해진 마음의 상태Gemütsverfassung에 대립하여 더욱 커지곤 한다. 같은 정신에서 종종 풍경화가들, 특히 그중 라위스달Ruisdael은 그다지 특별하지 않은 풍경의 대상들을 그렸고, 이를 통해 동일한 결과를 더욱 만족스럽게 가져왔다.

이렇게 많은 것들은 오로지 예술가적인 마음의 내적인 힘에 의해 행해진다. 그러나 그렇듯 순수하게 객관적인 마음은, 그 일치를 이루는 대상들을 통해 직관하도록 청하고, 강요하는 아름다운 자연의 풍부함을 통해 용이해지고 외부로부터 촉진된다. 아름다운 자연이 단번에 우리의 눈앞에 나타나자마자, 단지 짧은 순간일지라도 우리는 거의 항상 주관성, 의지의 노예에서 벗어나 순수인식의 상태로 옮겨 가는 것이 가능하다. 그렇기 때문에 열정이나 궁핍, 걱정으로 고통스러워하는 사람도 자연을 자유롭게 바라보면 갑자기 생기가 나고, 명랑해지며 위로를 받게 된다. 열정의 폭포, 소망과 두려움의 충동 그리고 의욕의 모든 고통이 놀라운 방식으로 곧바로 가라앉는다. 왜냐하면 의욕으로부터 벗어나 우리를 순수하게 의지 없는 인식에 몰입하게 하는 순간에 마치 우리는 우리의 의지를 움직이고 이를 통해 우리를 그렇게 뒤흔들었던 모든 것이 더 이상 존재하지 않는 다른 세계에 들어서게 되기 때문이다. 그렇듯 인식이 자유로워지는 상황은, 마치 잠을 자고 꿈꾸는 것처럼 우리를 모든 것으로부터 벗어나게 한다. 행복과 불행도 사라져 버린다. 우리는 더 이상 개체가 아니고, 개체는 잊혔으며, 오로지 순수인식주관일 뿐이다. 우리는 여기에서 오로지 하나의 세계의 눈das eine Weltauge으로서만 존재하는데, 인식하는 모든 존재는 이러한 눈으로 바라보지만, 그러나 오직 인간만이 의지의 봉사로부터 완전히 벗어날 수 있으며, 이를 통해 바라보는 눈이 힘 있는 왕에게 속하든지, 고통스러워하는 거지에게 속하든지 다름없기 때문에 개체성의 모든 차이가 완전히 사라져 버린다. 왜냐하면 행복이나 비참함은 그 경계를 넘어갈 수 없기 때문이다. 이처럼 우리의 모든 비참함Jammer에서 완전히 벗어난 영역이 지속적으로 우리에게 가깝게 있다. 그러나 누가 오랫동안 거기에 있을 힘을 갖고 있는가? 우리의 의지, 우리 개인에 대한 순수하게 직관된 대상들의 그 어떤 관계가 다시 의식 속에 나타나게 되면 마법은 사라지고 만다. 우리는 근거율에 의해 지배되는 인식으로 되돌아가고, 더 이상 이념을 인식하지 않으며 개별 사물, 곧 우리도 속하는 연쇄의 고리를 인식하게 되면서 우리는 다시 우리의 모든 비참함에 빠지게 된다. 대부분의 인간은 객관성, 즉 천재성이 완전히 결여되어 있기 때문에 거의 항상 이러한 상태에 있다. 그런 까닭에 인간들은 혼자서 자연과 함께하는 것을 좋아하지 않는다. 그들은 동료를 필요로 하며, 적어도 책 한 권을 필요로 한다. 왜냐하면 그들의 인식은 의지에 기여하기 때문이다. 그런 까닭에 그들은 대상에서 단지 그들 의지와의 어떤 관계를 찾을 뿐이며, 그러한 관계를 가지고 있지 않은 모든 것에서는, 그들의 내부에서 마치 기초저음처럼 "그것은 나에게 아무런 쓸모가 없다"는 음성이 지속적으로, 절망적으로 울리기 시작한다. 따라서 고독 속에서는 가장 아름다운 환경마저도 그들에게는 황량하고, 어둡고, 낯설고, 적대적인 모습으로 보인다.

마침내, 의지에 매이지 않는 직관의 기쁨은 과거의 것과 멀리 떨어져 있는 것에 대해 놀라운 매력을 느끼게 하고 이것들을 자기기만을 통해 우리에게 아주 아름답게 나타내 준다. 왜냐하면 우리가 멀리 떨어진 장소에서 오래전에 살았던 날들을 생각하듯이, 우리의 상상이 소환하는 것은 지금처럼 그 당시에도 치유할 수 없는 고통을 지닌 의지의 주관이 아니라 단지 객관일 뿐이기 때문이다. 그러나 이러한 고통은 잊히는데, 종종 그때부터 이미 다른 고통이 그 자리에 들어서기 때문이다. 만일 우리가 의지에서 벗어나 우리를 이러한 직관에 몰두하게 할 수 있다면, 기억 속 객관적인 직관은, 현재의 직관처럼 작용할 것이다. 그런 까닭에 어떤 궁핍Not이 보통 때보다 특히 더 우리를 불안하게 할 때, 과거의 장면과 멀리 떨어져 있는 장면에 대한 갑작스러운 기억이 잃어버렸던 낙원처럼 우리를 스치는 일이 생긴다. 환상은 개체적이고 주체적인 것이 아니라 단지 객관적인 것만을 불러들일 뿐이고, 우리는 그러한 객관적인 것이 그때에도 그같이 순수하게, 의지에 대한 어떠한 관계에 의해서도 빛바래지 않고 지금 환상 속에서의 모습처럼 우리 앞에 나타났다고 상상한다. 그러나 오히려 우리의 의욕에 대한 객관의 관계는 지금처럼 그 당시에도 고통을 가져다주었을 것이다. 우리가 객관을 순수하게 객관적으로 고찰하도록 우리를 고양시키고 우리 자신이 아니라 오직 그러한 객관만이 존재할 것이라는 공상Illusion을 해 볼 수 있다면, 우리는 멀리 있는 객관을 통해 그러는 것처럼 현재의 객관을 통해 모든 고통에서 벗어날 수 있다. 그러면 우리는, 고통받는 자기를 제거하여 순수인식주관으로서 그러한 객관과 완전히 하나가 되고 우리의 궁핍이 이러한 객관과 무관하듯이, 그 궁핍은 그러한 순간에 우리에게는 낯선 것이 되어 버린다. 그러면 오직 표상으로서의 세계만이 남게 되며 의지로서의 세계는 사라지게 된다.

　이러한 모든 고찰을 통해 나는, 미적인 쾌감의 주관적인 조건이 미적인 쾌감에서 갖는 몫이, 즉 의지의 봉사로부터 인식의 해방, 개체로서 자기 자신의 망각 그리고 순수하고, 의지가 없고, 시간성이 없는, 모든 관계에 의존하지 않는 인식주관으로의 의식의 고양이 어떤 종류의 것이고 그리고 어느 정도인지 분명해졌기를 바란다. 미적인 조망Beschauung의 이러한 주관적인 측면과 함께 필연적인 상관개념으로서 항상 동시에 플라톤적인 이념의 직관적인 파악인 미적인 조망의 객관적인 측면이 등장한다. 그러나 우리가 이것을 상세하게 고찰하기 전에 그리고 미적인 조망에 관련하여 예술의 업적들로 향하기 전에, 주관적인 측면에 의존하는 데 대한 설명을 통해 그리고 이러한 주관적인 측면에서 생겨나는 숭고das Erhabene라는 인상의 변형을 통해 미적인 쾌감의 주관적인 측면을 완전하게 고찰하기 위해서는, 미적인 쾌감의 주관적인 측면에서 좀 더 머무르는 것이 적절할 것이다. 그 이후에는 미적인 쾌감의 객관적인 측면의 고찰로써 미적인 쾌감에 대한 우리의 연구가 완전해질 것이다.

지금까지 언급한 것에 다음의 고찰이 더 추가되어야 한다. 빛은 사물 일반의 가장 즐거운 요소이다. 빛은 모든 선das Gute과 구원의 상징이다. 모든 종교에서 빛은 영원한 구원으로, 어두움은 저주로 표시된다. 오르무츠드Ormuzd는 가장 밝은 빛 속에 살고, 아리만Ahriman은 영원한 밤 속에 산다. 단테의 낙원은 런던의 복스홀Vauxhall과 비슷한 것으로 보이는데, 왜냐하면 축복받은 모든 정신은 거기에서 규칙적인 모습으로 만들어진 광원들Lichtpunkte로 나타나기 때문이다. 빛이 사라지면 우리는 곧 슬픔에 빠지게 된다. 빛이 되돌아오면 행복해진다. 색깔은 직접 생생한 기쁨이 생기게 하고, 색깔이 명료해지면 기쁨의 정도가 최고의 단계에 도달한다. 이 모든 것은 오직 빛이 완전한 직관적인 인식방식의, 즉 직접적으로 의지를 전혀 촉발시키지 않는 유일한 것의 상관개념이며 조건이라는 사실로부터 나온다. 왜냐하면 시각은 다른 감각의 자극과는 달리 그 자체로 직접적으로 그리고 자신의 감각적인 작용을 통해 기관에서 지각의 쾌감이나 불쾌감을 느낄 수 없기 때문이다. 즉 시각은 의지와는 직접적으로 결합되지 않기 때문이다. 비로소 오성에서 생겨나는 직관이 의지에 대해 객관의 관계에 놓여 있는 그러한 직접적인 결합을 가질 수 있을 뿐이다. 이것은 청각Gehör의 경우에는 다르다. 음Töne은 직접적으로 고통을 유발하고 또한 화음이나 멜로디에 관계없이 직접 감각적으로 즐거움을 줄 수 있다. 몸 전체의 느낌과 같은 것으로서 촉감은 의지에 대한 이러한 직접적인 영향에 좀 더 내던져져 있다. 하지만 고통이 없고 쾌감이 없는 촉감도 존재한다. 그러나 후각은 언제고 쾌한 것이거나 불쾌한 것이다. 미각은 더욱더 그렇다. 따라서 후각과 미각은 대부분 의지와 연결되어 있다. 그런 까닭에 후각과 미각은 가장 고상하지 못한 감각이고, 칸트에 의해 주관적인 감각이라고 불린다. 따라서 빛에 대한 즐거움은 실제로는 단지 가장 순수하고 가장 완전한 직관적인 인식방식의 객관적인 가능성에 대한 즐거움일 뿐이며, 그 자체로 모든 의욕으로부터 벗어난 순수하고 해방된 인식이 가장 즐거운 것이며 그리고 이는 이미 그 자체로 미적인 만족의 중요한 부분이라는 점에서 유래한다고 할 수 있다. 빛에 대한 이러한 견해로부터 우리는 물속의 대상이 비칠 때 알 수 있는 믿을 수 없이 엄청난 아름다움을 다시 이끌어 낼 수 있다. 또한 우리가 가장 완전하게, 가장 순수하게 지각할 수 있는 것은 물체들 상호 간에 영향을 주는 가장 가볍고, 가장 빠르며, 가장 섬세한 방식, 즉 반사광선의 영향 때문이다. 간접적인 광선의 영향은 여기에서 우리가 아주 분명하게 조망할 수 있게끔 완전히 원인과 결과 속에서, 즉 전체로서 우리에게 나타난다. 그런 까닭에 우리의 미적인 즐거움은 대부분 미적인 쾌감의 주관적인 근거에 완전히 뿌리내리고 있으며, 순수인식과 그러한 인식의 방식에 대한 즐거움이다.[11]

39절

미적인 쾌감의 주관적인 부분을 강조한 모든 고찰에서 이러한 쾌감은 의지에 대립하여 그 자체로 단순히 직관적인 인식에 대한 즐거움인 한에

---

11 이에 대해서는 2편 33장 참고.

서, 이것과 직접적으로 연관된 것으로 숭고의 감정이라고 불리는 기분에 대한 다음의 설명으로 마치도록 한다.

대상들이 순수 직관에 합치한다면, 즉 대상들이 자신들의 다양한 동시에 특정하고, 분명한 형태에 의해 객관적인 의미에서의 아름다움이 존재하는 그 이념들의 대변자가 된다면, 순수 직관의 상태로 옮겨지는 것이 쉽게 일어난다는 점이 이미 위에서 언급되었다. 무엇보다도 아름다운 자연이 이러한 성질을 지니며, 이를 통해 가장 둔감한 사람에게도 일시적으로나마 미적인 쾌감을 갖게 한다. 특히 식물계가 미적인 고찰을 하게끔 요구하고 강요하듯이, 사람들이 이러한 합치Entgegenkommen가 유기체적인 존재들이 동물적인 신체와는 달리 인식의 직접적인 대상이 아니고, 그런 까닭에 맹목적인 의욕의 세계로부터 표상의 세계로 들어가기 위해 다른 이성적인 개체를 필요로 하며, 그렇기 때문에 식물계가 자신들에게 직접적으로 거부되어 있는 것에 적어도 간접적으로라도 도달하기 위해, 마치 이러한 표상의 세계로 들어가기를 동경하는 것과 연결되어 있다고 하는 것은 주목할 만한 것이다. 나는 그 밖에 아마도 공상과 같은 이러한 도발적인 사상을 그대로 놓아두도록 할 텐데, 오로지 자연에 대한 아주 진지하고 헌신적인 고찰만이 이러한 사상을 생기게 하거나 정당화할 수 있기 때문이다.[12] 이러한 자연의 합치, 즉 자연의 형태들의 의미와 분명함으로부터 자연의 형태들의 개체화된 이념들이 우리에게 쉽게 부합하는 것, 그것이 우리를 의지에 기여하는 단순한 관계들의 인식으로부터 미적인 관조로 옮겨 가게 하고 그리고 이것에 의해 의지로부터 벗어난 인식주관으로 고양되는 한,

---

12 내가 위의 사상을 그렇게 수줍어하면서 망설이며 적은 지 40년이 지난 뒤에 이제, 이미 성 아우구스티누스가 그러한 생각을 언급했다는 것을 발견한 것은 매우 즐겁고 놀라운 것이다. "식물들은, 자신들이 인식할 수 없기 때문에, 마치 인식되기를 원하는 것처럼 그렇게 이 세계의 가시적인 구조가 아름답게 만들어지는 다양한 형태들을 감각기관에 제공한다."(『신국론』 11권, 27)

우리에게 작용하는 것은 오로지 아름다움das Schöne뿐이며, 우리를 자극하는 것은 미Schönheit의 감정이다. 그러나 대상의 의미 있는 여러 형태가 우리로 하여금 이러한 대상들을 순수하게 관조하도록 권하는 그러한 대상들은 자신의 객관성 속에서, 인간의 신체에 나타나는 인간의 의지 일반에 대해 적대적인 관계를 갖고, 그러한 의지에 대립하며, 모든 저항을 제거하는 힘으로 의지를 위협하거나 그 대상들의 엄청난 크기로 의지를 아무것도 아닌 것으로 축소시킨다. 그러나 그럼에도 불구하고 관찰자는 자신의 의지에 달려드는 이러한 적대적인 관계에 주목하지 않고, 비록 이러한 관계를 지각하고 인정하지만, 그는 자신의 의지와 의지의 관계를 강제적으로 뿌리치고, 오로지 의식에만 몰두하면서 의지가 두려워하는 순수하고 의지가 없는 인식주관으로서 대상들을 조용히 관조하면서, 모든 관계에서 벗어난 이념을 파악하면서, 그런 까닭에 기꺼이 이념을 고찰하는 것에 머무르며, 따라서 바로 이것을 통해 자기 자신, 자기 개인, 자신의 의지와 모든 의욕을 넘어서 의식적으로 이러한 관계를 외면한다. 그러면 숭고한 감정이 그를 충만하게 하여 그는 숭고의 상태에 놓이게 되는데, 그렇기 때문에 사람들은 그러한 상태를 야기하는 대상을 숭고하다고 부른다. 따라서 숭고한 감정을 아름다움의 감정으로부터 구분하는 것은 바로 이것이다. 아름다움의 경우에는 대상의 아름다움, 즉 대상의 이념의 인식을 쉽게 하는 성질, 의지와 의지의 봉사에 빠지는 관계의 인식을 저항 없이, 그런 까닭에 눈에 띄지 않게 의식으로부터 제거하고 그러한 의식을 순수인식주관으로 남게 하며, 의지에 대한 그 어떤 기억조차도 남겨 놓지 않으면서, 순수인식이 싸우지 않고도 그 우위를 차지하게 된다. 반면에 숭고의 경우에는 호의적이지 않은 것으로 인식된 의지에 대한 대상의 관계로부터 의식적으로, 억지로 벗어나는 것을 통해, 즉 의식에 의해 동반된 의지와 의지에 관계된 인식에 대한 자유로운 고양을 통해 비로소 그러한 순수인식의 상태를 얻는다. 이러한 고양은 의식에 의해 얻어질 뿐만 아니라, 의식으로써 유지되며, 그런 까닭에 의지에 대한 지속적인 기억을 동반하지만, 그러나 두려움이나 소망처럼 개체적이고, 개인적인 의욕이 아니라 객관성을 통해, 즉 인간의 신체를 통해 일반적으로 표현되는 인간의 의욕 일반에 대한 기억을 동반한다. 대상에 대한 현실적이고, 개인적인 곤경과 위험을 통해 실제적이고 개별적인 의지작용이 의식에 나타난다면, 현실적으로 움직여진 개인적인 의지는 우위를 차지하여 평온한 관조는 불가능하게 되고, 숭고의 인상은 사라져 버리게 되는데, 왜냐하면 자신을 지키려는 개체의 노력이 다른 모든 생각을 몰아내 버리면서 숭고의 인상이 불안에 자리를 내어 주기 때문이다. 몇 가지의 예들이 이러한 미적인 숭고의 이론을 분명히 하고 의심하지 않게 할 것이다. 동시에 이러한 예들은 숭고의 감정 그 정도의 차이를 드러내 줄 것이다. 왜냐하면 숭고의 감정은 그 주된 규정에서는, 즉 순수하고 의지에서 벗어난 인식이고 근거율을 통해 규정된 모든 관계의 밖에 있는 이념들의 인식이라는 점에서는 아름다움의 감정과 같은 것이며, 단지 하나의 추가적인 사항, 즉 의지 일반에 대해 적대적으로 인식된 관계를 고양시키는 것이라는 점에서만 아름다움의 감정과 구분된다. 따라서 이러한 상태가 강하거나, 시끄럽거나, 절박하거나, 가깝거나, 약하거나, 멀거나, 단순히 암시하는 것인가에 따라 숭고의 다양한 정도들, 아름다움에서 숭고로의 이행이 생겨난다. 비록 미적인 감수성이 크지 않고 환상을 생동감 있게 만들어 내지 못하는 사람들은 단지 나중에 제시되는 높고 분명한 숭고의 인상만을 이해하게 될 것이고, 따라서 그들은 이러한 높고 분명한 숭고의 인상에 대한 예들에 의지하고, 먼저 인용되는 아주 약한 정도의 예는 피해야 할 것이지만, 나는 우선 이러한 이행과 숭고의 인상에 대한 약한 정도의 예를 드는 것이 이러한 설명에 더 적절하다고 생각한다.

인간이 (의욕의 초점으로서 생식기로 표시되는) 의욕의 격렬하고 어두운 충동이면서 (두뇌의 극을 통해 표시되는) 동시에 원하고, 자유롭고, 명랑한 순수 인식주관이듯이, 이러한 대립에 상응하여, 태양은 빛의 근원, 즉 가장 완전한 인식방식의 조건과 이를 통해 사물의 가장 즐거운 것의 근원인 동시에 열의 근원, 모든 생명의 최초의 조건의 근원, 즉 높은 단계에서의 의지의 모든 현상의 최초의 조건의 근원이다. 그런 까닭에 의지에 있어 열인 것은 인식에 있어서는 빛이다. 바로 그런 까닭에 빛은 아름다움의 왕관에서 가장 큰 다이아몬드이고 모든 아름다운 대상을 인식하는 데 결정적으로 영향을 끼친다. 빛의 존재는 일반적으로 없어서는 안 될 조건이고, 또한 빛의 적절한 위치는 아름다운 대상의 아름다움을 더 높여 준다. 그러나 다른 무엇보다도 아름다움은 빛의 호의를 통해 건축술을 드높이는데, 빛을 통해 어떤 무의미한 것이라도 가장 아름다운 대상이 된다. 우리가 추운 겨울에 자연이 다 얼어 낮게 떠 있는 햇빛이 돌에 반사되는 것을 볼 때 열 없이 비치기만 하는 것은 의지에는 호의적이지 않고 가장 순수인식방식에만 유리한 것이다. 빛이 돌에 아름답게 작용하는 것에 대한 이러한 고찰은 모든 아름다움처럼 우리를 순수인식의 상태로 옮겨 놓는데, 이러한 상태는 바로 그러한 광선을 통해 온도를 올리는 것, 즉 생명을 부여하는 원리가 부족한 것을 가볍게 상기하는 것을 통해 의지의 관심을 어느 정도 넘어서는 것을 요구하며, 모든 의욕을 회피하는 순수인식 속에서 머무르는 것을 가볍게 요구하는 것을 포함한다. 그러나 바로 이를 통해 아름다움의 감정에서 숭고의 감정으로 이행한다. 이것이 아름다움에 있는 숭고의 희미한 흔적인데, 아름다움 자체는 여기에서 단지 사소한 정도로 나타난다. 이것과 거의 비슷한 예는 다음과 같다.

우리가 끝없는 지평, 구름 하나 없는 하늘, 고요한 대기 중에 나무들과 식물들로 이루어져 있고, 어떤 동물도, 어떤 사람도, 흐르는 물도 없고 깊은 적막이 흐르는 고독한 장소로 우리를 옮겨 놓으면, 그러한 환경은 모든 의욕과 의욕의 궁핍함으로부터 벗어나 진지해지고 관조하라는 호소와 같은 것이다. 그러나 바로 이것은 이미 고독하고 적막한 환경에 숭고의 느낌을 제공한다. 이러한 환경은 지속적인 노력과 획득을 필요로 하는 의지에 대해 좋지도 않고 나쁘지도 않은 어떠한 대상도 제공하지 않기 때문에, 오로지 순수한 관조의 상태만이 남아 있고, 그리고 이렇게 할 능력이 없는 사람은 아무것도 할 일이 없는 의지의 공허, 모욕적인 경멸과 함께 권태Langeweile의 고통에 빠지게 된다. 그런 점에서 그러한 환경은 우리 자신의 지적인 가치의 척도를 제공하고, 고독을 견뎌 내거나 좋아할 수 있는 능력의 정도는 이러한 지적인 가치를 측정하는 데 좋은 기준이 된다. 따라서 위에서 묘사한 환경은, 평온하고 충만한 순수인식의 상태에 대조적으로 지속적인 노력을 필요로 하는 의지의 의존성과 초라함에 대한 기억이 섞이면서, 낮은 정도에서의 숭고에 대한 예를 제공해 준다. 이것은 북아메리카 내륙의 끝없는 초원을 조망할 때 칭찬하게 되는 숭고의 종류이다.

그러나 우리가 이러한 지역에서 식물들을 제거하여 의지에게 오로지 헐벗은 암석만을 보여 준다면, 우리의 존재에 필요한 유기물이 완전히 없어지기 때문에 의지는 곧바로 불안해지고 만다. 사막은 두려운 특성을 지니게 되고, 우리의 기분은 더 비극적이게 된다. 순수인식으로의 고양은 의지에 대한 관심으로부터 보다 단호하게 벗어나는 데서 일어나고, 우리가 순수인식의 상태에 머물러 있으면서 숭고의 감정은 분명하게 나타난다.

폭풍우가 몰아치는 자연, 위협적인 시커먼 뇌운, 교차하여 시야를 가리는 엄청난, 벌거벗어 매달려 있는 바위들, 시끄러운 소리를 내며 거품을 일으키는 홍수, 전부 황폐한 땅, 골짜기에 밀려드는 바람의 탄식소리와 같은 환경에서 우리는 숭고의 감정을 좀 더 높은 단계에서 야기할 수 있다. 우리의 종속성, 적대적인 자연과의 싸움 속에서 꺾인 우리의 의지가 이제 우리의 눈앞에 분명하게 나타난다. 그러나 개인적인 곤경이 우위를 차지하지 않고, 우리가 미적인 조망 속에서 머무르는 한, 자연과의 투쟁을 통해, 꺾인 의지의 모습을 통해 순수인식주관이 나타나고 의지를 위협하며 두려운 대상들에서 조용하게, 동요하지 않고 이념들을 파악한다. 숭고의 감정은 바로 이러한 대조Kontrast 속에 놓여 있다.

그러나 우리가 분노한 자연력이 크게 싸우는 것을 눈앞에서 볼 때, 앞에서 말한 환경에서 미친 듯이 날뛰며 떨어지는 물줄기에 우리의 목소리를 들 수 없을 때, 또는 우리가 폭풍우가 몰아치는 먼 바다에 서 있을 때, 집채만 한 파도가 일면서, 격렬하게 해안의 벼랑에 부딪쳐 하늘로 거품을 일으키고, 폭풍우가 소리를 내며, 바다는 울부짖고, 검은 구름에서는 번개가 치며 그리고 천둥소리가 폭풍우와 바다를 큰 소리로 압도할 때 그러한 인상은 더욱 강해진다. 그러면 이러한 광경을 흔들리지 않고 바라보는 사람에게서 의식의 이중성이 아주 분명해진다. 그는 자신을 개체로서, 자연력의 충격을 조금만 받아도 파괴될 수 있는 허약한 의지현상으로 느끼는 동시에, 강력한 자연에 마주하여 기댈 곳 없이, 의존적이고 우연에 자신을 내맡긴 채로, 엄청난 힘에 직면하여 사라져 가는 무Nichts로 느끼고, 그리고 동시에 모든 객관의 조건으로서 이러한 세계 전체의 담당자인 영원하고 고요한 인식주관으로서 느낀다. 그리고 자연의 무서운 투쟁은 단지 그의 표상일 뿐이며, 인식주관 자체는 이념을 조용히 파악하는 가운데 모든 의욕과 모든 곤경Not에서 벗어나고 멀어진다. 이것이 숭고의 완전한 느낌이다. 여기에서 그러한 개체를 파괴하도록 위협하는, 개체와는 비교할 수 없이 능가하는 힘의 모습이 그러한 숭고의 감정을 나타나게 한다.

공간과 시간 속에서 단순히 거대한 존재가 숭고의 감정을 갖게 하는데, 공간과 시간의 헤아릴 수 없는 크기가 개체를 아무것도 아닌 것으로 축소시키기 때문이다. 비록 우리의 설명은 숭고의 느낌의 내적인 본질에 대한 칸트의 설명에서 완전히 벗어나고 그리고 도덕적인 반성이나 스콜라철학의 실체Hypostase와 관련시키는 것을 허용하지 않지만, 우리는 칸트의 명명과 그의 올바른 구분을 그대로 유지한다면, 첫 번째 것을 역학적 숭고로, 후자를 수학적 숭고로 부를 수 있다.

우리가 공간과 시간 속에서 세계의 무한한 크기를 고찰하는 것에 몰두하고, 흘러가 버린 수천 년과 다가올 수천 년을 숙고한다면, 그리고 밤하늘이 수많은 세계를 실제로 우리의 눈앞에 보여 주고 세계를 헤아릴 수 없다는 것이 의식에 파고들면, 우리는 우리 자신이 아무것도 아닌 것으로 작아지는 것같이 느끼고, 개체로서, 생명을 지닌 신체로서, 바다의 작디작은 물방울이 소멸하듯 의지현상으로서 차츰 무로 사라져 버리는 것을 느낀다. 그러나 동시에 우리 자신의 무상성Nichtigkeit이라는 그러한 유령에 대해, 즉 그러한 거짓된 불가능성에 대해, 이 모든 세계가 단지 영원한 순수인식주관의 변형으로서 우리의 표상 속에서만 존재한다는 직접적인 의식이 고양되고, 우리가 개체성을 잊어버리자마자 우리는 자신을 그러한 영원한 순수인식주관으로 발견하게 되는데, 이러한 영원한 순수인식주관은 모든 세계와 모든 시대를 제약하는 꼭 필요한 담당자이다. 이전에는 우리를 불안하게 했던 세계의 크기가 이제는 우리들 속에서 휴식을 취한다. 세계의 크기에 우리가 의존해 왔던 것은, 거꾸로 세계가 우리에게 의존하는 것을 통해 제거된다. 그러나 이 모든 것은 반성에서 즉각적으로 생기는 것이 아니라, 사람들이 어떤 의미에서 (오로지 철학만이 그 의미를 분명하게 해 주는데) 세계와 하나이며, 그런 까닭에 헤아릴 수 없는 세계의 크기에 풀이 죽는 게 아니라 오히려 고양된다는 사실로서, 오로지 지각된 하나의 의식으로서 나타난다. 그것은 『베다』의 『우파니샤드』가 다양한 표현으로 반복해서 언급한, 특히 이미 위에서 제시한 격언인 "이 모든 피조물은 나이며, 나 이외의 다른 존재란 세상에 없다."(『우파니샤드』 I, 122쪽)에서 언급한 것을 지각한 의식이다. 이러한 의식은 자신의 개체를 넘어서는 것이며, 숭고의 감정이다.

우리는 완전히 다른 방식으로 우주의 면적과 비교해서는 작지만, 우리가 직접적으로 완전히 지각할 수 있고, 3차원의 모든 방향으로 그 크기가 완전히 우리에게 작용하여 우리의 신체의 크기를 거의 무한하게 작은 것으로 만들어 버리는 하나의 공간을 통해 이러한 수학적 숭고의 감정을 얻는다. 이것은 지각할 수 없는 공허한 공간일 수 없고, 그런 까닭에 결코 열려 있는 공간이 아니라 오로지 모든 차원의 한계를 통해 직접적으로 지각할 수 있는 공간, 즉 로마의 베드로 성당이나 런던의 바울 교회처럼 아주 높고 큰 둥근 천장이어야 한다. 여기에서 숭고의 감정은 우리 자신의 신체가 어떤 크기에 의해 사라져 버리는 무라는 것을 깨닫는 데서 생기고, 다른 한편으로 그러한 크기는 다시 우리의 표상 속에만 놓여 있고, 이러한 표상의 담당자는 인식주관으로서의 우리이며, 따라서 여기에서도 다른 모든 곳에서처럼 순수인식주관으로서 우리의 의식을 개체로서, 의지현상으로서 우리 자신의 무의미성Unbedeutsamkeit과 의존성에 대조시키면서 생긴다. 아무런 반성 없이 고찰한다면, 별이 빛나는 하늘조차도 돌로 된 천장처럼 작용할 것이고 의지는 진짜 크기가 아니라 겉으로 보이는 크기에 의해 작용할 것이다. 대상들의 공간적인 크기뿐만 아니라 그 대상들의 오래된 나이, 즉 대상들의 시간적인 지속에 의해 우리는 그 대상들에 견주어 아무것도 아닌 것으로 작아져 버리는 것을 느끼게 되고 그럼에도 불구하고 그 대상들을 바라보면서 만족한다는 점을 통해 우리의 직관의 몇몇 대상들은 숭고의 느낌을 불러일으킨다. 이러한 종류에는 아주 높은 산, 이집트의 피라미드, 오랜 옛날의 엄청난 폐허가 있다.

숭고에 대한 우리의 설명은 윤리적인 것, 즉 사람들이 숭고한 성격이라고 지칭하는 데에도 사용할 수 있다. 이러한 성격은 의지가 의지를 자극하는 데 적절한 대상들에 의해 자극을 받지 않고, 인식이 우위를 차지하는 것에서 생겨난다. 따라서 그러한 숭고한 성격을 지닌 사람은 사람들을 자신의 의지에 대해 가질 수 있는 관계에 의해서가 아니라 순수하게 객관적으로 고찰하게 될 것이다. 예를 들어 그는 자신에 대한 사람들의 잘못을, 사람들의 증오와 사람들의 부당함을 알아차릴 수 있지만, 자신의 편에서는 그들을 증오하지 않지 않을 것이다. 숭고한 성격을 지닌 사람은 사람들의 행운을 보면서도 질투하지 않을 것이다. 그는 사람들의 좋은 성정을 인식하기는 하지만, 그렇다고 그들과 가깝게 연결되려고 하지 않는다. 숭고한 성격의 사람은 여자에게 아름다움을 느끼지만, 여자를 원하지는 않는다. 행운과 불행은 그에게 강하게 영향을 주지 못하며, 오히려 그는 햄릿이 호레이쇼에 대해 서술한 것과 같을 것이다.

"왜냐하면 너는

온갖 고통을 당하면서도, 어떤 것에도 고통스러워하지 않고,

운명의 신이 고통을 주든, 선물을 주든,

똑같이 고마움으로 받아들이기 때문이다."

(3막, 장면 2)[13]

왜냐하면 숭고한 성격의 사람은 자신의 삶의 행로나 그것에서 생기는 사고를 자신의 개인적인 것으로 보지 않고 인류 전체의 운명으로 간주하며 따라서 그 경우에 고통스러워하기보다는 인식함을 바탕으로 행동할 것이기 때문이다.

---

13 Denn du warst stets als hättest, indem dich alles traf, du nichts zu leiden: Des Schicksals Schläge und Geschenke hast, Mit gleichem Dank du hingenommen, usw.

40절

～✦～

대립하는 것들은 서로가 서로를 설명해 주기 때문에, 여기에서 숭고의 적절한 반대개념으로, 첫눈에 그렇게 생각하는 사람은 없겠지만, 매혹적인 것das Reizende을 언급할 수 있을 것이다. 그러나 이를 통해, 나는 매혹적인 것이 의지의 소망을 들어주고, 직접 충족시키는 것을 통해 의지를 자극한다고 이해한다. 숭고의 감정은, 의지에게 곧바로 호의적이지 않은 대상이 순수한 관조의 대상이 되고, 이러한 관조가 오로지 의지로부터 지속적으로 벗어나는 것과 숭고한 감정을 완성하는 의지의 관심을 고양시키는 것을 통해 생겨난다. 반대로 매혹적인 것은 바라보는 사람의 의지에 있어 직접적으로 구미에 맞는 대상들을 통해 그 의지를 자극하면서, 모든 아름다운 것을 파악하기 위해 필요한 순수한 관조로부터 바라보는 사람을 끌어내게 하고, 이를 통해 바라보는 사람은 더 이상 순수인식주관이 아니라, 의욕을 필요로 하는 종속적인 주관이 된다. 대개 명랑한 종류의 모든 아름다운 것을 매혹적이라고 부르긴 하지만, 이것은 내가 완전히 도외시하고 부인해야만 하는, 올바른 구분이 결여된 너무 광범위한 개념이다. 그러나 위에서 언급하고 설명한 의미로 보자면 나는 예술의 영역에서 두 가지 종류의 매혹적인 것을 발견할 수 있는데, 사실 이 두 가지는 예술에 어울리지 않는다. 아주 저속한 하나의 종류는 네덜란드인의 정물화에서 찾아볼 수 있는데, 묘사된 대상들이 먹는 것들이지만, 잘못된 묘사에 의해 필연적으로 식욕을 야기할 정도로부터 벗어나게 되면, 이것은 바로 대상의 모든 미적인 관조에 종말을 고하는 의지의 자극이 된다. 그려진 과일은 예술로서 허용되곤 하는데, 이러한 경우는 꽃과 형태와 색상을 통해 아름다운 자연물로 나타나며, 사람들이 그것을 먹을 수 있는 것이라고 생각할 수 없기 때문이다. 그러나 우리는 유감스럽게도 종종 잘못된 자연Natürlichkeit에 의해 식탁에 차려 준비된 요리들, 굴, 청어, 바닷가재, 버터, 빵, 포도주 등등을 보는데, 이는 완전히 비난받아야 할 일이다. 역사화와 조각에서 매혹적인 것은 벌거벗은 모습에 있다. 그 모습의 자세, 반쯤 벗은 옷과 전체 취급방식은 바라보는 사람에게 욕망을 자극하는 것을 노리고 있는데, 이를 통해 순수하게 미적인 고찰은 곧바로 제거되고, 예술의 목적도 저지된다. 이러한 잘못은 방금 네덜란드인들이 비난받는 점과 완전히 일치한다. 고대인들은 모든 아름다움과 그 모습이 설령 완전히 나체였더라도 항상 이러한 잘못으로부터 자유로웠는데, 왜냐하면 예술가 자신이 주관적이고 천한 욕망의 정신이 아니라 이상적인 아름다움에 의해 객관적으로 충만한 정신으로 예술을 창작했기 때문이다. 따라서 매혹적인 것은 예술 어디에서나 기피되는 것이다.

또한 소극적인 매혹도 있는데, 이것은 방금 설명한 적극적인 매혹보다도 더 비난받아야 할 것이고, 역겨운 것이다. 본래적으로 매혹적인 것처럼 소극적인 매혹도 바라보는 사람의 의지를 자극하게 하고 순수한 미적인 고찰을 방해한다. 소극적인 매혹을 통해 자극되는 것은 격렬한 반감Nichtwollen 내지는 저항이다. 이러한 반감과 저항은 바라보는 사람에게 혐오의 대상을 내놓으면서 의지를 일깨운다. 그런 까닭에 사람들은 예전부터 반감과 저항이 예술에서는 전혀 허용될 수 없는 것이라고 인식하였다. 그러나 추한 것이라고 하더라도 그것이 불쾌하지만 않다면, 우리가 계속해서 아래에서 살펴보게 되듯이 적절한 장소에서는 허용될 수 있다.

41절

—✦—

우리의 고찰의 진행은 아름다움에 대한 설명을 절반, 즉 한 측면인 주관적인 면만을 완성한 다음에 숭고에 대한 설명을 여기에 끼워 넣을 수밖에 없었다. 왜냐하면 바로 이러한 주관적인 측면의 특별한 변형이 숭고를 아름다움과 구분해 주기 때문이다. 아름다움과 숭고의 차이는 모든 미적인 관조를 전제하고 요구하는 의지에 매이지 않는 순수인식의 상태에서 대상이 거기로 초대되어 끌려가면서, 어떠한 저항 없이 저절로 의식으로부터 의지가 단순히 사라지는 것에 의해 나타나는지 또는 순수인식의 상태에서 관조된 대상 자체가 의지에 대해 호의적이지 않고 적대적인 관계를 가지며, 이러한 관계에 몰두하는 것이 관조를 없애 버릴 수도 있지만, 의지로부터 자유롭고 의식적으로 벗어나는 것을 통해 비로소 나타나는지의 차이이다. 이 둘은 객관 속에서는 본질적으로 구분되지 않는다. 왜냐하면 모든 경우에 미적인 고찰의 대상은 개별 사물이 아니라 개별 사물 속에서 나타나려고 노력하는 이념, 즉 특정한 단계에 있는 의지의 적절한 객관성이기 때문이다. 개별 사물의 상관개념이 인식하는 개체이듯이, 이념 자체처럼 근거율에서 벗어난 이념의 필연적인 상관개념은 순수인식주관이며, 양자는 근거율의 영역에 놓여 있다.

우리가 어느 한 대상을 아름답다고 말하면, 우리는 이를 통해 그러한 대상이 우리의 미적인 고찰의 대상이라는 점을 언급하는 것이며, 이 대상은 두 가지의 의미를 지닌다. 하나는 사물의 외관이 우리를 객관적으로 만든다는 것, 즉 우리가 그 대상을 고찰할 때 더 이상 우리를 개체로서가 아니라, 순수한 의지에서 벗어난 인식주관으로서 의식한다는 것을 말한다. 다른 하나는 우리가 대상에서 개별 사물이 아니라, 한 이념을 인식하는 것인데, 이것은 대상에 대한 우리의 고찰이 근거율에 종속되지 않는 한에서만, 그러한 대상 이외에 (특히 항상 우리의 의욕에 대한 관계와 연관된) 다른 어떤 것에 대한 근거율의 관계를 따르는 것이 아니라, 대상 자체에 관계하는 한에서만 생길 수 있다. 왜냐하면 이념과 순수인식주관은 필연적인 상관개념으로서 항상 동시에 의식에 나타나게 되는데, 이러한 이념과 순수인식주관이 나타날 때에는 모든 시간의 구분이 곧바로 사라지기 때문이다. 이념과 순수인식주관이 모든 형태의 근거율에 완전히 낯설고, 근거율에 의해 정립된 관계들 밖에 존재하기 때문이다. 이는 무지개와 태양이 떨어지는 물방울의 연속적이고 지속적인 운동에 아무런 관계가 없는 것에 비교할 수 있다. 그런 까닭에, 내가 예를 들어 나무를 미적으로, 즉 예술가의 시선으로 고찰한다면, 한마디로 나무가 아니라 나무의 이념을 인식한다면, 그것이 이 나무인지 또는 천 년 전에 있었던 그 나무의 조상Vorfahr인지, 그리고 마찬가지로, 관찰자가 이 사람인지 또는 어느 때에 어디에서 살았던 다른 누구인지는 아무런 의미가 없게 되고, 근거율과 함께 개별 사물과 인식하는 개체는 사라지고, 이러한 단계에서 의지의 적절한 객관화를 만드는 이념과 순수인식주관 이외에는 그 무엇도 남지 않게 된다. 그리고 이념은 시간에서뿐만 아니라 공간에서도 해방된다. 왜냐하면 본래 이념은 내 눈앞에 아른거리는 공간적인 형태가 아니라, 그러한 형태의 표현이고, 그러한 형태의 순수한 의미이며, 나에게 드러내 보이고 나를 사로잡는 내적인 본질이기 때문이며, 그러한 형태의 공간적인 관계의 큰 차이에도 불구하고 완전히 동일한 것일 수 있기 때문이다.

한편 존재하는 사물 모두가 순수하게 객관적이고 모든 관계를 떠나 그 밖에서 고찰될 수 있기 때문에, 더구나 다른 한편으로 의지란 모든 사물에서 자신의 객관성의 그 어떤 단계로부터 나타나게 되고 그에 따라 그러한 사물이 이념의 표현이기 때문에 사물은 모두 아름답다. 또한 가장 무의미한 것조차도 순수하게 객관적이고 의지에서 벗어난 고찰을 허용하고, 이를 통해 아름다운 것으로 증명된다는 점은 이런 관점에서 이미 위(38절)에서 언급한 네덜란드인의 정물화가 증명해 준다. 그러나 어떤 것이 다른 것보다 더 아름다운 것은 그것이 순수하고 객관적인 고찰을 쉽게 하고, 그러한 고찰에 상응하며, 마치 그렇게 하도록 강요하는 것인데, 그런 다음에 우리는 그것을 아주 아름답다고 여긴다. 이것은 한편으로는 어떤 것이 개별 사물로서, 사물의 여러 부분들의 아주 분명하고 순수하게 규정된, 전적으로 의미 있는 관계를 통해 그 사물의 종의 이념을 순수하게 표현하고, 사물 속에서 합치된 그 사물의 종에게 가능한 모든 표현들의 완전성을 통해 종의 이념을 완전히 드러내는데, 이것은 개별 사물로부터 이념으로의 이행을 통해 관찰자에게 순수한 조망을 아주 쉽게 해 준다. 다른 한편으로 한 객관에서의 특별한 아름다움의 장점은 그 객관에서 우리를 사로잡는 이념 자체가 의지의 객관성의 높은 단계이고, 그런 까닭에 아주 중요하고 의미하는 바가 많다는 데 있다. 그렇기 때문에 인간은 다른 무엇보다도 아름답고, 인간의 본질을 드러내는 것이 예술의 가장 높은 목표이다. 인간의 행위가 시문학의 가장 중요한 대상인 것처럼, 인간의 형태와 표정은 조형예술에서 아주 중요한 대상이다. 그럼에도 불구하고 모든 사물은 자신의 고유한 아름다움을 지니고 있다. 개체의 통일성 속에서 나타나는 모든 유기체적인 것뿐만 아니라 모든 무기체적인 것, 형상이 없는 것, 모든 인공물 Artefakt도 아름다움을 지닌다. 왜냐하면 이 모든 것들은 의지가 가장 낮은 단계로 객관화되는 이념들을 드러내고, 마치 가장 심오하게 울려 퍼지는 자연의 저음Baßtöne을 제시해 주기 때문이다. 중력, 강성, 유동성, 빛 등등은 암석, 건물, 강에서 나타나는 이념들이다. 아름다운 원예술과 건축술은 이념들을 도와서, 그러한 이념들의 특성을 분명하고 다양하게 그리고 완전하게 전개시켜, 자신을 순수하게 표현할 수 있는 기회를 이념에 넘겨주고, 이를 통해 미적인 조망을 하도록 촉구하고 이러한 조망을 쉽게 할 수 있게 한다. 반면에 자연이 등한시하거나 예술이 망친 저급한 건물들과 지역들은 이러한 일을 별로 또는 전혀 하지 못한다. 그럼에도 불구하고 이들에게서 자연의 보편적인 근본이념들이 완전히 사라질 수는 없다. 여기에서 이러한 저급한 건물들과 지역들은 이념을 찾는 관찰자를 사로잡으며, 저급한 건물들일지라도 미적인 고찰이 가능하다. 그러한 저급한 건물들에서도 그 재료의 가장 보편적인 성질의 이념들이 인식될 수 있다. 그러나 그 건물들에 인위적으로 주어진 형태는 미적인 고찰을 쉽게 해 주는 수단이 아니라 오히려 미적인 고찰을 어렵게 하는 장애물이다. 따라서 인공물들은 이념의 표현에 도움이 되지만, 단지 그것은 인공물에서 드러나는 인공물의 이념이 아니라, 사람들이 이러한 인위적인 형태를 부여한 재료Material의 이념일 뿐이다. 이것은 스콜라철학자들의 언어로는 두 가지의 단어로 아주 편리하게 표현되는데, 즉 인공물 속에서는 인공물의 우연형상forma accidentalis의 이념이 아니라 인공물의 실체형상forma substantialis의 이념이 표현되며, 이러한 우연형상은 이념으로 안내하는 것이 아니라 단지 이념이 나오는 인간적인 개념으로 안내할 뿐이다. 여기에서 인공물은 분명히 조형예술의 작품을 의미하지 않는 것은 확실하다. 그 밖에 스토아철학자들이 실제로 실체형상으로 이해한 것은 내가 사물에서 의지의 객관화의 정도라고 부르는 바로 그것이다. 우리는 곧 아름다운 건축술에 대해 다루면서 재료의 이념의 표현으로 되돌아갈 것이다. 그러나 우리의 견해에 따르면 이제 우리는 플라톤이 책상과 의자가 책상과 의자의 이데아를 표현한다(『국가론』 10권, 284-285쪽; 『파르메니데스』 79쪽, 비폰티니Bipontini 편집)고 말했던 것에 동의할 수 없으며, 우리는 책상과 의자는 이러한 책상과 의자의 단순한 재료 그 자체에서 드러나는 이념을 표현한다고 말한다. 그러나 아리스토텔레스(『형이상학』 11권, 3장)에 따르면 플라톤 자신은 단지 자연적 존재에 대해서만 이데아를 허용했을 것이다. "플라톤은 자연적 사물들Naturdinge 처럼 수많은 이데아가 존재한다고 가르쳤다." 그리고 『형이상학』 11권 5장에서는 플라톤학파의 견해에 따라 집과 반지의 이데아는 없을 것이라고 전한다. 하여튼 이미 플라톤의 가장 가까운 제자들은, 알키노스(『플라톤 철학 입문』, 9장)가 우리에게 보고하듯이 인공물의 이념이 존재한다는 것을 부인했다. 알키노스는 다음과 같이 말한다. "그러나 그들은 이데아를 가리켜 자연적 사물들의 시간을 초월한 원형Urbild이라고 정의한다. 왜냐하면 대부분의 플라톤 추종자들은 인공물들Kunstprodukte의 이데아들, 예를 들면 방패나 칠현금의 이념을 인정하지 않고, 열과 콜레라와 같이 자연을 거스르는 사물들, 소크라테스와 플라톤 같은 개별적 존재, 먼지나 부스러기, 크고 우월한 것과 같은 관계들의 이념을 인정하지 않기 때문이다. 왜냐하면 이데아들은 영원한 그리고 그 자체로 완성된 신의 사유일 것이기 때문이다." 이번 기회에 우리의 이념론이 플라톤의 이데아론과 매우 구분되는 다른 점을 언급할 수 있을 것이다. 플라톤(『국가론』 10권, 288쪽)은 아름다운 예술이 나타내려고 하는 대상, 즉 그림과 시문학의 모범이 이념이 아니라 개별 사물이라고 가르친다. 지금까지 우리의 모든 논의는 그 반대의 것을 주장하였고, 그리고 이러한 견해가 그렇게 위대한 사람의 가장 크고 잘 알려진 실수, 즉 예술, 특히 시문학에 대한 평가절하의 원인이므로 여기에서 우리를 당황하게 하지는 않을 것이다. 플라톤은 시문학에 대한 그의 잘못된 판단을 위에서 인용한 문장에 직접적으로 연결시킨다.

42절

~<

　나는 미적인 인상에 대한 우리의 논의로 되돌아간다. 아름다움을 인식하는 것은 항상 순수인식주관과 인식된 이념을 객관으로 동시에 분리할 수 없는 것으로 전제한다. 그럼에도 불구하고 미적인 만족의 근원은 때로는 인식된 이념의 파악에 더 있고, 때로는 모든 의욕에서, 이를 통해 모든 개체성에서, 이러한 개체성으로부터 생겨나는 고통에서 벗어난 순수인식의 축복Seligkeit과 정신의 안정에 더 있기도 하다. 그리고 미적인 만족의 어떤 부분이 다른 부분보다 우월한 것은 직관적으로 파악된 이념이 의지의 객관화의 높은 단계에 있는지, 낮은 단계에 있는지에 달려 있다. 그래서 무기체와 식물계의 아름다운 자연을 비롯해 아름다운 건축술의 작품을 미적으로 고찰하는 경우에 (현실에서나 예술의 매개를 통해) 순수한 의지에서 벗어난 인식의 만족이 중요한데, 왜냐하면 여기에서 파악된 이념들은 단지 의지의 객관화의 낮은 단계인 까닭에 깊은 의미를 지닌, 의미심장한 내용의 현상이 아니기 때문이다. 반대로 동물과 인간이 미적인 고찰이나 설명의 대상일 경우에는, 의지의 가장 분명한 드러남인 이러한 이념들의 객관적인 파악 속에 더 많은 미적인 만족이 존재한다. 왜냐하면 대개 역사화와 드라마가 완전한 인식에 의해 조명된 의지의 이념을 대상으로 삼듯이, 그러한 이념들은 의지의 격렬함, 끔찍함, 만족이나 의지의 파괴에서든지(비극적 묘사에서), 그리스도교적인 그림의 주제인 의지의 변화나 자기폐기Selbstaufhebung에서든지, 형태의 풍성한 다수성과 현상들의 풍부함과 깊은 의미를 드러내고, 우리에게 가장 완전하게 의지의 본질을 나타내 주기 때문이다. 우리는 이제부터 예술들을 개별적으로 점검하고자 하는데, 이를 통해 제시된 아름다움에 대한 이론은 완전하고 뚜렷해질 것이다.

43절

~

물질 그 자체는 이념의 표현일 수 없다. 왜냐하면 물질은, 우리가 1권에서 보았듯 전적으로 인과성Kausalität이기 때문이다. 물질의 존재는 단지 작용Wirken일 뿐이다. 그러나 인과성은 근거율의 형태를 지닌다. 반대로 이념의 인식은 본질적으로 근거율의 내용을 배제한다. 우리는 2권에서 물질을 이념의 모든 개별적인 현상들의 공통적인 기반으로서, 따라서 이념과 현상 또는 개별 사물 사이의 연결고리로서 확인하였다. 이러한 두 가지 이유에 의해 물질은 그 자체로서 그 어떤 이념도 나타낼 수 없다. 그러나 이것은 물질 그 자체에 대한 직관적인 표상이 불가능하고, 오로지 추상적인 개념만 가능하다는 점에서 후천적으로 증명된다. 직관적인 표상 속에서는 오로지 물질이 지닌 형식과 성질만이 드러나고, 이념은 이러한 모든 형식과 성질 속에서 드러난다. 이것은 인과성(물질의 전체 본질)이 스스로 직관적으로 나타날 수는 없고, 오직 특정한 인과적 결합만이 직관적으로 드러날수 있다는 점에 부합한다. 다른 한편으로 이념의 모든 현상은 그 자체로 근거율 또는 개체화원리의 형태로 들어갔기 때문에 물질 속에서 모두 현상의 성질로서 나타나야만 한다. 따라서 그런 한에서 물질은, 말했듯이 개체의 인식 형식 또는 근거율인 개체화원리와 이념을 연결시키는 부분이다. 그런 까닭에 플라톤은 전적으로 올바르게도, 모든 사물들이 포함하는 이데아와 개별 사물들인 이데아의 현상과 함께 이 둘과는 다른 세 번째 요인으로서 물질을 내세웠다(『티마이오스』, 345쪽). 이념의 현상으로서 개체는 항상 물질이다. 물질의 모든 성질은 항상 이념의 현상이자 그 자체로 미적인 고찰, 즉 현상 속에서 나타나는 이념을 인식할 수 있는 대상이 된다. 이것은 물질의 가장 보편적인 성질에 통용되며, 이러한 보편적인 성질 없이 물질은 결코 존재하기 어렵고 이러한 성질의 이념은 의지의 가장 약한 객관성이다. 그런 성질들에는 중력, 응집력, 강성, 유동성, 빛에 대한 반응 등이 있다.

순수인식이 아니라 의지에 기여하고, 그래서 더 이상 우리가 말하는 의미에서의 예술이 아닌, 실용적인 목적을 위한 건축술의 규정은 제외하고, 우리가 건축술을 아름다운 예술로 고찰한다면, 우리는 의지의 객관화의 가장 낮은 단계에 있는 그러한 이념 중 몇 가지 이념을 분명하게 직관하려는 의도 말고는 다른 의도를 건축술에 부여할 수는 없다. 즉 중력, 응집력, 강성, 견고성, 경도Härte 따위가 돌의 일반 성질이고, 의지의 이러한 최초의 가장 단순하고, 가장 희미한 가시성이며 자연의 기초저음인 것이다. 그리고 이 외에도 많은 점에서 앞의 성질들과 대립하는 빛이 있다. 우리는 의지의 객관성의 이러한 깊은 단계에서조차 이미 의지의 본질이 다툼 속에서 드러나는 것을 본다. 왜냐하면 본래 중력과 강성 사이의 투쟁은 아름다운 건축술의 유일한 미적인 재료이기 때문이다. 그 재료를 다양한 방식으로 완전히 분명하게 드러나게 하는 것이 건축술의 과제이다. 건축술은 그러한 힘들을 만족시키고자 파괴할 수 없는 힘들에서 가장 가까운 길을 빼앗고는 우회로를 통해 그 힘들을 기다리게 하는데, 이를 통해 싸움은 길어지고 두 힘의 고갈되지 않는 노력은 다양한 방식으로 드러나게 된다. 건물의 전체는, 그 근원적인 경향을 놓아둔 채로, 가능한 한 단단하게 땅과 결합된 단순한 덩어리Masse를 나타내게 되는데, 여기에서 의지로서 나타나는 중력은 땅을 쉬지 않고 압박한다. 반면에 마찬가지로 의지의 객관성인 강성은 저항한다. 그러나 바로 이러한 경향, 이러한 노력을 직접적으로 만족시키는 것이 건축술에 의해 방해받게 되고 우회로를 통한 간접적인 만족만이 허용된다. 이때에 예를 들면, 뼈대는 기둥을 통해서만 땅을 압박할 수 있고, 천장은 스스로를 지탱해야 하고, 기둥의 매개를 통해 땅으로 향하는 그 노력을 만족시킬 수 있다는 식이다. 그러나 바로 이처럼 강요된 우회로에서, 바로 이러한 방해를 통해 가장 분명하고 가장 다양하게 거친 돌에 내재하는 힘이 전개된다. 그리고 건축술의 순수한 미적인 목적은 이 이상 나아갈 수 없다. 그런 까닭에 건물의 아름다움은 인간의 외적이고 임의적인 목적이 (그런 한에서 그 작품은 실용적인 건축술에 속하는데) 아니라 직접적으로 전체의 존재를 위한, 모든 부분의 눈에 띄는 합목적성에 놓여 있는데, 전체의 존재를 위해서는 각 부분의 위치, 크기와 형식이 어쩌면 어떤 부분이 제거되면 전체가 붕괴되어야만 하듯이 필연적인 관계를 가져야만 한다. 왜냐하면 오직 모든 부분이 적당히 할 수 있는 만큼 떠받치면서, 그리고 각 부분이 그렇게 해야만 하는 곳에서 그리고 그렇게 해야만 하는 정도로 지탱되면서 그러한 대립, 생명, 즉 돌의 의지의 표현을 완성하는 강성과 중력 사이의 그러한 싸움이 가장 완전한 개시성으로 전개되며, 의지의 객관성의 이러한 가장 낮은 단계가 드러나게 된다. 또한 이와 똑같이 모든 부분의 형태는 임의적으로가 아니라 그것의 목적과 전체에 대한 관계를 통해서만 규정되어야 한다. 기둥은 오로지 그 목적에 의해 규정된 버팀목Stütze의 가장 일반적인 형태이다. 뒤틀린 기둥은 천박하다. 사각형의 기둥은 실제로 둥근 기둥보다 덜 단순하지만 우연으로 더 쉽게 만들어지는 수도 있다. 이와 마찬가지로 띠 모양의 장식, 발코니, 아치, 둥근 지붕의 형태들은 그 직접적인 목적을 통해 전적으로 규정되고, 그것을 통해 설명된다. 기둥머리 등의 장식은 건축술에 속하는 것이 아니라 조각술에 속하는 것인데, 이는 단지 추가된 장식으로서 허용될 여지가 있을 뿐이며 제거될 수 있는 것이다. 위에서 언급한 것에 따르면 건축작품의 이해와 미적인 만족을 위해서는 물질의 중량, 강성, 응집력에 따라 물질에 관한 직접적이고 직관적인 지식을 갖는 것이 반드시 필요하고, 그러한 작품에 대한 우리의 즐거움은 부석Bimsstein이 건축재료라는 사실을 알게 되면 갑자기 줄어들게 될 것이다.

왜냐하면 그때에 그 건축물은 우리에게 가짜로 여겨질 것이기 때문이다. 우리가 돌이라고 생각했던 것이 사실 나무일뿐이었다는 것을 알아도 마찬가지일 듯싶다. 왜냐하면 이것은 이제 강성과 중력 사이의 관계 그리고 이를 통해 모든 부분들의 의미와 필연성을 변화시키고 바꾸어 놓기 때문이다. 그러한 자연력은 나무로 만들어진 건물에서는 더 약하게 드러나기 때문이다. 그런 까닭에 나무는 어떤 형태를 갖는다 해도 본래 아름다운 건축 작품이 될 수 없다. 이 점은 전적으로 우리의 이론을 통해 설명할 수 있다. 그러나 외관상 우리를 즐겁게 하는 건물이 눈으로 구별되지는 않지만 아주 다른 중력과 밀도Konsistenz의 완전히 다른 재료로 이루어졌다면, 이 때문에 건물 전체는, 우리가 알지 못하는 언어로 된 시처럼 우리에게 즐거움을 줄 수 없을 것이다. 이 모든 것은, 건축술이 단순히 수학적으로만 작용하는 것이 아니라 역학적으로도 작용하고, 건축술을 통해 우리에게 이야기하는 것이 단순히 형식과 균형이 아니라 오히려 자연의 근원적인 힘들, 즉 최초의 이념, 의지의 객관화의 가장 낮은 단계라는 점을 증명해 준다. 건물과 건물의 여러 부분의 규칙성은 부분적으로는 전체의 존재를 위한 각 부분의 직접적인 합목적성을 통해 생겨나고, 부분적으로는 그러한 규칙성이 전체의 조망과 이해를 쉽게 하는 데 기여하며, 마지막으로는 공간 그 자체의 법칙성을 드러내면서 아름다움에 기여한다. 그러나 이 모든 것은 단지 부수적인 가치와 필연성을 지닐 뿐 결코 중요한 것이 아닌데, 때로는 폐허도 아름다울 수 있으므로 반드시 균형이 필요한 것은 아니기 때문이다.

건축작품은 빛에 대해 완전히 특별한 관계를 갖고 있다. 건축작품은 파란 하늘을 배경으로 풍부한 햇빛을 받을 때 아름다움이 두 배로 늘어나는데, 달빛 속에서는 완전히 다른 효과를 낸다. 그런 까닭에 아름다운 건축물을 지을 때에는 항상 빛의 작용과 방위Himmelsgegend를 고려하는 것이다. 이 모든 것은 밝고 선명한 조명이 모든 부분과 그 부분의 관계들을 비로소 올바르게 보여 준다는 점에 대부분의 근거를 갖고 있다. 그러나 그 밖에 나는, 건축술은 중력과 강성처럼, 동시에 이것들에 완전히 대립하는 빛의 본질을 드러내도록 규정되어 있다고 생각한다. 즉 빛은 엄청나게 크고 불투명하며, 섬세하게 경계 지어지고 다양하게 형성된 덩어리에서 시작하여, 저지되고 반사되면서 자신의 본성과 성질을 가장 순수하고 가장 분명하게 전개하여 관찰자를 크게 즐겁게 한다. 왜냐하면 빛은 가장 완전한 직관적인 인식방식의 조건이며 객관적인 상관개념으로서 가장 즐거움을 주는 것이기 때문이다.

건축술을 통해 분명하게 직관되는 이념은 의지의 객관화의 가장 낮은 단계이고, 따라서 건축술이 우리에게 드러내는 것의 객관적인 의미가 비교적 경미하기 때문에, 아름답고 조명이 잘 이루어진 건물을 바라볼 때의 미적인 만족은 이념의 파악에서 만들어진, 그러한 이념의 주관적인 상관개념에서처럼 그렇게 크지는 않다. 따라서 주로 미적인 만족은, 관람자 Beschauer가 건축물을 바라볼 때 의지에 봉사하고 근거율을 따르는 개체의 인식방식에서 벗어나서 순수하고 의지 없는 인식주관의 인식방식으로 고양된다는 점, 따라서 모든 의욕과 개체성의 고통으로부터 벗어난 순수한 관조 자체에 존재한다. 이러한 관점에서 건축술과 반대되면서도 아름다운 예술 전반의 다른 극단은 가장 의미 있는 이념들을 인식하게 하는 드라마이다. 그런 까닭에 드라마의 미적인 만족에서는 객관적인 측면이 전적으로 중요하다.

건축술은 모사가 아니라 사물 그 자체를 제시한다는 점에서 조형예술과 시문학과는 구분된다. 건축술은 조형예술이나 시문학처럼 인식된 이념을 재현하면서 예술가가 관람자에게 자신의 눈을 빌려주는 것이 아니라, 여기에서는 예술가가 관람자에게 단지 대상을 보여 주고, 실제적이고 개별적인 대상의 본질을 분명하고 완전하게 표현하면서 이념을 쉽게 파악하게 해 준다.

그 밖의 아름다운 예술작품과는 달리 건축작품이 순수하게 미적인 목적을 위해 만들어지게 되는 것은 아주 드물다. 순수하게 미적인 목적은 예술 자체에는 낯선, 다른 실용적인 목적에 종속되고, 따라서 건축예술가의 큰 업적은 다양한 방식으로 그때마다의 임의적인 목적에 숙련되게 적응시키고, 어떤 미적이고 건축학적인 아름다움이 사원, 궁정, 무기고 등에 어울리고 부합하는지를 올바르게 판단하면서, 순수하게 미적인 목적을 다른 낯선 목적에 종속시키고 거기에 도달하는 것에 있다. 거친 기후가 필요와 유용성에 대한 요구를 더욱 증가시키고, 이러한 요구를 더 확고하게 규정하고 필수적인 것으로 규정할수록, 건축술에서 아름다움의 역할은 줄어들게 된다. 필연성의 요구가 보다 약하고 느슨하게 규정되는 인도, 이집트, 그리스와 로마처럼 온화한 기후에서 건축술은 미적인 목적을 가장 자유롭게 추구할 수 있었다. 북쪽 하늘 아래에서는 이러한 미적인 목적이 아주 심하게 방해받았는데, 상자, 뾰족한 지붕과 탑이 요구되었던 이곳에서 건축술은 그 고유한 아름다움을 아주 엄격한 한계 내에서만 전개해야 했기 때문에, 이를 보완하기 위해 고딕양식의 아름다운 건축술에서 보는 것처럼, 조각에서 빌려 온 장식물로 꾸며야만 했었다.

건축술은 이렇게 필연성과 유용성의 요구에 의해 많은 제약들을 받아야 하지만, 다른 한편으로 이러한 제약에서 강력한 지지대를 확보하는데, 건축술이 유용하고 동시에 필연적인 제조업으로서 인간의 여러 일 중에서 확고하고 명예로운 자리를 지니지 않는다면, 건축작품의 크기와 비용 때문에 그리고 미적인 작용방식의 좁은 영역 때문에 단순히 아름다운 예술로서는 전혀 유지될 수 없기 때문이다. 이러한 유용성의 결핍은 비록 다른 예술을 미적인 관점에서는 건축술의 짝Seitenstück으로서 덧붙일 수 있지만, 다른 예술을 건축술의 자매로서 옆에 놓는 것을 방해한다. 내가 생각하는 것은 아름다운 수도관예술Wasserleitungskunst이다. 왜냐하면 건축술이 강성과 결합하여 나타나는 중력의 이념을 위해 하는 것을 아름다운 수도관예술은 유동성, 즉 무형성Formlosigkeit, 아주 가벼운 이동성, 투명성이 주어진 곳에서 중력의 이념을 위해 똑같이 행한다. 거품을 내고 쏴쏴 소리를 내며 바위 위로 떨어지는 폭포, 조용하게 분무되는 폭포의 줄기, 높은 물기둥으로 위로 솟구치는 분수 그리고 맑게 비추는 호수는 건축작품이 강성을 지닌 물질의 이념을 전개하는 것과 같이 유동적이고 무거운 물질의 이념을 드러낸다. 아름다운 수도관예술은 유용한 수도관예술에서는 어떠한 지지도 받지 못하는데, 아름다운 수도관예술의 목적은 유용한 수도관예술의 목적과는 일반적으로 일치할 수 없기 때문이다. 이것은 예를 들면 로마의 트레비 분수처럼 오로지 예외적으로만 일치할 뿐이다.[14]

44절

위에서 언급한 두 가지의 예술이 의지의 객관화의 가장 낮은 단계에 대해 행하는 것을 아름다운 원예술Gartenkunst은 식물계의 보다 높은 단계를 위해 수행한다. 어느 한 지역의 풍경이 아름다운 까닭은 대부분 거기에서 함께 발견되는 대상들의 다양성에 기인하고 이러한 대상들이 순수하게 구분되고, 분명하게 나타나지만 적절한 결합과 변화를 드러낸다는 점에 기인한다. 이러한 두 가지의 조건은 아름다운 원예술의 도움을 받는다. 그러

---

14 이에 대해서는 2편 35장 참고.

나 원예술은 건축술처럼 자신의 재료를 오랫동안 지배할 수 없기 때문에 그러한 작용이 제한된다. 원예술이 제시하는 아름다움은 거의 완전히 자연에 속하는 것이다. 원예술 자체는 별로 한 것이 없다. 다른 한편으로 원예술은 호의적이지 않은 자연에 대해서는 별로 할 일이 없으며, 그리고 자연이 원예술에 도움이 되지 않고 방해가 될 경우에는 원예술의 성과가 보잘것없어진다.

따라서 예술의 매개 없이 어디에서나 미적인 만족을 제공해 주는 식물계가 예술의 대상인 한에서, 식물계는 주로 풍경화에 속한다. 이러한 풍경화의 영역에는 식물계와 함께 그 밖의 인식 없는 자연 전체도 놓여 있다. 정물화와 그림으로 그려진 단순한 건축물, 폐허, 교회의 내부 등의 경우에 미적인 만족의 주관적인 측면이 지배적이다. 즉 이것들에 대한 우리의 즐거움은 주로 거기에서 드러난 이념의 파악에 있는 것이 아니라 이러한 파악의 주관적인 상관개념, 즉 순수하게 의지에서 벗어난 인식에 놓여 있다. 화가가, 우리로 하여금 자신의 눈을 통해 사물을 보게끔 하면, 우리는 여기에 공감하고 동시에 깊은 정신의 평온과 의지의 완전한 침묵의 감정을 갖게 되는데, 이 감정들은 인식이 생명 없는 대상에 완전히 집중하기 위해 그리고 그 대상을 사랑으로, 즉 여기에서 그러한 정도의 객관성으로 파악하기 위해 필요한 것이다. 본래적인 풍경화의 작용은 전체적으로는 이러한 종류의 것이다. 오로지 나타난 이념이 의지의 객관화의 높은 단계로서 보다 더 중요하고 의미하는 바가 크기 때문에, 미적인 쾌감의 객관적인 측면이 이미 더 많이 나타나 주관적인 측면과 균형을 유지한다. 순수인식 그 자체는 더 이상 중요한 것이 아닌데, 인식된 이념, 즉 의지의 객관화의 중요한 단계에서 표상으로서의 세계가 순수인식과 동일한 힘으로 작용하기 때문이다.

그러나 동물화와 동물 조각은 아주 높은 단계를 드러낸다. 동물 조각에 대해 우리는 중요한 고대의 유물들을 갖고 있는데, 예를 들면 베네치아의 말, 몬테 카발로의 말, 엘긴의 부조浮彫로 된 말, 또한 피렌체의 청동과 대리석으로 이루어진 말, 바로 이 장소에 있는 고대의 수퇘지Eber, 울부짖는 늑대, 더구나 베네치아의 무기고에 있는 사자, 또한 바티칸 내 대부분이 고대의 여러 동물로 가득한 홀 등이 있다. 이러한 묘사에는 미적인 쾌감의 객관적인 측면이 주관적인 측면보다 결정적으로 우세하다. 이러한 이념을 인식하고 자신의 의지를 진정시키는 주관의 평온은 모든 미적인 고찰에서처럼 존재하지만, 그러한 평온의 작용은 느껴지지 않는다. 왜냐하면 우리는 드러난 의지의 불안과 격렬함에 사로잡히기 때문이다. 여기에서 우리의 눈앞에 형태를 띠고 나타난 것은 우리의 본질을 이루는 의욕인데, 그러한 형태 속에서 의욕의 현상은 우리에게서처럼 분별력에 의해 지배되거나 완화되지 않고, 강렬한 특징으로 그리고 기괴하고 괴물같이 분명하게 드러나지만, 그러나 또한 이에 왜곡되지 않고, 소박하고 솔직하게, 자유롭게 드러나기도 하는데, 이 점이 우리가 동물에 대해 관심을 갖는 이유이다. 종의 특징은 이미 식물의 묘사에서 나타났지만, 단지 형태로만 제시되었을 뿐이다. 여기에서는 단지 개체의 성격이 아니라 종의 성격으로서 드러나는 것일 뿐이지만, 보다 분명하게 형태에서뿐만 아니라 행위, 자세와 몸짓에서도 언급된다. 또한 우리는 식물을 순수하게 관조적으로 직관하는 것을 통해 자유롭고 자연스러우며 편안한 상태에 있는 동물을 관찰하는 것을 통해 직접적으로 우리가 그림에서 다른 사람의 매개를 통해 느끼는 보다 높은 단계의 이념의 인식에 참여할 수 있다. 동물들의 다양하고 놀라운 형태와 움직임 그리고 행동의 객관적인 고찰은 자연이라는 위대한 책에서 유익한 교훈을 얻는 것이고, 사물의 참된 기호를 해석하는 것이다.[15] 우리

15 야콥 뵈메는 자신의 책 『사물들의 기호』 1장 15절, 16절, 17절에서 다음과 같이 말한다. "그리고 자연

는 그러한 해석에서 의지가 나타나는 다양한 정도와 방식을 보게 되는데, 모든 존재에서 하나로서 동일한 의지는 어디에서나 생명으로서, 존재로서 끝없는 변화 속에서, 그러한 다양한 형태 속에서 자신을 객관화하려고 한다. 그러한 다양한 형태는 다양한 외부의 조건들에 대한 모든 적응이며, 동일한 주제에 대한 수많은 변형에 비유할 수 있다. 그러나 우리가 관찰자에게 그 기호의 내적인 본질의 성찰을 위해 해명해야 하고 짧은 말로 전달해야 한다면, 제일 좋은 것은 우리가 힌두교의 성스러운 책에서 자주 나오고 『마하바키아』, 즉 위대한 말에서 언급되는 산스크리트 문장을 사용하는 것이다. "타트 트왐 아시Tat tvam asi", 즉 "그것은 바로 너이다."

45절

_⁓

의지가 객관화의 최고의 단계에 도달할 때 그 이념을 직접적이고 직관적으로 나타내는 것은 마침내 역사화와 조각의 커다란 과제이다. 여기에서는 아름다움에 대한 기쁨의 객관적인 측면이 전적으로 우세하고 기쁨의 주관적인 측면은 뒤로 물러난다. 더구나 이것보다 한 단계 아래에 있는 동물화에서 특징적인 것은 아름다운 것과 완전히 일치한다. 가장 특징적인 사자, 늑대, 말, 양, 황소는 매번 가장 아름다운 것이다. 그 이유는, 이러한

에서 자신의 내적인 형태를 밖으로도 드러내지 못하는 사물은 존재하지 않는다. 왜냐하면 내적인 것은 항상 드러내려고 움직이기 때문이다. — 모든 사물은 자신을 표현하는 입을 가지고 있다. — 그리고 이것이 자연의 언어인데, 이 자연의 언어 속에서 모든 사물은 자신의 특성을 이야기하고, 항상 자신을 드러낸다. — 왜냐하면 모든 사물은 본질과 형태에 대한 의지를 제공하는 자신의 어머니를 드러내기 때문이다."

동물들이 단지 종의 특성만을 지닐 뿐 개성을 갖지 않기 때문이다. 그러나 인간을 나타낼 때에 종의 특성은 개체의 특성과 구분된다. 종의 특성은 아름다움이라고(완전히 객관적인 의미에서) 불리고, 개체의 특성은 성격이나 표정이라는 명칭을 지니는데, 이 두 가지를 동시에 동일한 개체에서 완전하게 드러내는 것은 새로운 어려움을 야기한다.

인간의 아름다움은 인식 가능한 의지의 가장 높은 단계에서 의지의 가장 완전한 객관화를 가리키는 객관적인 표현이고, 인간 일반의 이념은 직관된 형식 속에서 완전하게 표현된 것이다. 그러나 여기에서 아름다움의 객관적인 측면이 나타난다 하더라도, 주관적인 측면은 항상 동반된다. 그리고 어떠한 대상도 인간의 아름다운 얼굴이나 체형처럼 그렇게 빨리 순수한 미적인 직관으로 마음을 빼앗을 수 없기 때문에, 인간의 아름다운 얼굴이나 체형을 바라볼 때 우리는 순간적으로 말할 수 없는 쾌감에 사로잡히고 우리 자신을 넘어 우리를 고통스럽게 하는 모든 것을 넘어서기 때문에, 이것은 오로지 가장 분명하고 가장 순수한 의지의 인식가능성이 우리를 가장 쉽고 가장 빠르게 순수인식의 상태로 옮겨 놓는 것을 통해서만 가능한데, 순수한 미적인 기쁨이 지속되는 한, 이러한 상태에서 우리의 인격Persönlichkeit, 우리의 의욕은 지속적인 고통과 함께 사라진다. 그런 까닭에 괴테는 다음과 같이 말한다. "인간의 아름다움을 바라보는 사람에게는 악이 달라붙을 수 없다. 그는 자기 자신과 세계를 하나로 느낀다."[『친화력』, 1부, 6장] 우리는 이제 아름다운 인간의 형태가 자연에서 생겨나는 것을, 의지가 이러한 가장 높은 단계에서 개체로 객관화되면서 유리한 상황과 자신의 힘을 통해 낮은 단계의 의지현상들이 제공하는 모든 방해와 저항을 완전히 제거한다는 점으로 설명해야 한다. 이러한 방해와 저항은 자연력과 같은 것인데, 자연력으로부터 의지는 모두에게 속하는 물질을 항상 먼저 얻어 내고 빼앗아야만 한다. 더구나 높은 단계에서 의지의 현상은 항상 그 형태가 다양하다. 나무는 이미 수없이 반복되어 싹이 트는 섬유의 체계적인 집합일 뿐이다. 이러한 구성물은 위쪽으로 단계가 높아질수록 점점 더 증가하고, 인간의 신체는 완전히 다른 부분들이 최고 수준으로 결합된 체계인데, 각 부분은 전체에 종속된 생명을 갖지만 저마다 고유한 생명vita propria을 갖는다. 이러한 모든 부분들이 바로 적절한 방식으로 전체에 종속하고 서로 병렬적으로 존재하며, 조화롭게 과도하지도 않고, 방해를 받지도 않고 전체를 나타내려고 한다. 이 모든 것은 보기 드문 조건들인데, 이러한 조건들의 결과가 아름다움, 즉 완전하게 각인된 종의 특성이다. 자연은 이런 것이다. 그러나 예술은 어떠한가? 사람들은 예술이 자연의 모방이라고 생각한다. 그러나 예술가가 경험 이전에 아름다움을 예측하지 않는다면, 예술가는 성공하고 모방할 만한 작품을 어디에서 인식하고 어떻게 그것을 실패한 작품 속에서 발견해 낼 것인가? 더구나 자연이 모든 부분에서 완전히 아름다운 인간을 만들어 낸 적이 있는가? 여기에서 사람들은 예술가가 많은 사람에게 개별적으로 나누어져 있는 아름다운 부분들을 찾아한데 모으고, 이런 부분들로 아름다운 전체를 구성한다고 생각한다. 그러나 이것은 잘못되고 터무니없는 견해이다. 왜냐하면 예술가가 무엇을 근거로 이러한 형태는 아름다운 형태로 인식하고 저러한 형태는 아름답지 않은 형태로 인식해야 하는가라는 물음이 다시 제기되기 때문이다. 우리는 옛날 독일 화가들이 자연의 모방을 통해 얼마만큼 아름다움을 드러냈는지를 볼 수 있다. 독일 화가들의 나체화를 관찰해 보라. 순전히 후천적이고 단순한 경험으로부터는 아름다움의 인식이 전혀 불가능하다. 우리에게 선험적으로 인식된 근거율의 형태와는 완전히 다른 것이지만, 아름다움의 인식은 항상, 적어도 부분적으로는 선험적이다. 근거율의 형태들이 인식 일반의 가능성을 근거 짓듯이, 현상 그 자체의 보편적인 형식, 즉 현상의 보편적이고 예외 없는 방식Wie에 관계하고, 이러한 인식으로부터 수학과 순수 자연과학이 유래한다. 반면에 아름다움의 묘사를 가능하게 하는 다른 선천적 인식방식은 현상의 형식 대신에 현상의 내용에, 현상하는 것의 방식 대신에 현상하는 것의 본질Was에 관계한다. 인간의 아름다움을 보면 우리 모두가 그것을 인식하지만, 진정한 예술가에게 이것은 그조차도 결코 보지 못했던 인간의 아름다움을 보여 주듯이 그렇게 확실하게 일어나며, 그의 묘사에서 자연을 능가한다. 이것은 오로지 우리 자신이 의지이기 때문에 가능한데, 이러한 의지의 적절한 객관화가 최고의 단계에서 판단되고 발견되어야만 한다. 따라서 우리는 실제로 자연(우리 자신의 본질을 완성하는 의지이다)이 드러내려고 하는 것이 무엇인지를 예측한다. 진정한 천재에게 이러한 예측은 분별력의 정도에 의해 수반되는데, 개별 사물 속에서 이러한 사물의 이념을 인식하면서, 마치 천재가 이야기를 중간까지만 들어도 자연을 이해하고, 자연이 단지 더듬거리며 말하는 것을 분명하게 표현하듯이, 자연이 수천 번 시도하여 실패한 형태의 아름다움을 딱딱한 대리석에 표현하여 그것을 자연에 내놓으면서 자연에게 "네가 원했던 것이 이것이다!"라고 말하면 "그래, 그것이었어!"라고 전문가들에게서 울림이 돌아오는 것과 같다. 오로지 그렇게 해서 천재적인 그리스인은 인간 형태의 원형을 발견할 수 있었고, 그러한 원형을 조각 수업의 규범Kanon으로 제시할 수 있었다. 그리고 오직 그러한 예감 덕분에 자연의 개별 사물에 실제로 드러나는 아름다움을 인식하는 것이 우리 모두에게 가능한 것이다. 이러한 예감Antizipation은 이상Ideal이다. 이념이 적어도 절반만큼은 선험적으로 인식되는 한에서, 그리고 이념 그 자체가 자연에 의해 후천적으로 주어진 것을 보충하여 다가오면서 예술에 대해 실용적인 한에서, 그러한 이상Ideal은 이념인 것이다. 예술가에게서 아름다움의 선험적인 예감과 전문가에게서 아름다움의 후천적인 인정은 예술가와 전문가가 자연의 그-자체, 즉 스스로 객관화하는 의지 자체이기 때문에 가능하다. 왜냐하면 엠페도클레스가 말했듯이, 동일한 것에 의해서만 동일한 것이 인식되기 때문이다. 오직 자연만이 그 스스로를 이해할 수 있고, 오직 자연만이 자기 자신을 규명할 수 있다. 그러나 오직 정신에 의해 정신이 이해될 뿐이다.[16]

그리스인들이 인간의 아름다움으로 제시된 이상Ideal을 여기에서는 무릎을, 저기에서는 팔을 드러내어 언급하는 방식으로 개별적인 아름다운 부분들을 주워 모으는 것을 통해 완전히 경험적으로 발견해 냈을 것이라고 하는 크세노폰에 의해 전해진 소크라테스의 잘못된 견해(스토바이오스, 『Florilegium』 2권, 384쪽)는 그 밖에 시문학Dichtkunst과 관련해서도 유사한 것이 존재한다. 예를 들면, 셰익스피어는 자신의 드라마에서 그렇게 진실되고, 그렇게 균형 잡히고, 깊은 곳에서 만들어 낸 수없이 다양한 성격들을 자기 자신의 삶의 경험에서 기억하였다가 재현했다고 하는 가정이다. 그러한 가정의 불가능성과 부조리함은 논쟁의 여지가 없다. 비록 시문학과 조형예술 둘 다 도식으로써 경험이 필요하고, 이러한 도식에서만 오로지 시문학과 조형예술에 희미하게 선천적으로 의식된 것이 완전히 분명하게 되고, 이제 사려 깊은 묘사의 가능성이 나타남에도 불구하고, 천재가 아름다움을 예상하는 선취Antizipation를 통해서만 조형예술을 만들어 내듯이, 오직 특징적인 것의 그러한 선취를 통해서만 시문학의 작품들을 만들어 낸다는 점은 분명한 것이다.

인간의 아름다움은 위에서 의지의 인식가능성, 그 가장 높은 단계에서

---

16 마지막 명제는 엘베시우스의 'il n'y a que l'esprit qui sente l'esprit'를 독일어로 번역한 것이고, 이것을 나는 1판에서는 언급할 필요가 없었다. 그러나 그 이후로 어리석게 만드는 헤겔의 사이비 지혜의 영향 때문에 시대가 몰락하고 상스럽게 되어, 여러 사람들이 여기에 "정신과 자연"의 대립이 암시되어 있다고 상상할 수도 있을 것이다. 그런 까닭에 나는 그러한 천민의 철학으로 전가되는 것에 대항하여 분명하게 나를 지키는 것이 필요하였다.

의 의지의 가장 완전한 객관화로서 설명되었다. 인간의 아름다움은 형상Form을 통해 표현된다. 그리고 이 형상은 오로지 공간 속에 놓여 있으며, 예를 들어 운동과는 달리 시간과는 어떠한 필연적인 관계도 갖고 있지 않다. 우리는 그런 한에서 단순히 공간적인 현상을 통한 의지의 적절한 객관화는 객관적인 의미에서의 아름다움이라고 말할 수 있다. 식물은 의지의 그러한 단순한 공간적인 현상 이외의 다른 것이 아닌데, 운동 그리고 시간에 대한 관계는 (식물의 발육은 도외시하고) 식물의 본질을 표현하는 데 속하지 않기 때문이다. 식물의 단순한 형태는 식물의 본질 전체를 말해 주고, 그 본질을 명백하게 드러내 준다. 그러나 동물과 인간이 그들에게서 나타나는 의지를 완전히 드러내기 위해서는 일련의 행동이 필요하고, 이를 통해 동물과 인간 속에서 의지의 현상은 시간에 대한 직접적인 관계를 유지한다. 이 모든 것은 이미 2권에서 설명되었다. 이것은 다음에 언급되는 것을 통해 현재 우리의 고찰과 연결된다. 의지의 단순히 공간적인 현상이 이러한 의지를 모든 특정한 단계에서 완전하게 또는 불완전하게 객관화할 수 있고, 이것이 바로 아름다움이나 추함을 만들어 내듯이, 의지의 시간적인 객관화, 즉 행동, 더구나 직접적인 행동인 운동은 다른 것이 섞이는 것 없이, 남는 것도 없이, 부족한 것도 없이, 단지 그때그때의 특정한 의지작용을 표현하면서 운동 속에서 객관화되는 의지에 순수하고 완전하게 부합할 것이다. 또는 이 모든 것은 반대로 일어날 수도 있다. 전자의 경우에 운동은 우아하게 일어나고 후자의 경우에는 우아함이 없이 일어난다. 따라서 아름다움이 의지의 단순히 공간적인 현상을 통한 의지 일반의 적합한 묘사이듯이, 우아함Grazie은 의지의 시간적인 현상을 통한 의지의 적합한 묘사, 즉 의지를 객관화하는 운동과 자세를 통한 모든 의지작용의 완전히 올바르고 적절한 표현이다. 운동과 자세는 이미 신체를 전제하기 때문에, 빙켈만Winckelmann이 "우아함은 행동에 대한 행동하는 사람의 고유한 관계이다"(전집, 1권, 258쪽)라고 말할 때, 그의 표현은 아주 올바르고 적절한 것이다. 비유적인 의미에서이지만, 식물을 일컬어 아름답다고 할 수는 있으나 우아하다고는 할 수 없는 까닭이 저절로 밝혀진다. 그러나 동물과 인간은 둘 다, 즉 아름다움과 우아함을 지닌다. 우아함이란 위에서 언급한 것에 따르면 운동과 자세가 모두 가장 쉽게, 가장 적당하고 편안한 방식으로 행해지고, 목적에 거슬리는 의미 없는 행동이나 잘못된 자세로 나타나는 불필요한 것 없이, 어설픈 뻣뻣함으로 나타나는 부족함도 없이 그러한 운동과 자세의 의도와 의지작용의 순수하게 적합한 표현이 된다는 데 그 본질이 있다. 우아함은 몸의 각 부분의 올바른 균형, 완전하고 조화로운 체격을 우아함의 조건으로서 전제하는데, 오로지 이것들을 수단으로 모든 자세와 운동에서 완전한 경쾌함과 명백한 합목적성이 가능하기 때문이다. 따라서 우아함은 신체가 어느 정도 아름답지 않고는 결코 불가능하다. 이 두 가지가 완전하게 일치하는 것이 의지가 자신의 객관화의 가장 높은 단계에서 가장 명확하게 현상하는 것이다.

2권에서 말했듯, 인간 모두가 어느 정도는 완전히 고유한 이념을 드러내는 것처럼, 위에서 언급했듯 인류에게서 종의 특성과 개체의 특성이 서로 다르게 나타난다는 점이 인류의 특징에 속한다. 그런 까닭에 인류의 이념을 묘사하는 것이 목적인 예술가들은 종의 특성으로서 아름다움과 함께 특히 성격이라고 불리는 개체의 특성을 나타내는 것을 과제로 삼는다. 그러나 그 특성이 어떤 우연적인 것으로서, 개체에게 그 개별성에서 전적으로 고유한 것으로 간주되는 것이 아니라, 오히려 이러한 개체에게 바로 특별하게 나타나는 인류라는 이념의 측면으로 간주되며, 그런 까닭에 그러한 특성의 묘사가 이러한 이념을 드러내는 목적에 기여하는 한에서 이러한 특성을 다시 나타낸다. 따라서 특성은 비록 그 자체로 개별적이지만, 그럼에도 불구하고 이상적으로, 즉 인류 일반의 이념의 관점에서 그 의미를 강조하여 (이념의 객관화에 이 특성이 자신의 방식으로 기여하는데) 파악되고 표현되어야만 한다. 그 밖에 그러한 묘사는 초상화인데, 이것은 개별적인 것 자체를 모든 우연적인 것과 함께 재현하는 것이다. 그리고 빙켈만이 말하듯이, 초상화 역시도 개체의 이상Ideal이어야 한다.

인류 이념의 고유한 측면을 강조하여 이상적으로 파악될 수 있는 그러한 성격은 일부는 지속적인 인상Physiognomie과 체형을 통해 가시적으로 드러나고, 일부는 잠정적인 격정Affekt과 열정, 인식과 의욕의 변형을 통해 서로 뒤섞여 가시적으로 드러나는데, 이 모든 것은 얼굴과 움직임에서 표현된다. 개체는 항상 인류에게 속하고, 더욱이 인류는 한편으로는 개체가 지닌 본래적이고 이상적인 의미와 함께 드러나기 때문에 아름다움이 성격을 통해서, 성격이 아름다움을 통해서도 제거되어서는 안 된다. 왜냐하면 개체의 성격에 의해 종의 특성이 제거되면 풍자화Karikatur가 되고, 그리고 종의 특성을 통해 개체들이 제거되면 무의미한 것이 되기 때문이다. 그런 까닭에 주로 조각이 그러하듯이, 아름다움을 지향하는 묘사는 그럼에도 불구하고 이러한 아름다움(즉 종의 특성)을 항상 개별적인 성격을 통해 변형시키게 될 것이고, 인류의 이념을 항상 특정한 개별적인 방식으로, 이념의 특별한 측면을 강조하면서 표현하게 될 것이다. 왜냐하면 인간 그 자체는 어느 정도 자신의 이념에 대한 존엄성을 지니고 있고, 인류의 이념이 개체 속에서 자신의 의미를 드러내는 것이 그 이념에게는 본질적이기 때문이다. 그런 까닭에 우리는 고대인들의 작품에서 그들에 의해서 분명하게 파악된 아름다움을 하나의 유일한 형태를 통해서가 아니라 많은 다양한 성격을 지닌 여러 형태들을 통해 표현한 것을 발견한다. 마치 항상 다른 측면에 의해 파악되는데, 그에 따라 아폴로, 바쿠스Bacchus, 헤라클레스, 안티노우스에서도 제각기 다르게 표현되어 있다. 말하자면, 성격적 특징das Charakteristische은 아름다운 것을 제한할 수 있고, 결국 술에 취한 실레노스에서, 파우누스Faun 등에 달하면 추한 것으로까지 나타날 수 있다. 그러나 성격적 특징이 종의 특징을 실제로 제거하는 것에 달하여 부자연스러운 것에까지 달하게 되면 그것은 풍자화가 된다. 그러나 우아함은 성격적 특징에 의해 아름다움보다는 제약을 훨씬 덜 받을 수 있다. 성격을 표현하는 데는 우아한 자세와 움직임이 필요하기 때문이다. 우아한 자세와 움직임은 개인에게 가장 적합하고, 가장 목적에 맞으며, 가장 쉬운 방식으로 수행되어야만 한다. 조각가와 화가뿐만 아니라 모든 훌륭한 배우도 이것을 인지하게 될 것이다. 그렇지 않다면 여기에서 또한 왜곡된 것, 비틀어진 것으로서 풍자화가 생겨날 것이다.

조각에서 아름다움과 우아함은 중요한 문제이다. 격정, 열정, 인식과 의욕의 상호작용에서 나타나 얼굴과 몸짓Gebärde의 표현을 통해서만 묘사할 수 있는 정신의 본래적 특성은 특히 회화Malerei의 소유물이다. 왜냐하면 비록 조각의 영역 밖에 놓여 있는 눈과 색깔이 아름다움에 많이 기여한다고 해도 눈과 색깔은 성격에 더 본질적이기 때문이다. 더구나 아름다움은 다양한 관점에서 고찰될 때 더 완전하게 전개된다. 이에 반해 표현, 특성은 또한 하나의 관점에서 완전하게 파악될 수 있다.

조각의 주요 목적이 분명히 아름다움이기 때문에, 레싱은 라오콘이 비명을 지르지 않는다는 사실을 비명을 지르는 것이 아름다움과 합일될 수 없다는 점에서 설명하려고 하였다. 레싱에게는 이 주제가 자신이 쓴 책의 논제나 못해도 실마리가 되었고, 레싱 앞뒤로 동일한 주제에 대하여 많이 쓰였기 때문에, 비록 그러한 특별한 설명이 본래 전적으로 보편적인 것을 향하는 우리의 고찰과의 연관성에 속하지는 않지만, 여기에서 이에 대한 내 의견을 일화로서 언급하는 것을 허용할 수는 있을 것이다.

46절

⁓

유명한 군상 중에서 라오콘이 비명을 지르지 않는다는 점은 분명하고, 일반적이며, 항상 반복해서 이것에 대해 놀랍다고 느끼는 것은 그의 입장에서 우리 모두가 비명을 지르게 되리라는 점 때문이다. 그리고 자연도 그런 방식을 요구할 것이다. 이를테면 격심한 신체적 고통을 당할 때 그리고 갑자기 엄청난 신체적 불안을 느낄 때 정숙히 인내를 가져올 수 있는 모든 반성은 의식으로부터 완전히 배제되어 버리는데, 자연이 그가 비명을 지르게 하는 동시에 비명은 고통과 불안을 표현하고 도와줄 사람들을 부르며 공격하는 사람을 놀라게 한다. 그런 까닭에 이미 빙켈만은 비명을 지르는 표정이 없다는 것을 알았지만, 그는 예술가를 옹호하기 위해 고통을 쓸데없는 억압으로 보고 라오콘을, 자연스럽게 비명을 지르는 것이 그의 위엄에 맞지 않고, 그러한 고통의 표현을 참는 스토아주의자적인 인물로 만들어 버렸다. 그런 까닭에 빙켈만은 그에게서 "고통과 싸우지만 그 느낌을 표현하는 것을 억누르며 자신 속에 숨겨 놓으려는, 베르길리우스에게서처럼 큰 소리로 비명을 지르지 않고, 걱정스러운 탄식만이 올라오는 위대한 인간의 고통당하는 정신" 등을 본다(전집 7권, 98쪽. 동일한 것이 6권, 104쪽 이하에 자세하게 논의되었다). 레싱은 라오콘에 대한 자신의 논의에서 빙켈만의 견해를 비판하고 그것을 위에서 언급한 방식으로 수정하였다. 심리적 이유 대신에 그는 고대 예술의 원리인 아름다움은 비명을 지르는 표현을 허용하지 않는다는 순전히 미학적인 이유를 내놓았다. 레싱이 추가하는 다른 논증, 즉 움직일 수 없는 예술작품에서는 완전히 일시적이고 지속할 수 없는 상태가 묘사될 수 없다는 논증에 대해서는, 완전히 일시적인 운동 속에서, 춤추고 싸우며 붙잡는 것 등을 묘사한 탁월한 여러 인물의 수많은 반대의 예들이 존재한다. 괴테는,『프로필레엔』의 시작부인 라오콘에 대한 논의(8쪽)에서 그렇게 완전히 일시적인 순간의 선택이 몹시 필요하다고 여긴다. 오늘날에 이르러서는 히르트(『호렌』 1797, 7호)가 모든 것을 표정이라는 최고의 진리로 환원하면서, 라오콘이 비명을 지르지 않는 것은 그가 이미 질식해서 죽어 가기 때문에 비명을 지를 수 없어서였다고 판단한다. 마지막으로 페르노우(『로마연구』 1권, 426쪽 이하)는 이 세 가지 견해를 모두 설명하고 신중히 검토했지만, 그러나 정작 자신은 새로운 견해를 추가하지 않고 세 가지 견해를 중재하고 통일했다.

나는 그렇게 신중하고 섬세한 사람들이, 그 이유가 가까이 놓여 있으면서 편견에 사로잡히지 않은 사람에게는 곧장 자명해지는 것을 설명하기 위해, 불충분한 근거들을 멀리서 힘들게 끌어오고, 심리학적이고, 생리적인 논증을 이용하는 것을 보고 놀라워하지 않을 수 없다. 특히 올바른 설명에 그같이 가까이 다가간 레싱마저도 요점을 지적하지 못한 것이 놀라울 뿐이다.

라오콘이 그의 입장에서 비명을 지를지 지르지 않을지(나는 전적으로 비명을 지를 것이라고 긍정하지만)에 대해 모든 심리학적이고 생리학적인 연구를 하기 이전에, 비명을 지르는 것이 오로지 전적으로 조각의 영역 밖에 놓여 있다는 이유에서 군상Gruppe과 관련해 비명을 지르는 것이 묘사될 수 없다고 판단할 수 있다. 사람들은 대리석으로는 비명을 지르는 라오콘을 나타낼 수 없고, 오로지 입을 벌리고 비명을 지르려고 헛되이 애를 쓰는 라오콘, 목소리가 목에 붙어 있는[베르길리우스,『아이네이스』 2, 774쪽] 라오콘만을 나타낼 수 있다. 감상자에게 끼치는 비명의 본질과 그 작용은 입을 벌리는 데에 있지 않고 소리를 내는 데에 있다. 비명을 필연적으로 동반하는, 이러한 입을 벌리는 현상은 그로 인해 야기된 소리를 통해 비로소 동기가 부여되고 정당화되어야만 한다. 그런 다음에 입을 벌리는 것은 비록 아름다움을 단절시키지만, 그 행동에 특징적인 것으로서 허용되고 필요한 것이다. 그러나 비명을 지르는 것 자체를 묘사하는 것이 완전히 낯설고 불가능한 조형예술에서 비명을 지르도록 하기 위해 입을 벌리는 것을 묘사하는 모든 표정들과 그 밖의 표현을 강압적으로 방해하는 수단은 사실은 어리석은 것이다. 그러한 수단의 목적, 즉 비명을 지르는 것 자체가 마음Gemüt에 미치는 그 영향과 함께 생기지 않는 반면에, 그 밖의 많은 면에서 희생을 요구하는 수단을 눈앞에 제시할 수 있기 때문이다. 물론 이보다 더한 것은, 사람들이 그것에 의해 아무런 영향도 없이 애를 쓸 때마다 매번 우스꽝스러운 모습을 내보일 수 있으리라는 것이다. 이것은 실제로 익살꾼이 잠자는 야경꾼에게 호각을 밀랍으로 가득 채워 막히게 하고, '불이야!'라고 외친 뒤에 야경꾼이 호각을 불려고 소용없이 애쓰는 것을 보며 즐거워하는 것에 비교할 수 있다. 이와 반대로 비명을 지르는 데 대한 묘사가, 묘사하는 예술의 영역에 놓여 있는 곳에서는 이것이 진리에, 즉 이념의 완전한 묘사에 기여하기 때문에 전적으로 허용된다. 따라서 직관적으로 묘사하기 위해 독자의 환상Phantasie을 요구하는 시문학에서 그렇다는 것이다. 그런 까닭에 베르길리우스의 라오콘은 도끼에 맞은 뒤에 찢겨진 수소Stier처럼 절규한다. 그런 까닭에 호메로스(『일리아스』 20권, 48-53쪽)는 신적인 위엄과 신적인 아름다움에도 불구하고 마르스와 미네르바를 무섭도록 비명 지르게 한다. 연극예술에서도 마찬가지이다. 무대에서 라오콘은 전적으로 비명을 질러야 했다. 또한 소포클레스는 필록테테스Philoktet를 비명 지르게 하고, 라오콘은 실제로 고대의 무대에서 비명을 질렀을 것이다. 완전히 유사한 경우로서, 나는 런던에서 아주 유명한 배우인 켐블이 「피차로」라는, 독일어에서 번역된 연극에서 반은 야만인이지만 아주 고상한 성격을 지닌 미국인 롤라를 연기한 것을 기억한다. 그는 부상을 당했을 때, 큰 소리로 격렬하게 비명을 질렀는데, 이것은 크고 탁월한 영향을 주었다. 왜냐하면 비명을 지르는 것은 아주 특징적인 것으로서 진리에 많이 기여하기 때문이다. 반면에 그림으로 그려지거나 돌에 새겨져 말없이 비명을 지르는 사람은, 이미 괴테가 『프로필레엔』에서 비난했던 그림으로 그려진 음악보다 훨씬 우스꽝스러운 것인데, 비명을 지르는 것은, 대부분 단지 손과 팔을 쓰고 사람을 특징짓는 행위로 볼 수 있는 음악보다 그 밖의 표정과 아름다움에 훨씬 더 큰 손해를 가져오기 때문이다. 음악이 오로지 신체의 강압적인 움직임과 입이 비뚤어지는 것을 요구하지 않는 한, 그런 한에서 음악은 그림으로 완전히 적합하게 그려질 수 있을 것이다. 예를 들면, 「오르간 옆의 성체칠리아」나 로마의 스키아라 화랑에 있는 라파엘로의 「바이올린 연주자」 등이다. 따라서 이러한 예술의 경계로 인해 라오콘의 고통은 비명을 지르는 것을 통해 표현될 수 없었기 때문에, 예술가는 비명 지르는 것에 대한 다른 모든 표정을 준비해야만 했다. 빙켈만이 그토록 대가답게 묘사하듯이(전집 6권, 104쪽 이하), 예술가는 이것을 가장 완벽한 방식으로 해냈다. 그런 까닭에 빙켈만의 탁월한 서술은, 스토아적인 생각을 갖다 붙인 것을 제외한다면, 그 완전한 가치와 진리를 간직하고 있는 것이다.[17]

47절

우아함과 함께 아름다움은 조각의 주요한 대상이기 때문에, 조각은 벗은 것을 좋아하고, 옷은 신체의 형태를 숨기지 않는 한에서 허용된다. 조각은 신체의 형태를 숨기기 위해서가 아니라 그 형태를 간접적으로 표현

17 또한 이러한 에피소드는 2편 36장에 보충되어 있다.

하기 위해 주름 장식Draperie을 이용하는데, 이러한 표현방식은 오성이 아주 활동성을 띠게 만든다. 오성은 오로지 직접적으로 주어진 결과, 즉 주름을 통해서만 원인, 즉 신체의 형태를 직관하기 때문이다. 따라서 조각에서 주름 장식은 어떤 점에서 보면 회화에서 단축Verkürzung인 셈이다. 양자 모두 암시이지만 상징적인 암시가 아니라, 만약 그러한 암시가 성공한다면 암시된 것을 실제로 주어진 것처럼 직관하게 오성을 직접적으로 강요하는 그러한 암시이다.

나는 여기에 부수적으로 언어예술에 관련된 비유를 삽입하고자 한다. 즉 아름다운 신체의 형태는 매우 가벼운 옷을 입을 때나 전혀 옷을 입지 않은 경우에 가장 잘 드러나듯이, 그런 까닭에 아주 아름다운 인간은, 그가 동시에 미적 감각을 갖고 있고, 그러한 미적 감각을 따라도 된다면, 거의 나체로, 오로지 고대인의 방식대로 옷을 입고 다니는 것을 가장 좋아할 것이다. 바로 그렇듯 모든 아름답고 풍요로운 정신을 지닌 사람은, 가능하다면 어떤 식으로든 자신의 생각을 다른 사람에게 전달하여, 자신이 이러한 세계에서 느껴야만 하는 고독을 완화시키려고 노력하면서, 항상 가장 자연스럽고, 가장 솔직하며, 가장 단순한 방식으로 그 생각을 표현할 것이다. 이와는 반대로 무지몽매한 사람, 모호한 사람, 유별난 사람은 어렵고 겉치레의 상투어를 사용해 빈약하고, 사소하며, 무미건조하거나 일상적인 생각을 숨기기 위해 가장 가식적인 표정과 애매한 말투로 자신을 감싸려 들 것이다. 이는 아름다움의 존엄이 그 자신에게는 없기 때문에 이러한 결핍을 옷으로 대체하려 하고 야만적인 장신구, 번지르르한 물건, 깃털, 주름 장식, 어깨심Puffen과 외투로 자신의 보잘것없음과 추함을 숨기려고 하는 사람과 같다. 따라서 이런 사람은 그가 나체로만 다녀야 한다면 당황을 금치 못할 것처럼, 많은 저자들도 그렇게 겉치레이고 애매한 그들의 책을 짧고 분명한 내용으로 번역하도록 강요받는다면 몹시 당황할 것이다.

48절

✦

   역사화는 아름다움과 우아함뿐만 아니라 성격을 주요한 대상으로 갖는데, 우리는 성격에서 일반적으로 의지의 객관화의 최고 단계에서 의지가 드러나는 것을 이해할 수 있다. 여기에서 개인은 인류의 이념의 특별한 측면을 강조하는 것이 독특한 의미를 가지며, 이러한 이념을 단순한 형태만이 아니라, 모든 종류의 행동과 그러한 행동을 유발하고 동반하는 인식과 의욕의 변형을 통해 표정과 몸짓에서 드러내어 알게 해 준다. 인류의 이념은 이러한 환경에서 표현되어야 하기 때문에, 이러한 이념의 다양성은 중요한 개인들을 통해 우리의 눈앞에 전개되어야만 하고, 이러한 개인들은 오로지 다양한 장면, 사건 그리고 행동을 통해서 그들의 중요성을 드러낼 수 있다. 역사화는 이러한 무한한 과제를, 모든 종류의 삶의 장면을 중요한지 중요하지 않든지 간에 눈앞에 제시하는 것을 통해 수행한다. 어떤 개인이든지, 어떤 행동이든지 의미가 없는 것은 없다. 모든 개인들 속, 모든 행동을 통해 점점 더 인류의 이념이 많이 전개된다. 그렇기 때문에 인간의 삶에서 어떤 사건도 회화에서 결코 배제될 수는 없다. 따라서 사람들이 단지 네덜란드파 화가들의 기술적 완성도만을 평가하고, 그 밖의 것에서 그들을 경멸한다고 한다면, 네덜란드파의 뛰어난 화가들을 대단히 잘못 평가하는 것이다. 왜냐하면 네덜란드파의 화가들은 대부분 일상적인 삶에서 대상을 묘사했는데, 반대로 사람들은 세계사의 굵직한 사건이나 성경의 역사만을 의미 있게 여기기 때문이다. 사람들은 무엇보다도 행동의 내적인 의미가 외적인 의미와는 완전히 다르고, 두 의미가 종종 서로 분리되어 나타난다는 점을 숙고해야 한다. 외적인 의미는 실제의 세계를 위해 그리고 실제 세계 속에서 행동의 결과와 관련되는 행동의 중요성이기에 근거율을 따르는 것이다. 내적인 의미는 행동이 드러내는 인류의 이념에 대한 깊이 있는 통찰이다. 내적인 의미는 합목적적으로 설정된 상황을 매개로 인류의 이념에서 드물게 드러나는 측면을 분명하고 결정적으로 표현하는 개인들에게서 그들의 특징을 나타낸다. 오로지 내적인 의미만이 예술에서 통용된다. 외적인 의미는 역사에서 통용된다. 양자는 저마다에 서로 의존하지 않으며, 함께 나타날 수 있지만, 또한 각자가 따로 나타날 수도 있다. 역사에서 아주 중요한 행동은 내적인 의미에서는 아주 일상적이고 보통의 행동일 수 있다. 거꾸로 일상적인 삶의 한 장면, 그 속에서 인간과 인간의 행위와 의욕이 숨겨진 곳까지 밝고 명확하게 비추어진다면, 중요한 내적인 의미를 가질 수 있을 것이다. 또한 아주 다양한 외적인 의미의 경우 내적인 의미는 동일한 것일 수 있는데, 예를 들면 금으로 된 말로 체스를 하든지, 나무로 된 말로 체스를 하든지는 별 상관이 없는 것처럼, 장관들이 지도를 보며 나라와 국민들을 위해 서로 다투거나 농부가 술집에서 카드나 주사위놀이를 할 때 서로 권리를 행사하려고 드는 것은 내적인 의미에서는 같은 것이다. 그 밖에 수많은 인간의 삶을 이루는 장면과 사건들, 그들의 행위와 활동Treiben, 그들의 궁핍과 기쁨은 이미 그렇기 때문에 예술의 대상이 되기에는 충분히 중요한 것이고, 풍부한 다양성을 통해 인류의 다양한 이념을 전개하기 위해 충분한 재료를 제공해야만 한다. 더구나 예술이 (오늘날 "풍속화"라고 불리는) 그림에 고정해 놓은 순간의 덧없음은 조용하고 독특한 감동을 준다. 왜냐하면 전체를 대변하는 개별적인 사건들 속에서 끊임없이 형태가 변하는 덧없는 세계를 지속성을 띤 그림으로 고정시키는 것이 회화예술Mahlerkunst의 업적인데, 이러한 회화예술을 통해 예술은 개별적인 것을 그것의 종의 이념으로 고양시키면서, 시간 자체를 정지상태에 머물게끔 하는 것으로 보이기 때문이다. 마지막으로 역사적이고 외적인 의미를 지닌 회화의 주제들은 종종 그 회화의 의미가 직관적으로 표현되지 않고, 추정하여 생각되어야만 한다는 단점을 지닌다. 이런 점에서 그림의 명목적 의미는 실제적인 의미와는 구분되어야만 한다. 그림의 명목상 의미는 오직 개념으로 추정하여 생각되어야 하는 외적인 의미이고, 그림의 실제적인 의미는 그림을 통해 직관적으로 드러나는 인류의 이념의 측면이다. 예를 들면 그림의 명목적인 의미는 이집트의 공주에게서 모세가 발견되었다는 것인데, 이것은 역사에서 아주 중요한 순간이다. 반대로 직관에 실제로 주어진 것인 실제적인 의미는 어떤 버려진 아이가 떠내려가는 요람에서 귀족부인으로부터 구조되었다는 것인데, 이것은 종종 일어날 수 있는 사건이다. 여기에서 학자는 옷차림만으로도 그러한 특정한 역사적 사건을 알 수 있다. 그러나 옷차림은 단지 명목상의 의미에만 적용될 뿐, 실제적인 의미에서는 그리 중요하지 않은 것이다. 왜냐하면 실제적인 의미는 오로지 인간 자체를 알 뿐이지, 임의적 형태를 아는 것이 아니기 때문이다. 역사에서 가져온 주제들은, 단순한 가능성에서 가져오고 그런 까닭에 개인적으로가 아니라 오로지 일반적으로 지칭되어야 하는 주제들보다 장점을 갖고 있지 않다. 왜냐하면 역사화에서 본래적인 의미는 개별적인 것, 즉 개별적인 사건 그 자체가 아니라 그러한 사건에서 보편적인 것, 사건을 통해 표현되는 인류의 이념의 측면이기 때문이다. 그러나 다른 한편으로 특정한 역사적인 대상들이 그런 사실 때문에 결코 내버려져서는 안 된다. 단지 그러한 특정한 역사적인 대상들에 대한 본래적으로 예술적인 견해는, 화가에게서든지 관찰자에게서든지 그 대상들 속에서 본래 역사적인 것을 만드는 개별적인 것들로 향하지 않고, 그 대상들 속에서 표현되는 보편적인 것, 즉 이념으로 향할 뿐이다. 또한 주요 주제로 실제로 표현될 수 있고, 단지 추정적으로 생각되어서는 안 되는 그러한 역사적 대상들만이 선택되어야 한다. 그렇지 않으면, 명목적인 의미가 실제적인 의미에서 너무 벗어나게 된다. 그림에서는 단순히 생각된 것이 중요한 것이 되고, 그것은 직관된 것에 손해를 주게 된다. (프랑스의 비극에서처럼) 무대의 뒤에서 일어나는 중요한 것이 이미 무대에 적합하지 않다면, 이것은 그림에서는 분명히 더 큰 잘못이다. 역사적인 사건들이 화가를 예술의 목적에 의해서가 아니라 임의적으로 다른 목적에 의해 선택된 영역으로 제한할 때에만, 그러나 이러한 영역이 회화적인 대상들과 의미 있는 대상들에서 부족할 때에만 역사적인 사건들은 결정적으로 불리하게 작용한다. 예를 들면 유대인들처럼 작고 고립되어 있고, 제멋대로이고, 위계적이고, 즉 광기에 의해 지배되는, 동시대의 동양과 서양의 대민족으로부터 경멸을 받는 변방민족Winkelvolk의 역사가 그런 것이다. 지금의 지구 표면과 단지 화석으로서만 그 조직이 드러나는 옛날의 지구 표면 사이에 있었던 언젠가의 해저지각의 변화처럼 한때 우리와 모든 고대의 민족들 사이에는 민족의 이동이 있었기 때문이다. 그래서 우리의 문화에 주된 토대를 제공했던 과거 문화를 지닌 민족이 인도인이나 그리스인 또는 로마인이 아니라 바로 이러한 유대인이었다는 점은 큰 불행이라고 보아야 할 것이다. 그러나 특히 주제를 선택하는 데 있어 임의적으로 제시된 좁은 범위에서 여러 종류의 불행을 택해야만 했던 것은 15-16세기의 천재적인 이탈리아 화가들에게는 나쁜 운명이었다. 왜냐하면 신약은 그 역사적인 부분에 의하면 그림을 그리는 데 대해서는 구약보다도 덜 유리한 것이고, 이에 뒤따르는 순교자나 신학자들의 이야기는 아주 불행한 주제였기 때문이다. 그러나 유대교나 그리스도교의 역사적인 것이나 신화적인 것을 대상으로 삼는 그림은, 그리스도교의 본래적인, 즉 윤리적인 정신이 충만한 사람들의 묘사를 통해 직관에 드러나는 그림과는 구분되어야만 한다. 이러한 묘사는 실제로 회화예술의 가장 놀랄 만한 업적이다. 그러한 묘사는 오로지 이러한 예술의 대가, 특히 라파엘로Raffael와 코레조Correggio만이 할 수 있는데, 특히 코레조는 자신의 초기 그림에서 이러한 업적을 이루어 냈다. 이러한 종류의 그림은 본래 역사화로 열거될 수 없는 것이다. 왜냐하면 이러한 종류의 그림들은 대부분 사건, 행동을 표현하는 것이 아니라 성자들, 종종 어머니, 천사 등과 함께 어린이로 그려지는 구원자 자신으로 구성되기 때문이다. 우리는 그들의 표정에서, 그중 특히 눈에서 개별 사물로 향하지 않고 이념들, 그러니까 세계와 삶의 전체 본질을 완전하게 파악한 가장 완전한 인식의 반영이 표현되는 것을 보게 되는데, 이러한 인식이 그들에게서 의지에 다시 영향을 미쳐, 다른 인식처럼 의지를 위한 동기를 제공하지 않고 반대로 모든 의욕의 진정제Quietiv가 되고 이러한 진정제로부터 인도의 지혜나 그리스도교의 가장 내밀한 정신인 완전한 체념, 즉 모든 의욕의 포기, 전향Zurückwendung, 의지의 폐기 그리고 이와 함께 이 세계의 전체 존재의 폐기, 따라서 구원이 생겨난다. 그래서 영원히 칭찬받을 성싶은 예술의 대가들은 그들 작품을 통해 최고의 지혜를 직관적으로 표현하였다. 여기에 모든 예술의 정점이 있는데, 예술은 의지의 적절한 객관화, 즉 이념 속에서 모든 단계를 거쳐 의지를 뒤따른 후에, 즉 원인이 의지를 움직이는 가장 낮은 단계에서 출발해 자극이 의지를 그리고 마지막으로 동기가 의지를 다양하게 움직여 의지의 그 본질이 전개되는 단계에 달하여서, 자기 자신의 본질에 대한 가장 완전한 인식으로부터 의지에 나타나는 위대한 진정제에 의해 의지의 자발적인 자기폐기를 묘사하는 것으로 끝나는 것이다.[18]

49절

예술에 대한 지금까지 우리의 모든 고찰들 어디에서나 예술의 대상을

---

18 이 부분을 이해하기 위해서는 다음의 4권을 전적으로 전제해야 한다.

묘사하는 것이 예술가의 목적이고, 따라서 이러한 대상에 대한 인식이 예술가의 작품에 씨앗으로 그리고 근원으로서 선행해야 한다는 진리가 근거로 놓여 있다. 이러한 예술의 대상은 플라톤적인 의미에서의 이념이고 이밖에 전적으로 다른 것이 아니다. 예술의 대상은 일반적인 파악의 대상인 개별 사물이 아니고, 또한 이성적 사유와 학문의 대상인 개념이 아니다. 비록 이념과 개념은 둘 다 실제적인 사물의 다양성을 단일성으로서 대변한다는 점에서 공통점을 지니고 있지만, 1권에서 개념에 대해 그리고 3권에서 이념에 대해 말했기에 이것으로 큰 차이점이 충분히 분명하고 명백해졌다. 하지만 나는 플라톤이 이미 이러한 차이를 순수하게 파악했다고 주장하지는 않을 것이다. 오히려 이념에 대한 플라톤의 예와 설명의 대부분은 단지 개념에만 적용 가능한 것이다. 우리는 이 문제를 내버려두고 우리자신의 길을 걷는다. 우리는 훌륭하고 고귀한 사람의 흔적에 발을 들여놓을 때마다 기쁘지만, 그의 발자취가 아니라 우리의 목표를 따른다. 개념은 추상적이고 추리적이며, 자신의 범위 내에서는 전적으로 규정되지 않고, 단지 그 범위의 한계에 의해 규정되며, 오로지 이성을 가진 사람에게만 도달될 수 있고 파악될 수 있으며, 다른 매개 없이도 말을 통해 전해질 수 있고, 개념의 정의를 통해 완전히 논의될 수 있다. 반대로 아마도 개념의 적절한 대변자로 정의할 수 있는 이념은 수많은 개별 사물을 대변하면서도 전적으로 직관적이지만 그럼에도 예외 없이 규정된다. 개체 그 자체에 의해서 이념은 결코 인식되지 않고, 모든 의욕과 모든 개체성을 순수인식주관으로 고양시킨 사람에 의해서만 인식된다. 따라서 이념은 오직 천재에게만 그리고 대부분 천재의 작품에 의해 야기되어 자신의 순수인식능력을 고양시켜 천재적인 분위기를 지닌 사람에게만 도달 가능한 것이다. 그런 까닭에 이념은 어떠한 제한 없이도 전달 가능한 것이 아니라, 제한적으로 전달 가능한 것이다. 파악되어 예술작품 속에서 반복되는 이념은 오로지 그들의 고유한 지적 가치의 척도가 어떠한지에 따라서만 각자에게 나타난다. 그렇기 때문에 모든 예술을 통틀어 가장 탁월한 작품, 즉 천재의 가장 고귀한 생산물은 우매한 대다수의 사람들에게는 영원히 닫힌 채 있는 책일 수밖에 없고, 넓은 틈에 의해 그들로부터 분리되어 하층민이 영주와 교제할 수 없듯이, 그 사람들은 여기에 접근할 수 없다. 평범한 사람들은 자신의 약점을 드러내지 않으려고, 인정된 바 있는 작품의 권위를 인정해 주기는 하지만, 그들은 항상 이 작품에 유죄선고를 내리려고 조용히 준비하고 있다가, 자신이 웃음거리가 되지 않으리라는 마음이 들자마자, 그들을 결코 사로잡을 수 없었고 그 때문에 그들을 모욕하기까지 한 모든 위대하고 아름다운 것에 대해, 그리고 그것을 만든 사람에 대해 그들이 오랫동안 지녀 왔던 증오심을 여지없이 드러낸다. 왜냐하면 보통, 생소한 가치를 기꺼이 확실하게 인정하고 통용시키기 위해서는 자신의 가치를 가져야만 하기 때문이다. 모든 업적에도 불구하고 겸손해야 할 필요성은 바로 이 점에 근거하며, 모든 유사한 덕 중에서도 특히 큰 명성을 지닌 이 덕은, 화해시키거나 가치 없는 것에 대한 분노를 진정시키려고 어떻게든지 뛰어난 사람을 칭찬하려고 하는 사람의 칭찬에 들어 있다. 비열한 질투가 가득한 세계에서 어떤 사람이 아무런 장점과 업적을 갖지 않은 사람들에게 자신의 장점과 업적에 대해 잘못을 빌려고 하는 경우에, 위선적인 겸손 말고 도대체 무엇이 수단이 될 수 있겠는가? 실제로 아무런 장점과 업적을 갖지 않았기 때문에 주제넘지 않는 사람은, 겸손한 것이 아니라 단지 정직할 뿐이다.

이념이라는 것은 우리의 직관적인 이해의 시간형식과 공간형식 때문에 다원성으로 나누어진 단일성이다. 반대로 개념은 우리 이성의 추상을 통해 다원성으로부터 회복된 단일성이다. 이러한 단일성은 사물 뒤의 단일성unitas post rem이라고 부를 수 있고, 앞의 단일성은 사물 앞의 단일성unitas ante rem이라고 부를 수 있다. 마지막으로 사람들은 개념과 이념의 차이를 비유적으로 표현할 수 있다. 개념은 무언가를 넣으면 실제로 거기에 나란히 놓여 있지만, 그러나 넣은 것 (종합적 반성을 통해) 이상으로는 꺼낼 수 없는 (분석판단을 통해) 죽은 그릇에 비유할 수 있다. 반대로 이념은 이러한 이념을 파악한 사람에게서 그 이념과 이름이 같은 개념과 관련하여 새로운 표상들을 전개한다. 그러니까 이념은 자기 속에 들어 있지 않은 것을 만들어 내는, 생식력을 지닌 살아 있고 발전하는 유기체에 비유할 수 있다.

위에서 언급한 모든 것에 따르면 개념은 삶에 아주 유용하고, 학문을 하는 데 필요하고 필수적이며 풍요로운 것이지만, 예술에 있어서는 영원히 쓸모가 없는 것이다. 반대로 파악된 이념은 모든 진정한 예술의 참되고 유일한 원천이다. 이념이란 그 힘 있는 근원성 속에서 오직 삶 자체로부터, 자연으로부터, 세계로부터 만들어지고, 또한 오직 진정한 천재나 천재에 의해 순간적으로 감명을 받아 천재성을 지니게 된 사람에 의해서만 유래한다. 오로지 그러한 직접적인 이해를 통해서만 불멸의 생명력을 지닌 진정한 작품이 생겨난다. 이념은 직관적이고, 직관적으로 존재하기 때문에, 예술가는 자신의 작품의 의도와 목적을 추상적으로 의식하지 못하며, 그의 눈앞에 떠오르는 것은 개념이 아니라 이념이다. 그런 까닭에 예술가는 자신의 행위에 대해서 설명할 수 없다. 그는 사람들이 표현하는 것처럼, 단순히 감정에서 그리고 무의식적으로, 본능적으로 예술 작업을 한다. 반대로 모방자, 기교주의적인 사람, "모조자, 비굴한 불량배imitatores, servum pecus"[호라티우스, 『서간집』 1권, 19, 19]는 예술을 하는 데 있어 개념으로부터 시작한다. 그들은 진정한 작품에서 마음에 들고 영향을 주는 것을 주목하여 그것을 분명하게 해서 개념으로, 그러니까 추상적으로 파악하고 이제 그것을, 공공연하게 또는 숨기는 식으로 교활하고 의도적으로 모방한다. 그들은 기생식물처럼 다른 작품에서 그 영양분을 흡수해 버리고 해파리처럼 그 영양분의 색깔을 띤다. 좀 더 비유를 하자면, 그들은 자신이 안에 집어 넣은 것을 아주 섬세하게 잘게 썰고 섞을 수 있지만, 결코 소화시킬 수 없어서 항상 다른 구성성분을 다시 발견하여 섞인 것에서 그것을 다시 찾아내어 분류하는 기계에 비유할 수 있다. 그러나 반대로 천재는 그러한 구성성분을 동화시키고, 변화시켜 만들어 내는 유기체인 신체와 같다. 왜냐하면 천재는 선행자들과 그들의 작품으로 길러지고 만들어지지만, 직관적인 것의 인상을 통해 오로지 삶과 세계 자체로부터 직접적으로 결실을 맺기 때문이다. 그런 까닭에 최고의 교양도 결코 천재의 독창성을 해치지 않는다. 모든 모방자, 모든 기교주의자들Manieristen은 다른 사람의 훌륭한 업적의 본질을 개념으로 파악하지만, 개념은 결코 작품에 내적인 생명력을 부여할 수 없다. 매번 우둔한 대중들은 개념만을 알고, 그런 개념에 사로잡혀 있는 시대는 그런 까닭에 기교적인 작품에 커다란 박수를 보내며 받아들인다. 그러나 그러한 작품들은 몇 년 만 지나도 금세 흥미를 잃게 된다. 왜냐하면 오로지 그러한 작품들이 뿌리내릴 수 있는 지배적인 개념들, 즉 시대정신이 변했기 때문이다. 자연에서, 삶에서 직접적으로 만들어지는 진정한 작품은 자연과 삶처럼 영원하고 항상 근원적인 힘을 지니고 있다. 왜냐하면 진정한 작품이란 시대에 속하는 것이 아니라, 인류에게 속하기 때문이다. 바로 그렇기 때문에 그러한 작품은 그것이 시대에 매달리는 것을 거부하는 해당 시대에 이렇다 할 관심을 받지 못하게 되고, 그런 작품은 시대의 과오를 간접적이고 소극적으로 발견해 내기 때문에, 나중에 가서야 마지못해 인정받게 된다. 반면에 진정한 작품은 낡지 않고, 나중에는 더 신선해지며 항상 다시 새로워진다. 그러면 진정한 작품은 간과되거나 오해받지 않게 되는데, 이 작품은 판단력을 갖춘 소수의 사람들의 박수를 받으며 영예를 차지하고 인정을 받게 되기 때문이다. 이러한 소수의 사람들은 개별적이고 드물게 수백 년 만에 나타나고[19] 그리고 그들이 목소리를 내면서, 이러한 목소리가 천천히 증가하면서 권위를 세우고, 이러한 권위는 후대에 호소할 때 전적으로 유일한 심판대가 된다. 연이어 나타나는 이러한 개인들이 이러한 심판대이다. 왜냐하면 대중과 후대의 사람들이 언제나 그러했듯이, 대중과 후대의 사람들은 매번 마찬가지로 나쁜 길로 빠지게 되고 우매할 것이기 때문이다. 사람들은, 위대한 정신을 지닌 사람이 모든 세기에 걸쳐 자신의 시대에 대해 탄식하는 것을 읽어야 한다. 그들은 오늘날처럼 항상 탄식할 것이다. 왜냐하면 인류는 항상 똑같기 때문이다. 어느 시대나 어느 예술에서도 기교적인 사람Manier이 항상 오로지 개별적인 사람의 소유물인 정신의 자리를 대변해 버린다. 그러나 기교적인 사람은 최후까지 존재하고 인식된 정신의 현상이 벗어 놓은 낡은 옷일 뿐이다. 이 모든 것에 의하면 보통 후대의 칭찬은 동시대의 칭찬을 희생하여 얻은 것 말고는 다른 것이 아니며, 그리고 그 반대도 마찬가지일 뿐이다.[20]

50절

이제 모든 예술의 목적이 파악된 이념의 전달이고, 그러한 이념이 예술가의 정신을 통해 매개되어 그 속에서 모든 낯선 것으로부터 순화되고 고립되어 나타나고, 이것을 약한 감수성을 지니고 있고 생산성이 없는 사람도 이해할 수 있게 된다면, 더구나 예술에서 개념으로부터 출발하는 것이 비난받는 일이라면, 우리는 예술작품을 가리켜 의도적으로 그리고 거리

---

19   "험한 파도에서 헤엄치는 사람은 드물게 나타난다."[베르길리우스, 「아이네이스」 1, 118쪽]
20   이에 대해서는 2편 34장 참고.

낌 없이 인정하면서 개념을 표현하기 위한 것이라고 규정하는 일을 수용할 수 없을 것이다. 알레고리Allegorie의 경우가 이러하다. 알레고리는 예술작품에서 그것이 나타내는 것과는 다른 것을 의미할 때 생긴다. 그러나 직관적인 것, 즉 이념은 직접적으로 그리고 전적으로 완전하게 자기 자신을 표현하기 때문에 자신을 암시하는 다른 것의 매개가 필요 없는 것이다. 따라서 이러한 방식으로 완전히 다른 것을 통해 암시되고 대표되는 것은, 스스로 직관될 수 없기 때문에 항상 하나의 개념이다. 그런 까닭에 알레고리를 통해서는 항상 하나의 개념이 지칭되어야 하고 따라서 보는 사람의 정신은 묘사된 직관적인 표상을 떠나 전적으로 예술작품의 바깥에 놓여 있는 완전히 다른 추상적인, 직관적이지 않은 표상으로 이끌려야만 한다. 따라서 여기에서는 글로써 더욱 완전하게 표현할 수 있는 일을 그림이나 조각상이 수행하는 것이다. 우리가 이제 예술의 목적이라고 설명하는 것, 즉 오직 직관적으로 파악되어야 하는 이념을 묘사하는 일은 이러한 목적에 부합하지 않는다. 여기에서 의도하는 것을 위해서는 예술작품을 대단하게 완성하는 것은 전혀 필요 없고 사물이 무엇이어야 하는지를 아는 것만으로도 충분한데, 왜냐하면 이것을 알게 되는 것만으로도 그 목적은 도달되고 정신은 이제 완전히 다른 방식의 표상에, 즉 계획했던 목표인 추상적인 개념에 이끌리기 때문이다. 따라서 조형예술에서 알레고리는 상형문자 이외의 다른 것이 아니다. 조형예술이 직관적인 묘사로서 지니고 있을지 모를 예술적 가치는 알레고리에 있는 것이 아니라 다른 데 있다. 코레조의 「밤」, 아니발레 카라치의 「명예의 천재」, 푸생의 「계절과 질서의 여신」이 아름다운 그림이라는 사실은 그러한 그림들이 비유라는 점과는 분명히 분리되어야 한다. 알레고리로서 그림들은 각명Inschrift 이상의 의미를 지닐 리 없고, 오히려 그보다 못한 의미를 지닐 뿐이다. 우리는 여기에서 다시 위에서 언급했던 그림의 실제적인 의미와 명목적인 의미의 구분을 떠올리게 된다. 그림의 명목적인 의미는 여기에서 바로 알레고리 그 자체, 예를 들면 「명예의 천재」이며, 실제적인 의미는 실제로 묘사된 것인데, 여기에서는 아름다운 아이들에 둘러싸여 날아다니는, 날개 달린 아름다운 젊은이이다. 이것은 하나의 이념을 표현한다. 그러나 이러한 실제적인 의미는 오로지 명목적인, 알레고리적인 것을 잊어버리는 한에서만 작용할 수 있다. 사람들이 이러한 알레고리적인 의미를 생각하게 되면, 곧 직관을 버리게 되고, 추상적인 개념에 정신을 몰두하게 된다. 그러나 이념으로부터 개념으로의 이행은 항상 하나의 몰락이다. 그러한 명목적인 의미, 즉 그러한 알레고리적인 의도는 종종 실제적인 의미, 그러니까 직관적인 진리에 손해를 끼친다. 그래서 예를 들면 코레조의 「밤」에서 아름답게 묘사되어 있지만 그러나 단순히 알레고리적으로 동기가 부여되고, 실제로는 불가능한 것이 자연스럽지 않은 조명이다. 따라서 알레고리적인 그림이 예술적 가치를 갖지만, 이러한 가치는 알레고리로서 이끌린 것과는 완전히 구분되고 무관한 것이다. 그러한 예술작품은 동시에 두 가지의 목적, 즉 개념의 표현 그리고 이념의 표현에 기여한다. 이념의 표현만이 예술의 목적일 수 있다. 개념의 표현은 낯선 목적인데, 이는 하나의 그림이 동시에 각명, 즉 상형문자로서 기여하게 하는 유희적인 오락이며, 예술의 본래적인 본질을 결코 이해할 수 없는 사람들을 위해 만들어진 것이다. 따라서 하나의 예술작품이 동시에 하나의 유용한 도구일 수 있듯, 예술작품은 두 가지 목적에 기여한다. 예를 들면, 조각상이 동시에 촛대이거나 들보를 받치고 있는 여인상Karyatide이기도 하고, 얇게 새겨진 조각Basrelief이 동시에 아킬레스의 방패이기도 한 것이 그러하다. 예술을 순수하게 좋아하는 사람들은 둘 중에 한쪽이나 다른 한쪽 단 하나만을 허용하지 않을 것이다. 알레고리적인 그림이 바로 이러한 성질에서 마음속에 생생한 인상을 가져다줄 수 있다. 그러나 똑같은 상황에서는 각명도 같은 효과를 가져올 수 있을 것이다. 예를 들면 어떤 사람이, 명예가 자신의 소유라는 증거서류가 제시되지 않았는데도 그것을 자신에게 적합한 소유물이라고 여기면서, 자신의 마음속에 명예를 향한 소망이 지속적이고 확고하게 자리 잡고 있다면, 그리고 이 사람이 월계관을 쓰고 「명예의 천재」라는 그림 앞으로 다가서게 된다면, 그의 마음 전체에는 이로 인해 자극되고 행동할 힘이 생기게 될 것이다. 그러나 그가 갑자기 벽에서 크고 분명하게 쓰인 "명예"라는 단어를 보게 된다면 똑같은 일이 생길 것이다. 또는 어떤 사람이 실제적인 삶에 대한 진술로서 또는 학문에 대한 통찰로서 중요한 진리를 발표했지만, 그것이 사람들에게 신뢰를 받지 못했다면 비유적인 그림은, 시간을 나타내면서 시간이 베일을 젖히고 적나라한 진리를 보게 하듯이, 그에게 엄청난 영향을 줄 것이다. 그러나 "시간이 진리를 드러나게 해 준다"라는 격언은 그에게 똑같은 영향을 줄 수 있을 것이다. 왜냐하면 여기에서 본래적으로 작용하는 것은 단지 추상적인 사유일 뿐이지, 직관적인 것은 아니기 때문이다.

지금까지 언급한 바에 따라 조형예술에서의 비유가, 예술과는 완전히 낯선 목적에 기여하는 잘못된 노력이고, 이런 노력이 부자연스럽고 억지로 끌어온 궤변이 어리석은 표현이 되어 버릴 정도까지 나아간다면 그것은 참을 수 없는 일이 된다. 예를 들면, 거북이가 여성의 은둔성을 암시한다고 하거나, 네메시스가 자신의 가슴 쪽에 있는 옷을 내려다보는 것은 또한 그녀가 숨겨진 것 또한 본다는 것이 그러하다. 벨로리Bellori의 해석처럼, 아니발레 카라치가 노란색 옷을 입히는 것은 쾌락의 기쁨이 곧 시들어 버리고 밀짚처럼 노랗게 되어 버린다는 점을 암시하려고 한다는 것이 그러하다. 묘사된 것과 이것에 의해 암시된 개념 사이에 그러한 개념에서 포함되거나 이념의 연상작용에 근거한 결합이 전혀 존재하지 않고, 표시하는 것과 표시된 것이 완전히 습관적으로, 긍정적으로 우연하게 야기된 규정에 의해 관계하게 된다면, 나는 비유의 이러한 변종Abart을 상징Symbol이라고 부를 것이다. 따라서 장미는 침묵의 상징이고, 월계관은 명예의 상징이며, 종려나무는 승리의 상징이고, 조개는 순례의 상징이며, 십자가는 그리스도교의 상징이다. 또한 여기에서 노랑은 오류의 색깔이고, 파랑은 충실함의 색깔인 것처럼 단순히 색깔을 통한 암시들도 모두 상징에 속한다. 그와 같은 상징이 삶에서 종종 쓸모가 있긴 하지만, 그러나 그 가치가 예술에는 들어맞지 않는 것이다. 그러한 상징들은 상형문자나 중국의 한자처럼 보여질 것이고 그리고 문장Wappe, 대중성을 띤 주점을 암시하는 깃 장식, 시종장Kammerherr을 인지할 수 있는 열쇠, 또는 광부라는 것을 알 수 있는 바지 엉덩이 부분의 가죽과 같은 부류이다. 마침내 어떤 역사적이거나 신화적인 사람, 아니면 인격화된 개념이 영원히 확정된 상징을 통해 알려진다면, 이러한 상징은 본래 휘장Embleme이라고 불릴 수 있을 것이다. 복음전도자의 동물, 미네르바의 부엉이, 파리스의 사과, 희망의 닻 등이 그러한 것이다. 그러나 사람들은 휘장이라는 말을 대부분 도덕적인 진리를 설명해야만 하는, 상징적이고, 단순하며 표어로 설명된 묘사로서 이해한다. 이것은 요아힘 카메라리우스, 알치아토를 비롯해 다른 사람들에 의해 많이 수집되어 있다. 이것들은 시적인 비유로 넘어가는데, 이것에 관해서는 다음에 언급할 것이다. 그리스의 조각은 직관으로 향하는데, 그렇기 때문에 미학적이며, 인도의 조각은 개념으로 향하기 때문에 순전히 상징적이다.

예술의 내적인 본질에 대해 지금까지 우리가 해 온 고찰들에 근거하고 그것과 빈틈없이 관련되는 알레고리에 대한 판단은 빙켈만의 견해와는 완전히 반대되는데, 그는 우리처럼 어떤 알레고리가 예술의 목적과는 완전히 무관하고, 그 목적을 종종 방해하는 것으로 설명하는 것에서 벗어나서, 알레고리를 어디에서나 옹호하고, 더욱이 예술의 최고의 목적을 "보편적인 개념들과 비감각적인 사물의 묘사"(『작품집』 1권, 55쪽 이하)에 둔다. 어떤 견해에 동조할지는 각자에게 맡겨 두어야 한다. 아름다움에 대한 형이상학에 관련된 빙켈만의 이러한 견해와 이와 유사한 견해로부터 사람들이 예술의 아름다움에 대한 대단한 감수성과 올바른 판단을 가지고 있기는 하지만, 그러나 아름다움과 예술의 본질을 추상적으로 그리고 본래 철학적으로 설명할 수는 없다는 진실이 나에게는 아주 분명해졌다. 바로 이것은 아주 고상하고 덕이 클 수 있고 그리고 정확한 황금저울로 섬세하게 판단하는 양심을 지닌 사람일 수 있더라도, 여러 행동의 윤리적 의미를 철학적으로 근거 짓고 추상적으로 나타낼 수 없는 것과 같다.

그러나 비유는 조형예술에 대해서와 달리 시문학Poesie에 대해서는 완전히 다른 관계를 갖는데, 조형예술에서 알레고리는 내버려질 수 있지만, 시문학에서는 아주 신뢰할 만한 것이고 유용한 것이다. 왜냐하면 조형예술에서는 알레고리가 모든 예술의 본래적인 대상인 주어진 직관적인 것에서 추상적인 사유로 이끌지만, 그러나 시문학에서는 그 관계가 이와 반대이기 때문이다. 시문학에서는 말로 직접적으로 주어진 것이 개념이고, 가장 가까운 목적은 항상 이러한 개념으로부터 직관적인 것으로 이끌리며, 그러한 직관적인 것의 묘사가 시문학을 듣는 사람의 환상을 넘겨받아야 한다. 조형예술에서 직접적으로 주어진 것으로부터 다른 것으로 이끌리게 된다면, 이 다른 것은 항상 개념이어야만 하는데, 왜냐하면 여기에서는 단지 추상적인 것이 직접적으로 주어질 수 없기 때문이다. 그러나 하나의 개념은 결코 예술작품의 근원이 될 수 없고 이러한 개념을 전달하는 것이 결코 예술작품의 목적이 될 수 없다. 반대로 시문학에서는, 개념이 재료이고 직접적으로 주어진 것이기에 목표가 달성되는 완전히 다른 직관적인 것을 불러들이기 위해 사람들이 그것을 버려도 되는 것이다. 문학작품Dichtung과 관련하여 몇몇 개념이나 추상적 사유는 불가피할 수 있는데, 그럼에도 불구하고 이러한 개념은 그 자체로 그리고 직접 직관할 능력이 없다. 이러한 개념은 종종 그러한 개념에 포함되는 예를 통해 직관될 수 있다. 그런 것은 이미 모든 상징적인 표현에서 일어나고, 모든 은유, 우의Gleichnis, 우화, 비유에서 일어나는데, 이 모든 것은 묘사의 길이와 상세함에 의해서만 구분된다. 그렇기 때문에 언어예술에서 우의와 알레고리는 탁월한 작용을 한다. 세르반테스는 잠이 우리를 모든 정신적, 신체적인 고통으로부터 벗어나게 한다는 것을 표현하기 위해, "잠은 인간 전체를 덮는 외투"라고 아름답게 말한다. 클라이스트Kleist는 철학자와 연구자들이 인류를 계몽시킨다는 사상을 다음의 시구에서 비유적으로 아름답게 표현한다.

"그들은 밤의 등불로 지구 전체를 비춘다."

호메로스는 불행을 가져오는 아테Ate를 가리키면서 강하고 직관적으로 다음과 같이 말한다. "그녀는 섬세한 발을 갖고 있다. 왜냐하면 그녀는 딱딱한 땅을 밟지 않고, 인간의 머리 위로만 돌아다니기 때문이다."(『일리아스』 19권, 91행) 위Magen와 팔다리에 관한 메네니우스 아그리파의 우화가 이 주해 온 로마 사람들에게 많은 영향을 주었다. 『국가론』 7권 시작부에서 동굴에 관한 플라톤의, 이미 위에서 언급한 바 있는 알레고리는 매우 추상적으로 철학적인 교리를 아름답게 표현한다. 이와 마찬가지로 지하세계에서 석류 열매를 맛보았기 때문에 지하세계에 속하게 되었다는 페르세포네에 관한 우화도 철학적인 성향의 뜻깊은 알레고리로 볼 수 있다. 이것은 특히 모든 이에게 칭찬을 받을 수밖에 없는 이러한 우화의 방식을 통해 분명해지는데, 이러한 우화를 괴테는 『감수성의 승리』에서 에피소드로 본문에 넣었다. 나는 세 개의 알레고리적인 작품들을 알고 있다. 하나의 분명하고 명백한 작품은 발타자르 그라시안의 비교할 데 없는 『비평가들』이다. 이것은 크고 풍부한 조직으로 연결된 아주 의미심장한 알레고리들 속에 존재하는데, 이러한 알레고리들은 여기에서 도덕적 진리를 명확하게 비유적으로 표현하는 데에 기여한다. 그는 이를 통해 도덕적 진리에 아주 큰 직관성을 부여하는데, 그가 생각해 낸 작품의 풍부함은 우리를 놀라게 한다. 그러나 비유가 감추어진 두 개 작품은 『돈키호테』와 소인국으로 떠난 『걸리버 여행기』이다. 『돈키호테』는 다른 사람들처럼 단순히 자신의 개인적인 행복만을 걱정하지 않고, 자신의 생각과 의욕을 빼앗는 객관적이고 이상적인 목적을 좇고, 이 세계에서 확실히 기묘하게 보이는 모든 사람의 삶을 비유한다. 『걸리버 여행기』의 경우에 사람들은, 햄릿이었으면 그 작가를 "풍자적인 사람"[『햄릿』 2, 2]이라고 불렀을 테지만, 그가 생각한 것을 알아채기 위해서는 모든 물질적인 것을 정신적으로 받아들여야 한다. 따라서 시문학적인 비유에서 개념은 항상 주어진 것이고, 이 주어진 것을 시문학적인 비유는 그림Bild을 통해 직관적으로 만들려고 하기 때문에, 시문학적인 비유는 어쨌든 때때로 그려진 그림으로 통해 표현되거나 또는 그 도움을 받을지도 모른다. 그러나 그렇기 때문에 이 그림은 조형예술의 작품으로 여겨지는 것이 아니라 단지 탁월한 상형문자로 여겨질 뿐이며 회화적 가치를 요구하지는 못하고 오직 시문학적인 가치만을 요구할 뿐이다. 모든 고귀한 진리의 옹호자들에게 그렇게 가슴속으로 영향을 줄 수밖에 없는 라바터Lavater의 아름다운 비유적인 삽화Vignette가 그러한 종류의 것이다. 등불을 든 한 손이 말벌에 쏘이고, 위에서는 모기가 불꽃에 타고 있고, 그 아래에는 다음과 같은 표어가 있다.

"비록 모기의 날개를 태워 버리고,
그 머리와 모든 뇌수를 파괴해 버려도,
불꽃Licht은 여전히 불꽃이다!
그리고 비록 가장 지독한 말벌이 나를 쏜다고 해도,
나는 불꽃을 놓지 않을 것이다."

또한 불이 꺼져서 연기 나는 촛불과 다음의 글이 각인된 묘비가 여기에 속한다.

"불이 꺼지면, 분명해지리라

그것이 수지로 만든 양초Talglicht인지 밀랍양초Wachslicht인지."

마지막으로 고대 독일의 족보가 이러한 종류의 것인데, 여기에는 아주 오래된 가문의 마지막 자손이 자신의 삶을 완전히 금욕과 순결로써 끝마치고, 그런 까닭에 자신의 대를 끊고자 한다. 그는 자신을 가지 많은 나무의 뿌리에 있는 것으로 묘사하고, 가위로 자기 위의 나무를 자르는 것으로서 표현한다. 위에서 언급한, 일반적으로 휘장이라 일컬어지는 상징이 여기에 속하는데, 사람들은 이러한 상징을 확실한 도덕으로 이루어진 간결하게 그려진 우화라고 지칭할 수 있을 것이다. 이러한 종류의 비유는 항상 회화적인 비유가 아니라 시문학적인 비유에 속하는 것으로 간주되고 이를 통해 정당화된다. 또한 여기에서 회화적인 표현은 항상 중요한 의미를 띠지 않으며, 사물을 단지 알 수 있게 표현하는 것만이 요구될 뿐이다. 그러나 조형에서처럼, 시문학에서도 마찬가지로 직관적으로 제시된 것과 이와 함께 지칭된 추상적인 것 사이에 존재하는 것이 자의적인 연관성뿐이라면 비유는 상징으로 넘어간다. 왜냐하면 상징적인 모든 것은 약속에 근거하기 때문에, 다른 결점 중에서 상징은 그 의미가 시간이 흐르면 잊히고 완전히 사라진다는 단점을 지닌다. 이러한 형편을 알지 못한다면, 물고기가 그리스도교의 상징이라는 것을 어떻게 추측할 수 있는가? 오직 샹폴리옹Champollion밖에 없는데, 왜냐하면 그 상징은 전적으로 상형문자이기 때문이다. 그런 까닭에 지금 시적인 비유로서 「요한계시록」은 "위대한 미트라magnus Deus sol Mithra"라고 쓰인 부조Relief가 아직도 해석되는 것과 같은 형편에 놓여 있다.

51절

~

   우리가 예술 일반에 대한 지금까지의 고찰과 함께 이제 조형예술에서 시문학으로 방향을 돌린다면, 우리는 시문학 또한 마찬가지로 의지의 객관화의 단계인 이념을 드러내고 시문학적인 정서가 파악하는 이념을 분명하고 생생하게 듣는 사람에게 전달하려는 의도를 갖고 있다는 점을 의심하지 않게 된다. 이념은 본래 직관적이다. 그런 까닭에 시문학에서 말로 직접 전달된 것은 단지 추상적인 개념일 뿐인데, 그렇다면 이것은 분명히 듣는 사람이 이러한 개념으로 대표되는 것에서 삶의 이념을 직관하게 하려는 의도이며, 이것은 오직 듣는 사람 자신의 상상력의 도움을 통해서만 일어날 수 있다. 그러나 이러한 상상력을 목적에 부합하게 작동시키기 위해서는, 건조한 운문Prosa처럼 시문학의 직접적인 재료인 추상적인 개념은 어떤 개념이라도 그 개념의 추상적인 보편성만을 고집하지 않고, 그 대신에 직관적으로 대표하는 것이 상상력 앞에 나타나도록 개념의 범위가 교차하여 편성되어야 한다. 이러한 상황에서 시인의 말은 항상 그가 의도하는 것에 따라 계속해서 변형된다. 화학자가 완전히 맑고 투명한 액체를 결합시켜 고체 침전물을 얻듯이, 시인은 여러 개념들의 추상적이고, 투명한 보편성을 연결시키는 방식으로 구체적인 것, 개별적인 것, 직관적인 표상, 말하자면 침전시키는 방법을 알고 있다. 왜냐하면 이념은 직관적으로만 인식되기 때문이다. 이러한 이념의 인식은 곧 모든 예술의 목적이다. 화학에서처럼 시문학에서의 대가는 사람들이 의도하는 침전물을 언제나 곧바로 얻을 수 있게 한다. 시문학에서 많은 형용사들은 이러한 목적에 기여하는데, 이러한 형용사들에 의해 모든 개념의 보편성은 제한되어 점점 더 직관성에 가까워지게 된다. 호메로스는 거의 모든 명사에 형용사를 붙이는데, 형용사의 개념은 명사의 개념의 범위를 나누고, 곧바로 현저하게 줄여, 이를 통해 훨씬 더 가까이 직관에 다가가게 된다. 말하자면,

"바다에 번쩍이는 태양빛이 가라앉았고,
어두운 밤을 양분이 싹트는 대지 위로 끌어당기며"

[『일리아스』 8권, 485행]

그리고

"부드러운 바람이 파란 하늘에서 불어오고,
미르테는 조용하며, 월계수는 높이 서 있다."

[괴테, 『미뇽』]

이것은 얼마 안 되는 개념들로 남쪽 기후의 기쁨 전체를 환상 앞에 표현한다.

시문학의 아주 특별한 보조수단은 리듬과 운율이다. 나는 리듬과 운율의 믿을 수 없을 만큼 엄청난 작용, 시대에 본질적으로 묶여 있는 우리의 표상의 힘들은 리듬과 운율을 통해 어떤 특성을 지니게 되고, 이러한 특성을 통해 우리는 규칙적으로 되돌아오는 소리를 내면에서 따라가고 동조한다. 이를 통해 이제 리듬과 운율은, 우리가 보다 기꺼이 낭독을 따라가면서, 부분적으로 우리를 주목하게 하는 연결수단이 되고, 부분적으로는 리듬과 운율을 통해 낭독된 것에 대한 모든 판단에 앞선 맹목적인 동의가 생

기게 되는데, 이를 통해 낭독되어진 것은 모든 근거에 의존하지 않는 어떤 열정적인 설득력을 지니게 된다.

시문학 이념을 전달하기 위해 사용하는 재료Stoff, 즉 개념의 보편성 때문에 시문학의 영역 범위는 매우 광범위하다. 전달할 수 있는 이념의 기준에 따라 때로는 기술하고, 때로는 설명하고, 때로는 직접 극적으로 드러내면서 자연 전체, 즉 모든 단계의 이념은 시를 통해 표현될 수 있다. 그러나 인식할 수 없으며 또한 단순히 동물적인 자연은 유일하게 잘 파악된 순간에만 자신의 거의 전체 본질을 드러내기 때문에, 의지의 객관화의 낮은 단계의 표현에서 조형예술이 대부분 시를 능가한다면, 반대로 인간이 자신의 단순한 체형과 얼굴의 표현을 통해서가 아니라 행동들의 연속과 행위들을 동반하는 생각과 격정을 통해 자신을 드러내는 한, 시문학의 주요 대상이며, 여기에서 다른 어떤 예술도 시에 필적할 수 없는데, 왜냐하면 이때 조형예술에 결여되어 있는 진행이 시문학에는 도움이 되기 때문이다.

따라서 의지의 객관화의 최고 단계인 그러한 이념을 드러내는 것, 즉 인간의 노력과 행동의 연관성 속에서 인간을 묘사하는 것은 시문학의 중요한 주제이다. 경험도 역사도 인간에 대해 가르쳐 주기는 하지만, 그러나 인류가 아니라 구체적인 사람들에 대해서만 더 자주 가르쳐 줄 뿐이다. 즉 경험과 역사는 인간의 내적인 본질을 심오하게 통찰하게 한다기보다는 인간 서로에 대한 삶의 행로를 경험적으로 인식시키고, 거기에서 자신의 태도에 대한 규칙을 생겨나게 한다. 하지만 경험과 역사가 인간의 내적인 본질을 심오하게 통찰할 수 없다는 것은 아니다. 그러나 역사에서 또는 자신의 경험에서 우리에게 해명되는 것이 인간 자체의 본질이 될 때마다, 우리는 우리의 경험을 파악하고, 역사가는 역사를 이미 시적으로, 즉 현상에 따라서가 아니라 이념에 따라, 관계에 따라서가 아니라 내적인 본질에 따라 파악한다. 우리 자신의 경험은 역사를 이해하기 위해서뿐만 아니라 시문학을 이해하기 위해서도 불가피한 조건이다. 왜냐하면 이러한 자신의 경험은 마치 두 가지의 언어를 말하는 사전이기 때문이다. 그러나 역사와 시의 관계는 초상화와 역사화의 관계와 비슷하다. 역사는 개별적인 진리를 제공하고, 시문학은 보편적인 진리를 제공한다. 역사는 현상의 진리를 가지며, 진리를 현상으로부터만 증명할 수 있지만, 시문학은 그 어떤 개별적인 현상에서 발견할 수 없어도, 그럼에도 불구하고 모든 현상에서 언급되는 이념의 진리를 갖는다. 시인은 선택적으로 그리고 의도적으로 의미 있는 상황에서 의미 있는 인물을 묘사한다. 역사가는 인물과 상황이 오는 대로 둘 다 받아들인다. 역사가는 사건이나 인물을 그 내적인, 진정한, 이념을 표현하는 의미에 따라 보거나 선택해서는 안 되고, 외적이고, 표면적이며, 상대적이고, 연결과 결과에 관련하여 중요한 의미에 따라 보거나 선택해야 한다. 역사가는 본래 그 본질적인 성격과 표현에 따라서가 아니라 모든 것을 관계에 따라, 연결 속에서, 결과로의 영향 속에서, 특히 자기 자신의 시대에 따라 고찰해야만 한다. 그렇기 때문에 역사가는 어떤 왕의 중요하지 않은, 그 자체로 일상적인 행동은 간과하지 않을 것이다. 왜냐하면 그러한 행동은 결과와 원인을 갖기 때문이다. 반대로 개별적이고 아주 탁월한 개체의 아주 의미 있는 행동은, 이 행동이 결과나 원인을 갖지 않으면 역사가는 이에 대해 언급해서는 안 된다. 왜냐하면 역사가의 고찰은 충분근거율에 따르며, 이러한 충분근거율을 그 형식으로 하는 현상을 파악하기 때문이다. 그러나 시인은 이념, 즉 모든 관계, 모든 시간 밖에 있으며 최고 단계에서의 사물 자체의 적절한 객관성인 인류의 본질을 파악한다. 또한 역사가에게 필수적인 그러한 고찰방식의 경우에도 내적인 본질, 현상들의 중요성, 모든 껍질의 알맹이는 결코 완전히 사라질 수 없으며, 적어도 그러한 알맹이를 찾는 사람에 의해 여전히 발견될 수 있고 인식될 수 있다. 그럼에도 불구하고 관계 속에서가 아니라 그 자체로 의미 있는 것, 즉 이념의 본래적인 전개는 역사에서보다 시문학에서 더 정확하고 분명하게 발견되며, 그런 까닭에 시문학은, 역설적으로 들리겠지만 오히려 역사보다 더 본래적이고, 진정하며, 내적인 진리를 지닐 것이다. 왜냐하면 역사가는 시간 속에서 근거와 귀결로 다양하게 얽힌 연쇄에서 전개되는 삶에 따르는 개별적인 사건들을 쫓아가야 하기 때문이다. 그러나 역사가가 모든 자료를 소유하고, 모든 것을 보거나 모든 것을 탐색하는 것은 불가능하다. 역사가는 매 순간에 그의 그림의 원형으로부터 벗어나게 되거나 잘못된 묘사가 그에게 몰래 끼어들어 오며, 이것은 내가 모든 역사에서 참된 것보다 잘못된 것이 더 많다고 받아들여도 될 정도로 그렇게 자주 일어난다. 이와 반대로 시인은 인류의 이념을 어떤 특정한, 묘사될 수 있는 측면에서 파악하는데, 이념 속에서 그에게 객관화되는 것은 그 자신의 본질인 것이다. 시인의 인식은, 위에서 언급한 조각술의 경우에서 논의했듯이 반쯤은 선험적이다. 시인의 모범Musterbild은 확고하고 분명하게, 밝게 비추어져서 그의 정신 앞에 나타나며 시인을 떠날 수는 없다. 그런 까닭에 시인은 자신의 정신의 거울로 이념을 순수하고 분명하게 우리에게 나타내 주며, 그의 묘사는 개별적인 것에 이르기까지 삶 자체처럼 그야말로 참된 것이다.[21] 위대한

---

21 나는 어디에서나 오로지 드물고, 위대하고, 진정한 시인을 이야기하는 것이며, 특히 오늘날 독일에서 번성하는 평범한 시인, 가짜 시인과 꾸며 낸 이야기를 만드는 사람처럼 천박한 사람들을 말하는 것이 아니라는 점은 확실하다. 그러나 사람들은 모든 면에서 이러한 사람들 귀에는 끊임없이 외쳐야 한다. "신도 인간도 게시판 기둥(Anschlagsäule)도 시인이 평범하게 되는 것을 허락하지 않는다."[호라티우스, 「De arte poetica epistula ad Pisones」, 372쪽] 평범한 시인인 이러한 무리에 의해 자신과 다른 사람의 시간과 종이를 얼마나 못 쓰게 만들었으며 얼마나 해로운 영향을 주었는지 진심으로 고려해 볼 가치가 있다. 대중은 본래 한편으로는 항상 새로운 것을 붙잡으려 하고, 다른 한편으로는 또한 자신과 유사한 잘못된 것과 천박한 것을 붙잡으려는 경향이 있다. 그런 까닭에 그런 사람들의 작품은 진정한 대작(Meisterwerk)과 이러한 작품을 통한 대중의 교육을 멀어지게 하고 제지하며, 따라서 천재의 유리한 영향을 저지하여, 취향을 점점 더 못 쓰게 만들어 시대의 진보를 방해한다. 그런 까닭에 비판과 풍자는 어떠한 관대함과 동정심 없이 평범한 시인들을 신랄하게 비난하여, 그들 자신이 좋기 위해서 나쁜 작품을 쓰기보다는 오히려 좋은 작품을 읽는 것에 노력을 기울이게 해야 할 것이다. 왜

고대의 역사가들은 그런 까닭에 자료가 없는 개별적인 곳에서, 예를 들면 그들의 영웅이 연설하는 곳에서는 시인이 되며, 역사가들이 재료를 취급하는 방식 전체는 서사적인 것에 가까워진다. 그러나 이것은 그들의 묘사에 통일성을 제공해 주고 외적인 진리가 그들에게 허용되지 않거나 게다가 위조된 경우에도 이들이 내적인 진리를 간직하게 해 준다. 그리고 우리가 앞에서 역사화에 부합할 수도 있는 시문학에 대립하여 역사를 초상화와 비교했다면, 우리는 초상화가 개인의 이상Ideal이어야만 한다는 빙켈만의 언급을 또한 고대의 역사가들이 따랐다는 것을 알 수 있다. 고대의 역사가들은 개별적인 것을 거기에서 언급되는 인류의 이념의 측면이 드러나게 그렇게 묘사하기 때문이다. 반대로 소수의 사람들을 제외하면, 근대의 역사가들은 대부분 "쓰레기통과 헛간 그리고 기껏해야 주요 사건과 국가적 사건"[괴테, 『파우스트』 1, 582-583쪽]만을 언급한다. 따라서 인류를 그의 내적인 이념, 모든 현상들과 전개들 속에서 동일한 본질, 즉 인류의 이념에 따라 인식하려고 하는 사람에게 위대한 불멸의 시인들은 역사가가 알 수 있는 것보다 훨씬 충실하고 분명한 묘사를 제공한다. 왜냐하면 역사가 중에서 최고의 역사가조차도 시인보다는 오랫동안 뒤떨어져 왔으며, 또한 그 손이 자유롭지 못했기 때문이다. 또한 역사가와 시인의 관계를 이런 점에서 다음의 비유를 통해서 설명할 수 있다. 단순하고, 순수하고, 오로지 자료에 따라 작업을 하는 역사가는 수학에 대한 어떤 지식도 없이, 우연히 발견된 도형으로부터 이러한 도형들의 관계를 측정하여 연구하는 사람에 비유할 수 있는데, 그런 까닭에 경험적으로 발견된 자료에는 그려진 도형의

냐하면 자격 없는 사람들의 서투른 작품들은 온화한 아폴론(Musengott)도 마르시아스의 살을 벗기는 분노에 사로잡히게 하였기 때문이다. 그러므로 나는 평범한 시가 관용을 요구할 근거가 어디에 있는지 알 수 없다.

모든 오류가 놓여 있다. 반대로 시인은 그러한 도형들의 관계를 순수 직관 속에서 선험적으로 구성하고, 그려진 도형이 그러한 관계를 실제로 갖고 있는 것이 아니라, 그림을 지각할 수 있게 하는 이념 속에 있다고 말하는 수학자에 비유할 수 있다. 그렇기 때문에 실러는 다음과 같이 말한다.

"결코 어디에서도 일어나지 않은 것, 그것만은 결코 쇠퇴하지 않는다."

[『친구들에게』, 49쪽 이하]

더구나 나는 인류의 본질에 대한 인식과 관련하여 본래적인 역사, 적어도 보통 다루어지는 역사보다도 전기Biographie, 특히 자서전이 지닌 더 큰 가치를 인정할 수밖에 없다. 부분적으로 전기에서는 역사에서보다 자료가 더 정확하고 완전하게 모이게 되고, 부분적으로 본래적인 역사에서는 인간보다는 민족과 군대가 행동하고, 개인들은 거창한 의식으로 둘러싸인 채, 뻣뻣한 국가예복Staatskleid이나 무겁고, 움직이기 어려운 갑옷을 입고 너무 멀리에서 나타나는데, 이 모든 것을 통하여 인간의 움직임을 아는 것은 확실히 어려운 일이다. 반대로 좁은 영역에서 개인들을 충실하게 묘사한 삶은 이런저런 여러 가지의 뉘앙스와 형태에서 인간의 행동방식, 탁월함, 덕, 개인들의 존엄, 대다수 사람들의 사악함, 비열함, 술책Tücke, 몇몇 사람들의 야비함을 나타낸다. 여기에서 고찰된 관점에서만, 즉 현상하는 것의 내적인 의미와 관련해 행동의 중심이 되는 대상들은, 그러니까 상대적으로 고찰하자면, 사소한 것인지 중요한 것인지, 농가의 일인지 왕국의 일인지 하는 것은 전혀 관계가 없는 것이다. 왜냐하면 이 모든 것은 그 자체로는 어떠한 의미도 없고 오직 이것에 의해 의지가 움직이는 것을 통해서만 그리고 그런 한에서만 의미를 지니기 때문이다. 즉 동기는 의지에 대한 관계를 통해서만 의미를 갖는다. 반대로 다른 사물에 대해 사물로서 갖는 관계는 전혀 고려되지 않는다. 지름이 1인치인 원과 지름이 4천만 마일인 원이 완전히 동일한 기하학적 특성을 갖는 것처럼, 한 마을의 사건과 역사는 한 나라의 사건 및 역사와 본질적으로 동일한 특성을 가지며, 사람들은 여러 다른 사람들에게서뿐만 아니라 오직 한 사람에게서도 인류를 탐구하고 알 수 있다. 사람들은 또한 자서전이 완전히 기만적인 데다 위장으로 가득 차 있다고 잘못 생각한다. 오히려 다른 곳에서보다 자서전에서 거짓말을 하는 것(비록 어디에서나 가능한 것이긴 하지만)이 더 어려운 일이다. 위장은 단순한 설득의 경우에 가장 쉽게 생긴다. 위장은, 역설적으로 들리겠지만, 이미 편지에서는 근본적으로 더 어려워지는데, 왜냐하면 편지에서 인간은 혼자서, 외부는 쳐다보지 않고 자신만을 들여다보며, 낯선 것과 멀리 있는 것을 가까이 가져오기는 어렵고 편지를 받는 사람에게 무슨 인상을 주게 될지 기준이 없기 때문이다. 반대로 편지를 받는 사람은 편지를 쓴 사람과는 다른 기분으로 편지를 훑어보고, 각기 상이한 시간에 반복해서 읽음으로써 숨겨진 의도를 발견해 내기 때문이다. 사람들은 인품을 지닌 인간으로서의 저자를 그의 책에서 가장 쉽게 알 수 있는데, 왜냐하면 그러한 모든 조건이 책에서 더 강하고 지속적으로 작용하기 때문이다. 그리고 쓰인 다른 모든 역사보다도 대체로 진실이 덜한 것은 존재하지 않기 때문에, 자서전에서 위조하는 것은 어려운 일이다.

자신의 삶을 기록하는 사람은 그 삶을 전체적으로 조망하기 때문에 개별적인 것은 작아지고, 가까운 것은 멀어지고, 멀리 있는 것은 다시 가까워지고, 그에게 영향을 주는 동기들은 줄어든다. 그는 자기 자신을 드러내는데, 자발적으로 그렇게 한다. 여기에서 거짓말하려는 생각은 그렇게 쉽게 그 사람을 붙잡아 두지 못한다. 왜냐하면 인간 모두에게는 진리를 말하려는 경향이 있기 때문인데, 거짓말을 하기 위해서는 이러한 경향을 우선 극복해야 한다. 그런데 진리를 말하려는 경향이 바로 이때에 굉장히 큰 영향을 끼친다. 전기와 민족사의 관계는 다음의 비유를 통해 뚜렷하게 드러난다. 역사는, 높은 산에서 조망하는 것이 우리에게 자연을 드러내 주듯이, 우리에게 인류를 보여 준다. 우리는 많은 것을 한 번에 보고, 넓은 면적을, 많은 것들을 본다. 그러나 어떤 것도 분명하게 보이지 않고, 아직 그 본래적인 본질 전체에 따라 그것을 인식할 수 없다. 반대로 개별적으로 묘사된 개개의 삶은, 우리가 나무, 식물, 암석과 강들 사이를 돌아다닐 때 우리가 자연을 인식하듯이, 그렇게 인간을 우리에게 보여 준다. 그러나 예술가가 자신의 눈으로 우리에게 자연을 바라보게 하는 풍경화를 통해 자연의 이념을 인식하는 것과 이러한 인식에 필요한 의지에 매이지 않는 순수인식의 상태에 도달하는 것이 쉬워진다. 그래서 우리가 역사와 전기에서 찾을 수 있는 이념의 묘사를 하는 데에는 시문학이 이 둘보다는 많은 점에서 앞선다. 왜냐하면 여기에서 천재는 우리에게 우리의 눈을 명료하게 해 주는 거울을 보여 주기 때문인데, 이 거울은 모든 본질적인 것과 의미 있는 것을 모아서 거기에 가장 밝은 빛을 비추어 우리에게 나타내고, 우연적인 것과 낯선 것을 제거해 버린다.[22]

시인은, 시인에게 부여된 책무인 인류의 이념의 묘사를 이제 묘사된 것이 동시에 또한 묘사하는 것이 되도록 수행할 수 있다. 이것은 서정적인 시, 즉 시를 짓는 사람이 오로지 자기 자신의 상태를 생동감 있게 직관하고 기술하는 본래적인 노래에서 생긴다. 그런 까닭에 주관성은 이러한 시문학에 있어서는 그 주제에 의해 본질적인 것이 된다. 그러나 묘사되는 사람은, 다소간에 묘사하는 것이 묘사된 사람 뒤에 숨어 버리고 특히 완전히 사라져 버리는 다른 모든 장르에서처럼, 묘사하는 사람과는 완전히 다른 것이다. 로망스Romanze에서 묘사하는 사람은 전체의 소리와 태도를 통해 자

---

22 이에 대해서는 2편 38장 참고.

기 자신의 상태를 무언가로 표현한다. 그런 까닭에 로망스는 노래보다 훨씬 객관적이지만, 아직도 주관적인 어떤 것을 가지고 있는데, 이것은 이미 전원시Idyll에서 많이 사라지고, 소설에서는 더 많이 사라져 버렸고, 본래적인 서사시에서 거의 사라졌으며, 드라마에서는 마침내 완전히 사라지게 되었는데, 드라마는 시문학 중에서도 가장 객관적인 장르이고 여러 가지 점에서 가장 완전하고, 또한 가장 어려운 장르이다. 바로 그렇기 때문에 서정적인 장르가 가장 쉬운 장르이며, 예술은 그렇게 드문 진정한 천재에게만 속하는 것이지만, 전체적으로 아주 뛰어나지 못한 사람조차도 실제 외부의 강한 영향을 통해 그 어떤 감격이 그의 정신력을 끌어올리면 아름다운 노래Lied를 만들어 낼 수 있다. 왜냐하면 이를 위해서는 자극을 받는 순간에 오직 자기 자신의 상태에 대한 생동감 있는 직관만이 필요하기 때문이다. 이 점은 그 밖에 알려지지 않은 여러 개인들의 수많은 개별적인 노래들, 특히 독일민요가 증명해 주는데, 우리는 『마술피리Wunderhorn』 같은 이러한 탁월한 독일민요 모음집을 가지고 있으며, 모든 언어로 된 수많은 사랑 노래와 그 밖에 다른 노래들을 가지고 있다. 왜냐하면 순간의 기분을 파악하여 노래로 구체화하는 것은 이러한 시문학 장르의 전체 업적이기 때문이다. 그럼에도 불구하고 서정적인 시에서 진정한 시인은 인류 전체의 내적인 면을 묘사하고, 존재했고, 존재하고, 존재하게 될 수많은 사람들이 항상 되돌아오는 같은 상황에서 느꼈고 느끼게 되는 모든 것이 서정시 속에서 적절하게 표현된다. 왜냐하면 그러한 상황은 지속적으로 되돌아오면서, 바로 인류 그 자체처럼 지속적인 상황으로서 존재하고, 항상 동일한 느낌을 불러일으키기 때문에 진정한 시인의 서정적인 작품은 수천 년 동안 적절하고, 영향력 있게 그리고 신선하게 존재한다. 그러나 시인이란 보편적인 인간을 일컫는다. 그 어떤 인간의 마음을 움직이게 하는 것 그리고 그 어떤 상황에서 인간의 본성을 밖으로 드러내는 것, 인간의 가슴속 어디에선가 거주하고 품고 있는 것, 이 모든 것은 또한 그 밖의 자연 전체와 함께 시인의 주제이며 재료이다. 그런 까닭에 시인은 기분과 사명에 따라 신비Mystik뿐 아니라 쾌락도 노래할 수 있고, 아나크레온이나 안겔루스 질레지우스Angelus Silesius가 될 수 있으며, 비극이나 희극을 쓸 수 있고, 숭고한 신념이나 일상의 신념을 나타낼 수도 있다. 그에 따라 그 누구도 시인에게 그가 고귀하고 숭고하고, 도덕적이고, 경건해야 하고, 그리스도교적이어야 한다거나 저것이다 이것이다 하는 식으로 가르쳐서는 안 되고, 더구나 그가 시키는 대로 하지 않았다고 비난해서는 안 된다. 시인은 인류의 거울이며, 인류에게 인류가 느끼고 애쓰는 것을 의식하게 한다.

우리는 이제 본래적인 노래의 본질을 상세하게 고찰하고, 이미 다른 장르, 즉 로망스, 비가, 찬가, 경구Epigramm 등이 아니라 탁월하고 동시에 순수한 본보기를 예로 든다면, 우리는 엄밀한 의미에서 노래의 독특한 본질이 다음과 같다는 점을 확인하게 된다. 종종 의무에서 벗어나고 자유로운 의욕(기쁨)으로서, 그러나 보다 자주 억압된 의욕(슬픔)으로서, 항상 격정, 열정, 요동치는 기분으로서 노래하는 사람의 의식을 채우는 것은 의지의 주체, 즉 자신의 의욕이다. 그러나 이와 나란히 그리고 동시에 이것과 함께 노래하는 사람은 주변의 자연을 조망하는 것을 통해 순수하게 의지에서 벗어난 인식의 주관으로서 자신을 의식하게 되고, 이러한 주관의 흔들리지 않는, 기쁨에 찬 평온은 이제 항상 제약되어 있고, 언제나 무언가를 더 필요로 하는 의욕의 충동과는 대조를 이루면서 나타난다. 이러한 대조, 이러한 변화의 놀이를 느끼는 것은 본래 노래 전체에서 표현돼 일반적으로 서정적인 상태를 완성하는 것이다. 이러한 상태에서 순수인식이 의욕과 의욕의 충동으로부터 우리를 구원하기 위해 우리에게 나타난다. 우리는 이러한 순수인식을 따르지만, 그러나 단지 순간뿐이다. 항상 새롭게 의욕, 우리의 개인적인 목적에 대한 기억이 우리를 평온한 조망에서 벗어나게 한다. 그러나 의지에서 벗어난 순수인식이 우리에게 제공하는 친밀한 아름다운 환경은 의욕으로부터 다시 우리를 벗어나게 한다. 그렇기 때문에 노래와 서정적인 기분에서는 의욕(목적에 대한 개인적인 관심)과 주어진 환경의 순수한 직관이 놀랍게도 서로 혼합된다. 따라서 이러한 의욕과 순수한 직관의 관계들을 탐구하고 상상하게 된다. 주관적인 기분, 즉 의지의 격정은 색깔을 직관된 환경에 전달하고 그리고 이러한 환경은 반영Reflex을 통해 그 색깔을 다시 주관적인 기분에 전달한다. 진정한 노래는 바로 이렇게 완전히 뒤섞이고 분리된 마음의 상태 표현인 것이다. 모든 추상작용과는 아주 멀리 떨어져 있는 이러한 개략적인 분석을 예를 들어 이해하기 위해 사람들은 괴테의 불멸의 노래에서 어느 것을 택해도 된다. 이러한 목적에 특별히 분명한 것으로서 나는 단지 몇 가지를 추천할 것이다. 「목동의 비가」, 「환영과 이별」, 「달에게」, 「호수에서」, 「가을의 느낌」, 더구나 『마술피리』 속의 본래적인 노래들이 그 훌륭한 예들이다. 아주 특별히 '오 브레멘, 이제 나는 너를 떠나야만 한다'로 시작되는 노래가 그런 예이다. 서정적인 성격을 띠는 데다가 익살스럽고, 정확하게 들어맞는 패러디로서 나에게는 포스Johann Heinrich Voß의 노래가 눈에 띄는데, 포스는 거기에서 술에 취해 지붕에서 떨어지는 배관공의 느낌을 묘사한다. 그는 떨어지며 탑의 시계가 11시 30분을 가리킨다고 말하면서 자신의 상태에 아주 낯선, 따라서 의지로부터 자유로운 인식에 속하는 언급을 한다. 언급했던 서정적인 상태에 대한 나의 견해에 동의하는 사람은, 그러한 상태가 본래 「근거율에 대한 나의 논문」에서 제시되고, 또한 이 책에서 이미 언급한 바 있는 명제, 즉 인식주관과 의욕의 주관이 동일하다는 것은 최고의 경이로움이라고 부를 수 있다는 것에 대한 직관적이고 시문학적인 인식이라는 점을 인정하게 된다. 따라서 노래의 시문학적인 영향은 본래 이러한 명제의 진실성에 근거한다. 삶의 과정에서 이 두 가지의 주체, 일반적으로 말한다면, 두뇌와 심장은 점점 더 멀리 떨어져 간다. 점점 더 사람들은 자신의 주관적 느낌을 자신의 객관적 인식으로부터 분리시킨다. 어린아이에게서 이러한 양자는 아직 완전히 융해되어 있지 않다. 어린아이는 자신을 자신의 환경으로부터 결코 구분할 줄 모른다. 젊은이의 경우에 모든 지각이 먼저 느낌과 기분에 영향을 주고, 이 둘은 서로 섞이게 된다. 바이런은 이 점을 다음과 같이 아주 아름답게 표현한다.

> "나는 내 속에 살지 않고,
> 나를 둘러싸고 있는 것의 일부분이 된다.
> 그리고 나에게 높은 산은 하나의 감정이다."[23]
>
> 『차일드 헤럴드』 3, 72]

이것이 왜 젊은이가 사물의 직관적인 겉모습에 그토록 사로잡히게 되고, 젊은이에게 서정시만이 유용하고, 비로소 성인이 될 때라야 극적인dramtisch 시에 적합하게 되는 이유이다. 노인은 오시안, 호메로스처럼 기껏해야 서사 시인으로 생각할 수 있다. 왜냐하면 이야기를 하는 것은 노인의 특성에 속하기 때문이다.

좀 더 객관적인 시문학에서는, 특히 장편소설, 서사시, 드라마에서는 인류의 이념을 드러내는 것이 특히 두 가지의 수단을 통해, 즉 중요한 성격을 적절하고 깊이 이해한 뒤에 묘사하는 것을 통해, 이러한 성격들이 전개되는 의미 있는 상황을 만들어 내는 것을 통해 이루어진다. 왜냐하면 화

---

23 Nicht in mir selbst leb' ich allein; ich werde
    Ein Teil von dem, was mich umgibt, und mir
    Sind hohe Berge ein Gefühl.

학자가 단순한 재료와 그 재료의 주요 화합물을 순수하고 참되게 나타내는 것뿐만 아니라, 원소들과 화합물의 특성들이 이들을 분명하고 눈에 띄게 드러내는 반응에 영향을 주는 것을 확인하는 데에도 전념해야 하듯이, 시인 또한 마찬가지로 의미 있는 성격들을 본성 그대로 참되고 성실하게 우리에게 보여 주어야 할 뿐만 아니라, 이러한 여러 성격이 우리에게 알려질 수 있도록 성격의 특성들이 완전히 전개되고 선명한 윤곽 속에서 분명하게 드러나게 해서, 그런 까닭에 중요한 상황이라고 불리는 그러한 상황에 그 성격을 가져가는 데에 전념해야 한다. 실제적인 삶과 역사에서 이러한 특성의 상황은 우연에 의해 드물게 야기되고, 여기에서 이러한 상황들은 그리 중요하지 않는 것에 의해 분실되고 은폐되어 개별적으로 존재한다. 중요한 성격들을 결합시키고 선택하는 것과 마찬가지로, 상황의 일반적인 중요성을 얻기 위해서는 장편소설, 서사시, 드라마를 실제적인 삶으로부터 구분해야 한다. 그러나 이러한 결합과 선택에서는 가장 엄밀하고 정확한 진리가 바로 그들의 영향을 위한 필수적인 조건이고, 성격에서 통일성이 결핍되어 있거나 자기 자신 및 인류 일반의 본질에 대한 그러한 성격의 모순이 아예 불가능한 것이라거나 이것에 가까운 사건들이 도무지 믿기 어렵다거나 하는 것은, 그것이 단지 부수적인 상황이라 할지라도, 회화에서 잘못 그려진 형상들, 또는 잘못된 원근법이나 잘못된 명암 처리처럼 시문학에서는 모욕적인 것이다. 왜냐하면 우리는 회화에서뿐만 아니라 시문학에서도 오직 묘사를 통해서만 분명하게 되고 결합을 통해서만 의미 있게 되는 삶, 인류, 세계에 대한 충실한 반영을 요구하기 때문이다. 모든 예술의 목적은 오직 하나, 곧 이념의 묘사인데, 이념의 본질적인 차이는 오직 묘사되는 이념이 의지의 객관화의 어떤 단계인지에 달려 있으며, 그에 따라 다시 묘사의 재료가 규정되기 때문에, 또한 멀리 떨어져 있는 예술들은 서로를 비교하는 것에 의해 설명될 수 있다. 그래서 예를 들면, 물속에서 표현되는 이념을 완전하게 파악하기 위해서는, 조용한 연못과 차분하게 흐르는 강물을 보는 것만으로는 충분하지 않고, 물에 작용하여 물의 성질을 완전하게 드러나게 하는 모든 상황과 방해 속에서 물이 나타날 때에야 비로소 물의 이념이 완전하게 전개된다. 그렇기 때문에 우리는 물이 떨어지고, 쏴쏴 밀려오고, 거품이 일고, 다시 솟아오르거나, 또는 물이 떨어지면서 안개 모양으로 흩어지거나, 또는 마침내, 인위적으로 부자연스럽게, 분수로 솟아오르려고 할 때 아름답다고 생각한다. 그렇듯 다양한 상황에서 다양한 모습으로 나타나지만, 물은 항상 자신의 특성을 충실하게 주장한다. 유리같이 조용하면서도 위로 솟구치는 것이 물로서는 자연스러운 것이다. 물은 상황에 따라 곧바로 고요해질 수도 있고 위로 솟구칠 수도 있다. 이제 물 예술가가 액체 물질로써 하는 일을 건축가는 단단한 물질을 가지고 수행하며, 바로 이러한 일을 서사 시인이나 드라마 작가는 인류의 이념으로써 수행한다. 모든 예술의 대상 속에서 표현되는 이념, 즉 모든 단계에서 객관화되는 의지를 전개하는 것과 상세하게 설명하는 것은 모든 예술의 공통적인 목적이다. 현실에서 대체로 드러나는 인간의 삶은 연못과 강에서 드러나는 물과 같은 것이다. 그러나 서사시, 소설, 비극에서는 선택된 성격들이 그들의 모든 특성들이 전개되고, 인간 마음의 깊이가 드러나게 되며 특별하고 중요한 행동들로 나타나게 된다. 이처럼 시문학은 아주 개별적인 성격 속에서 나타나는 인류의 이념을 객관화한다.

　비극은 효과가 클 뿐만 아니라 수행하기 어렵다는 점에서 시문학의 정상으로서 여겨질 수 있으며 그렇게 인정되고 있다. 이러한 최고의 시적인 업적의 목적이 삶의 처참한 면의 표현이라는 점, 인류의 말할 수 없는 비참함, 악의 승리, 우연의 조롱하는 지배, 정의로운 사람과 죄 없는 사람들의 어찌 할 수 없는 불행이 여기에서 나타나게 된다는 점은 우리의 전체 고찰에 대해 매우 의미 있고 주목해야 하는 일인 것이다. 왜냐하면 여기에는 세계와 존재의 성질에 대한 의미 있는 신호가 놓여 있기 때문이다. 여기에는 의지의 객관화의 가장 높은 단계에서 가장 완전하게 전개되는 의지의 자기모순이 무시무시하게 나타난다. 이러한 모순은 인류의 고통에서 드러나는데, 이러한 고통은 부분적으로는 세계의 지배자로서, 그리고 의도적인 것으로까지 보이는 술책Tücke에 의해 운명으로 의인화되어 나타나는 우연과 오류에 의해 드러나게 된다. 이러한 고통은 부분적으로는 스스로를 힘들게 하는 개인들의 의지의 노력에 의해, 대부분 사람들의 악의와 잘못Verkehrtheit에 의해 인류 스스로에게서 생겨난다. 이 모든 것 속에 살고 나타나는 것은 동일한 의지이지만, 의지의 현상은 서로 싸우고 서로를 갈기갈기 찢어 버린다. 의지는 어떤 개인에게서는 강력하게 나타나고, 또 어떤 개인에게서는 약하게 나타나며, 어떤 누군가에게는 더 의식되고, 또 어떤 누군가에게는 덜 의식되고 또 인식의 빛을 통해 커지거나 줄어들며, 결국은 개인에게 비추어진 이러한 인식이 고통 자체를 통해 정화되고 고양되어 현상, 마야의 너울이 더 이상 그러한 인식을 속이지 못하고, 현상의 형식, 즉 개체화원리가 그러한 인식에 의해 간파되고, 이러한 개체화원리에 근거한 이기주의가 이와 함께 소멸하는 지점에 도달하게 되며, 이를 통해 이전에는 그렇게 엄청난 위력을 발휘했던 동기들이 힘을 잃어버리고 대신에 세계의 본질의 완전한 인식이, 의지의 진정제로서 작용하면서, 체념을 초래하게 되는데, 이로써 단순히 삶을 포기하는 것이 아니라 전체적인 살려는 의지 자체를 포기하게 되는 것이다. 따라서 우리는 비극에서 특히 오랜 싸움과 고통 때문에 그때까지 격렬하게 추구했던 목적과 삶의 모든 기쁨을 영원히 포기하거나 스스로 기꺼이 그리고 흔쾌히 포기하는 고귀한 사람들을 보게 되는데, 칼데론의 단호한 왕자, 『파우스트』에서의 그레첸, 햄릿이 그러한 경우이다. 햄릿은, 그의 친구 호레이쇼가 기꺼이 따라가려고 하였지만, 호레이쇼 곁에 머무르면서 잠시 동안 이러한 거친 세계에서 고통스럽게 호흡하며 자신의 운명을 설명하고 그의 기억을 씻어 버리려고 하였다. 또한 처녀인 오를레앙, 메시나의 신부도 그러한 경우였다. 그들 모두는 고통을 통해 정화되고, 즉 살려고 하는 의지가 먼저 그들 속에서 소멸된 뒤에 죽게 된다. 이것은 볼테르의 『모하메드』에서, 죽어 가는 팔미라가 모하메드에게 큰 소리로 "세계는 폭군을 위한 것이오. 잘 사시오!"라고 말하는 마지막 말에도 문자 그대로 표현되어 있다. 이와 반대로 이른바 시적인 정의를 요구하는 것은 비극의 본질, 세계의 본질마저도 완전히 오해한 데에 그 원인이 있다. 이러한 요구는 새뮤얼 존슨 박사가 단순하게 시적인 정의를 홀대하는 데 대해 탄식하면서, 셰익스피어의 개별적인 작품들에 대해 제시한 비평에서 건방지게 나타난다. 시적인 정의를 홀대하는 것은 분명한데, 도대체 오필리어, 데스데모네, 코르델리아가 무슨 잘못을 하였는가? 평범하고, 낙관적이고, 프로테스탄트적이고, 합리주의적인 세계관이나 본래 유대적인 세계관만이 시적인 정의를 요구하게 되고, 그러한 정의의 충족에서 자신의 충족을 발견할 뿐이다. 비극의 진정한 의미는, 칼데론이 명백히 말하고 있듯이, 주인공이 속죄하는 것은 그의 개인적인 죄가 아니라 원죄, 즉 존재 자체의 죄Schuld des Daseins selbst라는 심오한 통찰에 있다.

"인간의 가장 큰 죄는
그가 태어났다는 것이다."

『인생은 꿈』 1, 2]

나는 이제 비극의 취급방식을 상세하게 다루기 위해 의견 하나를 언급하고자 한다. 커다란 불행을 묘사하는 것은 오직 비극에 있어서만 본질적인 것이다. 그러나 시인이 초래하는 수많은 상이한 방식은 세 가지 종개념으로 제시할 수 있다. 즉 불행은 불행의 당사자인 한 사람의 성격상의 이례적이고, 거의 불가능한 악의에 의해 생길 수 있다. 이런 종류의 예는 『리처드 3세』, 『오델로』의 이아고, 『베니스의 상인』에서의 샤일록, 프란츠 무어, 에우리피데스의 페드라, 『안티고네』에서의 크레온 등이다. 두 번째로 불행은 맹목적인 운명, 즉 우연이나 오류에 의해 생길 수 있다. 이런 종류의 참된 진정한 모범은 소포클레스의 『오이디푸스 왕』, 또는 『트라키아의 여인들』이고, 보통 고대 대부분의 비극이 여기에 속한다. 근대의 비극 중에서는 『로미오와 줄리엣』, 볼테르의 『탕크레드*Tancrède*』, 『메시나의 신부』가 그러한 예들이다. 그러나 마지막으로 불행은 인물들 서로 간의 단순한 입장을 통해, 즉 그들의 관계를 통해 생겨난다. 불행은 엄청난 오류나 들어 보지 못한 우연 그리고 악 속에서 인간의 한계에 도달한 성격을 필요로 하지 않고, 도덕적인 관점에서 보통의 성격이 자주 나타나는 상황에서 그들의 위치가 그들을 서로에게 대립하게 할 것임을 분명히 알면서도 커다란 재앙을 야기한다. 이 경우에 어느 한쪽이 전적으로 부당하다고 할 수는 없다. 이러한 마지막 불행의 방식은 내가 보기에 다른 두 가지 방식을 앞서는데, 왜냐하면 이 방식은 우리에게 가장 큰 불행이 하나의 예외로서, 드문 상황이나 기괴한 성격들에 의해 생겨난 것으로서가 아니라 인간의 행위와 성격으로부터 쉽게 그리고 저절로, 거의 본질적으로 생겨난 것으로서 드러내고, 바로 그로써 불행은 두렵게도 우리들 가까이 다가오기 때문이다. 그리고 우리가 다른 두 가지 경우에 엄청나게 무서운 숙명과 놀랄 만한 악을 가리켜 처참하기는 하지만, 단지 우리의 먼 거리에서 위협하기는 하지만 결코 체념하여 도망가지 않고 피할 수 있는 힘으로서 바라본다면, 마지막 종류의 불행은 매 순간 우리에게 드러나 있으며 행복과 삶을 파괴하는 힘을 보여 주고, 가장 커다란 고통은 우리의 숙명이 함께하는 복잡한 관계에 의해, 우리가 어쩌면 수행할 수 있기 때문에 부당하다고 한탄할 수 없는 행동에 의해 야기된다. 그러면 우리는 전율하면서 이미 지옥의 한가운데에 있는 것을 느끼게 된다. 그러나 이러한 마지막 종류의 비극을 실행하는 것이 가장 어려운 일이다. 비극에서는 수단과 동인Bewegungsursache을 가장 적게 사용하고, 단순히 수단과 동인의 그 배열과 분배를 통해 가장 큰 영향을 가져와야 하기 때문이다. 그런 까닭에 최고 수준의 대다수의 비극에서도 이러한 어려움을 피하려고 한다. 그러나 이러한 종류의 완전한 모범으로서 비극 한 편이 언급되어야 하는데, 이 비극은 다른 점에서는 위대한 대가의 몇몇 다른 작품을 뛰어넘지는 못한다. 이것은 『클라비고Clavigo』이다. 『햄릿』은 단지 레어티즈와 오필리어에 대한 그의 관계만을 본다면 어느 정도는 이 경우에 속한다. 또한 『발렌슈타인』도 이러한 특징을 지닌다. 그레첸과 그의 오빠에게 벌어지는 사건만이 주요 내용으로 고찰된다면 『파우스트』도 전적으로 이러한 비극에 속한다. 마찬가지로 코르네유의 『르 시드』에서는 비극적인 결말이 없지만, 테클라에 대한 막스의 유사한 관계는 그러한 결말을 가지고 있다.[24]

52절

~~~

우리는 지금까지 우리의 입장에 적합하게 의지가 물체를 향한 희미하고, 인식 없이 규칙적인 노력으로서 나타나지만 중력과 강성 사이의 자기 분열과 싸움을 드러내는 의지의 가시성의 가장 낮은 단계에서 의지의 객관화를 분명하게 하는 것이 목적 자체인 아름다운 건축술에서 시작하여,

24 이에 대해서는 2편 37장 참고.

의지의 객관화의 가장 높은 단계에서 자기 자신과의 분열을 무서울 정도로 엄청나고 분명하게 우리 눈앞에 드러내는 비극으로 우리의 고찰을 끝맺으면서, 우리는 모든 아름다운 예술들을 일반적으로 고찰하였지만, 그럼에도 불구하고 하나의 아름다운 예술이 우리의 고찰에서 배제되었고 그래야만 했다는 점을 발견하게 된다. 왜냐하면 우리 설명의 체계적인 연관성에서 그러한 예술에 걸맞은 자리가 없었기 때문에 우리 고찰에서 제외해 왔던 예술이 있는데, 그것은 바로 음악이다. 음악은 다른 예술과는 완전히 다른 것이다. 우리는 음악에서 세계의 본질에 대한 그 어떤 이념의 모사, 반복을 인식하지 못한다. 그럼에도 불구하고 음악은 아주 대단하고 훌륭한 예술이고, 인간의 내면에 강력한 영향을 끼치며, 여기에서 직관적인 세계 자체의 명확함조차 능가하는 전적으로 보편적인 언어로서 인간에 의해 완전하고 깊이 이해된다. 우리는 확실히 "셈하고 있다는 것을 정신이 모르는 동안에 산술에서 무의식적으로 행해지는 연습"[25] 이상의 것을 음악에서 찾아야만 한다. 라이프니츠의 이 말은 그럼에도 불구하고 그가 오직 음악의 직접적이고 외적인 의미, 즉 음악의 껍질만을 고찰하는 한에서 전적으로 옳은 것이었다. 그러나 음악이 그 이상의 것이 아니라면, 음악이 보증하는 만족은 우리가 계산 문제를 올바르게 풀었을 때 느끼는 만족감과 같을 것이고, 우리가 우리의 본질의 가장 깊은 내면을 언어로 드러낼 때 느끼는 그러한 내적인 기쁨은 아닐 것이다. 그런 까닭에 미적인 영향이 목표인 우리의 입장에서는, 음악에서 훨씬 더 진정하고 깊으며, 세계와 우리 자신의 가장 내적인 본질에 관련된 의미를 인식해야만 하는데, 이러한 의미와 관련해서 음악은 수적인 비례로 환원되며 이러한 수적인 비례는 지칭된 것으로서가 아니라, 그 자체로 기호로서 관계한다. 우리는 어떤 의미에

---

25 Leibnitii epistulae, collectio Kortholti: epistula, 154.

서 음악이, 모상이 원형에 관계하듯이 세계에 대한 묘사가 묘사된 것에 관계해야 한다는 점을 여타 예술과의 비유에서 추리할 수 있다. 다른 예술들 모두 이러한 성격을 지니고 있으며 우리에게 끼치는 음악의 영향은 다른 예술이 주는 영향과 거의 같은 종류의 것이지만, 다른 점이 있다면 단지 더 강하고, 더 빠른 데다, 더 필연적이고, 더 확실하다는 것이다. 또한 세계에 대한 음악의 모방적인 관계는 아주 내적이고, 무한하게 참되고 틀림없이 적절한 것이어야만 하는데, 왜냐하면 음악은 누구에게나 분명하게 이해되고, 음악의 형식은 완전히 특정한 수로 표현되는 규칙으로 환원되며, 음악은 음악인 것을 완전히 멈추지 않고서는 이러한 규칙으로부터 전혀 벗어날 수 없기 때문이다. 그럼에도 불구하고 음악과 세계의 비교되는 점, 즉 음악이 세계에 대해 모방이나 반복의 관계에 있다는 점은 아주 깊숙이 숨겨져 있다. 사람들은 어느 시대에도 음악을 계속해 왔지만, 이 점을 설명할 수 없었다. 음악을 직접적으로 이해하는 것에 만족하기 때문에, 사람들은 이러한 직접적인 이해 자체를 추상적으로 파악하는 것을 포기한다.

나의 정신을, 다양한 형태를 띤 음악의 인상에 전적으로 바친 다음 다시 반성으로 그리고 현재의 저서에서 설명된 사유의 과정으로 되돌아가면서 음악의 내적인 본질과 비유에 따라 필연적으로 전제되어야 하는 세계에 대한 음악의 모방적인 관계의 방식에 대한 설명은, 나 자신에게는 완전히 충분하고 나의 연구를 위해 만족스러운 것이고, 또한 지금까지 나를 따라왔고 세계에 대한 나의 견해에 찬성했던 사람들에게도 마찬가지로 명백한 것이다. 그러나 나는 이러한 설명을 증명하는 것이 본질적으로 불가능하다고 인식한다. 왜냐하면 그러한 설명은, 본질적으로 결코 표상일 수 없는 것에 대한 표상으로서의 의지의 관계를 받아들이고 확정하며, 음악을 스스로 결코 직접적으로 표상될 수 없는 원형의 모사로서 간주하려고 하기 때문이다. 그렇기 때문에 나는 여기에서 예술을 고찰하는 데에 주로 몰두한 3권의 결론에서 놀라운 음악예술에 대한 충분한 설명을 제시할 수밖에 없으며, 내 견해에 대해 찬성하거나 반대하는 것은 한편으로는 음악이 독자에게 주는 영향, 다른 한편으로는 이 저서에서 나에 의해 전달된 전체적이고 하나인 사상이 독자에게 주는 영향에 맡겨져야만 한다. 게다가 나는 음악의 의미에 대해 여기에서 언급하려는 것에 진정으로 확신하고 찬성할 수 있기 위해서는, 사람들이 자주 음악에 대한 이러한 설명에 지속적으로 성찰하면서 귀 기울여야 하고, 이것을 위해서는 다시 사람들이 내가 설명한 사상 전체를 아주 신뢰하는 것이 필요하다고 본다.

(플라톤적인)이념은 의지의 적절한 객관화이다. 개별 사물(왜냐하면 예술작품 자체는 항상 그러한 개별 사물이기 때문에)의 서술을 통해 이념의 인식을 자극하는 것(이것은 오직 인식하는 주관 속에서 이러한 주관에 상응하는 변화 아래에서만 가능하다)은 다른 모든 예술의 목적이다. 따라서 다른 예술은 모두 단지 간접적으로, 즉 이념을 수단으로 의지를 객관화한다. 그리고 우리의 세계는 개체화원리(개체 그 자체에게 가능한 인식의 형식)에 관계하여 다양성으로 여러 이념이 현상한 것 이외의 다른 것이 아니기 때문에, 음악은 이념을 고려하지 않고, 또한 현상하는 세계에 전혀 의존하지 않으며, 현상하는 세계를 전적으로 무시하기 때문에, 음악은 세계가 전혀 존재하지 않는다고 해도 어느 정도는 존재할 수 있을 것이다. 다른 예술에 대해서는 이렇게 말할 수 없다. 음악은 세계 자체가 그런 것처럼, 다양하게 현상하여 개별 사물의 세계를 만들어 내는 여느 이념들이 그렇듯이, 전체 의지의 직접적인 객관화이고 모사인 것이다. 따라서 음악은 결코 다른 예술처럼 이념의 모사가 아니라 의지 자체의 모사이고, 이러한 의지의 객관성이 이념인 것이다. 바로 그렇기 때문에 음악의 영향은 다른 예술들의 영향보다 훨씬 더 강력하고 인상적이다. 왜냐하면 다른 예술은 그림자에 대해서만 이야기할 뿐이지만 음악은 본질에 대해 이야기하기 때문이다. 이념에서뿐만 아니라 음악에

서, 단지 이러한 양자에 의해 완전히 다른 방식으로 객관화된 것이 동일한 의지이기 때문에, 다수성과 불완전성 속에서 현상하여 가시적인 세계를 이루는 이념과 음악 사이의 직접적인 유사성은 전혀 존재하지 않지만, 어떤 일치점과 유사성은 존재한다. 이러한 유사성의 증명은 설명으로서 주제의 불명료함 때문에 어려운 설명을 이해하기 쉽게 해 준다.

나는 화음의 최저음, 기초저음에서 의지의 객관화의 가장 낮은 단계, 즉 무기체적인 자연, 행성의 무리를 다시금 인식한다. 모든 고음은, 가볍게 움직이고 빠르게 울리면서, 주지하듯이 낮은 기본음의 부수적인 진동에 의해 생기는 것으로 간주할 수 있고, 낮은 기본음이 울릴 때면 고음은 항상 동시에 조용하게 함께 울리는데, 실제로 이미 저절로 부수적인 진동을 통해 저음음표Baßnote와 동시에 울리는(배음) 그러한 고음들만이 저음음표를 만나도 되는 것이 화음의 법칙이다. 이것은 이제 자연의 물체 전부와 조직이 행성의 무리로부터 단계적인 전개를 통해 생겨난 것으로 여겨져야 한다는 것과 비슷하다. 이러한 행성의 무리는 물체 전부와 조직을 담당하며 이들의 근원이다. 그리고 기초저음에 대한 고음의 관계도 이와 같다. 저음은 한계를 가지고 있고 이러한 한계를 넘으면 어떠한 음도 더 이상 들리지 않는다. 이것은 어떤 물질도 형식과 성질 없이는, 즉 이념이 표현되는 더 이상 설명할 수 없는 힘의 표현 없이는 절대 지각될 수 없다는 것에 상응한다. 그리고 보다 일반적으로 말하자면, 어떤 물질도 의지 없이는 완전히 존재할 수 없다. 따라서 어떤 음의 높이를 음 자체로부터 분리할 수 없듯이, 어떤 의지의 표현을 물질로부터 분리할 수는 없다. 따라서 우리에게 화음 속에서 기초저음은 세계에서 비유기체적인 자연, 즉 모든 것이 의존하고 모든 것이 일어나고 전개되는 가장 자연 그대로의 덩어리인 것이다. 더구나 이제 화음을 야기하는 음 전체에서, 저음과 멜로디를 노래하고 이끄는 음 사이에서 의지가 객관화되는 이념의 연속성을 띤 단계 전체를 다시 인식한다. 저음에 더 가까운 음은 아직 무기체적인 것이지만, 이미 다양하게 나타나는 물체이다. 내가 보기에 더 높은 음은 식물계와 동물계를 표현한다. 음계Tonleiter의 특정한 음정은 의지의 객관화의 특정 단계, 즉 자연에서의 특정한 종과 비슷하다. 어떤 평균율Temperatur을 통해, 또는 선택된 조Tonart에 의해 야기되어 음정의 산술적 정확성에서 벗어나는 것은 개인이 종의 유형에서 벗어나는 것과 비슷하다. 특정한 음정을 제공하지 못하는 순수하지 않은 불협화음은 두 가지 동물 종 사이에서 또는 인간과 동물 사이에서 출생한 기형아에 비교할 수 있다. 그러나 화음을 만드는 저음과 보조음Ripienstimmen 모두는 단지 각자 스스로 존재하고 연관성이 없이 모두 더 느리게 움직이는 반면에, 이러한 모든 저음과 보조음에는 오직 멜로디를 노래하는 고음만이 갖는 성부의 진행의 연관성이 결여되어 있으며, 또한 이러한 고음은 단지 조바꿈Modulation과 운행에서 빠르고 가볍게 움직인다. 자연 그대로의 덩어리Masse의 대변자, 즉 낮은 저음은 가장 묵직하게 움직인다. 낮은 저음의 상승과 하강은 오직 커다란 단계, 즉 3도 음정, 4도 음정, 5도 음정에서 일어나지 결코 하나의 음의 단계에서는 일어나지 않는다. 낮은 저음은 복대위법doppelter Kontrapunkt을 통해 바뀐 저음일 수 있다. 또한 이러한 느린 움직임은 물리적으로 낮은 저음에 있어서는 본질적이다. 저음에서 빠른 진행이나 떨림음Triller은 결코 상상할 수 없다. 동물계에 있는 비슷한 높은 보조음은 더 빨리 움직이긴 하지만, 아직 멜로디적인 연관성과 의미 있는 성부의 진행은 없이 움직인다. 모든 보조음의 연관성 없는 진행과 규칙적인 규정은 비이성적인 세계 전체에서, 결정Kristall에서부터 가장 완전한 동물에 이르기까지, 어떤 존재라도 본래적으로 연관성을 지닌, 그의 삶을 의미 있는 전체로 만드는 의식을 가지고 있지 않는 것, 또한 어떤 존재라도 정신적인 전개의 연속성을 경험하지 못하고, 어떤 존재라도 교양Bildung을 통해 스스로를 완성하는 것이 아니라 모든 것을 항상 균일하게 자신의 방식에 따라 확고한 법칙에 의해 존재하게 하는 것과 유사한 것이다. 마침내 멜로디에서는, 고음을 노래하는 것에서, 전체를 이끌고 속박을 받지 않는 자로 중단 없는 의미심장한 하나의 사상의 연관성 속에서 처음부터 끝까지 진행하고, 하나의 전체를 표현하는 주성부Hauptstimme에서 나는 의지의 객관화의 가장 높은 단계, 즉 인간의 분별력 있는 삶과 노력을 다시 인식한다. 인간만이 이성을 가지고 있기 때문에, 항상 그의 현실과 수많은 가능성의 행로에서 앞뒤를 살펴보며, 그렇게 분별력 있고 이를 통해 전체로서 연관되는 삶의 행로를 완성할 수 있듯이, 이에 상응해서 멜로디는 오직 의미 있고, 의도적인 연관성을 처음부터 끝까지 갖고 있다. 따라서 멜로디는 분별력에 의해 드러난 의지의 역사를 말해 주며, 이러한 의지의 각인된 자국Abdruck은 현실에서 의지의 행위들의 계열이다. 그러나 멜로디는 그 이상의 것을 말하고, 의지의 가장 비밀스러운 역사를 이야기해 주며, 의지의 모든 자극, 모든 노력, 모든 운동을 그려 내고, 이성이 넓고 소극적인 개념인 감정으로 모아져 이성의 추상작용에서 더 이상 받아들 수 없는 모든 것을 그려 낸다. 그런 까닭에 단어들이 이성의 언어인 것처럼 음악은 항상 감정과 열정의 언어라고 일컬어진다. 이미 플라톤은 음악을 "영혼의 충동을 모방하는 멜로디의 움직임"(『법률론』 7권)이라 설명했고, 아리스토텔레스는 "어떻게 단지 하나의 소리인 리듬과 멜로디가 영혼의 상태와 유사한가?"(『Problemata』, 19장)라고 말했다.

인간의 본질은 인간의 의지가 노력하고 충족되고 새로 노력하면서 끊임없이 이를 진행하는 것에 놓여 있고, 만족의 결여는 고통이고, 새로운 소망이 없는 동경은 지루함, 권태로움이기 때문에, 인간의 행운과 행복이 단지 소망에서 만족으로 이행해 가고 이러한 만족에서 새로운 소망으로 신속하게 나아가듯이, 이에 상응하여 멜로디의 본질은, 기본음으로부터 지속적으로 벗어나는 것, 즉 일탈하는 것에 있는데, 여기에는 수많은 길이 있으며, 화음의 단계, 즉 3도 음정과 딸림음Dominante에 도달할 뿐만 아니라, 모든 음, 즉 불협화적인 7도 음정과 증음정의 단계에 이르지만, 끝내 항상 기본음으로 끊임없이 돌아온다. 일탈하는 그러한 모든 과정에서 멜로디는 의지의 다양한 노력을 표현하지만, 만족은 항상 멜로디의 단계를 무한히 반복하는 것을 통해, 그리고 한층 더 기본음을 무한히 반복하는 것을 통해 표현된다. 멜로디를 만들어 내는 것은 멜로디에서 인간의 의욕과 지각의 모든 심오한 비밀을 드러내는 것이자 천재의 작업이며, 여기에서 이것의 영향은 다른 어떤 곳에서보다 분명히 드러나며, 어떠한 반성과 의식적인 의도로부터 멀리 떨어져 있기 때문에 영감Inspiration이라고 부를 수 있다. 개념은 여기에서뿐만 아니라 예술 그 어디에서도 쓸모가 없다. 작곡가는, 최면에 걸린 몽유병자가 자신이 깨어 있을 때에는 알지 못하는 사물에 대해 이야기하는 것처럼, 이성이 이해하지 못하는 언어로 세계의 가장 내적인 본질을 드러내고 심오한 지혜를 표현한다. 그런 까닭에 다른 어떤 예술가에게서보다 작곡가에게서 더 인간은 예술가와 구분된다. 더욱이 이러한 놀라운 예술의 설명에서 개념은 궁핍과 한계를 드러낸다. 나는 우리의 비유를 완성해 보도록 할 것이다. 소망에서 만족으로의 빠른 이행과 이러한 만족에서 새로운 소망으로의 이행이 행운이며 행복이듯이, 으뜸음에서 그리 많이 벗어나지 않는 빠른 멜로디는 즐거운 것이고, 고통스러운 불협화음으로 나타나고 비로소 여러 마디Takt를 지나면서 다시 기본음으로 천천히 되돌아가는 것은, 지연되고 한층 더 어려워진 만족과 유사하므로 슬픈 것이다. 새로운 의지의 감동이 지연되는 것, 즉 나태함languor은 정지된 으뜸음으로 표현할 수 있는데, 이러한 정지된 으뜸음은 곧 견딜 수 없게된다. 아주 단조롭고, 무의미한 멜로디도 이와 비슷하다. 빠른 춤곡의 짧고, 평이한 악장Sätze은 단지 쉽게 도달할 수 있는 일상의 행운을 말하는 것처럼 보인다. 반대로 큰 악장, 느린 진행, 멀리 벗어난 알레그로 마에스토소Allegro maestoso는 멀리 있는 목적과 이러한 목적의 궁극적인 도달을 향한 크고 고귀한 노력을 나타낸다. 아다지오Adagio는 크고 고귀한 노력을 말해 주는데, 이러한 노력은 모든 소소한 행운을 거부한다. 그러나 단조와 장조의 영향은 얼마나 놀라운 것인가! 반음의 변화, 장3도 음정 대신 단3도 음정의 등장은 우리에게 곧바로 두렵고 고통스러운 감정을 솟구치게 하며, 장조는 그러한 감정으로부터 우리를 다시 순간적으로 해방시킨다. 아다지오는 단조에서 최고의 고통을 표현하는 것에 다다르고, 가장 크게 동요하는 탄식이 된다. 단조의 춤곡은 오히려 거부해야 하는 작은 행운을 놓치는 것을 드러내는 것으로 보이고, 곤란과 고생을 거치며 저급한 목적에 도달하게 되는 것을 말하는 것으로 보인다. 가능한 멜로디가 무한히 많은 것은 개체, 인상Physiognomie과 생애의 다양성에서 자연이 무한히 많은 것에 상응한다. 하나의 음조에서 이전의 것과 연관성을 완전히 제거하고는 완전히 다른 음조로 이행해 가는 것은, 그러한 이행에서 개체가 끝나는 한에서 죽음에 비유할 수 있다. 그러나 이러한 개체에 나타났던 의지는 이전과 마찬가지로 그 이후에도 다른 개체 속에 나타나면서 살고 있는데, 이러한 개체의 의식은 이전의 개체의 의식과는 어떤 연관성도 갖지 않는다.

그러나 앞에서 제시한 이러한 모든 비유들을 증명할 때에 음악이 이러한 비유들에 직접적인 관계가 있는 것이 아니라 간접적인 관계만을 갖고 있다는 점을 결코 잊어서는 안 된다. 왜냐하면 음악은 결코 현상이 아니라, 오직 모든 현상의 내적인 본질, 모든 현상의 그-자체An-sich, 즉 의지 자체를 나타내기 때문이다. 음악은 그런 까닭에 이러저러한 개별적이고 특정한 기쁨, 이러저러한 우수나 고통 또는 공포, 환희나 유쾌함, 마음의 평온을 나타내는 것이 아니라 기쁨, 우수, 고통, 공포, 환희, 유쾌함, 마음의 평온 그 자체를, 어느 정도 추상적으로, 어떠한 부속물 없이, 따라서 이에 대한 어떠한 동기도 없이 이러한 것들의 본질을 나타내는 것이다. 그럼에도 불구하고 우리는 음악을 이러한 추상적인 핵심 속에서 완전히 이해한다. 여기에서 우리의 환상이 음악을 통해 쉽게 자극되어 눈으로써 볼 수는 없지만 생동감 있게 움직이고, 아주 직접적으로 우리에게 말을 하는 정신세계를 형성하려고 하여, 그러한 정신세계에 살과 뼈를 입히려는 것, 따라서 이것을 유사한 예에서 구체화하려고 하는 것이 생겨나게 된다. 이것은 말로 된 노래와 결국은 오페라의 기원이다. 바로 그렇기 때문에 오페라의 가사는 이같이 중요한 것이 되고 음악을 그 표현의 단순한 수단으로 만들기 위해, 이러한 종속적인 지위를 결코 버려서는 안 된다. 이렇게 하는 것은 큰 과실이며 심각한 잘못이다. 왜냐하면 어디에서나 음악은 단지 삶과 사건의 핵심만을 표현할 뿐이며, 이러한 사건 자체를 표현하지는 않기 때문이다. 그런 까닭에 사건 저마다의 차이가 매번 음악에 영향을 주지는 않는다. 오직 음악에만 속하는 이러한 고유한 보편성은 아주 정확한 규정성과 함께 우리의 고통을 모두 치료하는 것Panakeion으로서 음악에 높은 가치를 제공한다. 따라서 음악이 너무 말에 사로잡히고 사건에 따라 그 모양이 바뀌려고 하면, 음악은 자신의 것이 아닌 언어로 말하려고 하는 것이다. 로시니Gioacchino Antonio Rossini만큼 이러한 오류에서 순수하게 벗어날 수 있었던 사람은 아무도 없다. 그런 까닭에 그의 음악은 언어가 필요하지 않았고, 그런 까닭에 단순한 악기로만 연주하더라도 충분한 영향을 줄 정도로 그렇게 분명하고 순수하게 자신의 고유한 언어를 말했다.

이 모든 것에 의해 현상하는 세계 또는 자연과 음악을, 우리는 동일한 사태에 대한 각기 다른 표현으로 볼 수 있는데, 그런 까닭에 동일한 사태 자체는 양자의 유사성을 유일하게 매개하는 것이고, 그러한 유사성을 통찰하기 위해 이러한 매개를 인식하는 것이 필요하다. 그에 따라 음악은, 세계의 표현으로 본다면 가장 높은 수준에 있는 보편적인 언어이며, 이러한 보편적인 언어는 개념의 보편성이 개별 사물들에 관계하는 것처럼 개념의 보편성에 대해 관계한다. 그러나 음악의 보편성은 결코 추상Abstraktion의 그러한 공허한 보편성이 아니라, 완전히 다른 종류의 것으로서 일반적이고 분명한 규정성과 결합되어 있다. 여기에서 음악은 기하학적 도형이나 수에 비유될 수 있는데, 이들은 경험의 가능한 모든 대상들의 보편적인 형식으로서, 그리고 모든 대상들에 선험적으로 적용할 수 있지만, 추상적으로가 아니라 직관적으로 그리고 보편적으로 규정되어 있다. 이성이 소극적인 개념인 감정에 폭넓게 포함시키는 모든 가능한 노력, 흥분과 표현, 즉 인간의 내면 속의 사건은 무수히 많은 가능한 멜로디를 통해 표현되긴 하지만, 마치 신체가 없는 현상의 내적인 영혼처럼 아무런 재료 없이, 항상 단순한 형식의 보편성 속에서 현상이 아니라 항상 그-자체An-sich에 따라서만 표현된다. 음악이 모든 사물의 진정한 본질에 대해 갖는 이러한 내적인 관계로부터 또한, 어떤 장면, 행동, 사건, 환경에 맞는 음악이 울리기 시작하면, 이것은 그것들의 가장 비밀스러운 의미를 우리에게 설명하는 것처럼 보이고, 가장 올바르고 가장 분명한 주석으로서 등장한다. 마찬가지로 교향곡의 인상에 완전히 빠져 있는 사람에게는 삶과 세계의 가능한 모든 사건들이 자신 곁을 지나가는 것을 보는 것처럼 여겨진다. 그럼에도 불구하고 그는 숙고해 보면, 음악과 자신의 눈앞에 아른거리는 사물들 사이의 유사성을 제시할 수는 없다. 왜냐하면 음악은, 이미 말했듯이 현상의 모사, 즉 정확하게는 의지의 적절한 객관화가 아니라 의지 자체의 직접적인 모사이며 세계의 모든 형이하학적인 것에 대한 형이상학적인 것, 모든 현상에 대한 물자체를 나타낸다는 점에서 다른 모든 예술들과 구분되기 때문이다. 따라서 사람들은 세계를 구체화된 의지뿐만 아니라 구체화된 음악verkörperte Musik이라고도 부를 수 있을 것이다. 따라서 여기에서 왜 음악이 모든 생동감 넘치는 묘사das Gemälde, 현실의 삶과 세계를 지체 없이 고양된 의미로까지 드러나게 하는지가 분명해진다. 말할 나위 없이, 음악의 멜로디가 주어진 현상의 내적인 정신과 유사할수록 이 점은 더 분명해진다. 시Gedicht를 노래로서 또는 직관적인 묘사를 무언극으로 또는 이 둘 다를 오페라로서 음악이라는 영역에, 범주에, 종류에 갖다 붙이는 이유가 여기에 있다. 음악이라는 보편적인 언어로 나타낸 인간의 삶의 그러한 개별적인 장면들은 결코 일반적인 필연성으로 음악과 연결되거나 상응하지 않고, 음악에 대해 오직 보편적인 개념에 대한 임의적인 예의 관계에 놓여 있다. 이러한 장면들은, 음악이 단순한 형식의 보편성 속에서 말하는 것을 현실의 규정성 속에서 나타낸다. 왜냐하면 멜로디라는 것은 어떤 점에서는 보편적인 개념과 동일하게 현실의 추상물Abstraktum이기 때문이다. 이러한 현실, 따라서 개별 사물의 세계는 개념의 보편성을 위해서뿐만 아니라 멜로디의 보편성을 위해서도 직관적인 것, 특수한 것과 개별적인 것, 개별적인 경우를 제공하는데, 이러한 양자의 보편성은 어떤 점에서는 서로 대립하고 있다. 왜냐하면 개념은 단지 우선적으로 직관에서 추상화된 형식, 마치 사물에서 제거한 외부의 껍질을 포함하고, 따라서 전적으로 본래 추상물abstracta이기 때문이다. 반면에 음악은 모든 형태에서 앞서 일어난 가장 내적인 핵심이거나 사물의 핵심을 제시한다. 이러한 관계는 스콜라주의자들의 말에서 다음과 같이 잘 표현되어 있다. 개념은 사물 이후의 보편성universalia post rem이지만, 음악은 사물 이전의 보편성universalia ante rem을 제공하고, 현실은 개별 사물에 있는 보편성universalia in re이다. 멜로디에 표현된, 보편적인 것의 임의로 선택된 다른 예는 시에 부가된 멜로디의 보편적인 의미에 같은 정도로 상응할 수 있을 것이다. 그런 까닭에 동일한 악곡이 많은 가절Strophe에 적합하고, 따라서 보드빌Vaudeville도 마찬가지이다. 그러나 일반적으로 어떤 악곡과 직관적인 묘사 사이의 관계가 가능하다는 점은, 말했듯이 둘 다 세계의 동일한 내적인 본질이 전적으로 다르게 표현된 것일 뿐이라는 점에 근거하고 있다. 개별적인 경우에 그러한 관계가 실제로 존재한다면, 따라서 작곡가가 어떤 사건의 핵심을 완성하는 의지의 자극을 음악의 보편적인 언어로 표현할 수 있다면, 노래Lied의 멜로디와 오페라의 음악은 풍부해질 것이다. 그러나 작곡가에 의해 발견된 양자 사이의 유사성은 이성에는 알려지지 않고, 세계의 본질을 직접적으로 인식하는 데서 생겨나야만 하며 개념을 통해 의식적인 의도로 매개된 모방이어서는 안 된다. 그렇지 않으면 음악은 내적인 본질, 즉 의지 자체를 표현하는 것이 아니라 단지 의지의 현상을 불충분하게 모방하는 것에 불과할 뿐이다. 이것은 본래 모사적인 모든 음악이 수행하게 되는데, 예를 들면 하이든의 「사계」, 또는 그의 「천지창조」의 많은 부분은 직관적인 세계의 여러 현상이 직접적으로 모방되어 있으며, 전쟁에 대한 모든 노래들도 그러한데, 이것은 완전히 거부되어야 한다.

모든 음악의 표현할 수 없는 친밀감 때문에 음악은 그토록 우리에게 신뢰를 받는 것으로서 그리고 영원히 먼 파라다이스로서 우리 앞을 지나가고, 그렇게 완전히 이해하기는 쉽지만서도 설명하기는 어려운데, 이는 음악이 우리의 가장 내적인 본질의 모든 자극을 재현하지만, 그러나 완전히 현실성 없이 그리고 이러한 현실의 고통으로부터 멀리 있는 것에 근거한다. 이와 마찬가지로 우스꽝스러운 것을 직접 고유한 음악의 영역에서 완전히 배제해 놓는 음악에 본질적인 진지함은, 음악의 대상이 단지 기만과 우스꽝스러운 것만을 가능케 해 주는 표상이 아니라, 직접적인 의지이며 이 의지가 본질적으로 모든 것이 의존하는 가장 진지한 것das Allerernsteste이라는 점으로부터 설명할 수 있다. 음악의 언어가 얼마나 내용이 풍부하고, 큰 의미를 지니고 있는가 하는 것은 다 카포(처음으로 돌아가 다시 한번)뿐만 아니라 반복 부호에서 알 수 있으며, 이것은 낱말언어Wortsprache로 된 작품에서는 견딜 수 없는 일일 테지만, 반대로 음악에서는 아주 합목적적이고 유익한 것이다. 왜냐하면 음악을 완전히 이해하려면 두 번 들어야 하기 때문이다.

　나는 음악에 대한 이러한 설명에서 음악이 아주 보편적인 언어로 세계의 내적인 본질, 우리가 가장 분명한 표현으로 의지라는 개념으로 생각하는 세계의 그-자체를 한 종류의 재료로, 즉 단순한 음으로 그리고 가장 큰 규정성과 진리로 표현한다는 점을 분명하게 하려고 노력하였다면, 나아가 나의 견해와 노력에 따라 오로지 그러한 보편적인 개념에서만 어디에서나 세계의 본질 전체에 대해 충분하고 올바르게 이용할 수 있는 통찰이 가능하기 때문에, 철학이 세계의 본질의 완전하고 올바른 재현Wiederholung이자 표현이라면, 나를 따르고 나의 사유방식에 들어선 사람이, 음악이 전적으로 올바르고 완전하며 개별적인 것에 관계한다는 나의 설명, 즉 음악이 표현하는 것을 개념으로 상세히 재현한다는 것에 다다르게 된다면, 이것은 즉시 개념으로 세계를 충분하게 재현하고 설명하는 것이 되거나 또는 그러한 설명과 완전히 똑같은 진정한 철학이 될 것이고, 따라서 우리는 위에서 인용한 저차원의 입장에서는 완전히 옳은 라이프니츠의 말을 음악에 대한 우리의 고차원의 견해의 의미에서 다음과 같이 패러디할 수 있게 될 것이다. "음악은, 자신이 철학하고 있다는 것을 정신은 알지 못하는, 형이상학에서의 무의식적인 연습이다." 왜냐하면 scire, 즉 안다는 것wissen은 어디에서나 추상적인 개념에 고정되어 있음을 의미하기 때문이다. 그러나 나아가서 라이프니츠의 이 말은 다양하게 증명된 진리이므로, 음악의 미적이거나 내적인 의미와는 상관없이 단순히 외부적으로 그리고 순수하게 경험적으로 고찰한다면, 음악은 그렇지 않았으면 우리가 다만 개념으로 파악하는 것을 통해 간접적으로밖에 인식할 수 없었을 큰 수와 복합적인 수의 비율을 직접적으로 그리고 구체적으로 파악하는 수단 이외에 다른 것이 아니기 때문에, 우리는 이제 음악에 대한 두 개의 서로 상이하긴 하지만 올바른 견해들의 합일을 통해 수철학Zahlenphilosophie의 가능성이라는 개념을 만들어 낼 수 있다. 피타고라스의 수철학과 중국인의 『역경』에서의 수철학 또한 그와 같은 것이며, 그리고 섹스투스 엠피리쿠스(『수학자에 대한 반론』 L. 7)가 인용하는 "모든 사물은 수와 비슷하다"라는 피타고라스의 잠언을 이런 의미에서 설명할 수도 있다. 그리고 마지막으로 이러한 견해를 위에서 언급한 화음과 멜로디에 대한 설명에 적용해 보면, 우리는 소크라테스가 도입하려고 했던 것처럼, 자연에 대한 설명 없는 단순한 도덕철학이, 루소가 전적으로 원했던 화음 없는 멜로디와 완전히 유사하다는 것을 발견하게 될 것이고, 이와 반대로 윤리학이 없는 단순한 물리학과 형이상학은 멜로디 없는 단순한 화음에 부합할 것이다. 나는 이러한 부수적인 고찰에서 현상하는 세계와 음악의 유사성에 관련된 몇몇의 언급을 추가하고자 한다. 우리는 2권에서 의지의 객관화의 최고의 단계, 즉 인간이 홀로 고립되어 나타날 수 없고, 인간 밑에 존재하는 단계들을 전제하고, 다시 이 단계들은 보다 낮은 단계들을 전제한다는 것을 확인하였다. 바로 그렇듯이 세계처럼, 의지를 직접적으로 객관화하는 음악은 완전한 화음에서 비로소 완성된다. 멜로디의 높고 주도적인 음은 완성적인 인상을 주기 위해, 모든 음의 근원으로 보아야 하는 가장 낮은 저음에 이르는 다른 모든 음들을 동반하는 것이 필요하다. 화음도 멜로디에 관여하듯이 멜로디 자체는 필수적인 부분으로서 화음에 관여한다. 그리고 완전한 화음 전체에서 음악이 드러내려고 하는 것이 표현되듯이, 그렇게 시간을 벗어난 하나의 의지는 오로지 셀 수 없이 많은 정도로 증가하는 명확함을 가지고 자신의 존재를 드러내는 모든 단계의 완전한 합일에서만 자신의 완전한 객관화를 발견한다. 다음과 같은 비유는 아주 눈에 띄는 것이다. 우리는 2권에서 서로에 대한 모든 의지현상의 그 자기-적응Sich-Anpassen에도 불구하고, 종의 관점에서 이것이 목적론적인 고찰을 야기하지만, 그럼에도 불구하고 여전히 개체로서의 의지의 현상들 사이에는 제거될 수 없는 모순이 남아 있고, 이것은 현상의 모든 단계에서 나타나며 세계를 이러한 모든 현상의 끊임없는 싸움터로 만들고, 이를 통해 자기 자신에 대한 의지의 내적인 모순이 드러나게 한다는 것을 보았다. 또한 음악에서도 이에 상응하는 것이 존재한다. 즉 음의 완전히 순수한 화음체계는 물리적으로뿐만 아니라, 산술적으로도 불가능하다. 음을 표현하게 하는 수 자체는 해결할 수 없는 비합리성을 지니고 있다. 어떠한 음계라도 그 음계 안에서 모든 5도 음정이 기본음에 대해 2 대 3으로 관계하며, 모든 장3도 음정은 4 대 5로 관계하고, 모든 단5도 음정은 5 대 6 등으로 관계한다는 것을 계산할 수는 없다. 왜냐하면 예를 들어 5도 음정은 3도 음정에 대해서만큼은 단3도 음정이어야 하기 때문에 음들이 기본음에 대해 올바르게 관계한다면, 음들은 더 이상 서로 올바르게 관계할 수 없게 되기 때문이다. 음계의 음들은 때때로 이러저러한 역할을 하는 배우에 비유할 수 있기 때문이다. 따라서 그런 까닭에 완전히 올바른 음악은 전연 생각될 수 없으며, 더구나 실현될 수도 없는 것이다. 그렇기 때문에 모든 가능한 음악은 완전한 순수성에서 벗어나 있다. 음악은 단지 음악에 본질적인 불협화음을 모든 음에 분배하는 것을 통해, 즉 평균율을 통해 숨길 수 있을 뿐이다. 이에 관해서는 클라드니의 『음향학』 30절과 그의 『음향학 개론』 12쪽에서 확인할 수 있다.

나는 음악이 지각되는 방식에 대해, 즉 유일하게 시간 속에서 그리고 시간을 통해 공간을 완전히 배제한 채 인과성을 인식하는 것의 영향, 즉 오성의 영향 없이 지각되는 방식에 대해 몇 가지를 더하고자 한다. 왜냐하면 음은 이미 작용으로서, 그리고 직관의 경우처럼 굳이 음의 원인으로 되돌아가지 않아도 미적인 인상을 주기 때문이다. 나는 이러한 고찰을 더는 이어나가지 않을 텐데, 이미 이 3권에서 너무 상세하게 설명했거나 너무 세한 것을 다루었기 때문이다. 그러나 나의 목적이 이러한 설명을 필요로 했고, 내가 사람들이 충분히 인식하기 어려운 예술의 중요성과 높은 가치를 구체적으로 표현하게 된다면, 이러한 설명을 마냥 못마땅해하지만은 않을 것이다. 우리의 견해에 따르면 가시적인 세계 전체는, 우리가 곧 보게 되겠지만, 단지 의지의 자기인식을 위해, 그러니까 의지의 구원의 가능성을 위해 의지를 동반하면서 의지를 객관화하는 것, 즉 의지의 거울에 지나지 않는다. 그리고 동시에 표상으로서의 세계는, 사람들이 의욕에서 벗어나 오직 그 세계만을 의식에 받아들여 이 세계를 분리해서 고찰한다면, 삶의 가장 기쁘고 오로지 순수한 측면일 것이다. 우리는 예술을 이 모든 것 중에서 보다 더 높은 상승이면서 보다 완전한 전개로 보아야만 하는데, 예술은 본질적으로 가시적인 세계 자체가 행하는 것과 동일한 것을 보다 더 구체적으로, 보다 더 완전하게, 의도적으로 그리고 사려 깊게 수행하기 때문이다. 그리고 예술은 그런 까닭에 단어의 완전한 의미에서 삶의 꽃Blüte des Lebens 이라고 불려야 할 것이다. 표상으로서의 세계 전체가 의지의 가시성에 지나지 않는다고 한다면, 예술은 이러한 가시성을 분명하게 해 주는 것이며, 대상들을 더 순수하게 드러내고, 보다 잘 조망할 수 있게, 요약하게 해 주는 암실투영장치camera obscura이며, 극 중의 극이고 『햄릿』에서 무대 위의 무대인 것이다.

모든 아름다움의 만족, 예술이 제공하는 위로, 예술가로 하여금 삶의 노고를 잊게 하는 예술가의 열정, 다른 사람들보다 앞서는 천재의 장점, 이에 대한 대가로 의식이 명확해져 갈수록 같은 정도로 커져 가는 천재의 고통과 이질적인 사람들 아래에서의 황량한 고독, 이 모든 것은, 앞으로 우리가 제시하겠지만 삶의 그-자체, 의지, 존재 그 자체, 지속적인 고통이며 때로는 비탄에 잠기고, 때로는 끔찍하다는 점, 반대로 이와 같은 것들을 오직 표상으로서, 순수하게 직관하거나 또는 고통에서 벗어나 예술을 통해 재현하는 것은 의미 있는 연극을 보증해 준다는 점에 근거한다. 이같이 세계에 대해 순수하게 인식 가능한 측면과 그 어떤 예술에서도 세계의 그러한 측면을 재현하는 것이 예술가의 본질적 특징이다. 예술가는 의지의 객관화라는 연극을 보는 데 사로잡히게 된다. 그는 이러한 연극에 머무르며 그러한 연극을 고찰하는 것과 묘사하면서 재현하는 데에 지치지 않을 것이고, 예술가는 그러는 동안에 연극을 공연하는 대가를 치르게 되는데, 즉 그 스스로가 객관화되어 끊임없는 고통 속에 머무르는 의지인 것이다. 세계의 본질에 대한 순수하고 참된, 그러한 심오한 인식은 그에게는 이제 목적 자체가 된다. 예술가는 그러한 인식에 머물러 있다. 그런 까닭에 이러한 인식은 그에게, 우리가 4권에서 체념에 도달한 성자의 경우에서 보게 되겠지만, 의지의 진정제가 되지 않고, 그를 영원히 삶으로부터 구원하지 않으며, 단지 짧은 순간만을 구원할 뿐이며, 그는 아직 삶에서 벗어날 길이 존재하지 않고, 단지 잠시 동안만 삶에서 위로를 받는 데 불과한 것이다. 이를 통해 고양된 그의 힘은 마침내 연극에 지쳐 진정한 것Ernst을 거머쥐게 된다. 사람들은 라파엘로의 「성 체칠리아」를 이러한 이행의 상징으로 눈여겨볼 수 있다. 따라서 우리는 이제 4권에서 진정한 곳으로 향하도록 할 것이다.

4권

의지로서의 세계 두 번째 고찰

자기인식에 도달했을 때의
살려는 의지의 긍정과 부정

"

인식이 생기는

즉시

욕망이 사라져 버렸다.

„

(『우파니샤드』 2권, 216쪽)

53절

우리의 고찰의 마지막 부분은 가장 중요한 대목이다. 왜냐하면 이 부분은 인간의 행동에, 모든 사람에게 직접적으로 관계되며 그 누구에게도 낯설지 않은, 무관심할 수 없는 대상에 관련되기 때문이다. 이 고찰의 대상에 다른 모든 것을 관련시키는 것은 인간의 본성에 적합한 것인데, 이 마지막 부분은 관련된 모든 연구에서 이러한 연구의 행위에 관련된 부분을 항상 그 연구 전체 내용의 결과로서, 적어도 연구가 이러한 대상에 관심을 갖는 한에서 고찰하게 되고, 그렇기 때문에 다른 부분은 아닐지라도 이 마지막 부분에는 진지하게 관심을 갖게 된다. 이와 관련하여 일반적인 방식으로 표현하자면, 지금까지 우리가 고찰해 온 이론철학과는 반대로 우리는 앞으로 다뤄지는 부분을 실천철학이라고 부를 수 있을 것이다. 그러나 내 생각에 모든 철학은 항상 이론적이기 마련인데, 왜냐하면 당면한 연구대상이 무엇이든지 간에, 규정하는 것이 아니라 항상 순수하게 관조하는 태도를 취하고 연구하는 것이 철학에 본질적이기 때문이다. 이에 반해 실천적으로 되는 것, 행동을 이끄는 것, 성격을 변화시키는 것은 성숙한 통찰의 단계에서는 결국 포기해야만 하는 낡은 요구일 뿐이다. 왜냐하면 어떤 존재가 의미가 있는지 없는지, 구원을 받을지 저주를 받을지가 문제인 곳에서는 철학의 죽은 개념이 아니라, 플라톤이 말하듯이, 인간을 이끌며 인간을 선택하는 것이 아니라 인간 스스로가 선택하는 다이몬Dämon, 칸트가 말하는 예지적 성격, 즉 인간 자신의 내적인 본질이 중요하기 때문이다. 덕은 천재와 마찬가지로 가르칠 수 없는 것이다. 개념은 예술에 대해서와 마찬가지로 덕에 대해서도 유효하지 않으며 도구로서만 사용될 수 있을 뿐이다. 여기에서 미학이 시인, 화가, 음악가를 고무시킬 것이라고 기대하는 것처럼, 우리의 도덕체계나 윤리학이 덕 있는 사람, 고귀한 사람 그리고 성스러운 사람을 고무시키리라고 기대하는 것은 어리석은 일이다.

철학은 현존하는 것을 해석하고 설명하는 것, 구체적으로 감정으로서 모든 사람에게 이해될 수 있게끔 세계의 본질을 이성의 분명하고 추상적인 인식으로 가져가는 것 그 너머의 일을 할 수는 없다. 그러나 철학은 이것을 가능한 모든 관계 속에서, 모든 관점에서 수행한다. 이러한 철학의 작업은 지금까지 세 권의 책에서 철학에 고유한 보편성을 다른 관점에서 이끌어 내려고 시도했듯이, 똑같은 방식으로 이제 4권에서는 인간의 행동이 고찰되어야 할 것이다. 인간의 행동이라는 측면은, 내가 앞서 언급했듯이 주관적으로뿐만 아니라 객관적으로도 모든 것 중에서 가장 중요한 것이 될 것이다. 나는 지금까지 고찰한 방식에 충실하게 머물러 있을 것이고, 지금까지 언급한 것을 전제로서 의지할 것이다. 물론 이 책 전체의 내용인 하나의 사상을 지금까지 다른 모든 대상들에서처럼 인간의 행동에 대해서도 피력할 것이고, 따라서 이 사상을 가능한 한 완전하게 전달하기 위해 최선의 노력을 다할 것이다.

앞서 주어진 관점과 위에서 언급한 취급방식 속에는, 우리가 지금 살피고 있는 윤리적인 4권 중에서 어떤 규정들, 어떠한 의무론도 기대하지 않는다는 점이 넌지시 주어져 있다. 여기에서는 일반적인 도덕원칙, 마찬가지로 모든 덕을 가져오는 보편적인 처방은 언급하지 않을 것이다. 또한 우리는 "무제약적 당위"에 대해서도 언급하지 않을 것이다. 왜냐하면 부록에서 언급할 것이지만, 그것은 모순을 내포하기 때문이다. 또한 같은 상황에 있는 "자유의 법칙"에 대해서도 말하지 않을 것이다. 우리는 결코 당위에 대해서는 말하지 않을 것이다. 왜냐하면 그런 말은 어린이나 유아기의 상태에 있는 민족에게나 해당되며, 성숙한 시대에 완전한 교양을 지닌 사람들에게는 해당되지 않기 때문이다. 의지를 자유롭다고 부르는 것과 의지가 의욕해야만 하는 법칙을 의지에게 규정하는 것 사이에는 명백한 모순이 있다. "의욕해야 한다는 것"은 나무로 만든 편자hölzernes Eisen일 뿐이다. 우리의 견해 전체를 따르자면 의지는 자유로운 것일 뿐 아니라 전능한 것이기도 하다. 의지로부터 의지의 행위뿐만 아니라 의지의 세계가 생겨나게 된다. 의지가 존재하는 그대로의 방식대로 의지의 행위가 나타나며 의지의 세계도 나타나는 것이다. 의지의 행위와 세계는 의지의 자기인식일 뿐이며 다른 그 어떤 것이 아니다. 의지는 스스로 규정되며 이것에 의해 의지의 행위와 세계가 존재하게 된다. 왜냐하면 의지 이외에는 아무것도 없기 때문이며, 의지의 행위와 세계는 의지 자체이기 때문이다. 이런 관점에서만 의지는 자율적인 것이며 다른 관점에서는 타율적인 것이다. 우리의 철학적 노력은, 우리가 지금까지 세계 그 밖의 현상을 해석하고 이러한 현상의 내적인 본질을 명확하고 추상적인 인식으로 드러내려고 시도했던 것처럼 오로지 인간의 행위 그리고 다양하게 대립하고 있는 여러 격률들을 ―이러한 격률들은 행위인데― 이들의 가장 내적인 본질과 내용에 따라 지금까지 우리가 행한 고찰과의 연관성 속에서 해석하고 설명하는 데까지만 도달할 수 있다. 우리의 철학은 지금까지의 모든 고찰에서처럼 여기에서 내재Immanenz를 주장할 것이다. 우리의 철학은 칸트의 가르침에 거슬러, 근거율에 의해 표현되는 현상의 형식을, 도약하는 데 쓰이는 지팡이로 사용하여 이를 통해 그 형식에 의미를 부여하는 현상 자체를 넘어 텅 빈 허구의 끊임없는 영역에 머물고자 하는 것은 아니다. 오히려 우리가 그 안에 있으면서 그 인식가능성이 우리 속에 있는 인식 가능한 현실의 세계는 우리의 고찰의 재료이자 또한 한계이기도 하다. 인간의 정신으로 수행할 수 있는 심오한 탐구일지라도, 그것을 완전히 탐구할 수 없을 정도로 현실세계는 그 내용이 풍부한 것이다. 또한 인식 가능한 현실의 세계는 이전의 고찰에서처럼 우리의 윤리적인 고찰에서도 재료와 현실성이 결여되지 않을 것이기 때문에, 우리는 내용 없는 소극적인 개념들로 도망갈 필요는 없으며, 우리가 눈썹을 치켜올리면서 "절대적인 것", "무한한 것", "초감각적인 것"을 가리켜 단순히 소극적인 것에 대해 말했다고 스스로에게 믿음을 타이를 필요는 없는 것이다. "이런 것들은 불명확한 표상과 결합된 표현들일 뿐이다."(율리아누스, 『오라티오네스』 5) 그렇게 말하는 대신에 한마디로 이상향Wolkenkukuksheim이라고 말할 수 있을 것이다. 뚜껑이 덮여 있지만 속은 공허한 이러한 종류의 접시를 식탁에 올려놓을 필요는 없다고 말할 수 있다. 마지막으로 우리는 지금까지처럼 여기에서도 마찬가지로 역사라는 틀 속에서 이야기하지 않고 그러한 역사를 철학이라고 주장하지도 않을 것이다. 왜냐하면 우리는 세계의 철학적인 인식으로부터 아주 멀리 벗어나 있는 사람이라면 그 누구라도 세계의 본질을 어떤 식으로든 역사적으로 파악할 수 있다고 오해하고 있을 것이라고 생각하기 때문이다. 세계를 역사적으로 파악하는 것은, 세계의 본질 자체에 대한 자신의 견해 속에서 그 어떤 변화나 변화된 것 또는 변화되는 것이 발견될 때, 그 어떤 이전Früher 또는 이후Später가 최소한의 의미를 지니기 때문에, 명확히 나타나 있든 은연히 숨겨져 있든 간에, 세계의 시작점과 종점이 이 양자 사이의 길과 함께 탐구되고 발견되며, 철학하는 개인이 이러한 길 위에서 자신의 고유한 위치를 인식할 경우에만 가능한 것이다. 그러한 역사적인 철학은 대부분의 경우 다양하게 변형될 수 있는 우주진화론Kosmogonie이나 그렇지 않으면 유출론, 이단론Abfallslehre을 제공하게 되거나, 아니면 마지막으로 그러한 길이 효과가 없는 것에 실망하여 마지막 길에 내몰리게 되면 거꾸로 어둠, 불명확한 근거, 근원, 무근거로부터 지속적인 변화, 발아, 생성, 출현 그리고 헛소리를 제공하게 된다. 이러한 헛소리는 우리가 완전한 영원성, 즉 무한한 시간은 바로 지금 이 순간까지 흘러왔다는 점, 그렇기 때문에 생성

될 수 있는 것 또는 생성되어야만 하는 모든 것은 이미 생성되어 있다는 점을 간단하게 언급함으로써 제거할 수 있을 것이다. 왜냐하면 그러한 모든 역사적인 철학이 고상한 양 행동한다 하더라도, 그것은 고작 마치 칸트가 세상에 존재한 적 없었던 것처럼, 시간을 물자체의 규정이라고 받아들이고, 여기에서 칸트가 물자체에 반하여 현상이라고 가리킨 것 그리고 플라톤이 결코 변하지 않는 존재에 반하여 변하는 것, 존재하지 않는 것이라고 가리킨 것 아니면 마지막으로 인도인들이 마야의 너울이라고 가리킨 것에 머물러 있기 때문이다. 그것은 바로 근거율에 내맡겨진 인식일 뿐인데, 우리는 이러한 인식에 의해서는 결코 사물의 내적인 본질에 도달할 수 없으며, 현상만을 무한히 따라가는 것에 지나지 않으며, 끝없이 계속 움직이는 바퀴 안의 다람쥐에 비교하자면, 결국에는 피로해져 위든지 아래든지 아무 곳에나 멈춰 선 다음 그곳에 대해 다른 사람으로부터 억지로 가짜 존경심을 얻어 내려는 것과 마찬가지인 것이다. 세계에 대한 진정한 철학적 고찰방식, 즉 우리에게 세계의 내적인 본질을 인식하도록 가르치고 현상을 넘어서게끔 도와주는 고찰방식은 바로 어디에서, 어디로, 왜라고 묻는 고찰방식이 아니라 항상, 어디에서나, 오로지 세계의 본질Was에 대한 물음을 제기하는 고찰방식이다. 즉 이것은 사물을 그 어떤 관계에 의해서가 아니고, 변하고 사라지는 것으로서도 아니다. 간단히 말하자면, 근거율의 네 가지 형태에 의해 고찰하는 것이 아니다. 진정한 철학적 고찰방식은 근거율을 따르는 고찰방식을 모두 배제하더라도 아직 남아 있는 것, 모든 관계 속에 나타나지만 그러한 관계에 종속되지 않는 것, 항상 세계의 동일한 본질, 즉 세계의 이념을 대상으로 하는 것이다. 예술뿐만 아니라 철학도 이러한 인식으로부터 시작되어야 하며, 이제 4권에서 우리가 발견하게 될 오직 진정한 구원과 세계로부터의 해탈로 인도하는 마음도 여기에서 출발해야만 할 것이다.

54절

~᰾~

바라건대 앞의 세 권의 책에서 다음과 같은 사실을 분명하고 명확하게 이끌어 냈을 것이다. 표상으로서의 세계는 의지의 거울이며, 이러한 거울 속에서 의지는 자기 자신을 점점 더 명확하고 완전한 단계에서 인식하게 된다. 인간은 가장 높은 단계에 있는데, 이러한 인간의 본질은 행동들의 연관성을 통해서만 자신에 대해 비로소 가장 완전하게 표현할 수 있으며, 이러한 행동들의 자의식적인 연관성은 이성에 의해 가능하고, 이러한 이성은 인간으로 하여금 전체를 항상 추상적으로 조망하게 한다.

순수하게 그 자체로 고찰하자면, 인식이 없고 단지 맹목적이며 끊임없는 충동에 지나지 않는 이러한 의지는, 우리가 의지를 무기체적이거나 식물적인 자연 그리고 자연의 법칙 속에서 보듯이, 또한 그러한 의지가 우리 자신의 삶의 식물적인 부분에서 나타나는 것을 보듯이, 힘을 합쳐 의지에 봉사하도록 전개된 표상의 세계를 통해 자신의 의욕과 의지가 원하는 것이 무엇인지에 대한 인식을 얻는다. 즉 의지가 원하는 것은 다른 것이 아니라 바로 이 세계이자 이 세계에서의 삶이다. 그렇기 때문에 우리는 현상하는 세계를 의지의 거울, 의지의 객관성이라고 불렀던 것이다. 그리고 의지가 원하는 것은 항상 삶이고, 삶이라는 것은 바로 표상에 대한 의지의 의욕이기 때문에, 우리가 "의지"라고 말하는 대신에 "살려는 의지Wille zum Leben"라고 말하는 것은 같은 것이고 단지 동어반복일 뿐이다.

의지란 물자체이자 세계의 내적인 내용이며 세계의 본질이지만 삶, 가시적인 세계, 즉 현상은 단지 의지의 거울이기 때문에, 세계는 물체와 그 그림자처럼 의지와 분리되지 않고 언제나 함께 있다. 의지가 존재하면 또한 삶, 세계도 존재한다. 살려는 의지에는 삶이 확실한 것이기 때문에 우리가 삶의 의욕으로 충만해 있다는 한에서 우리는 우리의 존재에 대해 걱정할 필요가 없는데, 이것은 죽음에 직면해서도 마찬가지이다. 물론 우리는 개체들이 생겨나고 사라지는 것을 본다. 그러나 개체는 단지 현상에 지나지 않으며 근거율, 개체화원리에 사로잡힌 인식에 의해 존재할 뿐이다. 이러한 인식에 따르면 개체에게 삶이란 하나의 선물처럼 무에서 생겨나는 것이고 그런 다음에 죽음에 의해 그 선물을 잃어버리게 된 개체는 다시 무로 되돌아가는 것이다. 그러나 우리는 바로 그러한 삶을 철학적으로, 즉 삶의 이념에 따라 고찰할 것이다. 그러면 우리는 거기에서 의지, 즉 모든 현상 속 물자체뿐 아니라 인식하는 주관, 즉 모든 현상의 관찰자 또한 태어남과 죽음에 의해 영향을 받지 않는다는 점을 발견하게 될 것이다. 태어남과 죽음은 바로 의지의 현상, 즉 삶에 속하는 것이며 이러한 삶은 본질적으로 자신을 개체들 속에서 드러낸다. 이러한 개체들은 자신의 본래적인 존재를 객관화하기 위해 본래는 시간과 관련이 없지만, 앞서 말한 방식으로 자신을 드러내기 위해서는 반드시 필요한 시간의 형식 속으로 도피하면서 드러나는 현상으로서 생성하고 소멸한다. 태어남과 죽음은 똑같은 방식으로 삶에 속하며, 서로에 대해 일변하는 제약으로서 또는 다른 식으로 표현하자면, 전체 삶의 현상의 양극으로서 동일한 무게를 갖고 있다. 모든 신화 중에서 가장 현명한 인도의 신화는 이 점을 다음과 같이 표현하고 있다. 인도의 신화는 파괴, 죽음을 상징하는 신(세 신들 중에서 가장 죄가 크고 저급한 신인 브라흐마는 생식과 생성을 상징하고 비슈누는 보존을 상징한다)에게, 즉 시바에게는 해골 목걸이와 동시에 남근Lingam을 그 속성으로 부여한다. 이것은 생식의 상징이며 여기에서 죽음과 화해의 역할을 한다. 이러한 사실을 통해서 생식과 죽음이 본질적으로 서로 대립하면서 중화되고 지양되는 상관개념이라는 점이 제시된다. 지금도 우리가 보고 있는 것처럼, 그리스인과 로마인을 부추겨 값비싼 석관을 장식하게 만들었던 것은 인도의 그것과 같은 생각에서였다. 그러한 장식에는 축제, 춤, 결혼식, 사냥, 동물 싸움, 바커스 축제, 이를테면 강렬한 삶의 충동이 표현되었는데, 이러한 장식들은 이러한 삶의 충동을 오락으로서뿐만 아니라 관능적인 무리로서 사티로스와 염소의 짝짓기까지 드러내 주고 있다. 이렇게 하는 목적은, 분명히 개인의 죽음을 애도하고 자연의 불멸하는 삶을 아주 인상적으로 강조하며, 비록 추상적인 지식을 통해서는 아니지만 자연 전체가 현상일 뿐이고, 살려는 의지의 충족이라는 점을 암시하려는 데 있다. 이러한 현상의 형식은 시간, 공간 그리고 인과성인데, 이러한 형식에 의해 일어나는 개체화는 개체를 생성하거나 소멸시키지 않고는 불가능하다. 그러나 살려는 의지는 ─이러한 의지의 현상에 의해 개체는 마치 하나의 예나 본보기로서만 존재할 뿐인데─ 자연 전체가 한 개체가 죽었다고 해서 허약해지지 않듯이, 개체의 태어남이나 죽음에 끄떡도 하지 않는다. 왜냐하면 자연에서 중요한 것은 개체가 아니라 오로지 종이기 때문이며 자연은 종의 그러한 유지를 위해 진지하게 노력하기 때문이다. 자연은 종을 유지하고자 낭비처럼 보일 정도로 엄청난 양의 씨앗과 종족번식에의 엄청난 충동을 부여한다. 이에 반해 개체만 놓고 보면 자연에는 아무런 가치가 없으며 아무런 가치를 가질 수 없다. 무한한 시간, 무한한 공간 그리고 이들 속에 있는 가능한 개체의 무한한 수가 바로 자연의 왕국이기 때문이다. 여기에서 자연은 항상 개체들을 제거해 버릴 준비가 되어 있다. 따라서 개체는 수많은 방식에 의해 허무하게 몰락할 수 있을 뿐만 아니라 이러한 몰락이 이미 본래부터 정해져 있고 종의 유지에 봉사하는 그 순간부터 자연 자체에 의해 이끌려 다니는 것이다. 이를 통해 자연 스스로는 개체가 아니라 오직 이념만이 본래적인 실재성, 즉 의지의 완전한 객관성을 갖고 있다는 점을 아주 소박하게 나타내 주고 있다. 인간은 자연 그 자체이면서 아주 높은 단계에 있는 자연의 자기의식이지만, 자연은 단지 객관화된 살려는 의지이기 때문에, 인간이 이러한 관점을 파악하고 그곳에 머무르게 된다면 당연히 그리고 정당하게 죽음 자체인 자연의 영원한 삶을 되돌아봄을 통해 자신의 죽음과 친구의 죽음을 위로할 수 있을 것이다. 그래서 결론적으로 남근을 지닌 시바나 강렬한 삶을 그린 고대의 석관이 슬퍼하는 관찰자에게 "자연은 슬퍼할 것이 아니다natur non contristatur"라고 소리쳐 알리는 것으로 이해해야 할 것이다.

생식과 죽음이 삶에 속하는 어떤 것으로 그리고 의지의 현상에 본질적인 것으로 고찰된다는 점은, 생식과 죽음이 그 밖의 삶 전체가 존재함을 아주 강렬하게 표현하는 것으로서 우리에게 나타난다는 점에 기인한다. 즉 그 밖의 삶 전체가 존재하는 것은 전적으로 확고한 형태를 고집하는 물질의 지속적인 변화 이외의 다른 것이 아니다. 이것은 소멸하지 않는 종 곁에 있는 개체의 소멸성인 것이다. 지속적인 양육과 재생산은 단지 그 정도에 있어서만 생식과 다른 것이며 지속적인 배설 또한 그 정도에 있어서만 죽음과 구분될 뿐이다. 이러한 양육과 재생산은 식물의 경우에 단순하고 명확하게 나타난다. 식물은 전적으로 그러한 충동의 똑같은 반복, 가장 단순한 섬유의 지속적인 반복인 것이며, 이러한 충동이 섬유가 되어 꽃잎이나 줄기로 모이게 되는 것이다. 이러한 섬유는 서로를 떠받치고 있는 동일한 식물 종의 체계적인 집합체인 것이다. 이러한 섬유를 지속적으로 재생산해 내는 것이 식물의 유일한 충동이다. 이러한 충동을 완전하게 만족시키기 위해 식물은 변형의 단계를 거쳐서 그 존재와 노력의 결과인 꽃과 열매가 되는 것이다. 이러한 결과 속에서 식물은 자신의 고유한 목표에 재빨리 도달하게 되고, 이제 단번에 자신이 그때까지 개별적으로 끼친 영향의 수천 배의 영향을 끼치게 된다. 즉 이것은 식물 자신의 반복이다. 열매를 맺기까지 식물의 충동은 출판에 대한 책의 관계와 같은 것이다. 이것은 동물에게서도 명백하게 같은 것이다. 양육 과정은 지속적인 생식이며, 생식과

정은 보다 높은 가능성을 지닌 양육이다. 생식에 있어서의 성적 만족은 삶의 감정에 있어 보다 높은 쾌적함이다. 반면에 물질을 지속적으로 발산하고 내버리는 분비작용은 생식의 반대인 것, 즉 극대화된 의미에서의 죽음과 같은 것이다. 우리가 내버려진 물질을 아까워하지 않고 형태를 유지시키는 데에 매번 만족하듯이, 매일 그리고 매시간 개별적인 분비작용에서 일어나는 것처럼 똑같은 것이 극대화된 죽음에서 전체적으로 일어날 때에도 우리는 동일한 방식으로 처신할 것이다. 분비작용에 있어서도 무관심했듯이, 우리는 죽음의 경우에 있어서도 두려워할 필요가 없다. 따라서 이러한 입장으로부터 항상 다른 개체들에 의해 대체되는 자신의 개체성에 대해 지속을 요구하는 것은 자신이 지닌 신체의 물질적 영속Bestand을 요구하는 것으로 전도되어 나타난다. 시체를 미라로 만들어 보존하는 것도 자신의 배설물을 소중하게 간직하는 것처럼 어리석은 일이다. 개별 신체와 개별 의식의 결합에 관해 말하자면, 그러한 결합은 잠을 자는 것에 의해 완전히 중단된다. 깊은 잠은 그것이 지속하는 한, 얼어 죽는 경우에서처럼 연달아 죽음으로 이어지기도 하는데, 깊은 잠은 그것이 현재인 동안에는 죽음과 다르지 않으며 단지 미래에 대해서만, 즉 잠에서 깨어났을 때에만 죽음과 다른 것이다. 죽음은 그 속에서 개체성이 망각되는 잠에 불과하다. 다른 모든 것은 다시 깨어나거나 또는 깨어 있는 것이다.[1]

1 다음의 고찰은 명민하지 않은 사람에게는 개체가 물자체가 아니라 현상에 불과하다는 점을 명확하게 하는 데 도움이 될 수 있다. 한편으로 모든 개체는 인식의 주관, 즉 객관적인 세계 전체의 가능성을 보충하는 조건이고, 다른 한편으로 모든 사물에서 객관화되는 의지의 개별적인 현상이다. 그러나 이러한 우리의 본질의 이중성은 스스로 존재하는 단일성에 깃들어 있는 것이 아닌데, 만약 그렇지 않다면 우리는 우리 자신을 우리 스스로 그리고 인식과 의욕의 대상들에 의존하지 않고 의식할 수 있게 될 것이다. 그러나 우리는 결코 그렇게 할 수 없고, 이것을 시도하기 위해 우리 안에 들어가 인식을 내부로 향하여 한 번 완전히 숙고하려고 하자마자, 우리는 깊이를 알 수 없는 공허 속에서 자신을 잃어버리게 되고 우리를 속이 빈 유리 공 같은 것으로 느끼게 될 것이다. 그러한 공허로부터 하나의 소리가 들리지만 그 속에서는 그러한 소리의 원인을 만날 수는 없다. 우리는 우리 자신을 그렇게 붙잡

우리는 무엇보다도 의지의 현상형식, 곧 삶의 형식 또는 실재성의 형식은 미래도 아니고 과거도 아니며 본래 현재뿐이라는 점을 분명하게 인식해야만 한다. 미래나 과거는 오직 개념 속에서만, 근거율에 따르는 한에서 오직 인식과 관련해서만 존재하는 것이다. 어느 누구도 과거 속에 살지 않았고, 어느 누구도 미래 속에서 살 수는 없다. 오로지 현재만이 모든 삶의 형식이며 또한 결코 빼앗길 수 없는 삶의 확실한 소유물이다. 현재는 항상 그 내용과 함께 존재한다. 이 둘은 폭포 위의 무지개와 같이 흔들림 없이 확고하게 서 있다. 왜냐하면 의지에 있어서는 삶이, 삶에 있어서는 현재가 확실하고 분명하기 때문이다. 물론 흘러가 버린 수천 년, 그 시대에 살았던 수백만의 사람들을 다시금 생각해 본다면 우리는 그 사람들이 무엇이었고, 어떻게 되었는가라고 물을 것이다. 그러나 우리는 이에 대해 우리 자신의 삶의 과거만을 불러들여 그러한 과거의 장면을 상상 속에서 생동감 있게 새롭게 하고, 이 모든 것이 무엇이었는가, 우리 자신의 고유한 삶으로부터 어떻게 되었는가를 다시 물어볼 뿐이다. 우리 자신의 삶처럼 수백만의 삶도 같은 것이다. 또는 과거라는 것이 죽음에 의해 봉인되어 있다는 점을 통해 새로운 존재를 갖게 된다고 생각해야 하는가? 우리 자신의 과거는, 가까운 어제의 것이라도 단지 상상의 공허한 꿈에 불과할 뿐이며, 수많은 사람들의 과거도 마찬가지이다. 과거에는 무엇이 있었는가? 현재에는 무엇이 있는가? 그것은 의지와 의지가 없는 인식인데, 이러한 의지의 거울이 삶이고, 이러한 의지가 없는 인식은 그 거울 속에서 의지를 분명하게 파악한다. 아직 이것을 인식하지 못했거나 인식하려고 하지 않는 사람은 과거 사람들의 운명에 대해, 위에서 제기한 물음에다 다음의 물음을 덧붙여야 할 것이다. 저 수많은 사람들, 이를테면 그 시대의 영웅들이나 현자들도

으려고 하면서 존재하지도 않는 유령을 몸서리치며 붙잡을 뿐이다.

과거의 밤에 가라앉아 사라져 버리는 반면, 왜 묻는 자 바로 그 사람은 이렇게 귀중하고, 순간성을 띠는 유일하게 실재하는 현재를 소유하면서 행복할 수 있는가? 그러나 그렇게 묻는 자의 하찮은 자아가 실제로 존재하는 까닭은 무엇일까? 이상하게 들릴지라도 간단하게 말하자면, 이러한 지금Jetzt, 즉 묻는 자의 지금은 왜 바로 이때 존재하는 것이고 오래전부터 존재한 것이 아닌가? 그는 이렇게 이상한 물음을 제기하면서 자신의 존재와 자신의 시간을 서로 독립적인 것으로 여기며 자신의 존재를 자신의 시간 속에 던져 넣는다. 그는 두 개의 지금을 가정하는데, 하나는 객관에 속하는 지금이고 다른 하나는 주관에 속하는 지금이다. 그리고 그는 이러한 두 가지의 지금이 운 좋게도 우연히 일치하는 데 대해 놀라워한다. 그러나 사실은 (『충분근거율의 네 가지 뿌리에 대하여』에서 제시되었듯이) 시간을 형식으로 하는 객관과 근거율 자체를 형식으로 간주하지 않는 주관과의 접점이 현재를 완성할 뿐이다. 이제 의지가 표상이 되어 버린 한에서 모든 객관은 의지이며, 주관은 객관의 필연적인 상관개념이다. 실재하는 객관은 오직 현재 속에서만 존재한다. 과거와 미래는 단순한 개념들과 환영들만을 포함한다. 따라서 현재는 의지의 현상의 본질적인 형식이며 이러한 의지의 현상과 분리할 수 없는 것이다. 오직 현재만이 항상 존재하는 것이고 확고하게 확실한 것이다. 경험적으로 파악하자면, 현재는 모든 것 중에서 가장 덧없는 것이지만, 경험적 직관의 형식을 뛰어넘어서 살펴보는 형이상학적 조망에 있어 유일하게 지속하는 것으로서, 즉 스콜라주의자들의 "지속하는 지금Nunc stans"으로서 나타난다. 현재의 내용의 기원이자 담당자는 살려는 의지 또는 우리 자신인 물자체이다. 이미 존재했거나 앞으로 다가오면서 끊임없이 생성되고 소멸하는 것은 생성과 소멸을 가능하게 하는 현상의 형식들에 의해 현상 그 자체에 속한다. 따라서 우리는 '무엇이 있었던가Quid fuit?'는 '있는 것Quod est', '무엇이 되는가Quid erit?'는 '있었던 것Quod fuit'

이라고 생각해야 하는데, 이것은 엄정한 의미에서 비슷한 것이 아니라 동일한 것으로 이해해야 한다. 왜냐하면 의지에 있어서는 삶이, 삶에 있어서는 현재가 확실한 것이기 때문이다. 또한 그런 까닭에 누구나 "나는 언제나 현재의 주인이고, 영원히 그림자처럼 현재가 나를 따라다닐 것이며, 따라서 나는 현재가 어디로부터 와서 어떻게 지금이 되는지를 놀라워하지 않는다"라고 말할 수 있을 것이다. 우리는 시간을 끊임없이 돌아가는 원에 빗댈 수 있다. 끊임없이 가라앉는 반절은 과거이고, 끊임없이 올라가는 반절은 미래인 셈이다. 그러나 위쪽의 나눌 수 없는 접선에 접하는 점은 바로 현재일 것이다. 접선이 원과 같이 굴러가지 못하듯이, 시간을 형식으로 삼는 객관과, 인식할 수 있는 것에 속하지 않고 오히려 모든 인식 가능한 것의 조건이기 때문에 결코 어떠한 형식도 갖지 않는 주관과의 접점인 현재도 마찬가지로 굴러가지 않는다. 또는 시간은 멈추지 않고 흐르는 강물에 비유할 수 있고, 현재는 강물이 부딪치는데도 쓸려 내려가지 못하는 바위에 비유할 수 있다. 물자체로서의 의지는 특히 어떤 점에서 의지 그 자체이거나 또는 의지의 표현인 인식주관처럼 근거율에 종속되지 않는다. 그리고 의지에 있어 이러한 의지의 유일한 현상인 삶이 확실한 것처럼, 현실적인 삶의 유일한 형식인 현재도 확실한 것이다. 따라서 우리는 삶 이전의 과거에 대해 또는 죽음 이후의 미래에 대해 연구할 수는 없다. 오히려 우리는 의지가 나타내는 유일한 형식으로서 현재를 인식해야 할 것이다.[2] 현재는 의지로부터 벗어나지 못한다. 그러나 진정으로 의지도 현재로부터 벗어날 수 없다. 따라서 누군가가 있는 그대로의 삶에 만족하며 어떤 식으로든

---

2   스콜라주의자들은 영원은 끝과 시작이 없는 연속이고, 지속하는 지금, 즉 우리는 아담에게 지금이었던 바와 똑같은 지금을 갖고 있다는 점, 즉 지금과 그 당시(Damals) 사이에는 아무런 차이가 없다는 점을 가르쳤다. 홉스의 『리바이어던』 46장.

삶을 긍정하는 사람은 확고한 마음으로 삶을 끝없는 것으로 간주할 것이며, 그가 현재를 잃어버릴지 모르고 현재 없는 시간이 존재할 수 있으리라는, 죽음에 대한 불합리한 공포를 자신에게 불어넣는 하나의 기만으로 떨쳐 버릴 것이다. 이것은 시간에 관한 기만이고, 공간에 관한 기만은 사람들이 자신의 상상 속에서 자신이 속해 있는 지구에서의 장소가 위쪽이고 그 밖의 다른 장소는 모두 아래쪽이라고 간주하는 것이다. 이처럼 사람들은 현재를 자신의 개체성과 연결시키고, 이러한 개체성과 함께 현재가 소멸해 버리고 과거와 미래는 현재 없이 존재할 것이라고 생각한다. 그러나 지구에서 도처가 모두 위쪽이라고 이를 수 있듯이, 모든 삶의 형식은 현재이다. 우리에게서 현재를 빼앗아 가기 때문에 죽음을 두려워하는 것은 우리가 다행스럽게 지금은 위쪽에 있지만 둥근 지구에서 미끄러질 수 있다고 두려워하는 것처럼 어리석은 일이다. 현재라는 형식은 의지의 객관화에는 본질적이다. 현재라는 형식은 연장이 없는 점처럼 두 방향으로 무한하게 향하는 시간을 잘라 내고는 확고하게 서 있다. 이것은 얼핏 보기에는 태양이 밤 속으로 가라앉는 것처럼 보이지만 실제로는 태양이 멈추지 않고 타오르는 것처럼 결코 식어 버리는 일 없이 지속되고 있는 밤에 비유할 수 있다. 따라서 한 인간이 죽음을 자신이 없어지는 것이라고 두려워한다면, 태양이 밤에 가리게 될 때 "슬프다! 나는 영원한 밤 속으로 사라져 버리는구나!"[3]라고 탄식하는 것과 같다고 생각할 수 있다. 또한 반대로 삶의 무게에

3 에커만의 『괴테와의 대화』(2판, 1권, 154쪽)에서 괴테는 다음과 같이 말한다. "우리의 정신은 완전히 파괴될 수 없는 본성을 지닌 존재이다. 그것은 영원에서 영원으로 지속적으로 작용하는 것이다. 그것은 우리의 눈에는 지는 것처럼 보이지만, 그러나 본래적으로는 결코 지는 일 없이 지속적으로 빛을 내는 태양과 같다." 괴테는 이 비유를 나에게서 얻은 것이며, 내가 그로부터 얻은 것은 아니다. 의심의 여지 없이 그는 1824년 나눈 대화에서 아마도 의식하지 않고 위의 문장을 회상하여 사용했을 것이다. 그 문장은 동일한 말로 1판 401쪽에 나오고, 같은 책 528쪽 그리고 65장 끝에서도 반복되기 때문이다. 1판을 괴테에게 1818년 12월에 보냈고 그는 1819년 3월 당시에 나폴리에 있던 나에게 내 여동

압박을 받는 사람, 삶을 좋아하고 긍정하지만 삶의 고통을 두려워하고 특히 자신에게 닥친 괴로운 운명을 더 이상 견뎌 낼 수 없는 사람은 죽음으로부터 자유로워지는 것을 바랄 수 없고 자살을 통해서도 구원받을 수 없다. 어둡고 차가운 저승Orkus이 안식처라는 잘못된 가상이 그런 사람을 유혹한다. 지구는 회전하여 낮에서 밤이 된다. 개체는 죽는다. 그러나 태양 그 자체는 중단 없이 영원한 대낮을 불태울 뿐이다. 살려는 의지에 있어 삶이란 확실한 것처럼, 삶의 형식은 영영 끝나지 않는 현재인 것이다. 마찬가지로 이념의 현상인 개체들처럼 시간 속에서 생성하고 소멸하는 것은 꿈에 비교할 수 있다. 그러므로 여기에서 이미 자살은 소용없는 어리석은 행위로 드러난다. 우리의 고찰을 더 진행해 나가면 자살은 우리에게 더욱더 유익하지 않은 것으로 드러날 것이다.

교리들은 변하고 우리의 지식은 기만적이다. 그러나 자연은 잘못을 범하지 않는다. 자연의 활동은 확실하고 그 본연을 숨기지 않는다. 모든 것은 완전히 자연 속에 있고, 자연은 완전히 모든 것 속에 있다. 자연은 모든 동물 속에서 본연의 중심을 갖고 있다. 동물은 자신이 현존하는 길을 확실히 발견해 낸 것처럼, 출구를 확실히 발견해 낼 것이다. 그사이에 동물은 소멸에 대한 상황 앞에서도 두려움 없이 걱정하지 않고 자신이 자연 자체이고 자연처럼 사라지지 않는다는 의식을 지닌 채 살아갈 것이다. 그러나 인간은 추상적인 개념 속에서 죽음에 대한 확실성을 지니고 살아간다. 그럼에도 불구하고 죽음에 대한 확실성은 아주 드물게, 어떤 계기가 죽음에 대한 확실성을 환상 속에 나타나게 하는 개별 순간에만 불안을 야기할 수 있다. 막강한 자연의 소리에 반성이 저항하기는 어렵다. 또한 사유하지

생을 통해 박수갈채를 보내며 그가 특히 마음에 드는 몇 페이지의 구절들을 메모한 쪽지를 보내왔다. 그는 나의 책을 읽었던 것이다.

못하는 동물에서처럼 인간에게서도 자신이 자연이고 세계 자체라는, 가장 내밀한 의식으로부터 생기는 그러한 확신이 지속적으로 존재한다. 이러한 확신 때문에 죽음이란 확실한 것이고 결코 멀리 있지 않다는 그러한 생각에도 불구하고 그 누구라도 눈에 띄는 불안함 없이, 영원히 살 수 있다는 듯 살아간다. 그렇다고 한다면 자신의 죽음의 확실성을 생생하게 확신하는 사람은 없다고 말할 수 있다. 그렇지 않다면 그의 기분은 유죄 판결을 받은 범죄자의 기분과 큰 차이가 없을 것이기 때문이다. 모든 사람은 죽음의 확실성을 추상적으로 그리고 이론적으로 인정하지만서도 실천적으로 적용할 수 없는 다른 이론적인 진리들처럼 죽음의 확실성을 자신의 생생한 의식 속에 받아들이지 않고 등한시하게 된다. 인간의 고유한 성향을 주의 깊게 관찰하는 사람은 불가피한 것에 대해 말할 때 습관이나 자족감에서의 그러한 성향에 대한 심리학적 설명방식들이 결코 충분하지 않고, 이러한 근거가 앞서 언급한 심오한 것에 놓여 있다는 것을 통찰하게 될 것이다. 이 같은 근거로부터, 어떻게 하여 모든 시대에 걸쳐 모든 민족에게서 죽음 이후 개체의 지속Fortdauer에 관한 교리들이 발견되고 주목받게 된 것인지가 설명된다. 그러나 이것을 증명하는 일은 항상 극도로 불충분할 수밖에 없고, 오히려 그 반대에 대한 증명이 더 강력하고 수없이 많이 존재하기 때문이다. 정말이지 이러한 교리는 원래 증명을 필요로 하지 않고 상식적으로 사실로서 받아들여지며, 그 자체로 자연은 오류를 범하거나 거짓말하지 않고, 자연의 행위와 본질은 분명하게 드러나고, 심지어 소박하게까지 표현되어 있다는 데에서 당위를 확보한다. 반면에, 우리 자신은 우리의 제한된 견해에 바로 부합하는 것을 나타내고자 망상을 통해 자연의 행위와 본질을 어둡게 만들어 버린다.

그러나 우리는 이제 의지의 개별적인 현상이 시간성을 띤 채 시작을 하고 끝이 나지만, 물자체로서의 의지 자체는 이와 관련이 없으며, 또한 모든 객관의 상관개념, 즉 인식되지 않고 인식하는 주관도 이와 관련이 없고, 살려는 의지에서 삶이 언제나 확실하다는 점을 분명하게 의식할 수 있다. 이 점은 저 불멸에 관한 가르침에는 포함될 수 없다. 왜냐하면 물자체로서 보자면 순수인식주관, 즉 영원한 세계의 눈처럼 의지에는 소멸뿐만 아니라 불멸도 없기 때문이다. 이러한 불멸과 소멸은 시간 속에서만 타당한 규정이지만, 의지와 순수인식주관은 시간 밖에 놓여 있기 때문이다. 따라서 우리가 설명한 견해로는 개체(인식주관에 의해서 비추어진 개별적인 의지현상)의 이기적인 마음은 무한한 시간을 거쳐 자신을 유지하고자 하는 소망을 위한 영양분이나 위로를 받을 수 없다. 개체의 죽음 이후에 다른 외부세계는 시간 속에 계속해서 존재할 수 있으리라는 인식을 위해서도 영양분과 위로를 받을 수 없는데, 이것은 객관적으로, 그렇기에 일시적으로 고찰된 같은 견해일 뿐이다. 왜냐하면 단지 현상인 인간은 사라져 버리지만, 이와 반대로 물자체는 시간이 없는 것, 따라서 한이 없는 것이기 때문이다. 그러나 인간은 단지 현상으로서만 세계의 다른 사물들과 다를 뿐이며, 물자체로서의 인간은 모든 것에서 현상으로 나타나는 의지이며, 죽음은 인간의 의식을 다른 것의 의식으로부터 구분해 왔던 기만을 없애 버린다. 이것이 지속이다. 물자체로서의 인간에게만 속하는 것인, 죽음으로부터의 벗어남은 현상에 대해서는 그 밖의 외부세계와의 지속과 일치하는 것이다.[4] 따라서 말했듯이, 우리가 지금 분명하게 인식한 것을 그대로 친밀하게 자각한 의식은, 이성적인 존재의 삶이 죽음에 대한 생각에서 헤어 나오지 못하게 하

---

4   이것은 『베다』에서는 말하자면, 한 인간이 죽으면 그의 시력이 태양과 그의 후각은 지구와 그의 미각은 물과 그의 청각은 공기와 그의 말은 불과 하나가 된다는 것을 통해 설명된다(『우파니샤드』 1권, 249쪽 이하). 또한 어떤 특별한 의례(Förmlichkeit)에서는 죽어 가는 사람이 자신의 감각과 전체 능력들을 그의 아들에게 넘겨주고 그러한 능력들이 아들에게서 계속 살아가도록 한다고 설명된다(같은 책, 2권, 82쪽 이하).

는 것을 저지한다. 그러한 의식은 마치 죽음이 존재하지 않기라도 하듯이, 모든 생명체가 삶을 직시하고 삶으로 나아가려는 한 모든 생명체를 올바르게 유지시키고 쾌활하게 삶을 이어 가게 하는 삶의 의욕의 기초이다. 그러나 이를 통해 죽음이 개별적으로 그리고 현실 속에서 아니면 오로지 환상 속에서 개체에게 다가오고 그리고 개체가 죽음을 눈앞에서 받아들여야 할 때에는, 죽음에 대한 불안에 사로잡히지 않고자 어떤 식으로든지 도망하려고 시도해 보아도 이를 저지할 수는 없다. 왜냐하면 이성적 존재의 인식이 삶 그 자체로 향하고 있는 한에서 이성적 존재는 삶 속에서 불멸성을 인식해야 하듯이, 죽음이 눈앞에 다가왔을 때에 이러한 죽음을 있는 바 그대로, 즉 개체들의 시간적 현상의 시간적 종말로 인식해야만 하기 때문이다. 우리가 죽음에서 두려워하는 것은 결코 고통이 아니다. 왜냐하면 고통은 한편으로는 분명히 죽음의 이쪽diesseit에 놓여 있고, 다른 한편 우리는 종종 고통 때문에 죽음으로 도피할 뿐만 아니라 이와 반대로, 죽음이 빠르고 쉬울지도 모르겠지만, 잠시만이라도 죽음을 피하고자 엄청난 고통을 받아들이기도 하기 때문이다. 따라서 우리는 고통과 죽음을 두 가지의 완전히 다른 불행으로 구분한다. 우리가 죽음에서 두려워하는 것은 실제로 죽음이 노골적으로 통보하는 개체의 몰락이다. 그리고 개체는 살려는 의지 자체가 개별적으로 객관화된 것이기 때문에, 개체의 전체 본질은 죽음에 저항한다. 그러나 이런 식으로 감정이 우리를 꼼짝없이 포기해야 하는 곳에서는 우리들 개별자 대신 전체를 주목하는 고차원의 입장으로 끌어올리는 이성이 나타나 그러한 감정의 거슬리는 인상들을 대부분 극복할 수 있다. 그렇기 때문에 우리가 지금 고찰했지만, 그 이상으로 고찰하지는 않은, 세계의 본질에 대한 철학적 인식은 주어진 개인에게서 반성Reflexion이 직접적인 감정을 지배하는 방식으로 죽음에 대한 두려움들을 극복할 수도 있을 것이다. 지금까지 제시된 진리들을 자신의 성향에 확고하게 융합시

컸지만, 그러나 동시에 자신의 경험을 통해 또는 계속되는 통찰에 의해 모든 삶에 지속적인 고뇌가 본질적이라는 점을 인식하지 못하고, 삶에서 만족을 발견하고 그 속에서 완전히 편안함을 느끼며 조용히 생각하면서, 지금까지 경험했듯이 삶의 행로가 끝없이 지속되거나 언제나 새로이 반복되기를 원하며 삶을 누리는 것에 대해 삶에 내던져진 모든 고난과 고통을 기꺼이 즐겨 받아들일 정도로 삶의 의욕이 너무 큰 그런 사람은 "단단하고 굳센 뼈를 갖고 잘 다져진 지속적인 대지에"[괴테, 『인류의 한계』] 서 있어 어떤 것도 두려워할 필요가 없다. 이런 사람은 우리가 붙인 인식으로 무장하여 시간의 날개를 타고 재촉해 오는 죽음을 무심하게 맞이하고, 그러한 죽음을 하나의 잘못된 가상으로, 아무런 힘도 없이 약자를 놀래키기만 하는 무력한 유령으로 볼 것이다. 이런 사람은 세계 전체가 의지의 객관화나 모상이고 자기 자신이 그러한 의지이며, 따라서 삶은 항상 확실하게 있으며 의지의 현상의 본래적이고 유일한 형식이 현재라는 점을 확실히 알기 때문에, 그가 존재하지 않는 무한한 과거나 미래가 그 사람을 놀라게 할 수 없다는 것을 안다. 그 사람은 이러한 과거나 미래를 허황된 환영이자 마야의 너울Gewebe der Maja로 간주하기 때문에, 태양이 밤을 두려워하지 않는 것처럼 죽음을 두려워하지 않을 것이다. 크리슈나는 『바가바드기타』에서 (크세르크세스와 유사한 방식으로) 전투 준비를 갖춘 군대를 보고, 비애Wehmut에 휩싸여 절망하고, 수천 명의 사람들을 구하기 위해 전투를 그만두려는 자신의 젊은 제자인 아르주나로 하여금 이러한 입장을 갖게 한다. 크리슈나는 아르주나로 하여금 이러한 입장을 갖게 하여, 수천 명의 죽음도 이제 더 이상 아르주나를 잡아 두지 못하게 된다. 아르주나는 전투신호를 내린다. 또한 괴테의 프로메테우스도, 특히 그가 다음과 같이 말할 때 이러한 입장을 드러내 준다.

"여기 앉아 나는 인간을 만들어 낸다

내 모습을 따라서,

나와 같은 인간을,

고통스러워하고, 울며,

즐기고 기뻐하며

그리고 그대를 존경하지 않는

나와 같은 인간을!"

브루노의 철학이나 스피노자의 철학도, 그들 철학의 오류와 불완전성에 의해 확신이 방해받거나 줄어들지 않는 사람을 이러한 입장으로 이끌수 있을 것이다. 브루노의 철학은 본래적인 윤리학을 지니고 있지 않으며, 스피노자의 철학에서 윤리학은 그의 가르침의 본질에서 유래하지 않으며, 비록 그 자체로는 칭찬할 만하고 훌륭한 것이긴 하지만, 허약하고 명백한 궤변에 의해 철학에 붙어 있을 뿐이다. 마침내 많은 사람들의 인식이 그들의 의욕과 합을 맞춘다면, 즉 그들이 모든 망상에서 벗어나 자기 스스로 명확하고 분명히 알 수 있게 된다면, 많은 사람들은 위에서 언급한 입장에 서게 될 것이다. 왜냐하면 이것은 인식에 있어서는 살려는 의지를 완전히 긍정하는 입장이기 때문이다.

의지가 자기 자신을 긍정한다는 것은 의지의 객관화 속에서, 즉 세계와 삶 속에서 의지의 고유한 본질이 표상으로서의 의지에게 완전하고 분명하게 주어지면서, 이러한 인식이 의지의 의욕을 결코 방해하지 않고, 이렇게 알려진 삶이 지금까지는 인식 없는 맹목적인 충동처럼 그 자체로 의지에 의해 의욕되었지만, 이제는 인식에 의해 의식적으로 그리고 분별 있게 의욕되는 것을 의미한다. 이것의 반대, 즉 살려는 의지의 부정은 그러한 인식에서 의욕이 끝나게 되면, 더 이상 인식된 개별현상들이 의욕의 동기로서 작용하지 않고, 이념의 파악을 통해 나타난, 의지를 비추는 세계의 본질에 대한 인식 전체가 의지의 진정제가 되고, 그래서 의지가 스스럼없이 자발적으로 자기 자신을 포기하게 된다는 것을 알려 준다. 이처럼 여태 완전히 알려지지 않았고, 일반적인 표현으로 이해하기 어려운 개념들은, 바라건대, 곧 이어지는 현상에 대한 설명을 통해, 여기에서 한편으로는 긍정이 다양한 정도로 그리고 다른 한편으로는 부정이 나타나는 행동방식들을 통해 분명하게 될 것이다. 왜냐하면 의지의 긍정과 부정은 인식으로부터 출발하지만, 말뿐인 추상적인 인식에 의해서가 아니라 행위와 처신을 통해서만 표현되는 생생한 인식으로부터 출발하고, 추상적인 인식으로서 이성이 몰두하는 교리들에 의존하지 않기 때문이다. 나의 목적은 의지의 긍정과 부정을 나타내고 이성적으로 분명하게 인식하게 하려는 것이지, 어떤 한쪽이나 다른 한쪽을 지시하거나 추천하려는 것은 아닌데, 이런 일은 어리석고 무의미한 일일 것이다. 의지 자체는 전적으로 자유롭고 완전히 그 스스로 규정되는 것이며 이러한 의지에 대해서는 그 어떤 법칙도 존재하지 않기 때문이다. 우리가 언급한 설명에 앞서 우리는 이러한 자유와 이것의 필연성에 대한 관계를 설명하고 정확하게 규정해야만 한다. 그런 다음에 삶에 대해 ―삶의 긍정과 부정이 우리의 문제인데― 몇 가지 일반적인, 의지와 그 대상에 관계하는 고찰들을 다루어야 하고, 이 모든 것을 통해 우리는 행동방식의 윤리적 의미에 대한 의도성을 띤 인식을 그 행위방식의 내적인 본질에 따라 쉽게 할 것이다.

위에서 언급했듯이, 이 책 전체는 하나의 유일한 사상의 전개에 지나지 않기 때문에, 여기에서 모든 부분은 서로 아주 밀접하게 연결되어 있고, 단순히 이어지는 추리들로 구성되는 모든 철학에서처럼, 책의 각 부분이 앞부분과 필연적인 관계를 지니며, 따라서 독자가 앞부분을 기억하고 있다는 것만을 전제로 하는 것이 아니라 이 저작 전체의 모든 부분이 다른 여러 부분과 유사성을 띠며 그러한 다른 부분을 전제로 하고 있다. 그렇기 때문에 독자에게는 앞엣것das zunächst Vorhergehene뿐만 아니라 이전의 모든 것을 기억하는 것이 필요하다. 그와 같이 독자는 그 사이에 많은 다른 것이 있다고 하더라도 그것을 매번 현재적인 것에 연결시킬 수 있어야 할 것이다. 플라톤 또한 그의 독자에게 이러한 요구를 했는데, 그는 대화편에서 복잡한 미로처럼 느껴지는 긴 에피소드를 말한 다음에 비로소 이를 통해 분명하게 중심 사상을 다시 다룬 바 있다. 우리에게 이러한 요구는 필요한 것인데, 우리의 하나뿐인 사상을 여러 갈래로 나누어 고찰하는 것은 전달을 위한 유일한 수단이지만, 사상 자체에는 본질적인 형식이 아니라 인위적인 형식일 뿐이다. 네 권의 책에서 네 가지의 주요 관점으로 구분한 다음 비슷한 것과 똑같은 것을 신중하게 연결시키는 것이 그것을 쉽게 설명하고 이해하기 위해 도움이 된다. 그럼에도 불구하고 그 재료는 역사적인 진행과 같은 선형적인 진행을 전혀 허용하지 않고 보다 복잡한 서술을 하게 한다. 그리고 바로 이렇기 때문에 이 책을 반복해서 연구하는 것이 필수적이다. 이러한 연구를 통해서만 다른 부분과 함께 각 부분의 연관성이 분명해지고, 비로소 모든 부분이 서로에 의해 비추어져 완전히 명백해질 것이다.[5]

55절

의지가 그 자체로 자유롭다는 점은 우리의 견해에 의하면 의지가 물자체, 즉 모든 현상의 내용이라는 점에서 이미 뒤따라 나온다. 반면에 우리는

---

5 이에 대해서는 2편 41-44장 참고.

이러한 현상이 네 가지 형태의 근거율에 종속된다는 것을 안다. 그리고 우리는 필연성이 주어진 근거로부터 귀결되는 것과 전적으로 동일하고, 이둘이 상관개념이라는 점을 알고 있다. 그러므로 현상에 속하는 모든 것, 즉 개체로서의 인식하는 주관에 대한 객관은 한 측면에서는 근거이고 다른 측면에서는 귀결이며, 이러한 귀결이라는 속성에서 완전히 필연적으로 규정되어 있고, 그런 까닭에 있는 그대로의 것 이외의 다른 것이 아니다. 따라서 자연의 전체 내용, 자연의 모든 현상은 전적으로 필연적이며, 모든 부분, 모든 현상, 모든 사건의 이러한 필연성은, 필연성이란 귀결로서 의존하는 근거가 발견되기 마련이기 때문에 그때마다 증명된다. 이 점에 있어서는 예외가 없다. 이것은 근거율의 무제약적인 타당성에 토대를 두고 있다. 그러나 다른 한편으로 모든 현상으로 드러나는 바로 이러한 세계는 의지의 객관성이고, 의지는 그 자체로 현상, 표상, 객관이 아니고 물자체이기 때문에 근거율, 즉 모든 객관의 형식에 종속되지 않으며, 따라서 어떤 근거를 통해 귀결로서 규정되지 않고, 필연성을 알지 못하기 때문에 자유롭다. 따라서 자유개념의 내용은 단지 필연성의 부정, 즉 귀결과 그러한 귀결의 근거에 대한 근거율에 따른 관계의 부정이기 때문에, 자유개념은 본래 소극적인 것이다. 이제 여기에 우리에게 커다란 대립의 일치점, 즉 자유와 필연성의 합치가 가장 분명하게 놓여 있다. 최근에 들어 이러한 합일에 대해 종종 논의되곤 했지만, 그러나 나에게 알려진 바로, 결코 분명하고 적절하게 논의되지는 않았다. 모든 사물은 현상으로서, 객관으로서 전적으로 필연성을 띠고 있다. 그와 같은 것은 그 자체로 의지이며, 이러한 의지는 영영 자유로운 것이다. 현상, 즉 객관은 필연적이며, 근거와 귀결의 중단할 수 없는 연관 속에서 필연적이며 변경할 수 없게끔 규정된다. 그러나 이러한 객관의 존재와 그 존재방식, 즉 객관 속에 드러난 이념, 다른 말로 하자면, 객관의 성격은 의지의 직접적인 현상인 것이다. 이러한 의지의 자유에 따라 객관은 결코 존재하지 않을 수 있거나 또는 근본적으로 그리고 본질적으로 완전히 다른 것이 될 수도 있다. 그러나 그렇다면 그 자신이 동일한 의지의 현상인 전체적인 연쇄 ―객관은 이러한 연쇄의 한 부분인데― 도 완전히 다른 것일 수 있다. 하지만 객관이 일단 그러한 연쇄에 존재하게 되면 근거와 귀결의 대열Reihe에 들어가게 되고, 그러한 대열 속에서 항상 필연적으로 규정되며 이에 따라서 다른 것이 될 수 없고, 즉 변할 수도 없으며 그러한 대열에서 벗어날 수도, 즉 사라질 수도 없다. 인간은 자연의 다른 모든 부분과 다름없이 의지의 객관성이다. 따라서 지금까지 말한 모든 것은 인간에게도 적용된다. 자연의 모든 사물이 특정한 영향에 따라 그에 정해진 바대로 반응하고 자신의 성격을 완성하는 힘과 성질을 지니게 되는 것처럼 인간도, 동기가 그의 행동을 필연적으로 야기하는 성격Charakter을 지닌다. 이러한 행동방식 자체에서 인간의 경험적 성격이 나타나게 되는데, 이 경험적 성격에서 다시 인간의 예지적 성격, 즉 의지 그 자체가 나타나며 인간은 이러한 의지의 결정된 현상인 것이다. 그러나 인간은 의지의 가장 완전한 현상인데, 2권에서 보여진 것처럼 이러한 완전한 현상이 존재하기 위해서는 아주 높은 정도의 인식에 의해 밝혀져야 한다. 우리가 3권에서 알게 된 것처럼, 더욱이 이러한 인식 속에서는 세계의 순수한 거울인 이념의 파악, 즉 세계의 본질이 표상이라는 형식 아래에서 완전히 알맞게 반복되어 드러나는 것이 가능해진다. 따라서 인간에게서 의지는 완전한 자기의식을, 즉 전체 세계에서 반영되는 자신의 고유한 본질의 분명하고 완전한 인식을 얻을 수 있다. 우리가 3권에서 보았듯이, 예술은 실제로 이러한 정도의 인식이 존재할 때라야 생겨날 수 있다. 그러나 우리의 모든 고찰의 끝에 이르게 되면 의지가 그러한 인식을 자신과 관계시키면서, 이러한 인식을 통해 의지의 가장 완전한 현상 속에서 의지의 제거와 자기부정Selbstverneinung이 가능하게 된다는 점이 밝혀질 것이다. 오직 물자체에 속하는 것으로서의 자유는 현상 속에서는 결코 나타날 수 없었지만, 현상에 근거로 놓여 있는 본질을 제거하는 경우에 한해서는 이러한 현상 속에서도 자유가 나타나게 되고, 현상 자체는 시간 속에서 지속적으로 존재하지만, 이러한 자유는 현상이 자기 자신과 모순되게 하고 이를 통해 성스러움과 자기부정이라는 현상을 드러낸다. 그러나 이 모든 것에 대해 이 책의 끝에 이르러서는 완전히 이해할 수 있게 될 것이다. 이 때문에 잠정적으로 오직 물자체로서의 의지에만 속하고 현상에는 모순되는 자유, 즉 근거율에 매이지 않는 것이 그럼에도 불구하고 인간에게서는 현상 속에서 나타날 수 있다는 점을 통해 어떻게 의지의 다른 현상들과 인간이 구분되는지가 아마도 대략적으로 암시될 것이다. 그러나 그럴 경우에 자유는 필연적으로 현상의 자기 자신과의 모순으로서 나타난다. 이런 의미에서 의지 자체만이 아니라 인간 역시도 자유롭다고 말할 수 있고, 이 때문에 다른 모든 존재로부터 구별될 수 있는 것이다. 그러나 이 점을 어떻게 이해해야 하는지는 다음에 이어지는 모든 것을 통해 비로소 분명하게 파악될 수 있으며, 우리는 지금에 한하여 그것에 대해서는 상관하지 않아야만 한다. 왜냐하면 우선적으로 개별적인 특정한 인간의 행동이 그 어떤 필연성에도 종속되지 않는다는 오류, 즉 동기의 힘이 원인의 힘 또는 전제로 이루어진 추리의 귀결보다 덜 확실하다는 오류를 미리 방지해야 하기 때문이다. 물자체로서의 의지의 자유는, 위에서 말했듯이, 우리가 위에서 오직 하나의 예외에 관계되는 경우를 제외하는 한, 결코 직접적으로 의지의 현상으로 옮겨 가지 않으며, 또한 의지의 현상이 가시성의 최고 단계에 이르게 된 경우에도, 따라서 개별적 성격을 지닌 이성적인 동물, 즉 인간으로 옮겨 가지는 않는다. 인간은 자유로운 의지의 현상임에도 불구하고 결코 자유롭지 않다. 왜냐하면 인간은 자유로운 의지의 의욕에 의해 이미 결정된 현상이기 때문이며, 그리고 인간은 모든 객관의 형식, 즉 근거율에 관계하면서 그러한 의지의 단일성을 행동의 다양성으로 전개시키지만, 이러한 행동은 그러한 의욕 자체의 시간에 매이지 않는 단일성 때문에 자연력의 법칙성에 의해서 나타난다. 그러나 그럼에도 자유로운 의욕은 인간과 인간의 모든 처신에서 가시화되며, 개념이 정의Definition에 관계하듯이 자유로운 의욕은 이렇게 가시화되는 것에 관계하기 때문에, 인간의 모든 개별적인 행동은 그 원인이 자유로운 의지일 수 있고, 의식에 대해서는 직접적으로 그 자체로서 알려지게 된다. 따라서 2권에서 말했듯이, 각자는 선험적으로(즉 근원적인 감정에 따라) 자신에게 주어진 모든 경우에 모든 행동이 가능할 것이라는 의미에서, 개별적인 행동에서 자유롭다고 생각하며, 각자는 경험과 경험에 대한 숙고를 통해 비로소 후천적으로a posteriori 자신의 행위가 동기와 성격의 합치에서 전적으로 필연적으로 생겨난다는 사실을 알게 된다. 그런 까닭에 야만스러운 사람도 자신의 감정에 따르면서 개별적인 행동에서 철저한 자유를 격렬하게 지키려고 하는 것이다. 반면 모든 시대의 위대한 사상가들, 심지어 심오한 신앙의 교리까지도 이러한 자유를 부정해 왔다. 그러나 인간의 전체 본질이 의지이고, 인간 자신이 오직 이러한 의지의 현상에 불과하며, 비록 주관으로부터 인식할 수 있는 필연적인, 이 경우에 동기의 법칙이라는 형태의 형식을 갖는다는 점을 분명하게 알게 된 사람에게는, 주어진 성격과 당면해 있는 동기에서 행위가 멈추지 않고 일어나는 것을 의심하는 것은 삼각형의 세 각의 합이 두 직각의 합과 일치함을 의심하는 것과 비슷할 것이다. 프리스틀리는 개별적인 행동의 필연성에 대해 자신의 『철학적 필연성의 학설』에서 아주 충분하게 설명하였다. 그러나 이러한 필연성과 현상 밖에 있는 의지 자체의 자유와의 공존은, 칸트가 최초로 증명하였는데, 여기에서 이러한 칸트의 증명은 특히 대단한 업적이라고 할 수 있다.[6] 그는 예지적 성격과 경험적 성격의 구분을 제시했는데, 나는 이러한 구분을 고스란히 수용한다. 왜냐하면 예지적 성격은 특정한 개인에게 특정한 정도로 나타나는 한에서 물자체로서의 의지이지만, 경험적 성격은 시간에 따라 행동방식으로서, 공간에 따라 이미 체형으로서 나타나듯이 이러한 현상 자신이기 때문이다. 이 두 가지 성격을 이해하기 위해서는 이미 입문서인 논문에서 사용된 표현이 가장 적절한데, 모든 사람의 예지적 성격은 시간을 벗어난, 따라서 나눌 수 없고 변화시킬 수 없는 의지작용으로 여겨질 수 있고, 그러한 의지작용이 시간과 공간 속에서 그리고 근거율의 모든 형식 속에서 전개되고 드러난 현상이 경험적 성격이며, 이러한 경험적 성격은 인간의 전체 행동방식과 삶의 행로에서 경험적으로 나타난다. 나무 전체는 단지 동일한 충동이 부단히 되풀이되면서 드러난 현상에 지나지 않는데, 그러한 충동은 섬유 속에서 가장 단순하게 나타나고, 잎, 자루Stiel, 가지, 줄기로 형성된 것에서 되풀이되며, 그 속에서 쉽게 인식된다. 그렇듯이 인간의 모든 행위도 오로지 인간의 예지적 성격이 형식 속에서 변화하면서 부단히 되풀이되어 발현된 것에 지나지 않는다. 그리고 그러한 행위의 합에서 생기는 귀납이 인간의 경험적 성격을 제공한다. 나는 여기에서 칸트의 탁월한 설명을 다른 말로 바꾸어 되풀이하지 않고 그러한 설명을 이미 알고 있는 것으로 전제할 것이다.

1840년에 나는 의지의 자유에 대한 현상논문에서 의지의 자유에 대한 중요한 내용을 근본적이고 상세하게 다루었고, 특히 사람들이 경험적으로 주어진 의지의 절대적인 자유, 즉 어떠한 측면에서도 영향을 받지 않는 자유로운 의지의 결정liberum arbitrium indifferentiae을 자기의식 속에서 그러한 자기의식이라는 사실로 발견한다고 생각하는 착각의 근거를 밝혀냈다. 왜냐하면 현상과제가 아주 통찰력 있게 바로 여기에 초점을 맞추기 때문이다.

6 「순수이성비판」, 1판 532-558쪽, 5판 560-586쪽. 「실천이성비판」, 4판 169-179쪽, 로젠크란츠판 224-231쪽.

따라서 나는 독자에게 이 논문과, 이와 함께 『윤리학의 두 가지 근본문제』라는 제목으로 발간된 도덕의 토대에 대한 현상논문의 10장을 참조하도록 지시하고, 이 책의 1판에서 주어진 의지작용의 필연성에 대한 불완전한 서술은 그치면서 그 대신에 위에서 언급한 착각을 간략한 논의를 통해 설명하고자 한다. 이러한 논의는 2편 19장을 전제로 하고 있기에 위에서 언급한 현상논문에서는 다룰 수 없었던 것이다.

진정한 물자체로서의 의지가 실제로 근원적이면서 독립적이기 때문에, 자기의식 속에서 근원성과 독자성의 감정이 비록 여기에서는 결정된 행위를 동반해야만 한다는 점을 제외하더라도, (의지에만 부가되는 선험적인 자유 대신에) 의지가 경험적으로 자유롭다는 오해, 따라서 개별적인 행위가 자유롭다라는 오해는 2편 19장, 특히 3번 이하에서 설명하고 분리해 놓은 의지에 대한 지성Intellekt의 위치에서 생겨난다. 왜냐하면 지성은 의지가 하는 결정을 후천적으로 경험적으로 알게 되기 때문이다. 그런 이유에서 지성은 당면한 선택에 있어서 의지가 어떻게 결정하는지에 대한 자료를 갖고 있지 않다. 왜냐하면 예지적 성격 덕분에 주어진 동기에서 단지 하나의 결정만이 가능하고 그 때문에 이 결정은 필연적인데, 이러한 예지적 성격은 지성의 인식으로 생기지 않고, 단지 경험적 성격만이 개별적인 행위를 통해 연속적으로 지성에 알려질 뿐이다. 그런 까닭에 인식하는 의식(지성)에 있어서는 선택에 당면한 경우 서로 대립하는 두 가지의 결정이 의지에 똑같이 가능할 것으로 보인다. 그러나 이것은 수직으로 서 있는 막대가 균형을 잃고 흔들릴 경우에 "막대가 오른편이나 왼편으로 넘어질 수 있다"고 말하는 것과 마찬가지이다. 이러한 "그렇게 될 수 있음"은 주관적인 의미만을 지닐 뿐이며, 본래 "우리에게 알려진 자료에 결부해서"라는 것을 의미한다. 왜냐하면 객관적으로는 막대가 흔들리는 그 즉시 쓰러질 방향은 이미 필연적으로 정해지기 때문이다. 또한 이와 같은 이유에서 자신의 의지를 결정하는 일도 단지 그 관찰자, 즉 자신의 지성에 결정되어 있지 않으며, 따라서 상대적이면서 주관적일 뿐이므로, 즉 인식의 주관에 있을 뿐이다. 이와 반대로 그 자체로 그리고 객관적으로는 언급한 모든 선택의 경우에서 결정은 즉시 결정되어 있으며 필연적이다. 이러한 결정은 오직 뒤따르는 결정을 통해 비로소 의식 속에서 생겨난다. 더욱이 어떤 어렵고 중요한 선택에 당면할 때 우리는 이에 대한 경험적인 증거를 확보하기도 하지만, 이것은 아직 나타나지 않고 단지 기대할 뿐인 조건에서만 유효한 것이다. 따라서 우리는 당분간은 그러한 선택에서 아무것도 할 수 없고 수동적인 태도를 취해야만 한다. 이제 우리는 우리가 무엇으로써 결단하게 되는지, 언제 우리에게 자유로운 행위와 결정을 허용하는 상황이 나타나게 될지를 숙고한다. 대개 어떤 결단에서는 멀리 내다보는 합리적인 숙고가 더 언급되고, 또 어떤 결단에서는 직접적인 경향성Neigung이 더 언급된다. 우리가 어쩔 수 없이 수동적인 상태에 있는 한에서는 이성의 측면이 우위를 차지하려고 한다. 그러나 우리는 무슨 행동을 하려고 할 경우에 다른 측면이 얼마나 강하게 이끌리는지를 예견할 수 있다. 적당한 때가 되었을 때에 모든 힘을 다해 의지에 영향을 줄 수 있도록, 그리고 지성 측에서의 실수가 모든 것이 똑같이 작용할 때에도 의지가 행하고자 하는 것과 다르게 결정하도록 의지를 잘못 이끌지 않게끔, 그때까지 우리는 찬성과 반대를 냉정하게 성찰하여 양쪽의 동기를 명백하게 밝히려고 진력한다. 그러나 이처럼 서로 반대되는 동기를 분명하게 전개하는 것은 지성이 무언가를 선택하는 데에 있어서 할 수 있는 모든 것이다. 지성은, 다른 사람의 의지의 결정을 기다릴 때처럼 수동적으로 긴장된 호기심을 갖고 본래적인 결정을 기다린다. 그런 까닭에 지성은 그 사정에 있어 두 가지의 결정이 모두 가능한 것으로 나타나야만 한다. 바로 이것이 의지의 경험적 자유라는 가상이다. 물론 그 결정은 사태의 최종적인 결과로서 전적으로 경험적으로 지성의 영역에 나타난다. 그럼에도 불구하고 그러한 결정은 주어진 동기와 의지가 충돌하면서 개별적인 의지의 내적인 속성, 즉 예지적 성격에서 생겨나온 것이기 때문에, 그런 까닭에 완전히 필연적인 것이다. 그 경우에 지성은 동기의 속성을 모든 면에서 날카롭게 비추는 것 외의 다른 것을 할 수 없다. 지성은 의지 자체를 규정할 수는 없다. 의지란 지성에 의해서는 전혀 접근할 수 없는 것이고, 더구나 우리가 이미 보았듯이, 연구할 수 없는 것이기 때문이다.

누군가가 동일한 상황에서 한번은 이렇게, 다른 한번은 저렇게 행동할 수 있다면, 그의 의지 자체는 그사이에 변했어야만 하고 따라서 시간 속에 놓여 있어야만 한다. 변화는 오직 시간 속에서만 가능하기 때문이다. 그러나 그렇다면 의지는 하나의 단순한 현상에 지나지 않거나 또는 시간이 물자체의 한 규정이어야 할 것이다. 그런 이유에서 개별적인 행위의 자유, 어떠한 측면에서도 영향을 받지 않는 자유로운 의지의 결정liberum arbitrium indifferentiae에 대한 저 논쟁은 본래 의지가 시간 속에 놓여 있는지 아닌지의 물음으로 방향을 바꾸게 된다. 칸트의 이론에서뿐만 아니라 나의 전체 서술에서 필연적이듯이, 그러니까 의지가 시간과 근거율의 모든 형식 밖에 있는 물자체라고 한다면, 개인은 언제고 같은 상황에서 항상 같은 방식으로 행동해야 할 뿐만 아니라, 모든 악한 행위는 개인이 반드시 실행해야 하고 그칠 수 없는 다른 수많은 악한 행위들에 대한 확고한 보증일 뿐만 아니라, 칸트가 말하듯이 경험적 성격과 동기들이 완전하게 주어진다고 한다면, 일식과 월식처럼 미래에서의 인간의 행동을 계산할 수 있을 것이다. 자연이 일관성을 띠듯이 성격도 그런 것이다. 모든 현상이 자연법칙에 따라 나타나듯이, 성격에 따라 모든 개별적인 행위가 나타난다. 현상에서의 원인과 개별적인 행위에서의 동기는, 2권에서 제시되었듯이 기회원인에 지나지 않는다. 의지의 현상이 전체 존재 및 인간의 삶이므로, 의지는 개별적인 경우에도 부인될 수 없으며, 인간 전체가 의욕하는 것을 개별적인 경우에도 항상 의욕할 것이다.

의지의 경험적 자유, 즉 어떠한 측면에서도 영향을 받지 않는 자유로운 의지의 결정의 주장은 인간의 본질을 영혼으로 설정하는 것과 아주 엄밀한 관계가 있는데, 이러한 영혼은 근원적으로 인식하는 존재, 즉 본래 추상적으로 사유하는 존재이고 그래서 의욕하는 존재가 될 것이다. 따라서 실제로는 인식이 부수적인 것인데도 불구하고 의지를 부수적인 본성으로 만들어 버린다. 더욱이 의지는, 데카르트와 스피노자에게서 사유작용으로 고찰되고, 판단과 동일하게 여겨진다. 그렇기에 모든 인간은 자신의 인식의 결과에 따라 비로소 있는 그대로의 것이 되었을 것이다. 인간은 도덕적인 백지상태Null로 세계에 태어나서 세계의 사물들을 인식하고, 이러저러한 사람이 되어 이러저러하게 행동하리라는 것을 결정한다. 또한 새로운 인식의 결과로 새로운 행동방식을 움켜쥐어서 다시 다른 사람이 될 수도 있다. 더구나 인간은 그에 따라 어떠한 사물을 의욕함으로써 그것을 좋은 것gut이라고 부르는 대신에, 먼저 사물을 좋은 것으로 인식함으로써 그것을 의욕하게 될 것이다. 나의 전체적인 근본견해에 따르면 그 모든 것은 참된 관계를 전도시킨 것이다. 의지가 첫 번째 것이고 근원적인 것이며, 인식은 단지 덧붙여진 채 의지의 도구로서 의지의 현상에 속하게 된 것이다. 모든 인간은 그러므로 그의 의지에 의해 있는 그대의 것이고, 그의 성격은 근원적인 것이다. 의욕은 그의 존재의 토대이기 때문이다. 덧붙여진 인식을 통해 인간은 경험의 흐름 속에서 자신이 무엇인지를 알게 된다. 즉 인간은 자신의 성격을 알게 된다. 따라서 인간은 낡은 견해에 따라 자신의 인식의 결과와 적합성에 따라 의욕하는 대신에, 자신의 의지의 결과와 성향의 적합성에 따라 자신을 인식하는 것이다. 이러한 견해에 따르면 인간은 어떻게 해야 가장 즐겁게 있을 수 있을지를 숙고하기만 하면 되는데, 인간은 그릴 수 있을 것이다. 그것이 낡은 관점에서의 의지의 자유이다. 따라서 이러한 의지의 자유는 본래 인식에 비추어 볼 때 인간이 그 자신의 작품이라는 점에 토대하고 있다. 반면에 나는 다음과 같이 말한다. 의지의 자유는 모든 인식에 앞서 있는 의지 자신의 작품이고, 인식은 단지 이 작품을 비추기 위해 덧붙여진 것일 뿐이다. 그렇기 때문에 인간은 그러저러한 인간이기를 결정할 수 없고, 또한 다른 사람이 될 수도 없으며 영원히 자신이고, 자신이 무엇인지를 연속적으로 인식한다. 낡은 견해에서 인간은 인식한 것을 의욕한다. 나의 견해에서는 인간은 의욕하는 것을 인식한다.

그리스인은 성격을 에-토스ἦθος라고 부르고 이러한 성격의 발현, 즉 도덕을 에-테ἤθη라고 부른다. 그러나 이 말은 에토스ἔθος, 즉 습관에서 유래한다. 그리스인은 성격의 지속성을 비유적으로 표현하기 위해서 이 말을 선택했다. 아리스토텔레스는 "왜냐하면 성격(에-토스)이라는 말은 에토스(습관)에서 명명되었기 때문이다. 윤리학은 그 이름을 습관으로부터 갖게 되었다"고 말한다(『대윤리학』 1권, 6장, 1186쪽; 『에우데모스윤리학』, 1220쪽; 『니코마코스윤리학』, 1103쪽) 스토바이오스는 다음과 같이 인용한다. "제논의 추종자들에 따르면 스토아주의자들은 비유적으로 에토스를, 개별적인 행동이 생겨 나오는 삶의 기원으로 설명한다."(『물리학과 윤리학 선집』 2권, 7장) 그리스도교 교리에서 우리는, 인간이라는 것은 변하지 않고, 그의 삶과 처신, 즉 그의 경험적 성격이 단지 예지적 성격을 전개한 것에 지나지 않고, 이미 어린아이 단계에서 인식할 수 있는 변할 수 없는 소질을 전개한 것일 뿐이며, 따라서 이미 그가 태어날 때 처신이 확고하게 정해져 있고, 죽을 때까지 본질적으로는 그대로 있다는 점으로부터 은총의 선택 여부(「로마서」 9장, 11-24절)에 따른 예정설에 관한 교리를 발견한다. 우리 또한 이에 동의한다. 그러나 나는 물론 이러한 전적으로 올바른 통찰과 유대인의 교리에서 발견되는 교리의 합일에서 얻게 되는 결론 그리고 교회에서 가장 많은 논쟁이 되는 가장 큰 어려움인, 영원히 풀 수 없는 고르디우스의 매듭을 제공하는 결론을 대변하는 일을 떠맡지는 않을 것이다. 이것은 이 목적으로 도예공Töpfer의 비유를 제시한 사도 바울에게도 어려운 것이었기 때문이다. 결국 결과는 다음의 시와 다를 바 없기 때문이다.

"신들을 두려워하라

인간들아!

신들은 지배권을 갖고 있다

영원한 손에,

그리고 인간들을 필요로 한다

그들 내키는 대로"

[괴테, 『이피게니에』 4막, 5장]

그러나 이 같은 고찰은 본래 우리의 주제와는 분명 거리가 있다. 오히려 성격과 그것의 모든 동기가 놓여 있는 인식의 관계에 대해 약간의 설명을 하는 것이 목적에 부합할 것이다.

성격의 현상이나 행동을 규정하는 동기들은 인식의 매개를 통해 성격에 작용을 한다. 그러나 인식은 곧잘 변하기 마련이고, 오류와 진리 사이에서 이리저리 동요하지만, 보통은 삶이 계속되면서 점점 더, 물론 정도의 차이가 있겠으나 올바르게 되어 간다. 따라서 인간의 성격이 변한다는 결론을 내리지 않고도, 한 인간의 행동방식은 눈에 띄게 변할 수 있는 것이다. 우리는 결코 인간이 실제로 보통 의욕하는 것, 즉 인간의 가장 내적인 본질의 노력과 그러한 노력에 의해 추구하는 목표를 그에 대한 외적인 영향과 가르침을 통해 변화시킬 수 없다. 만일 그렇다고 한다면 우리는 인간을 개조할 수도 있을 것이다. 세네카는 탁월하게도 "의욕은 배울 수 없다"[『서간집』

81, 14]라고 말했는데, 이 경우에 그는 "덕은 가르칠 수 있다"[Diogenes Laertios 7, 1]라고 가르쳤던 스토아철학자들보다는 진리를 더 좋아한 것이다. 외부로부터는 오직 동기를 통해서만 의지에 영향을 줄 수 있다. 그러나 이러한 동기는 결코 의지 자체를 변화시킬 수 없다. 왜냐하면 동기 자체는 의지가 있는 그대로의 의지라는 전제에서만 의지에 대한 힘을 갖기 때문이다. 따라서 동기가 할 수 있는 모든 것은 의지의 노력이 향하는 방향을 변경시키는 것, 즉 의지가 끊임없이 찾았던 것을 여태까지와는 다른 방식으로 찾게 하는 것이다. 그런 까닭에 가르침, 개선된 인식, 따라서 외부로부터의 영향은, 의지가 수단 속에서 길을 잃었다는 것을 가르칠 수 있고, 그러므로 의지가 자신의 내적인 본질에 따라 일찍이 추구해 왔던 목표를 완전히 다른 방식으로, 이전과는 완전히 다른 대상에서 추구하게 만들 수 있다. 그러나 가르침, 개선된 인식, 외부의 영향은 결코 의지가 지금까지 의욕해 왔던 것과 실제로 다른 것을 의욕하게 할 수는 없다. 이렇게 의욕한 것은 변화시킬 수 없다. 왜냐하면 의지라는 것은 이러한 의욕 자체인데, 그렇지 않다면 이러한 의욕은 중단되어야 하기 때문이다. 그러나 전자, 즉 인식의 변화와 인식을 통한 행위의 변화는, 의지가 그 변함없는 목적에, 예를 들면 모하메드의 천국에 도달하려고 어떤 때에는 현실세계에, 다른 때에는 상상의 세계에 부합하는 수단을 고려하여, 한번은 영리함과 폭력, 속임수를, 다음번에는 금욕, 정의, 자선, 메카순례를 응용하는 데까지 계속된다. 하지만 그렇기 때문에 의지의 노력 자체가 변하거나 하는 것은 결코 아니며 의지 자체는 더욱더 변하지 않는다. 따라서 물론 의지의 행동은 저마다의 다양한 시대에 따라 상이한 방식으로 나타나지만, 그러나 의지의 의욕은 완전히 동일한 것으로 남아 있을 뿐이다. "의욕은 배울 수 없다Velle non discitur."

동기가 작용하기 위해서는 동기가 존재해야 하는 것은 물론이고 동기가 인식되는 것이 필요하다. 왜냐하면, 이미 언급한 바 있는 스콜라철학자들의 매우 훌륭한 표현에 따르자면 "궁극적 원인은 실제적인 존재가 아니라 인식된 존재에 따라 작용하기 때문이다."[수아레즈, 『형이상학 논쟁』 23, 7-8절, 549-553쪽] 예를 들어, 주어진 한 인간에게 이기적인 마음과 동정하는 마음이 서로 관계를 갖고 나타나기 위해서는 그 인간이 재산을 소유한다거나 타인의 불행을 보는 것만 가지고는 부족하고, 재산을 가지고서 자기뿐만 아니라 다른 사람을 위해 무엇을 할 수 있는지 또한 알아야 한다. 그리고 타인의 고통이 그에게 나타나야 할 뿐만 아니라 동시에 그가 고통이 무엇인지, 기쁨이 무엇인지를 알아야 할 것이다. 아마도 그는 첫 번째 경우에서 이 모든 것을 두 번째 경우에서만큼 잘 알지 못할 것이고, 만약 그가 동일한 경우에서 다르게 행동한다면, 상황이 본래 다르다는 사실, 즉 상황이 같은 것으로 보였더라도 그러한 상황에 대하여 그의 인식에 의존하는 부분이 달랐다는 점 때문이다. 실제로 당면한 상황을 알지 못한다면 그 어떤 영향을 일으킬 수 없듯이, 다른 한편으로는 완전히 상상적인 상황 역시도 개별적인 착각에서뿐만 아니라 전체적으로도 실재적인 상황처럼 지속성을 띤 채 작용할 수 있다. 예를 들어 한 인간이, 모든 선행은 다음의 삶에서 그에게 백배로 보답을 받는다고 확고하게 믿을 수 있다면 그러한 확신은 장기적인 시각에서 완전히 전적으로 확실한 어음처럼 사용되고 작용할 것이다. 다르게 생각해서 그가 이기심 때문에 빼앗을 수 있듯이, 이기심 때문에 베풀 수 있을 것이다. 그는 변하지 않았다. "의욕은 배울 수 없다." 의지는 변화하지 않지만, 행동에 대해 인식이 미치는 이러한 크나큰 영향에 의해 점차적으로 성격이 전개되고, 여러 가지 특징이 생겨나는 것이다. 그런 까닭에 성격은 모든 연령에서 각기 다르게 나타나고, 격렬하고 거친 청년기에 뒤미처 신중하고 절제 있으며 늠름한 노년기가 찾아올 수 있다. 특히 성격의 악한 구석은 흐르는 시간과 함께 점차 강하게 나타나게 된다. 그러나 때때로 사람들이 청년기에 빠지곤 하는 열정도 나중에는 자발적으로 억제된다. 왜냐하면 단지 대립하는 동기들이 이제 비로소 인식되었기 때문이다. 그런 까닭에 우리 모두는 처음에는 순진무구한데, 이것은 단지 우리뿐만 아니라 다른 사람도 자신의 본성이 지닌 악함을 모른다는 것을 의미한다. 비로소 동기에서 악한 구석이 나타나고, 흐르는 시간과 함께 비로소 동기들이 인식된다. 결국 우리는 우리 자신을 선험적으로a priori 간주했던 것과 완전히 다른 것으로 알게 되고, 그러면 종종 우리는 우리 자신에 대해 놀라워하게 된다.

후회란 결코 의지에서 (이는 불가능한 것인데) 생기는 것이 아니라, 인식이 변해 버리는 데서 생기는 것이다. 내가 이전에 의욕했던 것의 본질적인 것과 본래적인 것을 나는 또한 여전히 의욕해야만 한다. 왜냐하면 나 자신은 시간과 변화 밖에 놓여 있는 이러한 의지이기 때문이다. 따라서 나는 내가 한 행동에 대해서는 후회할 수 있지만 내가 원했다는 자체에 대해서는 결코 후회할 수 없다. 왜냐하면 나는 잘못된 개념에 인도되어 나의 의지에 따르는 것과 상이한 어떤 것을 행했기 때문이다. 이 점에 대해 보다 올바른 인식에서 하는 통찰이 후회이다. 이것은 처세술, 수단의 선택, 나의 본래적인 의지에 대한 목적이 적합했는지에 대한 평가에 관계할 뿐 아니라 본래 윤리적인 것에도 관계한다. 그래서 예를 들면, 내 성격에 적합한 것보다 나는 더 이기적으로 행동할 수 있는데, 이것은 내가 처한 곤혹이나 다른 사람들의 계략List, 거짓, 악함을 과장한 표상들에 의하여, 또는 내가 너무 서둘러서, 즉 숙고하지 않고 행동한 탓에, 결정적으로는 추상적으로 분명하게 인식된 동기에 의해서가 아니라 단순히 직관적인 동기에 의해, 그러니까 현재의 인상, 아니면 그 인상이 자아낸 격정에 의해 잘못 이끌리게 되었기 때문이다. 이러한 격정은 본래 나의 이성을 사용하지 못할 정도로 그같이 힘 있는 것이다. 그러나 여기에서 정신을 차린다는 것Rückkehr der Besinnung은 후회가 생길 수 있는 인식을 바로잡는다는 것이고, 여기에서 후회는 그것이 가능한 한 일어난 일을 개선하는 것을 통해 알려진다. 그러나 사람들은, 성급하게 행동을 준비한 것처럼 보이지만 자기 자신을 속이기 위해 본래 은밀하게 숙고한 행동이라는 점을 주목해야 한다. 왜냐하면 우리는 그같이 정교한 방법으로, 다른 사람이 아니라 우리 자신을 속이고 아첨하기 때문이다. 또한 예로 든 것의 반대의 경우가 생길 수 있다. 다른 사람을 너무 신뢰하거나 삶의 재화Güter에 대한 상대적인 가치를 알지 못하는 것, 또는 이제는 내가 조금도 믿지 않는 어떤 추상적인 교리가, 내 성격에 따르는 것과 달리 덜 이기적으로 행동하도록 나를 잘못된 길로 이끌 수 있는데, 이를 통해 나에게는 다른 종류의 후회가 생겨난다. 따라서 후회는 항상 본래적인 의도에 대한 행위의 관계를 바로잡아 인식하는 것을 뜻한다. 의지가 자신의 이념을 공간 속에서만, 즉 단순한 형태를 통해서만 드러낼 경우에는 이미 다른 이념들, 즉 자연력에 의해 지배를 받는 물질은 의지에 대항하고, 가시적으로 되고자 애쓰는 형태가 완전히 순수하고 분명하게, 즉 아름답게 드러나는 것은 드물다. 의지는 비슷한 방해를 받는데, 시간 속에서만, 즉 행위를 통해 나타나는 의지는 자신에게 완전히 올바른 자료를 알려 주는 것이 드물기 때문이다. 이 때문에 행위는 완전히 의지에 부합하지 못하는 상태가 되고 여기에서 후회가 생겨난다. 따라서 후회란 항상 불가능한 일인 의지의 변화에서가 아니라 바로잡은 인식berichtigte Erkenntnis에서 생기는 것이다. 행한 일에 대한 양심의 불안은 후회가 아니라 자기 자신 자체, 즉 의지를 인식하는 데에서 비롯되는 고통이다. 양심의 불안은 사람들이 동일한 의지를 여전히 갖고 있다는 확실성에 근거한다. 의지가 변해 버리고 따라서 양심의 불안이 단지 후회가 된다면, 이러한 양심의 불안은 그 스스로 폐기될 것이다. 왜냐하면 지나간 것은 더는 불안을 일으키지 않을 텐데, 왜냐하면 지나간 것은 더 이상 후회하는 사람의 의지가 아니라 의지의 표현을 나타낼 것이기 때문이다. 우리는 계속해서 아래에서 양심의 불안의 의미에 대해 상세하게 설명할 것이다.

동기의 수단으로서 인식이 의지 자체에는 아니지만, 그러한 의지가 행동으로 나타나는 데에는 영향을 미치는데, 이는 인간의 행위와 동물의 행위 사이의 주요한 차이를 근거 짓는다. 인간과 동물의 인식방식이 다르기 때문이다. 즉 동물은 단지 직관적인 표상만을 갖지만, 인간은 이성을 통해 추상적인 표상, 즉 개념을 갖는다. 비록 동물과 인간이 동일한 필연성으로 동기에 의해 규정되지만, 그러나 인간이 동물보다 우월한 것은 완전한 선택을 갖기 때문이다. 이러한 선택은 다양한 동기들 사이에서 싸워 나간 갈등의 가능성에 불과하며, 이러한 동기들 가운데 더욱더 강한 것이 인간을 필연적으로 규정하지만, 종종 개별적인 행위에서 의지의 자유로 여겨지기도 한다. 즉 이를 위해 동기는 추상적인 사유의 형식을 취해야만 한다. 왜냐하면 이러한 추상적인 사유를 수단으로 해서만 본래적인 고려, 즉 행동을 하기 위한 상반되는 근거들의 신중한 검토가 가능하기 때문이다. 동물에게서 선택은 단지 직관적으로 놓여 있는 동기들 사이에서만 이루어질 수 있는데, 그렇기 때문에 이러한 선택은 동물의 현재적인, 직관적인 포착의 좁은 영역에 제한되어 있다. 그런 까닭에 동기를 통해 의지를 규정하는 필연성은 원인을 통한 결과의 필연성과 동일하게 오로지 동물들에 있어서는 직관적으로 그리고 직접적으로 나타나게 되는데, 왜냐하면 동물들에 있어서는 관찰자 또한 동기의 결과와 마찬가지로 동기를 직접적으로 눈앞에서 보기 때문이다. 반면에 인간에게서 동기는 거의 항상 추상적인 표상이지만 이러한 표상에 관찰자는 참여하지 못하며, 더군다나 행동하는 사람 자신에게도 행위의 결과의 필연성이 동기들의 갈등 틈에 숨어 있다. 왜냐하면 여러 표상은 단지 추상적으로만 판단과 추리의 연쇄로서 의식 속에 나란히 놓여 있고, 그런 다음에 언젠가 강한 동기가 그 밖의 것을 제압하고 의지를 규정할 때까지 모든 시간 규정에서 벗어나 있기 때문이다. 이것은 완전한 선택 또는 인간이 동물보다 우월하게 갖고 있는 신중하게 생각하는 능력인데, 신중하게 생각하는 이러한 능력 때문에 사람들은 특정한 충동이 의욕의 토대로 쓰이지 않고 인간의 의욕이 지성의 작용의 단순한 결과일 것이라고 잘못 생각하면서 인간에게 의지의 자유를 부여하였다. 반면에 실제로 동기작용은 오직 인간에게서 개별적으로, 즉 하나의 성격인 특정한 충동을 바탕으로 하고 그 근거로 해서 작용하는 데 불과하다. 우리는 그러한 신중하게 생각하는 능력과 이를 통해 생겨난 인간과 동물의 자의Willkür의 차이성에 대한 상세한 설명을 이미 내가 참조하도록 한 『윤리학의 두 가지 근본문제』(1판, 35쪽 이하)에서 발견할 수 있다. 그런데 인간의 이러한 신중하게 생각하는 능력은 동물의 존재보다 인간의 존재를 더욱더 고통에 빠지게 한다. 우리의 크나큰 고통이 직관적인 표상 또는 직접적인 감정으로서 현재에 놓여 있지 않고, 추상적인 개념으로서, 고통스러운 생각으로서 이성 속에 놓여 있는데, 현재 속에서 따라서 부러울 만큼 그 어떤 걱정도 없이 살아가는 동물만이 추상적 개념이나 고통스러운 생각에서 완전히 자유로운 것이다.

앞에서 설명한 추상적 사유, 곧 판단과 추리능력에 대해 인간의 신중하게 생각하는 능력이 의존하는 것은 의지가 내린 결정을 긍정하거나 부정하는 능력(판단력)과 동일시하도록 데카르트뿐만 아니라 스피노자 또한 잘못 이끈 것처럼 보인다. 이로부터 데카르트는 무차별적으로 자유로운 의지가 모든 이론적인 오류의 책임을 진다는 점을 도출해 냈다. 이와 달리 스피노자는 판단이 근거에 의해 그런 것처럼 동기에 의해 의지가 규정된다는 점을 도출한다.[7] 어쨌든 간에 스피노자가 옳지만, 그러나 이는 잘못된 전제에서의 참인 결론인 것이다.

---

7   데카르트의 『성찰』 4, 스피노자의 『윤리학』 2부 정리 48-49 참조.

인간이 동기에 의해 움직이는 방식과 동물이 동기에 의해 움직이는 방식에서 증명된 둘의 차이성은 양자의 본질에 아주 광범위한 영향을 끼치고 있고, 양자의 결정적이고 눈에 띄는 차이에 많은 기여를 한다. 동물은 항상 단지 직관적인 표상에 의해 동기화되지만, 인간은 이러한 종류의 동기부여Motivation를 온전히 배제하고 오로지 추상적인 표상을 통해서만 규정되려고 노력한다. 이를 통해 인간은 이성의 특권을 되도록 유리하게 사용하여 현재에 의존하지 않고, 잠정적인 만족이나 고통을 선택하거나 회피하지 않으며 양자의 결과를 숙고한다. 대부분의 경우에, 완전히 무의미한 행동을 제외하고는 현재적인 인상이 아니라 추상적이고, 숙고된 동기가 우리를 규정한다. 그런 까닭에 우리에게 순간순간 모든 개별적인 결핍이 상당히 쉽게 일어날 수 있지만, 이를 모두 단념해 내기란 굉장히 어려운 것이다. 왜냐하면 모든 개별적인 결핍은 서둘러 지나가 버리는 현재에만 관계하고 말지만, 모든 단념은 미래와 관계하기 때문에 자신의 등가물Äquivalent인 수많은 결핍을 자체 내에 포함하고 있기 때문이다. 따라서 우리의 만족처럼 우리의 고통의 원인은 대부분은 실재하는 현재에 놓여 있지 않고, 오직 추상적인 사유 속에 놓여 있는 것이다. 이러한 추상적인 사유가 우리를 종종 참을 수 없게 하고 고통을 유발하게 하는 것이다. 이에 비하여 동물의 모든 고통은 아주 하찮은 것이다. 왜냐하면 추상적인 사유에서의 고통 때문에 우리 자신의 물리적인 고통을 종종 전혀 느끼지 못하곤 하기 때문이다. 확실히 우리는 격렬한 정신적인 고통을 겪을 때 정신적인 고통에서 물리적인 고통으로 관심을 전환시키기 위해 자신에게 물리적인 고통을 가하는 경우가 있다. 그런 까닭에 사람들은 끔찍한 정신적인 고통을 받으면 자신의 머리카락을 쥐어뜯거나 가슴을 치고, 얼굴을 할퀴고, 바닥에서 뒹구는 것이다. 본래 이 모든 것은 단지 참을 수 없게 하는 사유로부터 벗어나기 위한 수단에 지나지 않는다. 물리적인 고통보다 훨씬 커다란 정신적인 고통은 물리적인 고통을 느끼지 못하게 하기 때문에, 절망한 사람 또는 병적인 불쾌감에 의해 쇠약해진 사람에게는, 비록 그 사람이 이전에 쾌적한 상태에서는 자살에 대해 뒷걸음질했다고 하더라도, 자살은 아주 쉬운 것이 되어 버린다. 그와 마찬가지로 걱정과 열정, 그러니까 사유의 유희Gedankenspiel가 물리적인 고통보다 더 자주, 더 많이 신체를 파괴시킨다. 이에 따라서 에픽테토스는 다음과 같이 정당한 말을 했다. "사물이 아니라 사물에 대한 생각이 인간을 불안하게 한다."(『편람』 5) 그리고 세네카는 "우리를 압박하는 것보다 우리를 놀라게 하는 것이 많고, 우리는 현실보다 표상 때문에 더 자주 고통을 당한다"라고 말한다(『서간집』 [13, 14]). 또한 오일렌슈피겔Eugenspiegel이 산을 올라가면서 웃었지만 산을 내려갈 때는 울었다는 것은 인간의 본성을 적절하게 풍자한 것이다. 아파서 우는 어린아이들은 종종 고통 자체가 아니라, 사람들이 그것을 딱해하는 것에 자극을 받아 비로소 아프다는 생각이 들어 울게 된다. 행동과 고통에서의 이러한 큰 차이는 동물과 인간의 인식방식에 차이가 있다는 데서 생긴다. 더구나 무엇보다도 종의 특성만을 갖는 동물로부터 인간을 구분해 주는 분명하고 결정적인 개인의 성격은, 다양한 동기들 사이에서 단지 추상적인 개념을 통해서만 가능한 선택에 의해 제약된 후에야 비로소 나타날 수 있다. 왜냐하면 앞서 일어난 선택에 의해 다양한 개인들에게서 다양하게 나타난 결단은 개인적인 성격의 표시인데, 이러한 성격은 각 개인에게서 서로 다른 것이기 때문이다. 반면에 인상이 일반적으로 동물의 종을 위한 동기라는 점을 전제한다면, 동물의 행위는 단지 인상의 현재나 부재에 의존하게 된다. 그런 까닭에 결국 인간에게 있어서는 단순한 소망이 아니라 결단만이 그 자신에 대해 그리고 다른 사람에 대해 그 성격을 드러내는 유효한 표시인 것이다. 그러나 결단은 다른 사람에 대해서뿐만 아니라 자기 자신에 대해서도 행위를 통해서만 확실해진다. 소망이라는 것은 외부 자극으로부터 받은 인상이든지 또는 내부의 일시적인 기분에서 비롯된 인상이든지 간에 현재의 인상의 필연적인 결과일 뿐이며, 그런 까닭에 동물의 행위처럼 그같이 직접적이고 필연적이며, 많은 생각을 할 필요가 없는 것이다. 그런 까닭에 소망은 개인의 성격을 표현하는 것이 아니라 동물의 행동과 같이 단지 종의 특성을 표현하는 데 지나지 않으며, 이는 곧 소망을 느끼는 개인이 아니라 인간 전체가 할 수 있다는 것을 암시할 뿐이다. 그러나 행위는 이미 인간의 행동으로서 항시 어떤 숙고를 필요로 하기에 그리고 인간은 보통 자신의 이성을 지배할 수 있는 분별력을 갖추고 있기 때문에, 즉 사유된 추상적인 동기에 따라 무언가를 결정하기 때문에, 인간이란 자신의 행동의 예지적인 준칙intelligible Maxime의 표현이고, 가장 내적인 의욕의 결과이며 동시에 그의 경험적 성격을 지칭하는 말에 대하여 문자와 같은 것이라고 여겨지기도 한다. 이러한 경험적 성격 자체는 단지 그의 예지적인 성격의 시간적인 표현에 지나지 않는다. 그런 까닭에 건전한 마음에서는 소망이나 사유가 아니라 오직 행위가 양심을 힘들게 한다. 왜냐하면 우리의 행위만이 우리의 의지를 비출 수 있기 때문이다. 이미 위에서 언급한 것처럼 전혀 숙고되지 않고 실제로 맹목적인 격정에서 비롯된 행위는 말하자면 단순한 소망과 결단 사이의 중간쯤에 위치해 있다. 그런 까닭에 행위는 잘못 그려진 선처럼 행위로서 드러나는 진정한 후회를 통해 우리의 삶의 행로인 의지의 그림Bild에서 지워질 수 있는 것이다. 그 밖에 여기에서 특별한 비유로서 소망과 행위의 관계는 전기의 분배와 전기의 전달 사이의 관계와, 이는 우연에 가깝지만, 정확한 유사성을 지니고 있다는 언급을 덧붙인다.

의지의 자유와 이것과 관련된 이러한 모든 고찰에 따라, 비록 의지는 그 자체로서 현상 너머에서는 자유롭다고, 즉 전능하다고 말할 수 있음에도 불구하고, 의지가 인식에 의해 비추어진 의지의 개별적인 현상에 있어서는, 즉 인간과 동물에서는 동기에 의해 규정된다는 것을 알 수 있는데, 이 동기에 대해 그때마다의 성격은 항상 같은 방식으로 법칙성에 부합하고 필연적으로 반응한다. 우리는 인간에게 덧붙은 추상적 인식이나 이성-인식Vernunft-Erkenntnis 덕분에 선택을 하는 상황에서 동물보다 우월한 것을 본다. 그러나 이러한 선택은 인간을 동기의 지배로부터 벗어나게 하기는커녕 동기들이 갈등하는 전쟁터로 만들어 버린다. 그런 까닭에 개인의 성격을 완전하게 표현할 가능성은 제약을 받지만, 이것을 결코 개별적인 의욕의 자유, 즉 인과율로부터의 독립으로 간주할 수는 없다. 이러한 인과율의 필연성은 다른 모든 현상에 미치는 것처럼 인간에게도 적용된다. 그렇기 때문에 인간의 의욕과 동물의 의욕 사이에 있는, 개념을 수단으로 한 이성 또는 인식이 가져오는 차이는 위에서 언급한 점까지만 적용될 뿐이지 더 이상은 적용되지 않는다. 그러나 인간이 근거율에 종속된, 개별 사물 그 자체에 대한 전체 인식을 버리고 이념을 인식함과 동시에 개체화원리를 간파하게 된다면, 동물에서는 불가능한 인간의 의지의 현상이라는 완전히 다른 것이 생기는데, 그러면 물자체로서 의지의 본래적인 자유가 실제적으로 나타나는 것이 가능해질 것이다. 이를 통해 현상은 자기 자신과의 모순에 빠지게 되고, 이러한 모순은 자기부정이라는 단어로 지칭되며 결국 그 본질 그-자체가 폐기된다. 이는 의지 자체의, 즉 현상 속에서의 의지의 자유에 대한 본래적이고 유일한 직접적 표현이지만, 여기에서는 아직 상세하게 설명될 수 없고, 완전히 마지막에 이르러서야 우리의 고찰의 대상이 될 것이다.

그러나 현재의 논의를 통해, 경험적 성격이 동기와 만나 행동이 생기는 필연성은 물론 시간 밖에 있는 예지적 성격의 단순한 전개로서의 경험적 성격의 변화불가능성이 우리에게 분명해진 이후에, 우리는 먼저 특히 비난받을 수 있는 경향 탓에 거기에서 아주 쉽게 도출될 수 있는 결론부터 제거해야 한다. 즉 우리의 성격은 시간 밖에 있는, 따라서 분리할 수 없고 변하게 할 수 없는 의지작용 또는 예지적 성격이 시간성을 띤 채 전개된 것으로 여길 수 있기 때문에 이러한 예지적 성격을 통해 모든 본질적인 것, 즉 우리의 삶에서 행하는 처신의 그 윤리적 내용이 변할 수 없는 것으로 규정되는데, 그로써 우리의 성격은 예지적 성격의 현상, 즉 경험적 성격 속에서 표현되어야 한다. 반면에 단지 이러한 현상의 비본질적인 것, 우리 삶의 행로의 외적인 형태는 동기가 나타나는 그 형태에 의존한다. 따라서 자신의 성격을 개선하고자 노력하거나 악한 경향의 힘에 저항하는 것은 쓸모없는 짓일 뿐이고, 그런 까닭에 바꿀 수 없는 것에 종속되고 제아무리 악할지라도 모든 경향에 즉각적으로 따르는 것이 더 권할 만한 것이라는 결론이 나온다. 그렇다면 이것은 사람들이 게으른 이성이라고 부르고, 근대에는 터키인의 신앙이라고 부르곤 하는 피할 수 없는 운명론, 이로부터 비롯된 결론과 마찬가지가 되는 것이다. 키케로Cicero는 크리시포스Chrysippos가 제기했었을 이러한 결론에 대한 올바른 반박을 『운명론De fato』(12장, 28)에서 제시한다.

비록 모든 것이, 운명에 의해 변경할 수 없게끔 미리 정해져 있는 것으로 보일 수 있으나, 이것은 단지 원인의 연쇄를 통해서만 그런 것이다. 그런 까닭에 어떤 경우에도 결과가 그것의 원인 없이 나타난다고 규정할 수는 없다. 따라서 사건이 단적으로 미리 정해져 있는 것이 아니라, 선행하는 원인의 결과로서 그 사건이 미리 정해져 있는 것이다. 그러므로 결과는 물론이고 이러한 결과를 나타나게 하는 것으로 정해진 수단도 운명으로 결정되어 있다. 따라서 수단이 나타나지 않으면 분명히 결과도 나타나지 않는다. 양자는 항상 우리가 나중에야 비로소 결과로 경험하는 운명의 규정에 따른다.

사건이 항상 운명, 즉 원인의 한없는 연쇄에 의해 나타나듯이, 우리의 행위는 항상 우리의 예지적 성격에 따라 일어나게 된다. 그러나 우리가 그러한 운명을 미리 알지 못하듯이, 우리에게 예지적 성격에 대한 선험적인 통찰이 주어질 수 없고, 우리가 경험을 통해 다른 사람을 아는 것처럼 단지 후천적으로만 우리 자신을 알게 되는 데 불과하다. 필연성을 띤 예지적 성격에 따라 나쁜 경향과의 오랜 투쟁에 의해서만 우리가 선한 결정을 할 수 있다고 한다면, 이러한 투쟁은 먼저 일어나 우리를 기다려야 할 것이다. 성격이 변할 수 없다는 것에 대한 반성, 우리의 모든 행위가 생겨 나오는 근원의 단일성에 대한 반성 때문에 성격을 결정하는 데 이러저러한 부분에 현혹되어 미리 말하도록 잘못 이끌려서는 안 된다. 우리는 결과로 일어나는 결정에서 우리가 어떤 종류의 사람인지를 보게 되고, 우리를 우리의 행위들로 비추어 볼 것이다. 바로 여기에서 우리가 보내온 생애를 되돌아보면서 느끼는 만족과 극도의 불안이 설명된다. 이러한 감정이, 지난 행위가 아직 존재할 수도 있다는 점에서 생기는 것은 아니다. 지난 행위는 지나가 버린 것, 언젠가 있었던 것, 지금은 더 이상 존재하지 않는 것이다. 그러나 우리에게서 이러한 행위들의 커다란 중요성은 그 행위들의 의미에서 생겨 나고, 이러한 행위들은 성격의 복사물, 의지의 거울이라는 점에서 생기는데, 우리는 이러한 거울을 보면서 우리의 가장 내적인 자기, 우리의 의지의 핵심을 인식하게 되는 것이다. 이 점을 우리는 미리 알고 있는 것이 아니라 나중에야 비로소 경험하기 때문에, 시간 속에서 애를 쓰고 투쟁하면서 동시에 우리가 우리의 행위를 통해서 그리는 이미지가 되도록 우리를 진정시키고, 불안해하지 않게끔 해야 할 것이다. 그러나 그러한 진정 또는 극도의 불안의 의미는, 이미 말했듯이 다음에 고찰하도록 할 것이다. 반면에 여기에서는 독립적으로 존재하는 다음의 고찰을 살펴보겠다.

예지적 성격 및 경험적 성격과는 다른 세 번째 것, 즉 획득된 성격erworbener Charakter을 언급해야 하는데, 사람들은 이것을 삶에서, 세상의 풍습을 통해 비로소 얻을 수 있고, 성격이 있다고 칭송되거나 또는 성격이 없다고 비난받을 때 이것이 문제가 된다. 예지적 성격의 현상으로서의 경험적 성격은 변할 수 없고, 모든 자연현상처럼 일관되어야 하기 때문에, 인간 또한 마찬가지로 그렇기 때문에 항상 그 자체로 동일하며 일관되게 나타나야만 하고, 따라서 경험과 깊은 사유를 통해 인위적으로 성격을 획득할 필요가 없다고 생각할 수 있을 것이다. 그러나 성격에서는 그렇지 않으며, 사람은 항상 동일한 사람이더라도 자기 자신을 항상 이해하고 있는 것은 아니며, 어느 정도 본래적인 자기인식을 얻을 때까지는 종종 자신을 오해하곤 한다. 단순한 자연적 충동으로서, 경험적 성격은 그 자체로 비이성적이라고 할 수 있다. 게다가 이러한 경험적 성격의 표현은 이성에 의해 방해를 받곤 하는데, 인간이 분별력과 사고력을 더 많이 지닐수록 더 큰 방해를 받는다. 왜냐하면 이러한 분별력과 사고력은 인간에게 종의 성격으로서 인간 일반에 속하는 것 그리고 행동에서뿐만 아니라 의욕 속에서 인간에게 가능한 것을 못하게끔 종용하기 때문이다. 이 때문에 인간은 자신의 개성에 의해 모든 것에 관하여 의욕하고 실행하려는 데 대한 통찰이 어려워진다. 인간은 자신에게서 모든 다양한 인간적인 노력과 함께 힘에 대한 타고난 기질을 발견한다. 그러나 인간의 개성에서 기질의 다양한 정도는 경험 없이는 그에게 분명해지지 않는다. 그리고 인간이 이제 오로지 자신의 성격에 부합하는 노력을 하게 된다면, 그는 특히 개별적인 순간과 기분 속에서 정확히 이러한 노력에 상반되고 합치될 수 없는 자극을 느낄 수 있다. 인간이 방해받지 않고 처음의 노력을 계속하려고 하면 이러한 상반되어 합치될 수 없는 노력은 공히 억제되어야만 한다. 지구에서 우리의 물리적인 길이 평면이 아니라 단지 하나의 선에 지나지 않는 것처럼, 우리가 하나를 골라 소유하려고 한다면 우리는 삶에서 좌우의 수많은 다른 것을 포기하고 놓아두어야만 하기 때문이다. 만약 우리가 끝내 결단을 하지 못하고 시장에 간 아이들처럼 지나가다 관심을 끄는 족족을 모두 거머쥐고자 한다면, 이것은 우리의 길인 선을 평면으로 변경시키려는 잘못된 노력이다. 그렇다면 우리는 지그재그로 달려 이리저리로 마음이 흔들리게 되어 아무 데에도 도달할 수 없게 된다. 또는 다른 비유를 들자면, 홉스의 법론에서처럼 근본적으로 각자는 모든 사물에 대해 권리를 갖지만, 결코 하나의 독점적인 권리를 갖지는 않는다. 그러나 독점적인 권리는 그가 다른 모든 것에 대한 권리를 포기하는 것을 통해서만 도달할 수 있는데, 이와 달리 다른 사람들은 그가 선택한 것과 연관해서 동일한 일을 할 수 있다. 이는 삶에서도 마찬가지인데, 만족, 명예, 부, 학문, 예술 또는 덕이든지 간에 우리가 어떤 특정한 노력을 할 때 이러한 노력과는 거리가 있는 요구들을 포기하고, 다른 모든 것을 단념하는 경우에만 비로소 올바르게 그리고 행복하게 추구할 수 있다. 그렇기 때문에 단순한 욕구와 할 수 있음Können은 그 자체로는 아직 충분하지 않고, 인간은 그가 의욕하는 것이 무엇인지를 알아야만 하고 그리고 그가 할 수 있는 것이 무엇인지를 알아야만 한다. 인간은 비로소 그렇게 해야만 성격을 나타내게 되고, 그런 다음에야 어떤 올바른 것을 완성할 수 있다. 거기에 도달하기 전까지는 경험적 성격의 자연적인 귀결에도 불구하고 인간에게 성격은 없는 것이며, 비록 인간 전체가 자신에게 충실해야 하고 자신의 다이몬에 이끌려 자신의 길을 걸어가야 함에도 불구하고 인간은 일직선이 아니라 떨리는 불규칙한 선을 그리며 흔들리고 도피하며 방향을 바꾸고 후회와 고통을 경험한다. 이 모든 것은, 크든 작든지 간에 많은 것이 눈앞에 놓여서 그에게 가능하고 도달할 수 있는 것으로 보이면서도 그중에서 어떤 것이 자신에게 적합하고 실행할 수 있는지, 또는 오직 그만이 누릴 수 있는 것이 무엇인지를 알지 못하기 때문이다. 그런 까닭에 그는 여러 사람들의 상황과 형편을 부러워하게 될 수도 있지만, 이러한 상황과 형편은 그의 성격에 맞는 것이라기보다는 여러 사람들의 성격에 맞는 것이며, 그러한 상황이나 형편에서는 그가 불행하다고 느낄 수도 있고, 더구나 그런 상황을 전혀 견뎌 내지 못할 수도 있다. 물고기는 오직 물속에서, 새는 오직 공중에서, 두더지는 오직 땅속에서만 편안해할 수 있듯이, 인간은 오직 그에게 적합한 분위기에서만 편안해할 수 있기 때문이다. 예를 들면 정중함Hofluft이 모든 사람에게 걸맞지 않은 것과 같다. 이모든 것에 대한 통찰의 결핍 때문에 여러 사람들은 갖은 잘못된 시도를 할것이고 개별적으로는 자신의 성격에 폭력을 행사하지만 전체적으로는 자신의 성격에 굴복해야만 할 것이다. 그리고 그가 그렇게 자신의 본성에 어긋나는 태도로 어렵게 얻은 것은 그에게 그 어떤 즐거움도 주지 못하게 된다. 그가 그렇게 해서 얻은 것은 죽은 것으로나 남게 된다. 더구나 윤리적관점에서는 순수하게 직접적인 충동에서가 아니라 하나의 개념에서, 하나의 교리에서 생겨난 것으로서 그의 성격에 너무 고상한 행위는 뒤잇는 이기적인 후회를 통해 자기 자신의 눈앞에서조차 모든 이득을 잃어버릴 것이다. "의욕은 배울 수 없다." 우리는 타인의 성격을 마음대로 어찌할 수 없다는 것을 비로소 경험을 통해서 알게 되지만, 그때까지 우리는 어리석게도 우리가 비이성적인 표상을 통해, 부탁과 애원을 통해서, 실례를 드는 것과 고결한 마음을 통해 타인의 성질을 바꾸고, 타인의 행동방식을 변하게하며, 타인의 사고방식을 버리게 하거나 타인의 능력을 확대시킬 수 있다고 믿는다. 우리는 우리 자신에 대해서도 그렇게 할 수 있다고 여긴다. 우리는 우리가 무엇을 의욕하는지 그리고 우리가 무엇을 할 수 있는지를 비로소 경험을 통해 배워야만 한다. 그것을 알기 전까지 우리는 성격이 없으므로 종종 외부의 강한 충격을 받아 우리 자신의 길에 도로 내던져져야 한다. 그러나 우리가 드디어 그것을 배우게 된다면, 우리는 세상에서 성격이라고 일컬어지는 것, 즉 획득된 성격을 얻게 된다. 따라서 이것은 자신의 개성에 대해 되도록 완전히 아는 것에 지나지 않는다. 이것은 자신의 고유한 경험적 성격의 바꿀 수 없는 속성과 그 정신적이고 신체적인 힘의 수

준과 방향, 즉 자신의 개성의 전체적인 강함과 약함에 대하여 추상적으로 분명히 아는 것을 말한다. 이것은 우리가 전까지는 규칙 없이 자연스럽게 드러냈던 자신의 인격의 바꿀 수 없는 역할을 이제는 분별력을 가지고 질서 있게 수행해서 변덕이나 약점이 야기하는 결함을 확고한 개념의 지도를 통해 채울 수 있게끔 한다. 우리의 개인적 본성에 의해 그렇잖아도 필연적인 행동방식을 우리는 이제 분명하게 의식된, 우리에게 항상 존재하는 준칙으로 삼는데, 우리는 이러한 준칙에 따라 그러한 행동방식을 마치 습득된 것처럼 그렇게 분별력을 가지고 수행한다. 여기에서 기분이나 현재 인상의 일시적인 영향에 휘둘리지 않고, 그 와중에 마주하게 되는 개별적인 일들의 쓰라리고 달콤한 것에 의해 방해받지 않으며, 주저함이나 동요도 없고 모순도 없다. 이제 우리는 초심자로서 우리가 본래 의욕하는 것이 무엇인지 그리고 우리가 할 수 있는 것이 무엇인지를 알기 위해 기다리거나 시도하면서 여기저기를 더듬지 않을 텐데, 우리는 이것을 분명하게 알고 있으며, 매번의 선택에서 보편적 명제를 개별적인 경우에 적용하는 것으로 곧바로 결정에 도달하게 된다. 우리는 일반적으로 우리의 의지를 알고 있으며 기분이나 외부의 요구에 의해 잘못 이끌리는 바람에 전체적으로 의지를 거스르는 것을 개별적으로 정하지는 않는다. 우리는 그렇게 우리의 힘과 결점의 종류와 수준을 알고 있으며, 이를 통해 많은 고통을 피할 수 있게 된다. 왜냐하면 만족은 본래 자신의 힘을 사용하고 느끼는 것 말고는 존재할 수 없고, 가장 큰 고통은 필요할 때 힘이 없다는 것을 인지하는 것이기 때문이다. 우리의 강점과 약점이 어디에 있는지를 알게 되었다면, 우리는 우리의 빼어난 자연적인 소질을 양성하고 사용하며 갖은 방식으로 이를 이용하려 하면서 항상 이것이 유용하고 적용되는 곳으로 몸이 향하게 될 것이다. 그러나 본래 우리의 소질에 중요하지 않은 노력들은 전적으로 그리고 자기극복에 의해 피할 수 있게 될 것이다. 우리는 성공하지 못할 것을 시도하지 않도록 주의를 기울일 것이다. 거기에 도달한 사람만이 항상 충분한 분별력과 함께 전적으로 진정한 자기 자신으로 거듭날 것이고 자신에게서 더는 상처받지 않게 될 것이다. 왜냐하면 그는 항상 자기 자신에게 요구할 수 있다는 것을 이제는 알고 있기 때문이다. 이제 그는 종종 자신의 강점을 느끼는 기쁨을 공유할 것이고, 자신의 약점을 떠올리는 고통을 좀처럼 경험하지 않을 것이다. 이처럼 자신의 약점을 떠올리게 하는 고통은 아마도 아주 큰 정신적인 고통을 야기하는 굴욕일 것이다. 그런 까닭에 사람들은 자신의 미숙함보다 자신의 불행을 분명하게 이해하는 것이 훨씬 감당하기 수월한 법이다. 따라서 우리가 이제 우리의 강점과 약점에 대해 완전히 파악하게 되면, 우리는 우리에게 없는 힘을 드러내려고 하지 않을 것이며, 위조된 동전으로 도박을 하지 않을 것이다. 왜냐하면 그러한 속임수를 가지고는 결국 목적을 달성해 내기 어렵기 때문이다. 왜냐하면 인간 전체는 다만 자신 의지의 현상에 지나지 않기 때문에, 그가 반성에서 출발하여 있는 그대로의 자기 본연 말고 다른 어떤 것이길 의욕하는 것만큼 잘못된 것은 없기 때문이다. 왜냐하면 이것은 그대로 의지의 자기 자신에 대해 직접적인 모순이기 때문이다. 다른 사람의 성질이나 특성을 모방하는 것은 다른 사람의 옷을 걸치는 것보다 더 창피한 일이다. 왜냐하면 그것은 자신이 무가치하다는 의견을 자기 스스로 나타내는 것이기 때문이다. 이런 점에서 자신의 고유한 성향과 모든 종류의 능력들 그리고 변경할 수 없는 한계를 인식하는 것은 되도록 자신에 대한 만족에 도달할 수 있는 가장 확실한 길이다. 왜냐하면 변경할 수 없는 필연성에 대해 전적으로 확신하는 것만큼 더 효과적인 위로가 우리에게는 존재할 수 없다는 점은 외적인 상황뿐 아니라 내적인 상황에도 유효하기 때문이다. 우리에게 닥친 불행보다도 그러한 불행을 피할 수도 있었을 상황을 생각하는 것이 더 고통스러운 것이다. 그런 까닭에 필연성의 관점에서 일어난 일을 고찰하는 것만큼 우리를 효과적으로 진정시킬 수 있는 것은 없다. 이러한 관점에서는 모든 우연은, 그것을 주재하는 운명의 도구로서 나타나고, 따라서 우리는 나타난 불행을 가리켜 내적이고 외적인 상황의 갈등 때문에 하는 수 없이 끌려온 것, 즉 숙명론Fatalismus으로 인식한다. 또한 오로지 우리가 다른 사람에게 영향을 미치기를 희망하거나 노력하도록 우리 자신을 독려하기를 바라는 한에서만 우리는 본래 한탄하거나 날뛰게 된다. 그러나 어린아이와 어른은 달리 어찌할 도리가 없다는 것을 분명하게 알게 되는 즉시 아주 만족할 줄 알게 된다.

"가슴속에 품은 원한을 억지로 누르면서"

[호메로스, 『일리아스』 18권, 113행]

우리는 이것을 붙잡혀 온 코끼리가, 몇 날 며칠을 우악스럽게 날뛰고 애를 써 보지만 그것이 소용없다는 것을 알게 되자 갑자기 자신의 목덜미에 멍에를 씌우게 하고 길들여지는 것에 비유할 수 있다. 우리는 자신의 아들이 아직 살아 있을 때에는 여호와를 향해 쉴 새 없이 귀찮게 부탁하며 절망적인 행동을 하다가도 아들이 죽자마자 이제 더는 아들을 생각하지 않았던 다윗왕과 마찬가지이다. 그런 까닭에 많은 사람이 신체의 장애, 가난, 낮은 신분, 추한 몸가짐, 불쾌한 거주지와 같은 무수한 불행을 아무렇지도 않게 감당해 내고, 아물어 버린 상처처럼 이제 더는 느끼지 않는 것이다. 왜냐하면 사람들은 내적인 또는 외적인 필연성이 여기에서 아무것도 바꿀 수 없다는 것을 깨닫고 있었기 때문이다. 반면에 한층 행복한 사람들은 자신이 그것을 어떻게 감당해 낼 수 있었는지 이해하지 못한다. 이제 외적인 필연성뿐만 아니라 내적인 필연성과 깨끗이 화해하기 위해서는 이러한 필연성을 분명하게 인식하는 것 말고는 없다. 우리의 좋은 개성이나 강점처럼 우리가 우리의 잘못과 약점을 분명하게 인식한다면, 그에 따라 우리의 목표를 정하고 도달할 수 없는 것에 대해 만족할 수 있을 것이다. 그래서 우리는 이를 통해 우리의 개성이 허용하는 범위 안에서 모든 고통 중 가장 쓰라린 고통, 자신이 지닌 개성의 무지, 잘못된 오만과 이로부터 생긴 불손의 결과인 우리 자신에 대한 불만족으로부터 아주 확실히 벗어나게 되는 것이다. 여기에서는, 오비디우스의 시구가 권해지는 자기인식이라는 혹독한 주제에 대해 탁월하게 적용된다.

> "마음을 현혹하는 고통스러운 고리를 영원히 끊어 버리는 자는
> 정신에게는 최고의 구원자이다."
>
> [『사랑의 노래 *Remeda amoris*』, 293]

획득된 성격에 대해서는 여기까지 논의하기로 한다. 이러한 성격은 본래적인 윤리학을 위해서뿐만 아니라 일상생활을 위해서도 중요한 것이다. 그러나 이 성격에 대한 논의는 예지적 성격과 경험적 성격에 대한 논의에 이어 세 번째 종류로 함께 붙은 것이며, 우리는 의지가 그 모든 현상에서 필연성에 놓이게 되지만, 그럼에도 불구하고 의지 그 자체로는 자유롭고 전능하다고 불리게 된다는 것을 분명하게 하기 위해 예지적 성격과 경험적 성격을 다소 상세하게 고찰해야만 하였다.

56절

〜

이러한 자유, 이러한 전능함의 표현과 모사로서의 가시적인 세계 전체,

그 현상은 존재하고 인식의 형식에 속하는 법칙들에 따라 점점 더 전개되는데, 이러한 자유와 전능함은 그 가장 완성된 현상 속에서 자신의 본질을 완전히 적절하게 인식한 때에도 새롭게 표현될 수 있다. 즉 자유는 숙고와 자기의식의 정점에서 맹목적으로 그리고 자기 자신을 알지 못하며 의욕했던 것과 같은 것을, 그다음에는 인식이 개별적으로뿐만 아니라 전체적으로 자유에게 항상 동기로 남아 있는 것을 의욕한다. 또는 반대로 이러한 인식은 자유에게는 모든 의욕을 진정시키고 제거해 버리는 진정제가 된다. 이것은 이미 위에서 언급한 바 있는 살려는 의지의 긍정과 부정이다. 이것은 개인의 처신의 관점에서 개별적인 의지의 표현이 아니라 보편적인 의지의 표현으로서 성격의 전개를 방해하면서 변경시키지 않고, 개별적인 행동으로서 표현하지 않으며, 지금까지의 행동방식들 전체가 항상 더 강하게 드러내는 것을 통해 또는 반대로 이러한 행동방식들을 제거함을 통해 지금부터 얻은 인식에 부합하여 의지가 자유롭게 택한 준칙을 생동감 있게 나타낸다. 이 마지막 권의 중심 주제인, 바로 이러한 모든 것의 보다 분명한 전개는 우리에게 자유, 필연성 그리고 성격에 대한 이 사이에 나타난 고찰들을 통해 이미 어느 정도는 쉬워졌고 준비가 되어 있다. 그러나 우리는 이러한 전개를 다시 한번 미루어 놓으면서 우리가 의지의 긍정을 통해 일반적으로 어디에서든 이러한 삶의 가장 내적인 본질인 의지 자체에게 무엇이 일어나는가, 어떤 방식으로 그리고 어느 정도로 삶의 긍정이 의지를 만족시킬 수 있는지, 간단히 말하자면, 일반적으로 그리고 본질적으로 이러한 의지 자신의 세계에서 그리고 모든 점에서 의지에게 속하는 세계에서 무엇을 의지의 상태로 간주할 수 있는지를 인식하려고 하면서 우선 먼저 삶 자체 ㅡ이러한 삶을 의욕하는 것과 의욕하지 않는 것은 중요한 문제인데ㅡ 에 대한 우리의 고찰로 향하고자 한다면 위에서 말한 바가 더 쉬워지고 준비가 잘 될 것이다.

먼저 나는 2권에서 의지의 목표와 목적에 대해 제기된 물음을 통해 자극되어 사람들이 여기에서, 2권에서 끝난 고찰을 소환하기를 바란다. 그 물음에 대한 답변 대신에 눈앞에 제시된 것은 의지가 낮은 단계에서 높은 단계에까지 자신의 현상의 모든 단계에서 완전히 궁극적인 목표와 목적도 없는 노력만이 의지의 유일한 본질이므로 항상 노력한다는 것이다. 의지에게는 도달된 목표가 노력의 끝이 아니며, 이러한 끝은 궁극적으로 만족할 수 없고 오히려 제지를 통해 멈춰질 수 있지만, 그 자체로는 무한으로 향한다. 우리는 이것을 모든 자연현상 중에서 가장 단순한 현상인 중력에서 보았다. 중력은 쉬지 않고 노력하고 연장 없는 중심점을 향해 밀고 나아가는데, 이 중심점에 도달하는 것은 중력과 물질의 소멸이지만 이미 우주 전체가 둥근 덩어리로 만들어져 있다고 해도 멈추지 않을 것이다. 우리는 이것을 단순한 다른 자연현상에서 본다. 고체는 녹거나 용해되든지 간에 화학적인 힘이 자유롭게 되는 액체가 되려고 한다. 강성은 그 힘이 차가움에 의해서 유지되는 화학적 힘이 잡혀 있음Gefangenschaft이다. 액체는 증기의 형태가 되려 하고, 모든 압력으로부터 자유로워지게 되면 증기의 형태로 이행한다. 어떤 물체도 친화성Verwandtschaft이 없는 것은 없으며, 즉 노력이 없거나 야콥 뵈메가 말하듯이 욕망이나 탐욕이 없을 수 없다. 전기는 비록 크기가 큰 지구에 그 작용이 흡수되지만 자신의 내적인 자기분열을 무한하게 퍼트린다. 갈바니 전기는 전류가 존재하는 한, 마찬가지로 자기분열과 화해의 목적 없이 멈추지 않고 새로워지는 작용이다. 이렇듯 쉼 없이 결코 만족하지 않는 노력이 바로 식물의 현존이며, 항상 더 높이 고양되는 형태를 거쳐 종점인 종자Samenkorn가 다시 출발점이 될 때까지 멈출 수 없는 행동이다. 이것은 무한히 반복되고 어디에도 목표가 없고, 어디에도 궁극적인 만족이 없으며 어디에도 쉴 곳이 없다. 동시에 우리는 어디에서나 다양한 자연력과 유기적인 형태가 서로 자신들이 나타나려고 하는 물질 때문에 다툰다는 점을 2권으로부터 기억하게 된다. 각자가 오직 다른 것에서 빼앗은 것만을 소유하면서 삶과 죽음을 위한 끊임없는 투쟁이 계속된다. 이러한 투쟁에서 대개는 저항이 생겨나고, 이러한 저항을 통해 모든 사물의 내적인 본질을 완성하는 노력이 어디에서나 저지되고 쓸데없이 밀치고 나아가지만, 그러나 그러한 본질을 내버리지는 못하고 이러한 현상이 사라질 때까지 겨우 참아 내다가, 끝내는 다른 현상이 그 자리와 그 물질을 욕심을 내서 거머쥐게 된다.

오래전부터 우리는 모든 사물의 핵심과 그-자체를 구성하는 노력Streben 을 가장 완전한 의식의 빛에 의해 우리에게서 가장 분명하게 확인된 의지라는 것과 동일한 것으로 인식한 바 있다. 그런 다음에 우리는 의지와 의지의 그러한 일시적인 목표 사이에서 일어나는 장애에 의해 의지가 저지되는 것을 고통이라고 부른다. 반대로 의지의 목표가 도달된 것을 만족, 평안, 행복이라고 부른다. 또한 우리는 이렇게 이름 붙이는 것을 그 수준은 낮지만 본질적으로는 동일한, 인식 없는 세계의 현상에다 옮겨 볼 수 있다. 우리는 인식 없는 세계의 이러한 현상이 지속적인 고통에 사로잡혀 있으며 지속적인 행복을 지니지 않았다는 것을 알 수 있다. 왜냐하면 모든 노력은 결핍으로부터, 자신의 상태의 불만족에서 생기기 때문에 고통은, 노력이 만족하지 않는 한 고통인 것이다. 그러나 그 어떤 만족도 지속적이지 않으며, 오히려 항상 새로운 노력의 출발점에 지나지 않는다. 우리는 이러한 노력이 도처에서 저지되고, 어디에서나 투쟁하는 것을 본다. 따라서 그런 한에서 노력은 항상 고통인 것이다. 노력의 마지막 목표가 없듯이, 따라서 고통의 척도와 목표도 없다.

그러나 우리가 이렇게 꼼꼼하게 주의를 갖고 애를 써서 인식 없는 자연에서 발견하게 되는 것은 인식하는 자연, 끊임없는 고통이 쉽게 증명될 수 있는 동물의 삶에서 우리에게 분명하게 나타난다. 그러나 우리는 이러한 중간상태에 머물지 않고 가장 밝은 인식에 비추어져서, 모든 것이 가장 분명하게 드러나는 곳인 인간의 삶으로 눈을 돌리려고 한다. 왜냐하면 의지의 현상이 더 완전하게 되듯이, 고통 또한 더욱더 뚜렷해질 것이기 때문이다. 식물에서는 아직 감수성이 없으며, 따라서 고통도 없다. 섬모충이나 방사충처럼 최하위의 동물에서는 아주 사소한 정도의 고통이 존재한다. 더구나 곤충에서는 지각하거나 고통을 느끼는 능력이 아직은 제한되어 있다. 척추동물의 완전한 신경시스템에 의해 비로소 그 능력은 높은 수준으로 나타나게 되고, 지능이 더 발달할수록 더 높은 수준으로 나타난다. 따라서 같은 정도로, 인식이 분명해지고 의식이 고양될수록 인간에게서 정점에 달하는 고통도 커진다. 그리고 인간이 더 분명하게 인식할수록, 더 지적일수록 고통은 더 커지게 된다. 천재성을 지닌 사람이 가장 많이 고통을 느끼게 된다. 이런 의미에서, 즉 단순한 추상적인 앎이 아니라 인식의 정도에 관련하여 나는 여기에서 「전도서」의 잠언(1장, 18절), "지식을 더하는 자는 동시에 근심을 더 하느니라"를 이해하고 사용한다. 의식의 정도와 고통의 정도 사이의 이러한 정확한 관계는 철학적인 화가 또는 그림 그리는 철학자인 티슈바인Johann Tischbein[8]의 그림에서 직관적이고 눈에 띄는 표현을 통해 훌륭하게 나타난다. 그의 그림의 상반부에는 아이들을 빼앗기고 그룹을 이룬 채 다양한 자세에서 어머니로서의 깊은 고통과, 불안, 절망을 다양하게 표현하는 부인들이 표현되어 있다. 그림의 하반부에는 완전히 동일한 배열과 그룹으로 어린 양을 빼앗긴 양들이 표현되어 있다. 상반부에 있는 모든 인간의 머리, 모든 인간의 자세에 하반부의 동물적인 것들이 비유적으로 일치하는데, 이제 사람들은 동물들의 둔감한 의식 속에서나 가능한 고통이 인식의 분명함, 의식의 명확함을 통해 비로소 가능하게 되는 격

8   독일의 궁정화가—옮긴이.

심한 고통과 어떻게 관계하는지를 보게 된다.

우리는 이 때문에 인간의 현존에서 의지의 내적이고 본질적인 운명을 고찰하려고 한다. 모든 사람은 동물의 삶에서도 쉽게, 비록 좀 더 약하지만, 다양한 정도로 표현되는 고통을 다시 발견하게 될 것이고, 고통을 당하는 동물에게서도 본질적으로 모든 삶이 얼마나 고통스러운지를 확신할 수 있을 것이다.

57절

의지는 인식이 비추는 모든 단계에서 개체로서 나타난다. 인간 개체는 자신을 무한한 공간과 무한한 시간 속에서 유한한 크기로서 내던져져 있는 것으로 간주하고, 따라서 인간 개체는 무한한 공간과 시간에 비해 사라져 버리는 크기로서 존재하고 이러한 공간과 시간의 무제약성 때문에 인간 개체의 존재는 항상 절대적인 언제Wann와 어디Wo가 아니라 단지 상대적인 언제와 어디를 지닌다. 왜냐하면 인간 개체의 장소와 지속은 무한하며 제약이 없는 것의 유한한 부분이기 때문이다. 인간 개체의 본래적인 존재는 단지 현재에만 있으며, 이러한 현재가 어떠한 저지도 없이 과거로 도망하는 것은 죽음으로의 지속적인 이행이고 지속적인 죽음이기 때문이다. 인간 개체의 지나간 삶은, 현재에 대한 삶의 어떤 결과뿐만 아니라 그 속에 남겨진 이러한 그 의지에 대한 증언은 제쳐 두더라도, 그 속에서 이미 완전히 없어져 버리고, 죽어서 더는 존재하지 않는 것이기 때문에 그 과거의 내용이 고통인지 또는 기쁨인지에 관해서는 인간 개체에게는 당연히 상관없는 것이다. 그러나 현재는 개체의 손에 의해 끊임없이 과거가 되며, 미래는 완전히 불확실하고 항상 짧은 것이다. 그래서 개체의 존재는 형식적인 측면에서만 고찰하자면, 죽은 과거로의 현재의 지속적인 쓰러짐, 즉 지속적인 죽음인 것이다. 그러나 이제 우리는 물리적인 측면에서 보자면, 주지하듯이 우리의 걸음Gehen은 지속적으로 저지되고 있는 넘어짐이고, 우리 신체로서의 삶은 단지 지속적으로 저지되고 있는 죽음, 항상 지연되는 죽음이라는 점이 분명하다. 결국 이처럼 우리 정신의 활발함은 지속적으로 연기되고 있는 권태이다. 모든 호흡은 지속적으로 들이닥치는 죽음을 막고 있으며, 우리는 죽음과 이러한 방식으로 매번 싸우고 있다. 그리고 그런 다음에 다시 좀더 큰 간격을 두고 매번의 식사, 매번의 잠, 매번의 따뜻하게 함Erwärmung 등을 통해 죽음과 싸우게 된다. 결국에는 죽음이 승리해야만 한다. 왜냐하면 우리는 이미 출생에 의해 죽음의 소유가 되어 버렸고, 그리고 죽음은 그가 포획물을 집어삼키기 전까지 잠시 동안만 자신의 전리품과 놀이를 하기 때문이다. 사람들이 어느 때고 터지게 될 것을 확실히 알면서도 비눗방울을 될 수 있는 대로 오랫동안 크게 부는 것처럼, 우리는 가능한 한 오랫동안 큰 관심을 갖고 매우 신중하게 우리의 삶을 살아간다.

이미 우리는 인식 없는 자연에서 이러한 자연의 내적인 본질이 목표도 없고 휴식도 없는 지속적인 노력이라는 점을 보았는데, 이러한 노력은 동물과 인간을 고찰할 때에 더 분명하게 나타난다. 의욕과 노력은 인간의 전체 본질이며, 없애기 어려운 갈증에 전적으로 비교할 수 있다. 그러나 이러한 모든 의욕의 기초는 결핍, 부족, 고통, 즉 인간을 이미 근원적으로 그리고 인간의 본질에 의해 소유물로 갖는 고통이다. 이와 반대로 너무 쉬운 의욕의 만족은, 의욕의 대상들을 인간에게서 곧바로 다시 빼앗아 가면서 의욕의 대상이 없어지게 되면, 두려운 공허와 권태가 인간에게 들이닥친다. 즉 인간의 본질과 존재 자체가 그에게는 감당할 수 없는 짐이 되어 버린다. 따라서 그의 삶은 고통과 권태 사이에서 이리저리 흔들리는 진자와 같은데, 사실 이 두 가지는 삶의 궁극적인 구성요소이다. 이것은 아주 드물지만, 인간이 모든 고통과 고뇌를 지옥으로 옮겨 놓은 다음에, 이제 천국에는 바로 권태밖에 남아 있지 않다고 표현할 수밖에 없다.

그러나 의지의 모든 현상의 본질을 완성하는 지속적인 노력은 의지가 신체를 부양해야 한다는 확고한 명령에 의해 살아 있는 신체로서 나타난다는 것을 통해 객관화의 높은 단계에서 의지의 첫 번째의 가장 일반적인 토대를 얻게 된다. 그리고 이러한 명령에 힘을 제공해 주는 것은 바로 이러한 신체가 객관화된 살려는 의지 자체라는 점이다. 그러므로 의지가 가장 완전하게 객관화된 것인 인간은 모든 존재들 중에서 가장 결핍된 존재인 것이다. 인간은 전적으로 구체적인 의욕이고 욕망이며, 수많은 욕망의 결합체인 것이다. 이러한 욕망과 함께 인간은 자신의 욕망과 궁핍 말고는 모든 것을 불확실하게 자신에게 맡겨 버리고 세계에 서 있다. 따라서 매일 새롭게 고지되는 어려운 요구들 속에서 자신의 존재를 유지하기 위한 걱정이 보통 인간의 전부를 채워 버린다. 그런 다음에 존재의 유지와 두 번째 요구, 즉 종족의 번식의 요구가 곧바로 연결된다. 동시에 모든 면에서 다양한 종류의 위험이 인간을 위협하게 되는데, 여기에서 벗어나려면 지속적으로 주의를 기울이는 것이 필요하다. 인간은 조심스러운 걸음으로 불안하게 주변을 살피면서 자신의 길을 걷는다. 왜냐하면 수많은 위험과 수많은 적들이 잠복하여 그를 기다리고 있기 때문이다. 그래서 인간은 밀림을 걸었으며, 이렇게 문명화된 삶을 살아간다. 인간에게는 안전이 존재하지 않는다.

"아, 그 어떤 존재의 어둠 속에서, 그 얼마나 커다란 위험 속에서

이 삶이 지속되는 한, 머물러야 하는가!"

(루크레티우스, [『사물의 본성에 관하여』] 2권, 15)

대부분 사람들의 삶은 이러한 실존을 위한 지속적인 투쟁인 법인데, 결국 이 투쟁에서 지는 것이 확실하다. 그러나 이처럼 고된 투쟁을 견디는 것은 삶에 대한 사랑이 아니라 오히려 죽음에 대한 두려움 덕분이다. 이러한 죽음은 배후에 서 있어서 회피할 수 없고 매 순간에라도 다가올 수 있다. 삶 자체는 암초와 소용돌이로 가득 차 있는 바다이다. 비록 모든 애씀과 기술을 통해 헤쳐 나가는 것이 인간에게 가능하다고 하더라도, 인간은 바로 이것을 통해 한 걸음씩 엄청나고 전체적이며, 피할 수 없고 치유할 수 없는 난파에 보다 가까이 다가가는 것이며 바로 난파, 즉 죽음을 향해 가까이 다가간다는 것을 알지만, 인간은 이러한 암초와 소용돌이를 엄청난 신중함과 주의 깊음Sorgfalt으로 피하려고 한다. 이러한 죽음은 힘겨운 여행의 궁극적인 목표이고 인간에게는 그가 피했던 모든 암초보다도 나쁜 것이다.

그러나 한편으로 전체의 삶이 도망하려고 하는 죽음조차도 바람직하게 되고 자발적으로 죽으려고 할 정도로 그렇게 삶의 고통과 고뇌가 커질 수 있다는 점, 다른 한편으로 궁핍과 고통이 인간에게 휴식을 주자마자 시간을 때울 거리가 반드시 필요할 정도로 권태가 곧바로 그에게 다가간다는 점은 매우 주목할 만한 것이다. 모든 생명체들이 몰두하게 하고 움직이게 하는 것은 존재하려는 노력이다. 그러나 인간에게 그 존재가 확실하다고 하더라도, 그 존재와 함께 무엇을 시작해야 하는지를 모른다. 그런 까닭에 이들 모든 생명체를 움직이게 하는 두 번째는 존재의 짐을 제거해 버리려는, "시간을 때우려는", 즉 권태를 피하고자 하는 노력이다. 그러므로 우리는 궁극적으로 다른 모든 짐들을 떨쳐내 버린 다음에는 궁핍과 걱정으로부터 안전해진 거의 모든 인간이 이번에는 그 자신이 짐이 되고 이제껏 그럭저럭 살아온 시간들을 유익한 것으로, 따라서 가능한 한 오랫동안 유지하려고 전력투구했던 그러한 삶으로부터 철수하는 것을 유익한 것으로 평가한다. 그러나 권태는 결코 사소하게 여겨져야 할 불행Übel이 아니다. 권태는 마지막에 이르러서야 얼굴에다 고유한 절망을 그린다. 권태는 인간처럼 서로를 사랑하지 않는 존재들이 서로를 찾게 하고 이를 통해 모임의 원천이 되게 한다. 또한 다른 일반적인 재난에 대해서처럼 권태에 대해 어디에서나 국가적인 신중함Staatskrugheit에서 공공연한 방지책이 생기게 된다. 이러한 불행은 그와 반대되는 극단인 기아처럼 인간을 엄청난 무절제함으로 방향을 이끌 수 있기 때문이다. 군중은 빵과 곡예를 필요로 한다. 엄하고 철저한 필라델피아의 형벌제도Pönitentiarsystem는 고독과 아무것도 하지 않음Untätigkeit을 수단으로 권태를 형벌도구로 삼는다. 이것은 죄수로 하여금 자살까지 하게 만드는 두려운 도구였다. 궁핍이 군중의 지속적인 재앙이듯이, 권태는 귀족세계vornehme Welt의 재앙이다. 시민들의 삶에서는 궁핍이 한 주의 6일로 대변되듯이 권태는 일요일로 대변된다.

이제 의욕과 성취 사이에서 모든 인간의 삶이 흘러간다. 소망은 그 본성에 의하면 고통인 것이다. 성취는 빠르게 배부름을 낳는다. 목표는 표면적인 것에 지나지 않는다. 소유는 매혹하는 힘을 빼앗아가 버린다. 그리고 새로운 형태를 띠고 소망과 욕구는 다시 나타난다. 그렇지 않으면 황량함, 공허, 권태가 이어지게 되는데, 이것들에 대한 투쟁은 궁핍과 투쟁하는 것과 마찬가지로 고통스러운 것이다. 소망과 만족이 너무 짧지도 않고 너무 길지도 않은 간격을 가지고 있다면 이 양자가 주는 고통은 얼마 안 되는 것으로 축소되고 가장 행복한 삶의 행로가 만들어지게 된다. 왜냐하면 사람들이 삶의 가장 아름다운 부분, 가장 순수한 기쁨이라고 부르고 싶어 하는 것, 바로 그것이 실재적인 존재에서 우리를 끄집어낸 다음 단지 그것에 무관심한 구경꾼으로 만들어 버리는 까닭에, 모든 의욕이 낯설어하는 순수인식, 미적인 만족, 예술에 대한 진정한 기쁨은, 보기 드문 소질을 요구하기 때문에, 단지 지극히 아주 소수의 사람들에게 그리고 일시적인 꿈으로서만 허락될 뿐이다. 이러한 소수의 사람들은 고도의 지적인 능력 때문에 어리석은 사람들이 느끼는 것보다 더 큰 고통을 민감하게 겪게 된다. 게다가 그들은 눈에 띄게 자신과 다른 존재들에게서 고립된다. 이를 통해 고통이 해소된다. 그러나 대부분의 인간에게서는 순수하게 지적인 만족이 불가능한 편이다. 그들은 순수인식에 놓여 있는 기쁨을 누릴 능력이 거의 없다. 그들은 완전히 의욕의 지시를 받는다. 그런 까닭에 어떤 것에 관심을 얻거나 흥미를 갖게 하려면, 그것이(이것은 또한 이미 그 말뜻에 놓여 있다) 의지로부터 멀리 있고 오직 가능성 속에만 놓여 있는 관계라고 하더라도, 어떤 식으로든 그들의 의지를 자극해야 한다. 그러나 의지는 결코 움직임을 멈추어서는 안 된다. 왜냐하면 대부분의 인간 존재는 어디까지나 인식보다는 의욕에 더 있기 때문이다. 작용과 반응은 대부분의 사람들의 유일한 구성요소이다. 이러한 성질의 소박한 표현을, 사람들은 사소한 것이나 일상적인 현상들에서 추측해 볼 수 있다. 그래서 예를 들면 대부분의 사람들이, 방문한 관광지에 자신의 이름을 써 놓는 것은 그 장소가 자신들에게 작용하지 않기 때문에 자신들이 그 장소에 작용하고자 그같이 반응하는 것이다. 더군다나 그 사람들은 낯설고 흥미로운 동물을 단순히 바라보기만 할 수 없고, 단순히 작용과 반응을 경험하기 위해 그 동물을 자극하고 장난을 치며 함께 놀아야만 한다. 의지의 자극에 대한 욕구는 아주 특별하게 카드놀이의 발명과 유지에서 나타나는데, 이 카드놀이는 원래 인간의 가엾은 측면의 표현이다.

그러나 자연이 무엇을 하든, 행복이 무엇을 하든, 사람이 누구이든 그리고 무엇을 소유하든지 간에, 삶에서 본질적인 고통을 덜어 낼 수는 없다.

"펠레우스의 아들은 하늘을 올려다보면서, 비탄에 잠겼다."

[호메로스, 『일리아스』 21권, 272]

그리고 다시

"나는 크로노스의 아들인 제우스의 아들이었다.

그럼에도 불구하고

말할 수 없는 고난을 겪었다."

[호메로스, 『오디세이아』 11권, 620]

고통을 추방하려는 지속적인 노력은 고통의 형태를 바꾸는 것 말고는 그 어떤 것도 할 수 없다. 고통의 형태는 본래 결핍, 궁핍, 삶의 유지를 위한 걱정이다. 아주 어렵긴 해도 고통을 이러한 형태로 몰아내는 것에 성공한다면 고통은 나이와 상황에 따라 교대로 수많은 다른 형태로 성욕, 열정적인 사랑, 질투, 시기, 불안, 명예욕, 금전욕, 질병 등으로 나타나게 된다. 고통이 결국 다른 형태를 갖지 않게 되면 고통은 사람들이 다양한 방식으로 벗어나려고 시도하는 싫증과 권태라는 슬픈 회색의 모습으로 나타난다. 마침내 이러한 고통을 추방하는 데 성공한다 하더라도, 그 경우에 이전의 고통의 형태들 중의 하나로 고통을 허용하게 되고 다시 고통의 춤을 처음부터 시작하게 될 것이다. 왜냐하면 모든 인간의 삶은 고통과 권태 사이에 이럭저럭 내팽개쳐져 있기 때문이다. 이러한 고찰은 맥이 빠지는 것이지만, 그러나 나는 그 밖에 위로를 얻어 낼 수 있는 측면, 아마도 당면해 있는 자신의 불행에 대해 스토아적인 무관심에 도달하게 하는 측면에 주목하고자 한다. 왜냐하면 우리가 불행을 견뎌 내지 못하는 것은 대부분 우리가 그러한 불행을 우연한 것으로, 필시 다른 것이 될 수도 있었던 어떤 원인의 연쇄에 의해 생겨난 것으로 인식하기 때문이다. 왜냐하면 우리는 직접적으로 필연적인 그리고 전적으로 일반적인 불행들, 예를 들면 늙음이나 죽음 그리고 일상에서 발생하는 불쾌한 일의 필연성에 대해서는 슬퍼하려고 하지 않기 때문이다. 우리에게 고통을 가져오는 상황의 우연성을 고찰하는 것은 오히려 이러한 고통에 가시를 달아 주는 것과 마찬가지이다. 그러나 이제 우리가 고통은 그 자체로 삶에 본질적이고 피할 수 없으며 삶의 단순한 형태, 즉 고통이 드러나는 형식은 우연한 것이라는 점, 우리의 현재의 고통이 지금의 고통에 의해 배제되어 있던 다른 고통이 즉시 들어서게 될 그 자리를 차지하고 있으며, 따라서 운명이 본질적으로는 우리에게 별로 해를 끼치지 않는다는 점을 인식한다면, 그러한 성찰은 생생한 확신이 되어 의미심장한 정도로 스토아적인 평정심을 야기해서 자신의 안녕Wohl에 대한 불안한 걱정을 줄일 수 있을 것이다. 그러나 실제로는 직접적으로 느껴진 고통을 이렇게 이성이 지배하는 것은 드물거나 결코 일어날 수 없다.

게다가 사람들은 고통Schmerz[9]을 피할 수 없다는 것과 고통을 다른 고통이 몰아낸다는 것 그리고 이전의 고통이 사라지고 새로운 고통이 나타난다는 것에 대한 고찰을 통해 모든 개인에게서 그에게 본질적인 고통의 정도가 그의 본성에 의해 항상 결정되어 있고, 고통의 정도는 설령 고통의 형식이 변할지라도 비워지거나 넘치지 않는다는, 역설적이지만 그러나 불합리하지는 않은 가설을 세울 수 있다. 그러므로 개인의 고통Leiden과 행복Wohlsein은 결코 외부로부터 결정되는 것이 아니라, 그러한 정도를 통해, 즉 물질적인 상태에 의해 다양한 시대에 따라 증감을 경험할 수 있으나 전체적으로는 동일한 것으로 있고, 사람들이 기질이라고 부르는 소질에 의해 결정된다. 정확히 말하자면 플라톤이 『국가론』 1권에서 표현하듯이, 개인이 가벼운 마음을 지녔는지 또는 무거운 마음을 지녔는지의 정도를 통해 결정된다. 큰 고통이 모든 작은 고통을 완전히 느끼지 못하게 하

---

9   여기에서 독일어 Schmerz는 의미전달을 위해 Leiden과 마찬가지로 고통으로 번역함—옮긴이.

고, 반대로 큰 고통이 없을 때에는 사소한 고까운 것이 우리를 고통스럽게 하고 기분을 어지럽히게 한다는 익히 알려진 경험이 이러한 가설을 증명해 줄 뿐만 아니라, 그 경험은 단순한 생각만으로도 몸을 떨게 하는 큰 불행이 실제로 나타나면, 그럼에도 불구하고 우리가 최초의 고통을 극복하자마자 우리의 기분이 전체적으로는 그다지 변하지 않고 존재한다는 것을 가르쳐 준다. 그리고 반대로, 경험은 우리가 오랫동안 기대해 왔던 행운이 나타난 뒤에도 전체적으로 그리고 끊임없이 이전보다 눈에 띄게 행복하고 편안함을 느끼지 않는다는 것 또한 우리에게 가르쳐 준다. 단지 그러한 변화들이 생기는 순간만이 깊은 탄식이나 단지 환희로서 우리를 이례적으로 강하게 움직이게 한다. 그러나 탄식이나 환희는 착각에서 비롯되기 때문에 곧 소멸해 버린다. 왜냐하면 이것들은 직접적으로 현재적인 만족이나 고통에서 생기는 것이 아니라 단지 거기에서 예측되는 새로운 미래가 열리는 것에서 생기기 때문이다. 단지 고통 또는 기쁨이 미래에서 꾸어 왔다는 점에서 이것들은 비정상적으로 고양될 수 있으며, 따라서 영영 지속되지는 않는다. 위에 제시된 가설에 따르면 고통이나 행복을 인식하는 데에서뿐만 아니라 그것을 느끼는 데에서도 아주 큰 부분이 주관적이고 선험적으로 정해져 있는데, 이 가설에 대한 증거로서 인간의 명랑함이나 우울함은 외부적인 사정에 의해, 즉 부나 신분에 의해 규정되지 않는다는 언급이 인용될 수 있다. 우리는 적어도 부자들에게서만큼이나 가난한 사람들에게서도 명랑한 얼굴을 많이 마주치기 때문이다. 더구나 자살을 야기하는 동기들은 아주 다양한데, 우리가 모든 사람에게서 매우 높은 개연성 속에서 충분하게 자살을 초래할 만한 불행을 언급할 수 없고 그리고 마찬가지로 미미한 불행이라고 해서 자살을 유발하지 않는 것도 아니기 때문이다. 우리의 명랑함이나 슬픔의 정도가 모든 시대에 동일한 것이 아니라고 하면, 우리는 이러한 관점에 의해 외부적인 사정의 변화가 아니라 내적인 상태의 변화, 신체적인 상태의 변화로 책임을 돌릴 것이다. 비록 일시적인 고양에 불과하지만 우리의 명랑함의 실제적이 고양이 일어나게 되면, 그러한 고양은 모든 외부적인 계기가 없이 일어나곤 한다. 우리는 비록 우리의 고통을 특정한 외부의 관계로부터만 생겨나는 것으로 여기고, 오직 이러한 관계를 통해서만 압박을 받고 슬퍼한다. 그러면 우리는 이러한 관계가 제거되기만 하면 엄청난 만족이 나타날 것처럼 생각한다. 그러나 이것은 기만일 뿐이다. 우리의 고통과 행복의 전체 척도는 우리의 가설에 의하면 모든 시점에서 주관적으로 정해진다. 그리고 이 척도와 관련하여 슬픔의 외적인 동기는 신체에 대해 따로 떨어져 있던 모든 나쁜 체액을 끌어 들이는 고약Vesikatorium에 불과하다. 이 시기에 우리의 본질에 정초된 그리고 따라서 떨쳐내 버릴 수 없는 고통은 고통의 저 특정한 외부적인 원인 없이 수많은 점으로 나눠지고, 수많은 미미한 불쾌함과 우리가 지금 보아 넘기고 있는 사물들에 대한 엉뚱한 생각의 형태로 나타날 것이다. 왜냐하면 고통에 대한 우리의 수용력은 이제껏 따로 떨어져 있던 모든 고통을 하나의 점으로 집중시키는 저 커다란 불행에 의해 이미 가득해져 있기 때문이다. 이에 부합하여 우리에게 들러붙어 있던 커다란 걱정이 마침내 운이 좋게 끝나서 우리의 가슴에서 제거되면, 곧바로 그 자리에 다른 걱정이 나타나는데, 이러한 걱정의 모든 재료는 이미 이전부터 있었던 것이지만 걱정으로서 의식 속에 다가올 수 없었다. 왜냐하면 이러한 의식이 받아들일 수용력이 없었기 때문이고, 그렇기 때문에 이러한 걱정거리는 단지 어두운, 눈에 띄지 않는 안개의 모습으로 의식의 지평 가장자리 끝에 머물러 있기 때문이라는 점이 관찰된다. 그러나 이제 자리가 생겼기 때문에, 준비된 걱정거리는 당장 나타나게 되고 우리의 일상을 지배하게 된다. 이제 또한 준비된 걱정거리는, 재료로만 보자면 저 사라져 버린 걱정거리보다 훨씬 무게가 적은 것이지만, 그러나 그 걱정거리는 이전의 걱정거리와 같은 크기로 부풀려지고, 중요한 걱정으로서 일상을 완전히 채워 버리게 된다.

지나친 기쁨과 아주 격심한 고통은 항상 단지 동일한 사람에게서만 볼 수 있다. 왜냐하면 기쁨과 고통은 교대로 서로를 제약하고 그리고 공통적으로 정신의 커다란 생명력을 통해 제약되기 때문이다. 우리가 방금 확인했듯이, 기쁨과 슬픔은 순전히 현재적인 것을 통해서가 아니라 미래에 대한 예측을 통해 만들어진다. 그러나 고통은 삶에서 본질적이기 때문에 그리고 또한 고통의 정도 또한 주관의 본성에 의해 정해져 있기 때문에, 따라서 급작스러운 변화라는 것은 항상 외부적인 변화이기 때문에 고통의 정도를 본래적으로는 변화시킬 수 없다. 그렇기 때문에 지나친 환희나 지나친 고통은 항상 오류와 망상의 원인이 된다. 그러므로 마음의 이 같은 두 가지 과도한 긴장은 통찰을 통해 면할 수 있다. 모든 지나친 환희는 항상 삶에서 전혀 마주칠 수 없는 것을 발견했다는, 즉 항상 새로 생겨나는 고통스러운 욕망이나 걱정의 지속적인 만족을 발견했다는 망상에서 비롯된다. 이러한 종류의 모든 망상에 의해 사람들은 나중에 반드시 곤경에 빠지게 되고 망상이 사라진 다음에야 이러한 망상의 등장이 기쁨을 야기했던 것처럼 쓰라린 고통의 대가를 지불하게 된다. 그런 측면에서 망상이란 사람이 오로지 거기에서 뛰어내려야만 아래로 내려갈 수 있는 꼭대기Höhe와 같은 것이다. 그렇기 때문에 사람들은 그러한 꼭대기를 피해야만 한다. 그리고 모든 급작스럽고, 엄청난 고통은 바로 단지 그 꼭대기에서 뛰어내리는 것, 즉 그러한 망상의 사라짐에 지나지 않으며 망상에 의해 제약된 것이다. 그러므로 사람들은 사물들을 항상 전체 속에서 그리고 그러한 연관성 속에서 전적으로 명확하게 바라보고 그리고 사물들이 가졌으면 하고 우리가 바라는 색깔을 실제로 사물들에게 부여하는 것으로부터 우리 자신을 단호하게 지켜 낼 수 있다면 망상과 고통을 피할 수 있을 것이다. 스토아적인 윤리는 주로 그러한 모든 망상과 망상의 결과로부터 마음을 해방시키고, 그 대신에 마음에게 흔들리지 않는 평정심을 주려는 것에서 시작한다. 호라티우스는 잘 알려진 송가에서 이러한 통찰을 잘 드러내고 있다.

"어려울 때에 항상 평정심을 유지하는 것을 생각하라

행복할 때에 지나친 기쁨들을

지배하는 영리한 가슴처럼"

[『카르미나』 2, 3]

그러나 고통이 삶에 본질적이고 따라서 외부로부터 우리에게 흘러 들어오는 것이 아니라, 각자가 마를 리 없는 고통의 샘을 지니고 다닌다는 쓴 약에 비유되는 인식에 대해 우리는 대부분 눈을 감아 버린다. 오히려 우리는 우리에게서 결코 사라지지 않는 고통에 대해 항상 외부의 개별적인 원인, 즉 어떠한 구실을 찾는데, 이것은 자유로운 사람이 주인을 갖기 위해 우상을 만드는 것과 다르지 않다. 왜냐하면 우리는 욕망에서 욕망으로 지치지 않고 노력하기 때문이다. 그리고 비록 많은 것을 약속한다고 하더라도 모든 도달된 만족이 우리를 만족시킬 수 없고 오히려 대부분 곧장 치욕적인 오류로 드러나게 되지만, 우리는 우리가 다나이덴 자매의 나무통에 물을 긷는다는 점을 통찰하지 못하고 항상 새로운 욕망으로 달려가기 때문이다.

"우리가 욕망하는 것을 성취하지 못하는 한,

그것은 우리에게 모든 것을 능가하는 것으로 가치를 지니지만,

그러나 그것에 도달하자마자 다른 것이 생기고,

그래서 항상 똑같은 갈증이 우리를 사로잡아,

우리는 삶을 간절히 요구한다."

(루크레티우스, [『사물의 본성에 대하여』] 3권, 1095)

그래서 이처럼 무한하게 계속되거나 또는 드물게 어떤 성격의 힘을 전제하는 것이지만, 우리가 채워지지 않는 그러나 포기할 수 없는 욕망을 만나기까지 이것은 계속된다. 그러면 우리는 말하자면 우리가 추구하는 것, 즉 매 순간 우리 자신의 본질 대신에 우리의 고통의 원천으로 후회할 수 있는 어떤 것을 갖게 되고, 이를 통해 우리는 우리의 운명과 불화를 겪게 되지만, 우리의 실존과는 화해하게 된다. 이러한 실존 자체에는 고통이 본질적이며 참된 만족은 불가능하다는 인식이 다시 요원해지기 때문이다. 이러한 마지막의 전개방식의 결과는 다소 우울한 기분, 비할 나위 없이 커다란 아픔을 끊임없이 견뎌 내는 것이며, 여기에서 생겨나는 모든 사소한 고통이나 기쁨을 사소한 것으로 간주하는 것이다. 따라서 이것은 끊임없이 다른 환상들을 붙잡으려고 하는 일상적인 것보다는 훨씬 더 가치 있는 현상이다.

58절

모든 충족, 아니면 사람들이 공통적으로 행복이라고 일컫는 것은 본래 본질적으로 항상 소극적negativ인 것에 지나지 않으며 결코 적극적인 것이 아니다. 그것은 본래적으로 스스로 우리에게 다가와 행복하게 하는 것이 아니라 언제나 욕망의 충족이어야 한다. 왜냐하면 욕망, 즉 결핍은 모든 만족의 선행하는 조건이기 때문이다. 그러나 충족과 함께 욕망은 중단되고 따라서 만족도 중단된다. 그런 까닭에 만족과 행복해지는 것Beglückung은 고통으로부터의 해방이나 궁핍으로부터의 해방 그 너머가 아니다. 왜냐하면 모든 실제적이고, 공공연한 고통뿐만 아니라 우리의 평온을 방해하는 욕망도, 더군다나 우리의 존재에 부담이 되는 억누르는 권태도 이러한 고통과 궁핍에 속하는 것이기 때문이다. 그러나 비단 모든 계획에는 어려움과 노력이 끊임없이 대립하고, 그리고 모든 단계에서 장애물이 쌓이기 때문에 어떤 것을 성취하거나 관철시키는 것은 어려운 일이다. 그러나 드디어 모든 것을 극복하고 성취에 도달했다 하더라도 사람들은 그 어떤 고통이나 하나의 욕망으로부터 벗어나는 것밖에는 얻을 수 있는 게 없고, 따라서 고통이나 욕망이 생기기 전의 상태에 처하게 될 뿐이다. 우리에게 직접적으로 주어져 있는 것은 항상 단지 결핍, 즉 고통뿐이다. 그러나 우리는 나타날 무렵에 중단된 지나간 고통과 결여에 대한 기억을 통해 오로지 간접적으로만 충족과 만족을 인식할 수 있을 뿐이다. 그런 까닭에 우리는 실제로 소유하는 재화와 장점을 올바르게 알아내거나 평가하는 것이 아니라 단지 그렇게 있어야 하는 것으로 생각한다. 왜냐하면 재화나 장점은 고통을 저지하면서 소극적으로만 행복하게 하기 때문이다. 우리가 이러한 재화나 장점을 잃어버린 뒤에야 비로소 그 가치를 느끼게 된다. 왜냐하면 결핍, 결여, 고통은 적극적인 것, 직접적으로 나타났다는 사실을 알리는 것이기 때문이다. 그런 까닭에 이미 극복한 곤궁, 질병, 결핍 등에 대한 기억은 우리를 기쁘게 한다. 왜냐하면 이러한 기억은 현재의 재화를 누리게 하는 유일한 수단이기 때문이다. 이런 점에서 그리고 삶의 의욕의 형식인 이기주의라는 입장에서 타인의 고통을 바라보거나 묘사하는 것은, 루크레티우스가 자신의 저서 2권의 시작에서 이미 훌륭하고 솔직하게 언급하듯이, 바로 앞의 방법으로 우리에게 충족과 만족을 제공한다는 점은 부인할 수 없다.

"폭풍우가 몰아치는 바닷가에 서서,

곤경에 처한 뱃사공을 바라보는 것은 기쁜 일인데,

타인이 고통당하는 것을 보고 좋아하는 것이 아니라,

네가 화로부터 벗어난 것을 알고 기뻐하는 것이다."

[『사물의 본성에 관하여』 2권, 1]

그러나 자신의 행복을 이렇게 간접적으로 인식하는 것에 의한 이러한 종류의 기쁨은 본래적이고 적극적인 악의 원천에 가까이 놓여 있다는 점이 나중에 드러나게 될 것이다.

모든 행복은 적극적인 것이 아니며, 소극적인 것이다. 바로 그렇기 때문에 지속적인 충족과 행복은 있을 수 없고, 항상 새로운 고통이나 나른하고 공허한 동경과 권태가 뒤따를 수밖에 없는 고통이나 결핍으로부터 잠깐 벗어난 것일 뿐이다. 이것은 또한 세계와 삶의 본질에 대해 충실하게 반영하는 예술에서, 특히 시문학에서 증명된다. 즉 모든 서사문학이나 극문학은 항상 행복을 위한 고투, 노력과 투쟁을 나타낼 수 있을 뿐, 지속적이고 완성된 행복을 나타낼 수는 없다. 이러한 문학은 주인공이 수많은 어려움과 위험을 지나 목표로 이끌어 가게 한다. 목표에 도달하자마자, 문학은 황급히 무대의 막을 내린다. 왜냐하면 주인공이 행복을 찾을 것이라고 착각한 빛나는 목표는 단지 그를 우롱한 것에 지나지 않고 목표에 도달한 뒤에도 이전보다 더 좋지 않다는 것을 제시하는 것밖에는 그 무엇도 문학에 남아 있지 않기 때문이다. 진정하고 지속적인 행복은 불가능하기 때문에, 예술의 대상이 될 수 없다. 본래 전원시Idylls의 목적이 그러한 행복의 묘사이기는 하지만, 그러나 사람들은 전원시 자체가 그것을 맡아 해낼 수 없다는 것을 이해하고 있다. 언제나 전원시는 시인의 손에서 서사성을 띠게 되며 하찮은 고통, 하찮은 기쁨과 하찮은 노력으로 이루어진 별반 중요할 게 없는 서사시에 불과하다. 이것은 빈번한 경우이다. 그러나 전원시가 단순히 기술하는 시문학이 되면, 자연의 아름다움을, 즉 물론 실제로 유일하게 순수한 행복인 본질적으로 순수하게 의지로부터 자유로운 인식을 표현한다. 이러한 인식에는 고통도 욕구도 선행하지 않고, 후회도, 고통도, 공허도, 싫증도 필연적으로 수반되지 않는다. 하지만 이러한 행복은 삶 전체가 아니라 다만 삶의 순간들만을 채울 수 있다. 우리가 시문학에서 보는 것을 우리는 음악에서 다시 발견할 수 있는데, 우리는 음악의 멜로디에서 스스로를 의식한 의지가 보편적으로 표현된 가장 내적인 역사, 가장 비밀스러운 삶, 동경, 고통과 기쁨, 인간 마음의 흥망성쇠를 다시 알아채게 된다. 멜로디는 항상 수많은 경이로운 방황을 지나 가장 고통스러운 불협화음에 이르게 되는 기본음으로부터의 이탈이며, 멜로디는 결국은 의지의 만족과 안정을 표현하는 기본음을 다시 발견하지만, 그러나 나중에 이 기본음으로는 아무것도 할 수 없으며, 이것이 오랫동안 멈춰 있으면 단지 성가시고 무의미한 단조로움일 뿐이며, 권태를 일으킬 뿐이다.

이러한 모든 고찰들이 분명히 해야 하는 것은 계속되는 충족의 도달 불가능성과 모든 행복의 소극성Negativität인데, 이에 대한 설명은 2권의 결론에서 제시된 바 있는, 의지의 객관화가 모든 현상처럼 인간의 삶이며, 의지는 목표도 없고 끝도 없는 노력이라는 점에서 발견할 수 있다. 우리는 이러한 끝없음의 특징이 이러한 현상의 보편적인 형식인 공간과 시간의 끝없음에서부터, 의지의 전체적인 현상의 부분들에서, 모든 현상들 가운데에서 가장 완성된 것인 인간의 삶과 노력에 표현되어 있는 것을 발견한다. 사람들은 인간의 삶의 세 가지 극단을 이론적으로 가정할 수 있고 그것들을 현실적인 인간의 삶의 요소로 간주할 수 있다. 첫 번째는 강한 의욕, 크나큰 열정Radscha-Guna이다. 이것은 위대한 역사적 인물들에게서 나타난다. 이것은 서사시와 희곡에서 표현되어 있다. 그러나 이것은 작은 영역에서도 나타날 수 있다. 왜냐하면 여기에서는 대상의 크기가, 대상이 단지 의지를 움직이는 수준에서만 측정될 뿐 대상의 외적인 관계에 의해 측정되지는 않기 때문이다. 그다음 두 번째는 순수인식, 즉 이념의 파악이다. 이것은 천재Satva-Guna의 삶이며, 의지에 봉사하는 것으로부터 인식의 해방을 전제로 한다. 마지막으로 세 번째는 의지의 엄청난 무관심 그리고 이와 함께 의지에 연결된 인식의 엄청난 무관심, 공허한 동경, 삶을 마비시키는 권태Tama-Guna이다. 개인의 삶은 이러한 세 가지 극단의 하나에 머무르지 않고 멀리 벗어나서 극단과 드물게 접촉하며 대부분은 단지 이쪽저쪽으로 허약하게 동요하면서 다가갈 뿐이고, 사소한 대상들을 궁핍하게 의욕하며, 같은 것을 항상 반복하고 그렇게 권태로부터 벗어난다. 대부분의 사람들의 삶은 밖에서 보자면, 얼마나 무의미하고 공허하게 흘러가는지, 안에서 느끼자면, 얼마나 희미하고 생각 없이 흘러가는지 도무지 믿기 어려울 지경이다. 이들의 삶은 희미한 동경이고 괴로움이며, 미미한 일련의 생각에 이끌려 인생의 사계절을 거쳐 죽음을 향해 꿈에 취한 것처럼 비틀거린다. 이들은 태엽이 감기어 움직이지만, 어떻게 움직이게 된 건지는 알지 못하는 시계와 같다. 그리고 매번 인간이 태어나는 것은 이미 수없이 연주된 아코디언의 곡을 악장마다 그리고 소절Takt마다 하찮게 변형하여 다시고 반복하기 위해 인간의 삶이라는 시계가 새롭게 감기는 것이다. 모든 개인, 모든 인간의 얼굴과 삶의 행로는 단지 무한한 자연정신Naturgeist, 즉 지속적인 살려는 의지의 짧은 꿈에 불과하며, 살려는 의지가 공간과 시간이라는 무한한 종이 위에 재미로 그리는 헛된 형상에 지나지 않는다. 그리고 이러한 형상들은 사라지면서 짧은 시간 동안만 존재하게 되며, 그런 후에 새로이 자리를 마련해 주고 없어져 버린다. 그럼에도 불구하고, 여기에 삶의 격정스러울 만한 측면이 놓여 있는데, 이러한 헛된 형상, 이러한 진부한 붕괴의 각각은 살려는 의지 전체에 의해 의지의 모든 격렬함 속에서 많고 깊은 고통으로 특히 오랫동안 두려워했던, 결국은 나타나는 쓰라린 죽음으로 대가를 치러야 한다. 그렇기 때문에 우리는 시신을 보면 갑자기 그렇게 진지해지는 것이다.

삶을 전체적이고 일반적으로 바라보고 단지 가장 의미 있는 특징만을 이끌어 낸다면, 모든 개인들의 삶은 본래 항상 하나의 비극Trauerspiel이다. 그러나 개별적인 것을 유심하게 일일이 살펴보면, 삶은 희극의 성격을 띤다. 왜냐하면 하루의 탄식과 고생, 순간의 부단한 놀림Neckerei, 매주의 소망과 두려움, 항상 짓궂은 장난을 염두에 둔 우연에 의한 매시간의 사고들 Unfälle은 오직 희극적인 장면에 지나지 않기 때문이다. 그러나 결코 채워지지 않는 소망들, 수포로 돌아간 노력, 운명에 의해 무자비하게 짓밟힌 희망들, 삶 전체에서의 불행한 실수들은 증가하는 고통에 의해 그리고 결국에는 죽음에 의해 항상 비극이 된다. 그렇기 때문에 운명이 우리 존재의 고난을 놀리기라도 하는 것처럼 우리의 삶은 비극의 모든 슬픔을 지니고 있어야 한다. 그리고 그때에 우리는 비극적인 인물의 존엄을 주장할 수는 없으며, 광범위하게 세부적인 삶에서 불가피하게 천박한 희극적인 인물일 수밖에 없다.

그러나 그렇게 크고 작은 고생들이 모든 인간의 삶을 채우고 있기에 사람들은 지속적인 불안과 동요 속에 있게 되고, 그런 일들은 정신을 충족시키기 위한 삶의 불충분함과 존재의 공허함과 진부함을 덮거나 걱정을 야기하는 모든 휴식을 채워 버릴 만큼 매번 준비되어 있는 권태를 쫓아낼 수는 없다. 여기에서 인간의 정신은 그에게 현실세계가 부과하는 걱정들, 근심들에 만족하지 못하고 엄청나게 다양한 미신의 형태로 상상의 세계를 만들어 내고, 그 뒤에 인간의 정신이 결코 수용할 수 없는 휴식을 현실세계가 인간의 정신에게 주고자 하면 갖은 방식으로 이런 상상의 세계에 관여하여 시간과 힘을 낭비하는 일이 일어난다. 그런 까닭에 이것은 본래 대부분은 온화한 기후와 토양 덕에 편하게 살아가는 국민들에게서 나타나는데, 특히 인도 사람들에게서, 그다음으로는 그리스 사람들, 로마 사람들 그리고 이탈리아 사람들, 스페인 사람들 등에게서 많이 나타난다. 인간은 자신의 고유한 생각에 따라 악마, 신 그리고 성자를 만든다. 그런 다음에는 이런 것들에 부단하게 희생, 기도, 사원의 장식, 서약과 그것의 취소, 성지 순례, 환영인사, 그림 장식Schmückung der Bilder 등이 수반되어야 한다. 이러한 봉사는 어디에서나 현실과 섞여 있으며, 현실을 애매모호하게 만들어 버리곤 한다. 그러면 삶의 모든 사건은 악마, 신, 성자의 작업으로 받아들여진다. 이것들과의 교류가 삶의 절반의 시간을 채우고, 지속적으로 희망을 이야기하며 기만이라는 매력에 의해 종종 현실적인 존재보다 더 관심을 끌게 한다. 이러한 교류는 한편으로는 도움과 지원의 욕구라는, 다른 한편으로는 몰입과 기분전환의 욕구라는 인간의 이중적인 욕구를 표현해 주는 징후이다. 또한 인간이 사고와 위험에 빠지게 되면 귀중한 시간과 힘을 그것을 막는 데에 사용하지 않고, 쓸데없이 기도나 희생에 사용하면서 도움과 지원의 욕구를 거스른다면, 인간은 애타게 바라던 정신세계Geisterwelt 와의 상상적인 대화를 통해 몰입과 기분전환이라는 두 번째 욕구에 더 기여한다. 이것은 결코 무시할 수 없는 모든 미신의 이득Gewinn인 것이다.

59절

우리는 지금까지 가장 일반적인 고찰을 통해, 즉 인간의 삶의 첫 번째의 기본적인 특징들을 연구함을 통해 인간의 삶이 이미 전체적인 성향에 따라 참된 행복이 가능하지 않고, 본질적으로 다양한 형태를 띤 고통과 전적으로 불행한 상태라는 점을 선험적으로 확신한다면, 이제 우리는 보다 후천적으로, 특정한 경우에 관계하면서 여러 형상들을 환상 앞에 가져오고 이루 말할 수 없는 어려운 고난을 예로 묘사할 때에 이러한 확신을 보다 더 생생하게 깨닫게 할 수 있다. 우리가 어디를 주목하든지 간에 그리고 어떤 점에서 연구하든지 간에 경험과 이야기는 그러한 말할 수 없는 고난을 나타낸다. 그러나 그 주제는 끝이 없을 것이고 철학에 본질적인 보편성의 입장에서 우리를 벗어나게 할 것이다. 이뿐만 아니라 사람들은 그러한 묘사를, 종종 그랬듯이 인간의 불행에 대해 단순히 미사여구를 늘어놓는 연설로 간주할 것이고, 개별적인 사실에서 시작하기 때문에 그러한 표현 자체를 단편적이라고 비난할 것이다. 따라서 삶의 본질에서 정초된 불가피한 고통에 대한 전적으로 냉철하고 철학적인 우리의 증명은, 즉 보편에서 시작하여 선험적으로 이끌어진 우리의 증명은 그러한 비난과 혐의로부터 자유롭다. 그러나 후천적인 증명은 어느 곳에서나 쉽게 얻을 수 있다. 젊었을 때의 최초의 꿈에서 깨어나, 자신과 타인의 경험을 숙고하고 삶에서, 과거와 자신의 시대의 역사에서, 마침내 위대한 시인의 작품에서 되돌아보는 사람은, 지울 수 없이 각인된 편견이 그의 판단력을 그르치게 하지 않는 한, 이러한 인간세계가 우연과 오류의 나라이며, 이러한 우연과 오류가 크고 작은 일에서 무자비하게 마음대로 지배하고, 이와 함께 어리석음과 악의가 고통을 안겨다 준다는 결론을 인식하게 될 것이다. 그런 까닭에 보다 나은 모든 것은 단지 어려움을 밀어 헤치고 나아가고, 훌륭하고 지혜로운 것은 아주 드물게 나타나서 작용하고 주목을 받게 되지만, 사유의 영역에서 불합리한 것과 잘못된 것, 예술의 영역에서 따분하고 천박한 것, 행위의 영역에서는 악함과 교활함이 단지 잠시만 중단되어 방해를 받을 뿐 실제로는 주인행세를 하게 된다. 이와 달리 모든 종류의 탁월한 것은 항상 예외에 지나지 않고 수백만 가운데 하나일 뿐이며, 그런 까닭에 지속적인 작품에서 알려지게 되더라도, 이 작품은 나중에 동시대인의 원한을 견뎌 낸 뒤에 고립되어 존재하고, 여기에서 지배하는 사물들의 질서와는 다른 사물들의 질서에서 생긴 운석처럼 보존된다. 그러나 개인들의 삶과 관련해서 말하자면, 모든 인간의 삶의 역사는 고통의 역사이다. 왜냐하면 모든 삶의 과정은 보통 크고 작은 사고의 끊임없는 대열이기 때문이다. 사람들은 가능한 한 이러한 사고를 숨기려고 하는데, 왜냐하면 타인들은 이러한 사고에 대한 관심이나 동정심을 드물게만 드러낼 것이고, 그런 고생이 지금 그들을 괴롭히지 않는다는 생각으로 만족해한다는 것을 알기 때문이다. 그러나 누군가가 분별이 있고 솔직하다고 한다면, 아마도 자신의 삶이 끝날 때에는 결코 다시 한번 삶을 경험하려고 하지 않고 오히려 완전히 존재하지 않는 것Nichtsein을 선택하게 될 것이다. 세계적으로 유명한 『햄릿』의 독백의 핵심은, 요약하여 말하자면 다음과 같다. 우리의 상태는 완전히 존재하지 않는 것이 명백하게 더 나을 수도 있는 그런 비참한 상태이다. 자살이 우리에게 실제로 이렇게 존재하지 않는 것을 제공하고, 완전히 문자적인 의미에서 "존재하느냐 또는 존재하지 않느냐"라는 양자택일이 있다고 한다면, 자살은 최고의 바람직한 완성으로서 무조건 선택되어야 한다. 그러나 무언가가 우리에게 그렇지 않다고, 그것은 그렇게 끝나는 것이 아니라고, 즉 죽음은 절대적인 파괴가 아니라고 말한다. 이와 동일하게 이미 역사의 아버지가 인용한 바 있고[10] 그 후로도 반박되지 않은 사실이 있는데, 그것은 다음 날을 경험하지 않기를 한 번 이상 원하지 않은 사람은 없다는 사실이다. 따라서 그렇게 자주 한탄했던 삶이 짧다는 사실은 아마도 그렇기 때문에 가장 좋은 것일 수 있다. 이제 사람들이 자신의 삶이 지속적으로 마주하고 있는 엄청난 고통과 고뇌를 마침내 눈앞에 보여 주려고 한다면, 무서워서 소

---

10 헤로도토스, 『역사』 7, 46

름이 끼치게 될 것이다. 그리고 완고한 낙관주의자를 병원, 의무실 그리고 외과수술실, 감옥, 고문실과 노예들의 더러운 방, 전쟁터와 형장Gerichtsstätte에 데리고 다니면서 냉담한 호기심의 눈길 앞에 숨은 비참하게 지내는 암울한 집들을 보여 준 뒤, 마지막으로 죄수를 굶겨 죽이는 우골리노의 탑을 보게 한다면, 마침내 가능한 세계 가운데 최고의 세계가 어떤 종류의 것인지를 확실하게 들여다보게 될 것이다. 단테가 우리의 현실적인 세계 말고 도대체 다른 어디에서 지옥의 재료를 얻었겠는가? 그러나 이 세계는 정말로 진정한 지옥이 되어 버렸다. 이와 달리 단테는 천국과 그 기쁨을 표현하는 과제에 처했을 때에 극복할 수 없는 어려움에 부딪히게 되는데, 우리의 세계에는 결코 그러한 재료를 제공할 수 있는 어떤 것도 없었기 때문이다. 그런 까닭에 그는 천국의 기쁨 대신에 거기에 있는 조상인 베아트리체와 다양한 성인들이 주었던 가르침을 우리에게 재현할 수밖에 없었다. 그러나 이로부터 이 세계가 어떤 종류의 것인지가 충분하게 밝혀진다. 물론 모든 저급한 물건이 그런 것처럼, 인간의 삶도 겉모습은 가짜의 빛깔을 지니고 있으며 고통스러운 것은 항상 숨겨져 있다. 이와 달리 누구든지 애써 얻은 화려함과 탁월함은 과시하는 법이다. 그리고 그에게 내적인 만족이 감소할수록 그는 더욱더 타인들에게 행복한 사람으로 보이기를 희망하는데, 사람들은 그 정도로 어리석다. 그리고 비록 이러한 노력의 전체적인 무상성Nichtigkeit은 거의 모든 언어에서 허영심, 즉 vanitas가 근원적으로 공허와 무상성을 의미한다는 점에서 그 의미가 잘 표현되어 있기는 하지만, 다른 사람들의 견해는 모든 사람들의 노력의 중요한 목표가 된다. 그러나 이러한 모든 현혹 아래에서도 삶의 고통은 아주 쉽게 자라나고, 그 어떤 것보다도 두려워했던 죽음을 갈망할 정도로 매일매일 일어난다. 심지어 운명이 자신의 모든 술책을 보여 주려고 하면, 고통을 당하는 사람에게는 이러한 도피가 차단되어, 그는 노여워하는 적의 손에서 빠져나갈 수 없게 되어

서서히 잔인한 고문에 던져지게 된다. 그러면 고통을 당하는 사람은, 아무 소용이 없는데도 신에게 도움을 청한다. 고통을 당하는 사람은 은총을 받지 못하고 자신의 운명에 온몸을 내맡기게 된다. 이러한 구원의 불가능성은 자신의 의지를 제어할 수 없음을 반영하는 것에 지나지 않는데, 이러한 의지의 객관성이 바로 그 사람 자체가 되는 것이다. 이렇듯 외부의 힘이 의지를 바꾸게 하거나 제거할 수 없는 것처럼, 그 어떤 낯선 힘이 의지의 현상인 삶에서 생겨나는 고통으로부터 이러한 의지를 벗어나게 할 수는 없다. 인간은 모든 것에서처럼, 중요한 일에서는 항상 자기 자신에게로 되돌아가야 한다. 오로지 자신의 의지력으로 할 수 있는 것을 인간은 헛되게도 신들에게 간청하고 아부를 한다. 구약성서가 세계와 인간을 신의 창조물로 만들었다면, 신약성서는 이 고통스러운 세계로부터의 치유와 구원이 오직 이 세계 자체에서 시작된다는 것을 가르치고자 그러한 신이 인간이 되게끔 해야 한다고 보았다. 인간에게는 모든 것이 인간의 의지에 달려 있다. 인도의 성자saniassis, 순교자, 갖은 신앙과 이름의 성인들은 자발적으로 그리고 기꺼이 모든 고문을 견딘다. 왜냐하면 그들에게서 살려는 의지가 제거되었기 때문이다. 더군다나 그들은 자신의 현상이 서서히 파괴되는 것을 기꺼이 수용한다. 그러나 나는 나중에 설명할 것을 미리 말하지는 않겠다. 그렇다고 해도 여기에서 나는 낙관주의가 낱말만 있는 천박한 생각에서 나온 경솔한 이야기가 아니라고 한다면, 부조리할 뿐만 아니라 진정으로 무자비한 사유방식으로서, 즉 인류의 무어라고 할 수 없는 고뇌에 대한 쓰디쓴 비웃음이라고 설명하는 것을 주저할 수 없다. 그리스도교의 교리가 낙관주의에 호의적이라고 여겨서는 안 될 것이다. 왜냐하면 반대로 복음서에서 세계와 불행은 거의 뜻이 같은 표현으로 쓰이고 있기 때문이다.[11]

11　이에 대해서는 2편 46장 참고.

60절

~∾~

이제 우리는 중간에 등장하는 것이 필연적이었던 두 가지 설명, 즉 의지 자체의 자유와 동시에 의지의 현상의 필연성에 대한 설명, 그다음으로는 의지의 본질이 반영된 세계에서 의지의 운명Los과 이 세계에 대한 인식에 의해 의지 자신을 긍정하거나 부정해야만 한다는 설명을 끝낸 다음에, 의지의 긍정과 부정이 표현되는 행동방식들을 서술하고 그 내적인 의미에 따라 고찰하면서, 앞에서는 단지 일반적으로만 표현하고 설명했던 의지의 긍정과 부정 자체를 이제는 아주 자세하게 살펴볼 수 있다.

의지의 긍정은 일반적으로 인간의 삶을 채우고 있는 의욕 자체이며, 그 어떠한 인식에 의해서도 방해를 받지 않는다. 인간이 의지의 객관화의 단계에서 그리고 의지의 개체화에서 현상하듯이, 이미 인간의 신체는 의지가 객관화된 것이기 때문에, 시간 속에서 전개되는 인간의 의욕은 신체의 부연설명이면서 전체와 그 부분들의 의미에 대한 설명이기도 하며, 동일한 물자체에 대한 다른 설명방식인 것이다. 또한 신체는 이미 이러한 물자체의 현상이다. 그런 까닭에 우리는 의지의 긍정 대신에 신체의 긍정이라고 말할 수 있다. 모든 여러 가지 의지작용의 근본주제는 욕구의 충족인데, 이러한 만족은 건강한 신체의 존재와 분리할 수 없으며, 이미 신체에서 자신을 드러내며 개체의 보존과 종의 번식으로 환원된다. 그러나 서로 다른 종류의 갖은 동기들이 간접적으로 의지를 지배하고 다양한 의지작용을 이룩해 낸다. 각각의 의지작용은 여기에서 현상하는 의지 일반의 본보기이며, 실제 예Exempel에 불과하다. 이러한 본보기가 어떤 종류인지, 동기가 어떤 형태를 지니고 어떤 형태를 본보기에 전달하는지는 본질적이지 않다. 오히려 일반적으로 의욕된다는 것 그리고 얼마만큼 강렬한지가 여기에서

문제가 된다. 오직 빛 속에서만 자신의 시력을 드러내는 눈처럼 의지는 오직 동기에서만 가시화될 수 있다. 동기 일반은 의지 앞에 다양한 모습을 지닌 프로테우스Proteus로서 있다. 동기는 항상 완전한 충족을, 의지의 갈증의 해소를 약속한다. 그러나 동기가 목적을 달성하게 되면 곧바로 다른 형태로 존재하게 되고 강렬함의 정도에 따라 그리고 의지의 인식에 대한 관계에 따라 의지를 새롭게 움직인다. 이는 본보기와 실제 예를 통해 경험적인 성격으로 드러나게 된다.

인간은 그 의식이 나타나게 되면서 스스로를 의욕하는 것으로 생각하며 보통 인간의 인식은 자신의 의지에 지속적으로 관계한다. 인간은 우선 자신이 의욕하는 대상을 찾으려 하고, 다음으로는 이러한 욕망의 대상을 위한 수단을 완벽하게 알고자 한다. 이제 인간은 자신이 무엇을 해야 하는지를 알고 있으며, 일반적으로 다른 지식은 얻으려고 하지 않는다. 그는 행동하고 움직인다. 항상 자신의 욕망의 목표를 향해 노력하는 의식이 그를 바르게 유지하고 움직이게 한다. 인간의 사유는 수단의 선택에 관계한다. 거의 모든 인간의 삶이 그렇다. 사람들은 의욕하고, 그들이 의욕하는 것을 알고, 절망에 빠지지 않을 정도로 성공하려고 노력하고, 권태와 그 결과에 무너지지는 않을 정도로 실패한다. 여기에서 어떤 명랑함이, 적어도 초연함이 생겨나는데, 이러한 초연함은 본래 부유함과 가난에 영향을 받지 않는다. 왜냐하면 부자와 가난한 사람은 이들이 갖고 있는 것을 즐기는 것이 아니라 ―언급했듯이, 이것은 소극적으로 작용하기 때문에― 그들의 노력을 통해 도달하고자 희망하는 것에 만족하기 때문이다. 그들은 아주 진지하고 무거운 표정을 띤 채 앞으로 움직인다. 어린이 또한 그런 표정을 띤 채 놀이를 한다. 의지에 봉사하는 데에 의존하지 않고 세계 일반의 본질로 향한 인식으로부터 조망Beschaulichkeit에 대한 미학적 요구나 체념에 대한 윤리적 요구가 생겨나 인간의 삶이 방해를 받는 것은 항상 하나의 예외적인 경우이다. 대개의 사람들은 살아가는 동안 궁핍하기 때문에 무언가를 사려 깊게 생각하지 못한다. 이와 달리 종종 의지는 지나칠 정도로 신체를 긍정하는데, 그러면 맹렬한 격정과 강한 열정이 나타난다. 이러한 격정이나 열정 속에서 개인은 자신의 존재를 긍정할 뿐만 아니라 자신에게 방해가 되는 다른 사람의 존재를 부정하고 제거하려고 한다.

신체 자체의 힘에 의한 신체의 유지는, 자진해서 그 정도에만 머무른다면, 우리가 신체 속에서 나타난 의지는 이러한 신체의 죽음과 함께 소멸할 것이라고 가정할 수 있을 정도로 약한 정도의 의지의 긍정이다. 그러나 성욕의 충족은 아주 짧은 시간을 채우는 자신의 존재의 긍정을 넘어서며, 개체의 죽음을 넘어 삶을 무한하게 긍정하는 것이다. 항상 진실하고 시종일관하게, 여기에서는 소박하게 자연은 생식행위의 내적인 의미를 우리에게 완전히 드러내 놓는다. 자신의 의식, 충동의 격렬함은 이러한 생식행위에서 살려는 의지의 단호한 긍정이 순수하고 그 어떤 부가물(다른 개체를 부정하는 것) 없이 언급된다는 것을 알려 준다. 그리고 이제 시간과 인과의 계열 속에서, 즉 자연 속에서 행위의 결과로서 새로운 삶이 나타난다. 만들어진 것Erzeugter은 현상 속에서 만드는 자와 다르게 나타나지만, 그러나 그 자체로 또는 이념에 따르면 만드는 자와 동일하다. 그런 까닭에 생식행위는 생물들의 종Geschlechter으로 하여금 각각 전체와 결합하게 하고 종을 그렇게 지속시킨다. 생식은 만드는 자Erzeuger와 관련해서 단지 살려는 의지의 결정적인 긍정의 표현, 징후일 뿐이다. 만들어진 것과 관련해서 생식은 자신에게 나타난 의지의 근거가 아니다. 왜냐하면 의지 자체는 근거나 결과를 알지 못하기 때문인데, 생식은 모든 원인처럼 단지 이러한 의지가 이때 이 자리에서 나타난 기회원인일 뿐이다. 물자체로서 만드는 자의 의지와 만들어진 것의 의지는 서로 다를 것이 없다. 왜냐하면 물자체가 아니라 단지 현상만이 개체화원리에 종속되기 때문이다. 자신의 신체를 넘어 새로운 신체가 나타나는 데에 달하는 의지의 긍정과 함께 삶의 현상에 속하는 고통과 죽음도 새롭게 긍정되고 가장 완전한 인식능력을 통해 야기된 구원의 가능성은 이때에는 보잘것없는 것으로 밝혀진다. 여기에 생식행위에 대한 수치심의 심오한 근거가 놓여 있다. 이러한 견해는 우리 모두가 아담의 원죄(그것은 분명히 성의 만족일 뿐이다)에 연관되어 있고 이러한 원죄 때문에 고통과 죽음의 죄를 지었다는 그리스도교 신앙의 교리에 신화적으로 서술되어 있다. 이러한 그리스도교의 교리는 여기에서 충분근거율에 대한 고찰을 뛰어넘어 인간의 이념을 인식하는데, 이러한 이념의 통일은 수많은 개체로 나누어져서 모든 것을 결합시키는 생식이라는 연결고리를 통해 되찾아진다. 그리스도교의 교리는 이에 따라서 모든 개체를 한편으로는 아담, 즉 삶을 긍정하는 대변자와 동일한 것으로 바라보고, 그런 한에서 죄(원죄), 고통과 죽음에 귀속시킨다. 다른 한편으로 그리스도교에서 이념의 인식은 모든 개체를 구원자, 살려는 의지를 부정하는 대변자와 동일한 것으로 제시한다. 그리고 그런 한에서 구원자의 자기희생에 관계하여 그의 공로에 의해 구원을 받고 죄와 죽음의 고리로부터, 즉 세계로부터 구출될 수 있다(「로마서」 5장, 12-21절).

개별적인 삶을 넘어서는 살려는 의지의 긍정으로서, 이를 통해 소모되어 개체적인 삶에 귀속되는 것으로서 또는 마치 새로운 삶에 대한 증서로서 성욕의 충족에 대한 우리의 견해의 또 다른 신화적인 설명은 페르세포네에 관한 그리스의 신화이다. 페르세포네는 지하세계의 과일들을 먹지 않았다면 지하세계에서 돌아올 수 있었지만, 석류를 먹었기 때문에 영원히 지하세계에 머물 수밖에 없었다. 이 신화에 대한 괴테의 탁월한 서술로부터, 특히 석류를 먹은 뒤에 갑자기 운명의 여신들의 보이지 않는 합창이 시작될 때 그 신화의 의미가 아주 명확해진다.

"너는 우리의 것이다!

절제하고 돌아가야 했지만

사과를

깨물은 것이 너를 우리의 것으로

만들었도다!"

『감수성의 승리』 4막

클레멘스 알렉산드리누스Clemens Alexandrinus(『논총』, lib. 3, 15장)가 이것을 동일한 이미지와 동일한 표현으로 묘사한 것은 주목할 만한 일이다. "천국에 가기 위해 모든 죄로부터 자기 자신을 단절해 낸 사람들은 복되며, 세계에 대해 절제하는 태도를 취한다."

성욕은 동물에게서뿐만 아니라 보통 사람에게서 그것이 삶의 궁극적인 목적, 최고의 목표라는 점을 통해 결정적이고 가장 강력한 삶의 긍정으로서 증명된다. 자기보존은 보통 사람이 취하는 첫 번째 노력이고, 이러한 자기보존이 성취되자마자 그는 오직 종을 번식시키려고 노력한다. 그는 단지 자연적인 존재로서는 그 너머의 것을 얻고자 노력하지는 않는다. 또한 내적인 본질이 살려는 의지 자체인 자연은 자신의 모든 힘을 다해 동물뿐만 아니라 인간으로 하여금 번식을 하도록 한다. 그다음에 자연은 개체를 통해 자신의 목적을 달성하고 그리고 개체의 몰락에는 아무런 관심을 갖지 않는다. 살려는 의지로서의 자연에게는 단지 종의 보존만이 중요할 뿐이며, 개체는 자연에게서 아무것도 아니기 때문이다. 왜냐하면 성욕속에서 자연의 내적인 본질, 즉 살려는 의지가 가장 강력하게 드러나기 때문에 헤시오도스와 파르메니데스 같은 고대의 시인들과 철학자들은 아주 의미심장하게, 에로스가 모든 사물이 생겨나게 하는 첫 번째 것, 창조하는 자, 원리(아리스토텔레스, 『형이상학』 1권, 4장 참고)라고 말했다. 페레키데스Pherekydes는 다음과 같이 말했다. "제우스는 세계를 창조하고자 했기 때문에 스스로 에로스로 변해 버렸다."(프로클로스, 『플라톤의《티마이오스》에 대하여』, lib. 3) 우리는 이 주제에 대한 상세한 논의를 최근 쇠만Georg Friedrich Schoemann의 「천지창조의 탐욕」(1852)에서 얻을 수 있다. 또한 그 작업과 조직이 가상세계 전체인 인도인의 마야는 사랑amor으로 비유된다.

신체의 다른 어떤 외부적인 부분보다도 생식기는 더 의지의 지배를 받으며, 결코 인식의 지배를 받지 않는다. 여기에서 단순한 자극에 의해 식물적인 삶과 재생산에 기여하는 부분들처럼 의지는 자기 자신을 인식에 의존하지 않는 것으로 나타낸다. 이러한 부분들에서 의지는 인식 없는 자연에서처럼 맹목적으로 작용한다. 왜냐하면 생식은 단지 새로운 개체로 넘어가는 재생일 뿐이며, 죽음이 단지 제곱의 분비작용Exkretion이듯이 제곱의 재생인 것이다. 이 모든 것에 의하면 생식기는 의지의 본래적인 중심이며, 따라서 인식, 즉 세계의 다른 측면, 표상으로서의 세계의 대변자인 두뇌에 대립하는 극Pol인 것이다. 이러한 생식기는 시간에 무한한 삶을 보증하여 삶을 유지시키는 원리인 것이다. 이런 점에서 생식기는 그리스인에게서 남근상Pallus, 인도인에게서는 링가Linga로 숭배되었는데, 이것들은 따라서 의지의 긍정의 상징이다. 이와 반대로 인식은 의욕의 제거, 자유를 통한 구원, 세계의 극복과 소멸의 가능성을 제공한다.

우리는 이미 이 4권을 시작할 때 살려는 의지가 자신의 긍정 속에서 죽음에 대한 관계를 어떻게 바라보아야 하는지를 상세하게 살펴보았다. 즉 이러한 죽음은 살려는 의지를 괴롭히지 않는데, 왜냐하면 죽음은 이미 그 자체로 삶에 포함되어 있는 것 그리고 삶에 속하는 것으로 존재하고, 그 반대인 생식은 죽음에 대해 전적으로 균형을 지키며 개체의 죽음에도 불구하고 살려는 의지에 대해 항상 삶을 안전하게 하고 보증해 주기 때문이다. 이 점을 표현하기 위해 인도인은 죽음의 신인 시바에게 링가라는 상징을 부여하였다. 또한 우리는 완전한 분별력으로 삶을 단호하게 긍정하는 입장에 있는 사람이 어떻게 두려움 없이 죽음을 기다릴 수 있는지를 설명하였다. 그런 까닭에 여기에서 그것에 관해 더는 이야기하지 않겠다. 명백한 분별력 없이 대개의 사람들은 이러한 입장에서 지속적으로 삶을 긍정한다. 이러한 긍정의 반영으로서 세계는 수많은 개체들과, 끝없는 시간과 끝없는 공간 속에서 그리고 끝없는 고뇌 속에서, 생식과 죽음 사이에서 계속해서 존재한다. 그러나 이것에 대해서는 어떤 견지에서도 한탄해서는 안 된다. 왜냐하면 의지는 자신의 비용으로 비극과 희극을 상연하고, 자신 또한 관람객이 되기 때문이다. 세계는 바로 그런 것이다. 왜냐하면 의지의 현상이 곧 세계이며, 의지는 그렇게 의욕하는 그러한 의지이기 때문이다. 고통은 의지가 이러한 현상에서 자기 자신을 긍정한다는 점에서 정당화된다. 그리고 이러한 긍정은 의지가 고통을 짊어진다는 점에서 정당화되고 조정된다. 이미 여기에서 영원한 정의ewige Gerechtigkeit에 대한 시각이 전체적으로 우리에게 나타난다. 우리는 이러한 영원한 정의를 나중에 개별적으로 보다 상세하고 명확하게 인식할 것이다. 그러나 그 전에 시간적인 또는 인간적인 정의에 관해 언급해야만 할 것이다.[12]

61절

우리는 2권에서 의지의 객관화의 모든 단계에 있는 자연 전체에서 모든 종류의 개체들 사이에 필연적으로 지속적인 투쟁이 존재하고, 이 때문

12　이에 대해서는 2편 45장 참고.

에 자기 자신에 대한 살려는 의지의 내적인 모순이 나타난다는 점을 기억한다. 객관화의 최고 단계에서는 여타 모든 것에서처럼 투쟁이라는 현상이 보다 뚜렷하게 드러나고 따라서 더 잘 해명된다. 이런 목적을 위해 우리는 우선 모든 투쟁의 출발점으로서 이기주의를 그 근원에서 탐색해 볼 것이다.

우리는 시간과 공간을 개체화원리라고 일컬었다. 왜냐하면 오로지 시간과 공간을 통해서만 그리고 시간과 공간 속에서만 동일한 것의 다원성이 가능해지기 때문이다. 시간과 공간은 자연적인, 즉 의지로부터 생겨난 인식의 본질적인 형식이다. 그런 까닭에 의지 자체는 도처에서 개체들의 다원성 속에서 현상한다. 그러나 이러한 다원성은 의지, 즉 물자체로서의 의지에 관계하지 않고 오직 현상에만 관계한다. 의지는 모든 현상에서 이러한 현상들에 의해 나눠지지 않은 채 완전하게 존재하며 자기 주변에서 자신의 고유한 본질이 수없이 반복되는 모습을 바라본다. 그러나 이러한 본질 자체, 그러니까 말 그대로 실재하는 것을 의지는 직접적으로 오직 자신의 내부에서 발견한다. 그런 까닭에 각자는 모든 것을 자신을 위해 의욕하려 하고 소유하려고 하고, 못해도 지배하려고 하며 자신에게 저항하는 것을 제거하려고 한다. 이와 함께 인식하는 존재에게는 개체가 인식주관의 담당자이고, 이러한 인식주관이 세계의 담당자가 된다. 즉 이러한 세계의 담당자 외에 자연 전체, 따라서 모든 그 외의 개체들은 단지 인식주관의 표상 속에서만 존재하게 되고, 세계의 담당자는 개체들을 항상 자신의 표상으로서만, 단지 간접적으로 그리고 자신의 고유한 본질과 존재에 의존하는 것으로 의식하게 된다. 자신의 의식과 함께 세계의 담당자에게서 필연적으로 세계 또한 몰락하기 때문이다. 즉 세계의 존재와 비존재는 동일한 의미를 지니고 구분될 수 없다. 따라서 모든 인식하는 개체는 실제로 존재하며 살려는 의지 전체로서 또는 세계 자체의 그-자체An-sich로서 또한 표상으로서의 세계를 보충하는 조건으로서, 그러므로 거대우주와 필적하게 여겨지는 소우주로서 존재한다. 항상 어디에서나 진정한 자연 자체는 인식하는 개체에게, 이미 근원적으로 그리고 모든 반성에 의존하는 바 없이 이러한 인식을 단순하고 직접적으로 확실하게 제공한다. 언급된 두 가지의 필연적인 규정으로부터, 완전히 사라지고 한계가 없는 세계에서 무로줄어드는 모든 개체가 그럼에도 불구하고 자신을 세계의 중심으로 여기며, 자신의 고유한 실존과 안녕을 다른 어떤 것보다도 고려하며, 자연적인 입장에서는 자신을 위해 다른 모든 것을 희생시킬 준비가 되어 있으며, 단지 큰 바다의 물방울 하나에 불과한 자기 자신을 좀 더 오래 보존하기 위해 세계를 제거시킬 수도 있다는 점이 설명된다. 이러한 심성이 자연에서 모든 사물에게 본질적인 이기주의이다. 그러나 바로 이러한 이기주의가 의지의 그러한 자신과의 내적인 모순을 끔찍하게 나타내 준다. 왜냐하면 이러한 이기주의는 소우주와 대우주의 대립 속에서 또는 의지의 객관화가 개체화원리를 형식으로 갖고 있고 이를 통해 의지가 수많은 개체들 속에서 동일한 방식으로 나타나며, 더구나 모든 동일한 것에서 두 가지 측면(의지와 표상)에 따라 전적으로 완전하게 현상한다는 점에 자신의 존재와 본질이 있기 때문이다. 따라서 모든 개체 그 자체는 전체적인 의지로서 그리고 전체적으로 표상하는 자로서 직접적으로 주어지는 반면에, 그 밖의 개체들은 그 개체에게 우선 단지 그의 표상으로서만 주어지게 된다. 그런 까닭에 개체에게는 자신의 본질과 그러한 본질의 유지가 다른 모든 것들을 합하더라도 그것보다 더 앞서게 된다. 자신의 고유한 죽음은 그 누구라도 세계의 종말이라 여기지만, 반면에 자신이 아는 사람이라도 개인적으로 관련이 없다면 그 죽음을 거의 상관없는 일로 간주한다. 아주 높은 정도로 고양된 의식에서, 그러니까 인간의 의식에서 인식, 고통, 기쁨처럼 그렇게 이기주의 또한 높은 수준에 도달할 것이고, 이러한 이기주의에 의해 제약된 개체들의 충돌은 무진장 생겨나게 될 것이다. 이것을 우리는 크고 작은 일이든 어디에서나 목격하게 되고, 그것을 때로는 참혹한 측면에서, 엄청난 폭군과 악인의 삶에서 그리고 세계를 완전히 파괴하는 전쟁에서, 때로는 희극의 주제가 되어, 특히 자부심이나 허영심에서 나타나는 우스운 측면에서 보게 된다. 이러한 우스운 측면은 라로슈푸코Larochefoucalt가 다른 어떤 사람보다도 더 잘 파악했고 추상적으로 서술하였다. 우리는 이것을 세계의 역사에서 그리고 우리 자신의 경험에서 보게 된다. 그러나 이것은 어떤 무리의 인간이 법과 질서에서 벗어날 때 가장 뚜렷하게 나타난다. 그때에는 홉스가 『시민론de cive』 1장에서 적절하게 서술했듯이 "만인에 대한 만인의 투쟁"[『리바이어던』, 1부, 13장]이 곧장 분명하게 드러난다. 사람들은 자신이 갖고 싶어 하는 것을 다른 사람에게서 빼앗으려고 하는 데다가 종종 어떤 사람은 어떤 식으로든 자신의 행복을 증가시키기 위해 다른 사람의 행복이나 삶을 파괴하기까지 한다. 이것은 이기주의의 극단적인 표현이며, 이런 점에서의 이기주의의 현상들을 능가하는 것은 본래적인 악의 현상들이다. 이것은 자신에게 어떠한 이익도 되지 않음에도 불구하고 완전히 무심하게 다른 사람에게 손해와 고통을 주려고 하는 것이다. 이에 대해서는 곧 언급하기로 한다. 이기주의의 원천에 대한 이러한 폭로를 도덕의 기초에 관한 현상논문 14절에서의 이기주의에 대한 설명과 비교해 볼 수 있다.

우리가 앞에서 모든 삶에 본질적이고 회피할 수 없는 것으로 여겼던 고통의 주요 원천은, 그것이 실제로 그리고 특정한 형태로 나타나자마자 저 에리스Eris, 모든 개체들의 투쟁, 살려는 의지의 내면을 사로잡고 있고 개체화원리를 통해 가시화되는 모순의 표현이다. 동물들의 싸움은 이러한 모순을 직접적으로 그리고 두드러지게 드러내 주는 잔혹한 수단이다. 이러한 근원적인 갈등에는 고통을 막기 위한 방지책에도 불구하고 고통의 끊임없는 원천이 놓여 있는데, 우리는 곧 이러한 방지책을 살펴볼 것이다.

62절

살려는 의지의 첫 번째 단순한 긍정은 오직 자신의 신체의 긍정, 즉 시간 속에서의 행위를 통한 의지의 표현이라는 점과, 그런 면에서 신체가 이미 그 형식과 합목적성에서 동일한 의지를 공간적으로 나타내는 것 말고는 다른 것이 아니라는 점이 이미 위에서 논의되었다. 이러한 긍정은 신체 자체의 힘을 사용하여 신체를 보존하는 것으로 나타난다. 성욕의 충족은 이러한 신체의 긍정에 직접적으로 연결되어 있으며, 생식기가 신체에 속하는 한에서 성욕의 충족은 신체의 긍정에 속한다. 그런 까닭에 성욕의 충족을 자발적으로, 그 어떤 동기에 근거 두지 않고 단념하는 것은 이미 살려는 의지의 부정이고, 진정제로서 나타나 작용하는 인식에 의한 의지의 자발적인 자기폐기이다. 그에 따라 자신의 신체에 대한 그러한 부정은 이미 의지의 고유한 현상에 대한 의지의 모순을 드러내 준다. 왜냐하면 여기에서 비록 신체가 생식기로 번식하려는 의지를 객관화하기는 하지만, 그럼에도 불구하고 이러한 번식이 의욕하는 것이 되지는 않기 때문이다. 바로 그렇기 때문에, 즉 성욕의 단념은 살려는 의지의 부정 또는 폐기이기 때문에 그러한 단념은 어렵고 고통스러운 자기극복이다. 이에 대해서는 다음에 언급하도록 하겠다. 그러나 의지는 자기 신체의 자기긍정을 수많은 개체들에서 나란히 드러내면서, 의지는 모두에게 있어 고유한 이기주의 덕분에 어떤 개체에서는 아주 쉽게 이러한 긍정을 넘어 다른 개체에게서 현상하는 동일한 의지를 부정할 수 있게 된다. 전자의 의지는 다른 사람의 의지긍정의 경계를 침범하여, 개체가 다른 신체 자체를 파괴하거나 부상을 입히거나 또는 다른 신체 자체에서 현상하는 의지에 봉사하는 대신에 다른 신체의 힘을 자신의 의지에 봉사하도록 강요한다. 따라서 개체가 다른 신체로 현상하는 의지로부터 이러한 신체의 힘을 빼앗아 버리고 이를 통해 자신의 의지에 봉사하는 힘을 자신의 고유한 신체가 지닌 힘을 넘어 증가시키며, 따라서 다른 신체에서 현상하는 의지를 부정함을 통해 자신의 고유한 신체를 넘어 자신의 고유한 의지를 긍정하게 된다. 다른 개체의 의지긍정의 경계를 침범하는 것은 이전부터 분명하게 인식되어 왔는데, 이러한 침범이라는 개념은 부당함Unrecht이라는 말로 일컬어져 왔다. 왜냐하면 침입하는 사람과 침입당하는 사람은 여기에서 우리처럼 분명하게 개념적으로가 아니라 감정으로서, 순간적으로 그러한 사태를 인식하기 때문이다. 부당함을 당하게 된 사람은 다른 개체에 의해 자신의 신체가 부정당하는 것을 통해 자신의 고유한 신체의 긍정의 영역으로 침범해 오는 것을 직접적이고 정신적인 고통으로 느끼게 된다. 이러한 고통은 행위를 통한 고통이나 손해를 통해 불쾌를 느끼는 물리적인 고통과는 완전히 구분되는 다른 것이다. 다른 한편으로 부당함을 행하는 사람에게는 그 자신이 그의 신체에서 나타나며 어떤 현상에서 격렬하게 자신을 긍정하는 의지와 동일한 의지라는 점, 자신의 신체와 그러한 신체의 힘의 한계를 넘어 다른 현상에서의 이러한 의지를 부정하게 된다는 점, 따라서 의지 그 자체로 보자면, 부당함을 행하는 사람은 바로 자기 자신에 대항하여 맹렬하게 투쟁하고, 자기 자신을 괴롭힌다는 점이 인식된다. 또한 부당함을 행하는 사람에게는, 말하자면 이러한 인식은 추상적으로가 아니라 순간적으로, 어떤 모호한 감정으로 나타난다. 사람들은 이것을 양심의 가책Gewissensbiß 또는 이 경우에 좀 더 상세하게 말하자면, 부당함을 저지른 감정이라고 부른다.

우리가 가장 일반적인 개괄에서 분석한 부당함은 구체적으로 식인풍습Kannibalismus에서 가장 완전하게, 본래적으로 그리고 분명하게 드러난다. 이러한 식인풍습은 부당함의 가장 뚜렷하고 명백한 유형이며, 이것은 가장 높은 단계의 객관화에서 자기 자신에 대해 의지가 매우 크게 충돌하는 무서운 광경이다. 인간은 이러한 의지의 객관화에서 가장 높은 단계에 있다. 이와 가까운 것이 살인인데, 그런 까닭에 살인을 행한 후에 우리가 그 의미를 개념적으로 그리고 무던하게 언급했듯이 양심의 가책이 순간 크고 분명하게 뒤따르게 되고, 살아 있는 동안 치유할 수 없는 상처가 정신의 안정을 해치게 된다. 살인을 하기 전에 겁을 먹어 주춤하는 것처럼 살인을 행한 것에 대한 우리의 몸서리침은 삶에 대한 끝없는 의존에 따른 것인데, 모든 생명체는 살려는 의지의 현상으로서 바로 이러한 삶에 대한 의존으로 채워져 있다(이 밖에 우리는 부당함과 악을 수행하는 감정 또는 양심의 가책을 더 상세하게 분석하고 그 의미를 분명하게 할 것이다). 다른 사람의 신체를 의도적으로 훼손하거나 단순히 부상을 입히는 것은 수준의 차이가 있을 뿐 본질적으로는 살인과 동일한 것이며, 모든 폭행도 이와 같은 것이다. 더구나 부당함은 다른 개체를 억압하는 것에서, 다른 개체를 강제로 노예상태로 만드는 것에서도 드러난다. 마지막으로 부당함은 다른 사람의 소유물을 빼앗는 것에서도 드러나는데, 이러한 소유물이 그 사람의 노동의 결실인 한, 이것은 다른 개체를 억압하는 것과 본질적으로는 동일하고, 이러한 관계는 살인에 대해 단순히 부상을 입히는 것과 같은 관계이다.

왜냐하면 부당함에 대한 우리의 설명에 따르자면, 부당한 일을 당하지 않고서는 사람에게서 빼앗을 수 없는 소유물은, 오직 자신의 힘으로 이루어 놓은 것일 수 있기 때문이다. 그런 까닭에 소유물을 가로챔으로써 신체로 객관화된 의지로부터 신체의 힘을 빼앗아 그 힘을 다른 신체에서 객관화된 의지에 봉사하게 하는 것이다. 왜냐하면 다른 사람의 신체가 아니라 이러한 신체와 완전히 관계가 없는 생명이 없는 것을 빼앗는 것을 통해 부당함을 행하는 사람은 그렇게 해서 다른 사람의 의지의 긍정의 영역으로 침입하기 때문이다. 다른 사람의 신체의 힘, 즉 노동은 생명이 없는 것과 마치 하나가 되고 동일한 것으로 여겨지게 된다. 여기에서 모든 진정한 소유권인 도덕적인 소유권은 본래 전적으로 오로지 노동에 근거한다는 점으로 귀결된다. 사람들은 이것을 칸트 이전에도 상당히 일반적으로 받아들였으며, 가장 오래된 법전에서 다음을 분명하고 멋지게 언급하였다. "이전 시대를 알고 있는 현자들은, 영양Antilope이 치명적인 상처를 입힌 최초의 사냥꾼에게 속하게 되듯이, 경작된 밭이 나무를 베어 내고 정리하여 경작하는 사람의 소유물이라고 말한다"(『마누법전』 9, 44) 내가 보기에는 칸트가 늙었기 때문에 그의 법이론 전체가 각기 야기된 오류들로 이상스럽게 짜맞춰져 있고, 또한 칸트가 늙었다는 이러한 사실은 그가 소유권을 최초의 점유획득Besitzergreifung으로 근거 지으려는 것을 설명해 줄 수 있다. 어떻게 다른 사람이 물건을 사용하지 못하게 하는 내 의지의 단순한 선언Erklärung이 즉각적으로 그 물건에 대한 권리를 나에게 부여할 수 있는가? 칸트가 이러한 선언이 하나의 법적 근거라고 가정한다고 해도 이러한 선언 자체는 무엇보다도 어떤 법적 근거를 필요로 한다. 그리고 한 사물의 독점적 소유를 그 자신의 선언 말고는 다른 것에 근거를 두지 않는 그러한 청구권을 어떤 사람이 존중하지 않는다고 해서 어떻게 그 사람이 그것 때문에 도덕적으로 부당하게 행동했다고 볼 수 있는가? 어떻게 그 사람의 양심이 그를 불안하게 만들어야 하는가? 여기에서 명확하고 쉽게 알 수 있는 것은 정당한 점유획득은 전혀 있을 수 없고 오로지 근원적으로 자신의 힘을 물건에 사용함으로써만 물건의 정당한 선점Aneignung, 소유취득Besitzerwerbung이 존재하게 된다는 점이다. 즉 물건이, 적은 노력이라고 할지라도 어떤 다른 사람의 노력에 의해 가공되고 개선되어, 사고로부터 보호를 받아 보존된 것이라면, 그리고 이러한 노력이 단지 야생에서 자란 과일을 따서 모으거나 땅에서 줍는 것 따위일지라도 그러한 물건을 빼앗는 사람은 분명히 그 물건에 사용된 힘의 성과를 다른 사람에게서 빼앗는 것이다. 따라서 이것은 자신의 신체 대신에 다른 사람의 신체를 자신의 의지에 봉사하게 하고, 자신의 의지를 그것의 현상을 넘어 긍정하여 다른 사람의 의지를 부정하는 데까지 이르게 되는 것, 즉 부당함[13]을 행하는 것이다. 이와 반대로 물건의 모든 노동이나 파괴되지 않게 안전하게 보호하는 것 하나 없이 단순히 만족하고 마는 것은 독점을 위한 그의 의지의 선언과 같이 그 물건에 대한 권리가 부여되지 않는다. 그런 까닭에 한 가족이 한 세기 동안 단독으로 어떤 사냥구역에서 그곳을 어떤 식으로든 더 낫게 개선하려고 하지 않은 채 사냥을 했다면, 그 가족은 그곳에서 새로이 사냥하려고 하는 다른 사람을, 도덕적으로 부당하지 않다면 결코 그가 사냥하는 것을 막을 수는 없는 것이다. 따라서 소위 선점권, 그에 따라 단순히 물건을 소유하는 것을 누리는 것을, 게다가 보답을, 즉 계속해서 누리는 것에 대한 독점적인 권리를 요구하는 것은 도덕적으로 완전히 근거가 없다. 단순히 이러한 권리를 보호하려는 사람에게 새로운 사람은 훨씬 나은 권리를 갖고 대답할 것이다. "당신은 이미 오랫동안 누렸기 때문에, 이제 다른 사람이 누리는 것이 정당하다." 다른 봉사에 대한 보답으로 다른 사람의 편에서 자발적으로 물러나지 않는 한, 물건을 개선하거나 사고로부터 안전하게 보호하는 노동이 없는 물건에 대해서는 도덕적으로 근거 지어진 독점권이란 것은 존재하지 않는다. 그러나 이것은 이미 협정에 의해 규정된 공동체, 즉 국가를 전제로 한다. 위에서 도출되었듯이, 도덕적으로 근거 지어진 소유권은 그 본성에 따

---

13 따라서 자연적인 소유권의 정초를 위해서는 형성(Formation)에 근거하는 것과 동시에 억류(Detention)에 근거하는 두 가지의 법적 근거들(Rechtsgründe)의 수용이 필요한 것이 아니라, 언제나 형성에 근거하는 법적 근거만으로도 충분하다. 단지 형성이라는 이름이 적절하지 않은데, 물건에 대한 그 어떤 노력의 사용은 항상 형태를 부여하는 것일 필요가 없기 때문이다.

라 소유자에게 그가 자신의 고유한 신체에 대해 갖는 것과 꼭 마찬가지로 물건에 대한 무제한적인 힘을 부여한다. 여기에서 소유자는 자신의 소유물을 교환이나 증여를 통해 다른 사람에게 양도할 수 있고, 그러면 양도받은 사람은 소유자처럼 동일한 도덕적인 권리를 가지고 그 물건을 소유하게 된다.

부당함을 행하는 것 일반에 관해서는, 그것은 폭력이나 책략List에 의해 발생한다. 이것은 도덕적인 본질에서 보자면 같은 것이다. 특히 살인에 있어서 내가 칼을 사용하거나 독약을 사용하거나 도덕적으로는 동일한 것이다. 그리고 신체에 일어난 상해의 경우에도 같다. 부당함에 대한 다른 방식의 경우는 매번 부당함을 행하는 자로서의 내가, 다른 개체가 그 사람의 의지 대신 나의 의지에 봉사하도록 강요하고, 그 사람의 의지에 따르는 대신에, 내 의지에 따라 행동하게 하는 것으로 소급될 수 있다. 폭력의 방식에서는 이것을 물리적인 인과성으로 도달하지만, 책략의 방식에서는 동기를 수단으로, 즉 인식에 의해 수행된 인과성을 통해, 따라서 내가 다른 사람의 의지에 가짜 동기Scheinmotiv를 밀어 넣음으로 해서 자신의 의지를 따르는 것이라고 믿게 하여 내 의지를 따르게끔 하여 성취한다. 동기들이 놓여 있는 매개물이 인식이기 때문에, 나는 오로지 그 인식의 위조를 통해서만 부당함을 행할 수 있으며, 이러한 위조가 바로 거짓말이다. 거짓말은 항상 스스로와 그 자체를 위한 그의 인식이 아니라 이러한 인식을 단지 수단으로서, 즉 인식이 그의 의지를 규정하는 한 다른 사람의 의지에 영향을 주는 것을 목적으로 한다. 왜냐하면 나의 거짓말 자체는 나의 의지에서 출발하는 것으로서 하나의 동기를 필요로 하기 때문이다. 그러나 그러한 동기는 오직 다른 사람의 의지일 뿐이지 다른 사람의 인식 그 자체일 수는 없다. 다른 사람의 인식은 그 자체로 나의 의지에 영향을 줄 수 없기 때문이다. 그런 까닭에 의지는 결코 움직이게 만들 수 없고, 결코 동기는 의지의 목적이 될 수는 없다. 오직 다른 사람의 의욕과 행위만이 그러한 동기일 수 있으며 그것에 의해, 따라서 다른 사람의 인식은 간접적으로만 동기가 될 수 있다. 이것은 공공연한 이기심Eigennutz에서 생겨난 거짓말뿐만 아니라 이러한 거짓말에 의해 야기되어 다른 사람의 오류에서 나온 고통스러운 결과를 즐거워하는 전적인 악의Bosheit에서 생겨난 거짓말에도 적용된다. 더구나 단순한 허풍 또한 그것을 통해 다른 사람의 편에서 존경심을 드높이거나 평가를 개선시키는 것을 수단으로 해서 다른 사람의 의욕과 행위에 크고 수월하게 영향을 주는 것을 목적으로 삼는다. 진리, 즉 진술 일반을 단순히 거부하는 것은 그 자체로는 부당한 것이 아니지만, 그러나 거짓말을 가져다 붙이는 것은 어쩌면 부당함일 수 있다. 길을 잃은 방랑자에게 똑바른 길을 알려 주기를 거부하는 사람은, 부당함을 행하는 것은 아니다. 그러나 방랑자에게 잘못된 길을 알려 주는 사람은 부당함을 행하는 사람일 것이다. 지금까지 언급한 것에 따르면, 모든 폭력행위처럼 모든 거짓말은 그대로 부당함으로 귀결된다. 왜냐하면 거짓말은 이미 그 자체로 내 의지의 지배를 다른 개인에게 확장시켜 폭력처럼, 다른 사람의 의지를 부정해서 내 의지를 긍정하는 것을 목적으로 하기 때문이다. 가장 완전한 거짓말은 계약을 파기하는 것이다. 왜냐하면 여기에서 언급한 모든 규정들이 완전히 그리고 명백하게 담겨 있기 때문이다. 내가 어떤 계약을 맺으면서 다른 사람이 지키기로 한 약속이 직접적으로 그리고 완전하게 곧 나의 약속을 위한 동기가 되어 버리기 때문이다. 약속은 조심히 그리고 형식에 맞추어 주고받는다. 서로가 약속에서 행한 진술의 이행은, 약속의 동의에 따라 각자에게 달려 있다. 다른 사람이 계약을 파기하면, 그는 나를 속인 것이 되고 단순한 가짜 동기를 나의 인식에 밀어 넣어서 그의 의도에 따라 내 의지를 마음대로 부리고, 그의 의지의 지배를 다른 개인에게까지 확장시켜 완전히 부당한 일을 행한 것이 된다. 계약의 정당성과 타당성은 여기에서 근거한다.

폭력에 의한 부당함은 그것을 행하는 사람에게는 책략에 의한 부당함처럼 그다지 창피한 일은 아니다. 왜냐하면 폭력에 의한 부당함은 어떠한 상황에서도 인간에게 주목을 끄는 물리적인 힘에 의해 만들어지기 때문이다. 이와 반대로 책략에 의한 부당함은 우회로를 사용하여 약점을 드러내고 따라서 물리적인 존재로서 그리고 도덕적인 존재로서 그 사람을 경멸한다. 특히 사기와 기만은, 신뢰를 얻기 위해 오직 그것을 행하는 사람이 혐오와 경멸을 동시에 드러내야만 성공할 수 있다. 그리고 그의 성공은, 사람들이 그가 갖지 않은 성실성을 신뢰하게 되는 것에 근거한다. 어디에서나 교활, 불성실과 배반을 유발하는 깊은 혐오는, 정직과 성실성이 여러 개인들의 다양성으로 분산된 의지를 외부에서 다시 통일시켜 결합하고 이를 통해 그러한 분산에서 생겨난 이기주의의 결과를 제한하는 끈이라는 점에 근거한다. 불성실과 배신은 이러한 궁극의 외적인 끈을 끊어 버리고, 이를 통해 이기주의에 무한한 활동공간을 제공해 주는 것이다.

우리는 우리의 고찰방식과 관련하여 부당함이라는 개념의 내용으로서 개인의 행위의 속성을 발견하였는데, 이러한 속성은 다른 사람의 신체 속에 현상하는 의지를 부정할 만큼 자신의 삶에서 현상하는 의지의 긍정을 확장시킨다. 그리고 우리는 아주 일반적인 예로 우리가 동시에 높은 수준에서 낮은 수준에까지 이르는 갖은 등급들을 몇 안 되는 주요 개념들을 가지고 규정하면서, 부당함의 영역이 시작되는 경계를 확인하였다. 이에 따르면 부당함이라는 개념은 근원적이면서 적극적인 개념이다. 이러한 부당함에 반대되는 정당함은 파생적이면서 소극적인 개념이다. 왜냐하면 우리는 낱말이 아니라 개념에 주목해야 하기 때문이다. 실제로 부당함이 존재하지 않는다고 한다면 결코 정당함에 대해 이야기하지 않았을 것이다. 즉 정당함이라는 개념은 부당함에 대한 단순한 부정만을 포함할 뿐이고, 정당함에 포함되는 것은 위에서 언급된 경계를 넘어서지 않는 행위, 즉 자신의 의지를 강하게 긍정하기 위해 다른 사람의 의지를 부정하지 않는 행위이다. 그런 까닭에 그러한 경계는 단순히 그리고 순전하게 도덕적인 규정이라는 관점에서 도덕적인 행위의 전체 영역 그 자체를 부당함이나 정당함으로 구분한다. 하나의 행위가 위에서 논의된 방식으로 다른 사람의 의지긍정의 영역으로 향해 가서 이러한 의지를 부정하면서 침범하지 않는 한, 그러한 행위는 부당함이 아니다. 따라서 예를 들면, 다른 사람이 절박한 곤경에 있는데도 불구하고 도움을 거절하는 것은, 자신은 넘쳐나는데도 다른 사람이 굶어죽어 가는 것을 조용히 구경하는 것은 비록 잔인하고 악마 같은 것이지만 부당함은 아니다. 단지 전적으로 분명하게 말할 수 있는 것은 누군가 그 정도로 애정이 없고 냉혹한 투를 취할 수 있는 사람이 자신의 욕망이 요구하나 그것을 막을 강제력이 없다면 확실히 어떤 부당한 일이라도 행할 수 있다는 점이다.

그러나 부당함의 부정으로서 정당함이라는 개념은, 부당함이 시도되었지만 폭력을 통해 방어되고 이러한 방어 자체가 다시 부당함을 야기하지 않는 경우에, 따라서 정당한 경우에 주로 적용되며 또한 의심의 여지없이 처음으로 생겨난다. 비록 이 경우에 행해진 폭력행위는, 단순히 그 자체만 가지고 고찰한다면 부당함일 수 있으나 여기에서는 단지 그 동기에 의해 정당화되기 때문에 정당함이 되는 것이다. 만약 어떤 개인이 자신의 고유한 의지를 긍정하면서 내 인격 자체에 본질적인 의지긍정의 영역을 침범하여 이러한 의지긍정을 부정하게 되면, 그러한 침입을 내가 방어하는 것은 단지 그러한 의지부정의 부정에 불과할 뿐이며, 그런 한에서 내 입장에서 내 신체에 본질적이고 근원적으로 현상하는 의지를 그리고 신체의 단순한 현상을 통해 이미 함축적으로 표현된 의지를 긍정하는 것 이외의 다른 것이 아니라고 할 수 있다. 따라서 이것은 부당함이 아니라 정당함이다. 이것은 다음과 같다. 내가 다른 사람을 부정하는 것을 지양하기 위해 필요한 힘으로 다른 사람의 부정을 부정할 권리를 갖는다. 이러한 권리는, 쉽사리 파악할 수 있듯이 다른 개인을 죽일 수도 있으며, 침범해 다가드는 외부의 폭력인 이러한 권리의 침해는 이보다 약간 우세한 반작용을 통해 부당하지 않게, 따라서 정당하게 방어될 수 있다. 왜냐하면 내 편에서 일어나는 모든 것은 항상 내 인격 자체에 본질적이고 이미 인격을 통해 표현된 의지긍정의 영역에 놓여 있을 뿐이지(이 영역이 투쟁의 영역이다), 다른 사람의 영역에는 침입하지 않으며, 따라서 단지 부정의 부정, 즉 그 자체로는 부정이 아닌 긍정인 것이다. 그러므로 나는, 내 의지를 부정하는 다른 사람의 의지를 부당하지 않게 강제하여, 즉 이러한 나의 의지가 내 신체 속에서 신체의 힘을 사용하여 신체를 유지하기 위해 동일한 한계를 갖고 있는 어떤 다른 사람의 의지를 부정하지 않고 이러한 부정을 중지시킬 수 있다. 즉 나는 그런 한에서 강제권Zwangsrecht을 갖는다.

내가 다른 사람에게 폭력을 사용할 완전한 권리, 즉 강제권을 갖는 모든 경우에 나는 또한 상황에 따라 다른 사람의 폭력에 대항하여 책략을 사용할 수 있는데, 이것은 부당함이 아니다. 따라서 나는 강제권을 갖고 있는 것처럼 그 정도로 거짓말을 할 실제적인 권리 또한 갖는다. 그런 까닭에 누군가가 자신을 수색하는 길거리의 강도에게 가진 것이 없다고 거짓말을 한다 해도 그는 전적으로 올바르게 행동한 것이다. 또한 밤에 침입한 강도를 거짓말로써 꾀어 지하실에 가두어 버린 사람도 마찬가지이다. 강도들, 예를 들면 야만인들에게 붙잡혀 끌려가고 있는 사람은 거기에서 풀려나고자 공공연한 폭력뿐만 아니라 책략으로 그들을 죽일 권리를 갖는다. 그렇기 때문에 직접적으로 신체적인 폭력행위에 의해 강요된 약속은 전적으로 전혀 지킬 필요가 없는 것이다. 왜냐하면 그러한 강요를 받은 사람은 책략은 차치하고 살인을 통해 폭력배로부터 벗어날 완전한 권리를 갖고 있기 때문이다. 폭력배로부터 빼앗긴 소유물을 폭력으로 되찾을 수 없는 사람이 그것을 책략을 통해 되찾는다고 하면 부당함이 아니다. 확실히 누군가 내게서 가로챈 돈을 가지고 노름을 한다면, 나는 그 사람에게 가짜 주사위를 사용할 권리가 있는데, 왜냐하면 내가 그에게서 빼앗은 모든 것은 이미 나에게 속해 있던 것이기 때문이다. 누군가 이것을 거부하려고 하는 것은 전략의 합법성Rechtmäßigkeit을 부인해야만 할 것이다. 더구나 전략은 실제적인 거짓말tätliche Lüge이며, "사람의 행위를 신뢰할 수 없다면 그 사람의 말은 존중할 필요가 없다"는 스웨덴의 크리스티나 여왕의 말에 대한 증거이다. 그에 따라 정당함의 경계는 부당함의 경계에 이렇게 선명하게 선을 긋는다. 그것은 그렇다고 치고, 나는 이 모든 것이 폭력뿐만 아니라 거짓말의 부당함에 대해 위에서 언급한 것과 완전히 일치한다는 점을 증명하는 것은 필요하지 않다고 생각한다. 또한 이것은 예의상의 거짓말에 대한 특이한 이론들을 설명하는 데에도 도움이 될 것이다.[14]

따라서 지금까지 언급한 것에 따르면 부당함과 정당함은 단지 도덕적인 규정, 즉 인간의 행위 그 자체를 고찰하는 것과 관련해서 그리고 이러한 행위 자체의 내적인 의미와 관련해서 타당성을 갖는 규정이다. 이러한 내적인 의미는, 한편으로는 부당한 행위가 내적인 고통을 동반하게 되는데, 이러한 고통은 부당한 일을 행하는 사람이 자기 자신 속에서 의지의 긍정이 지나치게 강하기 때문에 다른 사람의 의지현상을 부정하는 정도에까지 이른다는 점을 통해, 또한 부당한 일을 행하는 사람이 현상으로서는 부당한 일을 당하는 사람과는 다르지만 그 자체로는 그와 동일하다는 점에 의해 의식 속에 직접적으로 고지된다. 모든 양심의 가책의 내적인 의미에 대한

---

14   여기에서 제시된 권리론(Rechtslehre)에 대한 계속되는 논의는 나의 현상논문 『도덕의 기초에 관하여』 1판 17장 221-230쪽에서 확인할 수 있다.

계속되는 논의는 나중에야 언급될 수 있을 것이다. 다른 한편으로, 부당한 일을 당하는 사람에게서는 자신의 의지가 이미 자신의 신체와 이러한 신체의 자연적인 욕구를 통해 표현되듯이, 자연은 이러한 욕구를 충족시키고자 그로 하여금 이러한 신체의 힘을 참고하도록 하는데, 그가 자신의 의지의 부정을 고통스럽게 의식하고, 동시에 그에게 힘이 부족하지 않다면 부당하지 않게 어떤 방식으로도 그러한 부정함을 방어할 수 있다는 것을 의식할 것이다. 이렇듯 순전히 도덕적인 의미는 국민으로서가 아니라 인간으로서 인간에게 정당함과 부당함이 갖는 유일한 의미이며, 따라서 이러한 의미는 그 어떤 실정법도 없는 자연상태에서도 또한 존재하며, 이러한 모든 실정법의 토대와 내용을 형성한다. 그렇기 때문에 사람들은 이것을 자연법Naturrecht이라고 부르지만, 도덕적인 법이라고 부르는 것이 더 좋을 것이다. 자연법의 타당성은 고통, 즉 외부의 현실성이 아니라 오로지 행위와 이러한 행위로부터 인간에게 생기는 그의 개별적인 의지의 자기인식, 즉 양심이라고 불리는 것에만 통용되므로 이러한 자연법의 타당성은 자연상태에서는 모든 경우에 바깥쪽으로, 즉 다른 개인에 대해 통용될 수 없고, 법 대신에 폭력이 지배하지 않도록 저지할 수는 없다. 자연상태에서는 어떤 경우에도 부당하지 않게 행동하는 것이 각자에게만 달린 일이지만, 어떤 경우에도 부당한 일을 당하지 않는 것은 그렇지 않다. 왜냐하면 부당한 일을 당하지 않는 것은 각자의 우연적인 외부의 힘에 달려 있기 때문이다. 그런 까닭에 정당함과 부당함이라는 개념은 비록 자연상태에 통용되기는 하지만 결코 관습적인 것은 아니다. 그러나 이 개념들은 자연상태에서 자신의 의지의 자기인식을 위한 도덕적인 개념으로서만 통용될 뿐이다. 즉 이 개념들은 온도계의 결빙점처럼, 살려는 의지가 인간이라는 개체들에서 긍정되는 아주 상이한 강도의 등급을 지닌 눈금 위에 있는 확고한 점, 그러니까 자신의 의지의 긍정이 다른 사람의 의지의 부정이 되는,

즉 의지의 격렬함의 정도를 개체화원리(이것은 완전히 의지에 기여하여 존재하는 인식의 형식인데)에 사로잡혀 있는 인식의 정도와 결합하여 부당한 행위를 통해 드러내게 되는 점이다. 그러나 이제 인간의 행위의 순수하게 도덕적인 고찰을 제쳐 두거나 부정하려고 하고, 행위를 단지 그것의 외부적인 작용과 그것의 결과에 따라 고찰하려고 하는 사람은 물론 홉스와 함께 정당함과 부당함을 관습에 의한 것, 임의적으로 받아들여지고 따라서 실정법 외에는 결코 존재하지 않는 규정이라고 설명할 수 있을 것이다. 그리고 우리는 외적인 경험에 속하지 않은 것을 그에게 결코 외적인 경험을 통해 가르칠 수는 없다. 그러나 홉스가 자신의 저서 『기하학 원리』에서 본래적으로 순수한 수학 전체를 부인하고, 집요하게 점은 연장을 갖고 선은 넓이를 갖지만 결코 연장 없는 점이나 넓이 없는 선은 보여 줄 수 없다는 것을 통해 자신의 완성된 경험적인 사유방식을 아주 흥미롭게 특징지었는데, 이러한 홉스에게 우리는, 수학의 선험성뿐만 아니라 법의 선험성을 가르칠 수는 없다. 왜냐하면 그는 경험적이지 않은 모든 인식을 폐쇄해 버리고 있기 때문이다.

따라서 순수한 법이론은 도덕의 일부이며, 고통이 아니라 오직 행위에만 직접적으로 관계한다. 왜냐하면 오직 행위만이 의지의 표현이고, 도덕은 이러한 의지만을 고찰하기 때문이다. 고통은 단순한 사건에 불과하다. 도덕은 단순히 간접적으로, 즉 단지 부당한 일을 당하지 않으려고 한 것이 부당한 행위가 아니라는 사실을 증명하고자 할 때만 고통을 고려할 수 있을 뿐이다. 도덕에 대한 논의에서는, 이미 자신의 신체로 객관화된 의지의 긍정 속에서 의지가 다른 개체에서 현상하는 한, 개인이 그러한 의지를 부정하지 않도록 개인이 나아갈 수 있는 경계에 대해 정확하게 규정하는 것이 그 내용이 된다. 그러면 이러한 경계를 넘어서는 행위들은 부당한 것이 되고 그리고 그런 까닭에 그것을 방어하는 것은 부당한 일이 아닐 것이다.

따라서 항상 자신의 행위가 고찰의 요점이 될 것이다.

그러나 외적인 경험 속에서는, 어떤 사건으로서 부당한 일을 당하는 것이 나타난다. 그리고 언급했듯이 부당한 일을 당하는 것에서 그 자신에 대한, 살려는 의지의 충돌현상이 그 어디에서보다 분명히 나타난다. 이것은 수많은 개체와 이기주의에서 생기는데, 이 둘은 개체의 인식을 위한 표상으로서의 세계의 형식인 개체화원리에 의해 제약되어 있다. 또한 우리가 위에서 보았듯이, 인간의 삶에 본질적인 고통의 아주 많은 부분이 개체들의 그러한 충돌을 항상 지속되는 근원으로서 갖고 있다.

그러나 이러한 모든 개인들에게 공통적인 이성은 ―이러한 이성은 개인으로 하여금 동물처럼 단지 개별적인 경우가 아니라 전체를 연관성 속에서 추상적으로 인식하게 하는데― 개인으로 하여금 그러한 고통의 원인을 통찰하도록 가르치고, 고통을 줄이거나 가능하다면 공통적인 희생을 통해 고통을 제거하려는 수단을 신중하게 생각하도록 한다. 그러나 이러한 희생은 공통적으로 고통에서 생겨나는 장점에 의해 지배를 받는다. 개인의 이기주의에 있어서는 경우에 따라 부당한 일을 하는 것이 유쾌한 일일 수 있지만, 그러나 이것은 필시 다른 개인이 부당한 일을 당한다는 상관개념을 갖게 하는데, 다른 개인에게는 이렇게 부당한 일을 당하는 것은 커다란 고통이다. 그리고 전체를 신중하게 생각하는 이성은 자신이 속한 개인의 일방적인 입장에서 걸어 나오면서 그리고 개인에 대한 의존에서 잠시 벗어나면서, 이성은 부당한 일을 행하는 한 개인의 만족이 부당한 일을 당하는 다른 사람의 비교적 더 큰 고통을 통해 압도당하는 것을 보게 되고, 더구나 여기에서 모든 것이 우연에 내맡겨져 있기 때문에, 부당한 일을 행하는 것에서 만족을 얻는 것이 부당한 일을 당하는 것의 고통보다 훨씬 드물다는 점을 두려워해야 할 것이다. 여기에서 이성은, 모든 사람에게 퍼져 있는 고통을 줄이기 위해서만이 아니라 고통을 가능한 한 똑같이 나눠 주기 위해 가장 최고의 그리고 유일한 수단은 부당한 행동을 통해 도달하게 되는 만족을 포기함으로써 모든 사람으로부터 부당한 일을 당하게 되는 고통을 줄여 주는 것이라는 점을 인식한다. 따라서 이성 사용을 통해 방법적으로 진행되고 이성 사용의 단편적인 입장을 버리는 이기주의에 의해 쉽게 생각되어지고 점차적으로 완전하게 된 이러한 수단이 국가계약Staastvertrag 또는 법률이다. 내가 여기에서 법률의 기원을 언급한 것처럼, 이미 플라톤은 『국가론』에서 법률의 기원을 제시하였다. 실제로 법률의 기원은 본질적으로 유일한 것이며 사물의 본성에 의해 만들어진 것이다. 국가는 어떤 나라에서든지 이것과 다른 기원을 가질 수 없다. 왜냐하면 바로 이러한 생성의 방식이, 이러한 목적이 국가를 국가로서 만드는 것이기 때문이다. 그러나 그 경우에 모든 특정한 민족에서 국가 이전의 상태가 서로 무관한 야만인 무리의 상태(무정부 상태)였는지 또는 강한 사람이 마음대로 지배하는 노예 무리의 상태(전제 정치)였는지는 별반 상관이 없다. 둘의 경우에 국가는 아직 존재하지 않는다. 비로소 공동의 협정을 통해서야 국가는 존재하게 되고, 그리고 또한 이러한 협정이 많든 적든 간에 무정부 상태나 전제 정치와 섞이지 않는 수준에 따라 국가는 보다 완전하거나 보다 불완전하게 된다. 공화제는 무정부 상태로 향하는 경향이 있고, 군주제는 전제 정치로 향하는 경향이 있다. 그렇기에 신중하게 고안해 낸 입헌군주제라는 중도는 당파Faktion의 지배로 향하는 경향이 있다. 완전한 국가를 건설하기 위해서는 예외 없이 공공의 행복을 위해 자신의 행복을 희생할 본성을 허용하는 인간을 만들어 내는 것에서부터 시작해야 한다. 그러나 그때까지는 국가의 행복으로부터 완전히 분리할 수 없는 한 가족의 행복이 존재한다는 것, 그리하여 못해도 중요한 일에서는 다른 쪽의 행복 없이는 결코 한쪽의 행복도 진전시킬 수 없다는 것을 통해 무엇인가가 이루어진다. 여기에 세습 군주제의 힘과 장점의 원인이 놓여 있다.

도덕이 단지 정당한 행위 또는 부당한 행위에만 관계하고 도덕이 부당한 일을 행하지 않으려 결단한 사람에게 그의 행위의 경계를 명확하게 제시하는 반면, 국가론, 즉 입법에 대한 이론은 전적으로 오로지 부당한 일을 당하는 것에만 관계하고 결코 부당한 행위에는 신경을 두지 않는다. 부당한 행위는 자신의 매번 필연적인 상관개념, 즉 국가론이 저지하려는 적으로서의 부당함을 당하는 것 때문에 주목받지 않을 것이다. 실제로 다른 사람이 부당한 일을 당하는 것과 연결되지 않은 부당한 행위를 생각할 수 있다면, 국가는 당연히 그러한 행위를 금지하지 않을 것이다. 더구나, 도덕에서는 의지, 심성이 고찰의 대상이고 오직 실재하는 것이기 때문에, 도덕은 오직 외부의 힘으로써만 제지하고 무력하게 하는 부당함을 행하려는 확고한 의지를 실제로 저질러진 부당함과 완전히 같은 것으로 여긴다. 그리고 도덕은 그렇게 하려는 사람을 부당한 것이라 간주해 유죄판결을 내린다. 반면에 의지와 심성은 단지 그 자체로서는 국가가 전혀 관심을 갖지 않으며 행위의 상관개념 때문에, 즉 다른 사람의 고통 때문에 오로지 행위에만 (이 행위가 단순히 시도만 되었거나 실행이 되었든지 간에) 관심을 갖는다. 따라서 국가에게는 오로지 행위만이, 사건만이 실재하는 것이다. 심성, 의도는 이로부터 행위의 의미를 알 수 있게 되는 한에서만 조사가 이루어질 뿐이다. 그런 까닭에 국가는 칼과 환형Rad의, 벌에 대한 두려움이 살인하고 독살하려는 의욕을 지속적으로 저지한다는 점을 알고 있는 한에서는, 다른 사람을 살인하고 독살하려고 지속적으로 생각하는 것을 금지하지 않는다. 또한 국가는 결코 부당한 일을 행하려는 경향, 악한 심성을 제거하려는 아둔한 계획이 아니라, 단지 부당함을 실행하려는 모든 가능한 동기에 처벌을 피할 수 없다는 것을 알려 주어 항상 이것을 중단하게 하는 압도적인 동기를 제시해야 한다. 그에 따라 형법전Kriminalkodex은 가능하다고 예상하는 모든 범죄행위의 반대 동기에 대한 가능한 한 가장 완벽한 색인인데, 범죄행위와 반대 동기가 둘 다 추상적이지만, 그러한 일이 일어날 경우에 구체적으로 적용하기 위한 것이다. 따라서 국가론 또는 입법은 이러한 목적을 위해 법이론을 다루고 도덕으로부터 정당함과 부당함의 내적인 의미와 더불어 양자의 정확한 경계를 규정하는 부분을 빌려 올 것이다. 그러나 그것은, 오로지 그 부분의 반대 면을 이용하여 우리가 부당한 일을 하지 않도록 넘어가서는 안 되는 것으로 도덕이 제시하는 모든 경계들을 다른 측면에서 우리가 부당함을 당하지 않도록, 다른 사람으로 하여금 침범당해서는 안 되는 경계로서 고찰하기 위한 것이다. 그리고 사람들은 그 경계에서 다른 사람을 몰아낼 수 있는 권리를 갖는다. 그런 까닭에 이러한 경계는 아마도 수동적인 측면에서 법을 통해 보호받게 될 것이다. 사람들이 역사가를 반대 방향으로 향하는 예언자라고 재치 있게 부르듯이, 법률가는 뒤집어진 도덕주의자der umgewandte Moralist라는 점이 증명된다. 그리고 그런 까닭에 본래적인 의미에서의 법률, 즉 사람들이 권리에 대한 이론이라고 주장해도 되는 것은, 사람들이 해쳐서는 안 되는 권리들을 가르치는 이 장에서는 뒤집어진 도덕인 것이다. 부당함이란 개념과 그것의 부정, 즉 본래 도덕적인 정당함이라는 개념은 출발점을 능동적인 측면에서 수동적인 측면으로 옮기면서, 즉 뒤집음으로써 법률적으로 된다. 이것은, 정언명령에서 국가의 건립을 도덕적 의무로 이끌어 내는 잘못을 범하는 칸트의 법이론과 더불어, 최근에 또한 다시 국가가 도덕성을 증진시키는 기관이며 도딕성을 증진시키는 노력으로부터 생겨나고, 따라서 이기주의에 대립한다는 아주 이상한 오류를 야기하였다. 마치 오직 도덕성이나 비도덕성이 속하는 내적인 심성, 즉 영원한 자유의지는 외부에 의해 변경되거나 영향을 받아 변하게 되는 것처럼 말이다! 국가가 도덕적인 의미에서 자율의 조건이며, 이에 따라 도덕성의 조건이라는 이론은 더욱더 잘못된 것이다. 자유는 현상 저편에 있을 뿐만 아니라 인간적인 제도의 저편에 놓여 있기 때문이다. 위에서 언급했듯이, 국가는 이기주의 일반과 이기주의 그 자체에 대해 반대하지는 않는다. 반대로 국가란 서로 잘 이해하고 조직적으로 진행된 이기주의에서 생겨나며, 일방적인 입장에서 보편적인 입장으로 나타나 그리하여 모든 사람의 공동적인 이기주의와의 결합에서 유래한다. 그리고 오직 이러한 목적에 기여하는 데 존재하도록 지향하는데, 그 밖에 국가 그 자체는 불필요하다는 올바른 전제에서 설립되어 있다. 국가는 순수한 도덕성, 즉 도덕적 근거에서 생기는 정당한 행위를 기대할 수 없다. 따라서 결코 국가는 이기주의에 반대하는 것이 아니라 오로지 이기적인 개인들의 다양성으로부터 그들 모두에게 서로 일어나 그들의 행복을 방해하는 이기주의의 해로운 결과에 대해서만 반대하는 것이다. 이러한 안녕을 목적으로 하여 국가가 설립된 것이다. 그런 까닭에 이미 아리스토텔레스는 다음과 같이 말했다. "국가의 목적은 사람들이 잘 살도록 하는 것이다. 그런데 그것은 사람들이 행복하고 멋지게 산다는 것이다."(『정치학』 3권, 9) 또한 모든 국가 규칙의 옛적 원칙인 "보편적인 행복이 첫 번째 법이어야 한다"(키케로, 『법률론』 3권, 3, 8)가 국민의 행복이 최고의 법칙이라는 것을 지칭하는 것처럼, 홉스도 국가의 이러한 기원과 목적을 아주 올바르고 적절하게 설명하였다. 국가가 자신의 목적에 완전히 도달하게 되면, 국가는 심성의 완전한 정의가 일반적으로 지배할 때처럼 동일한 현상을 나타낼 것이다. 그러나 두 가지 현상의 내적인 본질과 기원은 반대의 것이다. 말하자면 심성의 완전한 정의가 지배하는 경우에는 그 누구도 부당한 일을 행하려고 하지 않을 것이지만, 그러나 국가가 자신의 목적에 완전하게 도달하게 되면 그 누구도 부당한 일을 당하려고 하지 않을 것이며, 이러한 목적에 걸맞은 수단들을 완전하게 사용하게 될 것이다. 그렇기에 동일한 선이 반대의 방향에서 그려질 수 있으며, 맹수 또한 입마개를 씌우기만 한다면 초식동물처럼 해롭지 않은 것이다. 그러나 국가는 이 점 너머로 이를 계속할 수는 없다. 따라서 국가는 일반적으로 서로 간의 호의와 사랑에서 비롯되는 것과 같은 현상을 보여 줄 수 없다. 왜냐하면 우리가 방금 확인했듯이, 국가는 그 본성에 따라 다른 편에서 전혀 부당한 일을 당하지 않는다면 부당한 행위를 금지하지는 않을 것이고, 이것은 불가능할 경우에만 모든 부당한 행위를 금지할 것이기 때문에, 거꾸로 국가는 모든 사람들의 행복을 향한 경향에 따라 아주 기꺼이 갖은 호의와 모든 종류의 인간애의 활동을 경험하도록 진력할 것이다. 또한 이들은 선행과 사랑이 깃든 작업의 수행에 있어서 어떤 불가피한 상관개념도 갖지 않을 것이다. 그러나 그때에 국가의 모든 시민들은 그 누구도 능동적인 역할을 맡으려고 하지 않고 수동적인 역할만을 맡으려고 할 것이다. 그리고 이러한 능동적인 역할은 그 어떤 이유에서도 다른 사람들 앞에서 누구 한 사람에게 강요되지 않을 것이다. 그에 따라 사람들이 사랑의 의무Liebespflicht 또는 불완전한 의무라는 이름 아래에서만 이해하는 긍정적인 것이 아니라, 바로 권리라는 소극적인 것만이 강요될 수 있다.

우리가 언급했듯이, 입법은 순수한 법이론 또는 정당함과 부당함의 본질과 한계에 대한 이론을 도덕으로부터 빌려다가 이것을 도덕의 목적과는 다른 반대편Kehrseite으로부터 적용하는 것이고 그리고 적극적인 입법과 이러한 입법을 유지하기 위한 수단, 즉 국가를 세우는 것이다. 따라서 적극적인 입법은 반대편에서 적용된 순수한 도덕적인 법이론Rechtslehre인 것이다. 이러한 적용은 특정한 민족의 고유한 상태와 사정을 고려하여 일어날 수 있다. 그러나 본래 적극적인 입법이 보통은 순수한 법이론의 안내에 따라 규정되고 그러한 법이론의 모든 규정에 대해 순수한 법이론에서 어떤 근거가 증명될 때에만 생겨난 입법이 본래 실정법positives Recht이다. 그리고 국가는 법적인 연합, 즉 단어의 본래적인 의미에서 국가인 것이며, 비도덕적인 기관이 아니라 도덕적으로 허용될 수 있는 기관인 것이다. 그렇지 않으면 적극적인 입법은 적극적인 부당함의 토대를 정초하는 일이고, 그 자체로 공공연하게 강요된 부당함이다. 모든 전제정치, 대부분의 마호메트 국가들의 헌법이 이와 같은데, 더욱이 많은 제도들의 여러 부분들, 예를 들면 노예신분, 부역Fron 등등이 여기에 속한다. 순수한 법이론 또는 자연법, 더 적절하게 말하자면 도덕적인 법은, 비록 항상 전도Umkehrung를 통해서인 것은 물론이지만, 순수 수학이 모든 응용수학의 분야에 근거로 놓여 있는 것처럼 법적이고 적극적인 입법의 근거로 놓여 있다. 철학이 그러한 목적으로 입법에 중요한 점을 제공해야 하는 것처럼, 입법에 제공해야 하는 순수한 법이론의 가장 중요한 점은 다음과 같다. 1. 부당함과 정당함이라는 개념의 내적이고 본래적인 의미와 근원 그리고 이러한 개념의 적용과 도덕에서의 위치에 대한 설명. 2. 소유권의 연역. 3. 계약의 도덕적인 타당성의 연역. 이러한 타당성이 국가계약의 도덕적 토대이기에. 4. 국가의 생성과 목적, 이러한 목적이 도덕에 대해 갖는 관계 그리고 이러한 관계에 따라 전도를 통해 도덕적인 법이론을 입법에다 합목적적으로 옮기는 것에 대한 설명. 5. 형법의 연역. 법이론의 그 외의 내용은 이러한 원리들의 단순한 적용에 지나지 않으며, 삶에서의 모든 도덕적인 관계에 대한 정당함과 부당함의 한계에 대한 상세한 규정인데, 그렇기 때문에 이러한 관계들은 어떤 관점과 제목 아래에서 통일되거나 구분된다. 이러한 특별한 이론에서는 순수 법률 교과서들이 모두 상당히 일치한다. 단지 원리에 있어 이 법률 교과서들은 아주 현격히 다른 것이다. 왜냐하면 이러한 원리들은 항상 어떤 철학체계와 관련되어 있기 때문이다. 우리가 우리의 철학체계에 따라 앞의 중요한 점 중에서 먼저의 네 가지를 간략하고 일반적으로 그러나 확실하고 분명하게 설명한 다음에, 이와 똑같이 형법에 대해서도 말해야 할 것이다.

칸트는 국가 이외에는 완전한 소유권이 존재하지 않을 것이라는 근본적으로 잘못된 주장을 제시한다. 우리가 위에서 행한 연역에 따르면 자연상태에는 완전히 자연스러운, 즉 도덕적인 권리를 가진 소유물이 존재하는데, 이러한 권리는 부당하게 말고는 침해될 수 없으며, 끝까지 정당하게 지켜질 수 있다. 이에 반해 국가 이외에는 형벌권이 존재하지 않는다는 것이 분명하다. 처벌하는 권리는 하나같이 법을 위반하기에 앞서 처벌을 규정한 실정법을 통해서만 근거 지어지고, 처벌의 위협은 반대 동기로서 이러한 법을 위반하는 모든 동기들을 압도할 것이다. 이러한 실정법은 국민들에 의해 법적인 효력을 부여받고 승인되는 것으로 간주할 수 있다. 따라서 실정법은 공통적인 계약에 기반을 두는데, 국가의 구원성들은 어떤 경우라도 이러한 계약을 이행하기 위해, 한편으로는 처벌을 수행하고, 다른 한편으로는 처벌을 감수할 의무가 있다. 그런 까닭에 감수하도록 당연히 강제할 수 있다. 따라서 개별적인 경우에의 처벌의 직접적인 목적은 계약으로서의 법률의 이행이다. 그러나 법률의 유일한 목적은 다른 사람의 권리를 침해하지 못하게끔 위협하는 것이다. 왜냐하면 각자가 부당한 일로부터 보호받기 위해 사람들은 국가로 결집되었고, 부당한 행위를 포기하고 국가를 유지하는 과제를 맡기 때문이다. 따라서 법률과 그러한 법률의 집행, 즉 처벌은 본질적으로 미래를 향하는 것이지 과거로 향하는 것이 아니다. 이것은 복수로부터 처벌을 구분하게 하는데, 복수는 오로지 일어난 일을 통해, 따라서 과거의 것 그 자체에 의해서만 동기가 주어진다. 미래를 위한 목적이 없는 채로 고통을 가하여 부당함을 보복하는 모든 것은 복수이고, 복수의 목적은 자기가 만들어 낸 다른 사람의 고통을 바라봄으로써 자신이 받은 고통에 대해 위로받으려는 목적 이외의 다른 것일 수 없다. 그런 것은 악의이자 잔인함이며 윤리적으로 정당화될 수는 없다. 누군가가 나에게 행하는 부당함은 그를 부당하게 할 권한을 나에게 주지 않는다. 그 너머의 다른 의도 없이 악을 악으로 보복하는 것은 부도덕하고, 그 밖의 어떠한 합리적인 근거로도 정당화되지 않는다. 그리고 보복권ius talionis 형법의 독립적인 최후의 원리로 제시하는 것은 무의미한 것이다. 그런 까닭에 보복을 위한 단순한 보복이라는 칸트의 처벌이론은 완전히 근거가 없으며 잘못된 견해이다. 그러나 이 이론은 처벌을 통해 범죄가 속죄되고 중화되며 제거될 수 있다는 따위의 공허하고 헛된 온갖 고상한 문구들로 많은 법률학자들의 저서에 여전히 나타나고 있다. 그러나 그 누구도 순수하게 도덕적인 재판관이며 보복자를 자임하며 다른 사람의 범죄에 대해 고통을 주어 괴롭히거나, 따라서 그에게 그 대가로 속죄하도록 할 권한이 없다. 오히려 이것은 지극히 오만불손한 행위이다. 그런 까닭에 성경은 "주께서 가라사대, 복수는 나의 것이니, 내가 갚을 것이다."「로마서」 12장, 19절라고 말한다. 그러나 인간은 사회의 안전을 대비할 권리가 있다. 하지만 이것은 오로지 처벌의 협박을 행하는 반대 동기를 통해 예방하고자 "범죄적"이라는 말로 일컬어지는 모든 행위의 금지를 통해서만 일어날 수 있다. 이러한 협박은 그럼에도 단지 이를 위반하는 경우에만 유효한 것이다. 그에 따라서 처벌, 좀 더 정확하게 말하자면 형법의 목적이 범죄를 위협하는 것이라는 점은 일반적으로 받아들여진 진리, 분명한 진리인데, 영국에서는 아직도 형사사건에서 검찰총장이 쓰는 아주 오래된 기소장indictment에서 언급되어 있다. 그 기소장은 "만일 이것이 증명된다면, 당신 누구누구는 앞으로 다른 사람에게 유사한 범죄를 범하는 것을 단념시키기 위해 법 처벌을 받을 것이다"로 끝난다. 영주가 법에 따라 유죄판결을 받은 범죄자를 사면하려고 한다면, 그의 장관은 곧바로 범죄가 반복될 것이라고 이의를 제기할 것이다. 미래를 위한 목적을 가졌다는 점에서 복수로부터 처벌은 구분되고, 처벌은 법률의 이행을 위해 집행될 때에만 목적을 가지며, 바로 이를 통해서만 앞으로 어떤 경우에라도 반드시 처벌이 이루어진다는 것을 통지하여 법률에 힘을 준다. 바로 여기에 법률의 목적이 존재한다. 여기에서 칸트주의자들은 이 견해에 따르자면 벌을 받은 범죄자가 "단순히 수단으로" 사용될 것이라고 반드시 이의를 제기할 것이다. 그러나 칸트주의자들이 끊임없이 반복해서 이야기하는 "언제나 인간을 목적으로만 취급하고 결코 수단으로 취급해서는 안 된다"는 명제는 의미 있게 들리고, 따라서 모든 그 밖의 사유를 면해 주는 어떤 형식을 갖고자 하는 모든 사람들에게 전적으로 맞춤하는 명제일 테지만, 그러나 잘 살펴보면 이것은 아주 간접적으로만 그 의도를 실현하는 극도로 모호하고 막연한 발언이다. 이것을 적용하는 것은 어떤 경우에도 먼저 특별한 설명, 규정 그리고 변경이 필요한데, 그래서 일반적으로 보자면 불충분하고 무의미하며 게다가 문제가 많은 것이기도 하다. 법률에 따라 사형판결을 받은 살인자는 물론 마땅히 단순한 수단으로 소용되어야 한다. 왜냐하면 법이 이행되지 않는다면, 국가의 주요 목적인 공공의 안전이 그에 의해 방해를 받게 되고, 그 안전이 폐기되기 때문이다. 살인자, 살인자의 삶, 살인자의 인격은 앞으로 법의 이행을 위한 그리고 이를 통해 공공의 안전을 회복하기 위한 수단이어야 한다. 그리고 살인자는 국가계약의 이행을 위해 당연히 그러한 수단이 된다. 이러한 국가계약은 살인자가 국민이었던 한에서 그에 의해 동의를 받은 것이고, 그러므로 살인자는 그의 생명, 자유와 소유물의 안전을 유지하기 위해 그리고 또한 다른 모든 사람들의 안전에도 그의 삶, 자유와 소유물을 저당 잡힌 것이고, 이제 그 저당의 기한이 끝나고 만 것이다.

여기에서 건전한 이성에 명백하게 제시된 이러한 처벌이론은 물론 주요한 부분에서 새로운 사상이 아니라 단지 새로운 오류에 의해 거의 배제된 사상인데, 그런 점에서 이것을 아주 명백하게 설명할 필요가 있던 것이다. 이것은 본질적으로 이미 푸펜도르푸가 『인간과 시민의 의무』 2권 13장에서 그것에 대해 말한 것에 포함되어 있다. 홉스가 『리바이어던』 15장과 28장에서 말한 것도 이것과 일치한다. 오늘날 이러한 이론은 주지하듯이 포이어바흐Feuerbach가 옹호하였다. 물론 이 이론은 이미 고대의 철학자들의 발언에서도 발견된다. 플라톤은 이 이론을 『프로타고라스』(114쪽, 비폰티니Bipontini 편집), 『고르기아스』(168쪽), 끝으로 『법률』 11권(165쪽)에서 또한 분명하게 언급한다. 세네카는 플라톤의 의견과 처벌에 대한 모든 이론에 대해 짧은 말로 완전하게 표현한다. "현명한 사람을 처벌하는 것은 그가 죄를 범했기 때문이 아니라 그것을 통해 죄를 범하지 않게 하기 위해서이다"(『분노론De ira』 1, 16).

따라서 우리는 국가에서 이성으로 무장한 이기주의가 자신에게 향하는 나쁜 결과를 피하고자 하고, 자신의 행복이 모든 사람의 행복으로부터 파악되는 것을 알기 때문에, 이제 각자가 모든 사람의 행복을 촉진하는 수단임을 알게 되었다. 국가가 자신의 목적에 완전히 도달하게 되면, 국가는 말하자면 그 속에서 통합된 인간의 갖은 힘을 통해 또한 그 밖의 자연도 점점 더 도움이 되게 할 줄 알기 때문에, 모든 종류의 불행을 제거함으로 해서 게으름쟁이의 나라에 다가가는 상태에 이를 수 있을 것이다. 그러나 국가는 한편으로 여전히 이러한 목표에서 아주 멀리 떨어져 있고, 다른 한편으로는 여전히 삶에 본질적인 수많은 불행은 비록 그것이 모두 제거되었다고 하더라도, 다른 불행이 사라진 모든 자리에 마침내 권태가 곧바로 들어서게 되어 이전이나 지금이나 마찬가지로 고통스러울 것이다. 다른 한편으로 더욱이 개인들의 불화 역시도 결코 국가에 의해 완전히 제거되지 못할 것이다. 왜냐하면 커다란 불화는 금지되어도 작은 불화가 놀릴 것이기 때문이고, 그리고 가까스로 내부에서 추방된 다툼은 결국은 밖으로 향하게 되기 때문이다. 국가조직에 의해 개인들의 싸움으로 추방되면 그러한 싸움은 국민들의 전쟁으로서 다시 외부로부터 다가와서 이제 대규모로 단번에 누적된 빚으로 잔학한 희생을 요구하게 되는데, 이러한 희생은 현명한 방지책을 통해 개별적으로 피할 수 있었던 것이다. 이 모든 것이 결국 수천 년 동안의 경험에 토대를 둔 현명함을 통해 극복되고 제거된다면, 결국 지구 전체의 인구가 실제로 과잉되는 결과로 진행되었을 것이다. 그러한 결과의 엄청난 불행은 이제 비범한 상상력만이 생생하게 표현할 수 있을 것이다.[15]

63절

우리는 국가에 자리를 두고 있는 일시적인 정의가 보복적인 것 또는 처벌적인 것이라는 점을 알게 되었고, 이것은 오로지 미래를 고려함으로써만 정의가 되는 것을 살펴보았다. 그러한 고려 없이는 모든 범죄의 처벌과 보복은 정당성을 인정받지 못하고, 일어난 일에 대해 아무런 의미와 의의도 없이 또 하나의 불행을 단순히 추가하는 것에 지나지 않을 것이다. 그러나 이것은 이미 위에서 언급했던 영원한 정의와는 완전히 다른데, 이러한 영원한 정의는 국가를 지배하는 것이 아니라 세계를 지배하며, 인간의 제도들에 의존하거나 우연과 착각에 내던져져 있지 않으며, 불확실하고 동요하며 혼동하는 것이 아니라 틀림없는 것이며, 확고하고 안전한 것이다. 보복의 개념은 그 자체로 이미 시간을 포함하고 있다. 그런 까닭에 영원한 정의는 보복하는 정의일 수 없으며, 따라서 보복하는 정의처럼 연기나 유예를 허용하지 않으며, 오직 시간을 수단으로 나쁜 행위를 나쁜 결과로 없애면서, 존재하기 위해 시간을 필요로 한다. 영원한 정의에서는 처벌과 범죄는 서로 하나로 연결되어 있다.

---

15 이에 대해서는 2편 47장 참고.

"너희들은 범죄들이 날개를 타고 신들에게 간다고,

더구나 어떤 사람이 범죄들을 거기 제우스의 필기장에 적어 두면

제우스가 그것을 보면서 인간을 심판한다고 생각하는가?

만약 제우스가 거기에 적는다면,

제우스의 우주 전체도 인간의 죄를 적기에는 부족할 것이다.

제우스가 그것을 보고 각각의 사람을 처벌할 수는 없다.

너희들이 보려고만 한다면,

처벌은 이미 여기에 존재하는 것이다."

(에우리피데스, 『자연학과 윤리학 선집』 1, 4장)

이제 그러한 영원한 정의가 실제로 세계의 본질에 놓여 있다는 점은 지금까지 전개된 우리의 전체 사상을 파악한 사람에게는 금방 완전히 분명해질 것이다.

하나의 살려는 의지의 객관화인 현상은 이러한 객관화의 갖은 부분들과 형태들이 무수한 다양성을 띤 채 속에서 드러나는 세계이다. 모든 부분에서처럼 현존재 자체와 현존재의 방식 전체는 오로지 의지로부터만 생겨난다. 의지는 자유로우며, 전능한 것이다. 모든 사물들 속에서 의지는 스스로 그리고 시간의 밖에서 규정되듯이 그 자체로 나타난다. 세계는 이러한 의욕의 반영에 지나지 않는다. 그리고 세계가 포함하는 모든 유한성, 모든 고통, 모든 고뇌는 의지가 의욕하는 것의 표현에 속하고, 의지가 그렇게 의욕하는 까닭에 그렇게 존재하는 것이다. 그에 따라 아주 마땅하게도 모든 존재는 현존재 일반을, 그다음으로는 자신의 방식대로의 현존재와 자신의 고유한 개성을, 완전히 그것이 있는 바 그대로, 그리고 있는 바 그대로의 환경 아래에서, 있는 바 그대로의 세계에서, 우연과 오류에 의해 지배되면서, 시간적으로 소멸하여 항상 지속적으로 고통을 겪으면서 견뎌 내고 있

다. 그리고 그에게 예기치 않게 일어나고, 확실히 방금 예기치 않게 일어날 수 있었던 모든 것은 항상 그에게 당연히 일어나게 된다. 왜냐하면 그 의지는 그의 것이고 그리고 의지가 존재하듯이, 그같이 세계가 존재하기 때문이다. 현존재에 대한 책임과 이러한 세계의 성질은 세계 자신만 짊어질 수 있을 뿐, 다른 것이 짊어질 수는 없다. 왜냐하면 어떻게 의지가 세계를 돌볼 수 있겠는가? 도덕적으로 보자면, 인간이 전체적으로 그리고 일반적으로 가치가 있는지를 알고자 한다면, 사람들은 그 운명을 전체적으로 그리고 일반적으로 살펴보아야 한다. 이러한 운명은 결핍, 불행, 비참, 고뇌와 죽음이다. 영원한 정의는 존재한다. 전체적으로 보아 인간이 하찮은 것이 아니라고 한다면, 전체적으로 보아 그의 운명은 그다지도 슬픈 것이 아니어야 할 것이다. 이런 의미에서 우리는 다음과 같이 말한다. 세계 자체가 최후의 심판Weltgericht이다. 세계의 모든 불행을 저울 받침의 한쪽에 놓고 세계의 모든 잘못을 저울 받침의 다른 한쪽에 놓는다면, 저울의 바늘은 균형을 이루게 될 것이다.

물론 의지에 봉사하는 개인 그 자체의 인식은, 세계가 종국에 이르러서야 마침내 의지 자체인 하나의 유일한 살려는 의지의 객관성으로서 연구자에게 드러나게 되듯이 그같이 드러나지는 않는다. 오히려 인도인이 말했듯이, 마야의 베일이 소박한 개인의 눈을 흐리게 한다. 그래서 그의 눈에는 물자체 대신에 단지 시간과 공간, 즉 개체화원리 속에서의 현상으로 나타나게 되고, 충분근거율의 그 밖의 형태들로 나타나게 된다. 그리고 제한된 인식의 이러한 형태들 속에서 그는 하나인 사물의 본질을 보지 못하고 분리되고 떨어진, 무수하고 아주 다양하게, 즉 서로 대립하는 사물의 현상들로 보게 된다. 그에게 쾌락과 고뇌는 서로 완전히 다른 것으로 나타나고, 누군가는 괴롭히는 사람과 살인자로서, 다른 누군가는 견디는 사람과 희생자로서 나타나며, 악과 불행 또한 완전히 다른 것으로 나타나게 된다. 그는, 어떤 누군가가 기쁨, 호화로움과 쾌락 속에서 살고 동시에 다른 누군가는 그 사람의 문 앞에서 결핍과 추위 때문에 고통스럽게 죽는 것을 본다. 그러면 그는 묻는다. 보복은 어디에 있는가? 그리고 그 자신은 자신의 근원이며 자신의 본질인 격렬한 의지의 충동에 의해 쾌락과 삶의 만족을 꽉 붙들면서 바로 이러한 자신의 의지의 작용을 통해 소름이 돋을 삶의 아픔과 고뇌를 붙들고 자신을 압박하고 있는 것을 알지 못한다. 그는 세계 속에서 불행과 악을 본다. 그러나 둘 다가 단지 하나의 살려는 의지의 현상의 다양한 측면에 불과하며, 이것들을 크게 다른 것으로, 완전히 대립하는 것으로 간주하고 종종 악을 통해, 즉 다른 사람의 고통을 야기하면서 불행, 즉 자신의 개체의 고통에서 벗어나려고 하지만, 개체화원리에 붙들려 마야의 베일에 속는다는 점을 알지 못한다. 왜냐하면 사방에서 끊임없이 사납게 몰아치며 바다에서 쏴쏴 소리를 내는 파도에 출렁거리면서 작은 배에 앉아 보잘것없는 그 배를 의지하고 있는 뱃사공처럼, 그렇게 개별적인 인간은 고통으로 가득 찬 세계 한가운데서 개체화원리를 또는 개체가 사물을 현상으로 인식하는 방식을 기대하고 믿으면서 앉아 있기 때문이다. 무한한 과거나 무한한 미래에서 고통으로 가득 찬 무한한 세계는 그에게는 낯선 것이고, 그에게는 동화와 같은 것이다. 사라져 버리는 그 자신, 크기가 없는 그의 현재, 순간적인 그의 안락함, 이것들만이 그에게는 현실성을 지닐 뿐이다. 그리고 더 나은 인식이 그로 하여금 눈을 뜨게 하지 않는 한, 이것을 유지하기 위해 그는 어떤 일이라도 할 것이다. 그때까지 그의 의식의 가장 깊은 곳에서는 그에게 이 모든 것이 본질적으로 그렇게 낯선 것이 아니지만, 개체화원리가 지켜 줄 수 없는 그와의 어떤 연관성을 갖는다는 아주 애매한 예감만이 존재할 뿐이다. 이러한 예감으로부터 없애 버릴 수 없으며 그리고 모든 사람들에게(아마도 영리한 동물들에게도) 공통적인 전율Grausen이 생겨난다. 사람들은, 근거율이 자신의 갖은 형태에서 예외를

겪다가 어떤 우연한 사건을 통해 개체화원리에서 갈래를 헷갈리게 되면서 갑자기 이러한 전율에 사로잡히게 된다. 예를 들면, 원인이 없는 어떤 변화가 일어나게 되거나 죽은 사람이 다시 살아나며 또는 그 밖에 지나간 것과 미래의 것이 현재에 나타나거나 또는 멀리 있는 것이 가까이 나타나게 되는 때이다. 그런 것에 대해 사람들이 막심히 놀라게 되는 것은 갑자기 자신의 개체를 그 밖의 세계와 그것을 구분하는 현상의 인식형식에서 갈래를 헷갈려 한다는 점에 근거한다. 그러나 이러한 구분은 단지 현상에만 있고 물자체에는 없다. 영원한 정의는 이러한 물자체에 근거한다. 사실 모든 일시적인 행운과 모든 영리함은 무너진 기반 위에 존재하는 것이다. 이것들은 사람을 사고로부터 보호하고, 그들에게 만족을 가져다준다. 그러나 개인은 단순히 현상에 지나지 않으며 다른 사람과의 차이성과 고통으로부터 벗어나 있음은 현상의 형식, 개체화원리에 근거하고 있다. 사물의 참된 본질에 따라 사람 모두가 살려는 확고한 의지인 한에서, 즉 온 힘을 다해 삶을 긍정하는 한에서, 세계의 모든 고통을 자신의 고통으로, 모든 가능한 고통을 자신에게 실재하는 것으로 간주해야만 한다. 개체화원리를 꿰뚫어 보는 인식에게 시간 속에서의 행복한 삶이라는 것은 수많은 다른 사람의 고통 한가운데에서 우연히 선물 받은 것이거나 영리함으로 얻은 것이다. 그러나 꿈에서 자신을 왕으로 생각하는 거지는 덧없는 착각이 그를 삶의 고통으로부터 떼어 놓았을 뿐이라는 점을 알아차리기 위해 꿈에서 깨어나야만 한다.

근거율에 따르는 인식에서, 즉 개체화원리에 붙들린 시선에는 영원한 정의가 보일 수 없다. 그 같은 시선이 가설을 통해 영원한 정의를 구해 내지 못한다면 영원한 정의는 완전히 놓치게 된다. 그러한 시선은 악이 모든 종류의 악행과 잔인함을 행한 뒤에도 기쁘게 살아가고, 세계로부터 어떠한 괴롭힘을 당하지 않은 채 사라지는 것을 본다. 그 시선은 억압을 받는 사람이 고통으로 가득 찬 삶을 힘겹게 끝까지 끌고 가지만 복수하는 사람, 보복하는 사람이 나타나지 않는 것을 본다. 그러나 영원한 정의는 근거율을 실마리로 해서 나아가 개별 사물에 묶여 있는 인식을 끌어올려 이념을 인식하고, 개체화원리를 간파하여 물자체에게 현상의 형식들이 귀속되게 하지 않는 사람만이 이해하고 파악할 수 있다. 또한 현재의 고찰과 관련해 우리에게 곧 밝혀지게 되듯이, 이러한 사람만이 동일한 인식에 의해 덕의 참된 본질을 이해할 수 있다. 이러한 덕의 실행을 위해서는 결코 이러한 인식이 개념적으로 요구되지는 않는다. 따라서 위에서 언급한 인식에까지 도달하는 사람에게는 의지가 모든 현상의 그-자체이기 때문에, 현상들 속에서 이러저러한 형태로 나타나게 되고, 완전히 다른 개체로서 존재하게 되며 그리고 더욱이 시간과 공간에 의해 떨어져 있다고 하더라도, 다른 사람에게 부과된 고통과 자신이 경험한 고통, 악과 불행은 항상 하나의 동일한 본질에 관계한다는 점이 확실해진다. 그는 고통을 주는 사람과 고통을 견뎌 내야만 하는 사람의 차이가 현상에 지나지 않고 양자 속에 살아 있는 의지인 물자체와는 관계가 없다는 것을 알아차린다. 그는 이러한 의지가 여기에서 자신에 봉사하는 데에 묶여 있는 인식에 속아 넘어가게 되고, 자기 자신을 오해하며, 의지의 현상 중의 하나에서 강화된 행복을 찾으면서, 다른 현상에서는 커다란 고통을 가져오게 된다. 그렇게 격심한 충동 속에서 이빨이 자신의 살에 상처를 내며, 의지는 개체화의 매개에 의해 의지 자신의 내부에 지니고 있는 자신과의 충돌을 드러내면서 이렇게 항상 자기 자신에게 상처 준다는 것을 알지 못한다는 점을 통찰하게 된다. 고통을 주는 사람과 고통을 받는 사람은 똑같다. 고통을 주는 사람은 고통을 당하지 않는다고 생각하면서 잘못을 범하고, 고통을 당하는 사람은 자신이 잘못에 관여하지 않았다고 생각하면서 잘못을 범한다. 두 사람이 눈을 뜨게 되면, 고통을 주는 사람은 넓은 세계에서 고통을 당하는 모든 것 속에 자기가 살고 있다는 점을 인식할 것이고, 이성을 지닌 사람이라면 잘못을 알 수 없는 그렇게 큰 고통이 왜 생겨났는지를 쓸데없이 숙고할 것이다. 그리고 고통을 당하는 사람은 세계에서 행해지고 이제껏 행해져 왔던 모든 악이 자신의 본질을 이루는 의지에서 흘러나오고, 또한 자신에게서도 나타나며 이러한 현상과 현상의 긍정을 통해 그러한 의지에서 생겨나는 모든 고통을 수용하고, 그가 이러한 의지인 한에서 고통을 당연하게 감내한다는 점을 통찰하게 될 것이다. 이러한 인식으로부터 예감으로 충만한 시인인 칼데론은 『인생은 꿈』[1, 2]에서 다음과 같이 말한다.

"인간의 가장 큰 죄는 그가 태어났다는 사실 때문이다."

영원한 법칙에 따라 죽음이란 태어남에서 비롯된 것이기 때문에 태어난 것이 어떻게 잘못이 아닐 수 있겠는가? 칼데론은 이러한 시구를 통해 단지 원죄에 대한 그리스도교의 교리를 말한 것에 지나지 않는다.

영원한 정의, 즉 죄의 악malum culpae을 처벌의 악malo poenae과 분리시키지 않고 연결하는 균형에 대한 생생한 인식은 개체성과 그 가능한 원리의 완전한 극복을 요구한다. 그런 까닭에 이러한 인식은 이와 유사하고 곧 설명하게 될 모든 덕의 본질의 순수하고 분명한 인식처럼 대부분의 사람들에게는 항상 도달하기 어려운 것으로 남아 있다. 그런 까닭에 인도 민족의 현명한 선조들Urväter은 이러한 인식을, 개념과 언어가 파악할 수 있는 한에서 그리고 여전히 비유적이고 서사시적인rhapsodisch 설명방식이 허용하는 한, 다시 태어난 세 개의 카스트에서만 오로지 허용된 『베다』에서 또는 비의적인esoterisch 지혜에서 직접 언급하기는 하였다. 그러나 민족신앙 또는 대중적인 가르침에서는 단지 신화적으로만 전달되었다. 우리는 최고의 인간적인 인식과 지혜의 결실인 『베다』에서 직접적인 설명을 발견할 수 있는데, 『베다』의 핵심은 『우파니샤드』에서 이 시대의 최고의 선물로서 마침내 우리의 손에 들어와서 여러 가지 방식으로 표현된다. 특히 생물이든 무생물이든지 간에 세계의 모든 존재들을 순서에 따라 배우는 사람의 눈앞에 가져와 이 모든 존재를 정형화하는 문구가 되어 그 자체로 위대한 진리 Mahavakya라고 언급된 말, 즉 "타토우메스tatoumes", 정확히 말하자면 "타트 트왐 아시tat tvam asi", 즉 "그것은 바로 너이다"[16]라는 말로 표현된다. 그러나 대중들에게 이러한 위대한 진리는, 대중들이 제한적으로 그 진리를 파악하는 한에서 근거율에 따르는 인식방식으로 옮겨진다. 이러한 진리는 그것의 본질에 따라 순수하고 그 자체로는 그대로 받아들일 수 없고, 더욱이 그 진리와 곧바로 모순되는 것이지만, 그러나 이러한 진리는 행동을 위한 규준Regulativ으로서 충분하게 진리의 대체물인 신화Mythos라는 형식을 통해 수용된다. 이러한 신화는 행동의 윤리적 의미를 윤리적 의미 자체와는 완전히 낯선 인식방식으로 근거율에 따라, 그러나 비유적인 설명을 통해 파악하게 만든다. 이것이 모든 교리의 목적인데, 교리는 미숙한 인간의 마음으로 도달할 수 없는 진리에 전부 신화의 옷을 입힌 것이다. 또한 이러한 의미에서 그러한 신화는 칸트의 말에 의하면 실천이성의 요청Postulat der praktischen Vernunft이라고 일컬어질 수 있을 것이다. 그러나 그 자체로 보자면, 신화는 현실의 영역에서 우리 눈앞에 놓여 있는 것 말고는 그 어떤 요소도 포함하지 않으며, 그런 까닭에 모든 신화의 개념들을 직관으로 증명할 수 있다는 커다란 장점이 있다. 여기에서 말하는 것은 영혼의 윤회 Seelenwanderung에 관한 신화이다. 이 신화는, 사람이 살아가면서 다른 존재에게 야기하는 고통은 이 세계에 뒤따라오는 삶에서 똑같은 고통에 의해 대가를 치러야만 한다는 점을 가르친다. 한 마리의 동물을 죽인 사람은 장

16 『우파니샤드』 1권 60쪽 이하.

차 무한한 시간 속에서 바로 그러한 동물로 태어나 똑같이 죽임을 당하게 된다. 이 신화는, 악한 처신은 이 세계에서의 미래의 삶을 고통스럽고 무시 당하는 존재로 살게 하며, 따라서 그다음에는 보다 낮은 카스트나 여자 또는 동물, 파리아Paria 또는 찬달라Tschandala로, 나병환자, 악어 등으로 다시 태어나게 된다는 것을 가르친다. 신화가 위협하는 모든 고뇌들은 현실세계를 바라봄으로써, 즉 어떻게 해서 고통을 당하는 잘못을 저질렀는지를 알지 못하는 고통당하는 존재들을 통해 증명되는데, 신화는 다른 지옥을 언급할 필요가 없다. 그러나 이와 달리 신화는 보상으로서 더 나은 귀중한 형태로, 즉 브라만, 현자, 성인으로 환생한다는 것을 예고한다. 가장 훌륭한 행위와 전적인 체념에 주어지는 최고의 보상은 일곱 번의 삶에서 남편과 함께 화형을 당한 부인에게도 주어지며, 이에 못지않게 입이 순수하여 결코 단 한 번도 거짓말을 하지 않은 사람에게도 주어지는데, 신화에서 이러한 보상은 이 세계의 언어로는 다시 태어나지 않는다라는 말로, 그러니까 자주 행해지는 약속을 통해 "너는 다시는 현상하는 존재로 나타나지 않을 것이다"(『찬도기아-우파니샤드』8, 15)라고 소극적으로 표현될 수밖에 없다. 또는 『베다』도 카스트도 허용하지 않는 불교도들은 "너는 니르바나에, 즉 생로병사 네 가지가 없는 상태에 도달할 것이다"라고 표현할 것이다.

이처럼 소수의 사람만이 다가갈 수 있는 철학적 진리에 가장 고상하고, 가장 오래된 민족의 아주 오랜 가르침보다 더 긴밀하게 들어맞는 신화는 이제까지 없었고 앞으로도 없을 것이다. 이 민족은 이제 여러 지역으로 나누어져 있지만, 이 가르침은 여전히 일반적인 민속신앙으로 남아 4천 년 전처럼 그렇게 오늘날에도 삶에 결정적인 영향력을 주고 있다. 그런 까닭에 이미 피타고라스와 플라톤은 그러한 신화적인 서술을 인도인과 이집트인으로부터 전해 듣고 놀라워하고 존중하며 자신의 이론에 적용하였고, 어느 정도인지는 모르지만 그것을 믿었다. 이와 반대로 우리는 이제 브라

만에게 동정심 때문에 더 나은 것을 가르쳐 주고 그들에게 무에서 만들어졌으며 그에 대한 고마운 마음으로 기뻐해야 한다는 것을 알려 주기 위해 영국의 성직자와 헤른후트파Herrnhuter의 아마포 직조공을 보낸다. 그러나 이것은 우리가 바위를 향해 총을 쏘는 것과 같을 뿐이다. 우리의 종교는 인도에서는 어떤 경우에도 결코 뿌리를 내릴 수 없다. 인류의 근원적인 지혜는 갈릴리에서 일어난 사건에 의해 추방되지 않는다. 이와 달리 인도의 지혜는 유럽으로 거꾸로 흘러들어 우리의 지식과 사유에 근본적인 변화를 가져올 것이다.

64절

∾

　그러나 우리는 영원한 정의에 대한 신화적이지 않은, 즉 철학적인 설명에 의해 이제 영원한 정의를 단순히 지각한 인식인 행위와 양심의 윤리적인 의미에 대해 이와 유사한 고찰로 들어서려고 한다. 나는 단지 여기에서 먼저 인간본성의 두 가지 특징에 대해 주목하고자 하는데, 이러한 특징은 영원한 정의의 본질과 그러한 정의가 토대하고 있는 의지의 모든 현상들에서 의지의 통일성과 동일성이 각자에게 적어도 어렴풋한 느낌으로 의식되고 있다는 점을 분명하게 하는 데 기여할 수 있다.

　형법에 근거하고 형법이 보증한 처벌에서 증명된 국가의 목적에는 전혀 관계없이 우리는, 어떤 악행이 일어난 뒤에는 대부분 복수심에 불타는 피해자뿐만 아니라 아무런 관련이 없는 구경꾼까지도 다른 사람에게 고통을 준 사람이 똑같은 정도로 고통을 당하는 것을 보고 만족해하는 것을 본다. 나는 여기에서 다른 것이 아니라 영원한 정의의 의식이 나타난다고 보지만, 그러한 의식은 정제되지 않은 감각에 의해 곧바로 오해되거나 곡해되기도 한다. 이러한 감각은 개체화원리에 사로잡혀 개념들을 모호하게 하여 오직 물자체에게 속하는 것을 현상에 요청하며, 어느 정도로 고통을 가하는 사람과 고통을 당하는 사람이 그 자체로 하나라는 것을 알아차리지 못하고, 자신의 고유한 현상 속에서 자기 스스로를 다시 알아보지 못하면서, 고통을 당하는 사람뿐만 아니라 죄를 지은 사람 또한 동일한 존재인지를 알지 못하고, 오히려 죄를 지은 동일한 개인이 고통당하기를 요구한다. 그런 까닭에 대다수의 사람들은 많은 사람들에게서 자신과 달리 다른 특성들이 결여되어 있다고 간주하는 어떤 사람, 아주 높은 정도의 악의를 지닌 어떤 사람, 즉 비범한 정신력에 의해 다른 사람들을 훨씬 능가하고 그에 따라 예를 들어 세계정복자로서 수백만의 사람들에게 말할 수 없는 고통을 안겨다 주는 어떤 사람이 언젠가는 모든 고통을 어디에선가 똑같은 정도로 고통받아 죗값을 치르기를 요구할 것이다. 왜냐하면 그들은 고통을 가하는 사람과 고통을 당하는 사람이 그 자체로 하나이며, 고통을 당하는 사람을 존재하게 하고 살아가게 하는 의지가 고통을 가하는 사람에게도 꼭 같이 나타나며 바로 그러한 의지를 통해 자신의 본질을 가장 분명하게 드러낸다는 것을 알아차리지 못하기 때문이다. 그리고 의지는 억압을 받는 사람에게와 마찬가지로 억압하는 사람에게도 고통을 주는데, 억압하는 사람에게는 의식이 얼마만큼 높은 정도의 명확함과 분명함을 갖는지에 따라 그리고 의지가 보다 얼마만큼 격렬함을 갖는지에 따라 의지가 주는 고통이 더 커진다. 그러나 모든 덕과 고결한 마음씨가 생겨나게 하는 개체화원리에 더 이상 사로잡히지 않는 깊은 인식이란 보복을 요구하는 심성을 더 이상 품지 않는다는 것임을, 이미 악을 악으로 보복하는 것을 전적으로 금지하고 있고, 영원한 정의가 현상과는 구분되는 물자체의 영역을 지배하게 하는 그리스도교의 윤리가 증명한다. "주께서 가라사대, 복수는 나

의 것이니, 내가 갚을 것이다."(「로마서」12장, 19절)

영원한 정의를 경험의 영역, 즉 개체화의 영역으로 끌어 들이는 것을 요구하고 동시에, 내가 위에서 표현했듯이, 살려는 의지가 자신의 비용을 들여 커다란 비극과 희극을 상연하고, 동일한 의지가 모든 현상 속에 살고 있다는 점을 자각한 의식이 암시한다는 특성은 바로 인간의 본성에서 아주 눈에 잘 띄는 것이지만, 그러나 그것보다 더 드문 특성은 다음과 같다. 우리는 이따금 한 사람이 자신이 겪은 크나큰 부당한 일에 대해, 아마도 단지 증인으로서 체험했던 바이지만, 그러한 악행을 행한 사람에게 복수하기 위해 숙고하지만 해결책이 없어 끝내 자신의 삶을 걸 정도로 그같이 분노하는 것을 보게 된다. 우리는 힘센 억압자를 수년 동안 찾아다니다가 마침내 그를 죽인 뒤에 예상한 대로 자신도 단두대에서 죽게 되는 것을, 자신의 삶이 복수를 위한 수단으로만 가치를 지닌 것으로 간주하므로 이것을 회피하지 않으려 하는 것을 종종 본다. 특히 스페인 사람에게서 그러한 예가 발견된다.[17] 우리가 이러한 복수심의 정신을 정확히 살펴보면, 이는 야기된 고통을 바라봄을 통해 당한 고통을 경감시키려는 일반적인 복수와는 아주 다르다는 점을 발견하게 된다. 우리는 이러한 복수가 목적으로 하는 것이 복수보다는 처벌로 불려야 하리라는 점을 발견한다. 왜냐하면 본래 그러한 복수에는 실례를 통해 미래에 영향을 주려는 의도가 있기 때문이다. 즉 여기에는 복수하는 개인 ―왜냐하면 복수할 때에 개인은 몰락하기 때문에― 이나 법률을 통해 안전을 확보하는 사회를 위한 어떠한 이기적인 목적도 없기 때문이다. 왜냐하면 그러한 처벌은 항상 국가에 의해 법률을 이

---

17 마지막 전쟁에서 프랑스 장군들과 함께 자신도 식탁에서 같이 독을 마신 스페인의 주교가 이러한 사례에 속하는데, 그 전쟁에는 그 외에 다양한 사례들이 있다. 또한 몽테뉴의 [『수상록』] 2권 12장에서도 그러한 사례를 찾을 수 있다.

행하기 위해 이루어지는 것이 아니라 개인에 의해 이루어지는 것이며, 오히려 그러한 처벌은 국가가 처벌하려고 하지 않거나 또는 처벌할 수도 없으며, 국가가 처벌을 승인하지 않는 행위와 관계하기 때문이다. 나로서는, 그러한 사람에게 있어 모든 자기애Selbstliebe의 한계 너머로 몰아가는 분노는, 그 사람이 모든 존재에게서 모든 시간을 거쳐 현상하는 살려는 의지 전체 자체이며, 그런 까닭에 현재와 마찬가지로 먼 미래도 같은 방식으로 살려는 의지 전체에 속하며 아무 상관없는 것일 수 없다는 심오한 의식에서 생겨나는 것처럼 보인다. 그러나 그는 이러한 의지를 긍정하면서도 의지의 본질을 드러내는 연극에서는 그토록 크게 부당한 일이 다시 나타나지 않기를 요구하고, 죽음의 공포는 복수하는 사람을 겁먹게 하지는 않기 때문에 막아 낼 방벽Wehrmauer이 없는 복수의 사례를 통해 미래의 모든 악행Frevler을 겁주려고 한다. 살려는 의지는, 아직 스스로를 긍정하고는 있지만 개별적인 현상, 즉 개인에게 더 이상 집착하지 않고 인간의 이념을 이해하면서, 그렇게 끔찍하고 부당한 것으로부터 이념의 현상을 순수하게 보존한다. 이것은 영원한 정의의 본래적인 본질을 아직도 오해하고 있지만, 영원한 정의의 팔이 되고자 노력하면서 개인을 희생하는 것은 아주 드물고, 중요하며 숭고한 특성을 지닌다.

65절

~✦~

우리는 인간의 행동에 대한 지금까지의 모든 고찰을 통해 마지막 고찰을 준비하였고, 삶에서 선과 악이라는 말로 지칭되고 이를 통해 완전하게 이해되는 행위의 본래적이고 윤리적인 중요성을 추상적이고 철학적인 명확성으로 끌어올려 우리의 중심 사상의 부분으로 증명하려는 우리의 과제는 이것으로 아주 쉬워진다.

나는 우선 우리 시대의 철학적인 문필가들에 의해 아주 유별나게도 단순한, 따라서 분석할 수 없는 개념으로 다뤄지는 선과 악이라는 개념을 그 본래적인 의미로 거슬러 올라가고자 하는데, 이 개념들이 실제의 경우보다 더 많은 것을 함의하고 있고, 그 자체로 이미 여기에서 필요한 모든 것을 의미할 것이라는 애매한 망상에 붙들리지 않기 위해서이다. 나는 이 일을 할 수 있는데, 왜냐하면 내가 이전에 아름다움schön과 참wahr이라는 말 뒤에서 은신처를 찾으려고 했듯이, 오늘날 특별한 엄숙함을 지니고 이를 통해 갖은 경우에 도움이 될 "성heit"[18]을 부가함으로써 그리고 엄숙한 분위기를 풍기며 믿도록 하기 위해 윤리학에서 선이라는 말 뒤에서 은신처를 찾으려고 하지 않기 때문이다. 나는 이러한 말을 통해 아주 다른 기원과 의미를 지닌 매우 범위가 넓고 추상적인, 따라서 내용이 빈약한 세 가지 개념들이 지시하는 것보다 그 이상의 것을 드러냈었을 수도 있다. 실제로 오늘날의 저서들을 알고 있는 사람에게 이 세 가지 개념들이 그렇게 탁월한 것을 근원적으로 제시한다고 해도, 마침내 사유하는 능력이 없는 사람은 위대한 지혜를 말하기 위해 단지 입을 크게 벌린 채 고무된 양Schaf의 모습으로 말하기만 하면 되는 혐오스러운 것이 되어 버리지 않았는가?

참이라는 개념은 이미 「근거율에 대하여」 5장 29절 이하에서 설명하였다. 아름다움이라는 개념은 이 책의 3권 전체에서 처음 본래적으로 설명한 바 있다. 이제 우리는 선이라는 개념의 의미로 되돌아가려고 하는데, 이

---

18 독일어에서 형용사와 명사에 붙여 추상명사로 만드는 어미. 쇼펜하우어는 철학자들이 막연한 의미를 지니는 형용사와 명사에 heit를 첨가하여 마치 그것이 참되고 실제로 존재하는 것처럼 눈속임한다는 의미에서 이렇게 말한다—옮긴이.

것은 별로 어렵지 않은 일이다. 이 개념은 본질적으로는 상대적인 것이며, 의지의 어떤 특정한 노력에 대한 한 대상의 타당성을 가리킨다. 따라서 그 어떤 표현 속에서도 의지에 부합하고 의지의 목적을 이행하는 모든 것은 그 밖의 점에서는 다르다고 하더라도 선이라는 개념으로 생각할 수 있다. 그렇기 때문에 우리는 좋은 음식, 좋은 길, 좋은 날씨, 좋은 무기, 좋은 징후 등등을 말한다. 간단히 말하자면, 우리는 우리가 의욕하는 것 그대로 있는 모든 것을 좋다고 하는 것이다. 또한 그런 까닭에 어떤 누군가에게 좋을 수 있는 것이 다른 누군가에게는 바로 반대의 것일 수 있다. 선의 개념은 두 가지 변종Unterart으로 나뉘지는데, 하나는 직접적이고 현재적으로 의지를 만족시키는 것과 또 하나는 오직 미래에 관계하여 간접적으로 의지를 만족시키는 것이다. 즉 적절한 것das Angenehme과 유용한 것das Nützliche이다. 반대의 개념은, 무의식적인 존재에 대해 언급하는 한에서 좋지 않다schlecht라는 말을 통해 표현되고, 드물고 추상적이지만 나쁘다übel라는 말로 표현되는데, 따라서 이것은 그때그때 의지의 노력에 부합하지 않는 모든 것을 나타낸다. 의지와 관계하여 나타날 수 있는 다른 모든 존재들처럼, 의욕했던 목적들에 유익하고 쓸모 있으며 친했던 사람들을 같은 의미에서 그리고 항상 상대적으로 좋다라고 부른다. 이러한 상대성은 예를 들면 "이것은 나에게는 좋지만, 너에게는 그렇지 않다"라는 말에서 나타난다. 그러나 성격으로 인해 다른 사람의 의지의 노력 그 자체를 방해하지 않고 오히려 장려해 주는 사람들, 따라서 일반적으로 잘 도와주고, 호의적이고, 친절하며, 착한 일을 하는 사람들은 다른 사람의 의지 일반에 대한 이 같은 행동방식의 관계 때문에 좋은 사람이라고 불린다. 이에 반대되는 개념을 독일어로 그리고 또한 대략 백 년 즈음 이래로 프랑스어로, 인식하는 존재(동물과 인간)에서는 인식 없는 존재에서와는 다른 말로, 즉 악böse, méchant이라는 말로 지칭한다. 반면에 거의 모든 다른 언어에서는 이러한 차이가 발견되지 않으며, 'κακός', 'malus', 'cattivo', 'bad'라는 말이 인간에 대해서뿐만 아니라 특정한 개체적인 의지의 목적에 반대되는 생명력 없는 사물들에 대해서도 사용된다. 따라서 이러한 고찰은 전적으로 선의 수동적인 부분에서 출발하여 비로소 나중에 이르러서야 능동적인 부분으로 넘어갈 수 있었다. 특히 부분적으로는 그러한 행동방식이 다른 사람에게서 가져오는 지극히 객관적인 존경심, 그리고 부분적으로는 그러한 행동방식을 통해 자신에게서 분명하게 가져오는 고유한 만족감을 설명하면서, 또한 반대로 나쁜 심성은, 그러한 심성을 품은 사람에게 커다란 외적인 이익이 주어진다 해도 내적인 고통을 동반한다는 점을 설명하면서, 선하다고 불리는 사람의 행동방식은 더 이상 다른 사람과의 관계에서가 아니라 그 사람 자신과의 관계에서만 논의할 수 있었다. 왜냐하면 그는 그러한 존경심이나 자기만족을 다른 종류의 희생을 대가로 사들이는 것이기 때문이다. 이제 여기에서 철학적인 가르침에 의해서뿐만 아니라 교리에 의해 지지되는 윤리적 체계들이 생겨난다. 양자는 항상 어떻게든지 행복을 덕과 연결시키려고 하는데, 철학적인 가르침에 근거한 윤리적 체계는 모순율이나 또는 근거율을 통해 행복을 덕과 동일한 것으로 만들거나 덕의 결과로 만들고자 하지만 이것은 항상 궤변적이다. 그러나 교리에 근거한 윤리적 체계는 아마도 경험에서 알려진 세계와 다른 세계를 주장하는 것을 통해 이 둘을 연결시키고자 한다.[19] 이에 반해 우리들의 고찰에 따르면 덕의 내적인 본질은

---

19 여기에서 덧붙여서, 모든 적극적인 교리(Glaubenslehre)에 큰 힘을 주는 것, 그것이 사람의 마음을 사로잡는 근거는 전적으로 그곳의 윤리적인 측면이다. 하지만 직접적으로 그 자체로가 아니라 그때마다의 교리에 고유한 그 밖의 신화적인 도그마와 견고하게 결합되고 연결되어, 오로지 그러한 도그마를 통해서만 설명할 수 있는 것으로 나타난다. 비록 행위들의 윤리적 의미들이 근거율에 의해 설명할 수 없다고 하더라도, 모든 신화는 이러한 근거율에 따른다. 그럼에도 불구하고 신자들은 행위의 윤리적 의미와 그 신화를 완전히 분리할 수 없는 것으로, 전적으로 하나인 것으로 간주하고 이제 신화에 대한 공격을 법과 덕에 대한 공격으로 본다. 이것은 유일신을 믿는 민족에게서 무신론이나 신의 부정

행복, 즉 행복과 삶을 향한 노력과는 완전히 반대되는 방향으로 노력하는 것으로 증명된다.

위에서 언급된 것에 따라 선은 그 개념에 따르면 상관적으로 통용되는 것τῶν πρός τί이고, 따라서 모든 선은 본질적으로 상대적인 것이다. 왜냐하면 선은 자신의 본질을, 갈망하는 의지와의 관계 속에서만 갖기 때문이다. 따라서 절대선Absolutes Gut은 모순이다. 최고선summum bonum은 동일한 것, 즉 하나의 최종적인 의지의 충족을 의미하며, 이렇게 의지가 충족된 뒤에는 새로운 의욕이 나타나지 않는 궁극적인 동기이다. 이러한 동기가 달성되면 의지의 영원한 만족이 주어진다. 그러나 여기 4권에서 지금까지 우리의 고찰에 따르면 그와 같은 것은 생각할 수도 없다. 시간이 끝나거나 시작할 수 없듯이, 의지는 그 어떤 한 번의 만족으로써 다시 새로운 것을 의욕하는 것을 중단할 수 없다. 의지의 노력을 지속적이고, 완전하게 그리고 항상 만족시키는 충족이라는 것은 의지에게 존재하지 않는다. 의지는 다나이덴 자매의 물통과 마찬가지이다. 의지에게는 최고선, 절대선은 존재하지 않고, 항상 한때의 잠정적인 선einstweiliges Gut만이 존재할 뿐이다. 사람들이 그사이에 습관적으로 사용했기에 완전히 버리지 않으려는 오래된 표현으로, 최고선에다 마치 정년퇴직한 사람으로서 명예직을 부여하기 원한다면, 비유적으로 그리고 상징적으로 말하자면, 단지 의지의 충동을 항상 정지시키고 가라앉히는, 그래서 다시 방해를 받게 되지 않으며, 단지 세계

이 모든 도덕성의 부재와 동의어가 되게 한다. 사제들은 이러한 개념의 혼동을 반겼다. 그리고 오로지 그러한 결과에 의해 광신이라는 무서운 괴물이 생겨날 수 있었고, 개별적으로 완전히 잘못되고 악한 개인들뿐만 아니라 민족 전체를 지배하고 결국 인류의 명예를 위해 오직 한번만 역사 속에서 나타났지만, 서양에서는 종교재판으로 구현될 수 있었다. 가장 최근의 결정적으로 신뢰할 만한 소식에 따르면 오직 마드리드(스페인의 다른 곳에도 그러한 종교적인 살인자의 소굴이 있었는데)에서만 300년 동안 30만 명의 사람이 종교문제 때문에 화형에 의해 고통스럽게 죽어야 했다. 모든 광신자는 큰 목소리를 낼 때마다 이 일을 기억해야만 한다.

를 구원하는 그러한 만족을 주는 의지의 완전한 자기포기와 부정, 진정한 무의지를 최고선, 절대선이라고 부를 수 있을 것이다. 우리는 이러한 만족에 대해서는 우리의 전체 고찰의 끝에서 곧 다루게 될 것이다. 그리고 의지의 완전한 자기포기와 부정, 진정한 무의지는 병의 유일하고 근본적인 치료수단으로 간주될 것이다. 이에 반해 다른 모든 재화들, 즉 모든 성취된 소망과 성취된 어떠한 행복도 단지 완화제나 진통제에 불과하다. 이러한 의미에서 그리스어인 τέλος나 finis bonorum(최고선)이라는 말이 여기에 더 잘 부합할 것이다. 여기까지가 선과 악이라는 말에 대한 설명이다. 이제 본론으로 들어가도록 하자.

우리는 계기가 있고 외부의 힘이 가로막지 않는다면 항상 부당함을 행할 여지가 있는 사람을 악하다고 부른다. 부당함에 대한 우리의 설명에 따라 이것은 그 사람이 자신의 신체에 나타나는 살려는 의지를 긍정할 뿐만 아니라 더 나아가 이러한 긍정 속에서 다른 개인들에게서 나타나는 의지를 부정하기까지 한다는 것을 의미한다. 이것은 그런 사람은, 다른 사람들이 자신의 의지의 노력에 거스르는 경우에 다른 사람들의 힘이 자신의 의지에 봉사하기를 요구하고 그들의 존재를 제거하려 한다는 점에서 드러난다. 이것의 궁극적인 원인은 위에서 그 본질을 논의했던 아주 높은 정도의 이기주의이다. 여기에서 두 가지가 분명해진다. 첫째, 그런 사람에게는 아주 격심한, 자신의 고유한 삶에의 긍정을 훨씬 뛰어넘는 살려는 의지가 나타난다. 둘째, 완전히 근거율에 헌신하고 개체화원리에 사로잡힌 그의 인식은 이러한 개체화원리를 통해 정해진 자기 자신과 다른 사람들 사이의 전적인 차이를 확고하게 머물러 확실히 하려 한다는 점이다. 그런 까닭에 그는 오직 자신의 고유한 안녕만을 추구하고, 다른 사람의 행복에는 완전히 무관심하며, 다른 사람들의 존재가 그에게는 완전히 무관한 것이고, 자신의 존재와 넓은 틈으로 구분된다. 한마디로 그는 원래 다른 사람들을 실재성이 없는, 가면을 쓴 사람으로 간주한다. 이러한 두 가지의 특성이 악한 성격의 근본요소인 것이다.

지독하게 격렬한 의욕은 벌써 그 자체로 그리고 직접적으로 고통의 지속적인 원천이다. 첫째로, 모든 의욕 그 자체는 결핍에서, 따라서 고통에서 생기기 때문이다. [그런 까닭에 3권에서 살펴본 것을 기억하면 알 수 있듯이, 우리가 인식의 순수한 의지에서 벗어난 주관(이념의 상관개념)으로서 미적 고찰에 몰두하자마자 나타나는 모든 의욕의 순간적인 침묵이 바로 미에 대한 즐거움의 주요 요소이다.] 둘째, 사물들의 인과적인 관계에 의해 대부분의 욕구들은 채워지지 않은 채 있는데, 그렇기 때문에 수많은 격렬한 의욕은 항상 꼭 그 정도만 한 고통을 가져오게 된다. 왜냐하면 고통이란 모두 전적으로 채워지지 않고 방해를 받는 의욕이기 때문이다. 그리고 신체가 부상을 입거나 파괴되어도 신체의 고통은 그 자체로 오직 신체가 더 이상 객관이 되어 버린 의지 자체라는 점을 통해서만 가능하다. 그렇기 때문에 이제, 수많은 격렬한 고통은 꼭 그 정도만 한 의욕으로부터 분리할 수 없으므로, 아주 악한 사람들의 얼굴 표정은 내적으로 고통스러워한다는 특징을 지니게 된다. 비록 악한 사람들이 모든 외적인 행복에 도달한다 하더라도, 그들이 순간적인 기쁨에 사로잡히지 않거나 자신을 속이지 않는 한, 그들은 항상 불행하게 보인다. 더구나 다른 사람의 고통에 대해 사사로운 이득이 없이도 기뻐하는 것은 단순히 이기주의 때문이 아니고 그들의 완전히 직접적이고 본질적이며 내적인 고통에서 비롯되는데, 이렇게 기뻐하는 것은 본래적인 악의이며 그리고 잔인함Grausamkeit으로까지 강화된다. 이런 사람들에게 다른 사람의 고통은 더 이상 자신의 의지의 목적에 도달하기 위한 수단이 아니라 목적 자체가 된다. 이러한 현상에 대한 보다 자세한 설명은 다음과 같다. 가장 분명한 인식에 의해 고찰하자면, 인간은 의지의 현상이기 때문에, 인간은 항상 자신의 의지의 실제 지각된 만족을 인식이 그에게 제시하는 단순히 가능한 만족과 비교해 본다. 여기에서 질투가 생겨난다. 모든 결핍은 다른 사람이 만족을 느낄수록 끝없이 강화되지만, 다른 사람 또한 똑같이 결핍을 감수한다는 사실을 알게 되면서 경감된다. 모든 사람에게 공통적이고, 인간의 삶에서 분리할 수 없는 불행은 우리의 슬픔을 덜어 준다. 이처럼 기후 때문에 겪는 불행, 모든 나라에서 겪는 불행도 우리를 별로 슬프게 하지 않는다. 우리가 겪는 고통보다 더 큰 고통을 떠올린다면 우리의 고통이 진정될 것이다. 다른 사람의 고통을 보면 자신의 고통은 완화된다. 이러한 상황에서 어떤 사람이 지나치게 격심한 의지의 충동에 사로잡히게 되면, 그는 이기심의 갈증을 식히기 위해 타오르는 욕망으로 모든 것을 채워 보려고 하지만, 그때에 불가피하게 모든 충족이 단지 외양에 불과할 뿐이고, 성취된 것은 결코 갈망이 약속한 것을 가져오지 않으며, 즉 격렬한 의지의 충동의 궁극적인 진정을 가져오지 않고, 오히려 욕구의 충족은 단지 그 형태를 바꿀 뿐이며 이제는 다른 형태로 출현한 고통에 시달리게 된다. 결국 모든 욕구가 고갈되게 되면, 의지의 충동 자체는 동기를 인식하지 않고도 남아 있게 되고, 치유할 수 없는 고통이 무서운 황량함과 공허함의 감정으로서 고지된다는 것을 경험해야 한다. 이것은 보통 정도의 의욕에서는 보다 경미한 정도로만 지각되고, 보통 정도의 우울한 기분만을 가져오지만, 두드러지는 악의를 지니는 의지의 현상인 경우에는 반드시 격심한 내적인 고통, 영원한 불안, 치유될 리 없는 고통으로 커진다는 사실로부터, 그는 이제 직접적으로는 구할 수 없는 간접적인 완화를 찾게 되고, 즉 다른 사람의 고통을 바라봄을 통해서 자신의 고통을 경감시키려 하고, 동시에 다른 사람의 고통을 자신의 힘의 표현으로 인식한다. 다른 사람의 고통은 이제 그에게는 목적 그 자체가 되고, 그가 즐거움을 주는 구경할 만한 것이 된다. 그리하여 네로나 도미티아누스, 아프리카 사람 데이스Deis, 로베스피에르 등에게서와 마찬가지로 역사에서 자주 보는 본래적인 잔인함, 피의 굶주림의 현상이 생겨난다.

복수는 악을 악으로 갚는 것인데, 이것은 이미 악의와 유사하며, 처벌의 성격인 미래를 고려해서가 아니라 단순히 일어난 것, 지나간 것 자체 때문에 나타나므로 복수하는 사람 자신이 가해자에게 야기하는 고통을 즐기기 위해 사심 없이 수단이 아니라 목적으로서 행해진다. 복수가 순수한 악의와 구분되고 어느 정도 그 사정이 납득되는 것은 정당해 보이기 때문이다. 지금은 복수로서 행해진 동일한 행위는 법적으로, 즉 이전에 규정되고 알려진 규칙에 따라 그리고 그런 규칙을 허가한 어떤 단체에서 행해진다면 그것은 처벌, 따라서 정당함이 될 것이다.

그러나 아주 격렬한 의지에서 생겨났고 따라서 악의와 구분할 수 없는 지금까지 언급한 고통 이외에 이것과는 완전히 다르고 특별한 고통이 덧붙는다. 이러한 고통은 그것이 이기주의에서 생겨나는 단순한 부당함이든 단순한 악의이든지 간에 모든 악한 행동에서 느껴지게 되며 이러한 고통이 지속되는 길에 따라 죄의식이나 양심의 가책이라고 불린다. 이러한 4권의 이제까지의 내용, 특히 이 권 처음에 논의한 진리, 즉 살려는 의지에게 삶 자체가 살려는 의지의 단순한 모사나 반영으로서 항상 확실하고, 그런 다음에 영원한 정의를 서술한 것을 기억하고 떠올리는 사람은 그러한 고찰에 따라 죄의식은 다음의 의미 이외의 다른 것이 아니라는 것을 알 수 있을 것이다. 즉 양심의 가책의 내용은, 추상적으로 표현하자면 다음과 같이 두 가지 부분으로 구분되지만, 그러나 다시 완전히 합치하고 전적으로 통일된 것으로 간주해야만 한다.

따라서 마야의 베일이 악한 사람의 마음을 에워싸고 있기 때문에, 즉 그는 개체화원리에 아주 단단히 붙들려 있고, 이 개체화원리에 따라 자기 개인을 다른 모든 사람들과는 절대적으로 다른 것으로, 넓은 틈에 의해 나눠져 있는 것으로 본다. 인식이 거의 항상 의지에 붙들려 있듯이, 이러한 인식은 오로지 그의 이기주의에만 들어맞고, 이기주의의 버팀목이기 때문에 온 힘을 다해 이러한 인식을 고집하는데, 그럼에도 불구하고 그의 의식의 아주 깊은 곳에서는 다음과 같은 은밀한 예감이 작용한다. 사물들의 그러한 질서는 단지 현상에 지나지 않으며, 사물 자체는 그러한 현상과는 완전히 다르게 관계한다. 시간과 공간이 그를 다른 개인들로부터 그리고 그들이 겪는, 즉 시간과 공간에 의해 야기된 수많은 고통들로부터 분리시켜 그러한 고통들이 그에게는 완전히 관계없는 것으로 나타난다. 그럼에도 불구하고 그것은, 표상들과 표상들의 형식은 도외시하더라도 그들 모두에게 나타나는 하나의 살려는 의지이다. 이러한 하나의 살려는 의지는 여기에서 자기 자신을 오해하면서 자기 자신에게 자신의 무기를 겨누게 되고, 그러면서 그는 그러한 현상들 중의 하나에서 더 강화된 행복을 추구하는데, 이것은 다른 사람들에게 아주 커다란 고통을 주게 된다. 그리고 그는, 즉 악한 사람은 바로 이러한 의지 전체이며, 따라서 그는 괴롭히는 사람일 뿐만 아니라 또한 괴롭힘을 당하는 사람이기도 하다. 오로지 그 형식, 즉 공간과 시간인 기만적인 꿈만이 그를 괴롭힘을 당하는 사람의 고통에서 분리시키고 벗어나게 한다. 그러나 악인은 이러한 꿈이 사라지게 되면 진리에 따라 쾌락의 대가로 고통을 지불해야만 한다. 그리고 그가 단지 가능한 것으로만 인식하고 있는 모든 고통은, 살려는 의지인 그와 실제로 관계하는 것이고, 오직 개체의 인식에 대해서만, 즉 오직 개체화원리에 의해서만 가능성과 현실성, 시간과 공간의 가까움Nähe과 멀리 있음Ferne이 다를 뿐이지 그 자체로는 다른 것이 아니다. 이러한 진리는 신화적으로, 즉 근거율에 적합해지고, 이를 통해 현상의 형식으로 옮겨져 영혼의 윤회를 통해 표현된다. 그러나 그 진리는 사람들이 양심의 가책이라고 부르는 저 어렴풋하게 느껴지는, 위로할 수 없는 고통 속에서도 모든 것들이 뒤섞이지 않은 채 순수하게 표현된다. 그 밖에 이러한 진리는 첫 번째 진리와 가깝게 연결된 두 번째의 직접적인 인식, 즉 악한 사람이 그의 의지의 개별적인 현상을 넘어 다른 개인들에게서 현상하는 의지의 완전한 부정에 이르기까지 살려는 의지를 강하게 긍정한다는 인식으로부터도 생겨난다. 따라서 자기 자신의 행위에 대해 악한 사람이 감추려고 하는 내적인 끔찍함Entsetzen은 개체화원리와, 개체화원리를 통해 이룩된 자신과 다른 사람 사이의 구분이 무상하고 단순한 가상이라는 예감 이외에도, 동시에 자신의 고유한 의지의 격렬함, 즉 그가 삶을 파악하고 그 삶에 고정되어 있는 힘의 인식을 포함한다. 악한 사람은 바로 이러한 삶, 이러한 삶의 끔찍한 측면을 그 자신에 의해 억압된 사람의 고통 속에서 보게 되지만, 그런데도 그는 그 삶에 너무나 단단하게 결합되어서, 바로 이 때문에 자신의 고유한 의지의 완전한 긍정을 위한 수단으로서 끔찍한 행동이 그로부터 나오게 된다. 그는 자신을 살려는 의지의 농축된 현상으로 인식하고, 가능성과 현실성의 차이를 없애고 그에 의해 지금 단순히 인식된 모든 고통을 지각된 고통으로 변화시키기 위해, 그가 삶에 속해 있고 따라서 삶이 무한한 시간과 무한한 공간을 갖고 있으므로 이러한 삶에는 수많은 고통이 본질적이라고까지 느낀다. 전체 과거와 미래가 오직 개념 속에서만 존재하듯이, 수백만 년 동안의 부단한 부활Wiedergeburt 또한 단지 개념 속에서만 존재한다. 충족된 시간, 의지의 현상의 형식은 오직 현재일 뿐이며, 개체에게 시간은 항상 새로운 것이다. 개체는 자신을 항상 새로운 것으로 생각한다. 왜냐하면 삶이라는 것은 살려는 의지로부터 분리할 수 없는 것이고, 이러한 삶의 형식은 오직 지금das Jetzt일 뿐이기 때문이다. 죽음(비유를 반복하는 것이 미안하지만)은 외현으로는 밤에 의해 삼켜지지만, 그러나 실제로는 자신이 모든 빛의 원천이고, 쉬지 않고 불타고, 새로운 세계에 새로운 날을 가져오며, 매번 솟아오르고 가라앉는 것을 반복하는 태양의 일몰과 같은 것이다. 시작과 끝은 단지 시간, 즉 표상에 대한 현상의 형식을 수단으로 해서 개체와 관계할 뿐이다.

시간 밖에는 오로지 의지, 칸트의 물자체 그리고 물자체의 적합한 객관성인 플라톤의 이데아만이 존재할 뿐이다. 그런 까닭에 자살은 결코 구원이 아니다. 각자가 가장 깊은 곳에서 의욕하는 것으로 자신이 존재해야만 하고, 각자 있는 것을 자신은 바로 의욕할 것이다. 따라서 개체들을 구분하는 표상의 형식들의 가상성과 무상성을 지각하는 인식 이외에 양심의 가책을 일으키는 것은 자신의 의지와 그것의 정도에 대한 자기인식이다. 삶의 행로는 그 원형이 예지적 성격인 경험적 성격의 모습을 그려 내는 것인데, 악한 사람은 그러한 모습이 세계로 하여금 악한 사람의 거부감을 나누어 갖도록 크게 작용하든지 또는 단지 악한 사람만이 그 모습을 보게끔 미미하게 작용하든지 상관없이 이러한 모습에 몸서리를 친다. 왜냐하면 그러한 모습은 오직 악한 사람에만 직접 관련이 있기 때문이다. 성격이 자기 자신을 부정하지 않는 한, 자신을 모든 시간에서 벗어난, 그리고 시간을 통해 변하지 않는 것으로 느끼지 않는다면, 지나간 것은 단순한 현상으로서 별반 상관없는 것이고, 양심을 불안하게 할 수도 없었을 것이다. 그렇기 때문에 오래전에 일어난 일들이 항상 여전히 양심에 부담을 주는 것이다. "나를 시험에 들지 말게 하라"는 부탁은 "내가 누구인지를 내가 볼 수 없게 해 달라"는 것을 말한다. 악한 사람이 삶을 긍정하고 자신이 다른 사람에게 고통을 줄 때 그에게 나타나는 힘에서, 악한 사람은 바로 그러한 의지를 포기하고 부정하는 것, 즉 세계와 세계의 고통으로부터 유일하게 가능한 구원으로부터 얼마나 멀리 떨어져 있는지를 깨닫게 된다. 그는 자신이 어디까지 세계와 세계의 고통에 속해 있고 얼마나 단단하게 세계와 세계의 고통에 결합되어 있는지를 보게 된다. 다른 사람의 고통을 인식하는 것은 그를 움직이게 할 수 없으며, 그는 삶과 지각된 고통에만 속하게 된다. 이러한 고통이 그의 의지의 격렬함을 중지시키고 극복하게 하는지는 아직 결정되지 않은 채 남아 있게 된다.

분명하고 추상적인 인식으로서가 아니라 단순히 감정으로서 양심의 가책의 내용인 악의 의미와 내적인 본질에 대한 이러한 논의는, 인간의 의지의 속성으로서의 선 그리고 마지막으로 완전한 체념과 이러한 체념이 최고의 단계에 도달할 때 생겨나는 성스러움을 똑같이 고찰함으로써 보다 더 분명하고 완전해질 것이다. 왜냐하면 대립하는 것들은 항상 서로를 통해 설명되고, 스피노자가 적절하게 말한 것처럼 낮은 자기 자신과 밤을 동시에 드러내기 때문이다.

66절

~~~

근거를 제시하지 않는 도덕, 따라서 오직 교화만 하려는 것은 영향력을 발휘할 수 없다. 왜냐하면 그러한 도덕은 동기를 부여할 수 없기 때문이다. 그러나 동기를 부여하는 그러한 도덕은 자기애Eigenliebe에 영향을 끼치는 것을 통해서만 영향력을 발휘할 수 있다. 그런데 자기애에서 생겨나는 것은 도덕적인 가치를 갖지 않는다. 여기에서 도덕과 추상적인 인식 일반을 통해서는 진정한 덕이 생겨날 수 없고, 이러한 덕은 자신에게서처럼 다른 개인에게서도 동일한 본질을 인식하는 그러한 직관적인 인식으로부터 생겨나야 한다.

왜냐하면 덕은 인식에서 생겨나기는 하지만 말로 전달 가능한 추상적인 인식에서 생겨나지는 않기 때문이다. 만일 그렇다고 한다면, 덕은 가르칠 수 있고, 그리고 우리가 여기에서 덕의 본질과 덕의 토대로 놓여 있는 인식을 추상적으로 말하면서, 이것을 이해하는 모든 사람을 윤리적으로 더 개선시킬 수 있을 것이다. 그러나 결코 그렇지 않다. 오히려 사람들은 아리스토텔레스의 미학 이후로 모든 미학이 단 한 명의 시인도 만들어 내지 못한 것처럼, 윤리적인 강연이나 설교를 통해서는 단 한 명도 덕 있는 사람을 낳지 못했다. 왜냐하면 개념이 예술에 대해 그렇듯이, 덕의 본래적이고 내적인 본질에 대해 성과가 없고, 다른 방식으로 인식된 것과 결정된 것을 실행하고 보존할 때에 도구로서만 완전히 종속적으로 기여할 수 있을 뿐이다. "의욕은 배울 수 없다Velle non discitur." 덕, 즉 심성의 선함die Güte der Gesinnung에 추상적인 교리들은 실제로 아무런 영향을 끼치지 못한다. 잘못된 교리는 덕을 가로막지 못하고, 참된 교리는 덕을 고양시키기 어렵다. 또한 인간의 삶에서 중요한 일, 영원히 통용되는 윤리적 가치가 교리, 신앙의 교리, 철학이론Philosopheme처럼 아주 우연하게 도달할 수 있는 것에 의존한다면 정말로 고약한 일일 것이다. 교리들은 도덕성에 대해서는 곧 논의하게 될 다른 종류의 인식에 의해 덕을 갖게 되는 사람이 자신의 이기적이지 않은 행동에 대해 대부분 상상적이고, 자신이 이해하지 못하고 그 설명에 만족하도록 익숙해진 설명을 제시하는 도식과 서식의 가치만을 지닐 뿐이다.

외적인 행위인 행동에 대해 교리는 습관이나 예에서처럼 (보통의 인간은 자신의 판단의 약점을 알고 있기에 자신의 판단을 신뢰하지 않고 자신의 경험이나 다른 사람의 경험만을 따르기 때문인데) 강력한 영향력을 끼칠 수는 있지만 그러나 이것에 의해 심성이 변하지는 않는다.[20] 모든 추상적인 인식은 단지 동기만을 부여할 뿐이다. 그러나 동기들은, 위에서 언급했듯이 의지 자체가 아니라 단지 의지의 방향만을 바꿀 수 있을 뿐이다. 그러나 모든 전달 가능한

---

20 교회는 이러한 교리들은 단순히 업적 때문에 행해진 일(opera operata)이며, 부활로 이끄는 신앙에 은총이 선물로 주어지지 않는다면 아무 소용이 없을 것이라고 말한다. 이에 대해서는 아래에서 언급할 것이다.

인식은 단지 동기로서만 의지에 작용할 수 있다. 따라서 교리들이 의지를 조종한다 하더라도, 인간이 본래 그리고 일반적으로 의욕하는 것은 항상 같은 것으로 머물러 있을 뿐이다. 인간은 의욕하는 것을 얻을 수 있는 방법들에 대해 다른 생각을 가지고 있으며, 상상적인 동기들 또한 현실적인 동기처럼 인간을 이끈다. 그런 까닭에, 예를 들어 내세의 삶에서 모든 것을 열 배로 돌려받는다는 것을 그가 굳게 권유받고서 도움이 필요한 사람에게 많은 선물을 준다든지 또는 나중이기는 하지만 더 확실하고 충분한 이자를 얻게 되는 토지 개량을 위해 똑같은 금액을 사용하든지는, 그 윤리적 가치의 관점에서는 같은 일이다. 정통 신앙을 위해 이단자를 불태우는 사람이나 이득을 얻기 위해 그것을 행하는 강도나 마찬가지로 하나의 살인자이다. 더욱이 내적인 상황에 관련해서는, 성지Gelobtes Land에서 터키인들을 학살하는 사람 또한 마찬가지이다. 그는 이단자를 불태우는 사람처럼 그렇게 하면 천국에 갈 수 있다고 잘못 생각했기 때문에 그렇게 하는 것이다. 왜냐하면 이들은 바로 저 강도처럼 자신을 위해, 자신의 이기주의만을 걱정할 뿐이고, 수단의 불합리성에 의해서만 이러한 강도와 구분될 뿐이다. 이미 언급했듯이, 외부에서 의지는 항상 단지 동기를 통해서만 성취될 수 있을 뿐이다. 그러나 이러한 동기는 의지가 나타나는 방식만을 바꿀 뿐이지, 결코 의지 자체는 바꾸지는 못한다. "의욕이란 배울 수 없다"

그러나 행위자가 교리에 의존해 행하는 선한 행위의 경우에 우리는 항상 이러한 교리들이 실제로 선한 행위로 이끄는 동기들인지 아닌지, 또는 이러한 교리들이, 위에서 언급했듯이 그가 선하기 때문에 실행하는 완전히 다른 기원에서 생겨나는 선한 행위에 관해, 비록 그가 선한 행위와 관련된 어떤 것을 생각하려고 하지만 철학자가 아니기 때문에 그것을 충분하게 설명하지는 못하지만, 자기 자신의 이성을 만족시키기 위한 환상에 불과한 설명이 아닌지를 구분하여야 한다. 그러나 그 차이를 발견하기는 아주 어려운데, 왜냐하면 그러한 차이는 마음의 내부에 있기 때문이다. 그런 까닭에 우리는 다른 사람의 행위를 도덕적으로 거의 올바르게 평가할 수 없으며, 우리 자신의 행위를 도덕적으로 올바르게 평가하는 것도 지난한 일이다. 개인과 어떤 민족의 행위와 행동방식들은 교리, 예, 습관을 통해 많이 변경될 수 있다. 그러나 모든 행위들opera operata은 단지 공허한 그림일 뿐이며, 오로지 행위로 이끄는 심성만이 그 행위에 도덕적인 의미를 부여할 뿐이다. 그러나 이러한 심성은 외적인 현상이 아주 다르다고 하더라도 실제로는 완전히 동일한 것일 수 있다. 동일한 정도의 악의에서도 어떤 사람은 환형으로 죽을 수 있고, 다른 사람은 자기 가족의 품에서 죽을 수 있다. 어느 민족의 경우 살인, 식인풍습이라는 난폭한 방식으로 나타나는가 하면, 이에 반해 다른 민족에게서는 궁정음모Hofintrigen, 억압과 모든 종류의 섬세한 계략으로 섬세하고 조용하게 작은 규모로 나타나지만, 이러한 악의의 정도는 동일한 것이다. 본질은 동일한 것으로 남는다. 완전한 국가나 더욱이 죽은 뒤의 보상과 처벌에 대해 완전히 맹신하게 하는 교리가 있다면, 모든 범죄를 막을 수 있다고 생각할 수 있을 것이다. 이를 통해 정치적으로는 많은 것을 얻을 수 있겠지만, 도덕적으로는 얻을 것이 아무 것도 없으며, 오히려 삶에서의 의지의 표현만이 그치게 될 뿐이다.

따라서 심성의 진정한 착함Güte, 사심이 없는 덕과 순수한 고귀함은 추상적인 인식에서 생겨나는 것이 아니라, 궤변을 늘어놓거나 장황하게 늘어놓을 수 없는 직접적이고 직관적인 인식에 의해, 추상적이지 않기 때문에 전달할 수 없고 각자 자신에게 나타나는, 따라서 말로는 본래적으로 적절한 표현을 찾을 수 없고 오로지 행위에서, 행동에서, 인간의 삶의 행로에서 나타나는 인식에 의해 생겨난다. 여기에서 덕에 대한 이론을 찾고, 그런 까닭에 덕의 근거로 놓여 있는 인식의 본질을 추상적으로 표현해야만 하는 우리는, 그럼에도 불구하고 이러한 표현에서 그러한 인식 자체가 아니라 단지 그러한 인식의 개념만을 나타낼 수 있다. 이때에 우리는 항상 인식이 가시화되는 행동에서 시작하게 되며, 인식의 적합한 표현으로서 그러한 행동을 참조하도록 하지만, 우리는 다만 이러한 행동을 설명하고 해석하는 데 불과하다. 즉 그때에 본래적으로 일어나는 것을 추상적으로 표현하는 데 지나지 않는 것이다.

이제 우리가 서술한 악과는 반대로 본래적인 선에 대해 이야기하기 전에, 중간 과정으로서 악의 단순한 부정이 다루어져야 한다. 이것은 정의 Gerechtigkeit이다. 정당함과 부당함이 무엇인지는 위에서 충분히 논의하였다. 그런 까닭에 우리가 여기에서 간단하게 말할 수 있는 것은 부당함과 정당함 사이의 저 단순히 도덕적인 한계를 자발적으로 인정하고, 국가나 그 밖의 권력에 의해 그 한계가 보증되지 않는 경우에도, 그러한 한계가 통용되게 하는 사람, 따라서 우리의 설명에 의하면, 자신의 고유한 의지를 긍정하는 동시에 다른 개인 속에서 나타나는 의지의 부정으로 나아가지 않는 그러한 사람이 정의롭다는 것이다. 따라서 그는 자기 자신의 행복을 증가시키고자 다른 사람을 고통스럽게 하지 않는다. 즉 그는 범죄를 저지르지 않고, 모든 사람의 권리와 소유물을 존중할 것이다. 우리는 이제 정의로운 사람der Gerechte에게서 개체화원리란 악인에게서처럼 이미 더 이상은 절대적인 칸막이가 아니라는 점, 그가 악인처럼 자기 자신의 의지결정만을 긍정하고 다른 모든 사람을 부정하지는 않는다는 점, 그에게는 다른 사람들이 그 자신과는 완전히 다른 단순한 괴물이 아니라는 점을 보게 된다. 오히려 정의로운 사람은 그의 행동방식을 통해 그가 자기 자신의 본질, 즉 물자체로서의 살려는 의지를 또한 그에게 단지 표상으로 주어진 낯선 현상에서도 다시 인식하고, 따라서 어느 정도까지는, 이를테면 부당한 일을 하지 않는 정도, 즉 다른 사람에게 해를 입히지 않는 정도까지 그러한 낯선 현상에서 자기 자신을 다시 발견한다는 점을 우리는 보게 된다. 이제 바로 이러한 정도로 그는 개체화원리, 마야의 베일을 통찰한다. 그런 한에서 자기 밖의 존재를 자신과 동일시함으로써 그는 다른 존재를 해치지 않는 것이다.

우리가 정의의 가장 깊은 곳을 들여다보게 되면, 정의에는 이미 자신의 의지를 긍정하는 동시에 이러한 긍정이 자신의 의지에 봉사하도록 강요하면서도 다른 사람의 의지현상을 부정하지는 않는 정도의 의도가 놓여 있다. 그런 까닭에 사람들은 다른 사람에게서 얻은 꼭 그만큼만 주고자 한다. 이러한 정의로운 심성의 최고의 수준은 더 이상 소극적이지 않은 성격을 지니는 본래적인 선과 항상 짝을 이루는 것이다. 상속받은 재산에 대한 권리를 의심하고, 신체를 정신적이든 물질적이든 오로지 자신의 힘만을 통해 유지하려고 하며, 다른 사람의 봉사 일체나 사치 모두를 질책으로 느끼고 결국은 자발적으로 가난해지려고 한다. 그래서 우리는 파스칼Pascal이 금욕적인 노선을 취했을 때 비록 하인들이 충분히 있었지만서도 더 이상 시중을 받지 않으려 했다는 사실을 안다. 파스칼은 지속적으로 아팠음에도 불구하고 잠자리를 스스로 정리하고, 스스로 부엌에서 음식을 가져왔다(『파스칼전』, 19쪽). 이것에 완전히 상응하는 것으로서 많은 인도인들, 더욱이 왕족들은 많은 부를 누리지만 이러한 부를, 그들에 속하는 사람들, 그들의 궁정Hof과 그들의 하인들을 부양하기 위해서만 사용할 뿐 엄격하게 양심적으로, 자신들이 직접 씨앗을 뿌리고 수확한 것 말고는 아무것도 먹지 않는 원칙을 따른다는 보고가 있다. 그러나 여기에는 다음과 같은 오해가 놓여 있다. 왜냐하면 개인은 자신이 부유하고 강하기에 물려받은 부에 버금갈 정도로 인간사회 전체에 현저하게 기여할 수 있고, 이러한 부는 사회 덕분에 보장되기 때문이다. 본래 그러한 인도인들의 과도한 정의는 정의 이상의 것, 즉 실제적인 체념이자 살려는 의지의 부정, 우리가 마지막에 언급하게 되는 금욕이다. 이와 달리 물려받은 재산을 가지고 그 어떤 것도 행하지 않고 다른 사람의 힘을 통해 순전히 아무것도 하지 않으며 사는 것은 실정법에 의해서는 정당한 것이지만 도덕적으로는 이미 부당한 것으로 보아야 한다.

우리는 자발적인 정의가 그 가장 내적인 근원을, 개체화원리를 통찰하는 확실한 정도에 갖고 있는 반면, 부당한 사람은 개체화원리에 완전히 붙들려 있다는 점을 발견한다. 이러한 통찰은 여기에서 필요로 하는 정도뿐만 아니라 보다 높은 정도로, 즉 적극적인 호의와 선행, 인간애로 승화시키는 정도로 행해질 수 있다. 그리고 이것은 그러한 개체 속에서 나타나는 의지가 제아무리 그 자체로 강하고 활동적일지라도 일어날 수 있다. 항상 인식은 의지와 균형을 유지하고, 부당함의 유혹에 저항하는 것을 알려 주며, 스스로 어느 정도의 선, 즉 어느 정도의 체념을 만들어 낼 수 있다. 따라서 착한 사람은 악한 사람보다 근원적으로 의지현상이 약한 것으로 간주되어서는 안 된다. 이러한 인식이야말로 선한 사람에게서 맹목적인 의지의 충동을 지배한다. 단지 개체에서 나타나는 의지가 약하기 때문에 착해 보이는 개인들이 존재하긴 하지만, 그들이 누구인지는 그들이 옳거나 좋은 행동을 하는 데 있어 현전하게 자기극복을 할 능력이 없다는 점에서 곧바로 드러나게 된다.

그러나 이제 드문 예외로서 상당한 수입을 벌어들이고 있지만 정작 그 자신은 많은 만족과 쾌적함 없이 자신을 위해서는 조금만 사용하고 남은 모든 것을 궁핍한 사람들에게 주는 사람이 존재하고, 이러한 사람의 행위를 우리가 분명히 설명하려고 한다면, 그가 자신의 행위를 그의 이성에 이해시키려고 하는 갖은 교리들을 전혀 고려하지 않는다면, 그가 보통 일어나는 것보다 자신과 다른 사람 사이의 구분을 덜한다는 점을 그의 행동방식의 가장 단순하고 일반적인 표현으로서 그리고 본질적인 성격으로서 우리는 발견하게 된다. 바로 이러한 구분이 다른 많은 사람들의 눈에는 아주 크기 때문에 다른 사람의 고통이 악한 사람에게는 직접적인 기쁨이 되고, 부당한 사람에게는 자신의 행복을 위한 환영받는 수단이 될 정도이다. 단순히 정의로운 사람은 다른 사람의 고통을 야기하지 않는 데서 그치고 만다. 보통 대부분의 사람들이 다른 사람의 무수한 고통을 가까이에서 알고 인식하지만, 그들 자신이 어느 정도는 그 결핍을 넘겨받아야만 하기 때문에 그러한 고통을 완화시키려고 결단하지 않는다면, 따라서 이들 모두 자신의 자아와 다른 사람의 자아 사이에 엄청난 차이가 존재한다고 여긴다면, 이와 반대로 우리가 생각하는 고귀한 사람der Edle에게서는 이러한 차이가 그렇게 중요하지 않은 듯싶다. 개체화원리, 현상의 형식은 고귀한 사람을 더 이상 붙잡지 않는다. 고귀한 사람이 다른 사람에게서 보는 고통을 마치 자신의 고통처럼 그렇게 가깝게 느낀다. 그런 까닭에 고귀한 사람은 자기의 고통과 다른 사람의 고통 사이에 균형을 만들려 하고, 다른 사람의 고통을 줄이기 위해 자신의 만족을 거부하고 결핍을 받아들인다. 그는 악한 사람에게는 그렇게 큰 틈인 자신과 다른 사람의 차이 또한 단지 일시적으로 기만하는 현상에 속하는 데 지나지 않음을 보게 된다. 그는 직접적으로 그리고 추리하지 않고서도 자신의 고유한 현상 그-자체가 마찬가지로 다른 사람의 현상 그-자체이기도 하다는 점을, 즉 어떤 사물의 본질을 완성하고 모든 것 속에서 살아 있는 저 살려는 의지라는 점을, 이것이 더구나 동물과 자연 전체에까지 미친다는 점을 인식하게 된다. 그런 까닭에 그는 어떤 동물에게도 고통을 입히지 않는다.[21]

---

21 동물의 생명과 힘에 대한 인간의 권리는, 의식의 명확성의 고양과 함께 고통이 동일하게 높아지기 때문에, 죽음 또는 일을 통해 동물이 겪는 아픔이 인간이 단순한 일을 통해 겪는 고통처럼 크지 않고, 인간이 동물의 고기나 힘의 단순한 결핍 때문에 겪는 고통처럼 크지 않다는 점에 근거한다. 그런 까닭에 인간은 자신의 생존을 긍정하면서 동물의 존재를 부정할 수 있으며, 이를 통해 살려는 의지 전체는 그 반대일 때보다 덜 고통을 겪게 된다. 이것은 동시에 인간이 동물의 힘을 부당하지 않게 사용해도 되는 정도를 규정하지만 그러나 인간은 종종, 특히 짐을 나르는 동물과 사냥개의 경우에 그 정

이러한 고귀한 사람은 누군가가 다음 날에 자신이 먹을 수 있는 것보다 더 가지려고 하루 동안 배고픔을 겪는 것처럼, 그 자신이 여분의 것과 필요치 않은 것을 갖고 있으면서 다른 사람을 궁핍하게 살게 내버려두지는 않을 것이다. 왜냐하면 자선사업을 하는 사람은 마야의 베일을 뻔히 들여다보고, 개체화원리의 기만에서 벗어났기 때문이다. 그는 자기 자신을, 자신의 의지를 모든 존재에게서, 그렇기에 고통당하는 사람에게서도 인식한다. 고귀한 사람은, 살려는 의지가 자기 자신을 오해하면서 여기에 있는 어떤 사람에게서는 덧없고 불안정한 쾌락을 즐기고, 그것 때문에 저기에 있는 다른 사람에게서는 고통을 당하며 궁핍하게 살고, 항상 자기 자신을 다른 현상 속에서 오해하고, 따라서 영원한 정의를 지각하지 못하며 개체화원리, 즉 보통 근거율이 지배하는 저 현상의 방식에 붙들려 있다는 것을 인식하지 못하기 때문에, 살려는 의지가 티에스테스Thyestes처럼 자기 자신의 육체를 탐욕스럽게 먹어 치우고 난 뒤에 여기에서는 잘못하지도 않고 고통에 신음하고 저기에서는 네메시스Nemesis 앞에서 두려움 없이 나쁜 짓을 벌이는 잘못으로부터 벗어나 있다. 마야의 망상과 현혹에서 이탈해 치유되는 것과 자선사업을 행하는 것은 같은 것이다. 그러나 자선사업은 그러한 인식의 필연적인 징후이다.

양심의 가책의 근원과 의미는 위에서 설명했는데, 이러한 양심의 가책의 반대는 선한 양심das gute Gewissen, 즉 우리가 이기적이지 않은 모든 행위를 한 후에 얻게 되는 만족이다. 이러한 만족은, 그러한 행위가 다른 사람의 현상 속에서 우리 자신의 본질 자체를 직접적으로 다시 인식하는 것

도를 뛰어넘게 된다. 그런 까닭에 특히 이에 반대하여 동물보호협회의 활동이 행해진다. 또한 내 생각에 따르면 그러한 권리는 생체 해부, 특히 고등동물의 해부에까지는 미치지 못한다. 반면에 곤충은 죽음을 통해 인간이 곤충에 찔릴 때만큼 그렇게 고통을 느끼지는 못한다. 인도인들은 이 점을 들여다보지 못하였다.

에서 생겨나듯이, 이러한 행위 또한 우리의 참된 자기가 단지 우리의 고유한 인격에서만, 즉 이러한 개별적인 현상에서만 존재하는 것이 아니라 살아 있는 모든 것에 존재한다는 인식을 다시 확인시켜 준다는 점에서 생겨난다. 이기주의를 통해서 마음이 위축되는 것처럼, 이를 통해서는 마음이 넓어진 것처럼 느끼게 된다. 왜냐하면 이기주의는 우리의 관심을 자신의 개체성의 개별적인 현상에 집중시켜, 이 경우에 인식은 지속적으로 이러한 현상을 위협하는 수많은 위험들을 항상 우리에게 알려 주며, 이를 통해 불안과 걱정이 우리의 기분의 기본바탕이 되듯이, 살아 있는 모든 것이 우리 개인일 뿐만 아니라 우리 자신의 본질 자체라는 인식은 살아 있는 모든 것에 대한 우리의 관심을 확장시키기 때문이다. 이를 통해 마음이 넓어지게 되는 것이다. 따라서 자기 자신에의 줄어들 리 없는 관심을 통한 자아에 대한 불안한 걱정은 뿌리에서부터 공격을 받아 제한되게 된다. 그런 까닭에 조용하고 신뢰할 만한 명랑성은 덕이 있는 심성과 선한 양심을 제공해 주고, 선한 행동이 그러한 기분의 근거를 우리 자신에게 확인시켜 주면서 이러한 명랑성은 선한 행동 하나하나에서 더 분명하게 드러난다. 이기주의자는 낯설고 적대적인 현상 속에 둘러싸였다고 느끼고, 그의 모든 희망이 자신의 행복에 근거한다. 선한 사람은 친밀한 현상들의 세계 속에서 살아간다. 모든 현상들의 행복은 그 자신의 것이다. 그런 까닭에 인간의 운명 일반에 대한 인식이 그의 기분을 만족스럽게 만들지는 않는다고 하더라도, 살아 있는 모든 것에서 자기 자신의 본질에 대해 지속적으로 인식하는 것은 그에게 균형과 심지어 기분의 명랑함을 제공한다. 왜냐하면 수많은 현상들로 관심이 넓어질수록 하나의 현상에 집중할 때와 같은 불안함이 없을 것이기 때문이다. 개인들이 만나는 우연은 행복이나 불행을 야기하곤 하지만, 개인들 전체 사이에서 마주하게 되는 우연들은 차이가 없다.

따라서 다른 사람들은 도덕원리들을 제시하여 이것을 덕을 위한 규정으로 그리고 필연적으로 따라야 할 법칙으로 제시하지만, 이미 말했듯이 나는 이렇게 할 수 없는데, 영원히 자유로운 의지에 있어 그 어떤 의무나 법칙도 마련하려고 하지 않기 때문이다. 그래서 이와 달리 내 고찰과 관련하여 그러한 시도에 어느 정도 부합하고 유사한 것이 위에서 언급한 순전히 이론적 진리인데, 나의 설명 전체는 이러한 이론적 진리를, 즉 의지가 모든 현상의 그-자체이지만 의지 자체는 이러한 현상의 형식으로부터 그리고 따라서 다원성으로부터 자유롭다는 사실을 단지 자세하게 말한 것으로 보아야 한다. 내가 행동과 관련하여 그러한 진리를, 이미 언급한 『베다』의 형식인 "그것은 바로 너이다tat tvam asi!" 말고는 더 적절하게 표현할 수 없다. 이러한 진리에 대한 명확한 인식과 확고한 내적인 확신으로 자신이 만나는 모든 존재에게 그 자신에 대하여 나타낼 수 있는 사람이 바로 이와 함께 모든 덕과 기쁨을 확실히 하고 구원을 향해 올바른 길을 걷는 것이다.

그러나 이제 여기에서 내가 더 나아가기 전에 그리고 내 설명의 마지막으로, 우리가 그것의 근원과 본질로서 개체화원리를 통찰하는 사랑이 어떻게 구원으로 살려는 의지, 즉 모든 의욕의 완전한 단념으로 우리를 이끄는지 그리고 또한 어떻게 다른 길이 평온하지는 않지만 더 자주 인간을 구원의 길로 데려가는지를 제시하기 전에, 여기에서 먼저 하나의 역설적인 명제가 언급되고 설명되어야만 하는데, 그 명제가 역설적이어서가 아니라 그 명제가 참이며 언급이 필요한 내 사상의 완전성에 속하기 때문이다. 그것은 다음과 같다. "모든 사랑(아가페, 카리타스)은 동정심이다."

67절

꧁꧂

우리는 사소한 정도로 개체화원리를 통찰하는 데에서 정의가, 높은 정도로 통찰하는 데에서 다른 사람에 대한 순수한, 즉 이기적이지 않은 사랑으로 나타나는 본래적으로 착한 심성이 어떻게 생겨나는지를 살펴보았다. 이제 이러한 사랑이 완전해지면, 사랑은 다른 개인과 그의 운명을 자신의 운명과 전적으로 같은 것으로 여기게 될 것이다. 사랑은 그 너머로 더 나아갈 수는 없는데, 다른 개인을 자신보다 더 선호할 이유가 존재하지 않기 때문이다. 그러나 수많은 다른 개인들의 전체적인 안녕이나 삶이 위험에 처한 경우에는 한 개인의 행복에 대한 배려가 중요하지 않게 될 수 있다. 최고의 선과 완전한 관용Edelmut에 이른 사람은 그러한 경우에 다른 많은 사람들의 행복을 위해 자신의 행복과 삶을 완전히 희생하게 된다. 코드로스, 레오니다스, 레굴루스, 데치우스, 무스, 아놀트 빙켈리트가 그렇게 죽었고, 자발적으로 의식적으로 자신의 친구들과 조국을 위해 죽는 경우 모든 사람이 그렇게 죽는다. 또한 전체 인류에게 안녕을 가져오고 이것에 정당하게 속하는 것을 주장하고자, 즉 보편적이고 중요한 진리들을 위해 그리고 커다란 오류를 제거하고자 고통과 죽음을 기꺼이 받아들이는 사람들 모두가 이러한 단계에 있다. 그렇게 소크라테스와 조르다노 브루노가 죽었으며, 그렇게 적잖은 진리의 영웅들이 사제들의 손에 화형으로 죽음을 당했다.

그러나 이제 나는 위에서 언급한 역설과 관련해서, 우리가 이전에 삶 전체에 고통이 본질적이고 삶이란 고통으로부터 분리될 수 없다는 점 그리고 모든 소망은 궁핍, 결핍, 고통으로부터 생겨난다는 점, 그런 까닭에 모든 만족은 단지 제거된 고통에 지나지 않으며 적극적으로 수반된 행복이 아니라는 점, 기쁨은 그것이 적극적인 선인 것처럼 소망을 기만하지만, 실제로는 단지 소극적인 본성을 지니며 단지 불행의 끝에 지나지 않는다는 점을 떠올려 보고자 한다. 그런 까닭에 다른 사람을 위해 호의Güte, 사랑 그리고 관용을 행하는 것은 항상 겨우 그들의 고통을 줄이는 데 지나지 않은 것이고, 따라서 그들로 하여금 선한 행위와 자선행위를 하게 하는 것은 항상 자신의 고통으로서 직접적으로 이해되어 그것과 동일하게 여겨지는 다른 사람의 고통을 인식하는 것일 뿐이다. 여기에서 순수한 사랑(아가페, 카리타스)이란 그 본성에 따르면 동정심이라는 점이 밝혀진다. 사랑이 덜어 주는 고통은 그것이 크든지 작든지 간에, 충족되지 않은 소망이 어디에 속하든지 간에 별반 상관없는 것이다. 그런 까닭에 모든 참된 선과 모든 덕 그 자체를 오로지 추상적인 반성으로부터, 즉 의무와 정언명령 개념에서 비롯되는 것만을 인정하려고 하고, 동정심을 느끼는 것을 연약한 것으로 간주해 결코 덕이라고 설명하지 않는 칸트와 대립하는 것을 우리는 주저하지 않는다. 우리는 칸트와 대립하여 다음과 같이 말한다. 단순한 개념은 진정한 덕을 위해 진정한 예술만큼이나 어떠한 열매도 맺지 못하는 것이다. 모든 참되고 순수한 사랑은 동정심이다. 그리고 동정심이 아닌 모든 사랑은 자기애일 뿐이다. 자기애는 에로스이고 동정심은 아가페이다. 이둘이 섞이는 일은 흔하게 일어난다. 더욱이 진정한 우정은 항상 자기애와 동정심이 섞여 있는 것이다. 자기애는 그 개성에 있어 우리에게 부합하는 친구가 존재한다는 것을 기뻐하는 것인데, 이것이 거의 언제나 우정의 대부분을 이룬다. 동정심은 그러한 친구의 행복과 슬픔Wehe에 솔직하게 관심을 갖고 그에게 행하는 이기적이지 않은 희생에 참여하는 것에서 나타난다. 더구나 스피노자도 "호의는 동정심에서 생겨난 요구에 불과하다"(『윤리학』 3부, 정리27, 계열3, 비고)라고 말한다. 우리의 역설적인 명제의 증명으로서 언어의 소리와 낱말 그리고 순수한 사랑의 애정표시가 동정심의 소리와 완전히 합치한다는 점을 언급하지 않을 수 없다. 또한 덧붙여서 말하자면, 이탈리아에서는 동정심과 순수한 사랑이 동일한 단어인 피에타pieta로 지칭된다.

여기에서 또한 웃음처럼 인간을 동물과 구분 짓는 표현에 속하는 울음이라는, 인간본성 가운데 가장 눈에 띄는 하나의 특성을 언급하도록 하자. 울음이 반드시 고통의 표현은 아니다. 왜냐하면 아주 적은 고통에도 울음이 나기 때문이다. 내 생각에 사람들은 결코 직접적으로 지각하는 고통에 의해서가 아니라 항상 반성 속에서 고통을 반복하기 때문에 우는 것이다. 즉 사람들은 비록 겪고 있는 고통이 육체적인 것일지라도 지각된 고통으로부터 그러한 고통의 단순한 표상으로 넘어가게 되고 그런 다음에는 만약 다른 사람이 이러한 고통을 당하고 있다고 한다면, 엄청난 동정심과 사랑으로써 그를 도와줄 것이라고 확고하고 솔직하게 믿을 정도로 자기 자신의 상태에 대해 동정심을 가진다. 그러나 사람들 자신이 이제 자기 자신의 솔직한 동정심의 대상이 된다. 남을 가장 잘 도울 수 있겠다는 심성에 의해 사람들은 자신이 도움이 필요한 사람이 되어 버린다. 사람들은 다른 사람이 당할 수 있는 고통보다 자신이 더 큰 고통을 당한다고 느끼고, 그리고 이렇게 기묘하게 얽힌 기분에서, 직접적으로 느낀 고통이 맨 먼저 이중적인 우회로를 거쳐 다시 지각되어 다른 사람의 고통으로 표상되고, 다른 사람의 고통으로서 함께 느껴지며 그런 뒤에 별안간 다시 직접적으로 자신의 고통으로 지각되는데, 자연은 그러한 기묘한 신체적인 경련을 통해 완화되는 것이다. 그러므로 우는 것은 자기 자신에 대한 동정심이거나 그 출발점으로 되던져진 동정심이다. 그런 까닭에 우는 것은 사랑하는 능력과 동정하는 능력과 그리고 상상에 의해 제약된다. 그렇기 때문에 냉혹한 인간이나 상상력이 없는 인간이 쉽사리 울지 않는 것이다. 그리고 우는 것은 더욱이 항상 어느 정도 좋은 성격의 표시로 간주되고 분노를 가라앉히게 하는데, 왜냐하면 울 수 있는 사람은 반드시 사랑, 즉 다른 사람에 대한 동정심을 가질 수 있다고 여겨지기 때문이다. 왜냐하면 위에서 언급한 방식으로 이러한 동정심은 울음으로 이끄는 기분에 관계하기 때문이다. 페트라르카Petrarca가 자신의 감정을 소박하고 진실하게 언급하면서 자신의 눈물이 생겨나는 것에 대해 기술한 것은 전적으로 위에서 설명한 것과 일치한다.

> "생각에 잠겨 거닐면
> 종종 내 자신에 대한 강한 연민에 사로잡혀
> 평소에는 그렇지 않았는데,
> 소리 높여 울고 싶을 때가 있다"
>
> [『칸초네』 21]

또한 위에서 언급한 것은 고통을 당하는 아이들이 대부분 위로를 받고 난 뒤에 비로소 운다는 점, 따라서 사람들이 고통에 대해서가 아니라 고통의 표상에 대해 한탄한다는 점에 의해 증명될 수 있다. 우리가 자신의 고통 때문이 아니라 다른 사람의 고통 때문에 울게 된다면, 그러면 이것은 우리가 상상 속에서 생생하게 고통을 당하는 사람에게 감정이입하거나 다른 사람의 숙명 속에서 전체 인류의 운명을 그리고 따라서 무엇보다도 우리 자신의 숙명을 발견하기 때문이다. 그리고 또한 먼 우회로를 통해 항상 다시 우리 자신 때문에 울고, 연민을 느끼기 때문이다. 이것은 사람이 죽었을 경우에 일반적으로, 따라서 자연스럽게 우는 것에 대한 주된 이유인 것으로 보인다. 슬퍼하는 사람은 죽은 사람을 잃어버렸기 때문에 우는 것이 아니다. 그는 가끔 울지 않는 것에 대해 부끄러워하는 대신에 그러한 이기적인 눈물에 대해 부끄러워할 것이다. 물론 그는 무엇보다도 죽은 사람의 운명 때문에 운다. 그러나 또한 오랫동안, 위중하고 치료할 수 없는 고통 뒤에 죽은 사람에게는 죽음이 바라던 해결책이었을 때에도 운다. 따라서 주로 유한성에 붙들려 있는 전체 인류의 운명에 대한 동정심이 우는 사람의 마음을 사로잡는다. 이러한 유한성에 의해 그렇게 분투하고, 활동적인 모든 삶도 소멸해 버리고 무가 되어야 하는 것이다. 그러나 이러한 인류의 운명 속에서 그는 자신에게 죽은 사람이 가까우면 가까울수록, 대부분 죽은 사람이 자신의 아버지일 때 무엇보다도 자신의 운명을 발견하게 된다. 나이와 병 때문에 아버지에게는 삶이 하나의 커다란 고통이고 도움이 될 수 없다는 것 때문에 아들에게는 무거운 짐이었더라도, 아들은 아버지의 죽음에 대해 엄청나게 우는데, 이것 또한 위에서 언급한 이유에서다.[22]

68절

주제에서 벗어나 눈을 자기 개인으로 돌려 울음이라는 현상을 그 징후로 갖는 동정심과 순수한 사랑의 동일성에 대해 설명하였고, 지금부터 모든 선, 사랑, 덕과 고결한 마음이 발원하는 동일한 근원에서부터 어떻게 살려는 의지의 부정이라고 부르는 것이 생겨나는지를 보여 주기 위해, 나는 다시 행동의 윤리적 의미에 대한 우리의 논의를 이어 가고자 한다.

우리가 이전에 증오와 악의는 이기심에 의해 제약되고 이러한 이기심은 개체화원리 속에서의 인식에 붙들려 있는 데에 근거한다는 것을 보았듯

---

22 이에 대해서는 2편 47절 참고. 61-67장 전체에서 요약되어 제시된 윤리학은 나의 도덕의 토대에 대한 현상논문에서 상세하고 완전한 설명되어 있다는 점을 기억할 필요는 없을 것 같다.

이, 저 개체화원리를 통찰하는 것이 정의, 더 나아가 최고의 수준에까지 이른 사랑과 고결한 마음의 본질과 근원이라고 생각한다. 이러한 개체화원리의 통찰은 오로지 자신의 개체와 다른 개체의 차이를 제거하고, 다른 사람을 위해 이기적이지 않은 사랑과 고결한 자기희생에까지 이르는 심성의 완전한 선함을 가능하게 해 주고 설명해 준다.

그러나 이제 개체화원리의 이러한 통찰, 즉 모든 의지의 현상에서의 의지의 동일성에 대한 직접적인 인식이 높은 정도로 분명해지면, 이러한 인식은 즉시 의지에 계속적인 영향을 주게 된다. 인간의 눈앞의 마야의 베일, 즉 개체화원리가, 그가 더 이상 자신과 다른 사람을 이기적으로 구분하지 않고, 자기 자신의 개체에 대한 고통처럼 다른 개체의 고통에 많은 관심을 가지며, 이를 통해 다른 개체를 크게 도울 수 있을 뿐만 아니라 많은 다른 개체를 구하기 위해 자기 자신을 희생할 준비가 되어 있도록 그렇게 드러나게 된다면, 모든 존재 속에서 자신의 가장 내적이고 참된 자기를 인식하는 그러한 사람은 모든 생명체의 끝없는 고통을 자신의 고통으로 여기고 세계 전체의 고통을 자신의 것으로 삼아야 할 것이다. 그에게서 어떠한 고통이라도 더 이상 낯선 것이 아니다. 그가 눈으로 보지만 줄여 줄 수 없는 다른 사람의 모든 고통들, 그가 간접적으로 알게 되는, 즉 그가 단지 가능한 것으로만 인식하는 모든 고통들은 자신의 고통처럼 그의 정신에 작용하게 된다. 그가 주목하는 것은, 아직 이기주의에 붙들려 있는 사람의 경우에서처럼 자신의 변하는 행복과 슬픔이 아니라 개체화원리를 통찰하는 것이기 때문에, 그에게는 모든 것이 똑같이 가깝게 놓여 있다. 그는 전체를 인식하고 그 본질을 파악하며 이 전체가 끊임없이 소멸하며, 부질없는 노력에, 내적인 모순과 지속적인 고통에 붙들려 있다는 것을 확인하고, 그가 바라보는 어디에서도 고통받는 사람들과 동물들 그리고 사라져 버리는 세계를 보게 된다. 이기주의자에게는 오직 자기 개인만이 가깝듯이, 그에게는 이 모든 것들이 이제 가깝게 놓여 있다. 이제 그는 세계에 대한 이러한 인식에서 어떻게 지속적인 의지작용을 통해 이러한 삶을 긍정할 수 있고 바로 그것을 통해 항상 삶에 더 확고하게 결합할 수 있으며, 삶을 더 확고하게 껴안을 수 있을까? 따라서 여전히 개체화원리, 즉 이기주의에 붙들려 있는 사람은 단지 개별 사물들과 이러한 사물들이 자기 자신에게 갖는 관계만을 인식하는데, 이러한 사물들이 항상 그의 의욕의 새로운 동기가 된다면, 반대로 위에서 언급한 전체, 즉 사물 자체의 본질을 인식하는 것은 모든 의욕의 진정제가 된다. 의지는 이제 삶을 등지게 된다. 이제 의지는 자신의 긍정이라고 인식한 삶의 만족에 몸서리친다. 인간은 자발적인 포기, 체념, 참된 내맡김과 완전한 무의지Willenlosigkeit에 이르게 된다. 아직 마야의 베일에 붙들려 있는 우리와 같은 다른 사람들 또한 때때로 힘겹게 느껴지는 자신의 고통 속에서 그리고 선명하게 인식된 다른 사람의 고통 속에서 삶의 무상함과 쓰라림의 인식과 친밀해지고, 우리는 완전히 그리고 영원히 결정된 포기를 통해 욕망의 가시를 꺾어 버리고, 모든 고통의 통로를 막아 버려, 우리를 정화하고 성스럽게 하고자 하지만, 그러나 곧바로 우리는 다시 현상의 기만에 둘러싸이게 되며, 현상의 동기들이 의지를 새롭게 움직이게 한다. 우리는 거기에서 벗어날 수 없다. 희망의 유혹, 현재의 아첨, 만족의 달콤함, 우리가 우연과 오류의 지배 아래에서 고통을 겪는 세계의 비참함 속에서 주어지는 행복은 우리를 다시 현상의 기만으로 끌어당기고 새로이 결박시킨다. 그렇기 때문에 예수는 다음과 같이 말한다. "닻줄이 바늘귀로 들어가는 것이 부자가 신의 나라에 가는 것보다 쉽다."

우리가 삶을, 몇 군데에는 서늘한 곳이 있는 불타오르는 석탄으로 이루어져 있으며, 우리가 쉬지 않고 달려가야 하는 궤도Kreisbahn에 비유하자면, 망상에 붙들려 있는 사람은 자신이 지금 서 있거나, 바로 가까이에 보이는 차가운 곳에 위로를 받고 그 길을 달려가는 것을 계속한다. 그러나 개체화원리를 통찰하면서 사물 자체의 본질과 이를 통해 전체를 인식하는 사람은 그러한 위로를 더는 수용하지 않는다. 그는 동시에 모든 위치에서 자신을 바라보고 거기에서 물러선다. 그의 의지는 방향을 바꾸어, 현상 속에서 보이는 자기 자신의 존재를 더는 긍정하지 않고 부정하게 된다. 이것이 드러나는 현상이 바로 덕에서 금욕Askesis으로의 이행이다. 즉 그는 다른 사람을 자신과 똑같이 사랑하고 자신을 위해 행동하는 것처럼 다른 사람을 위해 행동하는 것으로는 더는 만족하지 않고, 그에게는 자신이라는 고유한 현상으로 표현된 존재, 즉 살려는 의지, 비참에 가득 찬 것으로 인식된 세계의 핵심과 본질에 대한 혐오가 생겨난다. 바로 그런 까닭에 그는 그에게서 나타나는 그리고 이미 자신의 신체를 통해 표현된 이러한 존재를 부정하고, 그의 행위는 이제 그 현상이 거짓이라는 것을 꾸짖으며, 그러한 현상과 공공연하게 모순을 드러낸다. 본질적으로는 다른 것이 아닌 의지의 현상으로서 그는 그 어떤 것도 의욕하기를 중단하고, 자신의 의지가 어떤 것에 매달리는 것을 주의하면서, 모든 사물에 대해 무관심을 확립하려고 한다. 건강하고 강한 그의 신체는 생식기를 통해 성욕을 표현한다. 그러나 그는 의지를 부정하고 신체를 거짓이라고 꾸짖는다. 그는 어떠한 조건하에서도 성욕의 만족을 원하지 않는다. 자발적으로 완성된 순결이 금욕 또는 살려는 의지의 부정에서 첫 번째 단계이다. 그러한 순결은 그것에 의해 개인적인 삶을 넘어서는 의지의 긍정을 부정하고 이를 통해 이러한 신체의 삶과 함께 신체로 현상하는 의지 또한 제거된다는 점을 알려 준다. 항상 진실하고 소박한 자연은 이러한 원칙이 일반적인 것이 될 경우에는 인류가 소멸해 버린다는 것을 말해 준다. 그리고 2권에서 모든 의지현상들의 연관성에 대해 말한 것에 따라 나는 최고의 의지현상과 함께 이러한 의지현상의 약한 반영인 동물들이, 완전한 빛이 없어지면 희미한 그림자들Halbschatten이 사라지는 것처럼, 없어져 버린다는 것을 가정할 수 있으리라고 믿는다. 또한 인식의 완전한 제거에 의해 저절로 그 밖의 세계도 무로 사라질 것이다. 주관 없는 객관은 없기 때문이다. 여기에서 나는 이에 대해 『베다』의 한 대목을 인용하고 싶다. "이 세계에서 굶주린 아이들이 자신의 어머니 주변에 달려들 듯이, 모든 존재는 성스러운 희생을 기다린다."(『아시아연구』 8권; 코울브루크, 『베다에 관하여』, 『사마-베다』에서의 인용은 또한 코울브루크의 책 『여러 종류의 에세이들』 1권, 88쪽에도 있음) 희생은 체념 일반을 의미하고, 그 밖의 자연은 사제이면서 동시에 희생자인 인간에게서 구원을 기대해야 한다. 확실히 이러한 사상이, 또한 놀랄 만하고 간과할 수 없이 심오한 안겔루스 질레지우스Angelus Silesius에 의해 "인간은 모든 것을 신에게 가져간다"라는 제목의 시구에서 표현되었다는 사실은 아주 주목할 만한 것으로서 인용할 만하다. 그것은 다음과 같다.

"인간이여! 모든 것은 그대를 사랑한다, 너의 주변으로 대단하게 몰려든다. 모든 것이 너에게 달려든다, 신에게 도달하려고."

[『케루빔의 나그네』 I, 275]

그러나 더 위대한 신비주의자이며, 프란츠 파이퍼의 출판을 통해 비로소 드디어(1857년) 그 저서들을 손에 넣을 수 있게 된 마이스터 에크하르트의 저서에서는 여기 언급된 의미에서 459쪽에 다음과 같이 말한다. "나는 이것을 그리스도와 함께 증명한다. 그리스도는 "내가 지상에서 높이 올려지게 되면 모든 사람을 내게로 끌어 올리겠다"(『요한복음』, 12장, 32절)라고 말하기 때문이다. 선한 인간은 그렇게 모든 사물들을 신에게로, 즉 그들의 최초의 근원으로 끌어 올려야 한다. 대가들은 모든 피조물이 인간을 위해 만들어졌다는 점을 증명한다. 하나의 피조물이 다른 피조물을 이용하고 있다는 것이 모든 피조물에서 확인된다. 소는 풀을, 물고기는 물을, 새는 공기를, 동물은 숲을 이용한다. 그렇게 모든 피조물은 선한 인간에게 유용한 것이다. 선한 인간은 다른 피조물들 중에서 하나의 피조물을 신에게로 가져간다."[Traktat 6] 그는 인간이 자신과 함께 동물들 또한 구원하기 위해, 동물들을 이 삶에서 이용한다고 말할 것이다. 더욱이 나에게는 성서의 어려운 부분인 「로마서」 8장 21-24절도 이러한 의미에서 해석해야 할 것처럼 보인다.

또한 불교에서도 이 문제에 대한 표현이 존재한다. 예를 들면 부처가 아직 보살Bodhisatva이었을 때, 아버지의 궁전에서 황야로 도망치기 위해 자신의 말에게 안장을 얹으면서 마지막으로 그는 말에게 다음과 같은 시구를 말한다. "이미 오랫동안 너는 삶과 죽음 속에서 있었구나. 그러나 이제 너는 운반하고 끄는 일을 그만두게 될 것이다. 오 칸타카나여, 그러나 오직 이번만은 나를 이곳에서 떠나게 해다오. 내가 깨달음을 얻게 된다면(부처가 된다면) 너를 잊지 않으리라."(『불국기』, 아벨 레뮈자 번역, 233쪽)

더구나 금욕은 다른 사람의 고통을 줄이기 위해, 소유물을 넘겨주면서 우연하게 생길 뿐 아니라 여기에서는 이미 목적 그 자체이고, 소망들의 만족, 삶의 달콤함이 자기인식Selbsterkenntnis이 혐오하는 의지를 다시 자극하지 못하도록, 의지의 지속적인 금욕으로서 기여해야 하는 자발적이고 의도적인 가난에서 나타난다. 이 지점에 도달한 사람 역시도 여전히 살아 있는 신체로서, 구체적인 의지현상으로서 모든 종류의 의욕에 대한 성향을 갖고 있다. 그러나 그는 자신이 원하는 모든 것에 대해 아무것도 하지 않도록 강요하면서, 이와 달리 의지의 금욕을 위해 기여하는 것밖에는 다른 목적이 없더라도 그가 원하지 않는 모든 것을 행하도록 강요하면서, 그러한 성향을 의도적으로 억압한다. 그는 자신에게 나타나는 의지 자체를 부정하기 때문에 다른 사람이 같은 일, 즉 그에게 부당한 일을 행한다 하더라도 저항하지 않게 될 것이다. 그렇기 때문에 그에게는 우연에 의해 또는 다른 사람의 악의에 의해 외부에서 그에게 다가오는 어떠한 고통, 손해, 수치, 모욕 모두 기꺼이 수용할 것이다. 그는 더는 의지를 긍정하지 않으며, 기꺼이 자기 자신인 의지현상의 모든 적의 편을 들겠다는 확신을 자신에게 주는 기회로 흔쾌히 수용한다. 그런 까닭에 그는 그러한 수치와 고통을 무한한 인내심과 온화한 성품으로 견뎌 내고, 어떠한 과장도 없이 악을 선으로 갚고 불같은 분노뿐만 아니라 자신 속의 불같은 욕망도 다시 자라나게 하지 않는다. 그는 의지 자체를 금욕시킬 뿐만 아니라 의지의 가시성, 객관성, 즉 신체 역시도 금욕시킨다. 그는 신체가 생기 있게 꽃피고 번성하여, 그 자신이 의지의 단순한 표현인 신체에 빠듯하게 영양을 공급하는데, 의지를 다시 생기 있고 강해지게끔 자극하지 않도록 하기 위해서다. 그래서 그는 지속적인 결핍과 고통을 통해 자신과 세계의 고통받는 존재들의 원천으로서 인식하고 혐오하는 의지를 점점 더 끊어 버리고 죽이기 위해 단식, 즉 금욕과 고행을 한다. 마침내 그러한 의지의 현상을 제거하는 죽음이 찾아오고, 자기 자신의 자발적인 부정을 통해 이러한 신체에 활력을 주는 것으로서 나타나는 의지의 존재가 얼마 안 되는 나머지까지 이미 오래전에 소멸해 버린다면, 죽음은 기다려 주시해 왔던 구원으로서 아주 환영받을 것이고 기꺼이 수용된다. 여기에서는 죽음과 함께 다른 사람에게서처럼 단지 현상만이 아니라 현상 속에서 그리고 현상을 통해 미미하게 존재하던 본질 자체가 제거된다.[23] 이제 마지막의 미미한 연결고리 또한 끊겨 버리게 된다. 그렇게 끝나는 사람에게는 동시에 세계도 같이 끝나 버리게 된다.

---

23 이러한 사상은 태고의 철학적인 산스크리트 저술인 『승소법(Sankhya Karika)』에서 훌륭한 비유로 표현되어 있다. "그럼에도 불구하고 영혼은 잠시 신체의 옷을 입고 있을 뿐이다. 도자기를 만드는 녹로(Töpferscheibe)가 도자기가 완성된 뒤에도 이전에 유지한 충격에 의해서 여전히 움직이는 것과 같다. 깨달은 영혼은 신체에서 분리되어 영혼에 대해 자연이 멈추게 될 때에야 비로소 영원의 완전한 구원이 이루어진다." 코울브루크, 「인도인의 철학에 대해」, 『여러 가지의 에세이』 1권 259쪽. 그리고 호레이스 윌슨의 『승소법』 67절 184쪽.

그리고 여기에서 내가 약하게 그리고 일반적인 표현으로 묘사한 것은 스스로 고안해 낸 철학적 동화도 아닐뿐더러 오늘날의 것만도 아니다. 이 것은 그리스도교, 더구나 힌두교도나 불교도, 또한 다른 종교의 신도들 가 운데 무수한 성자들과 고귀한 영혼을 지닌 사람들의 부러워할 만한 삶이 었던 것이다. 또한 각기 다른 교리들이 그들의 이성에 각인되어 있었음에 도 불구하고, 오로지 모든 덕과 성스러움이 출발할 수 있는 내적이고 직접 적이며 직관적인 인식은 동일한 방식을 통해 삶의 처신으로 표현된다. 왜 냐하면 여기에서 또한 우리의 전체적인 고찰에서 그렇게 중요하고 어디에 서나 결정적이며, 지금까지 너무 적게 고찰된 직관적인 인식과 추상적인 인식 사이에 큰 차이가 나타나기 때문이다. 이 두 가지 인식 사이에는 커다 란 틈이 있으며, 세계의 본질을 인식한다는 관점에서 오직 철학만이 이러 한 틈을 넘어서게 한다. 즉 본래 모든 인간은 직관적으로 또는 구체적으로 모든 철학적인 진리들을 의식하지만, 그러나 그러한 진리들을 그의 추상 적인 앎으로, 반성으로 옮겨 오는 것은 철학자의 일이며, 철학자는 이것 말 고 더 이상 다른 것을 할 수는 없다.

따라서 아마도 여기에서 자기 자신의 본질에 대한 완전한 인식이 그에 게 모든 욕구의 진정제가 된 이후에, 모든 신화적인 것에서 벗어나서 성스 러움, 자기부정, 자기고집의 근절, 살려는 의지의 부정으로 언급한 금욕의 내적인 본질이 처음으로 추상적이고 순수하게 나타난다. 반면에 그들의 이성이 받아들인 교리에 따라, 동일한 내적인 인식에서 아주 다른 언어를 사용한 모든 성자들과 금욕자들은 이것을 직접적으로 인식하고 행위를 통 해 표현하였다. 그리고 이러한 교리에 따라 힌두교의 성자, 그리스도교의 성자, 라마교의 성자는 자신들의 고유한 행위에 대해 서로 아주 다른 설명 을 해야 했지만, 그러나 사태Sache는 모두 완전히 같은 것이었다. 어떤 성인 은 완전히 허무맹랑한 미신에 빠져 있을 수 있으며, 또는 거꾸로 철학자일 수 있으나 둘 다 별반 상관이 없다. 오로지 그의 행위만이 그를 성인으로 증명할 뿐이다. 왜냐하면 성인의 행위란 도덕적인 관점에서는 세계에 대한 추상적인 인식으로부터가 아니라 직관적으로 파악된 직접적인 세계의 인식과 본질로부터 생겨나고 그리고 그에 의해 오로지 자신의 이성을 만족시키기 위해 그 어떤 교리로써만 설명되기 때문이다. 그런 까닭에 철학자가 성자일 필요가 없는 것처럼 성자가 철학자일 필요는 없다. 마찬가지로 완전하게 아름다운 인간이 위대한 조각가이거나 또한 위대한 조각가가 아름다운 인간일 필요도 없다. 대개는 도덕주의자에게 그 자신이 갖고 있는 덕 이외의 다른 덕을 추천해서는 안 된다는 것은 기이한 요구이다. 철학은 다른 것이 아니라 세계의 전체 본질을 추상적이고 보편적이며 개념으로 분명하게 되풀이해서 말하고, 그렇게 성찰된 모습으로 세계의 전체 본질을 지속적이고 항상 준비된 이성의 개념으로 기록해 두는 것이다. 나는 1권에서 인용한 베이컨을 떠올려 보고자 한다.

그러나 살려는 의지의 부정 또는 아름다운 영혼의 처신, 체념하고 자발적으로 속죄하는 성자에 대해 위에서 묘사한 것은 단지 추상적이고 일반적이며, 따라서 냉담한 것이다. 의지의 부정을 야기하는 인식이 추상적인 것이 아니라 직관적인 것처럼, 이러한 인식은 추상적인 개념으로 완전히 표현될 수 없고 오로지 행위와 처신에서 찾아볼 수 있다. 그런 까닭에 우리가 철학적으로 살려는 의지의 부정이라고 표현하는 것을 보다 더 완전하게 이해하기 위해서는, 경험과 현실에서 나타나는 실제적인 예를 알아야 한다. 물론 사람들은 이러한 예를 일상의 경험에서 만나지는 않는다. "왜냐하면 탁월한 모든 것은 드문 만큼 그렇게 어려운 것이기 때문이다"라고 스피노자는 훌륭하게 말한다[『윤리학』 5부, 정리 42]. 따라서 특별하게 호의적인 운명을 통해 그러한 예를 목격하지 않는다면, 사람들은 그러한 인간의 전기Lebensbeschreibung에만 만족해야 할 것이다. 우리가 지금까지 얼마 안 되는 번역서를 통해 아는 것처럼, 인도문학에는 성자, 속죄자, 승려, 고행자 등등으로 불리는 사람들의 삶을 묘사한 것이 아주 많이 있다. 비록 모든 점에서 칭찬할 만한 것은 아니지만, 잘 알려진 드 폴리에 부인의 『인도의 신화』에는 이러한 종류의 수많은 탁월한 예(특히 2권의 13장)가 포함되어 있다. 또한 그리스도교도 중에서도 여기에서 목표로 하는 설명의 예들을 찾아볼 수 있다. 대부분 잘못 쓰이기는 했지만, 때로는 성스러운 영혼으로 때로는 경건주의자, 정적주의자, 경건한 광신자 등으로 일컬어지는 이들에 대한 전기가 있다. 그러한 전기들은 각기 다른 시대에서 모아졌으며, 테르스테겐Tersteegen의 『성자전』, 라이츠Reitz의 『환생한 사람들의 전기』, 우리 시대의 작품 중에는 나쁜 것도 많지만 그러나 좋은 것도 묶여 있는 칸느Kanne의 모음집도 있는데, 특히 『베아타 슈투르민의 삶』을 꼽을 수 있다. 여기에 완전히 본질적으로 속하는 것은 진정한 금욕의 화신이고 모든 탁발수도승의 모범인 성스러운 아시시의 성 프란체스코의 삶이다. 그보다 젊은 동시대인이고 또한 스콜라철학자로 유명한 보나벤투라가 쓴 프란체스코의 삶은 『성 프란체스코의 삶』(Soest, 1847)으로 새로 다시 출판되었다. 이보다 조금 전에는 프랑스에서 신중하고 충분하게 모든 자료를 사용한 전기 작가 샤뱅 드 말랑의 집필에 의해 『성 프란체스코전』(1845)으로 출판되었다. 이러한 수도원 저서에 버금갈 만한 동양의 저서로서 아주 읽을 만한 스펜서 하디의 저서로는 『동양의 수도원 생활. 부다에 의해 설립된 탁발수도회에 대한 기록』(1850)이 있다. 이 저서는 동일한 문제를 다른 형태로 보여 주고 있다. 또한 이것은 이 문제가 유신론적인 종교에서 출발하든 무신론적인 종교에서 출발하든지 간에 별반 상관없다는 것을 우리에게 보여 준다. 그러나 나는 특별하고, 아주 상세한 예로서 그리고 내가 제시한 개념들의 사실적인 설명으로서 귀용Guyon 부인의 자서전을 추천할 수 있다. 이 책은 평범한 사고를 가진 사람들, 즉 대중들에게는 항상 좋지 않은 평가를 받을 것이지만, 나는 귀용 부인의 아름답고 위대한 영혼을 생각하면 항상 경외심으로 채워지는데, 그러한 영혼을 알게 되고 이성에 대한 그녀의 미신에 관대해져서 그녀의 심성의 탁월함에 정당성을 부여하는 것은 고상한 모든 사람들에게는 즐거운 일이다. 왜냐하면 전적으로 그리고 어디에서나 모든 사람은 단지 자신에게 어느 정도 유사하거나 적어도 불충분하게라도 소질이 있는 것만을 가치 있게 평가할 수 있기 때문이다. 이것은 지적인 것뿐만 아니라 윤리적인 것에도 마찬가지로 적용된다. 우리는 스피노자의 아주 불충분한 논문인 「지성의 개선에 대하여」의 훌륭한 서문Eingang을 열쇠로서 사용한다면, 우리는 잘 알려진, 프랑스어로 된 스피노자 전기를 어느 정도는 여기에 속하는 예로 볼 수 있으며, 동시에 나는 이것을 열정의 폭풍을 완화시키는 데 있어 내가 아는 가장 효과적인 수단으로 추천할 수 있다. 마지막으로 그리스인 같은 괴테조차도 『아름다운 영혼의 고백』에서 클레텐베르크양의 삶을 이상적으로 묘사하고, 또한 나중에 그의 자서전에서 이것에 관해 역사적으로 보고하면서, 이러한 인류의 가장 아름다운 면을 우리에게 문학이란 명확한 거울에 투영해 제시하는 것을 자신의 체면을 손상시키는 것으로 간주하지 않았다. 왜냐하면 그는 우리에게 성스러운 필리포 네리의 삶을 두 번이나 이야기했기 때문이다. 세계사는 우리가 고찰한 이 점에 대한 최고이자 유일하게 충분한 설명에 부합할 수 있는 그러한 사람들의 처신에 대해서 항상 침묵하게 되고, 침묵해야만 할 것이다. 왜냐하면 세계사의 재료는 이와는 완전히 다르고 반대되는 것, 즉 살려는 의지의 부정과 포기가 아니라 바로 수많은 개인 속에서 이러한 살려는 의지의 긍정과 현상이기 때문이다. 이러한 살려는 의지의 긍정과 현상 속에서 의지의 자기 자신과의 분열이 의지의 객관화의 최고 정점에서 가장 완전하고 분명하게 나타나며, 우리에게 때로는 개인의 우월함이 그의 영리함에 의해, 때로는 다수의 힘이 대중에 의해 나타나게 되며, 때로는 숙명으로 인격화된 우연의 힘이 모든 노력의 덧없음과 무상성을 항상 우리 눈앞에서 보여 준다. 그러나 여기에서 우리는 시간 속에서 현상의 실마리를 따르지 않고, 철학자로서 행동들의 윤리적인 의미를 탐구하려고 하고, 이것을 의미 있고 중요한 것을 위한 유일한 척도로 받아들인다. 우리는 사람들의 비천함과 천박함의 수적 우위를 두려워하지 않는데, 우리에게 세계가 나타낼 수 있는 가장 위대하고 중요하며 의미 있는 현상은 세계를 정복하는 사람Weltoberer이 아니라 세계를 극복하는 사람Weltüberwinder, 즉 모든 것을 사로잡고 모든 것 속에서 시도하며, 노력하는 살려는 의지를 포기하고 부정하는 인식에 도달한 사람의 조용하고 눈에 띄지 않는 처신이다. 이러한 인식은 오로지 그 사람에게만 나타나고, 이를 통해 그의 행위는 평범한 사람의 행위와는 정반대가 된다. 따라서 이런 점에서 철학자에게는 성스러운 사람들, 즉 자기 자신을 부정하는 사람들의 전기는 대부분 미신과 무의미한 일이 섞여 불충분하게 쓰여 있기는 해도, 소재의 중요성에 있어 플루타르코스Plutarchos나 리비우스Livius와는 비교할 수 없이 교훈적이고 중요한 것이다.

우리가, 살려는 의지의 부정을 추상적이고 일반적인 서술방식으로 표현한 것을 상세하고 완전하게 알기 위해서는, 이런 의미에서 주어진 이러한 정신으로 가득 찬 사람들에 의해 주어진 윤리적인 규정의 고찰이 아주 많은 역할을 할 것이다. 그리고 동시에 우리의 견해가 아무리 순수하게 철학적으로 새로운 표현이라 할지라도 이러한 규정은, 우리의 견해가 얼마나 오래된 것인지를 보여 줄 것이다. 우리에게 가장 가까운 곳에 있는 것이 그리스도교인데, 그리스도교의 윤리는 위에서 언급한 정신을 완전히 보여 주며 가장 높은 정도의 인류애뿐만 아니라 체념에 도달하게 한다. 비록 이러한 체념의 측면은 이미 사도들Apostel의 저서에 씨앗으로서 아주 분명하게 존재하는 것이지만, 그러나 나중에야 완전히 전개되어 명확하게 언급된다. 우리는 사도들이 자기애와 필적하게, 이웃에 대한 사랑, 자선, 증오를 사랑과 선행으로 갚는 것, 인내, 온화함, 되도록 모든 모욕을 참는 것, 쾌락을 억제하기 위해 음식물을 억제하기, 성욕에 대해 될 수 있는 대로 저항하기를 예외 없이 가르치는 것을 확인할 수 있다. 여기에서 우리는 이미 금욕의 첫 번째 단계 또는 복음서에서 자기 자신을 부정하고 십자가를 진다는 표현이 말하는 의지의 본질적인 부정을 확인할 수 있다(「마태복음」 16장, 24절·25절; 「마가복음」 8장, 34절·35절; 「누가복음」 9장, 23절·24절; 14장, 26절·27절·33절). 이러한 동향이 점점 더 전개되어 속죄자, 은둔자, 수도생활의 기원이 되었다. 이러한 기원은 그 자체로는 순수하고 성스러웠지만, 그러나 바로 그렇기 때문에 대부분의 사람에게는 맞지 않았고 따라서 이로부터 전개된 것이 단지 위선과 혐오스러움뿐일 수밖에 없었다. 왜냐하면 "가장 좋은 것을 악용하는 것이 가장 나쁜 것abusus optimi pessimus"이기 때문이다. 우리는 더 성장한 그리스도교에서 그러한 금욕주의적인 씨앗이 그리스도교 성자들과 신비주의자의 저술에서 활짝 꽃피는 것을 본다. 이들은 가장 순수한 사랑과 함께 완전한 체념, 자발적이고 전적인 가난, 참된 내맡김, 세속적인 사물에 대한 완전한 무관심, 자신의 의지를 죽이는 것과 신 안에서 다시 태어나는 것, 자기 자신을 완전히 잊어버리는 것과 신을 직관하는 데에 몰두하는 것을 설교한다. 우리는 이에 대한 완전한 설명을 페늘롱의 『내면적인 삶에 대한 성자의 격언에 대한 설명』에서 발견할 수 있다. 그러나 그리스도교의 정신은 이러한 전개에서 그 어디에서도 독일 신비주의자인 마이스터 에크하르트의 저서에서처럼 그리고 마땅히 유명한 저서인 『독일 신학』[24]에서처럼 그렇게 완전하고 힘 있게 언급되지는 않는다. 루터는 『독일

---

24 1350년경 익명의 저자에 의해 저술되었으며, 루터는 자신의 서문을 추가하여 1518년 이 책을 출판한다—옮긴이.

신학』의 서문에서 성경과 아우구스티누스의 저서를 제외하면, 신, 그리스도와 인간이 무엇인지에 대하여 이 저서에서보다 더 잘 배웠던 적은 없다고 말한다. 이 저서의 진정한 그리고 위조되지 않은 텍스트는 1851년에야 파이퍼Pfeiffer의 슈투트가르트판으로 나오게 된다. 이 저서에 들어 있는 규정이나 가르침은 내가 살려는 의지의 부정이라고 표현한 것을 마음속 깊은 확신을 가지고 설명한 가장 완전한 논의이다. 따라서 사람들은 유대교적이고, 그리스도교적인 신념에서 이것을 비난하기 전에 먼저 이 책을 상세하게 파악해야 한다. 비록 같은 작품이라고 평가할 수는 없지만, 타울러의 『그리스도의 가련한 삶의 추적』과 『모든 덕의 완전성에 관하여』는 그와 같은 탁월한 정신에서 쓰인 것이다. 나의 생각에 이러한 진정한 그리스도교적 신비주의자의 가르침과 신약성경의 관계는 포도주와 주정Weingeist의 관계와 같다. 또는 신약성경에서 흐릿하고 불분명하게 우리에게 보이는 것은 신비주의자들의 저서에서는 가림막 없이 완전히 분명하고 명확하게 나타난다. 결국에 사람들은 신약성경을 첫 번째의 축성Weihe으로 그리고 신비주의자들은 두 번째의 축성, 즉 작은 신비와 큰 신비로 간주할 수 있다.

그러나 우리는 이제 우리가 살려는 의지의 부정이라고 일컫는 것이 그리스도교의 교회와 서양의 세계에서보다 산스크리트어로 쓰인 아주 오래된 저서들에서 더욱 발전하여 다양하게 표현되고 생동감 있게 표현된 것을 확인할 수 있다. 삶에 대한 그러한 중요한 윤리적인 견해가 여기에서 더욱 발전하여 결정적으로 표현될 수 있었던 것은 그러한 견해가 그리스도교에서의 유대교의 교리처럼, 아마도 주로 완전히 낯선 요소에 의해 제한을 받지 않았다는 점에 있을 것이다. 그리스도교의 거룩한 창시자는 유대교의 교리에 대해 부분적으로는 의식적으로 그리고 부분적으로는 무의식적으로 따를 수밖에 없었고 이를 통해 그리스도교는 아주 이질적인 두 가지의 구성요소로 만들어지게 된다. 이러한 이질적인 구성요소들 중에서 나는 순전히 윤리적인 구성요소를, 특히 오직 그리스도교적인 요소라고 일컫고 이것을 유대교적인 독단주의와 구분하고자 한다. 이미 자주 그리고 특히 최근에 염려되고 있듯이, 저 탁월하고 치유를 가져오는 종교가 언젠가 완전히 몰락해 버린다면, 나는 그 이유를 단지 그리스도교가 하나의 단순한 요소로 구성된 것이 아니라 근원적으로 이질적이고 단지 역사적인 사건에 의해 결합된 요소들로 구성되어 있다는 점에서 찾고자 한다. 그런 경우에 당면한 시대정신에 대한 이 요소들의 변하기 쉬운 관계와 반작용으로부터 생겨나는 붕괴를 통해 해체가 일어날 것이다. 그러나 해체가 일어나더라도 순수하게 윤리적인 부분만은 파괴될 수 없기 때문에, 여전히 항상 온전한 채로 있을 것이다. 인도인의 윤리에서, 인도인의 문헌에 대한 지식이 아직 불완전하기는 해도 이미 『베다』, 『푸라나Puranas』, 문학작품, 신화, 인도인의 성자에 대한 전설, 격언과 삶의 규칙 속에서 우리가 다양하고 힘 있게 표현되어 있는 것을 확인할 수 있듯이,[25] 우리는 모든 자기애를 완전히 부정하는 이웃에 대한 사랑, 인간에게만 한정하지 않고 모든 생명체를 포괄하는 사랑, 매일 어렵게 얻은 것까지 선뜻 넘겨주는 선행Wohltätigkeit, 모욕하는 모든 사람에 대한 끝없는 인내, 또한 아무리 악할지라도 모든 악을 선과 사랑으로 갚는 것, 모든 치욕에 대한 자발적이고 흔쾌한 견뎌 냄, 모든 육식의 포기, 본질적인 성스러움을 얻으려는 사람에 대한 완전한 동정심과 모든 욕망의 단념, 모든 소유물을 내버리는 것, 모든

---

25 예를 들면 앙크티 뒤페롱(Anquetil-Duperron), 『우프네카트 연구』, 2권 138호·144호·145호·146호, 드 폴리에 부인의 『인도의 신화』 2권 13장·14장·15장·16장·17장, 클라프로트의 『아시아 잡지』 1권 중의 『불교에 대하여』, 같은 책의 『바가바드기타』 또는 「크리슈나와 아주르나 사이의 대화」, 2권의 「모하-무드가바」, 그다음으로는 윌리엄 존스가 산스크리트어에서 번역한 『힌두교 법의 기관 또는 마누법령』을 휘트너가 독일어로 번역한 것(1797), 특히 6장과 12장을 참고. 마지막으로는 『아시아연구』의 여러 곳을 참고(지난 40년 동안 유럽에서는 인도 문헌이 아주 증가하여 내가 지금 이 초판의 주석을 완전하게 첨하려면 몇 페이지를 채우게 될 것이다).

거주지와 모든 구성원으로부터 떠나는 것, 깊고 완전한 고독 속에서 침묵하여 고찰하는 것, 의지를 완전히 없애 버리기 위한 자발적인 속죄와 끔찍하고 점차적인 고행, 결국 자발적으로 굶어죽거나, 악어에 잡아먹히고, 히말라야의 성스러운 바위 꼭대기에서 뛰어내려 죽거나, 생매장되어 죽고, 또한 무희들이 노래, 환호 그리고 춤 가운데 신상을 싣고 이리저리 돌아다니는 거대한 마차의 바퀴에 몸을 내던져 죽는 것 등이 쓰여 있는 것을 볼 수 있다. 그리고 인도인들이 많은 점에서 변질되었지만, 그 기원이 4천 년을 넘어서는 이러한 가르침이 여전히 살아 있어서 어떤 경우에는 아주 극단적으로 실천되기도 한다.[26] 엄청난 희생을 야기했지만, 그렇게 오랫동안 수백만의 사람들을 사로잡아 실행되는 것은 임의적으로 지어낸 생각이 아니라 인간의 본질에 그 근거를 갖고 있기 때문일 것이다. 그러나 사람들은 그리스도교와 인도인의 속죄 또는 성자의 삶을 전기로 읽을 때 발견하게 되는 일치점에 대해 놀라움을 금치 못하게 된다. 그렇게 근본적으로 상이한 교리, 풍습과 환경에도 불구하고 둘의 노력과 내적인 삶은 완전히 동일한 것이다. 그래서 둘의 가르침들은 동일하다. 예를 들면 타울러는 사람들이 추구해야만 하는 완전한 가난에 대해, 그 어떤 위로와 세속적인 만족을 만들어 낼 수 있는 것을 전적으로 포기하고 단념하는 것인 완전한 가난에 대해 말한다. 왜냐하면 명백하게, 이 모든 것은 완전한 소멸을 목표로 하는 의지에게 항상 새로운 영양분을 공급하기 때문이다. 이에 부합하는 인도의 예는, 부처가 승려에게 집과 재산이 없어야 하고, 특히 승려는 특정한 나무를 좋아하거나 성향을 갖지 않도록 똑같은 나무 아래에서 자주 눕지 말라고 권유하는 가르침에서 볼 수 있다. 또한 그리스도교의 신비주의

---

26 1840년 6월 자간나타(Jagan-natha)의 행진에서 11명의 인도인이 마차의 바퀴 밑으로 몸을 던져 곧바로 죽었다(1840년 12월 30일 「타임스」에 실린 동인도의 어떤 지주의 편지).

자들과 베단타철학의 스승들은 완전한 수준에 이르게 된 사람에게는 모든 외적인 작업이나 종교적인 수행이 불필요한 것으로 간주한다는 점에서도 의견이 일치한다. 이렇게 각기 다른 시대와 민족에서도 일치하는 것이 많은 것은, 낙관적인 어리석음이 기꺼이 주장하듯이, 여기에는 심성의 기괴함과 광기가 아니라 인간의 본성에 본질적이고 오직 그러한 탁월함에 의해 드물게 나타나는 측면이 언급된다는 점에 대한 실제적인 증명이다.

이제 나는 살려는 의지의 부정이 나타나는 현상들을 직접적으로 삶으로부터 알 수 있는 원천을 언급하였다. 어떤 점에서 이것은 우리의 전체 고찰에서 가장 중요한 점이다. 그럼에도 불구하고 나는 단지 일반적으로만 설명했을 뿐이다. 직접적인 경험에 입각해 말하는 사람들을 참조하는 것이 그들에 의해 말해진 것을 불충분하게 반복함으로써 책을 불필요하게 부풀리는 것보다야 나을 것이기 때문이다.

나는 이들의 상태를 단지 일반적으로 표시하기 위해 몇 가지 점을 덧붙일 것이다. 우리가 위에서 악한 사람은 의욕의 격렬함을 통해 지속적으로 힘을 소모해 버리는 내적인 고통을 당하고, 의욕의 모든 대상이 소멸해 버리면 다른 사람의 고통을 바라보면서 자신의 의지의 지독한 갈증을 달래는 것을 보았듯이, 이와 반대로 살려는 의지를 부정하는 사람은 밖에서 보았을 때 제아무리 가련하고 즐거움이 없으며 완전히 궁핍하게 보이더라도 완전한 기쁨과 진정한 휴식을 지니게 된다. 이것은 삶을 즐기는 사람의 처신처럼 불안한 삶의 충동, 격심한 고통을 앞서거나 뒤선 조건으로 갖는 열광적인 기쁨이 아니라 흔들리지 않는 평온, 깊은 휴식과 내적인 명랑함, 우리가 그 상태를 눈앞에서 보거나 상상하게 되면 진정으로 동경의 눈길을 보낼 수밖에 없는 그러한 상태인 것이다. 우리는 곧 그러한 상태를 유일하게 올바른 것, 다른 모든 것보다도 무한하고 월등한 것으로 인정하고, 이것에 대해 우리의 더 나은 정신은 "이해하도록 과감해져라*sapere aude*"라고 외친다[호라티우스, 『서간집』 1권, 2, 40]. 그러면 우리는 세계에서 얻어진 모든 소망의 충족이란, 거지가 오늘 삶을 연명하게끔 하지만 내일은 또다시 굶주리게 만드는 적선과 같은 것이지만, 이와 반대로 체념은 상속받은 토지와 같은 것이므로 토지를 소유한 사람을 모든 걱정으로부터 영원히 벗어나게 한다고 느낄 것이다.

우리는 3권에서 아름다움에 대한 미학적인 기쁨이 대부분 우리가 순순한 관조상태에 들어서면서 그 순간 모든 의욕, 즉 모든 소망과 걱정으로부터 해방되어, 즉 우리 자신으로부터 벗어나, 더는 자신의 지속적인 의욕을 위해 인식하는 개체, 객관들이 동기가 되는 개별 사물들의 상관개념이 아니라 의지에서 벗어난 영원한 인식주관, 이념의 상관개념이라는 것에 그 본질이 있다는 점을 기억한다. 그리고 우리는 지독한 의지의 충동에서 벗어나 마치 무거운 지상의 공기에서 떠오르게 되는 이 순간이 우리가 아는 가장 기쁨에 찬 순간이라는 것을 알게 된다. 여기에서 우리는 아름다움을 만끽할 때처럼 인간의 의지가 순간만이 아니라 영원히 진정되는, 신체를 유지하다가 이러한 신체와 함께 소멸되는 마지막 격렬한 불꽃이 완전히 꺼져 버리게 되는 인간의 삶이 얼마나 기쁨에 찬 것인지를 예측해 볼 수 있다. 자신의 본성과의 무수한 힘겨운 투쟁에 의해 마침내 완전히 극복한 사람은 단지 순수하게 인식하는 존재로서만, 세계를 맑게 비추는 거울로서만 존재하게 된다. 더는 아무것도 그를 불안하게 하거나 동요하게 하지 않는다. 왜냐하면 그는 우리를 세계에 붙들어 놓고 지속적인 고통 속에서 욕망, 두려움, 질투, 분노로써 우리를 이리저리 휘두르는 의욕의 수많은 끈들을 잘라 버렸기 때문이다. 그는 언젠가 자신의 마음을 동요하게 만들며 괴롭혔지만, 그러나 이제는 끝나 버린 체스게임의 말처럼 또는 축제의 밤에 우리를 놀라게 하고 불안하게 했던 가장 무도회의 복장들이 아침에 내버려진 것처럼 그렇게 아무렇지도 않게 자신 앞에 서 있는 세계의 환영들을 이제 조용하게 미소를 지으면서 돌아다본다. 삶과 그 형태들은 무상한 현상처럼, 반쯤 깨어 있는 사람에게는 이미 현실을 투명하게 내비치며, 그를 더는 속일 수 없게 된 가벼운 아침의 꿈처럼 그 앞에서 떠돌고 있을 뿐이다. 그리고 이러한 꿈처럼 삶과 그 형태들은 격렬한 이행 없이 없어져 버린다. 이러한 고찰로부터 우리는 귀용Guyon이 자서전의 끝부분에서 자주 말했던 것의 의미를 알 수 있을 것이다. "나에게 모든 것은 똑같은 것이다. 나는 더는 의욕할 수 없다. 나는 이따금씩 내가 존재하는지 존재하지 않는지를 알 수 없다." 또한 의지의 소멸 이후에 신체의 죽음(신체는 의지의 현상에 불과하며, 이러한 의지가 사라지고 나면 그 때문에 신체도 모든 의미를 잃는다)은 이제 더는 고통스러운 것이 아니라 아주 기쁘게 마주할 수 있는 것임을 표현하기 위해, 비록 기품 있는 표현은 아니더라도 성스러운 속죄자인 귀용 부인 자신의 말을 인용하는 것을 양해해 주길 바란다. "영광스러운 정오, 다시는 밤이 뒤따르지 않는 낮, 죽음 속에서도 더는 죽음을 두려워하지 않는 삶. 왜냐하면 죽음이 죽음을 극복했고, 첫 번째의 죽음을 당한 사람은 두 번째의 죽음을 더 이상 느끼지 않기 때문이다."(『귀용 부인의 삶』 2권, 13쪽)

그러나 우리는 진정제가 된 인식을 통해 살려는 의지의 부정이 한 번 일어난 후에 이제 이러한 부정이 더는 흔들리지 않은 채로, 획득한 소유물처럼 우리가 그러한 부정으로부터 휴식을 취할 수 있다고 여겨서는 안 된다. 오히려 살려는 의지의 부정은 지속적인 투쟁을 통해 항상 새롭게 쟁취되어야 한다. 왜냐하면 신체는 단지 객관성의 형식 속에서만 의지 자체이기 때문에 또는 표상으로서의 세계에서 현상으로만 존재하는 것이기 때문에, 신체가 살아 있는 한에서 살려는 의지 전체도 그 가능성에 따라 존재하고 끊임없이 현실 속으로 나타나 새롭게 완전히 열정을 불태우려고 하기 때문이다. 그런 까닭에 우리는 성자들의 삶에서 언급했던 평온과 기쁨을 의지의 지속적인 극복에서 비롯된 꽃으로 생각하고, 이 꽃을 피우는 토양이 살려는 의지의 지속적인 투쟁이라고 생각한다. 왜냐하면 지속적인 평온은 이 세상에서는 그 누구도 가질 수 없기 때문이다. 그런 까닭에 우리는 성자들의 내적인 삶의 이야기들이 영혼의 갈등, 유혹 그리고 은총으로부터 벗어남, 즉 모든 동기들을 작용하지 않게 하면서 모든 의욕을 가라앉히는 보편적인 진정제로서, 가장 깊은 평화를 주고 자유의 문을 열어 주는 그러한 인식방식으로부터 벗어남으로 가득 차 있는 것을 보게 된다. 그렇기 때문에 또한 우리는 우선 의지의 부정에 이르게 된 사람들이, 항상 다시 생겨나는 의지를 억누르기 위해, 온갖 종류의 것을 단념시키고 속죄하는 가혹한 생활방식을 취하고 그들에게 불편을 주는 것을 찾아 나서며, 아주 애를 써서 이러한 방식을 유지하려는 것을 알게 된다. 따라서 결국에는, 이들은 구원의 가치를 이미 알기 때문에 성취한 구원을 유지하기 위해 걱정스러운 마음을 가지고 신중을 다하고, 순진한 기쁨에서 또는 가장 나중에 사라지며, 인간의 모든 성향 중에서 가장 물리치기 어렵고 가장 활동적이며 가장 어리석은 것인 허영심이 조금이라도 작용할 때 고뇌하게 된다. 나는 이미 자주 내가 사용한 금욕이라는 표현을, 보다 좁은 의미에서, 좋은 것을 거부하고 싫은 것을 찾는 것을 통해 이처럼 의도적으로 의지를 꺾는 것, 즉 스스로 선택한 속죄하는 생활방식이며 의지의 지속적인 죽음을 위한 고행이라고 이해한다.

이제 의지의 부정에 도달한 사람들이 그것을 유지하기 위해 고행을 행하는 것을 보자면, 운명에 의해 부과되는 고통 일반은 그러한 부정에 도달하기 위한 두 번째 길$\delta\epsilon\upsilon\tau\epsilon\rho\sigma\varsigma \pi\lambda\sigma\upsilon\varsigma$[27]이다. 우리는 대부분의 사람들이 오직 고통에 의해서만 의지의 부정에 도달하고, 그러한 고통은 단순히 인식된 고통이 아니라 비로소 죽음에 이르러 종종 완전한 체념을 가져오는 스

---

27 이 두 번째 길에 대해서는 『스토바이오스 선집』 2권 376쪽.

스로 체험한 고통이라는 점을 가정할 수 있다. 왜냐하면 오직 소수의 사람들만이 개체화원리를 통찰하여 먼저 심성의 가장 완전한 선함과 보편적인 인간애를 가져오고, 의지의 부정을 초래하기 위해 결국은 세계의 모든 고통을 그들 자신의 고통으로 인식하기 때문이다. 이 지점에 가까이 간 사람에게서조차 거의 언제나 자기 자신이 견뎌 낼 수 있는 상태, 순간적인 아첨, 희망의 유혹 그리고 항상 다시 제공되는 의지의 충족, 즉 쾌락의 충족은 의지부정의 지속적인 방해물이며 의지의 새로운 긍정을 위한 지속적인 유혹이다. 그렇기 때문에 이런 점에서 사람들은 그러한 모든 유혹을 악마로 인격화한다. 그런 까닭에 의지는 대부분 자기부정이 나타나기 이전에 가장 커다란 개인의 고통을 통해 부서져 버리고 만다. 그런 다음에 우리는, 인간이 커져 가는 곤경의 갖은 단계를 통해 격렬한 저항을 받아 절망의 가장자리에 도달한 후에, 갑자기 자신 속으로 들어가 자신과 세계를 인식하고, 자신의 본질 전체를 변화시키고 자기 자신과 갖은 고통을 극복하여, 이러한 고통을 통해 정화되고 성스럽게 된 것처럼 확실한 평온, 기쁨과 숭고 속에서 그가 전에 격렬하게 의욕했던 모든 것을 기꺼이 단념하고, 죽음을 즐겁게 수용하게 되는 것을 보게 된다. 이것은 고통이라는 정화의 불꽃으로부터 갑자기 나타나는 살려는 의지의 부정, 즉 구원의 순간Silberblick이다. 우리는 아주 악한 사람이라도 때로는 엄청난 고통으로 인해 이 정도까지 정화되는 것을 본다. 악한 사람들이 다른 사람이 되어 버리고 그리고 완전히 변해 버린다. 그런 까닭에 이전의 악행도 이제는 더 이상 그들의 양심을 고통스럽게 하지는 않는다. 그들은 이전의 악행을 흔쾌히 죽음으로 속죄하고, 이제는 그들에게 낯설고 혐오스러운 것이 되어 버린 의지의 현상이 끝나 버리는 것을 기꺼이 지켜보게 된다. 위대한 괴테는 그의 불멸의 대작 『파우스트』에서 고통받는 그레첸의 이야기에서, 시문학에서 알려지지 않은 분명하고 직관적인 설명으로 이러한 크나큰 불행과 모든 구원에 대한 절망을 통해 야기된 의지의 부정에 대해서 우리에게 제시한 바 있다. 이것은 의지의 부정으로 이끄는 두 번째 길의 완벽한 본보기인데, 이것은 첫 번째의 길처럼 사람들이 자의적으로 제 것으로 하는 세계 전체의 고통에 대한 단순한 인식을 통한 것이 아니라 직접 느끼는, 자신의 과도한 고통에 의한 것이다. 비록 많은 비극들이 엄청난 의욕을 지닌 주인공이 결국 완전한 체념의 단계에 달하게 하고, 그다음에는 보통 살려는 의지와 그 현상도 같이 마무리되도록 한다. 그러나 내가 아는 어떤 설명도 위에서 언급한 『파우스트』에서처럼, 별로 중요하지 않은 모든 것에서 벗어나 그러한 변화의 본질을 그렇게 분명하고 순수하게 눈앞에 나타내 준 것은 없다.

실제의 삶에서 우리는 엄청난 고통을 겪을 수밖에 없는 불행한 사람들을 보게 되는데, 그들은 그들에게서 모든 희망이 완전히 사라진 후에, 단두대 위에서 치욕적이고 강제적으로, 종종 고통스러운 죽음에 강직하게 가까이 가다가 이들은 자주 그런 방식으로 변하게 된다. 우리는 비록 그들의 성격과 대다수의 사람들의 성격 사이에 운명이 말해 주는 것과 같은 그렇게 엄청난 차이가 있을 것이라고 가정해서는 안 되지만, 그들의 운명은 대부분 환경의 탓이라고 간주해야 한다. 그러나 그들은 죄를 지었으며 적잖이 악한 사람들이다. 이제 우리는 그들 가운데 많은 사람들이 전적인 절망에 빠진 뒤에도 위에서 언급한 방식으로 변하는 것을 본다. 그들은 이제 실제로 선하고 순수한 심성을 보여 주고, 조금이라도 악하거나 애정이 없는 모든 행위를 저지르는 것에 대한 혐오감을 드러낸다. 그들은 적들에 의해 어떠한 잘못도 없이 고통을 당하더라도 단순히 말로만 용서하고, 지옥의 재판관에 대한 위선적인 두려움 때문에서가 아니라 실제로 그리고 진지한 마음에서 용서하며 복수는 전혀 하려고 하지 않는다. 정말이지, 그들의 고통과 죽음은 결국 그들에게 소중한 것이 되는데, 그것은 살려는 의지의 부정이 일어났기 때문이다. 그들은 자주 구조를 거부하고 스스로 기꺼이, 조용한 기쁨 속에서 죽어 간다. 그들에게는 과도한 고통 속에서 삶의 마지막 비밀, 즉 불행과 악, 고통과 증오, 고통을 당하는 사람과 고통을 가하는 사람이 근거율에 의한 인식에서는 서로 다르게 나타나지만, 그 자체로는 하나인데, 이는 개체화원리에 의해 자기 자신과의 대립을 객관화하는 살려는 의지의 현상이라는 점에서 드러난다. 그들은 이 둘, 즉 불행과 악을 충분하게 알게 되었고, 결국 이 둘의 동일성을 간파해 내고, 이제 양자를 동시에 거부하고 살려는 의지를 부정한다. 이미 언급했듯이, 그들이 이러한 직관적이고 직접적인 인식과 그들의 변화에 대한 이유를 어떤 신화와 교리로 설명하는지는 그리 중요한 것이 아니다.

이러한 종류의 마음의 변화의 증인은 의심할 여지 없이 『반츠베크의 사자』(1부, 115쪽)에서 「어떤 이의 개종기」라는 제목을 지닌, 주목할 만한 논문을 쓴 마티아스 클라우디우스인데, 결론은 다음과 같다. "사람들이 생각하는 방식은 원주의 한 점에서 반대쪽의 점으로 넘어갈 수 있으며, 그에게 호Bogen를 그려 보이면 다시 이전의 점으로 돌아올 수 있다. 그리고 이러한 변화는 인간에게는 대단하고 흥미로운 것이 아니다. 그러나 원 전체가 되돌릴 수 없이 부서져 버리고, 심리학의 모든 규칙이 공허하고 빈 것이 되어 버리며, 가죽으로 만든 상의가 벗겨지거나, 적어도 뒤집어지듯 갑자기 깨닫게 되는 주목할 만하고, 가톨릭적이며, 초월적인 변화는 각자가 그러한 변화에 대해 확실한 것을 듣고 경험할 수 있다면 아버지와 어머니를 버릴 수 있을 정도이다."

죽음의 임박과 절망이 고통을 통한 그러한 정화에 전적으로 필수적인 것은 아니다. 그러한 죽음의 임박과 절망 없이도 커다란 불행이나 고통 때문에 살려는 의지가 자기 자신과 모순된다는 인식이 격렬하게 밀어닥쳐 모든 노력이 무상하다는 것이 간파될 수 있다. 그런 까닭에 우리는 열정의 충동 속에서 활동적인 삶을 살았던 왕, 영웅, 모험가들이 갑자기 변해서 체념과 속죄를 하여 은둔자나 승려가 되는 것을 자주 본다. 여기에는 모든 진정한 개종기, 예를 들면 라이문트 룰리우스의 개종기도 속한다. 이 사람은 자신이 오랫동안 구애했던 아름다운 여자가 드디어 방으로 오라고 하자 자신의 모든 소망이 실현될 것을 기대하였지만, 그녀는 옷을 풀어 암 때문에 끔찍하게 망가진 가슴을 보여 주었다. 그는 마치 지옥을 본 것처럼, 이 순간부터 개종하여 마요르카 왕의 궁정을 떠나 속죄하기 위해 사막으로 가 버렸다.[28] 이 개종기와 아주 비슷한 것이 내가 2편 48장에서 짧게 언급한 랑세 신부의 개종기이다. 우리가 두 사람에게서 쾌락으로부터 삶의 혐오로 이행하는 계기가 무엇이었는지를 고찰한다면, 이것은 유럽에서 삶을 가장 잘 누리고, 가장 명랑하고, 가장 감각적이고 가벼운 민족, 즉 프랑스 사람들에 의해 모든 수도회 가운데 가장 엄격한 트라피스트Trappist 수도회가 만들어졌고, 이 수도회가 쇠퇴한 후에도 랑세에 의해 재건되어, 종교개혁과 교회의 변혁, 만연한 무신앙에도 불구하고 오늘날에 이르기까지 그 순수성과 지독한 엄격함을 보존하고 있다는 주목할 만한 사실을 설명해 준다.

그러나 이러한 존재의 상태에 대한 위에서 언급한 종류의 인식은 또한 다시 그 계기에 의해 제거될 수 있으며, 살려는 의지와 함께 이전의 성격이 다시 드러날 수 있다. 우리는 열정적인 벤베누토 첼리니가 한번은 감옥에서 다른 한번은 심각한 병에 걸렸을 때 그런 방식으로 성격이 변했지만 고통이 없어진 뒤에 다시 이전의 상태로 되돌아간 것을 본다. 결코 원인에서 결과가 생겨나는 필연성에 의해 고통으로부터 의지의 부정이 나오지 않는데, 의지는 자유롭게 존재하는 것이다. 왜냐하면 여기가 바로 의지의 자유가 직접적으로 현상으로 나타나는 유일한 지점이기 때문이다. 그런 까닭에 아스무스Asmus가 "초월적인 변화transzendentale Veränderung"에 대해 그같이

---

28 부르커리(Bruckeri) 「Historia critica philosophiae」 tomi IV pars I, 10쪽.

강력하게 놀라움을 표현했던 것이다. 어떠한 고통에 있어서도 강렬함에서 그러한 고통을 능가하고 그렇기 때문에 제어할 수 없는 의지가 생각될 수 있다. 그런 까닭에 플라톤은 『파이돈』[116E]에서 처형되는 짧은 동안까지 먹고 마시며 성적 쾌락을 누리면서 죽음에 이르기까지 삶을 긍정하는 사람들을 언급했던 것이다. 셰익스피어는 뷰포르트[29] 추기경을 통해 그 어떤 고통이나 죽음도 극단적으로 악한 격렬한 의지를 꺾을 수 없기 때문에 절망으로 가득 차 죽게 되는 한 극악무도한 사람의 끔찍한 종말을 우리 눈앞에 보여 준다.

의지가 격렬할수록 그 충돌의 현상은 그만큼 두드러지게 되고, 따라서 고통도 심해진다. 지금의 세계보다 더 격렬한 살려는 의지의 현상을 갖는 세계는 그만큼 더 큰 고통을 드러낼 것이다. 그러한 세계는 따라서 지옥일 것이다.

모든 고통은 금욕이고 체념에 대한 요구이기에 잠재적으로는 성스럽게 하는 힘을 갖고 있다. 그래서 여기에서 큰 불행, 깊은 고통 자체는 이미 어떤 외경심을 불어넣는다는 점이 설명된다. 그러나 고통을 당하는 사람은 자신의 삶의 과정을 고통의 연쇄로 바라보며, 또는 치유할 수 없는 커다란 고통을 슬퍼하지만, 자신의 삶을 슬픔에 빠트리는 상황의 연결에 주목하지 않고, 자신이 겪는 개별적인 큰 불행에 머물러 있지 않을 때에 비로소 우리에게 완전히 존경받을 만한 것이 된다. 왜냐하면 그때까지 그의 인식은 여전히 근거율을 따르며, 개별적인 현상에 매달려 있기 때문이다. 그는 자신에게 주어진 제약 때문에 삶을 의욕하고 있지 않지만, 여전히 삶을 의욕하려고 하기 때문이다. 그러나 그의 시선이 개별적인 것에서 보편적인 것으로 고양되고, 그가 자신의 삶을 단지 전체의 예로서 볼 때에 그는 비로

---

29 『헨리 4세』 2부 3막 3장.

소 존경받게 될 것이다. 그는 윤리적인 점에서 천재적으로 되고, 하나의 경우가 수많은 경우에 적용되어 그런 까닭에 삶 전체가 본질적인 고통으로 파악되고 그를 체념으로 이끌게 된다. 이렇기 때문에 괴테의 『토르콰토 타소』에서 공주가 자기 자신의 삶과 가족의 삶이 항상 슬프고 기쁘지 않다고 말하지만, 그럼에도 그때에 그녀가 삶을 보편적인 것으로 바라본다는 점은 존경할 만 한 것이다.

우리는 아주 고상한 성격을 항상 어떤 조용한 슬픔의 느낌이라고 생각하는데, 이러한 슬픔은 일상적으로 거슬리는 일에 지속적으로 내는 짜증(그러한 슬픔은 고상하지 않은 특성이고 악한 심성이라고 두려워해야 할 것이다)이 아니고 인식으로부터 생겨난 모든 것이 무상하다는 것과 자신의 삶뿐만 아니라 모든 삶이 고통이라는 것에 대한 의식이다. 그러나 그러한 인식은 유일하게 채울 수 없는 소망이, 페트라르카를 삶 전체에 대해 체념하게 되는 슬픔에 잠기게 한 것처럼, 자기가 경험한 고통, 특히 유일무이한 큰 고통을 통해 우선적으로 일깨워질 수 있다. 페트라르카의 작품에서는 이러한 슬픔이 우리의 마음을 움직이게 한다. 왜냐하면 그가 뒤따르던 다프네는 자기 대신에 불멸의 월계수를 남겨 두기 위해 그에게서 사라져 버려야 했기 때문이다. 운명을 그렇게 되돌릴 수 없을 정도로 거부하는 것을 통해 의지가 어느 정도 꺾이게 되면, 그 밖에는 거의 아무것도 의욕할 수 없게 되고, 성격은 부드럽고 슬픈 고귀하고 체념적인 면이 두드러지게 된다. 드디어 깊은 슬픔이 더는 뚜렷한 대상을 갖지 않고, 삶 전체에 이르게 되면, 그러한 슬픔은 어느 정도는 의지가 자기 속으로 들어가는 것, 물러나는 것, 점차적으로 사라지는 것이 된다. 이러한 의지가 가시화된 신체는 더욱이 조용하게, 그러나 깊숙한 곳에 파묻히게 되고, 인간은 자신의 인연이 어느 정도 끊어진 것, 즉 신체 그리고 동시에 의지의 소멸로 고지되는 죽음에 대한 소리 없는 예감을 느끼게 된다. 그런 까닭에 이러한 깊은 슬픔은 비밀한 기쁨을 동반하는데, 내가 보기에 이러한 기쁨이야말로 모든 사람들 중에 가장 우울한 사람이 슬픔의 기쁨이라고 부르는 그것이다. 그러나 또한 바로 여기에 감수성이라는 암초가 삶 자체 속에도 그리고 이러한 삶의 표현인 시문학 속에도 놓여 있다. 체념을 물리쳐 고양되거나 용기를 발휘하지 않은 채 항상 슬퍼하고 탄식만 한다면 땅과 하늘을 동시에 잃어버리고 빈약한 감수성만이 남게 될 것이다. 오로지 고통이 단순히 순수인식의 형태를 받아들이고, 이러한 인식이 의지의 진정제로서 진정한 체념을 야기하는 것이 구원에 이르는 길이고 존경받을 만한 것이다. 그러나 이런 점에서 우리는 아주 불행한 사람을 볼 때 덕과 고결함이 가져오는 것과 비슷한 어떤 존경심을 느끼고, 동시에 우리 자신의 행복한 상태가 비난처럼 생각된다. 우리는 스스로 느끼는 고통뿐만 아니라 다른 사람이 느끼는 고통도 모두, 못해도 그러한 고통으로 덕과 성스러움에 다가가는 것이 가능하지만, 반대로 만족이나 세속적인 충족은 거기에서 멀어지게 하는 것으로 보아야만 한다. 이것은 커다란 신체적인 고통이나 심각한 정신적 고통을 겪는 모든 사람, 더욱이 엄청난 노력을 요구하는 신체적인 노동으로 얼굴에 땀을 흘리며 힘이 고갈되는 가운데서도 이 모든 것을 참고 불평 없이 행하는 모든 사람은, 말하자면 그러한 사람을 우리가 주목해 보면, 고통스러운 치료를 받으면서도 이러한 치료가 초래하는 고통을 기꺼이, 더구나 만족하면서 견뎌 내는 환자처럼 여겨진다. 그 환자는 그가 고통스러울수록 병의 원인도 함께 파괴되기 때문에 현재의 고통이 자신의 치료의 척도라는 점을 알기 때문이다.

지금까지 언급한 것에 따르면 완전한 체념이나 성스러움이라고 일컬어지는 것인 살려는 의지의 부정은 항상 모든 생명체의 고통에서 드러나는 의지의 내적인 충돌에 대한 인식과 의지의 본질적인 무상성에 대한 인식이라는 의지의 진정제로부터 생겨난다. 우리가 두 가지 길로 서술한 그러한 차이는 단순하고 순수하게 인식된 고통이 개체화원리를 통찰함으로써 고통을 마음대로 자기 것으로 삼아 그러한 인식을 생겨나게 하는가 또는 직접 스스로 지각된 고통이 그러한 인식을 생겨나게 하는가 하는 것이다. 참된 치유, 삶과 고통으로부터의 구원은 의지의 완전한 부정 없이는 생각도 할 수 없다. 거기에 도달하기까지 모든 것은 이러한 의지 자체에 지나지 않고, 그 의지의 현상은 헛된 존재일 뿐이며, 항상 덧없고 항상 좌절된 노력이고, 모두가 어쩔 수 없이 똑같이 속해 있는, 위에서 언급한 고통으로 가득 찬 세계인 것이다. 왜냐하면 우리는 살려는 의지에는 삶이 항상 확실하고, 삶의 유일한 실제적인 형식은 현재일 뿐이며, 탄생과 죽음이 현상 속에서만 삶을 지배하는 것처럼, 누구도 현재로부터 결코 벗어날 수 없다는 것을 위에서 보았기 때문이다. 인도의 신화는 이것을 "그들은 다시 태어난다"라는 말에서 표현하고 있다. 갖은 성격들의 커다란 윤리적 차이는 악인이 의지의 부정에 도달하는 인식으로부터 무한하게 멀리 떨어져 있고, 여기 삶에서 가능한 것으로 나타나는 모든 고통에 사실은 실제로 내맡겨져 있다는 점을 의미한다. 그 사람이 느끼는 현재의 행복한 상태는 단지 개체화원리에 의해 매개된 현상에 지나지 않으며 마야의 베일, 즉 거지의 행복한 꿈에 불과하다. 그가 의지의 충동의 격렬함과 분노를 가지고 다른 사람에게 주는 고통은, 그 고통을 자신이 경험한다 하더라도 그의 의지를 꺾고 최후의 부정으로까지는 이끌 수 없는 정도의 고통이다. 반대로 참되고 순수한 모든 사랑, 즉 모든 자유로운 정의도 이미 개체화원리를 통찰하는 데서 비롯되는데, 이러한 통찰이 힘을 갖게 되면 완전한 치유와 구원을 가져온다. 이러한 치유와 구원의 현상은 위에서 묘사한 체념의 상태이고, 이러한 체념이 가져다주는 것은 동요하지 않는 평화와 죽음에서의 최고의 기쁨이다.[30]

---

30 이에 대해서는 2편 48장을 참고.

69절

~✦~

    의지의 개별적인 현상의 자의적인 폐기인 자살은 살려는 의지의 부정과
는 구분되는데, 살려는 의지의 부정은 현상으로 나타나는 자유로운 의지
의 유일한 행위이고, 그런 까닭에 아스무스가 그것을 초월적 변화라고 부
른다. 이 점은 우리의 고찰에서 충분하게 언급되었다. 자살은 의지의 부
정과는 아주 거리가 멀고, 오히려 의지를 강하게 긍정하는 현상이다. 왜냐
하면 부정이란 고통을 느끼는 것이 아니라 삶을 즐기는 것을 혐오하는 데
에 그 본질이 있기 때문이다. 자살하는 사람은 삶을 의욕하기는 하지만 자
신이 처한 조건들에 만족하지 못했을 뿐이다. 그런 까닭에 그는 결코 살려
는 의지를 포기하는 것이 아니라 개별적인 갖은 현상을 파괴하면서 단지
삶만을 포기하는 것이다. 그는 삶을 의욕하고, 신체가 방해받지 않는 존재
와 긍정을 의욕한다. 그러나 관련된 상황이 이것을 허용하지 않기에 그에
게 커다란 고통이 생기게 되는 것이다. 살려는 의지 자체는 이러한 개별적
인 현상에서 자신의 노력을 펼칠 수 없게끔 너무 심한 방해를 받는다. 그런
까닭에 살려는 의지는 근거율의 형태 밖에 존재하고 모든 개별적인 현상
과는 무관하게 자신의 본질 자체에 따라 스스로 결정한다. 살려는 의지 자
체는 모든 생성과 소멸과 상관없이 존재하고, 모든 사물들의 삶의 핵심das
Innere이다. 왜냐하면 우리 모두가 지속적으로 죽음에 대한 두려움 없이 살
게 하는 그러한 확고한 내적인 확신, 즉 의지에게 그 현상이 필수적이라는
확신이 자살이라는 행위를 지지해 주기 때문이다. 따라서 살려는 의지는
바로 이러한 자살Schiwa에서뿐만 아니라 자기보존의 쾌락Wischnu에서 그리
고 생식의 쾌락Brahma에서도 나타난다. 이것이 삼신 일체의 단일성Einheit
des Trimurtis이 지닌 내적인 의미인데, 비록 이러한 단일성이 시간 속에서는

세 개의 머리들에서 어떤 경우에는 하나가, 또 어떤 경우에는 다른 하나가 나타나더라도 이러한 단일성은 모든 인간에게 온전히 오직 하나로 구현되어 있다. 이념에 대한 개별 사물의 관계와 의지의 부정에 대한 자살의 관계는 동일하다. 자살하는 사람은 종을 부정하는 것이 아니라 단지 개체만을 부정한다. 우리는 이 위에서 보았던 것처럼 살려는 의지에게 삶이란 항상 확실하고 이러한 삶에는 고통이 본질적이기 때문에, 일순 무지개를 지탱하는 물방울이 아무리 빨리 바뀐다고 해도 무지개는 그대로 머물러 있듯이, 자살은 개별적인 현상의 자의적인 파괴이며, 이러한 파괴에서 물자체는 파괴되지 않고 그대로 머물러 있기 때문에 아무 소용없고 어리석은 행위인 것이다. 그러나 또한 이러한 어리석은 행위는 더구나 살려는 의지의 자기 자신에 대한 모순이 가장 뚜렷하게 나타난 표현으로서 마야의 역작Meisterstück이다. 우리는 이러한 모순을, 이미 의지의 가장 낮은 단계의 현상에서 자연력의 모든 표현과 물질과 시간 그리고 공간을 얻으려는 모든 유기체들의 지속적인 투쟁에서 발견하고, 의지의 객관화의 단계가 높아질수록 이러한 충돌이 더욱더 분명하게 나타나게 되는 것을 본다. 그러한 충돌은 결국 인간의 이념이라는 최고의 단계에서 동일한 이념을 드러내는 개체들이 서로를 제거할 뿐 아니라 더욱이 동일한 개체가 자기 자신에게 전쟁을 선포하는 정도에까지 이르게 하며, 개체가 격렬하게 삶을 의욕하고 삶의 장애물인 고통으로 다가들어 자기 자신을 파괴하는 데까지 이르게 한다. 개인적인 의지는 고통이 의지를 꺾어 버리기 전에 단지 의지가 가시적으로 된 신체를 의지행위를 통해 폐기해 버린다. 자살하는 사람은 의욕하는 것을 중단할 수 없기 때문에 사는 것을 중단하는 것이다. 그리고 여기에서 의지는 다른 방식으로 더는 자기 자신을 긍정할 수 없기 때문에, 자신의 현상을 폐기함으로 해서 스스로를 긍정하게 된다. 그러나 의지가 이같이 피하고자 하는 고통은 의지의 금욕Mortifikation으로서 의지가 자기 자신을 부정해서 구원에 이르게 할 수 있기 때문에, 이런 점에서 자살하는 사람은 자신을 근본적으로 치료할 수 있는 고통스러운 수술이 시작된 후에 이것을 끝내 참아 내지 못하고 오히려 병을 지니고 있으려 하는 환자와 같은 것이다. 고통은 다가와서 그 자체로 의지를 부정할 수 있는 가능성을 드러내 준다. 그러나 그는 의지가 꺾이지 않은 채 거기에 머무르기 위해, 의지의 현상인 신체를 파괴하면서 고통을 거부하는 것이다. 이것은 거의 모든 윤리학과 종교뿐만 아니라 철학에서도 마찬가지로 비록 기이한 궤변적인 근거를 언급할 수 있음에도 불구하고 자살을 비난하는 근거이다. 그러나 한 인간이 순전히 도덕적인 동기에서 자살을 자제하려고 한다면, 이러한 자기극복의 가장 내적인 의미는 (이러한 동기를 어떤 개념으로 덮어씌운다 해도) 다음과 같은 것이다. "살려는 의지의 현상은 그토록 비참한 것이지만, 고통이 살려는 의지를 중단하는 데 기여하도록 하기 위해, 나는 고통으로부터 벗어나려고 하지 않는다. 고통은 내게서 이미 시작하는 세계의 참된 본질에 대한 인식을 강화시키고, 그러한 인식이 내 의지의 궁극적인 진정제가 되어 나를 영원히 구원해 줄 것이다."

주지하듯이, 때로는 자살이 다시 어린아이에게까지 영향을 미치는 경우가 있다. 아버지는 자신이 사랑하는 아이들을 죽이고, 그다음에 자기도 죽는다. 물론 아버지는 살인이 양심, 종교와 모든 전래된 개념들에서 가장 무거운 범죄라고 인식하기는 한다. 하지만 아버지가 이러한 범죄를 자기 자신이 죽는 순간에 저지르는 데에 그 어떤 이기적인 동기도 없었다는 점을 고려한다면, 그러한 행위는 오직 여기에서 개인의 의지가 직접적으로 아이들에게서 다시 인식되지만, 그러나 현상을 본질 자체로 간주하는 망상에 붙들려 있고, 모든 삶의 고통에 대한 인식에 깊이 사로잡혀 현상으로 본질 자체를 제거하려고 잘못 생각한 나머지 자신과 자신이 직접적으로 그 속에 살고 있다고 여겨지는 아이들을 그러한 존재Dasein와 비탄으로부터 구해 내려 한다는 것으로 설명할 수 있다. 이런 경우와 비슷한 잘못된 길은, 수정Befruchtung을 시킬 때 자연의 목적을 꺾어 놓음으로써 자발적인 순결이 가져오는 것에 도달할 수 있다고 생각하거나 또는 살려고 하는 각 사람의 삶을 안전하게 하기 위해 갖은 일들을 하는 대신에, 삶의 피할 수 없는 고통을 고려하여 신생아의 죽음을 조장하는 것이다. 왜냐하면 살려는 의지가 존재한다고 하면, 오로지 형이상학적인 것 또는 물자체인 그러한 의지를 그 어떤 힘도 좌절시킬 수 없고, 특정한 장소와 시간에서 단지 의지의 현상만을 파괴할 수 있기 때문이다. 의지 자체는 인식 말고는 그 어떤 것에 의해서도 폐기될 수 없다. 그런 까닭에 구원에 이르는 유일한 길은 이러한 현상에서 의지 자신의 본질을 인식할 수 있기 위해 의지가 그 어떠한 방해도 받지 않고 현상하는 것이다. 오직 이러한 인식에 의해서만 의지는 자신을 폐기하게 되고, 따라서 의지의 현상과 분리할 수 없는 고통도 없앨 수 있다. 그러나 이것은 태아를 파괴하는 것, 신생아를 죽이는 것 또는 자살하는 것 같은 물리적인 힘을 통해서는 가능하지 않다. 의지는 오직 빛 속에서만 자신의 구원을 발견할 수 있기 때문에, 자연은 바로 그러한 의지를 빛 속으로 이끌어 간다. 그런 까닭에 자연의 내적인 본질인 살려는 의지가 결정되자마자, 자연의 목적은 갖은 방법으로 조장되어야 한다.

일반적인 자살과는 완전히 다르게 보이는 특별한 종류의 자살이 있는데, 이것은 아마도 아직 충분하게 확인된 것은 아닐 것이다. 이것은 가장 높은 정도의 금욕을 통해 자발적으로 선택한 굶어 죽음Hungertod인데, 그러나 이 현상은 항상 많은 종교적인 광신과 심지어 미신이 포함되어 있기 때문에 분명하지 않은 것이 된다. 그러나 의지의 완전한 부정은 음식의 섭취를 통해 신체의 발육을 유지하기 위해 필요한 의지가 사라지는 정도까지는 도달할 수 있을 것으로 보인다. 이러한 종류의 자살은 살려는 의지로부터 비롯되는 것과는 거리가 멀며, 그같이 아예 체념해 버린 금욕자는 의욕하는 것을 전적으로 중지했기 때문에 사는 것을 중단하는 것이다. 여기에서는 굶어 죽는 것 말고는 다른 죽음의 방법을 (특별한 미신에서 생기는 것이 아니라면) 생각할 수 없다. 왜냐하면 고통을 줄이려는 의도는 실제로 이미 어느 만큼은 의지의 긍정일 수 있기 때문이다. 그러나 이때 속죄자의 이성을 충족시키는 교리들은 내적인 경향에 의해 강요된 단식을, 보다 고차원적인 존재가 그에게 권유했다는 망상을 갖게 한다. 우리는 이것에 관한 오래된 예들을 『자연사와 의학사에 대한 브레스라우의 모음』(1719년 9월, 363쪽 이하), 베일의 『문예공화국에 대한 소식』(1685년 2월, 189쪽 이하), 짐머만의 『고독에 대해』(1권, 182쪽), 1764년의 『과학 아카데미에 대한 역사』에 있는 후투인의 보고서 ─이 보고서는 『개업의를 위한 모음』(1권, 69쪽)에 되풀이 되는데─ 에서 발견할 수 있다. 우리는 나중의 보고서들을 후페란트의 『실천적 의술을 위한 저널』(10권, 181쪽; 48권, 95쪽), 또한 나세의 『정신과 의사를 위한 잡지』(1819년, 3호, 460쪽), 『에딘버러의 의학 및 외과 저널』(1809년, 5권, 319쪽)에서 발견할 수 있다. 1833년에는 모든 신문들이 영국의 역사가 링거드 박사가 1월에 도버해협에서 자발적으로 굶어 죽었다고 보도했다. 나중의 보도에 의하면 굶어 죽은 사람은 그가 아니라 그의 친척이었다. 그러나 이 보도에서 대부분 그런 사람들은 미친 것으로 묘사되었지만, 이것이 어느 만큼까지 들어맞는지는 더는 확인하기 어렵다. 그러나 나는, 오로지 언급한 인간본성의 눈에 띄는 예외적인 현상의 보기 드문 사례 가운데 하나를 확실하게 하기 위해서라도, 어떻든 간에 겉보기에는 내가 그러한 예외적인 현상으로 제시하고 싶은 것에 속하며, 다른 어떤 방식으로는 설명하기 어려우므로 이러한 종류에 대한 최근의 보도를 여기에서 언급하고자 한다. 언급한 최근의 보도는 1813년 7월 29일 「뉘른베르크 통신원」에 다음과 같이 쓰여 있다. "베른으로부터 들은 바로는 투르넨 근처의 수풀에서 시체가 놓여 있던 오두막이 발견되었는데, 죽은 지 한 달 정도 된 남자의 옷차림만 가지고는 그의 사회적 지위를 필요한 만큼 알아낼 수 없었다. 아주 좋은 셔츠 두 장이 그의 옆에 놓여 있었다. 가장 중요한 물건은 죽은 사람에 의해 이곳저곳에 쓰인 흰 종이가 끼인 성경이었다. 그는 거기에 집을 (그러나 고향은 언급되지 않는데) 떠난 날짜를 언급하고는 다음과 같이 말한다. 그는 성령의 인도에 의해 황야로 가서 기도하고 단식하였다. 그는 여행 중에 7일간 금식하고 나서 다시 음식을 먹었다. 그는 여기에 정착하면서 이미 다시 단식을 시작하였으며, 아주 긴 시간 동안 단식하였다. 매일 하나의 선이 표시되어 있고, 선이 다섯 개가 확인되는 것으로 봐서 그 순례자는 5일 후에 죽었을 것으로 추정된다. 죽은 사람이 설교를 들은 목사에게 쓴 편지 하나가 발견되었지만 그러나 거기에 주소는 쓰여 있지 않았다." 이러한 극단적인 금욕에서 생겨나는 자발적인 죽음과 통상적인 절망에서 비롯되는 자발적인 죽음 사이에는 설명하기 어려운 다양한 중간 단계와 둘의 혼합이 있을 수도 있다. 그러나 인간의 마음에는 심연, 어두움, 혼란이 있는데, 이것들을 해명하고 전개하는 것은 대단히 어려운 것이다.

70절

아마도 사람들은, 내가 의지의 부정이라고 일컫는 것에 대해 이제 마무리한 모든 서술이 근거율의 다른 형태들뿐만 아니라 동기에도 귀속되는 필연성에 대한 이전의 논의와 합치하지 않는다고 생각할 수 있을 것이다. 그에 따라 모든 원인들처럼 동기는 단지 기회원인에 지나지 않으며, 여기에서 성격은 그러한 동기를 가지고 그 본질을 펴 나가고 그러한 본질이 자연법칙의 필연성으로 드러나게 되는데, 그렇기 때문에 우리는 거기에서 아무런 영향을 받지 않는 자유로운 의지의 결정으로서의 자유를 전적으로 부정하였다. 그러나 나는 이 문제를 여기에서 해결하고자 하지 않고 기억해 두고자 한다. 실제로는 본래적인 자유, 즉 근거율로부터의 독립은 오직 물자체로서의 의지에만 귀속되는 것일 뿐이지 의지의 현상, 즉 본질적인 형식이 어디에서나 근거율, 즉 필연성의 요소인 현상에 귀속되는 것은 아니다. 그러나 그러한 자유가 직접적으로 현상 속에서 가시화되는 유일한 때는 자유가 현상하는 것을 마치게 할 때이다. 왜냐하면 원인의 연쇄 속에서 하나의 연결로서의 현상인 한에서 그러한 단순한 현상, 즉 활기찬 신체는 단지 현상들만을 포함하는 시간 속에서 지속하기 때문에, 이러한 현상을 통해 드러나는 의지는 현상이 표현하는 것을 거부하면서 현상과의 모순을 드러낸다. 그런 경우에, 예를 들면 성욕의 가시성의 발현으로서 생식기가 존재하고 건강하다 하더라도 깊은 내면 속에서는 성욕의 충족을 의욕하지 않는다. 그리고 신체 전체는 오로지 살려는 의지의 가시적인 표현이지만, 이러한 의지에 상응하는 동기들은 더 이상 작용하지 않는다. 신체의 폐기, 개체의 종말 그리고 이를 통한 자연스러운 의지의 최대한의 억압이 적절한 것이고 바람직한 것이다. 이제 한편으로는 성격에 따라 동기를 통해 의지를 규정하는 것의 필연성에 관한 우리의 주장과 다른 한편으로는 동기가 힘을 잃어버리게 되는 의지의 전적인 폐기의 가능성에 대한 우리 주장 간의 모순은 그 어떤 필연성도 알지 못하는 의지 자체의 자유가 의지의 현상의 필연성에 직접적으로 관여하면서 생기는 이러한 실질적인 모순을 단지 철학적 성찰 속에서 반복한 것에 지나지 않는다. 그러나 이러한 모순을 일치시키기 위한 열쇠는, 성격이 동기의 손아귀에서 이탈한 상태가 직접적으로 의지로부터 시작되는 것이 아니라, 변환된 인식방식에서 시작된다는 것에 있다. 즉 인식이 바로 개체화원리에 붙들려 있어 전적으로 근거율에 따르는 인식인 한에서는 동기의 힘도 저항할 수 없다. 그러나 개체화원리가 통찰되고 이념, 즉 물자체의 본질이 모든 것의 동일한 의지로서 직접적으로 인식되며, 이러한 인식으로부터 의욕의 일반적인 진정제가 생겨나면, 개별적인 동기들에 상응하는 인식방식은 전혀 다른 인식방식에 의해 무색해지고 물러나 버리기 때문에 개별적인 동기들은 그 힘을 잃어버리게 된다. 그런 까닭에 성격은 결코 부분적으로 변화될 수는 없고, 성격 전체로서 현상하는 의지를 자연법칙의 일관성과 함께 개인에게서 드러내야 하지만, 그러나 바로 이러한 전체, 즉 성격 자체는 위에서 언급한 인식의 변화를 통해 완전히 폐기될 수 있다. 이러한 폐기는 위에서 언급했듯이 아스무스가 "가톨릭적이고, 초월적인 변화"라고 지칭하고 놀라워한 다름 아닌 그것이다. 이러한 폐기가 바로 매우 적절하게 그리스도교회에서 부활Wiedergeburt이라고 지칭된 것이고, 이러한 폐기를 가져오는 인식이 은총의 작용이라고 불렸던 것이다. 하나의 성격 일부가 아니라 성격 전체를 변화시키는 것이 문제되기 때문에 자신들의 개념이나 교리들에 따라 사람들로부터 아주 다양하게 이야기되지만, 폐기되는 성격들이 폐기되기 전에 그렇게 달랐음에도 불구하고 폐기된 후에는 행동방식에서 아주 커다란 동일성을 보여 주게 된다.

따라서 이런 의미에서 의지의 자유에 대해 언제나 논박되고 주장된 오랜 철학적 학설이 근거가 없는 것은 아니며, 은총작용과 부활에 관한 교회의 교리 또한 의미가 없거나 중요하지 않은 것은 아니다. 그러나 우리는 이제 예기치 않게 이 양자가 하나로 일치하는 것을 보게 되고, 또한 이제 어떤 의미에서 말브랑슈가 "자유라는 것은 하나의 신비이다"라고 말했고, 그러한 권리를 가졌는지를 이해하게 된다. 왜냐하면 그리스도교적인 신비주의자가 은총작용이나 부활이라고 부른 것은 우리에게는 의지의 자유라고 하는 것의 유일하고 직접적인 표현이기 때문이다. 의지의 자유는 의지가 의지의 본질 자체의 인식에 이르러, 이러한 인식으로부터 진정제를 구하고, 바로 이것을 통해 인식방식의 대상이 단지 현상에 지나지 않은, 다른 인식방식의 영역에 놓여 있는 동기의 작용에서 벗어나면서 비로소 나타나게 되는 것이다. 따라서 위에서 언급한 자유의 가능성은 동물들에게서는 영원히 부족한 것이고 인간에게서는 큰 특권이다. 왜냐하면 현재의 인상에 의존하지 않고 삶의 전체를 바라보게 하는 이성의 분별력이 바로 이러한 자유의 조건이기 때문이다. 동물에게서 선행한 동기들의 완전한 충돌에 의해 본래적으로 분별력 있는 선택의 가능성이 없는 것처럼, 이러한 선택을 위해서 동기들은 추상적인 표상들이어야만 하는데, 동물은 어떠한 자유의 가능성도 갖고 있지 않다. 그런 까닭에 돌이 땅에 떨어지는 것 같은 바로 그러한 필연성에 의해 배고픈 늑대는 자기가 물어뜯는 자일뿐만 아니라 물어뜯기는 자라는 점은 인식하지 못한 채 짐승의 고기를 물어뜯는다. 필연성은 자연의 왕국이고, 자유는 은총의 왕국인 것이다.

이제 우리가 보았듯이, 의지의 자기폐기는 인식에서 시작되고, 모든 인식과 통찰은 그 자체로 자의Wilkür와는 무관한 것이기 때문에, 의욕의 부정, 즉 자유에로의 진입은 의도를 통해 강요된 것이 아니라, 인간의 의욕에 대한 인식의 내적인 관계에서 생겨나는데, 그런 까닭에 외부에서 날아온 것처럼 갑작스럽게 생겨난다. 그런 까닭에 교회는 이러한 인식을 은총작용Gnadenwirkung이라고 불렀다. 그러나 교회가 은총작용을 은총의 받아들임에 의존하게 하듯이, 진정제의 작용은 결국 의지의 자유행위라고 할 수 있다. 그리고 그러한 은총작용에 의해 인간의 본질 전체는 인간이 그때까지 그렇게 강렬하게 의욕해 왔던 모든 것을 더는 의욕하지 않게 되고, 따라서 실제로 낡은 인간의 자리에 새로운 인간이 들어서게 된 것과 같이 근본적으로 변화되고 뒤바뀌기 때문에, 교회가 은총작용의 이러한 결과를 부활이라고 일컬었던 것이다. 왜냐하면 교회가 자연적인 인간 —교회는 이러한 인간이 선을 행하는 어떠한 능력도 없다고 본다— 이라고 일컫는 것은 바로 우리의 현존재처럼 구원에 도달하려고 하면 부정되어야만 하는 살려는 의지이기 때문이다. 즉 우리의 현존재 뒤에는 우리가 세계와의 관계를 단절함으로써만 비로소 접근할 수 있는 어떤 다른 것이 감추어져 있다.

근거율에 따르는 개인들이 아니라 인간의 이념을 그 단일성 속에서 살펴보면서 그리스도교의 교리는 자연, 즉 살려는 의지의 긍정을 아담에서 상징화하는데, 아담에게서 우리가 물려받은 죄, 즉 시간 속에서 생식이라는 끈을 통해 나타나는 이념 속에서 그와 하나가 된다는 것은 우리 모두를 고통과 영원한 죽음에 참여하게 만든다. 이와 반대로 은총, 의지의 부정, 구원을 인간이 된 신으로 상징화하는데, 그 신은 모든 죄, 그러니까 모든 삶의 의지로부터 벗어나고, 우리처럼 의지의 단호한 긍정에서 생겨났을 리 없고, 우리처럼 완전히 구체적인 의지, 즉 의지의 현상인 신체를 가질 수도 없으며, 순결한 동정녀에게서 태어났으며, 또한 단지 가짜 신체 Scheinleib만을 갖고 있을 뿐이다. 이러한 가짜 신체는 도케티즘을 옹호하는 사람들[31], 즉 이 점에 매우 철저한 교부들에 의해 주장된 것이다. 특히 아펠레스가 이것을 가르쳤는데, 테르툴리아누스는 이 사람과 이 사람의 후계자들에 대해 반대의 주장을 제시했다. 그러나 또한 아우구스티누스까지도 「로마서」 8장 3절 "신께서 자신의 아들을 죄 있는 육체의 형태로 보냈다"에 대해 다음과 같이 논평한다. "왜냐하면 그는 육체적인 욕망에서 태어나지 않았으므로, 죄가 있는 육체가 아니기 때문이다. 그렇지만 그는 머지않아 죽을 수밖에 없는 육체이기 때문에, 죄가 있는 육체의 형태로 태어난 것이다."(『Liber quaestionum』 83, quaestio 66). 그는 『미완성작품』이라고 불리는 자

---

31 도케티즘은 가현설이라고 불리며, 정신과 물질의 배타적 특성을 바탕으로 예수의 신체가 환상일 뿐이라고 주장하는 영지주의자들의 입장이다—옮긴이.

신의 작품 1장 47절에서 원죄는 죄이면서 동시에 처벌이라고 가르친다. 그러나 원죄는 이미 신생아들에게도 존재하지만, 비로소 그들이 성장하면서야 드러나게 된다는 것이다. 그럼에도 불구하고 이러한 죄의 기원은 죄 있는 사람의 의지로부터 유래한다는 것이다. 이렇게 죄를 지은 사람이 아담이었다. 그에게서 우리 모두가 존재하게 되었다는 것이다. 아담이 불행하게 되었기 때문에 그에 의해서 우리 모두는 불행하게 된 것이다. 실제로 원죄(의지의 긍정)와 구원(의지의 부정)에 대한 가르침은 그리스도교의 핵심을 완성하는 중요한 진리이다. 그 밖의 것은 대부분 단지 덧입혀진 옷일 뿐이고 껍질이나 또는 부속물에 지나지 않는다. 그에 따라 예수 그리스도는 항상 일반적으로 살려는 의지의 부정에 대한 상징이나 의인화로 파악되어야 할 것이다. 그러나 예수 그리스도는 복음서에 있는 그의 신화적인 이야기에 따르거나 또는 그러한 이야기의 근거로 놓여 있는 참으로 추정적인 이야기에 따르든지 간에 개인으로서 간주되어서는 안 된다. 왜냐하면 이 두 이야기들 중 어느 쪽도 우리를 쉽게 만족시키지 않기 때문이다. 이 이야기들은 대중들을 위한 상징과 의인화의 이해수단인데, 대중들은 항상 어떤 사실적인 것을 요구하기 때문이다. 최근에는 그리스도교가 그 참된 의미를 잃어버리고 천박한 낙관주의로 변질되었다는 것은 여기에서 우리가 논하는 것과는 상관없는 일이다.

게다가 그리스도교에는 근원적이고 복음주의적인 교리가 있는데, 아우구스티누스는 이 교리를, 교회지도자들의 동의를 얻어 펠라기우스주의자들의 천박함에 대항하여 옹호하였고, 루터가 자신의 저서 『노예적 자의*De servo arbitrio*』에서 분명하게 설명하였듯이, 루터는 이 교리의 오류를 해소하고 다시 강조하는 것을 자신의 노력의 주된 목표로 삼았다. 이 교리에 따르자면 의지는 자유롭지 않고, 근원적으로 악한 성향에 종속되어 있다는 것이다. 그런 까닭에 의지가 하는 일은 항상 죄가 있고 결점이 있으며 결코 정의를 충족시킬 수 없다. 따라서 결국 의지가 하는 일이 아니라 신앙만이 우리를 구원한다. 그러나 이러한 신앙 자체는 의도나 자유의지에서 생기는 것이 아니라 우리의 관여 없이 은총작용을 통해 우리의 외부에서 온다. 위에서 언급한 교리뿐 아니라 지금의 진정으로 복음주의적인 교리는 오늘날 미숙하고 천박한 견해로서 불합리하다고 비판받고 은폐되는 교리에 속한다. 아우구스티누스와 루터에도 불구하고, 그러한 견해는 오늘날 바로 합리주의라고 할 수 있는 펠라기우스적인 집사 정신에 대한 호감으로 이러한 심오한, 가장 좁은 의미에서 그리스도교에 고유하고 본질적인 교리를 폐기하고, 반면에 유대교에서 유래하여 유지되어 있으며, 단지 역사적인 경로에서 오로지 그리스도교와 결합한[32] 교리만을 고수하고 중요한 것

---

32 이것이 어느 정도 그런지는, 아우구스티누스에 의해 시종일관하게 체계화된 그리스도교의 교리론에 포함되어 있는 모순들과 이해할 수 없는 점은 —이 점들이 이러한 교리들에 반대입장을 지닌 펠라기우스의 조잡스러움을 야기하지 않고, 인간이 다른 사람의 의지가 아니라 자기 자신의 의지의 산물(Werk)인 것을 인식하게 되자마자 사라진다는 점에서 알 수 있다. 그러면 모든 것이 곧바로 분명하고 올바른 것이 된다. 그렇다면 자유는 행위에 필요하지 않은 것이 된다. 왜냐하면 자유는 존재 속에 있기 때문이다. 또한 이러한 존재 속에서 원죄로서의 죄가 놓여 있다. 그러나 은총작용은 우리 자신의 것이다. 반면에 오늘날의 합리주의적인 입장에서는 신약성서에 근거한 아우구스티누스적인 교리 중의 많은 교리들은 전혀 근거가 없는 것이고, 정말이지 화를 나게 하는 것으로 여겨진다. 예를 들면 예정설(Prädestination)이 그런 것이다. 따라서 사람들은 본래적으로 그리스도교적인 것을 비난하고 미숙한(roh) 유대교로 되돌아간다. 그러나 그리스도교 교리의 착오와 근원적인 약점은 사람들이 그것을 결코 탐구하지 않는다는 것, 즉 사람들이 그것을 결정되고 어떤 의심도 할 수 없는 확실한 것으로 보는 것에 있는데, 이 점을 제외한다면 교리 전체는 합리적인 것이다. 왜냐하면 그러한 교리가 다른 모든 학문들을 변질시켜 버리듯이 그렇게 신학을 변질시키기 때문이다. 아우구스티누스의 저서 『신국론』(특히 14권)을 연구해 보면, 자신의 바깥에 무게중심이 있는 물체를 세우려는 것과 비슷한 느낌을 경험하게 된다. 그 물체를 돌려 세우려고 하지만 그 물체는 항상 다시 쓰러져 버린다. 따라서 여기에서 아우구스티누스의 모든 노력과 설명에도 불구하고 세계의 죄와 고통은 항상 모든 것을 만들고, 그 모든 것에서 존재하게 되는 모든 것을 만들고, 거기에다 그러한 일이 어떻게 돌아가는지를 알고 있는 신에게 의존하게 된다. 나는 아우구스티누스 자신이 이러한 문제점을 알고, 이것에 대해 아주 곤혹스러워했다는 것을 이미 자유에 대한 나의 현상논문(1판, 4장, 66-68쪽)에서 소개하였다. 같은 방식으로 신의 선의와 세계의 불행 사이의 모순처럼 또한 의지의 자유와 신의 예지(Vorherwissen) 사이의 모순은 데카르트주의자들, 말브랑슈, 라이프니츠, 베일(Bayle), 클라크, 아르노 등등이 거의 백여 년 동안 중단하지 않고 논의한 주제이다. 여기에서 논쟁

으로 여긴다. 그러나 우리는 위에서 언급한 가르침을 우리의 고찰 결과와 완전히 일치하는 진리라는 것을 인식한다. 즉 우리는 진정한 덕과 성스러운 심성이 그 최초의 근원을 숙고해 낸 자의(일)에서가 아니라 인식(신앙)에 —바로 우리가 이러한 인식을 또한 우리의 중심 사상에서 발전시킨 것처럼— 갖고 있다는 점을 보게 된다. 기쁨에 이르게 하는 것이 동기와 숙고해 낸 의도에서 생겨나는 것이라면, 사람들이 자기가 원하는 대로 그것을 왜곡한다고 해도 덕은 항상 단지 영리하고, 조직적이고, 멀리 보는 이기주의에 지나지 않을 것이다. 그러나 그리스도교 교회가 기쁨을 약속해 주는 신앙은 다음과 같다. 최초의 인간의 타락에 의해 우리 모두가 죄를 받고 죽음과 지옥에 빠지게 되었듯이, 우리는 또한 은총과 우리의 엄청난 죄를 물려받음에 의해서만, 신적인 중재자를 통해서만 구원받는다. 그리고 여기에 우리(개인)의 공로는 전혀 없는 것이다. 의도적인(동기에 의해서 규정된) 개인의 행위에서 유래할 수 있는 것, 즉 그러한 일은 그 본성상 결코 우리를 정당화할 수는 없다. 왜냐하면 바로 그것은 의도적인, 동기에 의해 야기된 행위opus operatum이기 때문이다. 따라서 이러한 신앙 속에는 우선 우리의 상태가 근원적으로 그리고 본질적으로 치유될 수 없다는 점, 이러한 상태에서 구원을 필요로 한다는 점이 놓여 있고, 그다음으로는 우리 자신이 본질적으로 악에 속하고 그 악에 단단하게 결속되어 있기 때문에 법률과 규정, 즉 동기에 따르는 우리의 일은 결코 정의를 충족시킬 수도 없고 우리를 구원할 수 없으며, 구원은 오로지 신앙을 통해, 즉 변화된 인식방식을 통해서

자들에게서 확정된 유일한 교리는 신의 존재와 속성인데, 그들 모두는 끊임없이 이 교리 주변을 빙빙 돌고 있을 뿐이다. 왜냐하면 그들은 그 문제를 일치시키려고, 즉 그 문제를 풀려고 시도하지만, 잘되지 않아 나머지 부분을 다른 곳에 숨겨 놓으려고 하지만 곧바로 여기저기에서 다시 생겨나기 때문이다. 그러나 그러한 당혹감의 원인을 근본전제에서 찾아야 하지만, 아무도 이것을 생각하지 않는다. 오로지 베일(Bayle)만이 이 문제를 알고 있었던 것 같다.

만 얻게 되며, 이러한 신앙은 오직 은총을 통해, 따라서 외부에서만 온다는 점이 놓여 있다. 이는 구원이 우리 개인과는 완전히 관계가 없다는 것이고, 구원을 위해서는 바로 이러한 개인 자신의 부정과 폐기가 필수적이라는 것을 의미한다. 일들, 법률 자체의 복종은 결코 정당화될 수 없는데, 왜냐하면 그것들은 항상 동기에 근거한 행위이기 때문이다. 루터는 (『기독교인의 자유에 관하여』에서) 신앙이 나타난 뒤에 그것의 징후로서, 결실로서 선한 일들이 완전히 저절로 비롯되어야 한다는 것을, 그러나 그 자체로 공적, 정당화 또는 보상을 요구하지 않아야 한다는 것을 요청한다. 이같이 또한 우리가 항상 명확하게 개체화원리를 통찰함으로써 먼저 자유로운 정의가, 그 다음에는 이기주의를 완전히 폐기하는 사랑이, 그리고 마지막으로는 의지의 체념 또는 부정이 생겨나게 된다.

우리의 전체적인 고찰에서 생겨나고, 그러한 고찰의 모든 부분들과 정확하게 합치하고 연관되는 윤리가, 물론 표현상으로는 새롭고 들어 본 바 없더라도, 본질상으로는 결코 그렇지 않고, 오히려 본래적인 그리스도교의 교리들과 완전히 일치하며, 더구나 이러한 교리 자체 속에 포함되어 있고 존재한다는 점을 보여 주기 위해, 나는 여기에서 그 자체로서는 철학과 무관한 그리스도교 신앙의 교리들을 끌어 들인 것이다. 또한 이러한 윤리는 다시 완전히 다른 형식으로 진술된 인도의 경전의 가르침과 윤리적인 규정과도 정확하게 합치한다. 동시에 그리스도 교회의 교리를 기억해 보는 것은, 한편으로는 동기가 드러난 경우에 갖은 표현을 띠게 되는 성격의 필연성(자연의 영역)과 다른 한편으로는 자기 자신을 부정하고 성격과 이러한 성격에 근거한 동기의 모든 필연성을 폐기하는 의지 자체의 자유(은총의 영역) 사이의 뚜렷한 모순을 설명하고 분명히 보여 주는 데 기여한다.

71절

꠶

    나는 여기에서 윤리의 특징들과 그러한 사상의 전달이 목적이었던 단 하나의 사상의 전체적인 전개를 끝마치면서, 이 마지막 대목의 서술에서 만나게 될 비난을 결코 숨기려고 하지 않을 것인데, 오히려 그러한 비난이 야말로 사태의 본질에 놓여 있고, 그것을 제거하는 것이 전적으로 불가능 하다는 점을 제시하고자 한다. 그러한 비난은, 우리의 고찰이 결국에 우리 가 완전한 성스러움 속에서 모든 의욕을 부정하고 폐기하여 바로 이를 통 해 그 존재 전체가 우리에게 고통으로 드러나게 되는 세계로부터의 구원 을 바로 앞에서 보고, 우리에게 이제 바로 이러한 존재가 공허한 무das leere Nichts로의 이행으로 나타난다는 것이다.

    나는 이에 대해 먼저 무의 개념이 본질적으로 상대적이고, 항상 그 개념 이 부정하는 특정한 어떤 것에만 관계한다는 것을 언급해야만 한다. 사람 들은(즉 칸트는), 이러한 특성을 단지 +(플러스)에 대한 −(마이너스)의 대립 속 에서 표시되는 결여적인 무nihil privativum의 탓으로 치부하는데, 이러한 마 이너스는 반대의 관점에서는 플러스가 될 수도 있다. 그리고 이러한 결 여적인 무와는 반대로 모든 관점에서는 아무것도 아닐 수도 있는 완전한 무nihil negativum를 제시하는데, 이것을 사람들은 논리적인 자기모순의 예라 고 말한다. 그러나 자세히 고찰해 보면 완전한 무, 즉 전적으로 본질적인 완전한 무란 생각할 수도 없는 것이고, 이러한 종류의 모든 것은 보다 높은 입장에서 고찰하거나 또는 보다 넓은 개념에 포함한다면 항상 다시 단지 결여적인 무에 불과한 것이다. 무는 모두, 다른 어떤 것에 대한 관계에서만 결여적인 무로 생각되고 따라서 다른 어떤 것도 이러한 관계를 전제로 한 다. 논리적인 모순마저도 하나의 상대적인 무에 지나지 않는다. 논리적인 모순은 이성의 사유가 아니며, 그렇기 때문에 절대적인 무가 아닌 것이다. 왜냐하면 논리적인 모순은 단어의 합성이고, 생각할 수 없는 것의 예이기 때문이며, 사유의 법칙을 증명하기 위해 논리학에서는 그러한 예가 필요하기 때문이다. 그런 까닭에 사람들이 이러한 목적을 위해 그러한 예를 생각하면, 무의미한 것을 가리켜 사람들이 찾고 있는 적극적인 것이라고 고집할 것이고, 의미를 소극적인 것으로 생략해 버릴 것이다. 그래서 모든 완전한 무 또는 절대적인 무도 더 높은 개념에 종속된다면 단지 결여적인 무나 상대적인 무relatives Nichts로 나타날 것인데, 이러한 상대적인 무는 또한 항상 자신이 부정하는 것과 기호를 교환할 수 있으므로, 상대적인 무는 부정Negation으로 생각되지만, 그러나 부정하는 것 자체는 긍정Position으로 생각될 것이다. 플라톤이 『소피스트』(258D)에서 다룬 무에 대한 난해한 변증법적 연구의 결과도 이것과 일치한다. "우리가 다른 존재Anderssein의 본성이 존재하고, 서로 대립하는 관계에 있는 모든 존재하는 것에 이르는 것을 증명하면서, 그리고 우리가 이러한 본성의 모든 개별적인 부분들을 존재하는 것에 대립시키면서 과감하게 바로 이러한 다른 존재가 사실은 존재하지 않는 것das Nichtseiende이라는 점을 주장하려고 시도하였다."

일반적으로 적극적인 것으로 받아들여지는 것, 즉 우리가 존재das Seiende라고 부르며, 이러한 존재의 부정을 가장 일반적인 의미에서 무라는 개념으로 표현하는 것은 표상의 세계, 즉 내가 바로 의지의 객관성으로 의지의 거울로 입증한 것이다. 이러한 의지와 이러한 세계가 바로 우리 자신이며, 이러한 세계에 표상 일반은 세계의 한 측면으로서 속한다. 이러한 표상의 형식이 공간과 시간이며, 그런 까닭에 이러한 입장에서 존재하는 모든 것은 어떤 장소와 어떤 때에 존재해야만 한다. 그러면 개념, 철학의 재료, 즉 말, 개념의 기호도 표상에 속하게 되는 것이다. 의지의 부정, 의지의 폐기, 의지의 전향은 세계, 즉 의지의 거울의 폐기이며 사라짐인 것이다. 우리가 이러한 거울에서 더는 의지를 발견하지 못한다면, 그 의지가 어디로 향하는지 묻는 것은 소용없는 것이고, 의지가 장소와 때를 더는 갖지 않기 때문에 의지가 무로 없어져 버렸다고 한탄할 것이다.

만약 반대의 입장이 가능하다면, 그러한 입장은 기호가 바뀌어 우리에게 존재가 무로 그리고 무가 존재로 표시될 것이다. 그러나 우리가 살려는 의지 자체인 한에서 그러한 무는 우리에게 소극적으로만 인식되고 묘사될 것이다. 왜냐하면 동일한 것은 동일한 것에 의해서만 인식된다는 엠페도클레스의 오래된 명제는 여기에서 우리로부터 모든 인식을 빼앗아 버리며, 정반대로 우리의 모든 현실적인 인식가능성, 즉 표상으로서의 세계 또는 의지의 객관성은 결국 이 명제에 근거하기 때문이다. 왜냐하면 세계는 의지의 자기인식이기 때문이다.

그럼에도 불구하고 철학이 오로지 소극적으로 의지의 부정으로 표현할 수 있는 것을 적극적으로 인식하려고 한다면, 우리는 의지의 완전한 부정에 도달한 모든 사람들이 경험한 탈자, 황홀경, 깨달음, 신과의 합일 등이라고 일컬어지는 상태를 참고하는 것 외에는 다른 방법이 없다. 그러나 이러한 상태는 본래 인식이라고 부를 수는 없는 것이다. 왜냐하면 이러한 상태는 더는 주관과 객관의 형식이 없으며, 오로지 더 이상 전달할 수 없는 자신의 경험으로써만 접근이 가능하기 때문이다.

그러나 철저하게 철학의 입장만을 고수하는 우리는 여기에서 소극적인 인식과 함께 적극적인 인식의 마지막 경계에 이르게 된 것을 납득하고 이에 만족해야 한다. 따라서 우리는 세계의 본질 자체를 의지로, 세계의 모든 현상에서 의지의 객관성을 인식하고 이러한 객관성이 어두운 자연력들의 인식 없는 충동에서부터 인간의 가장 의식적인 행위에 이르기까지 추구되어 왔다면, 우리는 의지의 자유로운 부정과 폐기와 함께 이제 이러한 현상들 모두가 폐기되고, 객관성의 모든 단계에서 그리고 그것을 통해 세계를 존재하게 하는 저 목표도 없고 휴식도 없는 지속적인 충동들과 행동 또한 이제 폐기되며, 단계적으로 이어지는 갖은 형식들의 다수성이, 의지와 함께 의지의 전체 현상이, 결국에는 이러한 현상의 일반적인 형식인 시간과 공간이, 그리고 또한 현상의 궁극적인 근본형식인 주관과 객관마저도 폐기된다는 결론을 결코 회피하지 않을 것이다. 의지가 없으면 표상도 존재하지 않고 세계도 존재하지 않는다.

우리 앞에는 오직 무만 있을 뿐이다. 그러나 이렇게 무로 사라져 버리는 것에 저항하는 것, 즉 우리의 본성이 바로 살려는 의지이며, 이러한 살려는 의지가 우리 자신이며 우리의 세계이다. 우리가 그다지도 무를 싫어하는 것은 우리가 그같이 삶을 의욕하고 있고, 이러한 의지 말고는 다른 것이 아니며, 그러한 의지 이외에 어떤 것도 알지 못한다는 점을 다르게 표현한 것에 불과하다. 그러나 우리가, 우리 자신의 궁핍과 난처함으로부터 세계를 극복한 사람들에게로 눈을 돌리게 되면, 끝없는 충동과 노력 대신에, 소망에서 두려움으로 그리고 기쁨에서 고통으로의 지속적인 이행 대신에, 의욕하는 사람의 삶의 꿈을 만족시키려는 결코 충족되지 않고, 결코 소멸하지 않는 희망 대신에, 모든 이성보다 고차원적인 평화, 큰 바다와 같은 완전한 마음의 고요, 깊은 평온, 흔들리지 않는 확신과 명랑함이 나타나게 된다. 세계를 극복한 사람에게서 의지는 우리 자신이 보잘것없다는 사실과 속박으로부터 벗어나 완전한 자기인식에 도달하고, 모든 것 속에서 자신을 다시 발견하며, 자기 자신을 자발적으로 부정하고, 그런 후에 오직 의지의 마지막 자취가 그를 생기 있게 하는 신체와 함께 소멸하는 것을 보려고 기다린다. 라파엘로와 코레조가 그린 얼굴 속에 나타나는 이러한 것들의 자취가 또한 완전하고 확실한 복음인 것이다. 오로지 인식만이 존재하며 의지는 사라져 버렸다. 우리는 깊고 고통스러운 동경을 품은 채 이러한 상태를 보게 되는데, 이와 함께 우리 자신의 참담함과 사악함das Heillose이 분명하게 대조된다. 그럼에도 불구하고 우리가 한편으로 손쓸 수 없는 고통과 한없는 비탄을 의지의 현상으로서의 세계에 본질적인 것으로 인식하며, 다른 한편으로는 의지가 폐기될 때에 세계가 사라지는 것을 보고 우리 앞에 오로지 텅 빈 무Nichts만을 지니게 된다면, 이러한 고찰은 우리를 지속적으로 달래 줄 수 있는 유일한 것이다. 따라서 인도인들처럼 브라흐마로의 흡수나 불교도의 니르바나Nirwana처럼 신화와 공허한 말로써 회피하는 것 대신에 이러한 방식으로, 즉 우리의 경험 속에서 성자들을 만나는 것은 드물지만, 성자들을 기록한 이야기와 내적인 진리를 보증하는 예술작품이 우리에게 보여주는 성자들의 삶과 처신에 대한 고찰을 통해, 우리는 아이들이 어두움을 두려워하듯이 우리가 두려워하는 무, 즉 모든 덕과 성스러움의 뒤에서 궁극적인 목표로 존재하고 있는 그러한 무에 대한 어두운 인상을 몰아내야만 한다. 물론 우리는 의지가 완전히 폐기된 뒤에 남아 있는 것이 여전히 의지로 가득 차 있는 모든 사람에게는 무라는 점을 솔직하게 인정한다. 그러나 거꾸로, 의지가 방향을 바꾸어 자기를 부정한 사람에게는 태양과 은하수와 함께 이토록 실재하는 우리의 세계가 무인 것이다.[33]

---

33 이것은 다름 아닌 불교도의 반야바라밀(Pradschna-paramita)이며, "모든 인식의 피안", 즉 주관과 객관이 더는 존재하지 않는 지점인 것이다(J. 슈미트의 『대승과 반야바라밀에 대하여』 참고).

쇼펜하우어철학 해제

쇼펜하우어의 철학은 생철학Lebensphilosophie으로 불리는데, 쇼펜하우어
만큼 삶의 본질에 대한 독창적인 사유를 전개한 철학자를 찾아보기는 쉽
지 않은 일이다. 쇼펜하우어는 인간의 이성적 능력을 강조하면서 인간과
세계를 낙관적으로 해석하는 근대철학을 비판할 뿐만 아니라, 전통철학이
제시한 인간과 세계의 피상적이고 획일적인 해석들에 대해 의문을 제기한
다. 그가 보기에 인간의 삶은 항상 모순과 갈등으로 가득 차 있을 뿐이다.
인류의 역사는 진보나 발전으로 향하는 것이 아니라 매번 갈등과 대립들
이 반복될 뿐이라는 것이 쇼펜하우어의 기본 입장이다. 그에 따르면 어떤
시대라고 할지라도 인간의 삶은 부조리와 갈등으로 가득 차 있을 따름이
다. 개인들 사이에서 일어나는 갈등뿐만 아니라 사회와 국가들 사이에 일
어나는 끊임없는 대립이 모든 인류의 역사를 관통하고 있다.

쇼펜하우어는, 전통철학이 우리에게 제시한 세계의 해석은 인간의 삶이
처한 현사실성을 피상적으로 파악하는 것이고 삶의 본질에 대한 올바른
물음을 간과하고 있다고 비판한다. 그에 따르면 특히 근대철학은 이성과
학문의 확실성에 대한 집착 때문에 삶의 의미와 세계의 본질에 대한 올바
른 성찰을 수행할 수 없었다. 개념과 추상적 사유에 사로잡힌 학문을 토대
로 하는 철학은 자신의 역할을 올바로 수행할 수 없었다. 쇼펜하우어에 따
르면 오히려 학문이 끝나는 곳에서 진정한 철학이 비로소 시작된다. 철학

은 더 이상 추상적인 개념들의 체계가 아니라 고통스러운 삶과 이를 둘러싼 다양한 문제에 대해 깊은 성찰과 세계의 근원에 대한 동경을 기술하여야 하기 때문이다.

맹목적인 살려는 의지에 근거하여 인간과 세계의 본질을 밝혀내려는 쇼펜하우어는 자신의 독창적인 사상을 박사학위 논문인 『충분근거율의 네 가지 뿌리에 대하여』, 주저인 『의지와 표상으로서의 세계』 1·2편, 현상논문 모음집인 『윤리학의 두 가지 근본문제』, 다양한 주제들에 대한 철학적인 입장을 모아 놓은 『소품과 부록』 1·2권에서 적극적으로 제시한다. 이들 저작은 모두 전통철학과 구분되는 쇼펜하우어철학의 특징들을 잘 드러내주고 있다.

쇼펜하우어의 철학은 그가 이 책 1판 서문에서 강조하듯 하나의 유일한 사상을 고지하는 것을 목표로 하는데, 그것은 다른 것이 아니라 세계의 본질이 의지Wille라는 점이다. 쇼펜하우어에 따르면 의지는 인간뿐만 아니라 무기체, 중력, 전기, 식물, 동물 등등 우리 앞에 펼쳐진 모든 존재를 있게 하는 원리이다. 이처럼 존재하는 모든 것이 의지의 현상이라는 쇼펜하우어의 철학은 전통철학을 해체하면서 인간과 세계에 대한 새로운 해석을 우리에게 제시한다. 그는 인식론, 형이상학, 윤리학, 예술철학에서 제시된 다양한 논의들을 비판하면서 독창적인 의지의 철학을 전개한다.

쇼펜하우어는 자신의 주저 『의지와 표상으로서의 세계』에서 의지의 철학을 적극적으로 제시한다. 이미 박사학위 논문인 『충분근거율의 네 가지 뿌리에 대하여』에서 앎의 기원과 역할을 논의하며 자신의 고유한 사유방식을 제시하였던 그는, 근거율에 대한 심층적인 논의를 통해 근거율의 역할과 한계에 대한 왜곡된 논의가 형이상학에 초래한 잘못된 영향을 심층적으로 분석하면서 자신의 철학이 지닌 특징을 구체화하기 시작한다. 이러한 그의 독창적인 철학은 이제 『의지와 표상으로서의 세계』를 통해 적극적으로 드러나는데, 그는 이곳에서 플라톤, 아리스토텔레스, 스토아철학, 데카르트, 칸트, 피히테, 셸링, 헤겔 그리고 인도의 우파니샤드철학 등을 언급하면서 의지의 형이상학을 정초하고 있다. 특히 쇼펜하우어는 자신의 철학을 심도 있게 이해하기 위해서는 플라톤과 칸트의 철학 그리고 우파니샤드철학을 알고 있어야 한다는 점을 강조하는데, 이것은 자신의 철학이 인간과 세계에 대한 심도 있는 성찰을 제시하고 있다는 것을 우회적으로 드러내 주는 대목이다.

쇼펜하우어는 『의지와 표상으로서의 세계』를 1818년에 완성하였으며, 이후 1844년에 2판, 1859년에 3판을 출간하여 자신의 사상체계를 더욱 확고하게 만든다. 그리고 1844년에 이 책의 속편을 출판하게 되는데, 여기에서는 『의지와 표상으로서의 세계』 1편에서 논의되었던 내용들에 대한 보다 논증적이고 체계적인 설명을 적극적으로 제공한다. 『의지와 표상으로서의 세계』는 그 어떤 곳에서보다도 쇼펜하우어의 철학을 체계적으로 심도 있게 제시해 주고 있다. 비록 쇼펜하우어가 3판에 이르기까지 『의지와 표상으로서의 세계』의 수정을 계속하였지만, 이미 1판에서 제시된 근본사상들은 변하지 않고 남아 있는데, 이 점은 그가 자신의 사상에 대한 신념이 얼마나 확고했는지를 잘 드러내 주는 것이라고 할 수 있다.

『의지와 표상으로서의 세계』는 총 네 권으로 구성되어 있는데, 1권Buch은 표상으로서의 세계 첫 번째 고찰, 2권은 의지로서의 세계 첫 번째 고찰, 3권은 표상으로서의 세계 두 번째 고찰, 4권은 의지로서의 세계 두 번째 고찰이다. 1권은 충분근거율에 근거한 경험과 학문의 대상에 대해 다루며, 2권은 의지의 객관화, 3권은 충분근거율에 의존하지 않는 표상, 즉 플라톤적인 이념을 다루는데, 이념을 조망하는 것이 예술의 목적이라는 내용이다. 마지막으로 4권은 자기인식에 도달했을 때의 의지의 긍정과 의지의 부정에 대해서 논의하고 있다. 쇼펜하우어는 이 책에서 세계를 한편으로는 표상으로 그리고 다른 한편으로는 의지로 고찰하는데, 이것은 세계가 표상이면서 동시에 의지라는 점을 의미하지는 않는다. 오히려 그가 여기에서 주장하려고 하는 것은 우선, 대개 우리가 세계를 표상으로서 파악하지만, 이처럼 세계를 표상으로서 파악하는 것은 피상적인 인식의 결과이므로 이것은 결코 인간과 세계의 본질을 우리에게 드러내 주지 못한다는 점이다. 물론 표상세계는 우리로 하여금 개념의 사용과 학문의 정초를 가능하게 하지만 이러한 표상세계는 인식주관이 충분근거율을 통해 파악한 세계일 뿐이다. 세계의 본질을 의지라고 주장하는 쇼펜하우어의 입장에서 표상세계란 의지가 객관화된 것 또는 가시화된 것이며 우리가 충분근거율을 통해 파악하는 세계이다. 이런 점에서 표상세계는 인식주관이 파악하는 세계에 불과한 것이다.

물론 우리가 세계를 표상으로 파악한다는 것은 우리가 인식주관인 한에서는 당연한 것이라고 할 수 있다. 그러나 쇼펜하우어는 우리가 단순히 인식주관이 아니라 맹목적인 살려는 의지의 지배를 받는 유한한 존재라는 점, 따라서 끊임없이 의지의 지배를 받으면서 고통스럽게 살아가는 존재라는 점을 강조한다. 그는 세계에서 의지가 자기 자신을 드러내는 것을 의지의 객관화라는 말로 설명한다. 이것은 우리가 경험하는 세계가 의지에 이끌려 간다는 것을 말한다. 그런데 의지의 객관화란 세계가 질서 있고 조화롭게 존재한다는 것을 의미하지 않는다. 왜냐하면 의지의 객관화가 보다 높은 단계로 올라갈수록 의지의 지배는 더욱더 변화무쌍해지고, 여기에서 그만큼 인간의 삶은 고통스러운 것이 되기 때문이다. "모든 것은 고통이다"라는 쇼펜하우어의 표현은 의지의 지배를 받는 개체들의 삶이 과연 어떤 것인지를 잘 드러내 준다.

여기에서 쇼펜하우어는, 철학의 역할이 다른 것이 아니라 우리를 다른 모든 존재와 구분하여 갈등을 겪게 하는 마야의 베일Schleier der Maja을 벗어

버리고, 살려는 의지 자체를 부정하여 더 이상 의지의 지배를 받지 않는 무의 상태에 도달하게 하는 것이라고 주장한다. 그에 따르면 이런 점에서 모든 철학의 진정한 역할뿐 아니라 종교의 진정한 역할은 다른 것이 아니라 살려는 의지를 적극적으로 부정하는 것이다. 그는 이것이 동정심과 금욕 그리고 고행을 통해 구현된다고 주장한다.

먼저 이 책 1권에서 다루는 내용은 세계가 우리의 표상이라는 점이다. 쇼펜하우어는 여기에서 우리가 인식주관으로서 파악하는 세계가 표상의 세계라는 점을 강조한다. 반성적으로, 추상적으로 인식하는 인간이 경험하는 세계가 바로 표상으로서의 세계이다. 즉 "세계는 나의 표상이다." 그러나 쇼펜하우어는, 우리가 세계를 표상으로서 파악한다는 것은 세계 자체, 즉 태양 자체, 대지 자체를 인식하는 것이 아니라 우리가 인식주관으로서 세계를 표상한다는 점, 즉 우리의 입장에서 세계를 파악하는 것일 따름임을 강조한다. 여기에서 세계는 인식하는 주관과의 관계에서 객관, 즉 표상으로 경험될 뿐이다. 인식주관은 시간과 공간 그리고 인과율을 통해 세계를 표상으로서 파악하는데, 이때에 쇼펜하우어는 세계가 주관에 의해 제약된다는 점을 강조한다. 그러나 그에 따르면 이것은 전혀 새로운 것이 아니며, 이미 인도의 베단타철학에서 그리고 데카르트철학에서도 확인할 수 있는 내용이다. 세계가 나의 표상이라는 말은 세계의 존재는 인식하는 주관과의 관계를 고려하지 않고서는 결코 인식할 수 없다는 것을 의미한다. 물론 이것이, 표상의 세계가 주관이 마음대로 구성해 내는 세계라는 것임을 의미하지는 않는다. 이때에 간과되어서는 안 될 것은 주관이 세계를 인식하는 출발점이며 전제조건이라는 점이다. 주관이 배제된 이러한 세계 자체는 세계를 인식하는 경우에는 상정할 수 없는 것이다. 이런 점에서 표상으로서의 세계가 존재하기 위해서는 주관과 객관이 결코 따로 떨어져 있어서는 안 되며, 이것은 반드시 필요한 전제조건이다. 여기에서 시간과 공간 그리고 인과율을 통해 파악되는 세계가 표상세계라는 점은 인식의 대상이 물자체가 아니라 현상이라는 점을 강조한 칸트의 주장과 같다고 할 수 있다. 특히 쇼펜하우어는 시간과 공간이 대상이 아니라 주관의 선천적인 형식이라는 점을 강조한 칸트의 입장을 의미 있게 평가하는데, 이것은 우회적으로 표상세계의 의미와 한계를 잘 드러내 주고 있다. 즉 표상세계는 시간적으로 공간적으로 제약된 것이므로 따라서 인식주관은 항상 시간적·공간적으로 제약된 대상만을 인식할 수 있다는 점이 밝혀진다.

쇼펜하우어는 여기에서 표상으로서의 세계가 이미 주관과 객관의 관계 또는 연결을 전제하기 때문에 주관과 객관 사이에는 인과율을 적용시킬 수 없다는 점을 강조한다. 주관과 객관은 상관개념Korrelat으로, 인간이 세계를 표상으로 인식하기 위해 서로 필요한 것이며, 주관 밖에 있는 객관 또는 객관과 관계하지 않는 주관의 존재를 가정할 수 없는 것이다. 이미 주관과 객관이 전제되어야만 세계는 표상으로서 경험된다. 이런 점에서 그는 전통철학에서 주관이 객관의 원인이라고 주장하거나 객관이 주관의 원인이라고 주장하는 것은 공허한 것이라고 비판한다. 소위 외부세계의 실재성에 대한 논쟁은, 주관과 객관이 상관개념이고 이들 사이에 인과관계가 적용될 수 없다는 점을 간과하기 때문에 생기는 오류이다. 쇼펜하우어는 칸트의 용어인 경험적 실재성empirische Realität과 선험적 관념성transzendentale Idealität이라는 용어를 통해 주관과 객관의 긴밀한 연관관계를 설명하고 있다.

쇼펜하우어는 표상들이 서로 결합하는 연결고리를 충분근거율 또는 간단히 근거율이라고 부른다. 근거율에는 네 가지 종류가 있는데, 그것은 각각 생성의 근거율, 인식의 근거율, 존재의 근거율, 행위의 근거율이다. 전통철학의 역사는, 그에 따르면 이러한 근거율 중에서도 특히 생성의 근거율과 인식의 근거율을 혼동하여 많은 문제점을 제기했다. 중요한 것은, 근거율이 표상과 표상을 결합시킬 뿐이지 표상을 주관이나 객관과 결합시키지 못한다는 점이다. 이것은 근거율의 사용이 전적으로 표상세계에 국한되어야 함을 의미한다. 그는 이러한 근거율을 주관과 객관 사이에 적용시키게 되면, 외부세계의 실재성에 대한 논쟁이 생겨날 수밖에 없다는 점을 지적한다. 전통철학에서 외부세계의 실재성을 둘러싼 관념론자들과 유물론자들 그리고 회의론자들 사이의 논쟁은 인식주관이 파악하는 표상세계의 특성을 간과하기 때문에 벌어진 일이라고 쇼펜하우어는 지적한다. 표상세계의 기원을 주관에서만 설명하거나 객관에서만 설명하려는 시도는 우리가 세계를 표상으로 경험하는 한에서는 어리석은 일이라는 것이 그의 지적이다.

한편 세계를 표상으로서 파악하는 과정에서 주관과 객관을 상관개념으로 규정하고 근거율을 주관과 객관 사이에 적용시켜서는 안 된다는 점을 강조하는 쇼펜하우어는 우리가 경험하는 표상세계와 그 속에서의 삶이 하나의 꿈과 같은 것일 수 있다고 말한다. 왜냐하면 인식주관으로서 우리는 표상세계 밖으로 나갈 수 없기 때문이다. 물론 일상에서 우리는 잠에서 깨어난다는 경험적 사실로써 꿈과 현실을 구분하지만 쇼펜하우어는, 우리의 삶이 하나의 긴 꿈이라면 이러한 구분이 받아들여질 수 없다고 말한다. 그는 핀다로스와 소포클레스 그리고 플라톤과 셰익스피어를 인용하면서 인간의 현실에서의 삶이 하나의 꿈과 같다는 것을 강조하는데, 이것은 우리가 경험하는 표상세계의 유한성을 드러내기 위한 것이다. 특히 무엇보다도 근거율의 적용 영역이 표상세계에 국한될 뿐이며, 이러한 표상세계의 근거나 본질에는 근거율이 적용될 수 없다는 점이 강조된다.

쇼펜하우어는 여기에서 흥미로운 주장을 하는데, 그것은 동물도 세계를 표상으로 파악한다는 점이다. 물론 동물을 인간과 같은 인식주관으로 규정하는 것은 어렵겠지만, 아무리 불완전한 동물일지라도 대상의 움직임을 파악하고 인과관계를 파악하기 때문에 오성의 능력을 지니고 있다는 것이 그의 주장이다. 즉 인간과 동물 사이에는 정도의 차이가 있지만 오성이 공통적으로 존재한다. 그러나 인간은 동물과 달리 이러한 오성의 능력뿐 아니라 개념을 사용하면서 추상적인 사유를 하게 된다. 즉 인간은 직관적인 인식에만 사로잡혀 있는 동물과는 달리 개념을 사용하여 추상적인 인식을 전개하고 우리의 경험을 현재에서 과거 그리고 미래의 영역으로 확장시키게 된다.

쇼펜하우어는 인식을 두 가지로 구분하는데, 하나는 직관적인 인식이고 다른 하나는 추상적인 인식이다. 직관적인 인식은 우리에게 확실성을 가져다주지만 현재에만 의존한다. 반면에 추상적인 인식은 인간에게만 고유한 이성의 추상작용을 통해 주어진다. 그렇기 때문에 특정한 시간과 공간에 의존하지 않으며, 이성이 개념을 형성하면서 세계에 대한 앎을 현재뿐만 아니라 과거, 미래에까지 확장시킨다. 쇼펜하우어는 이러한 추상적인 인식이 직관적인 인식에서 시작한다는 점을 강조한다. 따라서 직관 속에 주어지지 않은 것을 인식한다는 것은 공허한 일이다. 물론 여기에서 그는 추상적인 인식이 쓸모없는 것이라고 보지는 않는다. 추상적인 인식은 직관을 통해 주어진 대상들에 대한 앎을 개념으로 구성하여 체계적인 앎의 체계를 확립한다. 추상적인 인식은 고유한 반성작용과 이성의 능력을 통해 인간으로 하여금 학문을 구축하게 한다. 원인과 결과의 결합을 인식하는 기능을 지닌 오성과는 달리 이성은 개념을 산출하고 그러한 개념들을 연결시켜 판단을 그리고 나아가 추리를 형성한다. 추상적인 인식은 개념을 통해 경험을 전달하거나 고정시켜 보존한다는 점에서 중요한 역할을 한다.

만약 이러한 추상적인 인식이 직관적인 인식에서 출발하지 않는다면 공허한 것이 된다. 이런 점에서 쇼펜하우어는 추상적인 인식을 바탕으로 하는 논리학과 수학의 역할에 대해 비판적인 입장을 취한다. 논리학은 근거율에 대한 부연설명일 뿐이며 추리를 위한 것이다. 그리고 다양한 학문적 사유를 위한 장치일 수 있지만 논리학 자체가 학문의 본질이나 세계의 기원을 설명해 줄 수는 없다. 근거율 중에서 인식의 근거율과 생성의 근거율의 명확한 구분을 강조하는 쇼펜하우어의 입장에서 논리학은 사람들이 일상에서 구체적으로 아는 것을 추상적으로 파악하는 학문일 따름이다. 특히 쇼펜하우어는 논리학에 정통한 사람일지라도 현실에서는 이러한 논리학의 규칙을 제쳐 놓을 수밖에 없다는 점을 지적한다. 비록 논리학은 개념을 산출하는 이성의 사용에 있어서 필수적이지만, 이성을 거스르는 대상들에 대해서는 쓸모없는 것이기 때문이다. 그러나 쇼펜하우어는 이러한 논리학이 학문에 유용하다는 점은 인정하는데, 논리학은 개념들의 범위와 개념들 사이의 관계를 올바르게 파악하여 판단과 추리가 체계적으로 전개되도록 하기 때문이다. 따라서 논리학은 이성의 자기고찰을 통해 경험한 모든 내용들을 추상을 통해 인식하는 보편적인 앎이라고 할 수 있다. 그리고 이성의 사용에 있어서 개념화된 보편적인 규칙을 제공해 주는 역할을 한다.

쇼펜하우어는 직관이 모든 명증성의 근원이고 이것이 우리에게 확실성을 가져다준다는 점에서 수학이 유클리드에 의해 학문으로 전개되는 과정을 비판한다. 즉 그에 따르면 본래 직관적인 인식인 수학이 추상적인 학문으로 변질되었는데, 이것은 수학이 직관적인 논증에서 논리적인 논증 또는 추상적인 논증으로 변해 버렸기 때문이다. 여기에서 쇼펜하우어는, 수학이 마치 지팡이를 짚기 위해 다리를 자르는 것과 같은 잘못을 범했다고 비판한다. 수학은 본래 공간과 시간의 영역에서 다양한 표상을 존재의 근거로 연결하는 작업을 하는 것이었다. 그러나 수학은 삼각형의 본질에 대한 직관적인 통찰 대신에 삼각형에 대한 자의적인 명제들을 제시하고 모순을 통한 논리적인 증명으로부터 추상적인 법칙들을 도출해 낼 따름이다. 이러한 방식은 수학을 배우는 사람으로 하여금 공간적이고 시간적인 관계에 대한 본래적인 통찰을 제공하지 않고, 몇 개의 법칙들만을 암기하게 하는 결과를 가져올 뿐이다. 쇼펜하우어는 이러한 추상적인 인식에 사로잡힌 수학은 마치 병과 약을 알고 있지만, 이 둘 사이의 연관성을 알지 못하는 의사와 같다고 비판한다. 여기에서 그는 증명된 진리, 즉 추상적인 진리가 직관적으로 인식된 진리보다 우월하다는 오해를 제거하는 것이 필요하다는 점을 강조한다. 이러한 비판의 정당성을 쇼펜하우어는, 유클리드 기하학이 공리의 직접적인 명증성에 의존하고 있다는 데에서 확인한다.

이 책 2권에서는 의지의 객관화에 대해 논의한다. 여기에서 의지의 객관화라는 표현은 의지가 자신을 적절하게 가시화하는 것, 즉 의지가 현상하는 과정을 의미한다. 앞서 1권에서 언급한 표상으로서의 세계는 우리가 인식주관으로서 경험하는 세계를 다루었지만, 이제 2권에서는 쇼펜하우어의 의지의 형이상학의 중심 내용인 의지의 특성과 그러한 의지가 어떻게 현상하는지를 다룬다. 이를 바탕으로 자연의 본질이 무엇인지가 논의된다.

쇼펜하우어는 여기에서 이러한 표상세계를 인식하는 주관에 대해 주목한다. 그는 인식주관이 단순히 표상과 관계하는 존재만은 아니라는 점을 강조한다. 세계 속에서 하나의 개체로 존재하는 주관은 신체Leib를 지니고 있는 존재이다. 인식주관은 신체를 통해 세계를 인식한다. 우리는 세계를 인식하는 개체로서 대상을 바라보는 눈, 대상을 지각하는 손을 갖고 있다. 이러한 신체는 다른 대상과 마찬가지로 인식주관에게 하나의 표상으로서 주어진다. 그러나 쇼펜하우어는 이러한 신체가 동시에 의지로서도 주어진다는 점을 강조한다. 여기에서 그는 신체와 의지의 동일성을 강조하면서 그의 독창적인 의지의 형이상학을 구축한다. 이러한 동일성은 본성상 결코 직접적으로 증명될 수 있는 것이 아니다. 쇼펜하우어는 의지와 신체의 이러한 동일성을 "철학적 진리philosophische Wahrheit"라고 규정한다. 그에 따르면 우리가 지각하는 모든 형태의 신체의 운동은 의지의 작용인데, 예를 들어 배고픔을 느끼는 위의 작용은 개체의 존재를 유지하려는 의지의 작용 이외의 다른 것이 아니다. 신체는, 인식주관의 입장에서 우리가 다른 대상을 인식하는 것처럼 하나의 표상으로 파악되지만, 다른 한편으로 보자면 의지 자체가 자신을 드러내는 것이다. 신체의 모든 작용은 객관화된 의지인 것이다. 이런 점에서 신체는 의지가 객관화된 것, 즉 표상이 된 의지인 것이다. 우리가 특정한 신체기관에서 느끼는 고통은 의지의 현상을 거스르는 것이고, 특정한 신체기관에서 느끼는 쾌적함은 의지의 작용과 일치하는 것이다. 여기에서 쇼펜하우어는 신체를 의지의 인식조건이라고 규정하는데, 그는 신체와 의지의 동일성을 자연에서의 모든 현상을 설명하는 열쇠로서 사용한다.

쇼펜하우어에 따르면 의지의 현상만이 인식될 뿐 의지 자체는 인식될 수 없다. 왜냐하면 인식은 근거율을 적용하는 것인데, 의지에는 이러한 근거율이 적용될 수 없기 때문이다. 앞서 쇼펜하우어가 신체와 의지의 동일성이 증명될 수 없다고 말한 것도 의지가 근거율에 의해 파악될 수 없음을 의미한다. 이런 점에서 그는 오히려 의지를 근거 없는 것이라고 부른다.

쇼펜하우어는 신체작용을 통해 의지의 존재를 확인하면서 이러한 의지가 자연에서 적극적으로 드러나는 과정을 기술한다. 의지는 동물과 인간에게서뿐만 아니라 식물과 무기체에서도 작용한다. 즉 의지의 작용은 물질에 작용하는 다양한 힘, 즉 화학반응, 인력과 척력, 중력, 자기력 등 모든 자연현상에서 확인된다. 자연에서 경험하는 다양한 개체들의 내적인 본성은 다른 것이 아니라 바로 이러한 의지의 현상, 즉 의지의 객관화이다.

소위 물자체로서의 의지는, 의지가 객관화된 것으로 의지의 현상과는 다르며 시간과 공간의 제약을 받지 않는다. 현상의 모든 형식에 제약을 받지 않는 자유로운 의지인 것이다. 그렇기 때문에 의지는 개체화원리principium individuationis가 가져오는 다수성과는 관계가 없다. 반면에 의지의 지배를 받는 개체들은 이러한 개체화원리에 의해 다수성에 사로잡히게 된다.

개체들 속에 깃든 또는 개체들의 존재를 이끌어 가는 의지는 맹목적이고 충동적인 한편 인식의 대상이 아니다. 개체들의 행동은 개체들의 그러한 의지가 객관화된 것이라는 점에서 동기와 자극에 의해서 이루어지지만, 의지 자체는 이러한 동기와 자극으로부터 완전히 벗어나 있다. 각각의 개체들은 그들의 고유한 형태와 존재방식을 갖고 있지만, 이들을 관통하는 것은 하나의 맹목적인 충동적 의지이다. 쇼펜하우어는, 새벽의 여명이 대낮과 함께 햇빛이라는 이름을 공유하듯이 모든 개체들의 존재를 각인하는 원리를 의지라고 본다.

모든 자연현상을 의지가 객관화된 것으로 규정하는 쇼펜하우어는, 원인학이나 형태학이 유기체의 모든 삶을 특정한 화학적 현상이나 기계적 작용으로 환원시키려는 태도를 비판한다. 무근거성을 특징으로 하는 의지가 드러난 자연현상을, 특정한 현상으로 환원시키는 것은 불가능하다는 것이 그의 주장이다. 원인학이 사물의 내적인 본질에 도달하지 못하는 것처럼 이러한 자연과학의 시도는 성공할 수 없는 것이다. 쇼펜하우어는 여기에서 특정한 물질로 자연의 본질을 밝혀내려는 유물론자들의 시도를 비판하며, 나아가 세계 전체를 주관에 의해서 파악하려고 하는 피히테의 극단적인 관념론의 시도까지 비판한다. 이러한 시도에서 의지는 여전히 "숨겨진 힘qualitates occultae"으로 남아 있을 뿐이다. 자연과학의 방식은 인과성을 실마리로 자연 속에서 드러나는 힘을 시간과 공간 속에서 파악하려는 것인데, 이것은 현상만을 설명할 뿐이지 이러한 현상을 가능하게 하는 본질, 즉 의지를 파악할 수는 없다. 쇼펜하우어에 따르면 자연의 모든 현상을 규명할 수 있는 것은 의지이다. 자연과학이 신뢰하는 자연법칙은 단지 의지의 현상에만 적용시킬 수 있을 뿐이며, 의지 자체에는 적용시킬 수 없다.

자연에서 발견되는 전기, 자기, 화학적 성질들과 같은 힘들은 의지의 객관화의 가장 낮은 단계에서 나타난다. 이러한 의지의 객관화의 단계가 높아질수록 의지는 고유한 특성을 지닌 채 나타난다. 무기체나 식물들에게서 나타나는 의지보다 동물에게서, 동물보다는 인간에게서 나타나는 의지가 더 개체성을 강조하면서 드러난다. 의지의 객관화의 낮은 단계에서는 대부분 개성Individualität이 결여되어 있지만 높은 단계에서는 이러한 개성이 더욱 강화된다.

쇼펜하우어에 따르면 의지의 객관화의 낮은 단계에서부터 높은 단계에 이르기까지 의지는 맹목적인 충동과 노력Streben을 드러낸다. 그는 이처럼 의지의 객관화 단계에서, 다양한 개체들에게서 나타나는 의지의 일관적인 특성을 합목적성Zweckmäßigkeit이라는 용어로 설명한다. 특히 그는 칸트의 구분인 내적 합목적성과 외적 합목적성을 받아들이지만, 칸트와는 달리 합목적성이라는 용어를 통해 자연 전체의 갈등적인 상태와 의지에 의한 종속성을 부각시킨다. 내적 합목적성은 한 유기체의 서로 다른 기관들의 작용들이 그 유기체에 깃든 의지를 드러내기 위해 존재한다는 점에서 잘 드러난다. 쇼펜하우어에 따르면 유기체뿐만 아니라 무기체도 이러한 내적 합목적성을 지니고 있다. 외적 합목적성은 세계 전체가 하나인 의지의 객관화라는 점을 말해 준다. 즉 외적 합목적성은 다양한 음들이 화음을 이루는 것처럼 다양한 개체들이 의지의 존재를 드러내 준다는 것을 말해 준다. 내적 합목적성과 외적 합목적성은 의지의 객관화 단계에서 나타나는 다양한 개체들이 서로 적응과 순응을 통해 의지의 작용을 드러내는 것을 설명해 준다. 그러나 그에 따르면 이러한 자연의 합목적성은 자연의 조화와 안정을 드러내 주기 위한 것이 아니라 자연 속에서 모든 개체들이 의지의 지배를 받게 한다는 점에서 갈등적이라는 사실을 고지해 준다.

쇼펜하우어는 의지의 객관화의 단계에서 가장 높은 단계에 있는 인간의 행동을 지배하는 의지의 특성을 성격Charakter이라고 부른다. 물론 의지의 지배를 받는 무기물, 식물 그리고 동물도 고유한 성질을 통해 의지의 지배를 드러낸다. 여기에서 인간이 의지의 객관화의 가장 높은 단계에 있기 때문에 자신의 행동을 자유롭게 할 수 있을 것이라고 추측할 수 있지만, 그는 이것이 불가능하다고 말한다. 인간도 다른 개체들처럼 의지가 객관화된 것인 한에서 의지의 지배를 받는 것은 필연적이다. 서로 다른 방식으로 살아가는 인간의 모든 행동은 이러한 행동을 가능하게 하는 의지의 지배를 받는데, 여기에서 드러나는 특성을 쇼펜하우어는 예지적 성격intelligibler Charakter이라고 부른다. 예지적 성격이란 인간의 삶의 상황이나 조건에 상관없이 반드시 드러나는 의지의 특성이다. 인간은 의지의 지배를 받는 한에서 이러한 예지적 성격으로부터 벗어날 수 없다. 이런 점에서 쇼펜하우어는 전통철학에서 논의한 자유의지의 존재가능성을 부정한다.

이러한 예지적 성격은, 개체가 처한 현실적인 상황에 적응하면서 드러날 수밖에 없는데, 이렇게 구체적으로 드러난 인간의 성격을 쇼펜하우어는 경험적 성격empirischer Charakter이라고 부른다. 경험적 성격은 시간과 공간에 매이지 않는 예지적 성격이 현상 속에서 드러나는 것이다. 경험적 성격은 개체들의 환경을 고려하여 의지가 현상한다는 점을 제외하고는 궁극적으로 예지적 성격의 현상이라는 점에서 개체의 존재를 지배하는 의지의 특성을 잘 드러내 준다.

자연의 합목적성과 개체의 성격은 모두 의지의 끊임없는 노력을 드러내 준다. 쇼펜하우어는 의지의 이러한 노력이 저지되지 않고 끊임없이 전개되면서 발생하게 되는, 자연을 구성하는 모든 개체들의 영원한 싸움과 갈등을 언급하고 있다. 목표에 도달한 의지는 또다시 새로운 노력을 전개하고, 끊임없이 새로워지는 것을 목표로 하게 되는데, 이러한 의지의 노력은 끝이 없다는 것이 그의 주장이다.

이 책 3권에서 쇼펜하우어는 근거율에 의존하지 않는 표상에 대해서 언급한다. 이 부분은 쇼펜하우어의 미학 또는 예술형이상학을 설명해 주고 있다. 그는 앞서 1권에서 표상의 세계를 다루었고 그리고 2권에서는 의지의 세계를 다루었는데, 이제 이러한 표상과 의지의 세계 사이에 위치한 이념에 대해서 언급한다. 물론 표상, 이념, 의지는 의지의 객관화로 연결되지만, 각각의 존재특성은 다른 것이다. 먼저 표상은 근거율에 의해 제약된 세계이며 인식주관이 근거율을 통해 파악한 세계이다. 표상의 세계란 인식주관인 우리가 경험하는 세계라는 점에서 우선적으로 우리에게 중요한 세계이다. 그러나 쇼펜하우어는 이러한 표상세계가 실제로는 의지의 현상일 뿐이라는 점을 강조한다. 즉 표상세계는 의지의 측면에서 보자면 다른 것이 아니라 의지가 객관화된 세계이며, 의지의 객관화의 가장 높은 단계에 있는 인간이 인식작용을 통해 파악한 세계일 따름이다. 다양한 개체들로 이루어진 표상세계에서 우리는 근거율을 통해 세계를 의미 있게 파악하려고 하지만 여전히 세계에 대한 피상적이고 유한한 해석만을 얻을 수밖에 없다. 왜냐하면 근거율은 우리가 경험하는 표상으로서의 세계가 실제로는 의지의 현상일 뿐이라는 것을 확인해 줄 수 없기 때문이다. 근거율은 끊임없이 생성하고 소멸하며 개체들의 삶을 갈등상태로 이끌어 가는 의지의 본모습을 간파하게 하지 못하고 모든 개체의 존재가 일시적이며 상대적이라는 점을 통찰하지 못하게 한다. 쇼펜하우어에 따르면 추상적인 개념에 근거한 학문의 작업은 이러한 표상으로서의 세계를 유일한 세계로 간주하며, 이러한 표상세계의 본질과 기원에 대한 물음을 제기하려고 하지 않는다.

여기에서 쇼펜하우어는 이념Idee을 조망하는 데 대한 중요성을 강조한다. 이념은 표상과 의지로서의 세계가 시간과 공간 그리고 근거율에 대해서 갈등적이고 대립적으로 존재하는 상태에서 벗어나게 한다. 개념을 통해 구축된 학문체계는 개체들의 존재를 종합하여 세계에 대한 전체적인 인식을 제공하기는 하지만, 이러한 인식은 의지가 객관화된 현상에 대한 인식만을 제공하기 때문에 우리로 하여금 항상 상대적인 존재만을 경험하게 한다. 그는 이런 점에서 의지에 봉사하는 인식은 결코 세계의 본질을 우리에게 드러내 줄 수 없다고 말한다.

따라서 쇼펜하우어는 세계의 본질을 올바르게 인식하기 위해서는 이념의 인식으로 이행할 것을 요구한다. 이러한 이행은 인식이 의지에 봉사하는 것에서 벗어나고 의지의 객관화가 가져오는 사물들의 다수성과 변화에서 벗어나 사물의 본질을 파악하게 한다. 원래 우리는 인식주관으로서 세계를 표상으로 파악하고 근거율에 의해 세계를 다수성 그리고 생성과 소멸 속에서 파악한다. 그러나 이념의 인식은 우리로 하여금 순수인식주관으로 일변하게 하고 추상적인 사유, 이성의 개념들에 사로잡힌 세계경험에서 벗어나 "객관을 비추는 맑은 거울"로서 의지에 더 이상 봉사하지 않게 한다. 이러한 이념의 관조는 개체들을 원인과 결과의 끊임없는 연쇄로서 경험하는 것에서 벗어나게 하여, 표상세계의 본모습과 다양한 개체들 속에서 자신을 드러내고 있는 의지의 존재를 간파하게 한다. 쇼펜하우어에 따르면 이념의 관조 속에서는 더 이상 주관과 객관의 구분이나 근거율이 적용되지 않는다. 즉 이념은 주관에 얽매이지 않는 사물에 대한 순수한 객관성이다. 이런 이유에서 쇼펜하우어는 이념을 가리켜 의지의 순수하고 적절한 객관성이라고 말한다. 이뿐만 아니라 이념은 근거율의 적용에서 벗어나 있기 때문에 의지에 봉사하지 않는다. 이념을 관조하는 순수인식주관은 시간과 공간 그리고 인과율에 사로잡혀 사물을 바라보는 방식에서 벗어나며 이때에 비로소 표상으로서의 세계의 완전하고 본래적인 모습, 그리고 우리가 경험하는 세계가 의지가 객관화된 세계에 불과하다는 점을 통찰한다.

쇼펜하우어는 세계의 본질을 통찰하기 위해서는 의지의 적절한 객관성을 현상, 즉 표상과 구분하는 것을 배워야 한다는 것을 강조한다. 이것은 우리가 단순한 인식주관에서 순수인식주관으로 정신이 고양되는 것을 의미한다. 이러한 정신의 고양은, 예를 들자면 수많은 형태의 구름 모양을 바라보지만 이처럼 다양한 형태의 구름이, 수증기로 이루어졌다는 구름의 본질을 통찰한 사람에게는 동일한 구름으로 조망되는 것을 의미한다. 순수인식주관은 근거율을 적용하지 않고 의지의 객관화된 세계를 바라본다는 것이다. 따라서 순수인식주관에 도달한 사람, 즉 이념을 관조하는 사람은 인류의 역사 속에서 개별적으로 일어난 수많은 사건들, 현재의 사람들이 살아가는 다양한 삶의 방식들, 사물들의 상이한 존재형태들의 본질을 꿰뚫어 보고 이 모든 것이 단일한 의지의 현상이라는 점을 알아챈다. 이념을 관조하는 사람에게는 우리가 경험하는 현실세계의 다수성과 차이, 변화는 상관없는 것이며, 개별적인 인간들에게 주어지는 다양한 운명들, 사건들의 끊임없는 변화들은 모두 동일한 것으로 다가올 뿐이다.

쇼펜하우어는 이처럼 이념을 조망하는 사람을 천재Genie라고 부른다. 천재는 근거율에 의하여 다수성과 개체성에 사로잡혀 있는 일상인의 삶의 방식에 탄식한다. 천재는 순수한 관조를 통해 사물들의 동일성, 즉 이념을 바라본다. 일상인은 근거율에 사로잡혀 결코 이념을 조망할 수 없다. 쇼펜하우어는 이러한 천재의 작업을 예술이라고 규정한다. 즉 예술은 다른 것이 아니라 이념을 관조하는 것이다. 그에 따르면 예술은 모든 현상의 본질, 즉 일시적인 것이 아니라 지속적인 것, 우연적인 것이 아니라 필연적인 것을 우리에게 드러내 준다. 비록 이러한 표현의 재료에 따라 다양한 예술의 장르가 언급되지만, 모든 예술을 관통하는 공통적인 원리는 이념의 조망이며, 이념의 표현인 것이다. 진정한 예술에서는 표상들의 관계를 다루지 않고, 우리의 경험과 학문이 주목하는 다수성과 상대성을 도외시한다. 천재적인 고찰방식으로서의 예술 작업은 자기 자신과 사물의 관계를 완전히 잊어버리고 사물의 본질, 즉 우리가 경험하는 모든 것이 의지의 현상에 지나지 않다는 점을 폭로한다. 천재의 능력은 추상적인 사유에 사로잡혀 개념에 집착하는 것이 아니라 직관에 몰입하는 것이고 이를 통해 의지의 객관성, 즉 이념을 간파하는 것이다. 천재는 세계를 관조하는 맑은 눈으로 개인이 지닌 인식능력을 능가하면서 세계의 본질을 비춘다. 이러한 천재의 작업인 예술은 그렇기 때문에 이념을 작품 속에서 구현하는 것이다.

아름다움과 숭고로 이루어지는 이러한 예술경험은 다른 것이 아니라 순수인식주관의 상태에서 포착된 이념을 인식하는 것이다. 이것은 표상을 인식하는 것과는 달리 전적으로 의지에서 벗어나 이념을 인식하는 것을 의미한다. 아름다운 예술작품과 자연은 주관성과 의지의 지배에 사로잡힌 우리를 순수인식의 상태로 이끌어 가고 여기에서는 개체성의 모든 차이가 사라진다.

쇼펜하우어는 이처럼 순수인식주관이 가져오는 이념의 관조가 실현되는 다양한 예술의 형태를 언급한다. 조각, 회화, 시문학Poesie, 비극, 음악 등에서 예술가는 의욕의 진정제Quietiv로서 이념을 묘사한다. 쇼펜하우어는 이 중에서 다른 예술 분야와 다르게 음악의 영향이 가장 강력한 것임을 강조하는데, 왜냐하면 음악은 다른 예술처럼 이념의 모사가 아니라 의지 자체의 모사이기 때문이다. 음악은 다양한 멜로디 화음, 평균율, 조Tonart와 조바꿈, 떨림음, 불협화음 등을 통해 의지의 본모습을 우리에게 고스란히 드러내 준다.

쇼펜하우어의 예술개념이 지닌 특징은 개체성으로부터 벗어나 사물의 이념을 파악하는 것인데, 이런 점에서 모든 예술행위의 목표는 의지의 지배로부터 벗어나는 것이라고 할 수 있다. 비록 쇼펜하우어는 예술경험을 아름다움과 숭고로 구분하지만 이들은 모두 순수인식주관의 상태에서 의지의 존재를 자의적으로나 타의적으로 망각하게 한다.

그러나 이처럼 예술경험을 가능하게 하는 순수인식주관의 상태는 지속되지 않는다. 여기에서 쇼펜하우어는, 아름다움과 숭고를 통해 이념을 조망하는 순수인식주관에게 또다시 근거율이 다가와 의지의 지배에 사로잡히고 개체들의 구분과 차이성에 주목하게 되어 갈등적인 상태가 시작된다는 점을 강조한다. 의지의 지배로부터 완전히 벗어나기 위해서는 다른 방식이 필요하다.

이 책 4권에서는 의지로서의 세계를, 의지의 객관화와 관련하여 다루었던 2권에서와는 다르게 고찰하는데, 여기에서는 주로 의지를 긍정하는 것과 의지를 부정하는 것이 지닌 의미를 논의한다. 쇼펜하우어는 이 4권에서의 논의가 가장 중요한 부분이라고 보는데, 왜냐하면 이 부분은 인간의 삶과 깊은 관련이 있기 때문이다. 특히 이 부분은 쇼펜하우어의 의지형이상학이 추구하는 것이 무엇인지를 명확하게 드러내 준다. 그는 여기에서 삶의 본질이 무엇인지 그리고 맹목적인 의지가 지배하는 세계에서 우리가 어떻게 살아가야 하는지를 논의하고 있다.

쇼펜하우어에 따르면 모든 개체는 살려는 의지를 가지고 있다. 의지의 객관화 단계에서 시간과 공간, 즉 개체화원리에 의해 서로 구분된 개체들은 각각 자신의 존재를 유지하고 보전하기 위해 노력하는데, 이런 점에서 개체들의 삶은 맹목적인 충동에 불과하다. 무기체, 식물, 동물 그리고 인간 모두가 이러한 살려는 의지를 드러내고 있다. 개체들은 태어나서 죽는 순간까지 삶을 의욕하는데, 여기에서 자신들이 존재하기 위해 다른 존재를 소멸시켜야만 한다. 이러한 과정에서 한 개체는 다른 개체를 그리고 다른 개체는 또 다른 개체를 거리낌 없이 파괴한다. 따라서 앞서 말한 살려는 의지는 한 개체를 유지하게 하면서 동시에 다른 개체를 파괴하게 하는 원리가 된다. 이처럼 자연은 갈등적이고 파괴적으로 해석할 수밖에 없는데, 중요한 것은 이러한 살려는 의지가 실제로는 개체 자체를 위한 것이 아니라 의지 자체를 위한 것이라는 점이다. 살려는 의지는 개체의 안녕에는 아랑곳하지 않고 특정한 개체를 파괴해서라도 의지인 자신의 존재를 유지하려고 한다.

의지의 긍정, 즉 살려는 의지의 긍정은 세계와 삶 속에서 자신에게 주어진 의욕을 충실하게 실현하는 것을 의미한다. 이러한 의지의 긍정은 각기 다른 다양한 개체와의 갈등을 야기하며 맹목적인 충동으로 드러난다. 그렇기 때문에 의지의 긍정은 특정한 개체에게는 만족을 가져오지만 다른 개체에게는 고통을 가져온다. 그러나 이러한 의지의 긍정이 도달하려는 종착점이란 존재하지 않기 때문에 개체는 끊임없이 의욕해야만 하는 고통스러운 상황에 내던져지게 된다.

반면에 의지의 부정은 인식작용이 의욕으로부터 분리되어 개체들의 이념을 파악하고, 이를 통해 맹목적인 살려는 의지가 이끌어 가는 고통스러운 삶의 본질들을 간파하여, 결국은 의지의 진정제가 된다. 이러한 의지의 부정은 살려는 의지에 지배받는 개체들이 겪는 끔찍한 고통을 인식하는 데서 시작된다. 즉 근거율과 개체화원리에 사로잡힌 개체들의 삶이 야기하는 고통을 직시하는 데서부터 의지의 부정이 시작되는 것이다. 쇼펜하우어는, 3권에서는 이것을 이념의 관조라고 표현하였으나 4권에서는 적극적으로 의지의 부정으로 묘사한다. 이러한 의지의 부정이란 인간의 행동을 지배하는 예지적 성격이 경험적 성격으로 드러나는 것을 부정하는 것을 의미한다. 근거율, 특히 행위의 근거율에 사로잡힌 인간의 모든 행동은 맹목적인 의지의 지배를 받는다. 즉 우리는 의지가 의욕하는 것을 수행하고 의지가 회피하는 것을 버리게 된다. 그러나 근거율과 개체화원리에서 벗어난 의지의 부정의 단계에서는 개체에게 깃든 모든 의욕은 폐기되고, 우리 눈앞에 펼쳐진 다수성과 인과적 관계 설정이 사라진다. 쇼펜하우어에 따르면 이러한 의지부정의 상태에 도달한 사람은 타인의 삶이 지닌 고통을 나의 고통으로 이해하고 더 이상 타인의 불행을 나의 기쁨으로 간주하지 않게 된다. 의지를 부정한 사람에게는 모든 인간과 모든 존재가 고통을 당하는 존재로 인식된다. 이러한 의지의 부정은 모든 인간의 삶이 맹목적인 의지의 지배를 받으며, 결국은 고통 속에서 생을 마감한다는 사실을 통찰한 뒤에 주어진다. 쇼펜하우어에 따르면 매 순간의 소망은 성취되자마자 또 다른 소망이 생겨나고, 개체가 살아 있는 한 이러한 연결고리는 끊임없이 반복될 뿐이다. 이런 점에서 쇼펜하우어는, 모든 인간의 삶은 고통스러운 것이라고 주장한다.

쇼펜하우어는 살려는 의지의 긍정이 야기하는 문제를 부당함과 정당함이라는 용어로 설명한다. 한 개체에게서 의지의 긍정은 다른 개체의 의지, 즉 살려는 의지를 부정하거나 훼손하게 하는 부당한 행위를 야기한다. 이러한 부당한 행위는 폭력을 사용하는 것, 거짓말을 하는 것, 계약을 파기하는 것 등 다양한 형태로 드러난다. 그러나 쇼펜하우어는 이러한 부당한 행위가 행해졌을 때에 자신의 살려는 의지를 지키려는 행위는 정당한 행위라는 점을 강조한다. 국가는 계약을 근거로 정당한 개체의 삶을 부당함으로부터 지켜 내려고 한다. 그러나 쇼펜하우어는 국가의 존재에 기반을 둔 이러한 정의는 일시적인 정의zeitliche Gerechtigkeit에 불과하다고 말한다. 비록 일시적인 정의는 타인의 의지를 부정하는 행동을 처벌하는 것이지만, 이것이 개체들의 고통을 제거해 줄 수는 없다. 그는 일시적인 정의와는 다른 영원한 정의ewige Gerechtigkeit를 언급하는데, 이것은 인간의 행동에서 범죄와 처벌이 긴밀하게 연결되어 있고, 인간의 삶 자체가 끊임없는 고통과 불행 그리고 결핍 속에 놓여 있다는 사실에서 실현되고 있다. 다시 말해 쇼펜하우어에 따르면 영원한 정의는 부당한 행위를 하는 사람과 부당한 행위를 당하는 사람이 구분되지 않고 둘 다 끊임없는 고통 속에 내던져져 있다는 사실 자체에서 확인할 수 있다. 영원한 정의는, 우리가 마야의 베일을 걷어 낸다면 고통을 주는 사람과 고통을 받는 사람이 똑같이 맹목적인 살려는 의지의 지배를 받는 유한한 존재임을 바라보게 한다. 쇼펜하우어는 근거율에 사로잡힌 사람에게는 이러한 영원한 정의가 보이지 않는다고 말하는데, 이러한 영원한 정의는 실제로 영혼의 윤회에 관한 신화로 표현되기도 한다.

의지의 부정은 동정심을 통해 나타난다. 동정심은 의지의 부정으로 인해 나와 다른 개체를 구분하지 않고 모든 생명체의 고통을 자신의 고통으로서 간주하게 한다. 동정심은 이기주의를 유발하는 살려는 의지에 대한 더 이상의 집착을 버리고, 의지의 현상으로 드러나는 모든 것을 부정하게 한다.

쇼펜하우어에 따르면 의지의 부정은 금욕을 통해서 드러난다. 금욕Askese은 모든 종류의 의욕을 거부하는 것, 즉 의지의 지배로부터 벗어나는 것인데, 이러한 금욕의 삶은 진정한 그리스도교인, 힌두교인, 불교도들이 실천하였다. 그러나 의지 부정의 상태는 지속적으로 유지되는 것이 아니기 때문에 지속적인 금욕이 필요하다. 금욕은 지속적으로 의지의 부정을 이어가기 위한 노력이라고 할 수 있다.

쇼펜하우어는 고통에 대한 단순한 인식을 통해 주어지는 금욕을 가리켜 좀 더 좁은 의미에서 좋은 것을 거부하고, 고통스러운 것을 의도적으로 찾는다는 의미에서 고행Kasteiung이라고 부른다. 이러한 고행은 죽음에 이르기까지의 단호하고 철저한 의지의 부정을 실현하는 것을 의미한다. 지속적인 고행이 가져오는 고통을 통해 살려는 의지에 이끌린 욕망들은 정화되어 삶에 대한 애착이 사라지고 살려는 의지는 부정된다. 이러한 고행은 우리로 하여금 체념의 상태에 이르게 한다. 그러나 이때의 체념은 소극적인 것이 아니라 고통과 죽음이 맹목적인 의지의 긍정이 가져온 결과에 지나지 않는다는 점을 통찰하게 하고, 의지가 가져온 개체로서의 삶이 종말에 도달하는 것을 담담하게 받아들이게 한다.

이처럼 동정심, 금욕, 고행에 이르게 하는 의지의 부정은 우리의 존재로 하여금 초월적인 변화를 겪게 하고 고통스러운 삶에 대한 완전한 체념이나 성스러움에 도달하게 한다. 여기에서는 의지의 모든 현상들이 덧없는 것이며, 실제로는 이 모든 것이 동일한 의지의 작용이라는 점이 간파된다.

그러나 쇼펜하우어는 살려는 의지를 부정하는 것이 결코 자살을 뜻하는 것이 아님을 강조한다. 오히려 자살은 살려는 의지의 다른 표현일 뿐이며 자신의 새로운 존재를 위한 새로운 욕구일 뿐이라고 비판한다. 즉 자살은 우리의 삶을 고통스럽게 하는 의지의 지배로부터 벗어나는 것이 아니라, 오히려 그러한 의지의 요구를 강하게 긍정하는 것이다. 자살하는 사람은 자신에게 주어진 지금의 상황을 받아들이지 않고 보다 나은 삶을 원하기 때문이다. 보다 나은 삶을 의욕했다는 점에서 여전히 살려는 의지의 지배를 받는 것이다. 따라서 자살하는 사람은 의지를 부정하는 것이 아니라 의지가 드러난 지금의 개체상태를 부정하는 것이다.

쇼펜하우어에 따르면 의지의 부정은 살려는 의지의 지배를 받는 개체에게서는 모순적인 행위이지만 한편으로는 이를 통해 우리로 하여금 무를 경험하게 한다. 그러나 이때에 무는 텅 비어 있는 상태를 의미하는 것이 아니며, 근거율과 개체화원리에 의해 파악되지 않는 세계의 참된 모습을 드러내 준다. 즉 의지의 부정과 폐기를 통해 우리가 경험하는 무의 세계는 개체화원리, 근거율을 벗어나 있기 때문에 주관과 객관도 폐기되고, 의지가 없으므로 표상도 존재하지 않는 세계이다. 살려는 의지는 이러한 무의 세계로 들어가는 것을 거부하지만, 완전한 자기인식에 도달한 채 살려는 의지를 자발적으로 부정하는 사람에게는 맹목적인 의지의 지배를 받는 자신의 신체와 함께 모든 존재가 소멸해 버리는 무의 세계를 경험하게 된다. 쇼펜하우어에 따르면 이러한 무의 경험을 인도인들은 브라흐마로 합일한다거나 불교도는 니르바나에 도달한다고 말하는데, 진정한 종교에서 말하는 성자들의 삶은 다른 것이 아니라 이처럼 무의 세계에 진입하는 것이라고 할 수 있다. 의지를 부정한 사람에게는 더 이상 개체들의 갈등과 의욕의 소용돌이가 존재하지 않고 고요하고 평온한 무의 상태가 주어진다. 의지의 부정을 통해 이러한 무의 세계를 경험하는 것이야말로 쇼펜하우어의 철학이 우리에게 제시하는 궁극적인 목표인 것이다.